中国金融会计学会重点研究课题获奖文集（2015~2016）

中国金融会计学会 ◎ 编

经济管理出版社

图书在版编目（CIP）数据

中国金融会计学会重点研究课题获奖文集（2015~2016）/中国金融会计学会编.—北京：经济管理出版社，2017.12
ISBN 978-7-5096-5487-3

Ⅰ.①中… Ⅱ.①中… Ⅲ.①金融—会计—中国—文集 Ⅳ.①F832.2-53

中国版本图书馆 CIP 数据核字（2017）第 274262 号

组稿编辑：梁植睿
责任编辑：梁植睿 范美琴 侯春霞 胡茜 赵亚荣
责任印制：黄章平
责任校对：张晓燕

出版发行：经济管理出版社
（北京市海淀区北蜂窝 8 号中雅大厦 11 层 100038）
网　　址：www.E-mp.com.cn
电　　话：（010）51915602
印　　刷：北京晨旭印刷厂
经　　销：新华书店
开　　本：787mm×1092mm/16
印　　张：40.75
字　　数：992 千字
版　　次：2017 年 12 月第 1 版 2017 年 12 月第 1 次印刷
书　　号：ISBN 978-7-5096-5487-3
定　　价：98.00 元

·版权所有 翻印必究·

凡购本社图书，如有印装错误，由本社读者服务部负责调换。
联系地址：北京阜外月坛北小街 2 号
电话：（010）68022974　邮编：100836

评审委员会

主　　　任：马德伦

副主任委员：杨伟中　徐　忠　孙国峰

委　　　员：(按姓氏笔画排序)
　　　　　　尹　磊　王轶卓　司振强　任咏梅　刘承钢　刘贵生　孙玉琦
　　　　　　张文武　张克秋　李　民　李孟明　李忠林　李树华　杨宝华
　　　　　　沈　明　陈东辉　孟　焰　赵　辉　赵圣伟　栗利玲　焦晓宁
　　　　　　豪　谦　戴德明

统　　　稿：王沛英

审　　　稿：贾志丽　王　跃

中国金融会计学会 2015~2016 年度重点研究课题获奖名单

一等奖

预期信用损失模型在商业银行应用的理论与实践
  中国工商银行财务会计部

商业银行衍生产品套期保值管理及套期会计应用研究
  中国银行财务管理部

管理会计引领商业银行新航向
  中国农业银行财务会计部

二等奖

中央银行资产负债表政策溢出效应研究
  中国人民银行会计财务司

政策性银行执行审慎性会计原则问题研究
  中国农业发展银行财务会计部

利率市场化背景下商业银行资产证券化发展问题探讨及策略研究
  交通银行预算财务部

银行外部审计监管政策改进研究
  中国银行业监督管理委员会财务会计部

第二代偿付能力监管体系下的保险证券化研究
  中国人寿保险（集团）公司财务部

三等奖

"偿二代"对保险公司预算管理和资本考核的影响
　　　中国保险监督管理委员会财务会计部

创新发展背景下证券公司资本管理研究
　　　中国银河证券股份有限公司

新一代核心系统环境下商业银行会计管理若干问题研究
　　　中国建设银行财会部

《国际财务报告准则第9号——金融工具》对商业银行的影响
　　　中国邮政储蓄银行财务管理部

金融机构综合经营发展与集团财务管理研究
　　　国家开发银行财会局

创业板公司治理与会计信息披露
　　　中信证券股份有限公司计划财务部

序 言

党的十八届三中全会以来,金融改革攻坚克难,金融开放不断扩大,金融监管不断强化。金融会计的新要求、新挑战,迫切要求金融会计从业人员紧紧跟上改革发展的步伐,积极开展金融会计理论和实务研究,推进金融机构会计指引体系建设,主动参与国际准则制定的研究和讨论,形成有中国特色的金融机构会计理论体系,更好服务于中国金融业改革发展大局。

中国金融会计学会本着推动金融会计理论研究、服务金融会计改革与实践的宗旨,坚持理论联系实际,在促进金融会计学术研究、推动金融会计制度改革、提升金融会计人员素质等方面做了一系列的工作。2015~2016年度,中国金融会计学会整合会员资源,发挥研究合力,组织开展了重点课题研究工作,内容涉及以下几个方面:预期信用损失模型在商业银行应用的理论与实践、商业银行衍生产品套期保值管理及套期会计应用研究、管理会计引领商业银行新航向、中央银行资产负债表政策溢出效应研究、政策性银行执行审慎性会计原则问题研究、利率市场化背景下商业银行资产证券化发展问题探讨及策略研究、银行外部审计监管政策改进研究、第二代偿付能力监管体系下的保险证券化研究、"偿二代"对保险公司预算管理和资本考核的影响、创新发展背景下证券公司资本管理研究、新一代核心系统环境下商业银行会计管理若干问题研究、《国际财务报告准则第9号——金融工具》对商业银行的影响、金融机构综合经营发展与集团财务管理研究、创业板公司治理与会计信息披露。重点研究课题内容紧紧围绕我国金融会计理论与实践经验,反映了金融会计事业发展的新要求。本书能为学术界、实务界提供有价值的参考。

这些重点研究课题,从国际到国内,从会计准则到信息技术环境,从商业银行到证券再到保险,从中央银行资产负债表到预期损失模型等多个方面,进行理论联系实际的深入研究,大大有助于我国金融业会计体系的建设和发展。汇编成书,不仅反映记录了这些成果,更能让这些成果绽放,发挥更大的作用。

目　录

第一篇　预期信用损失模型在商业银行应用的理论与实践
　　　　中国工商银行财务会计部课题组 ·· 1

第二篇　商业银行衍生产品套期保值管理及套期会计应用研究
　　　　中国银行财务管理部课题组 ·· 85

第三篇　管理会计引领商业银行新航向
　　　　——基于中国农业银行的管理实践
　　　　中国农业银行财务会计部课题组 ·· 135

第四篇　中央银行资产负债表政策溢出效应研究
　　　　中国人民银行会计财务司课题组 ·· 197

第五篇　政策性银行执行审慎性会计原则问题研究
　　　　中国农业发展银行财务会计部课题组 ·· 223

第六篇　利率市场化背景下商业银行资产证券化发展问题探讨及策略研究
　　　　交通银行预算财务部课题组 ·· 251

第七篇　银行外部审计监管政策改进研究
　　　　中国银行业监督管理委员会财务会计部课题组 ·····························305

第八篇　第二代偿付能力监管体系下的保险证券化研究
　　　　中国人寿保险（集团）公司财务部课题组 ··································· 355

第九篇　"偿二代"对保险公司预算管理和资本考核的影响
　　　　中国保险监督管理委员会财务会计部课题组 ································ 397

第十篇　创新发展背景下证券公司资本管理研究
　　　　——基于H证券公司的案例分析
　　　　中国银河证券股份有限公司课题组 ··· 451

第十一篇	新一代核心系统环境下商业银行会计管理若干问题研究
	——基于交易与核算分离模式的研究
	中国建设银行财会部课题组 ················· 511

第十二篇	《国际财务报告准则第 9 号——金融工具》对商业银行的影响
	中国邮政储蓄银行财务管理部课题组 ················· 547

第十三篇	金融机构综合经营发展与集团财务管理研究
	国家开发银行财会局课题组 ················· 583

第十四篇	创业板公司治理与会计信息披露
	中信证券股份有限公司计划财务部课题组 ················· 621

第一篇

预期信用损失模型在商业银行应用的理论与实践

中国工商银行财务会计部课题组

课题主持人：张文武　王志敏
课题组成员：刘　颖　张　涛　潘丽娜　刘晓佳　罗　莉
　　　　　　施　丹　邢　劼　谭博怡　钱磊磊

摘　要

　　2014 年 7 月，IASB 发布了《国际财务报告准则第 9 号——金融工具》（IFRS9），该准则将取代《国际会计准则第 39 号——金融工具确认与计量》（IAS39）。IFRS9 为确认减值损失引入了"预期信用损失模型"，该模型要求在实务中会计主体应自金融工具初始确认时确认预期信用损失，损失的确认不再仅仅依赖于信用损失事件的发生。

　　预期信用损失模型的引入体现了会计准则作为财务报告的编制标准已不仅局限于会计核算、会计科目体系、会计报表体系等微观层面，而是更多地考虑和体现银行业审慎监管要求和金融稳定目标，其应用势必会在诸多方面对银行业产生重要影响。目前，国内大型商业银行按照《巴塞尔新资本协议》预计贷款未来 12 个月的信用风险，而预期信用损失模型要求一定条件下需计提贷款生命周期的信用损失，这对商业银行的风险管理系统改造、业务流程梳理、数据积累、改进定价和管理模式、制度更新、人员培训以及会计信息质量等提出了全面的挑战。

　　本课题从会计理论基础和风险管理要求归纳梳理了资产减值概念的起源、变化及国内外资产减值会计的发展和现状，在此基础上分析了已发生损失模型和预期信用损失模型的差异，重点研究了我国商业银行《巴塞尔协议》下的信用风险评估模型和会计准则下的预期信用损失模型的差异和模型调整，并对商业银行实施预期信用损失模型的影响进行了评估和敏感性分析。课题最后总结了预期信用损失模型在商业银行实务中的应用难点并通过案例分析提出了具体的解决方案。我们期望本课题能为商业银行的资产减值管理工作和 IFRS9 准则的落地实施提供一定的理论参考和实践指导。

　　关键词： 预期信用损失模型　资产减值　信用风险　会计准则

第一章 绪 论

一、研究背景

目前，中国银行业资金运用的最主要形式仍然是信贷资产。截至 2015 年末，中国银行业金融机构信贷资产总额已达 99.3 万亿元，占其总资产的比重接近 50%，高于当年中国 GDP 总量（67.7 万亿元），也大大超过了沪深资本市场市值之和（53.1 万亿元）（见图1）。如何客观计量并评价信贷资产风险，对于银行业会计信息的公信力乃至金融监管都具有重大意义。

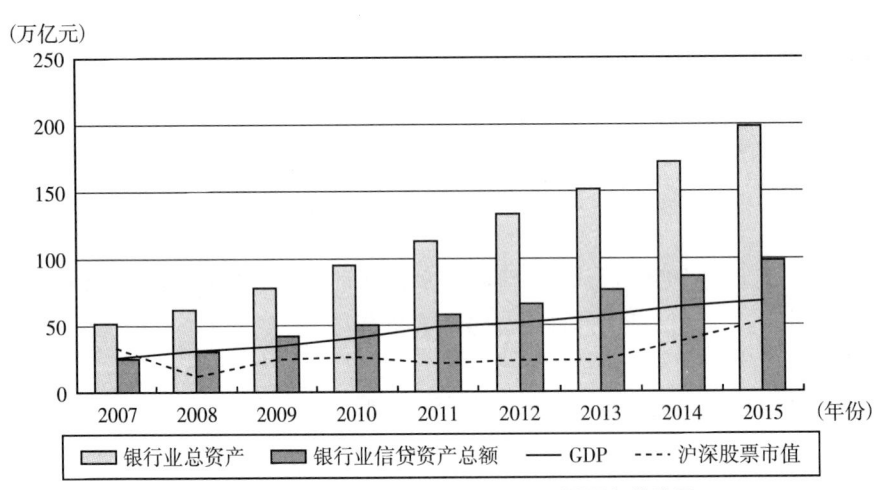

图1 中国银行业资产比重及 GDP、股票市值发展

资料来源：中国银监会 2015 年报、国家统计局网站和中国证监会网站。

（一）理论背景：已发生损失模型与现代风险管理理论相悖

已发生损失模型需要有客观证据表明贷款发生了减值，才能计提减值准备，而对于预期未来事项可能导致的损失，无论其发生的可能性有多大，均不能作为减值损失予以确认。现代风险管理理论认为，贷款总是存在风险的，一组贷款必然会产生一定的损失概率。这种将信用损失延迟到损失事件发生时确认的理念与现代风险管理理论相悖，会导致商业银行对风险的识别和估计不足。

(二) 实践背景：已发生损失模型在应用领域存在亲周期性

1999年的亚洲金融危机中，发生金融危机国家的会计信息大都无法充分、及时地披露企业和银行潜在的风险，从而使监管部门、投资者不能及时采取应对措施，这在很大程度上加剧了金融危机的影响。2008年，由美国次贷危机引发的全球金融风暴，令世界经济遭受重创。此次危机暴露了国际会计准则存在的诸多问题，其中贷款损失准备计提不足受到了理论界和实务界领域专家的诟病，国际财务报告准则中已发生损失模型（Incurred Loss Model）对贷款损失准备确认时间过晚，准备金计提金额较少，导致贷款早期利息被高估，银行所计提的贷款损失准备金无法得到有效积累以吸收经济下行时期产生的信用损失。贷款损失准备确认方式直接影响损益确认，并最终会对银行信贷行为产生亲周期性影响。

(三) 准则要求：IFRS9下预期信用损失模型的实施迫在眉睫

2014年7月，IASB发布了《国际财务报告准则第9号——金融工具》（IFRS9），该准则将取代《国际会计准则第39号——金融工具确认与计量》（IAS39）。IFRS9为确认减值损失引入了"预期信用损失模型"，该模型要求在实务中会计主体应自金融工具初始确认时确认预期信用损失，损失的确认不再依赖于信用损失事件的发生。新准则要求在2018年1月1日全面实施。可以预见，如何将预期信用损失模型与《巴塞尔新资本协议》中的内评法模型以及我国银监会动态拨备管理办法相衔接，从而实现新旧准则的过渡和转换也将是未来1~3年我国银行业的重点研究问题之一。

预期信用损失模型的引入体现了会计准则作为财务报告的编制标准已不仅局限于会计核算、会计科目体系、会计报表体系等微观层面，而是更多地考虑和体现银行业审慎监管要求和金融稳定目标，其应用势必会在诸多方面对银行业产生重要影响。目前国内大型商业银行按照《巴塞尔新资本协议》预计贷款未来12个月的信用风险，而预期信用损失模型要求一定条件下需计提贷款生命周期的信用损失，这对商业银行的风险管理系统改造、业务流程梳理、数据积累、改进定价和管理模式、制度更新、人员培训以及会计信息质量准确性和可靠性等提出了全面的挑战。

二、研究意义

本课题拟在全面、系统梳理资产减值概念起源、发展、方法、模型等内容的基础上，通过系统总结对比分析已发生损失模型和预期信用损失模型的优缺点，对实务领域主流预期信用损失模型的构建思路及技术特点进行全面梳理，从而为国内商业银行预期信用损失模型的应用提供参考并提出可行的实务操作建议。

(一) 理论意义

本课题采用了将会计准则与金融数学相结合、将会计准则与监管规则相比较、将预期信用损失模型的微观影响与宏观后果相联系、将资产减值的理论与损失模型的实践相贯通的系统研究方法，归纳梳理国际上先进的预期信用损失模型构建方法，拓展了资产减值的研究范畴，是对现有资产减值理论的重要完善和补充。

（二）实践意义

（1）为国内准则和指南的制定提供实践参考。我们期望本课题能为我国准则制定机构、监管机构完善金融工具会计准则及应用指南提供实践参考，相关部门在完善金融工具资产减值相关监管指引、会计准则、操作指南等文件时，能充分考虑中国商业银行的实践状况，特别是我国金融工具发展的阶段性特征和市场环境，以提高中国银行业资产减值工作水平。

（2）为商业银行的资产减值工作和准则实施提供理论支持和实践指导。银行现有的风险管理系统需要做大量的转换工作以支持预期信用损失模型的应用和实施。至于生命周期预期信用损失，银行需要记录每笔贷款的初始信用质量，跟踪后续信用质量变化，历史损失率必须是整个贷款在生命周期内损失的最佳估计等，银行进行数据采集和系统改造将面临很大的挑战。本课题旨在解决商业银行在实施预期信用损失模型中的重点和难点，以期对商业银行的准则实施和资产减值工作提供一定的借鉴。

（3）为加强行业监管提供经验证据。本课题从理论和实务视角探讨了预期信用损失模型在商业银行的应用和实施，将监管理念纳入会计准则的落地实施中，并转化为合理的会计语言，使金融稳定的要求能充分体现在会计准则之中。我们期望通过本研究，商业银行能更加准确客观地识别风险和计量风险，并在此基础上计提充足的贷款损失准备与资本，以抵御各类风险冲击，最终实现金融稳定的目标。

三、研究思路和方法

（一）研究思路

本课题按照系统研究的方法，从回顾发展历史到研究理论内涵，从新旧资产减值模型的理论评析到新准则预期信用损失模型的实践应用，全面研究预期信用损失模型相关理论与实务。课题的研究架构如图2所示。

（二）研究方法

在研究方法上主要有以下几种：一是理论分析，对资产减值相关理论文献进行整理归纳；二是计量方法整理，对目前主要的减值计量模型、技术进行全面梳理；三是数据统计方法，通过大量实证数据研究分析得出结论，采用敏感性分析研究模型参数变动的影响程度；四是研究形成实务操作建议。

图 2　本课题的研究框架

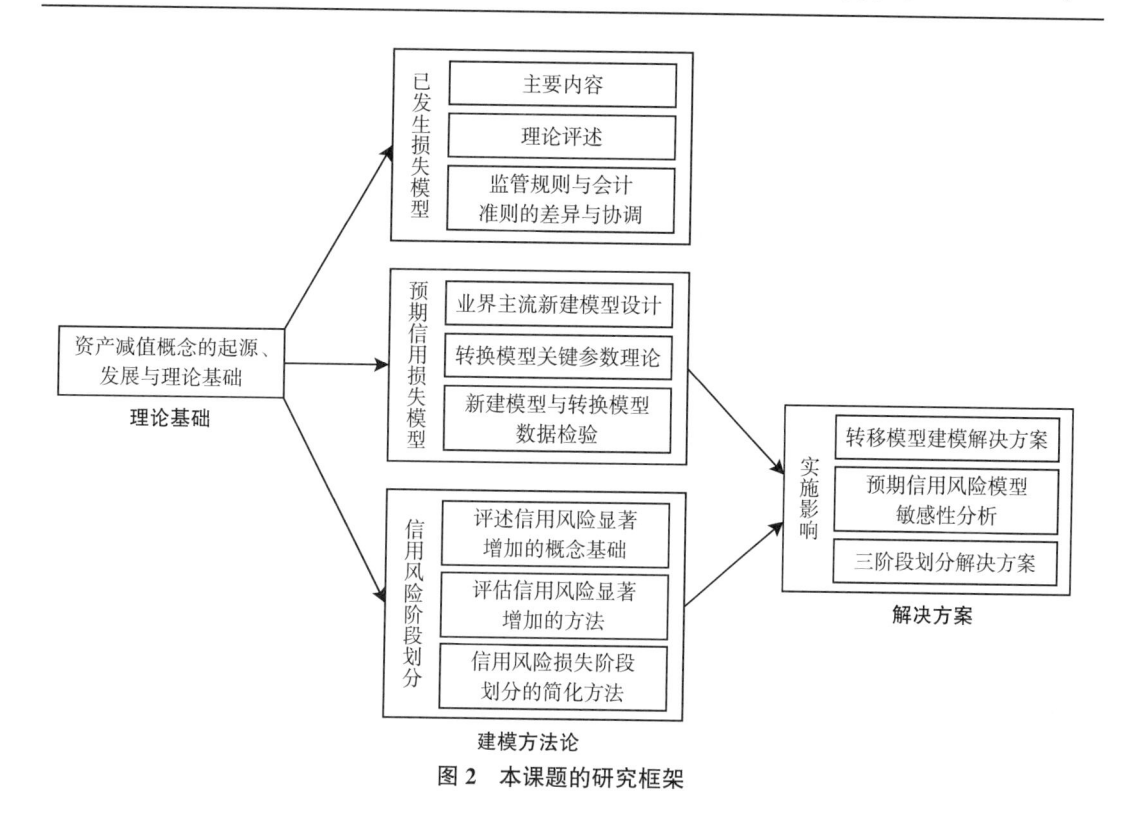

四、结构安排

本研究分为以下四个部分：

第一部分梳理和归纳资产减值概念的起源、减值概念的发展变化、减值概念的理论基础归纳（会计基础以及风险管理基础）、减值概念发展演变带来的启示。

第二部分主要阐述现行贷款减值会计模型的主要内容、理论评述、在应用层面可能存在的问题、与风险监管实践的差异与协调等。

第三部分主要介绍了预期信用损失模型的理论基础、主流模型设计及优劣分析。在此基础上，根据 IFRS9 对预期损失的定义及要求，从理论及实践层面讨论了各类模型的适用性，并最终确定 IFRS9 下预期信用损失模型的实施思路。

第四部分重点分析了商业银行实施预期信用损失模型具体措施及影响评估，首先重点研究了评估预期信用损失模型中信用风险显著增加的方法以及信用风险损失阶段划分的简化方法等，再从实际应用角度选取基于巴塞尔内评法模型调整得到符合 IFRS9 准则要求的预期信用损失模型这一思路进行了进一步的介绍及分析，并代入 X 银行 A 资产组合进行了实际测算及关键变量敏感性分析。

五、可能的创新之处

预期信用损失模型的实施与应用目前已成为国内外商业银行积极研究和探讨的话题之一。本课题的创新之处在于能够很好地将会计准则与金融数学相结合进行跨界研究、将会计准则与监管规则相比较进行系统研究、将预期信用损失模型的微观影响与宏观后果相联系进行联动研究、将资产减值的理论与损失模型的实践相贯通进行融合研究。本课题着力于上述视角，并在全面、系统梳理资产减值模型相关会计、数学与经济金融理论的基础上，系统总结预期信用损失模型的计量方法和计量实践，从而为国内商业银行金融工具减值计量和准则实施提供理论支持与实践指导。

六、主要研究结论

本课题的主要研究结论和建议有以下几个方面：

第一，要把握金融工具准则技术性与社会性的统一。会计准则作为协调各会计主体和利益相关方的一种制度安排，是以其技术性还是社会性为主导加以建设，抑或两方面属性兼顾，以及如何兼顾，一直是准则制定机构和使用者讨论的焦点。在世界经济一体化日益加剧的今天，会计信息产生的广泛经济后果使其很难独善其身，但金融工具会计准则的改革使得准则变化愈加贴近金融监管的理念，承担了过多维护金融稳定的职能，突出了准则的社会性，而忽视了准则的技术性。我们认为，技术性是会计准则的根本属性，社会性是其衍生属性。准则的制定或修改应在维护准则技术性的基础上，尽可能公平地兼顾准则的社会性。真实客观地反映主体的经济活动始终是会计的生命和价值所在。

第二，会计模型的选择路径在向理论上趋渐成熟的方法演进，而理论上成熟的模型必然在实务中存在应用难度。IASB 在预期信用损失模型草案中也提到，除了以历史成本进行初始计量外，金融工具的其他计量几乎都涉及对于不确定性的预测、判断以及一系列假设。显然，在金融工具计量世界里，再也不可能依靠单纯的历史成本计量模式了。预期信用损失模型作为减值会计模型的最新成果，也必然在实务应用中困难重重。但随着会计不断融合多种学科（如经济与统计）的最新成果，减值会计模型必将进一步完善和成熟。

第三，预期信用损失模型的实施要做好系统改造和人员培训的准备。许多新兴市场国家并不具备实施预期信用损失模型的外部市场环境和内部管理水平。我国银行尚未经历一个完整的经济周期，历史违约数据较难取得，如何把历史数据转换为对未来的预期，在模型的建立、数据的关联方面存在困难。虽然目前我国银行根据《巴塞尔新资本协议》的要求计算未来一年的预期损失，但如何将其扩展为贷款生命周期的违约率，也尚无可行方案。我国银行需要对现有的风险管理系统进行改造，否则难以满足准则确认、计量和披露的要求。预期信用损失模型的实施需要银行做大量的准备工作，包括系统建设、业务流程梳理、数据积累、改进定价和管理模式、制度更新及人员培训等，这些工作都需要花费大量的人力物力。

第四，做好监管规定和会计准则的协调工作。在金融资产减值准备的计提上，银行面临着多方的监管主体，包括财政部、银监会、税务等，各种监管主体的目标和要求都不同，会计信息难以满足所有的监管要求，因此，需要使用会计信息与各种监管保持独立，在此基础上促进各种监管的协调。银监会在《商业银行贷款损失准备管理办法》中提出实施动态拨备管理，设定拨备覆盖率和贷款拨备率两项监管指标，要求商业银行按两者孰高原则计提贷款准备金，并计入当期损益。会计的预期信用损失与银监会的动态拨备存在差异，两者都将影响损益，使商业银行在贷款减值会计实践中陷入困境。我国应在坚持会计信息独立性的前提下构建协调的监管体系，只有保持会计信息的独立性和公正性，才能更好地平衡满足会计信息使用者的信息需求。

第二章　资产减值概念的起源、发展与理论基础

一、资产减值概念和资产减值动因分析

(一) 资产减值概念的起源与发展

1. 资产

在20世纪早期，人们倾向于从成本的角度来理解资产，许多著名的会计学家都是成本计量的支持者，利特尔顿认为"资产是未消失或未耗用的成本"，亨得克利森也认为"资产的性质是未分摊的成本或未结转为未来各期的数额"。美国会计学会在早期也赞成用历史成本来计量资产，它指出会计从本质上讲是历史成本和收入在当期和以后各期进行分配的过程。

但是随着经济学在会计中得到越来越多的应用以及人们对资产本质更深刻的认识，资产的概念也在不断地发展。到了20世纪80年代，会计界完全采纳了经济学的观点，将资产概念表述为"未来的经济利益"，对资产不再重视其成本，而是强调其价值，特别是强调其未来的服务潜能或在未来为企业创造现金流量的能力。

国际会计界公认的资产定义，由未消逝成本观、经济资源观，演进到未来经济利益观。未来经济利益观主张资产是企业预期的未来经济利益，资产的本质在于它蕴含未来经济利益，因此，对资产的确认或判断不能看它的取得是否付出了代价，而是要取决于是否蕴含了未来经济利益，这种经济利益是企业通过现在或过去的交易而取得的，这是资产的本质，也是资产所具有的最重要的质量特性。美国财务会计准则委员会（Financial Accounting Standards Board，FASB）在《财务会计概念公告》第6号（SFAC No.6）指出，"资产是可能的未来经济利益，它是特定个体从已经发生的交易或事项中所取得或加以控制的"。《国际会计准则》将资产定义为："资产是指作为以往事项的结果而由企业控制的可向企业流入未来经济利益的资源。"我国新会计准则将资产定义为："过去的交易、事项形成并由企业拥有或控制的资源，该资源预期会给企业带来未来经济利益。"

2. 资产减值

所谓资产减值是指资产的真实价值低于账面价值的一种状态。资产减值的议题早在20世纪80年代到90年代就曾引起中外学术界广泛讨论，美国财务会计准则委员会将资产定义为预期未来具有经济效益，此项定义将财务会计的重心由损益表转向了资产负债表。在原有的损益表重心下，由于企业持有资产的目的，是为了自用而非销售变现，因而无须考

虑市价的变化，而会计一般是历史成本计价，但在资产负债表中，资产代表企业未来经济效益的流入，那么在衡量资产时，就不再是以历史成本为基础，而应以反映未来的价值为基础。因此，企业就应该对发生资产减值进行衡量与确认，以反映资产的真实价值。

在会计界已经公认预期的未来经济利益是资产的一项重要特质，概括了资产的基本特征，其重大的实践意义是可以根据资产的定义确定纳入企业会计核算和列报范围的资产项目，将预期不能给企业带来未来经济利益的资产，从财务报表中移除，或是当资产预期未来经济利益低于其账面价值时，就需要确认资产减值。

从理论上分析，技术的创新、市场情况的改变、宏观经济状况变化等因素，都有可能发生资产减值，企业为了更加公允地反映其财务状况和经营成果，实现财务报表会计信息价值的相关性，必须通过会计的方法加以反映，也就是计提资产减值准备及损失，于是就出现了资产减值会计。[①]

（二）资产减值的动因分析

1. 经济因素

根据资产未来现金流量预测资产预期可回收金额，并与资产账面价值进行比较是资产减值计提的理论依据。资产未来获取的现金流量会受到许多因素影响，如未来的经营环境、公司经营战略、经营政策的变化等。其中影响资产未来现金流量的基础因素是经济因素，经济因素反映了资产的真实价值，从而经济因素构成了资产减值计提的根本动因。

2. 盈余管理

盈余管理是管理层通过实施职业判断对公司披露的信息进行干预，使得利益相关人根据披露的信息对公司价值的估计值偏离其真实值的一种行为。资产减值会计是整个会计制度中灵活性和可操作性最强的部分，资产减值中资产未来价值的确定，是否需要计提减值准备，减值准备计提的时间和数量等都要求更多管理层的职业判断和估计，这为管理层盈余管理提供了机会和可能性，因此盈余管理成为资产减值计提的一个非常重要的动因。

二、资产减值概念的理论基础

（一）会计基础

1978年，美国财务会计准则委员会在其《财务会计概念公告》中将决策有用观作为财务报表的目标，国际会计准则概念框架则将财务报表的目标定位于"受托责任观"和"决策有用观"。我国的《企业会计准则——基本准则》在表述财务会计报告目标时同时采用了受托责任观和决策有用观。由于资产减值可以通过资产负债表和利润表更加真实地将财务状况和经营成果反映出来，资产价值的正确计量能够帮助使用者进行正确的经济决策，而一旦企业的资产减值中出现了虚假、不客观的报告，就会导致信息使用者无法对企业的情况进行比较全面、客观的评价，这样也就会导致决策者做出错误的决策。从这个意义上来

---

① 资产减值会计，是指对相关资产的减值情况进行确认、计量和披露的会计处理。

说，正是由于决策有用观的存在，才产生了资产减值会计，所以决策有用观正是资产减值会计产生的逻辑起点。

资产减值会计源于会计信息稳健性的思想，稳健性原则即谨慎性原则，是会计理论和实务界中一项重要的原则。美国财务会计准则委员会在财务会计概念公告中将谨慎性表述为"谨慎性是对于不确定性的一个审慎反应，以确保商业中固有风险和不确定性被充分考虑"。我国《企业会计准则——基本准则》指出："企业对交易或者事项进行会计确认、计量和报告应当保持应有的谨慎，不应高估资产或者收益、低估负债或者费用。"当企业并不确定其资产质量与收益的情况下，企业应当选择稳健性原则作为资产减值会计的依据，利用最谨慎、最稳妥的方式对资产价值进行确认和计量，以剔除企业资产中的"水分"，使企业的资产价值更加真实和公允。谨慎性原则是资产减值会计中最基础的一个原则。

（二）风险管理基础

现代商业银行风险管理理论认为，银行的损失可分为预期损失、非预期损失和极端损失。其中：预期损失是指正常情况下在给定时间段内可预计的任何一种风险或一系列风险损失的平均水平，这类损失一般通过调整业务定价和提取相应的资产减值准备来覆盖，从银行的当期收益中扣除。非预期损失是指除超出正常情况下的损失水平，是一个变量，银行必须有足够的资本覆盖这部分损失，资本覆盖风险的程度取决于银行对风险的偏好程度。极端损失是指战争、重大灾难等异常情况导致的，一般无法预见的损失，其发生的概率极低，但损失可能非常巨大。对待极端损失的办法是进行压力测试或购买保险。银行资产减值准备主要是针对信用风险即借款人违约而计提的，而信用风险是银行面临的主要风险。可见，商业银行计提资产减值准备符合风险管理理论抵补预期损失的要求，资产减值准备的多少可以基本体现一家银行的贷款质量情况。

三、资产减值会计的发展回顾

（一）国外资产减值会计发展概况

1. 资产减值会计在美国的发展情况

美国资产减值会计的发展主要可以划分为以下三个阶段：

（1）第一阶段：探索推进期（20世纪初到70年代中期）。美国资产减值会计的启蒙发展较早，早在1947年就首次以规范的方式明确了资产减值的理念。此年，美国会计师协会（American Institute of Accountants，AIA）发布了会计研究公告第29号《存货计价》（Inventory Pricing，ARB29），首次以规范的方式提出企业存货可以以"成本与市价孰低法"计量。1953年，美国注册会计师协会（American Institute of Certified Public Accountants，AICPA）在其会计研究公报43号（ARB43）中，再次完整地阐释了存货"成本与市价孰低法"的具体计量方法。直到20世纪70年代初，减值会计的范围逐步扩展到金融资产领域，1971年美国会计原则委员会（Accounting Principle Board，APB）的18号公告中明确了"权益法核算的投资""其非暂时性的投资价值损失应当进行确认"。1974年证券交易委员会（Securities and Exchange Commission，SEC）发布了 ASR166 号公告，指出"应当披露金融机构关于贷款损失准备的信息，财务报表内有价证券价值下跌的信息"。1975年，美国财务会计准则委员会发布了 SFAS12 号公告对"短期投资"的减值计量做出了规定，"发生非暂时性的减损时，成本应减记至市场价值"。

上述关于资产减值的规定散见于不同的规定中，尚未形成对企业一般持有及使用资产减值的统一规范，更没有针对金融资产减值的专门会计准则。

（2）第二阶段：迅速发展期（20 世纪 70 年代中期到 80 年代）。进入 20 世纪 70 年代中期以后，许多美国企业由于遭受经济危机冲击导致资产大幅缩水，出现了很多自行对资产计提减值或冲销的情况，但是因为缺乏统一的制度规范，各家企业计提减值的范围和标准不尽一致，且企业通过资产减值的计提达到盈余管理的动机也愈演愈烈，招致了财务报告使用者的不满，不断要求改善财务报告。

为了缩小实践中减值计提的差异和抑制企业盈余管理的冲动，FASB 对资产减值问题展开了专项研究。在 1980 年一份名为《对账面价值不能完全收回的长期资产的核算》的报告中，首次提出应考虑对资产减值采用可能性标准，同时对永久性标准提出了质疑。随后通过研究和讨论，FASB 在 1986 年正式出台了资产减值的处理方法，增加了资产减值的注销金额和具体处理方法的指导。

（3）第三阶段：全面推行期（20 世纪 90 年代以后）。随着经济环境的复杂化和新一轮的金融危机，为充分披露和释放资产减值风险，FASB 联合国际会计准则委员会（International Accounting Standard Committee，IASC）等机构开始进一步研究和修订资产减值等相关准则。1993 年 FASB 发布了 SFAS114 号《贷款人减值会计》以及后续修订的 SFAS118 号《债权人贷款减值的会计处理——收入确认和披露》。在 1995 年 3 月又发布了 SFAS121 号《长期资产的减值、处置的会计处理》。2001 年发布了 SFAC144 号《长期资产的减值及处置》。由于没有落实具体实施上述资产减值准则的实际指导，导致企业反而可以利用准则延迟计提减值，美化经营业绩，相应地发生了多起上市公司的财务报表欺诈案，实务上的问题慢慢浮现，资产减值会计的问题再度被推上了风口浪尖。由于舆论的强大压力，FASB 于 2011 年 11 月又发布了财务会计准则第 144 号（SFAS144），全面取代了 SFAS121。

通过上述发展过程可以看出，美国资产减值会计的发展是在曲折中不断前进的，体现了各种利益团体相互博弈的结果。

2. 资产减值会计国际准则的发展情况

相比于美国资产减值会计准则的发展，国际会计准则在这方面的研究起步要晚很多。1994 年以前，国际会计准则中关于资产减值的规定散见于 IAS2、IAS16、IAS22 和 IAS28 号准则中。1994 年以后，国际会计准则委员会（IASC）将建立一个统一的资产减值政策纳入了议事日程。1997 年，IASC 通过了第 55 号征求意见稿《资产减值》，并针对该征求意见稿反馈的建议进行了测试，测试结果表明大多数企业支持该征求意见稿提出的建议。于是，1998 年 IASC 正式发布了 IAS36 号《资产减值准则》，对资产减值会计的计量和披露进行了明确和规范，同时取代了之前散见在不同准则中的有关资产减值的规定。2002年，国际会计准则理事会发布了有关改进现有准则的征求意见稿，提出对 IAS36 中关于资产减值的内部指标和使用价值的确定做出几项变动的建议。2004 年初，IASB 发布了修订后的 IAS36，并于 2005 年初生效。

(二) 国内资产减值会计发展概况

我国资产减值会计的开始，应以 1992 年的《股份制试点企业会计制度》为标志。《股份制试点企业会计制度》提出了坏账准备金的概念，并允许转回已计提的坏账准备。1993 年 7 月 1 日，我国又颁布了"两则""两制"，其中的《企业会计准则》引入了会计的稳健性原则，并明确各行业可以按不同的比例对应收账款采用备抵法提取坏账准备。

1998 年，财政部出台了《股份有限公司会计制度》取代了《股份制试点企业会计制度》，要求在境外或中国香港上市、发行外资股的公司，应于中期及年度终了，针对应收账款、存货、短期和长期投资分别计提减值准备（以下简称"四项计提"），而对仅在 A 股上市的股份公司除了必须对应收账款计提坏账准备外，对于上述后三项资产并未强制计提减值准备。1999 年，财政部和证监会先后在此发文将"四项计提"的范围由海外上市公司拓展到了所有股份公司，并统一了资产减值的会计准则，减少了企业计提减值的随意性。

2001 年出台的《企业会计制度》，首次明确提出了"资产减值"的概念，并在原有"四项计提"涉及的资产基础上增加了固定资产、无形资产、在建工程和委托贷款四项资产的减值准备计提，这样就将"四项计提"拓展到"八项计提"，但是并未对资产是否发生减值、减值金额、转回金额等给出明确的指导，仍需财务人员的主观判断，因此增加了资产减值计提可操作性。

2007 年起，财政部制定并开始执行一系列新的《企业会计准则》，除了单独制定了《企业会计准则第 8 号——资产减值》，还在《存货》《建造合同》《金融工具确认与计量》等准则中规定了相关资产的减值。具体来说，对于除交易性金融资产以外的金融工具、存货等短期资产的减值损失允许在后续资产价值回升时转回，对于长期股权投资、固定资产、无形资产等长期资产的减值损失一经确认就不再允许转回。这一做法参考了 FASB 的相关规定，同时也造成了与国际准则之间的差异。但是在实际操作过程中，这一规定可以大大降低企业将资产减值作为利润调节器的可能性。

总之，通过上述资产减值会计的发展历程可以看出，经济的发展需要监管机构制定一套统一规范的资产减值会计准则，但因为这套规范需在公司治理、社会诚信以及公允价值计量等相关问题不断解决的基础上逐步完善发展，而现阶段的资产减值会计也需要通过不断的变革来更加接近一个完美的解决方案。

第三章 已发生损失模型的理论研究与评述

一、已发生损失模型的主要内容

已发生损失模型是国际会计准则理事会和我国会计准则制定机构目前所使用的方法。该方法要求企业应当在资产负债表日对以公允价值计量且其变动计入当期损益的金融资产以外的金融资产的账面价值进行检查，有客观证据表明该金融资产发生减值的，应当计提减值准备。表明金融资产发生减值的客观证据是指金融资产初始确认后实际发生的、对该金融资产的预计未来现金流量有影响，且企业能够对该影响进行可靠计量的事项，客观证据是已发生损失模型的基础。此外，模型规定无论是计算用于确认利息收入的初始实际利率（Effective Interest Rate，EIR），还是后续预计未来现金流量，均不应当考虑尚未发生的未来信用损失。因此，上述减值会计模型也被称为"已发生损失模型"（The Incurred Loss Impairment Model）。具体在减值计提方法上，对单项重要的金融资产是否存在发生减值的客观证据进行单独评估，以及对单项不重要的金融资产是否存在发生减值的客观证据进行单独或组合评估，如有客观证据表明其已发生减值，应当确认减值损失（单项拨备与组合拨备）；如判定对于单项评估的金融资产不存在减值的客观证据，那么应包括在具有类似信用风险特征的金融资产组合中，进行整体减值评估测试。

二、已发生损失模型的理论评述

（一）已发生损失模型的优点

从模型的严谨性而言，已发生损失模型较以往贷款质量分类基础上的比例计提模型前进了一大步，在减值计量方法上，同现代企业通用的"以未来预期现金流量的贴现值为基础"的企业估值模型具有内在的一致性，同时考虑了资金的时间价值，具有丰富的财务理论与会计信息质量内涵。已发生损失模型要求的减值计提触发时间，以及未来现金流预计时不需要考虑未来信用损失等规定，在一定程度上也秉承了财务会计的客观性和可靠性原则。

(二) 已发生损失模型的理论缺陷

1. 与现代风险管理理论相悖

有客观证据表明贷款发生了减值,才能计提减值准备,而对于预期未来事项可能导致的损失,无论其发生的可能性有多大,均不能作为减值损失予以确认。这与贷款总是存在风险,一组贷款必然会产生一定的损失概率的风险管理理论相悖。

2. "单项+组合"的计提方法本身存在矛盾与冲突

已发生损失模型规定对单独测试未发现减值的金融资产,应当包括在具有类似信用风险特征的金融资产组合中再进行减值测试。既然单笔测试表明贷款未发生减值,就说明贷款是正常的,无需计提准备,但仍需进行组合减值测试,银行进行组合测试有可能会出现减值客观证据,从而需要计提组合拨备的假定。即一方面减值以客观减值证据作为计提贷款减值准备的依据,另一方面又承认应对正常贷款计提组合准备,这在逻辑上本身就存在矛盾与冲突,这样的减值准备(单项+组合)到底是否隐含了尚无减值证据支持的未来预期损失,在理论上仍没有明确答案。

(三) 已发生损失模型在应用层面的问题

1. 对预期损失确认的滞后性

在已发生损失模型下,仅在有客观证据表明一笔贷款或一组贷款可能无法被全额偿还时,才能被计提减值。预期未来的信用损失只有在损失事件发生时才能确认。这种对预期损失确认的滞后效应也是已发生损失模型在全球金融危机中被抨击的重要原因。一般来说,在发放贷款的同时,违约风险就已经包括在了贷款的利率决策中,但在确定实际利率时却未加以考虑。在已发生损失模型下,除非有损失事件发生,否则合同利息将被全额确认为利息收入。只有当损失事件实际发生并满足了计提减值准备的条件时,才开始计提减值准备,同时对利润表进行调整。即使在预期会有损失发生的情况下,也必须照此方式处理。因此,金融资产预计的未来信用损失无法在现行减值模型下得到体现,导致损失出现前的利息收入被高估。实际上,后续减值损失正是对以前期间不当确认的利息收入的部分转回。

2. 顺周期属性加大了金融危机时的经济波动

由于存在减值触发事件,信用损失将推迟确认,必然引起金融资产的账面价值与预期现金流现值产生系统性偏差。一旦损失事件发生,满足减值确认触发条件,已发生损失模型将产生"陡壁效应"(Cliff Effect),在确认的减值损失中反映了初始确认时反映出的信用损失。因此,更早确认贷款减值应该能够减少金融危机带来的周期波动。

3. 后续计量的不一致性

信贷资产的初始计量中内含的预期损失,在确定用于后续计量的实际利率时却没有考虑。这将会导致损失事件发生前系统性地高估利息收入,而后续减值损失的确认本质上是对前期高估的利息收入的转回。

4. 损失确认时点的不确定性

在实务中,由于业务人员职业判断的差异,对减值触发的临界指标(即发生减值的明显证据)的判断会产生各种各样的差异,这将导致金融资产减值确认有早有晚,金融资产减值准备的计提存在很大的差异,这不仅会削弱会计信息的可比性,也不利于会计信息使用者的决策需求。

5. 无法满足企业的风险管理决策需求

金融机构对其金融资产及经济资本拥有经济回报的期望,确定预期回报时需考虑预期信用风险损失,收取风险溢价,用这部分溢价收入来弥补金融资产的信用风险损失。金融机构在作出贷款决定时,利用实际损失法没有考虑到预期信用风险,有可能引发银行信贷定价模糊,甚至会导致宽松的信贷政策,这不仅无法为企业的信贷决策提供有效的会计信息,也与管理层寻求资产真实回报的经济学视角相悖。

三、拨备计提的监管政策与会计准则的差异与协调

(一) 会计目标与监管目标的冲突

会计信息的服务对象主要是投资者。会计的目标是为现有的或潜在的投资者、债权人和其他信息使用者提供有利于他们做出合理正确决策的会计信息 (FASB, 1978)。会计准则的制定是利益相关者博弈后协调一致的过程,会计准则具有经济后果 (Zeff, 1978)。因此,会计信息倾向必须是中立的。就银行监管而言,尽管每个监管机构的职责和使命有所不同,但防范和化解金融风险、危机时最大限度降低存款人和金融产品消费者的损失、维护银行业的经营稳定性,始终是监管当局的共同目标。监管规则具有明显的倾向性,而不具备中立性。上述目标的差异导致会计准则比较注重真实性、公允性和可靠性,而银行监管规则更强调前瞻性、安全性和审慎性。会计目标和监管目标的不一致从根本上决定了会计准则和金融监管规则的差异性。

(二) 会计准则与监管规则在拨备计提方面的差异点分析

拨备是商业银行为了抵御风险而提取的用于弥补损失的准备金。为响应 G20 集团和金融稳定理事会 (Financial Stability Board, FSB) 的要求,IASB 于 2009 年 11 月提出了"预期信用损失模型",该模型的核心是要考虑金融资产整个生命周期内的损失,FASB 于 2012 年 5 月也发布新的金融工具准则征求意见稿,要求在贷款初始确认全部预期损失。2012 年 7 月,IASB 和 FASB 完成联合审议通过了预期损失确认的三组别法并于 2013 年 3 月发布了金融工具减值的征求意见稿。巴塞尔银行监管委员会 (Basel Committee on Banking Supervision, BCBS) 表示,"预期信用损失模型能降低现行的已发生损失模型的亲周期性"。预期信用损失模型将银行未来的信用风险纳入了会计确认和计量的范畴,进一步增加了银行会计信息在经济周期性波动中的相关性,使得会计信息更具有前瞻性。在监管层面,巴塞尔协议提出了对信用风险计量的两大类方法:基于外部评级结果的标准法和基于银行内部评级体系的内部评级法。在这两种方法下,银行依据评级结果对资产进行分组,组合的预期信用损失 = 违约概率(PD)× 违约损失率(LGD)× 违约风险敞口(EAD)。该方法体系的最终目的是为资本充足率监管的有效性提供支持。表 1 列示了会计准则和监管

规则下拨备计提的主要差异:[①]

表1 会计准则和监管规则下拨备计提的差异比较

	会计准则下的拨备计提	监管规则下的拨备计提
资产分类	可以对单项大额资产计提,也可按资产组合进行计提	必须以组合为单位计量预期损失
组合准备的计提	封闭的贷款组合	开放的贷款组合
计提损失的范围	合同存续期内的现金流量	债务人预期表内表外项目的风险暴露总额
预期损失的时间水平	损失的识别期初始为12个月,若金融资产信用质量恶化,则要求确认整个生命周期的预期损失	损失的识别期通常为未来12个月
损失率的确定	需要建立模型和开发系统来确定,银行有很大的自主权	以PD、LGD和EAD为风险变量进行确定
减值触发事件	无具体的触发事件或条件,仅依据银行可获得的内外部信息、历史数据、当前经济状况等定性条件进行预测,一般以逾期一个月作为资产的恶化标准	有明确的违约确认标准:一是债务人实质性信贷债务逾期90天以上;二是银行认定债务人可能无法偿还债务
损失预期发生有利变化时	准许贷款损失准备转回至当期利润	不会由于预期损失率发生变化而产生收益

(三) 差异影响

会计准则与监管规则之间的差异,不仅给作为准则和规则执行者的银行带来了高昂的执行成本,也给包括监管部门在内的管理者、信息使用者带来了一定的消极影响。

一是增加银行执行成本。在贷款减值准备的模型开发上,现行会计准则与监管规则对预期损失的确认标准与确认周期存在较大差异,因此银行内部在模型开发上必须设计不同的风险管理模型以满足二者的不同需要。要保证银行风险计量系统和定价模型的可信赖性和可靠性,不仅需要有能力将会计准则与监管要求解读并翻译为技术语言的复合型人才,还需要可以对系统和相关定价模型进行独立评估的审计人才,而且需要外部独立专业咨询公司的参与。仅一套系统模型实施对银行而言就是一笔巨额的开支。可以想象,同时推进两套系统开发模型,银行将担负巨额的执行成本。此外,银行在内部业务流程的设计、信息数据处理的沟通、专业人才的培训上,也不得不考虑会计准则与监管规则的差异,兼顾两方面的需求。

二是影响风险管理目标实现。会计准则和监管规则有一个共同的目标,那就是保证资源配置的有效性,避免行业风险。因此,会计准则和监管规则的基本理念是支持银行采取合理的风险管理行为。但二者在具体实施体系以及关键项目上的实际差异,可能导致银行无法在风险管理活动与满足不同的外部要求之间达到平衡,有时会不得不放弃使用对企业至关重要的风险管理方法。套期会计可以说明会计准则与监管规则差异带来的银行风险管理弱化问题。虽然危机后最新修订的套期会计准则征求意见稿简化了套期会计的处理,扩大了应用范围,但其具体处理规范仍然较为复杂。由于衍生金融工具指定作为单个资产或

[①]《巴塞尔协议Ⅲ》对IASB提出的"预期信用损失模型"表明了积极支持的态度,并表示将进行相应的调整,但目前尚未提出实质性措施。因此,本课题对拨备计提的比较主要基于"预期信用损失模型"和《巴塞尔协议Ⅱ》中的损失确认计量方法。

负债或者特定交易套期工具的冗杂方法以及过于严格的相关性要求，可能会阻碍银行采取审慎的措施管理风险头寸。目前实践中，许多银行和其他大的公司寻求对净风险头寸进行套期，或倾向于在宏观的基础上或者在组合的基础上进行套期保值。但在无法使用套期会计的情况下，银行"绕过准则"的套期活动可能反而会使其账面损益波动性增加，而这直接影响到对银行的外部评价和与此相关的利益分配。因此，有的银行在权衡效益和成本后，决定宁愿让其风险增加，也不采取套期行为进行风险对冲管理。

三是引发信息使用噪声。会计准则与监管规则之间信息披露上的差异，往往给包括银行监管部门在内的信息使用者带来噪声和干扰。对银行监管部门而言，虽然要求银行按监管的需要报送监管信息，但由于银行日常业务经营活动从一开始发生就只按会计准则核算与反映，没有按照监管规则要求同步反映、整理的机制，监管信息只能来源于对会计信息的取用、调整或计算。信息来源的非直接性使得监管部门对银行数据分析、校验和转换的难度明显增加，信息传递中间环节延长，一定程度上降低了监管效率。

除银行监管部门外，会计信息和监管信息的主要使用者即社会上的利益相关方在面对会计信息和监管信息的差异时，排除干扰信息，从数据繁多的两类信息中获取决策需要信息，也是一件非常困难的事情。换言之，因为大量重复性和不一致信息的存在，导致银行信息使用者分析理解难度增大、分析使用价值降低，势必有损会计信息为使用决策者服务的初衷，以及监管信息反映银行风险管理水平的使命。

（四）差异的协调

会计准则和监管规则都是政府管制下的公共信息产品，本质都是解决市场失灵的手段和方式。会计准则是监管规则的基础，监管规则推动着准则不断改进。这种内在的统一性和相互依存性为会计准则和监管规则的协调发展提供了重要的理论基础。从前文的对会计准则和监管规则的差异分析可以看出，重点需要协调的差异主要包括资本的界定、拨备计提、风险信息披露、金融资产分类等。

面对银行新业务的层出不穷和越来越复杂的金融创新，现有的会计准则似乎总是追不上金融发展的脚步。准则制定机构总是忙于制定新准则或修订旧准则来弥补以往准则的漏洞，这从一个侧面说明，现有的会计准则理论框架需要从根本上进行变革。近年来，金融与经济的依存和联动关系越来越密切，全球金融危机爆发后，银行监管机构也呼吁准则制定机构修订传统的会计目标，将"金融体系稳定原则深深嵌入会计准则的制定中"（Jacques，2009）。准则制定机构应根据新的经济发展形势，把一些银行监管、金融稳定等宏观的理念融入到微观的会计准则和概念公告中，建立一个面向未来、全面考虑风险和银行管理特点的会计框架。

作为银行监管者，要积极地参与到准则的制定过程中。监管者参与准则制定的过程并非一定要将金融稳定作为会计准则的制定目标，而是要通过参与相关征求意见将银行的监管理念转化为合理的会计语言等方式，使金融稳定的要求能充分体现在会计准则之中。在实际工作中，应增加银行监管者在会计准则制定程序中的参与力度，增强他们的话语权，尽可能扩大会计准则与监管规则一致的信息基础。同时，统筹规划会计准则与监管规则变革的着力点，以共同解决涉及金融稳定和银行业稳健经营的重要议题，在保持会计信息透明度的前提下，合力促进金融系统的稳定和资源的优化配置。

第四章 预期信用损失模型的理论研究与数据检验

IFRS9 并未对预期信用损失模型的具体模型形式做出规定。实践过程中有两种主要模型设计思路：其一是新建一套满足 IFRS9 规定的预期信用损失模型（以下简称新建模型）。其二是以 Basel 下的预期信用损失模型为基础，建立适当的转换模型，从而得到满足 IFRS9 需要的预期信用损失（以下简称转换模型）。

为寻求适合我国的预期信用损失模型，在 IFRS9 实施准备阶段，我们研究了业界常用的几类预期信用损失模型设计，从模型数理基础、违约概率属性等角度对常用模型做了对比分析。并以中国市场环境为背景，选择典型的预期信用损失模型设计，尝试一套满足 IFRS9 规定的新建模型。

同时，我们也依据近年来业界对经济周期平均预期信用损失模型和时点预期信用损失模型的转换模型的研究资料，并以中国宏观经济指标为基础，建立转换模型。

我们对以上两种实施思路进行了大量数据检验，通过比较分析，认为建立转换模型更适应中国国情。

一、预期信用损失模型基本概念及其理论基础

为方便后文对预期信用损失模型的表述，本部分首先介绍预期信用损失模型中的概念、术语。鉴于会计准则并没有对预期信用损失模型下定义，我们借用菲利普·乔瑞在《金融风险管理师手册》（第二版）中对预期信用损失模型及相关基本概念的定义。

另外，结合概念和术语介绍，我们基于伯努力假设，对预期信用损失模型进行了推导。由推导过程可以看到，预期信用损失模型中的另一个重要的假设：是否违约、违约暴露、违约损失率三者相互独立。本部分分析了预期信用损失模型的这一重要假设对资产减值计量的影响。

（一）基于伯努力过程的预期信用损失模型描述

在信用事件发生时，由于交易对手不能履约而发生的损失称为信用损失。未来信用损失的期望值即为预期损失（Expected Loss，EL）。为了量化预期损失，我们首先定义一些基本概念：

（1）是否违约：这是一个二值变量，代表交易对手违约或者不违约。违约发生时，该变量取 1，否则，该变量取 0。

（2）违约概率（Probability of Default，PD）：交易对手违约发生的概率。

(3) 违约暴露（Exposure at Default，EAD）：违约发生时银行对交易对手的求偿权的价值。假定违约发生时，银行与交易对手间的合约价值为 V（银行立场），当 V 大于 0 时，银行违约暴露为 V，当 V 小于等于 0 时，银行违约暴露为 0。对于银行持有的债券或贷款，该合约价值一般为正值，但是对于衍生交易，该合约价值可正可负。

(4) 违约损失率（Loss Given Default，LGD）：对手违约造成的损失率。与之相关的另一概念为回收率，即对手违约后能收回的部分风险暴露。

根据以上定义，违约发生时的信用损失可以表示为：

$$信用损失 = b \times exposure \times (1 - r) \quad (1)$$

其中：

b 是伯努力随机变量，违约发生时，该变量取 1，否则取 0。

假定违约发生的概率为 PD，则 $E[b] = PD$。

exposure 是违约发生时的风险暴露。

r 是违约回收率。

预期损失是信用损失的期望值：

$$预期损失 (EL) = E[b \times exposure \times (1 - r)] \quad (2)$$

当是否违约、违约暴露、违约损失率三者相互独立时，有以下关系：

$$\begin{aligned}预期损失 (EL) &= E[b] \times E[exposure] \times E[(1-r)] \\ &= PD \times EAD \times LGD\end{aligned} \quad (3)$$

我们称式（3）为预期信用损失模型。

（二）预期信用损失模型中的假设

由推导过程可见，预期信用损失模型假定是否违约、违约暴露、违约损失率三者相互独立，而事实往往不这么简单，例如，银行向某工厂提供贷款，贷款抵押物为该工厂生产的产品，当经济条件发生变化，工厂违约概率提高时，往往伴随着抵押物价值下跌，违约损失率同时提高，即违约概率与违约损失率正相关。再如，银行与俄罗斯某交易对手进行货币互换，换出俄罗斯卢布，换入人民币，俄罗斯货币大幅贬值，造成银行此项衍生合约价值增加（正值），银行违约暴露增加，同时，俄罗斯经济下滑，造成交易对手违约概率提高，即违约概率与违约暴露正相关。

在风险管理实践中，另行测算 WWR（Wrong Way Risk）管理此项偏差。

当预期信用损失模型应用于减值时，会计准则要求以摊余成本法，即本金减折溢价的方式计算风险暴露，故计算减值不涉及违约概率与风险暴露的相关性。

二、业界主流预期信用损失模型设计

新建预期信用损失模型需要对如下几个要素建模：违约概率及其期限结构、不同信用主体的违约相关性、违约损失率。本部分详细介绍了这些要素的模型设计思路，并分析了不同模型的优势和缺陷。

本部分首先介绍违约概率模型。其中先介绍了违约概率模型的两类假设基础——伯努力假设和泊松假设，不同的假设基础形成了不同的模型框架，但我们也注意到，当我们研究大量信用质量相同、信用风险独立的交易对手的整体信用风险的时候，伯努力假设和泊松假设趋于等价。后面又详细介绍了结构类模型、简化类模型。这部分是后文"新建违约概率模型数据检验"的理论基础和方法论。另外我们还介绍了信用风险管理领域广泛应用的统计模型，目前我国商业银行多使用统计模型构建经济周期平均违约概率模型，而此类模型中的统计方法和技术也为我们构建转换模型提供了工具。

本部分其次介绍违约概率期限结构的构建思路。单个违约概率只描述了信用主体在单一期限内的信用风险，而违约概率期限结构让债权人能够更全面地了解信用主体的信用风险。以这部分为理论基础，在后文中，我们基于转移概率对违约概率期限结构形态及其对减值计量的影响进行了简要分析。

本部分接着介绍了不同信用主体的违约相关性模型。违约相关性是计量预期信用损失的重要参数，在此，我们从理论和技术两个层面详细介绍了违约相关性模型，但是受数据限制，本课题未能就违约相关性作数据分析。

本部分又介绍了违约损失率模型。这部分是第六章所述转换模型中违约损失率模型的理论基础。

在本部分的最后我们对业界主流的预期信用损失模型的构建思路及技术特点作了简要概括。

（一）伯努力过程与泊松过程

在第一部分中，我们介绍了以伯努力过程描述的预期信用损失模型，它假设"是否违约"这一二值变量符合伯努力过程。

单次伯努力实验 $b \sim B(1, PD)$，其中 b 取 1 的概率为 PD，b 取 0 的概率为 $1 - PD$。

另一类预期信用损失模型假设同一交易对手可以多次违约，假定某交易对手在时间 t 内违约 b' 次，b' 符合泊松过程。

$b' \sim Pois(\lambda t)$，$b' \in \{0, 1, 2, 3, \cdots\}$，其中 $b' \geq 1$ 的概率为 PD，$b' = 0$ 的概率为 $1 - PD$，λ 称为违约强度（Intensity）或违约风险率（Hazard Rate）。

$$PD = P[b' \geq 1] = 1 - e^{-\lambda_t} \approx \lambda_t \tag{4}$$

而 $P[b' \geq 2]$ 是 t 的二阶无穷小。故可忽略多次违约的影响。

可以看到，交易对手不违约的概率为违约强度的负指数函数，而连续复利折现因子是折现利率的负指数函数。假定无风险折现利率为 R，远期现金流为 N，违约回收率为 0，则远期现金流的现值为：

$$e^{-R_t}(1 - PD)N = e^{-R_t}e^{-\lambda_t}N = e^{-(R+\lambda)_t}N \tag{5}$$

即违约强度反映为折现利率。

更一般地，当违约损失率为 LGD 时，远期现金流的现值为：

$$e^{-(R + \lambda \cdot LGD)_t}N \tag{6}$$

我们称 $\lambda \cdot LGD$ 为信用点差。

泊松假设告诉我们，我们可以在市场上找到违约概率和违约损失率乘积的直接报价——信用类产品的信用点差。

泊松过程可以看作伯努力过程的连续时间逼近，实际上当足够大，PD 足够小时：
$$B(n, PD) \sim Pois(PD \cdot n) \tag{7}$$
其中，$B(n, PD)$ 为 n 个独立同分布的伯努力变量的和的分布，$Pois(PD \cdot n)$ 为 n 个独立同分布的泊松变量的和的分布。即当我们研究大量信用质量相同、信用风险独立的交易对手的整体信用风险的时候，伯努力假设和泊松假设趋于等价。

（二）结构类模型、简化类模型及统计模型

1. 结构类模型

违约概率估计模型可以分为结构类模型（structural-form model）和简化类模型（reduced-form model）。结构类模型基于研究者提炼归纳出的模型，即通过分析信用事件与经济因素的关系、信用主体的特点等得到违约概率模型，而简化类模型基于数据本身（let data speak for itself）。

Black 和 Scholes 于 1973 年发表的 *The Pricing of Options and Corporate Liabilities* 以及 Merton 于 1974 年发表的 *Theory of Rational Option Pricing* 奠定了结构类模型的基础框架，此类模型使用企业杠杆率、企业价值波动率预测企业违约率，模型基于期权理论，认为当企业的价值 V_A 小于其负债价值 V_D 时，企业违约。企业的价值等于企业负债价值加企业股权价值 V_E。

$$V_A = V_D + V_E \tag{8}$$

股权价值相当于企业价值的看涨期权，负债价值就是这一期权的执行价格。

$$V_E = \max(V_A - V_D, 0) \tag{9}$$

典型的结构类模型是 Moody 的 KMV 模型，它是第一个商业化应用的结构类模型。KMV 模型通过三个步骤完成违约概率的计算：第一步，估计企业资产价值及企业资产价值的波动率，即估计 V_A 和 σ_A。第二步，利用第一步中的 V_A 和 σ_A 计算违约距离。第三步，通过违约距离计算违约概率。具体实现方法如下：

假定 V_A 服从几何布朗运动，即：

$$dV_A = \mu V_A dt + \sigma_A V_A dz \tag{10}$$

其中，μ 为企业价值的漂移率，σ_A 为企业价值的波动率，dz 为一维纳过程。
则有：

$$V_E = V_A N(d_1) - e^{-rT} V_D N(d_2) \tag{11}$$

其中：

$$d_1 = \frac{\ln\left(\frac{V_A}{V_D}\right) + \left(r + \frac{\sigma_A^2}{2}\right)T}{\sigma_A \sqrt{T}}$$

$$d_2 = d_1 - \sigma_A \sqrt{T}$$

r 为无风险利率；V_D 取负债的账面价值；V_E 取企业股票市值；$N(-d_2)$ 为无风险测度下的违约概率。

另有股权价值波动率及企业价值波动率关系式：

$$\sigma_E = \frac{V_A}{V_E} \Delta \sigma_A \tag{12}$$

其中，$\Delta = N(d_1)$，又称避险比率，σ_E、V_E 可从股票市场中取得。

式（11）和式（12）联立可以解得 V_A 和 σ_A。

计算违约距离：

$$DD = \frac{E(V_A) - DefaultPoint}{E(V_A)\sigma_A} = \frac{E(V_A) - (STD + 0.5LTD)}{E(V_A)\sigma_A} \tag{13}$$

其中，$E(V_A)$ 为预期 T 年后企业价值，STD 为企业短期负债，LTD 为企业长期负债。

最后，建立违约距离 DD 与预期违约频率 EDF 之间的关系。假定 T 年后企业价值服从正态分布，则：

$$EDF = N(-DD) \tag{14}$$

此种计算违约距离的方法简单实用，是业界常用的方法，但假定企业价值服从正态分布与之前计算 σ_A 和 V_A 时假定的企业价值服从对数正态分布不一致，在假定 V_A 服从对数正态分布的前提下，违约距离的计算公式为：

$$DD' = \frac{\ln\frac{V_A}{V_D} + \left(\mu - \frac{\sigma_A^2}{2}\right)T}{\sigma_A\sqrt{T}}$$

其中，μ 为企业价值的漂移率，即企业价值的期望收益率，此违约距离为真实测度（区别于无风险测度）的违约距离。

实际应用中，Moody 公司通过查找历史违约数据库中，相近违约距离的企业的历史违约率，得到 EDF。

另外，还有一些通过非参估计建立 EDF 与 DD 关系的方法可供参考。

下面我们回过头来看一看股权价值波动率与企业资产价值波动率的关系。关系式（12）只在瞬时成立，当杠杆率变动时，式（12）不再成立，并且式（12）计算出的违约概率与实际违约概率正好朝着相反的方向变动。当杠杆率变低时，企业资产价值波动率被高估，即企业风险被高估，从而企业违约概率被高估。当杠杆率变高时，企业资产价值波动率被低估，即企业风险被低估，从而企业违约概率被低估。实际应用中 Moody 公司设计了复杂的迭代过程，用以求解企业资产价值波动率。

以上我们以 KMV 模型为例对结构类模型作了简单介绍。

此种方法的优点是：

（1）KMV 模型基于对企业资产负债的分析，揭示企业违约的本质——资不抵债。

（2）通过观察活跃交易的股票价格及波动率，得到企业资产的价值和风险。其对违约概率的估计有活跃的市场价格做支撑，反映了市场对企业股权风险的预期，间接反映了市场对违约概率的预期，体现了当前经济状态，并具有一定的前瞻性。

（3）由于对企业的股票价格及波动率的管理具有连续性，故 KMV 模型可以连续观测企业的违约概率，具有及时性，可以用于信用劣变预警。

（4）KMV 模型不但得到了企业信用水平的排序，而且可以计算出企业的违约概率，实现了从序数到基数的突破。

此种方法的缺点是：

（1）KMV 模型对企业的负债结构及权益类型有一定的限制。

（2）KMV 模型需要企业股权价值及股权价值波动率作为输入数据，这些实时变化的市场数据使得违约概率的估计具有时效性的同时，也使得违约概率的估计值波动较大，而这些波动并不都源于企业信用状况的变化。另外违约概率的准确性也受到市场有效性的影响。

2. 简化类模型

简化类模型使用市场交易数据预测企业违约率，即 Intensity 模型。顾名思义，此类模型假设企业违约符合泊松过程，并对泊松假设中的违约强度建模。上一节中，我们谈到违约强度与折现利率扮演着相似的角色，自然地，违约强度模型可以借鉴利率模型。

其一是假设违约强度是时间的函数（非时间一致泊松过程），此类模型用于信用点差报价，构建静态信用点差曲线。曲线构建方法可参考收益率曲线构建方法。

其二是假设违约强度符合某一随机过程，即违约首达时间为一指数随机变量，而违约强度是另一随机变量，于是我们得到一个 Cox 随机过程（又称为双随机泊松过程），此类模型用于对非线性信用衍生品定价。借鉴利率的分析方法，可以使用扩散模型（例如 CIR 模型）或跳跃扩散模型（例如 JCIR 模型）模拟违约强度。另外我们可以对违约强度与短期利率的相关性作研究（例如 SSRD 模型）。

值得探讨的是，Cox 随机过程假定当截至时间 t 所有无风险市场信息都已知的情况下，0 到 t 时间段内的违约强度已知。即违约强度的随机性全部来自无风险市场。违约首达时间独立于无风险市场上的所有信息。也就是说，简化类模型是不完整的。

简化类模型计量的违约强度是风险中性测度下的违约强度，要得到真实测度下的违约强度，需要估计风险的市场价格。以 CIR 模型为例，假定在真实测度下：

$$dr_t = K(\bar{r} - r_t)dt + \sigma_r \sqrt{r_t}\, dW_t^1$$

$$d\lambda_t = \gamma(\bar{\lambda} - \lambda_t)dt + \sigma_\lambda \sqrt{\lambda_t}\, dW_t^2$$

$$\tau = \inf\left\{ t \geq 0 : \int_0^t \lambda_s ds \geq E_1 \right\}$$

τ 为违约首达时间，r_t、λ_t 分别为短期利率和违约强度。假定 W_t^1、W_t^2 为相互独立的布朗运动，E_1 为一指数分布，且 E_1 独立于 (r, λ)。记：

$N_t = 1_{\{\tau \leq t\}}$

$\mathcal{G}_t = \sigma\{r_s, \lambda_s : 0 \leq s \leq t\}$

$\mathcal{F}_t = \sigma\{r_s, \lambda_s, N_s : 0 \leq s \leq t\}$

则 $M_t \equiv N_t - \int_0^t \lambda_s ds$ 是一个鞅。

假设在等价测度 Q 下：

$$dr_t = (K\bar{r} - (k - \psi_r \sigma)r_t)dt + \sigma_r \sqrt{r_t}\, d\widetilde{W}_t^1$$

$$d\lambda_t = (\gamma\bar{\lambda} - (\gamma - \psi_\gamma \sigma)\lambda_t)dt + \sigma_\lambda \sqrt{\lambda_t}\, d\widetilde{W}_t^2$$

假定 $\widetilde{W}_t^1$、$\widetilde{W}_t^2$ 相互独立，$M_t = N_t - \int_0^t \mu \lambda_s 1_{\{N_s = 0\}} ds$ 是一个鞅。μ、ψ_r、ψ_γ 为风险的市场价格。

下面我们尝试对期限为 T 的零息债券估值，假定债券违约回收率为 0，则此债券的支付函数为 $1_{\{N_T = 0\}}$。由于我们假设测度 Q 下 r 与 λ 相互独立，此零息债券价值为：

$$\mu(t, T) = 1_{\{N_t=0\}} E_t^Q \left(\exp\left(-\int_t^T r_s ds\right) \right) E_t^Q \left(\exp\left(-\int_t^T \lambda_s ds\right) \right)$$

$$= 1_{\{N_t=0\}} \exp(A_r(T-t) - B_r(T-t)r_t) \exp(A_\lambda(T-t) - B_\lambda(T-t)\lambda_t)$$

其中，A_r、B_r、A_λ、B_λ 分别为 CIR 模型下债券价格仿射表达式中的函数。

令 $\mathcal{P}$ 测度下企业债漂移率为 μ_u，则债券的超额收益为：

$$\mu_u(t) - r_t = B_r \sigma_r \psi_r r_t + B_\lambda \sigma_\lambda \psi_\lambda \lambda_t + (\mu - 1)\lambda_t 1_{\{N_t=0\}}$$

$$= B_r \sigma_r \sqrt{r_t} \psi_r \sqrt{r_t} + B_\lambda \sigma_\lambda \sqrt{\lambda_t} \psi_\lambda \sqrt{\lambda_t} + (\mu - 1)\lambda_t 1_{\{N_t=0\}}$$

可以看到，超额收益由三部分组成：

（1）利率风险，其波动性为 $B_r \sigma_r \sqrt{r_t}$，单位波动性的风险报酬为 $\psi_r \sqrt{r_t}$。

（2）违约强度，其波动性为 $B_\lambda \sigma_\lambda \sqrt{\lambda_t}$，单位波动性的风险报酬为 $\psi_\lambda \sqrt{\lambda_t}$。

（3）违约事件，当 $\mu > 1$ 时，首达时间波动性的超额收益为正。

其中第二项和第三项均为违约风险项，当 $\psi_\lambda > 0$，$\mu = 1$ 时违约风险溢价来自违约强度，违约事件本身没有风险溢价。当 $\mu > 1$，$\psi_\lambda = 0$ 时，违约风险溢价来自违约事件，而违约强度没有风险溢价。

图 3 为简化模型下，风险测度对信用价差的影响示例。相同违约强度下，不同的风险市场价格假设，会得到不同的信用价差。图 3 中的灰色实线为真实测度下 BBB 级债券的信用价差，黑色虚线为假设 $\psi_\lambda = 0.072$，$\mu = 1$ 时的信用价差，黑色实线为假设 $\mu = 2$，$\psi_\lambda = 0$ 时的信用价差。

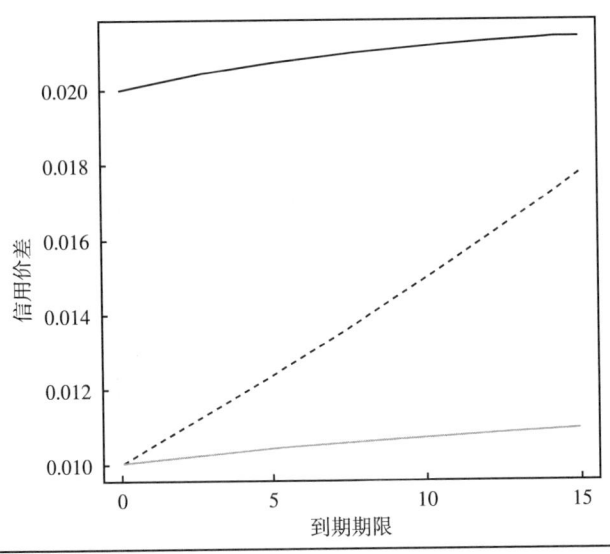

图 3　简化模型下风险测度对信用价差的影响

资料来源：转引自 David Lando. Credit Risk Modeling: Theory and Applications [M]. Princeton University Press, 2004.

同样地，如果我们已知信用价差，则在不同的风险测度下，计算出的违约概率也不同。此种方法的优点是：

（1）使用信用点差的市场报价作为输入数据，直接反映了市场对违约概率的预期，体现了当前经济状态,并隐含了前瞻性预期。

(2) 市场上 CDS 的契约长度通常涵盖了 1~10 年,而信用债的期限范围涵盖了 1~30 年,可以方便地估算违约概率的期限结构。

(3) 这种方法实施简单,对内部数据积累要求小。

(4) 由于市场上有针对主权信用风险的 CDS 及主权债,故这种方法可用于主权客户违约概率的估计。

此种方法的缺点是:

(1) 完全依赖于市场,缺少经济学理论支撑。

(2) 此种方法计量的违约概率基于风险中性测度,与真实测度下的违约概率有差别,需要进行调整。

(3) 由于市场交易价格的波动,导致估计的违约概率亦波动较大,而这些波动并不都源于企业信用风险的变化。违约概率计量结果的准确性受市场有效性影响。

(4) CDS/信用债的价格受其他因素影响,例如流动性、交割风险等。要从 CDS/信用债价差中分离出信用点差和流动性点差及其他风险点差是非常困难的,故此种方法只适用于信用衍生品流动性较高的企业。

3. 统计模型

由结构类模型的违约距离计算公式可以看到,结构类模型假定企业违约只与三个因素相关:企业资产价值、企业资产波动率(风险)、企业杠杆率。事实上,影响企业违约概率的因素有很多,例如企业资产的流动性、企业资产买卖的限制等。结构类模型很难将所有经实验验证对违约概率有影响的要素统统纳入违约距离计算公式。简化类模型可以尝试纳入更多的违约影响因素,代价是这些影响因素有可能成为外生性的影响因素。下面我们再来看一看另一类模型:统计学模型。这类模型发展最早,至今仍是违约概率模型的主力之一。

早在 1968 年,Edward Altman 提出了 Z-Score 方法,这是信用风险预测领域最早的统计学方法之一。Altman 通过对企业是否违约,及企业财务比率的统计分析,从 22 个财务比率中选取了 5 个,分别赋予不同权重,构成对企业的信用质量的分值函数。Altman 采用的统计学方法为判别分析法,假定所有企业分为两个组,一组为在相关时间段内违约的企业,另一组为在相关时段内不违约的企业。假定有 m 个样本,其中有 D 个企业违约,其财务指标表示为 $(x_1^1, \cdots, x_D^1)$,有 N 个企业未违约,其财务指标表示为 $(x_1^0, \cdots, x_N^0)$,两组分别符合正态分布 ϕ_0、ϕ_1,均值分别为 μ^0、μ^1,协方差为 Σ,即 $\phi_i \sim N(\mu^i, \Sigma)$。假设我们已知真实的影响因素敏感性(即指标参数),同时我们知道企业属于第 i 组的概率为 q_i,而 $c(0|1)$ 为我们错误地将违约企业分入未违约企业的罚函数,$c(0|1)$ 为我们错误地将未违约企业分入违约企业的罚函数。我们使用的决策规则是如果企业的财务指标属于 R_i,则该企业分入 i 组。$p(i|j)$ 为我们将属于 j 组的企业划入 i 组的概率。即:

$$p(i|j) = \int_{R_i} \phi_j(x)dx, \ i = 1, 2; \ j = 1, 2$$

错分类的罚函数为:

$q_1 p(0|1) c(0|1) + q_0 p(1|0) c(1|0)$

Anderson (1984) 推导了使得错分类罚函数最小的判别式的形式为:

$$d(x) = x'\Sigma^{-1}(\mu^0 - \mu^1) - \frac{1}{2}(\mu^0 - \mu^1)'\Sigma^{-1}(\mu^0 - \mu^1)$$

$$K = \frac{q_1 c(0|1)}{q_0 c(1|0)}$$

当 $d(x) \geq \ln(K)$ 时将企业划入 0 组，当 $d(x) < \ln(K)$ 时将企业划入第 1 组。

如果使用极大似然方法，令：

$$p(x) := P[Y=1|X=x] = \frac{q_1 \phi_1(x)}{q_0 \phi_0(x) + q_1 \phi_1(x)}$$

则有：

$$\frac{p(x)}{1 - p(x)} = \frac{q_1 \phi_1(x)}{q_0 \phi_0(x)}$$

即：

$$\text{logit}(p(x)) = \text{logit}(q_1) + \left(x - \frac{\mu^1 + \mu^0}{2}\right)' \Sigma^{-1}(\mu^1 - \mu^0)$$

$$= \text{logit}(q_1) - \left(\frac{\mu^1 + \mu^0}{2}\right)' \Sigma^{-1}(\mu^1 - \mu^0) + x'\Sigma^{-1}(\mu^1 - \mu^0)$$

$\text{logit}(q_1) - \left(\frac{\mu^1 + \mu^0}{2}\right)' \Sigma^{-1}(\mu^1 - \mu^0)$ 为常数项，$\Sigma^{-1}(\mu^1 - \mu^0)$ 为财务指标的敏感性向量。

虽然判别分析法简单有效，但要求两组指标集分别符合正态分布显然是苛刻的，实验证明当指标集不符合正态分布时，判别分析法是不鲁棒的。

这之后随着统计技术的长足发展，逻辑（Logit）回归方法逐渐成熟起来。

用变量 Y 表示企业在某一时间段内是否违约，$Y = 1$ 表示企业违约，$Y = 0$ 表示企业未违约。Y 服从伯努力分布，令 $p = P(Y = 1)$。

$$P(Y; p) = p^Y(1-p)^{1-Y} = \exp(Y\ln p + (1-Y)\ln(1-p))$$

$$= \exp\left(\left(\ln\left(\frac{p}{1-p}\right)\right)Y + \ln(1-p)\right)$$

即 Y 可以表示成以 $\text{logit}(p) = \ln\left(\frac{p}{1-p}\right)$ 为参数的指数分布，$p = \frac{e^{\text{logit}(p)}}{1 + e^{\text{logit}(p)}}$。对 $\text{logit}(p)$ 作回归：

$$\text{logit}(p) = \alpha + \beta_1 x_1 + \beta_2 x_2 + \cdots + \beta_k x_k$$

令 $\beta = [\beta_1, \beta_2, \cdots, \beta_k]^T$，第 i 个样本企业的财务指标表示为 $x^i = [x_1^i, x_2^i, \cdots, x_k^i]^T$，$y_i = 1$ 表示第 i 个样本企业违约，$y_i = 0$ 表示第 i 个样本企业未违约。伯努力假设下的似然函数为：

$$L(\alpha, \beta) = \prod_{i=1}^{m} \left(\frac{\exp(\alpha + \beta' x^i)}{1 + \exp(\alpha + \beta' x^i)}\right)^{y_i} \left(\frac{1}{1 + \exp(\alpha + \beta' x^i)}\right)^{1-y_i}$$

$$= \prod_{i=1}^{m} \left(\frac{1}{1 + \exp(\alpha + \beta' x^i)}\right) \exp(\alpha s + \beta' SP)$$

其中 $S = \sum_{i=1}^{m} y^i$，$SP = \sum_{i=1}^{m} y_i x^i$。这里需要一些数值求解方法。故 Logit 回归较判别分析法计算复杂度高。

以上我们介绍了 Logit 回归法。如果假定 Y 服从高斯分布，就是 Probit 回归。Logit 回归较 Probit 回归尾部更厚。

我们还可以在泊松假设下对违约风险率/违约强度进行回归。

此种方法的优点是：

（1）其所需数据为企业财务指标、宏观经济因素等，数据与企业信用状况相关性明显，且波动较小，减少了评级数据的波动。

（2）模型所需数据不依赖于高度发达的金融市场，是一些市场不够成熟、金融产品种类少、流动性小的发展中国家的不二选择。

此种方法的缺点是：

（1）其输入数据为企业财务指标、宏观经济因素等，这些数据更新滞后，使得模型的实效性较低。

（2）企业财务指标数据来自企业内部，而企业有美化其财务数据的动机，这使得数据会有人为的偏差。

（3）不同企业对财务指标的计算口径会有差别，不同机构对宏观经济因素的计算口径也会有差别，使得原始数据可比性降低，影响评级结果的准确性。

（三）违约概率期限结构

如果我们需要计量某个债项整个生命周期的违约概率，就需要构建违约概率期限结构，其本质是计量信用主体在不同期限内的违约概率。对此，我们设计了以下几种解决方案。

1. 基于 EDF 的全生命周期估计

用 KMV 模型计算不同期限的 EDF，从而得到违约概率的期限结构。这种方法的优缺点与用 KMV 模型计量 PD 的优缺点相同。

2. 基于历史转移率的全生命周期估计

假定评级系统将企业划分为 n 个，t 至 t+1 转移矩阵为 $M^t = \{m_{ij}^t, i, j = 1, \cdots, n\}$，$m_{ij}^t$ 是 t 至 t+1 内企业由评级 i 转为评级 j 的概率。0 至 T 的转移矩阵为：

$$M = \prod_{t=1}^{T-1} M^t$$

$$PD_T = M \cdot PD$$

其中 $PD_T = (PD_{1T}, PD_{2T}, \cdots, PD_{nT})^T$，$PD_{iT}$ 为当前评级为 i 的企业在第 T 年违约的概率。$PD = (PD_1, PD_2, \cdots, PD_n)^T$，$PD_i$ 为当前评级为 i 的企业在下一年违约的概率。

使用历史数据估计 M^t，可以得到一个历史平均转移矩阵，进而对全生命周期违约概率进行估计，这种方法实现简单，但是没有反映经济因素当前状态，更缺少前瞻性考虑。鉴于我国商业银行信用评级体系建立时间尚短，缺少足够的数据支撑的现状，可以用此方案对全生命周期违约概率进行近似估计。

3. 基于信用点差曲线的全生命周期估计

用信用点差期限结构计算不同期限的违约概率，从而得到违约概率的期限结构。这种方法的优缺点与用简化模型计量 PD 的优缺点相同。

4. 基于宏观经济因素变动的全生命周期估计

通过引入宏观经济因素时间序列分析，预测未来宏观经济状态：

$$X_{s,k,t} = \theta_{k,0} + \sum_{j=1}^{t_0} \theta_{k,j} X_{s,k,t-j} + \gamma_{s,k,t}$$

其中，$X_{s,k,t}$ 为 t 时刻影响 s 领域信用状况的第 k 个宏观经济指标，$\theta_{k,0}$ 为常数项，$\theta_{k,j}$ 为第 j 阶自回归项的敏感性系数，$\gamma_{s,k,t}$ 为残差。

影响 s 领域信用状况的宏观经济因素可表示为：

$$Y_{s,t} = w_{s,0} + \sum_{k=1}^{K} w_{s,k} X_{s,k,t} + \varepsilon_{s,t}$$

其中，$w_{s,0}$ 为常数项，$w_{s,k}$ 为 $X_{s,k,t}$ 的敏感性系数，$\varepsilon_{s,t}$ 为残差。

使用 Logit 变换计算违约概率：

$$P_{s,t} = \frac{1}{1 + \exp(Y_{s,t})}$$

这种方法考虑了经济因素的周期性变化，得到的全生命周期违约概率具有前瞻性。这里借用 Scott D. Aguais（2004）的研究成果，说明当前经济状态及在经济周期中所处阶段对违约概率的影响。该论文假定影响企业信用评级转移矩阵的宏观经济因素为 z_t：

$$z_{t+1} = bz_t + \sqrt{1-b^2}\, e_t$$

$0 < b < 1$

$e_t \sim \phi(0, 1)$

图 4 为 z_t 的一条模拟路径：

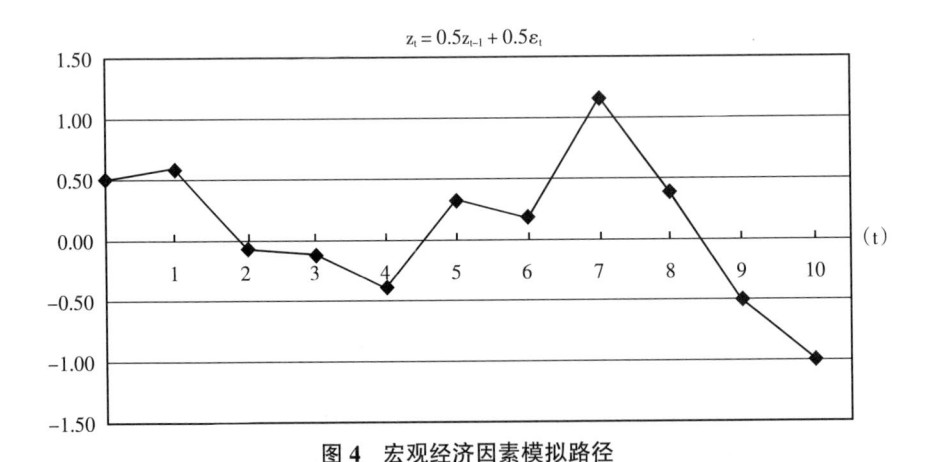

图 4 宏观经济因素模拟路径

在 z_t 的条件下，企业由 t 时刻的评级 j_t 转移为 t + n 时刻的评级 j_{t+n} 的条件分布为：

$$P(j_{t+n}|j_t,\ z_t) = \left[\int_{-\infty}^{\infty} \cdots \int_{-\infty}^{\infty} \prod_{i=1}^{n} M(z_{t+i}) \phi(z_{t+1}, \cdots, z_{t+n}|z_t) dz_{t+1} \cdots dz_{t+n} \right] u(j_t)$$

其中 $M(Z_t)$ 为 t 时刻 z_t 条件下的转移矩阵，$u(j_t)$ 为一向量，其第 j_t 个元素为 1，其余元素为 0。即：

$$u(j_t) = (0, \cdots, 0, 1, 0, \cdots, 0)^T$$

Scott D.Aguais（2004）对当前经济处于经济峰值 z = 1 和经济低谷 z = –1 两种情景分别做了模拟。图 5 中，浅灰色柱状图为当前处于经济峰值时，5 年后企业信用评级直方图，深灰色柱状图为当前处于经济低谷时，5 年后企业信用评级直方图。可见，当前经济处于低谷时，5 年后企业信用评级更低，违约率也更高。图 6 中，深灰色折线为当前处于经济峰值时的累积违约概率曲线，浅灰色折线为当前处于经济低谷时的累积违约概率曲线。可见，当前经济处于低谷时累积违约概率更大。

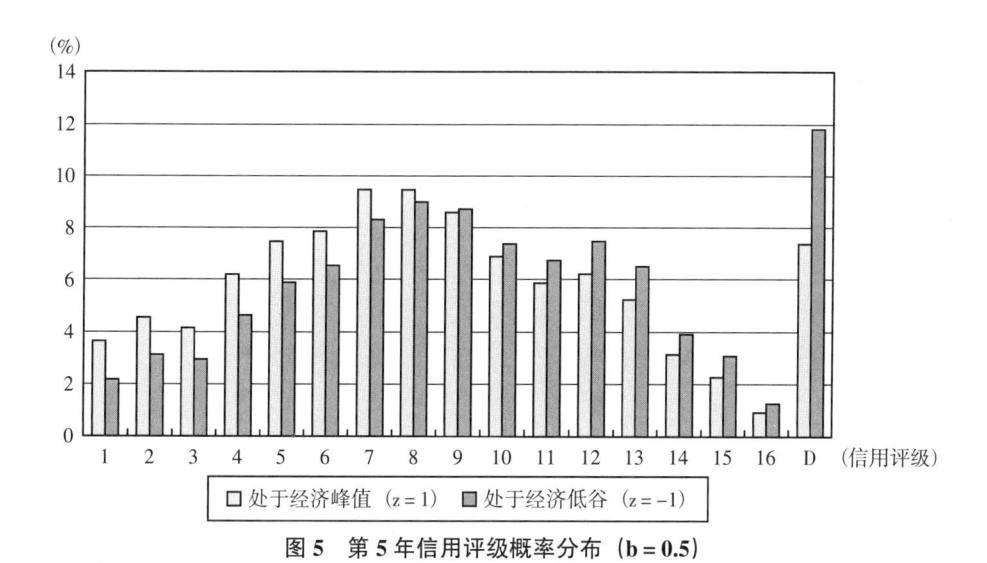

图 5　第 5 年信用评级概率分布（b = 0.5）

图 6　累积违约概率（b=0.5）

以上分析表明，当前经济在整个经济周期中所处的相对位置确实影响了企业评级转移矩阵及企业的全生命周期违约概率。故而对宏观经济进行前瞻性研究，并将经济预测纳入预期信用损失模型可以更加准确地反映银行资产在整个生命周期内的风险。但是，对经济因素的时间序列分析是本方法实施的一大难点。数据储备不足，数据统计口径及方法的变化都影响着分析的结果。经济也并不严格按照一定的频率、幅度、形态周期性变化，众多的不确定因素使得经济预测的准确性堪忧。

(四) 相关性研究

违约相关性的研究是十分必要的,如果已知违约相关性,就能对信用主体的同时违约进行估计,从而估计银行在同时违约的情况下的损失。但是相关性研究仍存在很多问题,最主要的就是相关性模型的参数很难校准。

这里我们简单介绍几种主流的研究思路。

1. 同质贷款组合模型

所谓同质贷款组合,即假定贷款组合内所有信用主体的违约概率相同,并且违约相关性相同。

在伯努力假设下 $L_i \sim B(1; p)$,p 的分布函数为 F。

$$\mathbb{P}[L_1 = l_1, \cdots, L_m = l_m] = \int_0^1 p^k(1-p)^{m-k} dF(p)$$

其中 $k = \sum_{i=1}^m l_i$,$l_i \in \{0, 1\}$。

$$\mathbb{P}[L = k] = \binom{m}{k} \int_0^1 p^k(1-p)^{m-k} dF(p)$$

组合内信用主体的违约概率为:

$$\bar{p} = \mathbb{P}[L_i = 1] = \mathbb{E}[L_i] = \int_0^1 p dF(p)$$

组合内任意两个信用主体间的违约相关系数为:

$$\rho = \text{Corr}[L_i, L_j] = \frac{\mathbb{P}[L_i = 1, L_j = 1] - \bar{p}^2}{\bar{p}(1-\bar{p})} = \frac{\int_0^1 p^2 dF(p) - \bar{p}^2}{\bar{p}(1-\bar{p})}$$

$$\rho = \frac{\mathbb{V}(p)}{\bar{p}(1-\bar{p})}$$

其中 $i \neq j$。

在泊松假设下 $L_i' \sim \text{Pois}(\lambda)$,$\lambda$ 的分布为 F'。

$$\mathbb{P}[L_1' = l_1', \cdots, L_m' = l_m'] = \int_0^\infty e^{-m\lambda} \frac{\lambda(l_1' + \cdots + l_m')}{l_1'! \cdots l_m'!} dF'(\lambda)$$

$$\mathbb{P}[L' = k] = \int_0^\infty e^{-m\lambda} \frac{m^k \lambda^k}{k!} dF'(\lambda)$$

组合内信用主体的违约概率为:

$$\bar{p} = \mathbb{P}[L_i' \geq 1] = \int_0^\infty (1 - e^{-\lambda}) dF'(\lambda)$$

组合内任意两个信用主体间的违约相关系数为:

$$\rho = \text{Corr}[L_i', L_j'] = \frac{\mathbb{V}(\lambda)}{\mathbb{V}(\lambda) + \mathbb{E}(\lambda)}$$

其中 $i \neq j$。

2. Copula 模型

Copula 函数是一个多元分布函数，其边际分布函数为标准均匀分布。即：

$C(u_1, \cdots, u_m): [0, 1]^m \to [0, 1]$

根据 Sklar 定理，令 F 为 m 元分布函数，其边际分布函数为 $F_1, \cdots, F_m$，则存在一个 Copula 函数 C，使得：

$F(x_1, \cdots, x_m) = C(F_1(x_1), \cdots, F_m(x_m)), (x_1, \cdots, x_m \in \mathbb{R})$

如果 $F_1, \cdots, F_m$ 是连续的，则 C 唯一。最常用的是高斯 Copula 模型，即 F_i 为一元高斯分布，F 为多元高斯分布：

$C(u_1, \cdots, u_m) = N_m[N^{-1}[u_1], \cdots, N^{-1}[u_m]; \Gamma]$

其中，$N^{-1}[\cdot]$ 为累积正态分布的反函数，$N_m[\cdot; \Gamma]$ 为累积正态分布函数，Γ 为 m 元随机变量的相关系数矩阵，$\Gamma = (\rho_{ij})_{1 \leq i,j \leq m}$。

KMV 模型和 Credit Metrics 模型均使用高斯 Copula 模型，假定企业资产价值的对数回报率服从正态分布，$r_i = \ln(A_T^i/A_0^i) \sim N(0, 1)$。以单因素模型为例，$r_i$ 可以写为：

$r_i = \sqrt{\rho_i} Y + \sqrt{1 - \rho_i} z_i \quad (i = 1, \cdots, m)$

其中 $Y \sim N(0, 1)$ 为影响企业违约状态的公共因子，$z_i \sim N(0, 1)$ 为只影响企业的因子。$\sqrt{\rho_i \rho_j}$ 为企业 i 与企业 j 之间的相关系数。

假定企业 i 在 T 时刻之前违约的概率为 $P_i(T)$，在高斯 Copula 模型下，当 $N(r_i) < P_i(T)$ 时，违约在 T 时刻之前发生，即：

$\sqrt{\rho_i} Y + \sqrt{1 - \rho_i} z_i < N^{-1}(P_i(T))$

$z_i < \dfrac{N^{-1}(P_i(T)) - \sqrt{\rho_i} Y}{\sqrt{1 - \rho_i}}$

即在给定公共因子 Y 的条件下，企业 i 在 T 时刻之前违约的概率为：

$P_i(T|Y) = N\left(\dfrac{N^{-1}(P_i(T)) - \sqrt{\rho_i} Y}{\sqrt{1 - \rho_i}}\right)$

3. 基于随机过程相关性的模型

假定违约强度服从以下随机过程：

$d\lambda(t) = k(\theta - \lambda(t))dt + \sigma\sqrt{\lambda(t)} dB(t) + \Delta J(t)$

其中，B(t) 是一个标准布朗运动，J(t) 为一跳跃过程，其跳跃幅度为一均值为 μ 的指数分布，跳跃幅度大于 0，而跳跃的时间为一个跳跃到达率为 ℓ 的泊松过程，跳跃幅度与跳跃时间相互独立。J 与 B 相互独立。此随机过程共有五个参数 $(\kappa, \theta, \sigma, \mu, \ell)$。其均值回归系数为 κ，长期均值 $\bar{m} = \theta + \ell\mu/\kappa$。

企业的无条件存活概率（Survival Probability）为：

$q(t) = \mathbb{E}\left[e^{-\int_0^t du\lambda(u)}\right]$

企业在时间 t 之前未违约的条件下，再存活时间 s 的概率为：

$q(s+t|t) = \mathbb{E}_t\left[e^{-\int_t^{t+s} du\lambda(u)}\right]$

此条件概率有显式解：

$$q(s+t|t) = e^{\alpha(s)+\beta(s)\lambda(s)}$$

我们知道,两个基本仿射跳跃扩散过程之和仍为基本仿射跳跃扩散过程,故我们将违约强度写为:

$$\lambda_i = X_c + X_i$$

其中 X_c 为一个以 $(\kappa_c, \theta_c, \sigma_c, \mu_c, \ell_c)$ 为参数的基本仿射跳跃扩散过程,代表影响违约强度的公共因子。X_i 为一个以 $(\kappa_i, \theta_i, \sigma_i, \mu_i, \ell_i)$ 为参数的基本仿射跳跃扩散过程,代表只影响企业的违约强度的因子。X_c 与 $X_1, \cdots, X_N$ 相互独立。企业对公共因子的敏感性即体现了企业间的相关性。

(五) 违约损失率

受数据限制,业界对违约损失率的研究不像对违约概率的研究那样热衷。很多违约损失模型的设计者选择使用常定的违约损失率。这里我们简要介绍几种违约损失率模型。

1. 逻辑回归

Hamerle (2006) 提出用 Logit 变换将 LGD 从 [0, 1] 转换到 $(-\infty, +\infty)$:

$$y^{Ham} = \ln\frac{LGD}{1-LGD}$$

我们以企业财务指标以及债项条款、抵押担保信息等为自变量,对 y^{Ham} 进行普通最小二乘回归,再进行逆 Logit 变换,可以得到 LGD 的估计。

2. 贝塔模型

Moody 公司的 KMV 模型假定 LGD 服从贝塔分布。贝塔分布的概率密度函数为:

$$f(x) = \frac{(x-a)^{p-1}(b-x)^{q-1}}{B(p,q)(b-a)^{p+q-1}}$$

$$B(p,q) = \frac{\Gamma(p)\Gamma(q)}{\Gamma(p+q)}$$

其中 $\Gamma(\cdot)$ 为 Gamma 函数,$x \in [a, b]$,$p, q > 0$ 为形状参数。

由于 $LGD \in [0, 1]$,故 LGD 服从标准贝塔分布:

$$f(LGD) = Beta(LGD) = \frac{LGD^{p-1}(1-LGD)^{q-1}}{B(p,q)}$$

令 μ 为样本集的均值,σ 为样本集的方差,则 $p = \frac{\mu^2(1-\mu)}{\sigma^2} - \mu$,$q = \frac{1}{\mu} - 1$。

若 ϕ 为以 μ 为均值,σ 为方差的正态分布的累积函数,如下转换得到一个服从正态分布的变量:

$$y^{KMV} = \phi^{-1}(Beta(LGD))$$

与逻辑回归模型同样,我们以企业财务指标以及债项条款、抵押担保信息等为自变量,对 y^{KMV} 进行普通最小二乘回归,得到 LGD 的估计:

$$\widehat{LGD} = Beta^{-1}(\phi(y))$$

3. 双贝塔模型

鉴于 LGD 的分布具有双峰特点,即某些样本集中在一个小损失附近,某些样本集中在一个大损失附近,Stefan 等 (2010) 提出了用一个左偏的贝塔分布和一个右偏的贝塔分布的组合模拟 LGD 的模型。令左偏贝塔分布的参数为 (p_1, q_1),均值为 μ_1,方差为 σ_1:

$$f_1(v) = Beta_1(v) = \frac{v^{p_1-1}(1-v)^{q_1-1}}{B(p_1, q_1)}$$

右偏贝塔分布的参数为(p_2, q_2)，均值为μ_2，方差为σ_2：

$$f_2(v) = Beta_2(v) = \frac{v^{p_2-1}(1-v)^{q_2-1}}{B(p_2, q_2)}$$

组合分布：

$$f(v) = \omega_1 f_1(v) + (1-\omega_1) f_2(v)$$

我们首先要估计参数$\theta = (p_1, q_1, p_2, q_2, \omega_1)$，双贝塔模型的参数不再有解析解，我们使用极大似然法估计θ。假设有 n 个样本，似然函数可写为：

$$L_{ML} = \prod_{i=1}^{n} f(v_i) = \prod_{i=1}^{n} (\omega_1 f_1(v_i) + (1-\omega_1) f_2(v_i))$$

$$\ln(L_{ML}) = \sum_{i=1}^{n} \ln(\omega_1 f_1(v_i) + (1-\omega_1) f_2(v_i))$$

使用 Newton–Raphson 方法可迭代求解使得$\ln(L_{ML})$最大的参数θ。

经济指标回归的步骤与前两种方法相似，不再赘述。

（六）业界主流预期信用损失模型概览

在这一部分的最后，我们对业界主流的预期信用损失模型的构建思路及技术特点做一总结（见表2）。

表 2　业界主流预期信用损失模型

	KMV	Credit Metrics	Credit Portfolio View	Credit Risk+	Intensity Model
风险源	企业资产价值随机过程	企业资产价值随机过程	宏观经济因素	违约强度	违约强度随机过程
风险定义	违约距离	负债价值	负债价值	是否违约	是否违约
风险度量	违约距离的连续度量	评级上调/下调/违约	评级上调/下调/违约	是否违约	是否违约
转移概率	通过 EDF 计算	历史评级调整信息	宏观经济因素的随机变动	无	无
相关性	资产价值因素模型	股权价值因素模型	宏观经济因素相关模型	行业相关模型	违约强度随机过程相关性
违约损失率	Beta 分布模型/常定法	Beta 分布模型/常定法	实验校准的随机过程	常定（随机调整）	常定

三、经济周期平均违约概率与时点违约概率

近年来，业界逐渐开始关注违约概率的属性，并对经济周期平均违约概率（TTC_PD）和时点违约概率（PIT_PD）进行了一系列的研究，一些机构开始尝试搭建 PIT 与 TTC 双重违约概率计量系统。下面，我们主要关注以下几个问题：

（一）前文中的 PD 是 TTC 的还是 PIT 的？

违约概率模型的结果是经济周期平均值（TTC）还是时点值（PIT），主要取决于在模型实施过程中使用了哪些数据。如果用于校准模型的数据是时点值，即校准数据反映了当前经济状况，则模型的参数也反映了当前经济状况，校准后的模型估计出的 PD 就是 PIT_PD。如果用于校准模型的数据是历史数据，即校准数据反映了整个经济周期的平均状态，则模型的参数也反映了整个经济周期的平均状态，校准后的模型估计出的 PD 就是 TTC_PD。很多模型都不是纯粹的 PIT 模型或 TTC 模型，而是两者的混合。实验研究表明，外部评级机构的评级结果是混合的 PD 估计，其评级结果 75%~80% 体现了经济周期平均状态，另有 20%~25% 体现了时点状态。

具体到上一节中的 PD 模型：

KMV 模型中数据源有企业股票价值、股票波动率、无风险利率、企业负债结构。这些数据都可以取到时点数，所以如果算法最后一步违约距离（DD）与预期违约频率（EDF）的映射关系采用正态假设公式法，理论上讲 KMV 模型可以得到 PIT_PD。但是如果构建 DD 与 EDF 映射关系时采用历史数据进行回归，则得到的 EDF 可能会带有 TTC 的性质，而此时 EDF 究竟带有多大比例的 TTC 性质，还要看校准数据中是否有能够描述时点经济状态的数据。

Intensity 模型的数据源为信用价差的市场价格，在活跃的市场中，信用价差体现了市场参与者对当前及未来经济状态的预期，故我们认为 Intensity 模型对违约概率的估计是时点值。

统计模型的数据源是历史违约率、企业财务状况、负债性质、担保条款、宏观经济指数等数据。模型得出的违约概率更偏向于 PIT 还是 TTC 要看使用的数据源更偏向于当前时点经济状态还是经济周期平均。

（二）PIT_PD 与 TTC_PD 双计量系统

一般商业银行的信用风险管理部门已经在 Basel II 指导下构建了 TTC_PD 模型，实现 PIT_PD 与 TTC_PD 双计量系统只需构建 PIT_PD 模型。我们现在有两个选择，一是直接构建 PIT_PD 模型，二是构建转换模型，将 Basel II 下的 TTC_PD 转换为 PIT_PD。

如果新建 PIT_PD 模型，我们可以选择 KMV 模型或者 Intensity 模型。直接构建 PIT_PD 模型的优点是有实时的市场价格做支撑，有成熟的模型框架做指导。但是就我国的市场环境来看，直接构建 PIT_PD 模型仍有一些障碍。

KMV 模型的输入数据中股票价值受股票流动性、市场情绪等的影响巨大，尤其是在中国这样的资本市场有待进一步发展成熟的新兴市场，企业股票价格的价值发现能力有限，价格波动率大，极大地影响了数据质量。另外，我国市场上没有股票期权交易，股票价值的波动率只能使用历史波动率，而不能使用股票期权的隐含波动率，这样输入数据股票波动率就带有一定的历史平均意义了。更重要的是某些贷款客户没有发行股票，故这种方法不能覆盖所有信用主体。另外，受模型结构的限制，该模型对企业的负债种类、股票种类有一定的要求。

Intensity 模型的输入数据为信用价差，国际同业普遍采用 Intensity 模型计量信用价值调整（CVA & DVA），鉴于国际市场上信用违约互换（CDS）交易非常活跃，同业采用CDS价格作为Intensity模型的输入数据。中国目前没有信用违约互换交易，可以考虑使用信用债的信用点差作为Intensity模型的输入数据，但是，信用债的交易一般没有CDS交易活跃，故信用债的流动性溢价不可忽略，且其流动性溢价因信用主体、债项剩余期限、债项发行时间等因素不同而产生极大差异。信用债的收益率与无风险收益率的点差中究竟有多少属于流动性溢价，多少属于信用点差是很难定量估计的。另外，也不是每个贷款客户均有公开发行且流动性佳的债券。

据上述分析可知，直接构建PIT模型在中国市场环境下是有实际困难的，其困难就在于所需要的市场数据很难获取。即使我们有条件取得可靠的市场数据，直接构建PIT模型也存在着天然的缺陷。由于市场数据在交易过程中在不断地变化，而价值发现的过程也是在波动中逼近内在价值，甚至市场价格在一定时间内偏离其内在价值。所以利用市场交易数据直接构建PIT模型必然造成所估计的PIT_PD随着市场交易价格的波动而频繁波动，而这种波动并不都是因为企业信用状况的变化而引起的，其中必然附加了供求关系导致的噪声。这些噪声引起的减值的频繁波动并不是我们所希望的。

如果选择构建TTC-to-PIT转换模型，我们可以利用Basel II的理论成果及实施经验，避免减值结果的频繁波动。但是对TTC-to-PIT转换模型的研究仍处于起步阶段，没有成熟的模型框架能够借鉴。从数据上来讲，我们可以看到新建PIT_PD模型可以使用公开市场数据作为模型输入，而构建TTC-to-PIT转换模型需要银行自身有较长的内部信用数据积累历史，并且要求模型构建者对原有TTC_PD模型有一定的了解。最重要的是转换模型要求对宏观经济进行预测，这对模型使用者提出了相当高的要求。

表3从模型和输入数据两个方面比较了新建模型和转换模型各自的优劣。在后文中我们将选取实例，对两种方法作更深入的比较分析。

表3 新建模型 vs 转换模型

		新建模型	转换模型
模型	研究基础	较成熟	起步阶段
	适用范围	金融市场有相应的产品并且流动性佳	内部信用风险管理基础
数据	数据来源	市场	内部、宏观经济指标
	历史数据	不要求	要求有较长的内部数据积累
	数据可靠性	市场干扰、其他风险溢价	宏观经济预测准确性
	数据波动性	高	低
	数据覆盖性	不能全面覆盖	能够全面覆盖
业界的普遍选择		×	√

（三）TTC-to-PIT转换模型构建方法概览

近年来业界对PIT_PD和TTC_PD的研究逐渐深入，而TTC_PD到PIT_PD的转换模型也多种多样。大致的思路都是在TTC_PD模型中加入代表宏观经济状态/行业经济状态的参数，从而将整个经济周期平均PD转换为当前经济状态下的时点PD。

Scott（2004）介绍了一种基于Credit Metrics单因子模型的TTC-to-PIT转换方法。假定对应每一评级的 PIT_PD 受单一的经济风险因子影响。

首先，我们利用历史数据反解经济风险因子。已知每一评级的长期平均违约概率和历年违约概率，则：

$$z_{gt} = \frac{F^{-1}(PD_g) - \sqrt{1-\rho}\, F^{-1}(PD_{gt})}{\sqrt{\rho}}$$

其中，z_{gt} 为评级为 g 的企业在 t 时段内的经济风险因子，F 为标准正态分布的累积分布函数，ρ 为相关系数，PD_g 为评级为 g 的企业的长期平均违约概率，PD_{gt} 为评级为 g 的企业在 t 时段内的违约概率。

其次，我们计算各个评级的经济风险因子的平均数，得到一个代表违约周期的时间序列：

$$z_t = \frac{\sum_{g=1}^{N} z_{gt}}{N}$$

其中，N 为评级系统的评级个数。

最后，我们可以利用上一步中代表违约周期的时间序列将 TTC-PD 转换为 PIT-PD，即：

$$PD_{gt} = F\left(\frac{F^{-1}(PD_g) - \sqrt{\rho}\, z_t}{\sqrt{1-\rho}}\right)$$

Gaurav（2015）介绍了一种类似的转换模型，在此模型中，Gaurav 引入了经济指标的变化量。

$$PIT\_PD_{i,t} = F\left(-\frac{DD_{i,t} + b \cdot DDGAP_{I(i),R(i),t} + \Delta DDGAP_{I(i),R(i),t}}{\sqrt{1-\rho}}\right)$$

其中，$PIT\_PD_{i,t}$ 是企业 i 在时刻 t 的时点违约概率，F 是标准正态分布的累积分布函数，$DD_{i,t}$ 是企业 i 在时刻 t 的违约距离，$DDGAP_{I(i),R(i),t}$ 是企业 i 所在行业 I(i) 和地区 R(i) 的信用周期指数在 t 时刻的值，它度量了当前信用状况与长期平均信用状况的差。$\Delta DDGAP_{I(i),R(i),t}$ 是企业 i 所在行业 I(i) 和地区 R(i) 的信用周期指数在 t−1 至 t 内的变化。b 为信用周期指数的回归系数，b 越大 $DD_{i,t}$ 越接近于长期平均值，当 b = 1 时，$DD_{i,t}$ 就是 TTC 的违约距离。ρ 为相关系数。

四、新建模型与转换模型的数据检验

接下来我们通过一些实例对 IFRS9 下违约损失率模型进行数据检验。

在第一部分中，我们以银行内部信用风险管理数据为依托，对转换模型的适用性进行了数据检验。

在第二部分、第三部分中，我们尝试新建 PIT_PD 模型。

在第二部分中，我们以债券价差为输入数据构建简化模型，并与实际 PIT_PD 数据进行比较。

在第三部分中，我们构建 KMV 模型（结构类模型），并与实际 PIT_PD 数据进行比较。

通过前三部分的实践分析，我们认为构建转换模型是符合我国国情的。

在第四部分中，我们通过对迁徙矩阵的观察，分析了违约概率期限结构的形态对减值计提的影响。

（一）信用评级及其波动

本课题选取×银行×地区内部评级系统 2007 年 12 月至 2014 年 12 月的数据进行研究。×银行×地区在 2007 年至 2014 年客户群体无显著变化，则其历年内部评级平均违约概率反映了×银行×地区客户群体评级变化，该数据为 Basel 下一年期经济周期平均违约概率，即 TTC_PD。另外我们统计了同一客户群体历年真实违约概率，并以此作为一年期时点违约概率的替代值，即 PIT_PD。图 7 为 TTC_PD 与 PIT_PD 的时间序列图，数据采样频率为季度，共计 29 个样本点。从图中可以看出，TTC_PD 随时间变化很小，而 PIT_PD 以 TTC_PD 为均值波动。

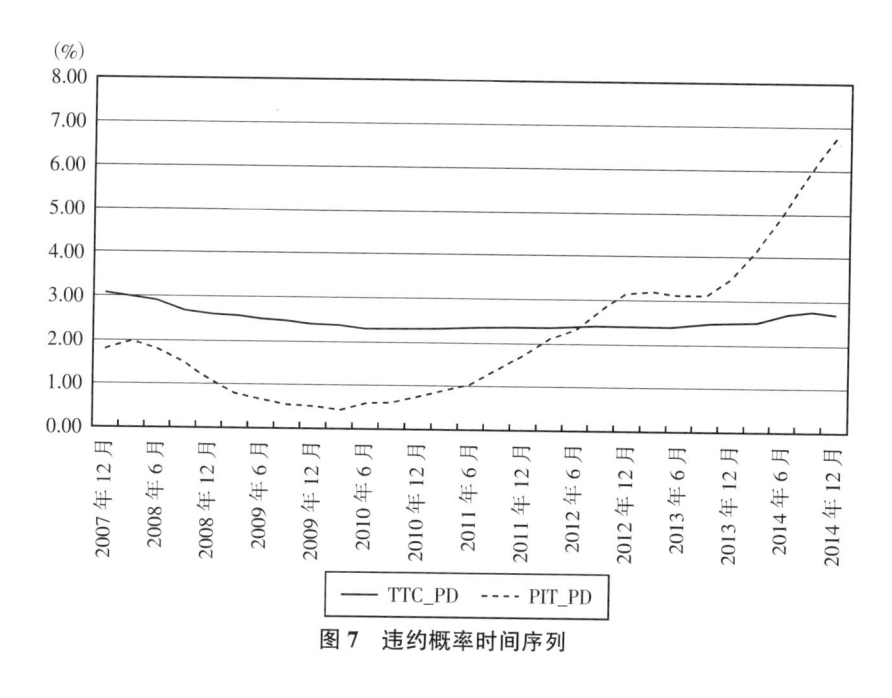

图 7　违约概率时间序列

我们分别对 TTC_PD 和 PIT_PD 进行了傅立叶变换，[①] 如图 8 所示，可以看到，两条频谱在 0Hz 处相交，即 TTC_PD 与 PIT_PD 频谱有相同的常数项，也就是说 TTC_PD 与 PIT_PD 在时域中有相同的均值。为了便于分析，我们将频谱图中的常数项去掉，并放大 0~2Hz（周期半年以上）的频谱，如图 9 所示，可以看到 PIT_PD 的震动幅度明显大于 TTC_PD。但是，不论 TTC_PD 还是 PIT_PD，其频谱中的高频分量都很小，即×银行客户违约概率在时域中没有突变。

---

① 本课题中的实验使用 Matlab 的 FFT 函数进行傅立叶变换，使用 Matlab 的 IFFT 函数进行傅利叶变换逆变换。

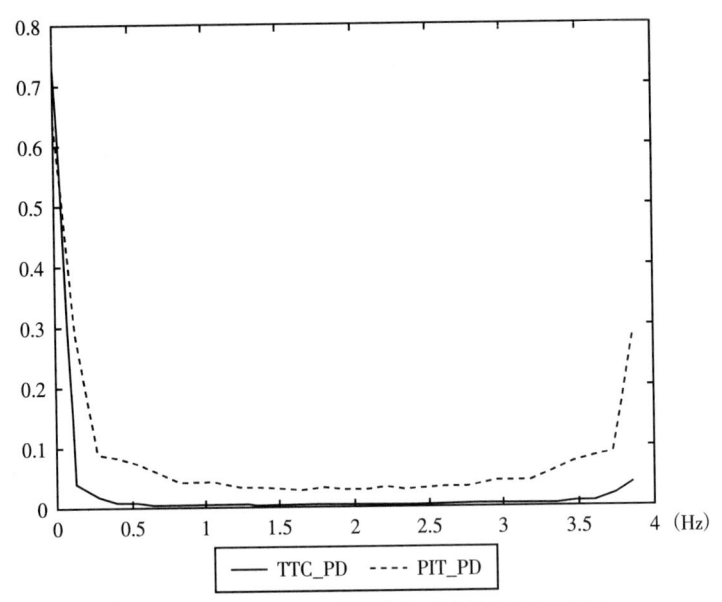

图 8　经济周期平均违约率与时点违约率频谱图

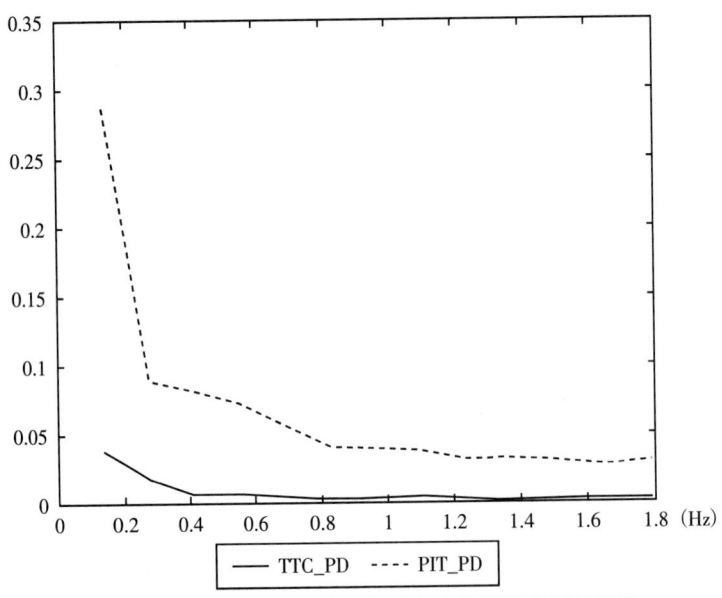

图 9　经济周期平均违约率与时点违约率频谱图低频段

注：周期大于半年，不含常数项。

我们进一步研究违约概率与宏观经济指标的关系。我们选取实际GDP（Real GDP，即去除通胀影响的GDP）、核心CPI（除食品及能源）、房地产景气指数、失业率四个宏观经济指标，并分析它们对×银行客户违约概率的影响。图10为宏观经济指标与违约概率的时间序列比较。为方便显示，我们将房地产景气指数除以10，与其他指数一同展示。

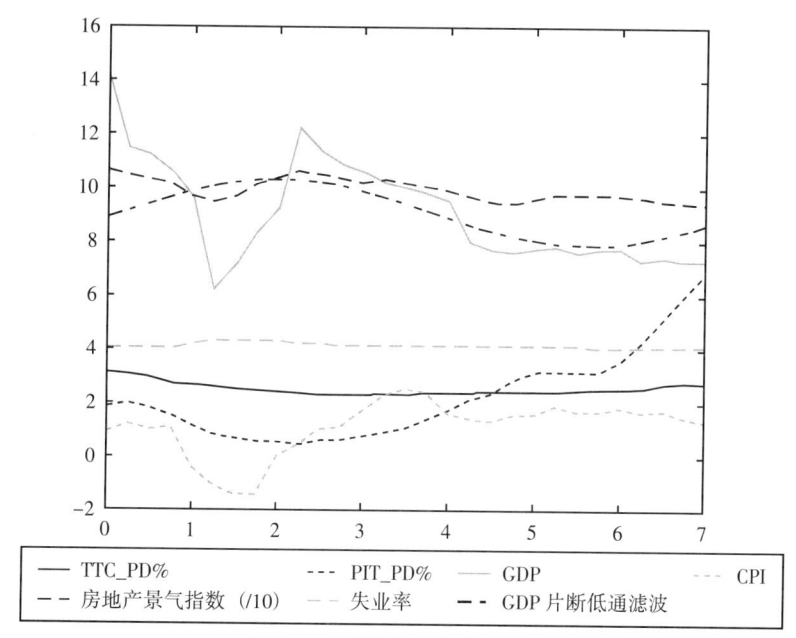

图 10　宏观经济指标与违约率

图 10 为违约率与经济指标的相关系数，可以看到 PIT_PD 与各经济指标的相关性较 TTC_PD 更大。表 4 为违约率与经济指标相关系数的零假设检验的 p 值，可以看到 PIT_PD 与经济指标相关系数的 p 值均小于 5%，可以判断 PIT_PD 与经济指标的相关系数不为零。TTC_PD 与实际 GDP、核心 CPI、房地产景气指数的相关系数的 p 值均大于 20%，无法推翻相关系数零假设。但是，相关系数零假设似乎证实了 TTC_PD 与失业率的相关系数不为零，这是因为 2007 年 12 月至 2014 年 12 月失业率数据较为平稳，与 TTC_PD 的低波动率吻合。

表 4　信用评级数据与经济指标的相关系数零假设检验

p 值	实际 GDP	核心 CPI	房地产景气指数	失业率
TTC_PD	0.21720	0.43239	0.71626	0.02992
PIT_PD	0.00512	0.03389	0.00020	0.01457

使用表 5 中的四个经济指数对 PIT_PD 的 Logit 变换进行线性回归，调整后可以达到 81.8%。但是实际 GDP 和核心 CPI 的 T 假设检验都不显著。但是 PIT_PD 与实际 GDP 和核心 CPI 又显著相关，我们如何来解释这一矛盾呢。从图 10 中可以看出，GDP 和 CPI 的波动频率明显较 PIT_PD 更大。即虽然影响 GDP 和 CPI 的某些因素同时影响着 PIT_PD，但是有一些影响 GDP 和 CPI 的因素对 PIT_PD 没有影响。

表 5　信用评级数据与经济指标的相关系数

相关系数	实际 GDP	核心 CPI	房地产景气指数	失业率
TTC_PD	0.23628	−0.15162	0.07051	−0.40359
PIT_PD	−0.50586	0.39513	−0.63681	−0.44894

以实际 GDP 为例，通过对图 10 的观察，我们猜测，GDP 的低频分量显著地与 PIT_PD 相关，而其高频分量与 PIT_PD 不相关。我们对 2007 年 12 月至 2014 年 12 月的 GDP 数据进行傅立叶变换，抽样频率为 4Hz，共计 29 个样本。其频谱图如图 11 所示。对此时间序列进行低通滤波，取周期大于 7 年的频段，低通滤波后的 GDP 时域图如图 10 所示，其与 PIT_PD 相关系数为 −0.76425，相关系数的零假设检验 p 值为 1.39782e−06，GDP 时间序列中的低频成分与 PIT_PD 的相关性明显更强。我们再用 GDP 低通滤波后的时间序列替代原始 GDP 数据重复上述回归实验，调整后的 R^2 达到了 0.87891，即表 4 中的四个经济指数对 Logit（PIT_PD）的解释增强。参数 GDP 的 T-检验也变得显著，详细实验数据如表 6 所示。

图 11　实际 GDP 频谱图（2007 年 12 月至 2014 年 12 月）

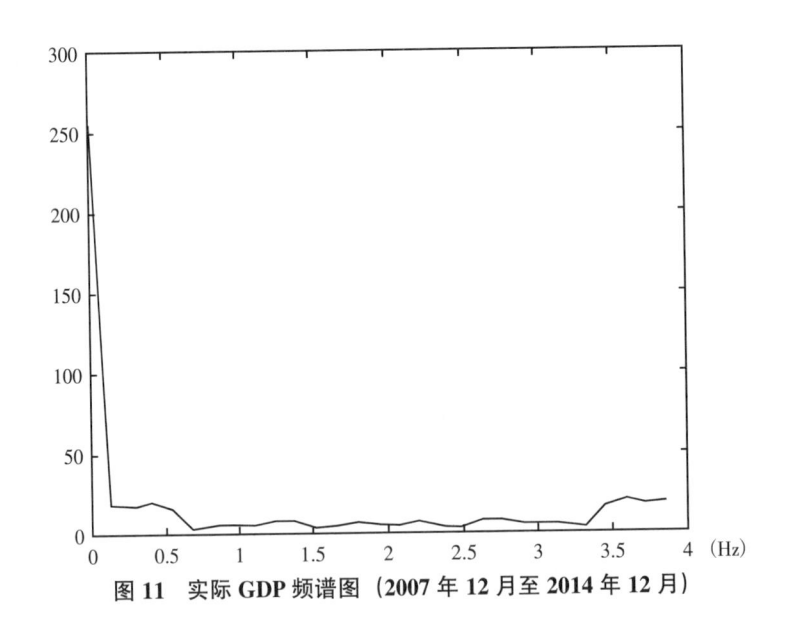

表 6　宏观经济指标与 PIT_PD

	相关性分析		回归分析		
	相关系数	p-值	R^2（调整）	T-检验	p-值
实际 GDP	−0.50586	0.00512	0.81781	−0.95594	0.34863
GDP 片断低通	−0.76425	1.39782e−06	0.87891	−3.67250	0.00120
GDP 低通	−0.81257	8.61280e−08	0.88583	−3.96945	0.00057

虽然低通滤波显著提升了回归实验效果，但是如果我们仔细观察 GDP 数据和 PIT_PD 数据，会发现 PIT_PD 的周期比我们观察的时间段要长，而经济周期也要比我们观察的时间段长。受数据所限，我们无法延长 PIT_PD 时间序列，但是我们可以延长实际 GDP 的时间序列。取 1986 年 12 月至 2016 年 6 月每季度的实际 GDP 数据，共计 119 个样本点，如图 13 所示，2007 年 12 月至 2014 年 12 月的曲线段也可看出。对 1986 年 12 月至 2016 年 6 月的 GDP 做傅立叶变换，抽样频率仍为 4Hz，频谱图如图 12 所示。通过对比图 11 GDP 片断的频谱图和图 12 长期限 GDP 的频谱图，可以看到长期限 GDP 的频谱中捕捉到了更多的低频分量。对长时间序列 GDP 进行低通滤波，取周期大于 14 年的频段，低通滤波后的

GDP 如图 13 所示。可以看出此低通滤波后的 GDP 曲线体现了 GDP 的长期波动——经济周期变动。我们将 GDP 在 2007 年 12 月至 2014 年 12 月这一时间片断的低通滤波结果标注在图 13 中，可以看到长时间序列 GDP 低通滤波更好地反映了经济走势。我们截取长时间序列 GDP 低通滤波曲线中 2007 年 12 月至 2014 年 12 月这一段，用来替代原 GDP 数据重复宏观经济指数与 Logit（PIT_PD）的回归实验，调整后的 R^2 达到了 0.88583，优于 GDP 短期数据低通滤波结果，GDP 的 T-检验也变得更显著，详细实验数据如表 6 所示。

图 12　实际 GDP 频谱图（1986 年 12 月至 2016 年 6 月）

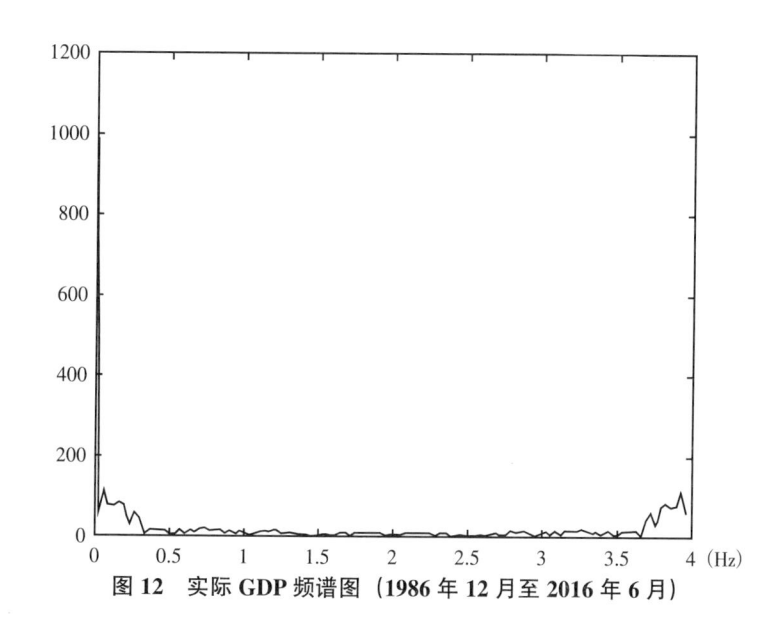

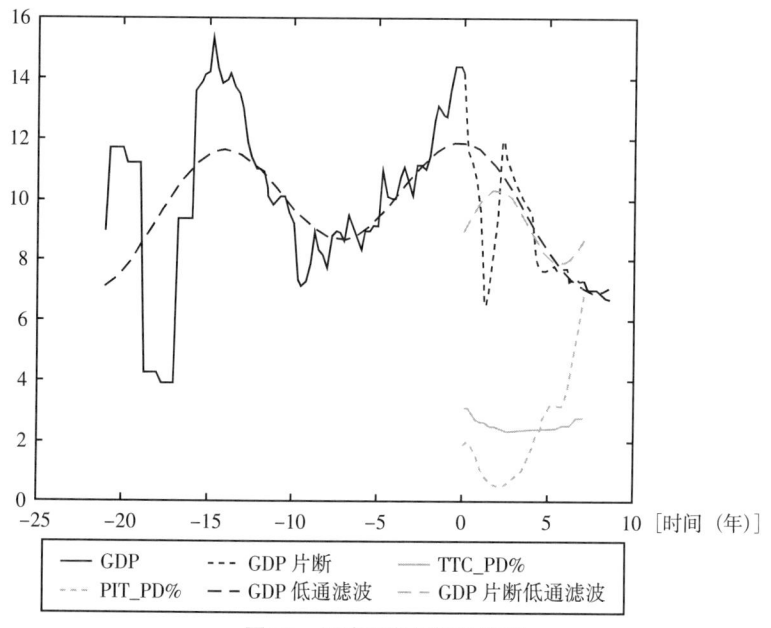

图 13　经济周期与违约概率

(二) 债券价差及其波动

以 AAA 级企业债为例，图 14 为 AAA 级企业债点差的时间序列图，其中 AAA 级企业债的收益率为中债公布的收益率曲线，无风险利率取银行间固定利率国债收益率曲线，数据来源为彭博。我们比较了 1 年期、3 年期、5 年期 AAA 级企业债的点差三条曲线在整体趋势上相同，但是在某些时段，存在 1 年期点差 > 3 年期点差 > 5 年期点差的"倒挂"现象，如果认为企业债与国债的点差就是信用点差，也就是说市场认为在某些时候短期债券的违约概率高于长期债券，这显然是不合理的。也就是说债券点差中不但包含了信用点差，同时包含了流动性点差、交割风险点差等市场因素，这使得借用债券点差反推违约概率的准确度降低。

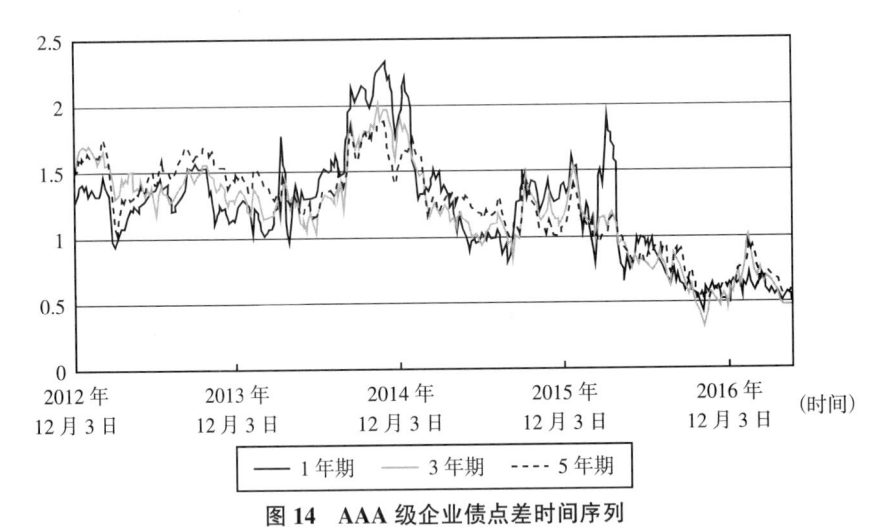

图 14 AAA 级企业债点差时间序列

注：时间段为 2012 年 3 月 12 日至 2016 年 7 月 29 日。

事实上，如果我们把债券点差、违约概率和宏观经济指数画在一个时间坐标上，我们就会看到违约概率与债券点差的巨大偏差（见图 15），违约概率与债券点差的变化趋势是相反的。2013 年第四季度至今，受经济放缓影响，违约概率逐年增高，但是受国家货币政策放松、利率市场化改革等因素影响，债券价差却呈收窄趋势。

另外，从图 14 中可以看到，债券点差波动率较大，以 1 年期 AAA 级企业债点差为例，进行频谱分析，如图 16 所示，逐日抽样，抽样频率为 250Hz，为方便观察，图 17 去除了频谱中的常数项，放大了周期大于或等于 1 个月的低频区域，可以看到债券点差数据较 GDP 及违约概率数据的高振幅频段更为丰富。图 18、图 19 展示了不同波幅的低通滤波结果，图 20 为债券点差中的高频噪声。债券点差中的高频噪声可以看作是市场短期供求调整的结果，这些噪声不是企业信用状况波动的反映。债券点差中一些中频波段的震荡也不是企业信用状况波动的反应，这些波动是市场流动性、当局货币政策调整、市场投资机会情况的反应，如果使用债券点差推导违约概率，资产减值也将引入这些中高频噪声的干扰，对银行的利润造成冲击。

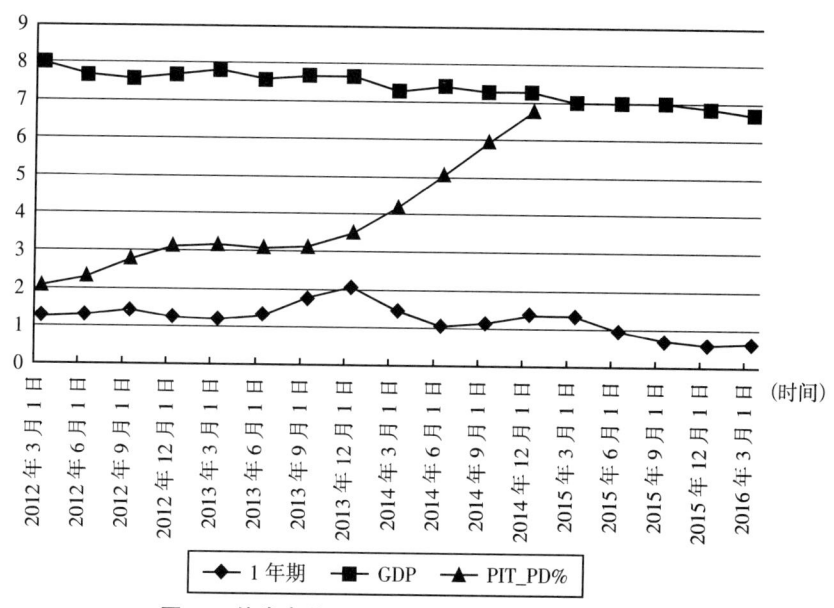

图 15 债券点差、宏观经济数据与违约概率的关系

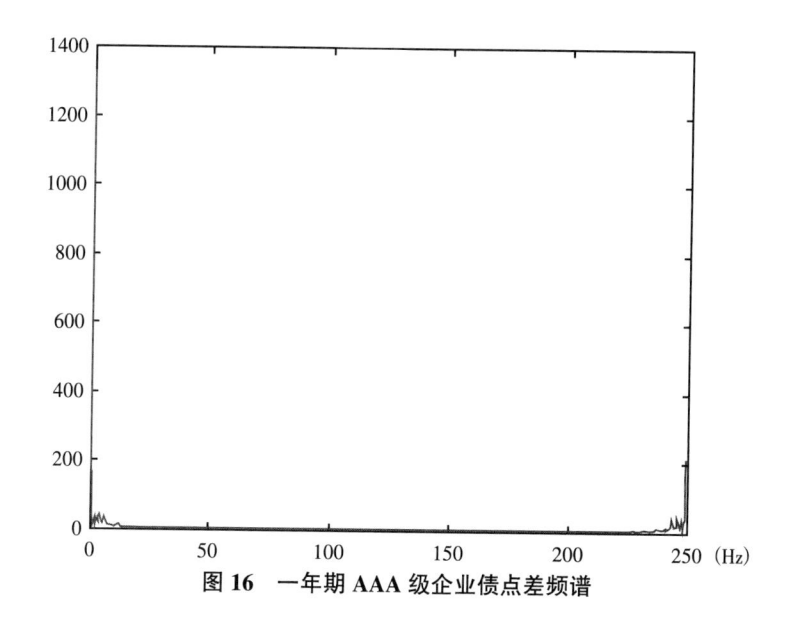

图 16 一年期 AAA 级企业债点差频谱

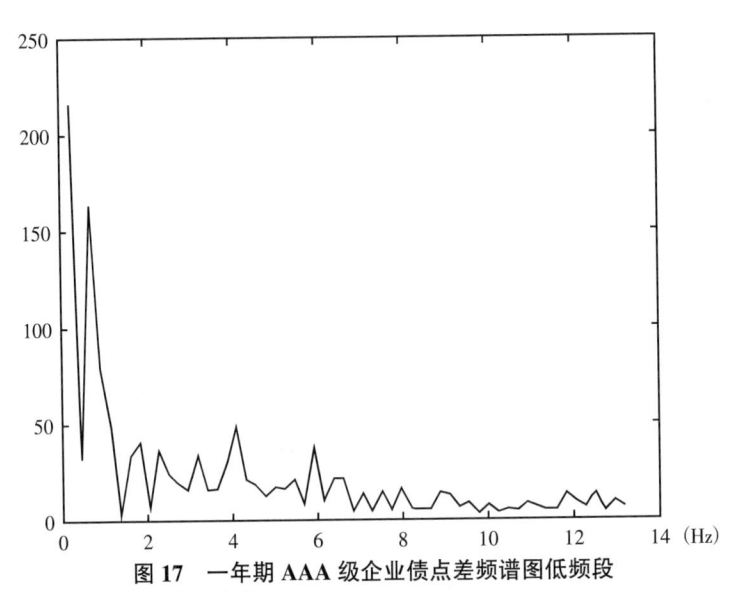

图 17　一年期 AAA 级企业债点差频谱图低频段

注：周期大于或等于 1 个月，不含常数项。

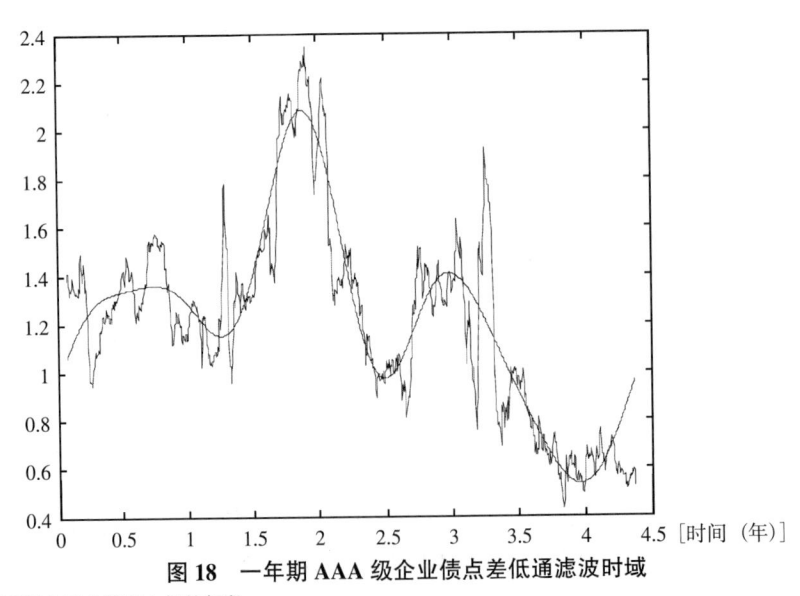

图 18　一年期 AAA 级企业债点差低通滤波时域

注：保留周期大于或等于 1 年的频段。

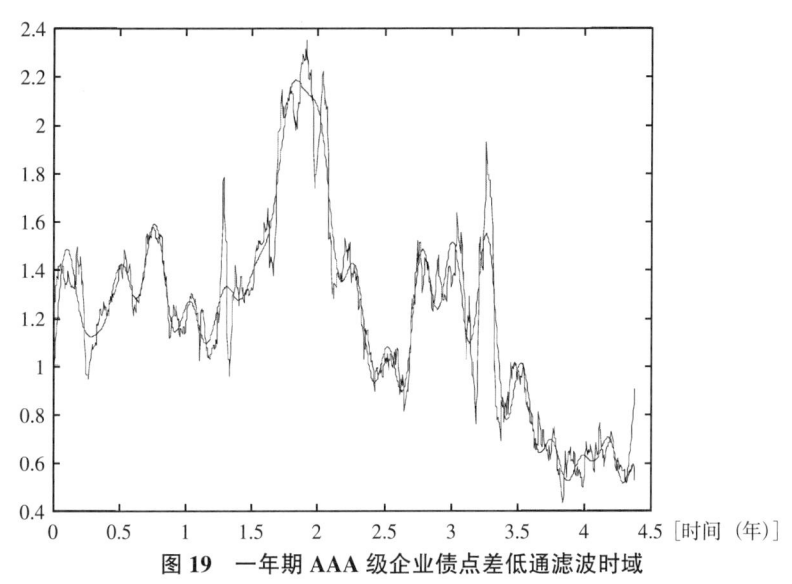

图 19 一年期 AAA 级企业债点差低通滤波时域

注：保留周期大于或等于 1 季度的频段。

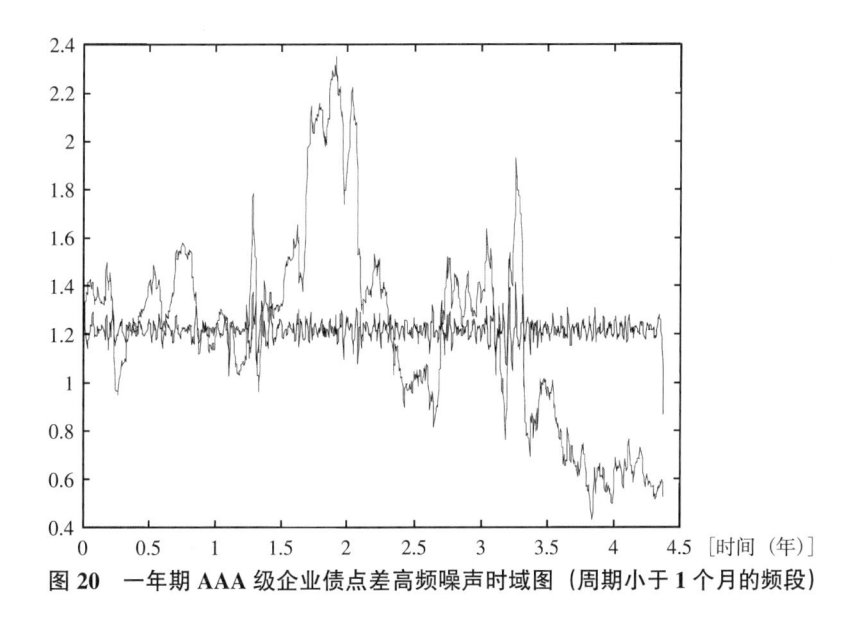

图 20 一年期 AAA 级企业债点差高频噪声时域图（周期小于 1 个月的频段）

（三）股票市场与违约概率

下面我们再来看一下 KMV 模型架构下的违约概率。我们使用的市场数据来源如下：

股票波动率：上证股票市盈率（PESHANEW Index）的对数收益波动率，数据来源为彭博；

股票市值：上证股票总市值（MCSHTOT Index），数据来源为彭博；

无风险利率：一年期 Shibor 定盘利率，数据来源为彭博；

上市公司负债：Wind 公布的非金融企业资产负债数据。

图 21 为上证市盈率与实际 GDP 对比图，从中很难发现股票市场与实际 GDP 的关系。

这是因为股票市场的波动除了受宏观经济的影响外，股票市场的流动性、市场参与者的情绪、其他投资工具的收益等都影响着股市波动。另外，中国股市目前仍不够成熟，信息不对称现象较为突出，其价值发现能力尚弱。图22为上证市盈率年化历史波动率曲线，股市波动率最高时能达到70%，最低时为20%。

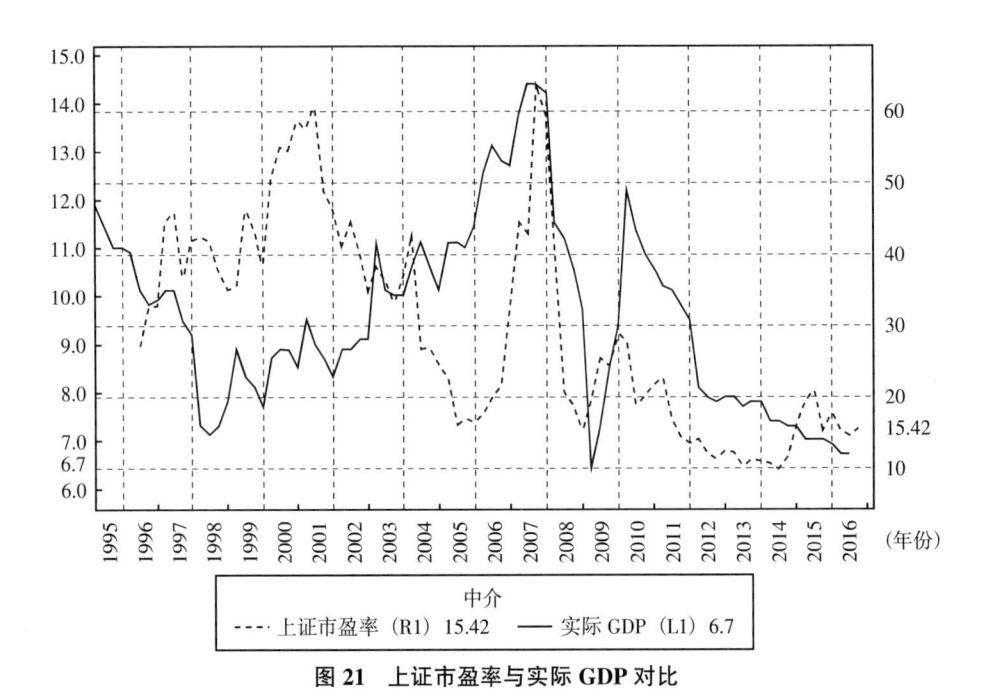

图21　上证市盈率与实际GDP对比

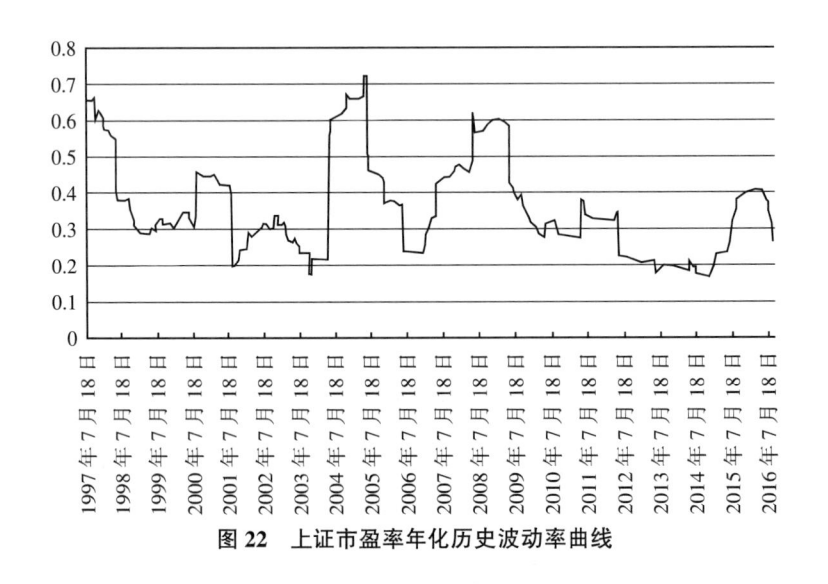

图22　上证市盈率年化历史波动率曲线

按照本章前文中KMV模型第一步所述，使用Matlab计算企业价值及企业价值波动率。图23为计算所得企业资产负债率时间序列曲线。图24为企业价值波动率与股市波动率的对照关系。

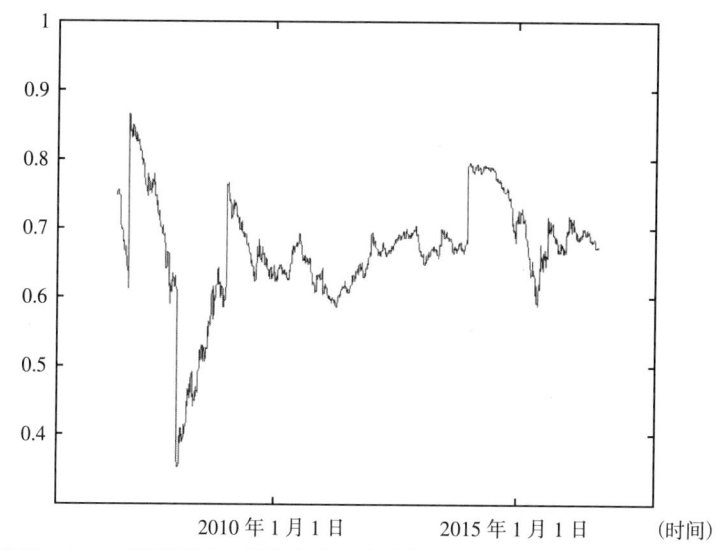

图 23　KMV 模型下的中国上市公司资产负债比（负债/企业资产价值比率）

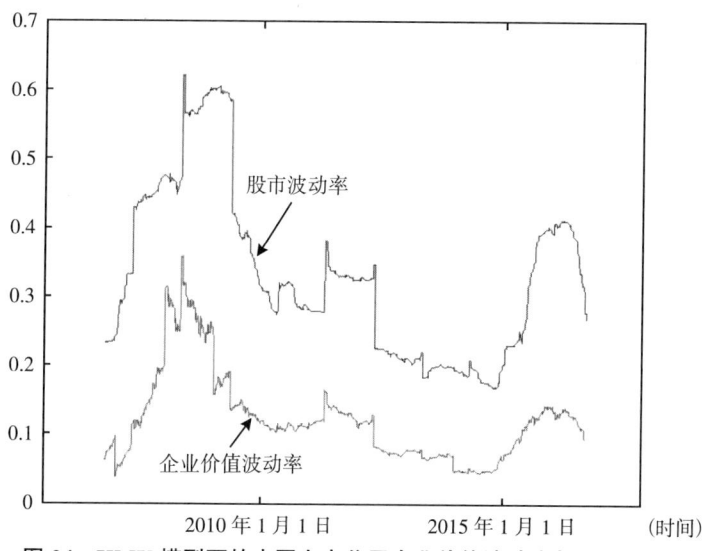

图 24　KMV 模型下的中国上市公司企业价值波动率与股市波动率

按照 KMV 模型第二步所述，计算企业违约距离，如图 25 所示，可以看到股市波动率高时，违约距离较小；股市波动率低时，违约距离较大。

按照 KMV 模型第三步所述，计算企业违约概率，如图 26 所示。

图 25　KMV 模型下的中国上市公司违约距离

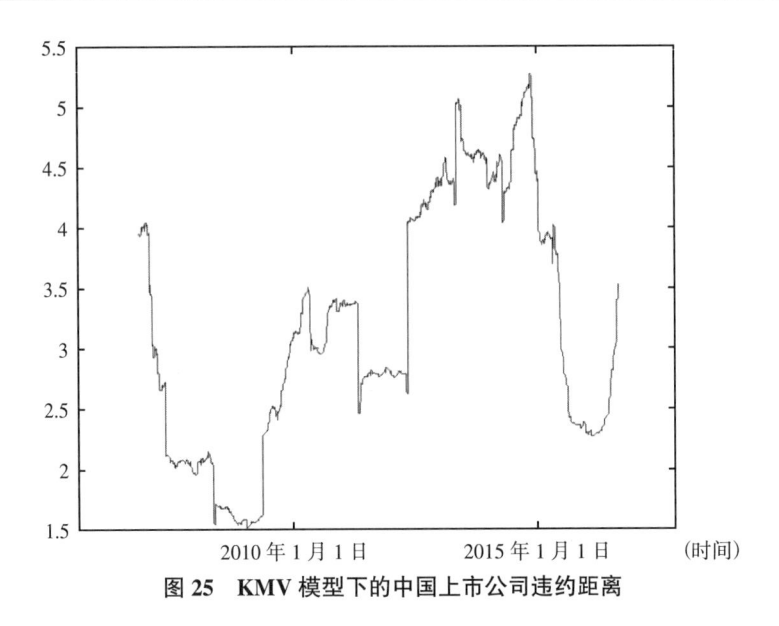

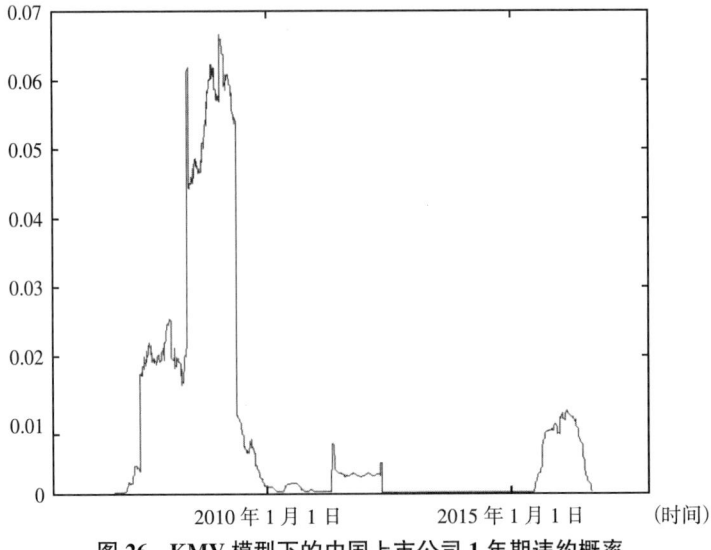

图 26　KMV 模型下的中国上市公司 1 年期违约概率

在图 27 中，我们比较了 KMV 模型法计算的违约概率、债券点差和实际违约概率。可以看到无论是 KMV 模型下的违约概率，还是债券点差，其时间趋势与实际违约概率走势均有很大差别。实验证明，此两种直接计算 PIT_PD 的方法目前均不适用。

（四）迁徙矩阵与全生命周期预期信用损失模型

表 7 为 × 银行对公客户 2014 年 12 月至 2015 年 12 月评级变化情况，可以看到评级较低的客户上迁比例高于下迁比例，即评级较低的客户在下一年度评级变高的概率大于评级变低的概率，也就是说当前评级较低的客户在下一年度 PIT_PD 变小的概率大于 PIT_PD 变大的概率。需要计量全生命周期 PIT_PD 的客户正是这些评级较低的客户，这些客户的违

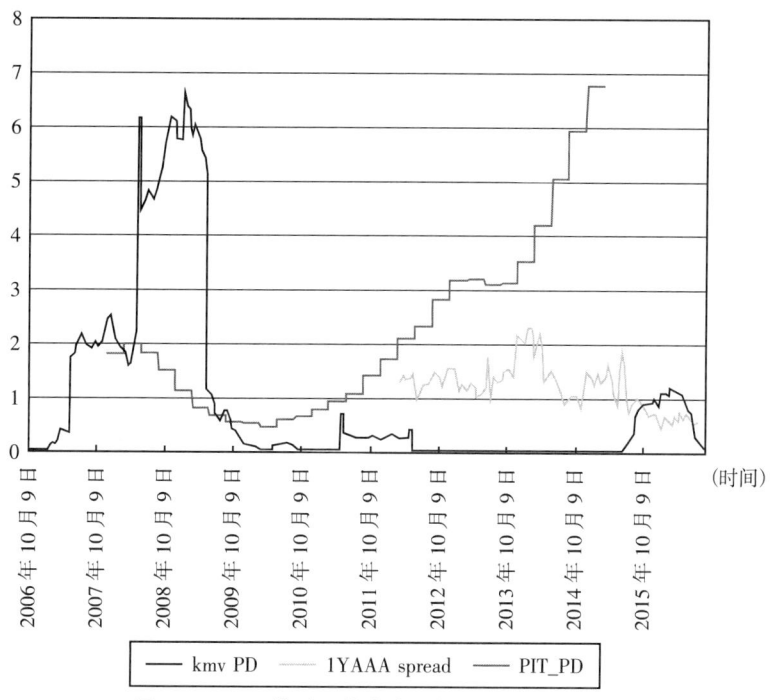

图 27　KMV 模型、债券点差与实际违约概率对比

约强度期限结构是向下倾斜的。受数据限制，我们尚未能得到稳定可靠的违约强度期限结构，故我们暂时假定违约强度期限结构是平的，此假设下预期信用损失模型减值计量结果偏保守。

表 7　评级迁徙统计（2014 年 12 月至 2015 年 12 月）

期初评级	上迁占比（%）	下迁占比（%）
AAA		33.70
AA+	3.06	60.65
AA	6.96	60.38
AA−	10.97	44.25
A+	23.44	30.11
A	31.00	22.54
A−	54.55	17.97
BBB+	45.70	37.11
BBB	52.34	35.51
BBB−	50.00	36.00
BB	39.34	14.75
B		
N 待评级		

五、小结

本章的研究内容和结论主要有以下三个方面：

（1）我们首先从模型理论基础、设计思路、实施方法、数据来源、性能评述等方面介绍了几类主流的预期信用损失模型。涵盖了违约概率、违约期限结构、违约相关性、违约损失率等方面。

（2）在此基础上，我们详细讨论了违约概率模型的经济周期平均属性及时点属性，并简要介绍了近年来国际同业对评级机构 PD 进行 TTC 至 PIT 转换的研究成果。

（3）最后针对中国经济发展和金融市场特点，我们对 KMV 模型直接求解时点违约概率、利用债券点差求解时点违约概率、利用 Basel 下的经济周期平均违约概率转换为时点违约概率三种方法进行了实证研究。实验结果表明，KMV 模型直接求解时点违约概率或利用债券点差求解时点违约概率不适合我国国情。故在 IFRS9 准则实施中，我们选择利用 Basel 下的经济周期平均违约概率转换为时点违约概率的方法得到 PIT_PD。

第五章 信用风险阶段划分的理论解析

一、评估信用风险显著增加的相关概念基础

评估对手方信用风险是否显著增加是实施 IFRS9 的起点，但准则原文未对"信用风险显著增加"做出明确定义，银行需自行确定相关标准，并在每个报告期评价金融资产的信用风险较初始确认时是否显著增加，但参照物应是违约风险概率的变化而不是预期信用损失金额的变化。在实务评价中，需特别注意厘清如下概念。

（一）何为"显著"？——区分违约概率的绝对增加与相对增加

IASB 在准则结论基础上指出，对不同金融工具拖欠风险变动的显著性评估应取决于初始确认时的信用风险和剩余期限，这点与信用风险结构以及金融工具定价保持一致。理事会认为，主体在评估是否应确认存续期预期信用损失时，应考虑期限结构和初始信用风险，这样做可以提高对具有不同期限和不同初始信用风险的金融工具规定的可比性。因此，评估信用风险是否已显著增加，关键取决于对"显著"一词的解释。

1. 初始确认时的初始信用风险

准则强调，与具有较高初始信用风险的金融工具相比，对于较低初始信用风险的金融工具而言，相同违约概率的绝对变化将更为显著。

具体来说，对初始确认时违约风险概率高低不同的金融资产，"显著"增加的参考值应不同，即初始确认时违约风险高的金融资产，判断时应赋予其违约概率一个更大的绝对变化值。例如，有两项金融资产，初始确认时前者的违约概率为 5%，后者的违约概率为 20%，假设在报告期末，两者的违约概率均增加了 2%，那么显然可以判定前者的信用风险显著增加。

> **案例 1：信用风险的显著增加——一个相对概念**
>
> A 银行使用 1~10 级的内部评级法评价资产信用风险，3 级及以下评级为低信用风险，信用评级增加 2 级判定为信用风险显著增加。A 银行有两笔贷款，初始确认评级及变化分析如表 8 所示，可以看出两笔贷款虽然在报告期末的评级一致，但由于信用风险的变化程度不同，导致计算预期损失的方法不同。

表 8 信用风险显著增加的判断示例

	初始确认评级	报告期末评级	信用风险是否显著增加	信用损失确认方法
贷款 A	2	5	是	生命周期预期信用损失
贷款 B	4	5	否	12 个月预期信用损失

需要指出的是，IASB 虽然明确否定了使用信用风险的绝对等级来确认存续期预期信用损失，但其指出评估信用风险显著增加在操作中可以实施更简单的方法，即报告主体针对某特定金融工具投资组合确定所能接受的最大初始信用风险，然后将报告日该投资组合内金融工具的信用风险与最大的初始信用风险相比较（见图 28），若前者超出最大初始信用风险，则可以判定信用风险显著增加。然而，理事会指出这仅可能适用于初始确认时有类似信用风险的金融工具投资组合，该方法将使信用风险变化成为确认存续期预期信用损失的基础，但对单项金融工具自初始确认时的信用风险不要求特别追踪。

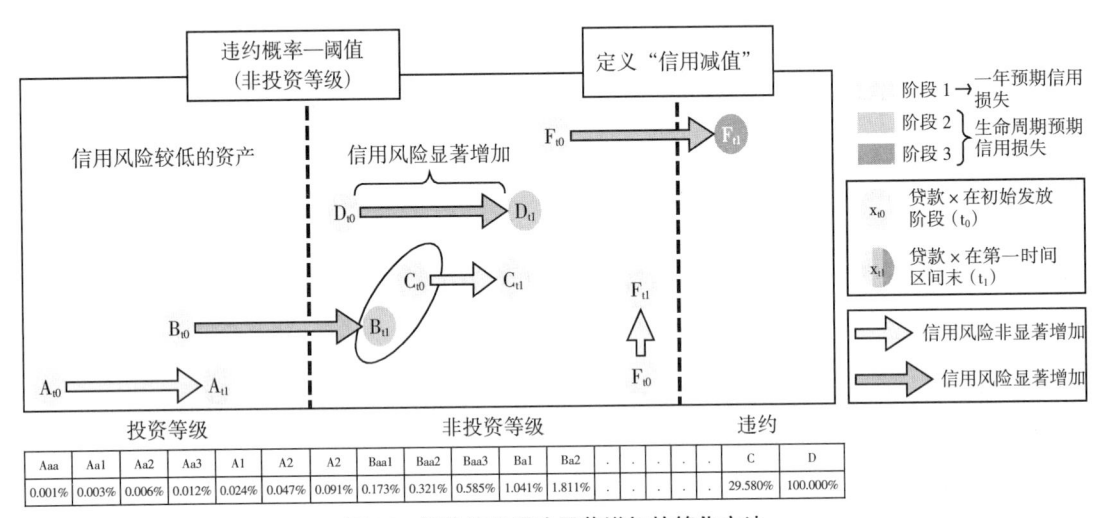

图 28 评估信用风险显著增加的简化方法

2. 预期存续期或期限结构

对于具有类似信用风险的金融工具而言，金融工具的存续期越长，发生违约的风险就越高。鉴于预期存续期和发生违约的风险之间的关系，主体不能简单比较一段时间内的绝对违约风险。例如，对于在初始确认时的预期存续期为 10 年的金融工具而言，若 5 年后，发生违约的风险保持相同，则表明信用风险已经增加。准则还规定，对于接近到期日才有的重大付款义务的金融工具（例如，只在到期时偿还本金的金融工具）而言，发生违约的风险可能不一定随着时间推移而有所减少。在这种情况下，主体需要考虑其他定性因素。

（二）风险评级不是确定信用风险显著增加的决定性因素

信用风险分析是一项多因素的全面的分析，但 IASB 指出，主体在确定自初始确认后信用风险是否已显著增加时，无须完整无疑地搜寻所有信息，而是应当考虑无须付出不当成本或努力便可获得的、与所评估的特定金融工具相关的合理及可支持的信息。IASB给出的在评估信用风险变化时可能相关的信息如下：信用风险内部价格指标的变化、类似金融工具信用风险外部市场指标的显著变化（包括但不限于信用利差、针对借款人信用违约互换的价格，借款人的债务及权益工具的价格变动）、金融工具外部信用评级的实际或与预期的显著变化、对借款人实际或预期的内部信用评级下调、预期将导致借款人履行其偿债义务的能力发生显著变化的不利变化（包括但不限于经济状况、金融环境、外部监管、技术变革等）、借款人经营成果的实际或预期的显著变化、债务抵押的担保品价值或第三方担保或信用增级质量的显著变化、借款人预期表现和行为的显著变化。在实务中，最普遍被使用的可能就是借款人的信用评级指标，但需要予以关注的是，风险评级不是确定信用风险显著增加的决定性因素。值得注意的是，在某些情况下（见案例2），可获得的定性及非统计定量信息可能足以支撑判定，而无须通过统计模型或信用评级流程而确定金融工具的信用风险是否已显著增加。

1. 内部信用评级

> **案例2：信用风险显著增加**
>
> 　　X银行为Y公司发放了一项优先级贷款，在贷款发放时，Y公司的杠杆率相较于其他具有相似信用风险的发行人更高，但X银行预计Y公司在贷款的存续期内能满足贷款约定，且所属行业产生的收入和现金流是稳定的。在初始确认时，尽管考虑到初始确认时的信用风险水平，由于该贷款不符合《国际财务报告准则第9号》附录一中对已发生信用减值的金融资产的定义，①银行认为其不属于源生的已发生信用减值的贷款。自初始确认后，宏观经济波动对销售总量产生了不利影响，尽管增加了对清理库存的投入，Y公司的收入和现金流均低于其经营计划，同时为了增加流动性，Y公司已使用另一项循环信用额度，从而导致杠杆率进一步提高。X银行在报告日对Y公司进行了总体信用风险评估，主要包括以下因素：
>
> 　　（1）X银行预计宏观经济环境近期将继续恶化，对Y公司的现金流和去杠杆化的能力产生进一步的负面影响。
>
> 　　（2）Y公司债券的交易价格已下降，且新发放贷款的信用保证金已经提高，但金融市场整体环境保持不变。
>
> 　　X银行认为，该笔贷款的信用风险自初始确认后已显著增加，因此对其确认了整个存续期预期信用损失，但尚未调整该笔贷款的内部风险评级。

> **案例3：信用风险无显著增加**
>
> 　　C公司是某集团的控股公司，B银行向其发放了一笔贷款，当时的预期因素如下，一是考虑到期所处经营周期的位置，销量预计会有所下降；二是C集团下属行业公司

---

① 所购买或源生的、在初始确认时已发生信用减值的金融资产。

结构复杂且一直在变化,很难对该集团的预期绩效进行分析以及对控股公司层面可用的现金流进行预测;三是 C 公司是否有能力继续使用其从营运子公司处分得的股息进行利息支付存在不确定性。B 银行运用其内部评级方法,认为影响 C 公司的不确定因素可能导致拖欠,该贷款属于高信用风险,具有投机因素,但是不属于源生的已发生信用减值的贷款。自初始确认后,由于市场条件恶化,C 公司发布公告,相关子公司的产量锐减,但预计将在接下来的数月中得到改善;同时将进行公司重组以整合子公司,公司重组将提高对当前债务再融资的灵活性以及子公司向 C 公司支付股息的能力。尽管预计市场条件将会继续恶化,但基于如下因素,B 银行认为 C 公司贷款的信用风险自初始确认后并无显著增加。

(1)销量下降的事实,与 B 银行在初始确认时的预期相同。此外,预计销量在接下来的数月将得到改善。

(2)B 银行认为公司重组将导致信用增级。

(3)B 银行信用风险监控部门认为最新的情况尚不足以证明需要变更其内部信用风险级别。

因此,B 银行仍对该贷款按 12 个月预期信用损失确认损失准备。

上述例子充分说明,评估信用风险是否增加时,应观察金融资产违约概率的变化,而非信用评级的变化。

2. 外部信用评级

检查与信用评级机构(如标准普尔)信用等级相关的历史违约水平时,可发现随着信用等级的下调,违约概率以高于线性的速率增加。但是,由于外部信用评级的局限性,大多数信用显著恶化的风险敞口未经评级机构评级。因此,准则规定的方法相较于外部信用评级的方法更为整体和定性,后者针对离散事件进行调整而且不能反映信用质量的逐步恶化。因此,外部信用评级不应单独使用,而仅能与其他定性信息结合使用。这一点同样适用于内部信用评级,尤其是仅在每年的基础上重新评估的情况下。

(三)初始确认的时间概念

某些债务工具包含信用价差随信用评级重置的条款,但信用风险是否显著增加的评判起点,应是初始确认时点,而不是金融工具信用风险的重定价时点。例如,图 29 也说明了,判断时需要将当前的违约概率和初始确认时的违约概率进行比对。

(四)担保品价值在评估中的作用

准则指出,主体在各报告日需评估信用风险的显著增加,该评估应基于金融工具在预计存续期内发生违约风险的变化,而非预期信用损失金额的变动。因此,即使预期不会产生损失,如存在足额抵押物的资产仍可能需要基于整个存续期预期信用损失计提拨备(由于发生违约的风险已显著增加)。评估品、评估信用风险显著增加和计量预期信用损失之间的相关影响在下面进行说明。

重点1
评估信用风险是否增加时，应观察金融资产之**违约概率**的变化，而非**信用评级**的变化

重点2
当前的违约概率需要和**初始确认时的违约概率**进行比对

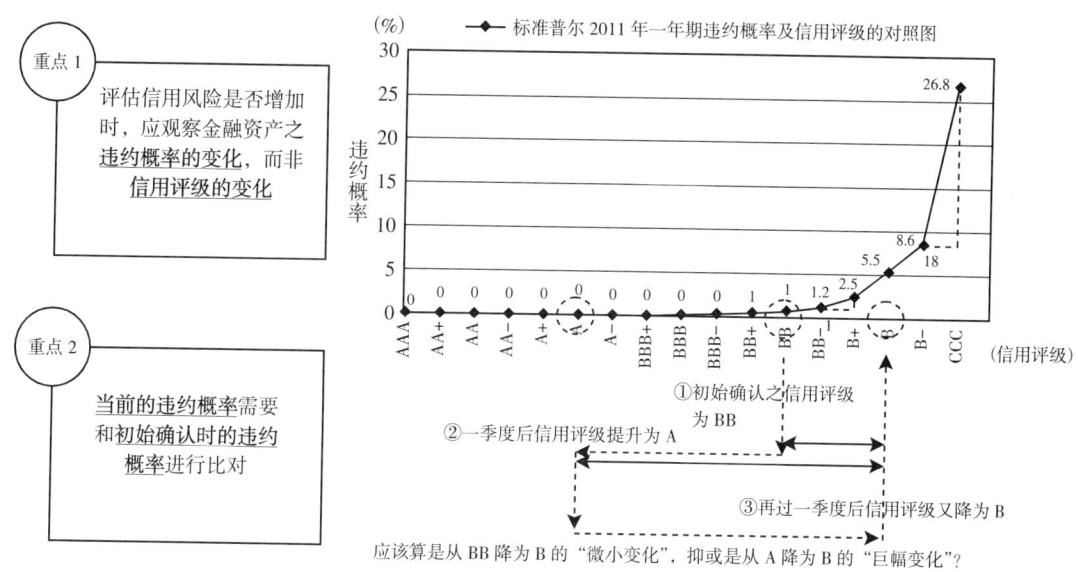

（%）
标准普尔2011年一年期违约概率及信用评级的对照图

违约概率

AAA 0, AA+ 0, AA 0, AA- 0, A+ 0, A 0, A- 0, BBB+ 0, BBB 0, BBB- 0, BB+ 1, BB 1, BB- 1.2, B+ 2.5, B 5.5, B- 8.6, 18, CCC 26.8
（信用评级）

①初始确认之信用评级为BB
②一季度后信用评级提升为A
③再过一季度后信用评级又降为B

应该算是从BB降为B的"微小变化"，抑或是从A降为B的"巨幅变化"？

图29　信用风险是否显著增加的判定起点

案例4：高额担保的金融资产

A银行对B公司发放一笔贷款，该笔贷款以某项不动产为担保品，并在担保顺序上排在第一顺位。初始确认时，银行认为该笔贷款不属于源生的已发生信用减值的贷款。自初始确认后，由于经济衰退，B公司的收入和经营利润下降，同时由于监管要求的提高，可能进一步对收入和营业利润产生重大而持续的负面影响。A银行预计B公司现金流量状况的进一步恶化可能导致该笔贷款无法按合同约定按时偿还而发生逾期。在报告日，由于上述情况，该笔贷款无法被认定为信用风险较低，因此，无论银行所持抵押的价值如何，其均需要评估自初始确认后信用风险是否增加。评估发现，即使现金流量出现微小恶化都将可能导致该公司无法按合同约定按时还款，所以该贷款在报告日属于高信用风险，因此认为该笔贷款的信用风险自初始确认后显著增加。需要注意的是，尽管银行确认了整个存续期预期信用损失，但是其计量结果将反映预期从资产担保收回的金额，因此该笔贷款的预期信用损失可能很小。

尽管担保品一般不会影响对信用风险显著增加的评估（因为该评估基于发生违约风险的变化，而非预期信用损失的变化），但若支持债务的担保品价值发生显著变化，预期将降低借款人按合同规定期限还款的经济动机，那么这将对发生违约的风险构成影响。如上例所示，若因房价下跌而导致担保品价值下跌，则在某些情况下，借款人拖欠抵押贷款的动机就会增加。

二、评估信用风险显著增加的方法

银行在判断信用风险是否显著增加时，针对不同的金融工具，可以选用不同的评价方法。

（一）组合评估

银行面临成千上万甚至数百万的零售客户和小型企业的小风险敞口，由于其未获得除付款是否逾期之外的足够的信息用以监督个人信用质量，并且即使其获得了更多的数据，重新进行单项评估也不切实际。反之，其通过整个逾期数据和过往统计经验，以及有时与未来违约相关联的宏观经济指标（如利率和失业水平），汇总管理这些风险敞口。理事会旨在明确，若主体在无须付出不当成本或努力的情况下不能在单项工具的基础上进行评估，则其可以在组合的基础上对金融资产进行评估。该做法必须考虑整合逾期数据和其他相关信用信息（如前瞻性宏观经济信息）的综合信息。同时准则规定了为确定信用风险是否显著增加，如何将金融工具进行分类组合。任何以组合方式评估的工具必须具有共同的信用风险特征，不允许汇总具有不同风险的敞口，否则将会掩盖投资组合子集可能发生的风险显著增加。准则给出的共同信用风险特征包括但不限于：工具类型、信用风险评级、担保品类型、初始确认日期、剩余到期期限、行业、借款人地理位置、担保品相对于资产的价值（如果这对违约发生的概率造成影响，如某些地区的无追索权贷款，或贷款与担保品价值比率）。准则还指出，为评估信用风险是否发生变化而在组合基础上对金融工具进行的汇总分类，可能随着时间推移，在获得一组或单项金融工具的新信息时会发生变化，这意味着必须实施重新评估流程，以评估贷款是否仍然具有相似信用风险特征。

我们认为，在初始确认日，理事会并不要求对贷款按照其发放的年度作为单独组别进行评估，而可以将不同发放年度的贷款按照相似信用风险特征进行汇总分组。贷款产品和贷款行为，包括尽职调查程度和主要比率（如贷款抵押率和贷款收入比率），随时间推移而变化，通常反映出源生时的经济环境。因而，特定年度的贷款本质上比其他贷款更具风险，对于银行而言，这可能意味着将在金融危机前借出的那些贷款和早前或随后更为谨慎的贷款环境中源生的那些贷款分离。前文强调，显著恶化的评估旨在反映违约风险而不是损失风险，因此在评估时担保品通常被忽略。但如果对发生违约的风险存在影响，担保品价值和金融资产之比将影响组合评估。例如在很多情况下，贷款抵押率或房价指数可能是重大组合恶化的一项有用指标，首先房价自身是有用的经济"晴雨表"，因此较高的贷款抵押率和较低的指数与经济状况下降相关联。再者，以较高的贷款抵押率初始借出的贷款可能反映更冒险的借贷行为，由此导致该等贷款在经济状况下降的情况下可能发生更高的违约风险。

但是一旦投资组合的显著恶化被识别出来，则随之会出现另一个问题，即是否必须对整个投资组合都采用存续期预期信用损失进行计量。这一结果将导致信用风险一旦显著恶化，就会出现拨备断崖效应。因此，理事会设计了一种方法，使得只有投资组合的分部或部分被变更为整个存续期预期信用损失。准则实施指南中"示例5"分别介绍了组合评估的"自下而上"法和"自上而下"法：首先其讨论了某区域内的一个煤矿矿区，由于煤炭出口下降而面临失业风险，因此预期未来煤矿将被关停。尽管大多数贷款逾期未超过30天且借款人未失业，银行重新细分了其按揭投资组合，从而基于原始按揭贷款申请表中的信息单独细分出受雇于矿业的贷款客户；对于这些贷款以及任何其他逾期超过30天的贷款，该银行确认了整个存续期预期信用损失，而对于这一区域其他按揭贷款，继续确认12个月预期信用损失。该方法是一种自下而上的方法，说明了如何通过利用比逾期状态更具前瞻性的信息评估信用恶化，同时还说明组合评估的群组可能需随着时间推移而改变，以确保其具有相似的信用风险特征。一旦煤炭开采业开始衰退，与其相关联的这些贷款将不再具有与该区域其他借款人贷款相同的风险特征，因此需要对其进行单独评估。"自下而上"法可被应用于子投资组合，这些子投资组合按照工具类型、风险评级、抵押类型、初始确认日、剩余到期期限、行业、借款人地理位置或贷款抵押率加以细分。此方法的一个应用例子是因战争或政治动荡预期将遭受重大经济困难的国家的借款人风险敞口。此外，由于授信标准可能改变或发生变化，投资组合会被分为子投资组合以反映这一变化，贷款人拥有的信息越多，其越可能应用"自下而上"法。

准则实施指南中"示例5"中的另一区域，该银行使用了"自上而下"法。银行认为该区域中浮动利率按揭贷款具有同质性，且无法基于共同信用风险特征识别特定子投资组合。根据历史经验，利率上升已成为该区域内浮动利率按揭贷款未来违约的一项主要指标，基于历史数据，该银行估计利率上升200个基准点会导致20%的按揭贷款发生信用风险增加，因此该行由于预期利率会上升200个基准点，而对于20%的投资组合以及逾期超过30天的贷款确认了整个存续期预期信用损失，对于该区域内其他按揭贷款确认了12个月预期信用损失。"自上而下"法提出的挑战是如何计算显著恶化的贷款的百分比，准则中的示例将该百分比以历史经验为基础，但是大多数发达国家最后一次经历利率上升200个基点已经过去了20多年，并且产品和贷款行为已迥然不同，利率上升前的利率水平和上升程度也是如此，因此过去可能无法对未来提供可靠指引。另外，该示例简化了事实模型，仅关注于信用损失的一项动因，然而在现实中存在许多动因，而且可能无法找到目前呈现的经济指标组合的历史先例。不同假设对整体损失准备的影响如案例5所示，在每种情况下，该银行假设违约概率相同，但是在不同的情景下，对于何种比例的投资组合应采用整个存续期预期损失计量存在不同的假设。

案例5：使用"自上而下"法进行确定

A银行在一区拥有金额为100万元的浮动利率按揭贷款组合，且被认为具有相似的风险特征。其评估整个存续期预期违约概率为4%，12个月违约概率为1%，且违约损失率为10%（假设违约损失率保持不变且不考虑货币的时间价值）。因此，基于12个月违约概率的损失准备为10万元。该银行预测利率会上升2%，并确定利率上升2%会使整个存续期违约概率增加至5%，12个月违约概率增加至1.2%，该银行应用了"自上而下"法评估应基于整个存续期预期损失计量的贷款组合的比例。

情景1——该银行确定50%的贷款组合整个存续期违约概率为4%，12个月违约概率为1%，且其余50%的贷款组合整个存续期违约概率为6%，12个月违约概率为1.4%（因此整体贷款组合的整个存续期平均违约概率为5%，12个月违约概率为1.2%）。该银行认为相对不佳的50%的贷款组合的违约概率增加（即从4%增至6%）并非显著增加，因此得出结论，认为仍应采用12个月预期损失计量整个贷款组合，并得出损失准备12万元。

情景2——该银行确定80%的贷款组合仍具有4%的整个存续期违约概率，1%的12个月违约概率。该银行计算出其余20%的贷款组合的整个存续期违约概率目前已上升至9%，而12个月违约概率目前为2%（整体贷款组合的整个存续期平均违约率为5%，12个月违约概率为1.2%）。银行认为，20%的贷款组合的整个存续期违约概率增加（即由4%增加至9%）为显著增加，从而使用整个存续期预期损失计量该20%的贷款组合。80%的贷款组合的损失准备为8万元（以1%计量），而20%的贷款组合为18万元（以9%计量），共计26万元。

鉴于IFRS9指出组合评估的目标是使其得出的结果近似于在单项工具层次上利用包含前瞻性信息的综合信用信息而得出的结果，第一种情况可能不能满足理事会的要求，因为某些贷款的预期信用风险已显著增加，在组合的基础上判断结论为其无显著增加显然是不正确的。利率上升很可能导致某些浮动利率借款人的信用风险显著恶化，但确定其占贷款组合到底是5%、20%或是35%，则更多的是艺术问题而非会计问题，并且不同的银行可能会得出不同的数据，这是理事会值得探索的领域，以确定是否存在方法，使得"自上而下"法的应用无须做出主观武断判断，或不会造成实务中重大的信息不可比。

（二）交易对手方层面的评估

有观点认为，如果报告日借款人的信用风险达到某一特定等级，主体应对同一借款人（即对手方）的所有金融工具确认存续期预期信用损失。对此，理事会指出减值规定的目标是反映借款的经济实质，从而向财务报表使用者提供关于金融工具而非对手方绩效的信息。但同时理事会同意，在更全面地考虑客户信用风险（即该客户对其义务拖欠的风险）的基础上评估信用风险无论如何都与减值规定相一致。因此，信用风险显著恶化可在交易对手层面而非单项金融工具层面进行评估。在交易对手层面评估的前提是，该评估符合确认整个存续期预期信用损失的要求，且其结果与单项评估金融工具的结果没有偏差。但在某些情况下，交易对手层面的评估会与减值要求不一致。以上两种情况如案例6.1和案例6.2所示。

案例6.1：交易对手方信用风险评估与减值要求一致的例子

A银行向B公司发放了一笔贷款，合同期限为15年，A银行对B公司的内部信用风险评级为4级（该评级体系中，1代表信用风险级别最低，10代表信用风险级别最高。违约风险随着信用风险级别变差，呈指数级上升，即1级和2级之间的差异小于2级和3级之间的差异）。5年后，B公司的内部信用风险评级变为6级，A银行向其又发放了一笔贷款。2年后，B公司因丧失重要客户合同，导致其收入锐减。A银行认为B公司履行还贷义务的能力显著下降，因此将其内部信用风险评级降为8级。

出于信用风险管理的目的，A银行从交易对手方的层面对信用风险进行评估，并且认为B公司的信用风险显著增加。尽管A银行未对B公司的每笔贷款的自初始确认后的信用风险变化执行单项评估，但其从交易对手层面评估信用风险并且对B公司所有贷款确认整个存续期预期信用损失，仍然符合IFRS9所述减值要求的目标。这是因为，即使自最后一笔贷款发放时B公司达到最高信用风险起算，其信用风险也已显著增加。从交易对手方层面评估的结果与对每笔贷款的信用风险变化进行单项评估的结果一致。

案例6.2：交易对手方信用风险评估与减值要求不一致的例子

A银行向C公司发放了一笔贷款，合同期限为20年，A银行对B公司的内部信用风险评级为4级。经济情况在5年后发生恶化，由于销售下降导致现金流量短缺，C公司无法向A银行的分期贷款全额还款。A银行重新评估了C公司在报告日的内部信用风险评级，并认定为7级，综合考量其信用风险变化后，认为该笔贷款信用风险显著增加，并对该笔贷款确认整个存续期预期信用损失。尽管该公司的内部信用风险评级被降级，A银行在1年后又向C公司发放了一笔5年期贷款。尽管基于交易对手方的评估，C公司的信用风险此前被评估为显著增加，但不会导致对新发贷款确认整个存续期预期信用损失。这是因为新贷款的信用风险自初始确认后并无显著增加。如果A银行仅从交易方层面评估信用风险，而忽略该信用风险变化的结论是否适用于同一客户的所有单项金融工具，则不符合IFRS9所述减值要求的目标。

（三）确定投资组合的最高初始信用风险

IFRS9下确定金融工具应计提整个存续期预期信用损失准备还是12个月预期信用损失准备的信用风险评估，是基于信用风险是否相对增加的。但是许多主体的信用风险系统监督的是风险的绝对水平，而未跟踪单笔贷款历史情况。为帮助解决这一困难，准则纳入了通过按贷款质量细分投资组合，以将相对系统转化为绝对系统的方法。具体来说，对于初始确认时具有相似信用风险的投资组合，主体可确定可接受的最高初始信用风险；随后将报告期日的金融工具信用风险与最高初始信用风险进行比较，若高于此，则认定为信用风险显著恶化。但这种方法的使用前提是组合中的金融工具在初始确认阶段具有类似的信用风险，即信用评级的级差相对较小，否则不能使用该方法。

案例7.1：与最高初始信用风险的比较

F银行有一种汽车贷款组合，该行为贷款发放制定了基于内部信用评级系统的融资决策政策，内部信用评级系统综合考量客户的信用历史、对A银行其他产品的偿付行为以及其他因素,并在发放时给每笔贷款评定从1(最低级)到10(最高级)的内部信用风险评级。违约风险随着信用风险级别变高,呈指数级上升。该组合中的贷款客户具有相似的内部信用风险级别,在初始确认时,所有贷款均评级为3~4级。因此,银行确定该组合的最高信用风险级别为4级。考虑到其内部信用风险评级反映了违约风险,内部信用风险评级从3级上升到4级不代表信用风险显著增加,但是在该组合中,任何贷款的内部风险评级高于5级,则判定信用风险已显著增加。这意味着F银行在评估自初始确认后信用风险的变化时,无须了解该贷款组合中每笔贷款的初始信用风险评级,仅需确定在报告日的信用风险评级是否高于5级即可。

案例7.2:与最高初始信用风险的比较

假设F银行有另一组汽车贷款,这些客户的内部信用风险评级在4级到7级之间。对于这个组合,如果确定在初始确认时可接受的最高初始信用风险为7级,并应用上例使用的方法,则不能符合IFRS9所要求的目标。这是由于该组合中贷款的初始确认的信用风险过于多样化,并非足够相似,银行不能简单地通过将在报告日的信用风险与初始确认时的最差信用质量进行比较,以确定信用风险是否显著增加。例如,若某笔贷款的初始信用评级为4级,当其内部信用风险评级变为6级时,该笔贷款的信用风险已显著增加。

三、信用风险损失阶段划分的简化方法

简化方法下主体应使用与复杂方法相同的指标。然而,单独的定性指标判定可能会在此起到更重要的作用。银行在计量预期信用损失时,不仅需要考虑定量指标计算违约概率,同时也需要定性指标的输入,从而对违约概率进行重新校准,以反映定性指标对信用风险的影响。因此,对于该金融资产的信用风险是否显著增加的评估应不仅根据该资产是否已经逾期,或其他针对借款人行为方式的因素(例如信贷机构评分),也应使用无须付出不当成本或努力即可获得的前瞻性信息。对于银行来说,鉴于信用评估是核心竞争力,衡量不当成本或努力的标准与非银机构相比,银行的门槛可能会更高一些。目前已获得的信息将通常被认为是不需要付出不当成本或努力即可得到的信息。这些信息包括从银行中用于进行信用风险管理中获得,或可以从信用评估机构(例如同业信用损失经验)、宏观经济预测公司、外部评级机构进行购买的,或可从市场数据中得出的如债券或信用违约掉期等信息。

(一)低信用风险的简化操作

在IFRS9准则下,银行可以使用低信用风险的简化操作:若金融工具具有较低的信用风险,银行可以假设此金融工具在报告日时信用风险未显著增加。低信用风险金融工具应满足以下条件:违约风险较低;借款人具有很强能力可以在短期内履行其合同现金流量义

务；经济或经营状况在较长期间内的不利变化可能但未必会降低借款人履行合同现金流量义务的能力。需要注意的是，某项金融工具具有较低损失风险（例如，对于抵押贷款而言，若抵押品的价值高于所借的金额），或者与银行的其他金融工具或银行经营所在区域信用风险相比具有较低的违约风险，并不能简单地认为该金融工具具有低信用风险。

对低信用风险的描述大致相当于具有"投资级别"质量的资产，相当于标准普尔评级中的BBB-或以上级别；穆迪评级中的Baa3或以上级别；或惠誉评级中的BBB-或以上级别。在应用低信用风险简化方法时，金融工具并不一定需要进行上述外部评级。因此，主体可使用其内部信用评级来评估低信用风险，只要其符合全球范围内公认的低信用风险定义（即投资级别）或被认为是低信用风险的市场预期。同时，应根据所评估金融工具的特定风险对评级进行调整。在实务中，具有内部信用评级的主体可设法将其内部评级映射至外部信用评级和定义，这些主要评级机构对信用质量评级的描述如表9所示。需要注意的是，如果主体源生或购买的金融工具的信用风险已高于投资级别资产，则低信用风险简化方法将与其不相关。同样，当源生或购买信用质量略微优于非投资级别（处于投资级别评级的底端）的金融工具时，由于任何信用恶化至非投资级别评级时，主体都需评估信用风险的增加是否显著，简化方法的使用也将受限。

表9 国际主要评级机构对信用质量评级的描述

机构	投资级别和投机级别分界线	定义
标准普尔	BBB	BBB：具有满足财务承诺的足够能力，但更易受不利经济状况影响。BB：在短期内不易受影响，但却面临不利的经营、财务和经济状况带来的持续不确定性
穆迪	Baa	Baa：该级债务被判定为中等级别，并且易受中等信用风险影响，因此可能具有一定的投机性特征。Ba：该级债务被判定为投机级别，并且易受重大信用风险影响
惠誉	BBB	BBB：表示当前的信用风险较低。定期偿付债务的能力是足够的，但不利的环境和经济状况会削弱这种能力。BB：表明有出现违约风险的可能，尤其是随着时间推移经营或经济出现不利变化时；但是存在经营或财务灵活性措施使得债务能够得到偿还

尽管评级为前瞻性的，但有时信用等级的变化可能未被及时反映，因此主体在评估风险是否显著增加时，必须考虑评级的预期变化并调整其假设的违约率。如案例8所示，由于外部评级机构提供的违约率属于历史信息，主体在计算预期信用损失或评估信用恶化时，需要了解这些历史违约率的来源，并根据当前和前瞻性信息更新数据。

案例8：低信用风险简化方法的应用

A公司是一家大型上市全国性的物流公司，其唯一债务是一笔五年期公开市场债券（含唯一保护性条款：限制进一步负债）。B主体作为该债券投资者之一，认为根据准则相关条款，该债券在初始确认时具有低信用风险。B主体预期在较长期间内，经济和经营状况的不利变化可能但未必会降低A公司对债券的偿债能力，同时在初始确认时，该债券的内部信用评级与外部全球信用评级的投资级别相关。在报告日，B主体使用无须付出不当成本或努力即可获得的合理和可支持的信息，评估是否该债券仍被视为低信用风险。评估中，根据下述信息，B 主体重新评估了该债券的内部信用评级并得出结论，认为该债券不再属于投资级别债券。包括 A 公司季报显示销售收入同比下降 20%，经营利润同比下降 12%；评级机构对于 A 公司的盈利预警做出了负面反应，并对其信用级别进行审查以确定是否需要从投资级别降至非投资级别，但在报告日外部信用评级保持不变；该债券的价格显著下滑，B 主体认为在市场环境诸如基准利率、流动性等指标未发生变化的情况下，债券价格的下滑是由 A 公司信用风险的增加引起的。虽然 A 公司当前具有履行其承诺的能力，但其所处的不利商业和经济条件所导致的重大不确定因素，增加了债券的违约风险，因此该债券不再属于低信用风险。B 主体需要判断自初始确认后信用风险是否显著增加。

（二）逾期超过 30 天的可推翻假设

IFRS9 中第二个可用的简化方法设定了一项可推翻假设，即当合同付款逾期超过 30 天时，则表明金融资产信用风险自初始确认后显著增加。30 天预期简化处理允许使用拖欠或逾期状态，结合其他前瞻性的信息，以识别信用风险的显著增加。逾期信息可能是一项滞后指标，因为信用风险在金融工具预期或发现其他针对借款人的拖欠因素之前显著增加。因此，当比逾期信息根据前瞻性的、合理和可支持的信息在无须付出不当成本或努力即可获得时，银行不能仅仅依赖于逾期信息，而必须将该类信息用于信用的风险变动的评估中。但是，如果更前瞻的信息（无论是单项还是组合的基础上）在不付出不当成本或努力便不可获得时，主体则可以使用逾期信息评估信用风险变动。若信用风险在合同付款逾期超过 30 天之前已显著增加，则不可应用该假设。另外，如果银行具有证据表明，即使合同约定付款预期超过 30 天，其信用风险仍未显著增加，则可推翻这一假设。该类证据可能包括未能及时付款是由于管理的疏忽而并非借款人的财务困难所致，或者历史信息表现信用风险仅在付款逾期超过 60 天时才显著增加。

（三）使用 12 个月违约风险变化作为整个存续期风险变化的近似值

如果某些违约模型不集中于金融工具预期存续期内的特定时点，未来 12 个月发生违约风险的变化通常是在预期剩余存续期内发生违约的风险变化的合理近似值。在此情况下，准则允许用 12 个月发生违约的风险来确定信用风险是否自初始确认后显著增加，除非情况表明进行存续期评估是有必要的。在使用未来 12 个月的发生违约的风险变化时，准则建议主体无须证明 12 个月评估的结果与存续期评估的不同。主体可以使用现有系统和方法作为确定信用风险显著增加的起点，从而减少实施成本。但是，对于某些金融工具而言，或在某些情况下，使用未来 12 个月的发生违约的风险变化可能不适用于确定是否应确认整个存续期预期信用损失。对于期限超过 12 个月的金融工具，准则给出如下示例：金融工具仅在未来 12 个月之后具有重大支付义务；相关宏观经济或其他信用相关因素的变化未被充分反映在未来 12 个月的发生违约的风险中；与信用相关因素的变动仅会在 12 个月之后影响金融工具的信用风险（或具有更为显著的影响）。该示例隐含了对于非摊还型的债务工具（例如大多数债券和仅付息抵押贷款），使用 12 个月违约风险变化并不恰当。

第六章 商业银行实施预期信用损失模型的挑战及解决方案

一、预期信用损失模型建模解决方案

(一) 基于巴塞尔内评法的转换模型

本课题第四章对目前 IFRS9 实施过程中预期信用损失模型建模的两种思路，也即"新建模型"思路与"转换模型"思路进行了详细讨论与分析。发现新建模型思路下的几种模型目前不适合我国国情。故在 IFRS9 准则实施中，更多银行选择转换模型，也即基于巴塞尔内评法进行转换，得到符合 IFRS9 准则需要的预期信用损失模型。选择这一思路的另一个重要原因是：商业银行，尤其是规模较大、已经依照巴塞尔委员会要求建立内评法模型计量信用风险的银行，通过多年积累获得了较为充分的历史数据，从而能够以相对较低的成本在较短时间内建立起更准确的、覆盖资产范围更全面的预期信用损失模型。无论是内评法初级法中的违约概率模型（后称 PD 模型）还是高级法的违约损失率模型（后称 LGD 模型），都需要有大量历史数据校准模型参数。

无论是 PD 模型还是 LGD 模型，符合 IFRS9 准则的预期信用损失模型（后称预期信用损失模型）与巴塞尔内评法模型（后称内评法模型）既有相同点也有不同点。需要从巴塞尔内评法的模型经过一系列调整得到预期信用损失模型。下文将从实际构造转换模型的角度出发，探讨具体的转换方法和不同因素对预期信用损失模型变量及减值结果的影响。

(二) 内评法模型与预期信用损失模型异同

1. 内评法模型与预期信用损失模型相同点

(1) 模型形式相同。内评法模型与预期信用损失模型的基本形式相同，都为：

$$EL = EAD \times PD \times LGD$$

其中，EL 为预期损失，EAD 为违约风险敞口，PD 为违约概率，LGD 为违约损失率。

(2) 资产均分组建模。内评法模型与预期信用损失模型均以组合为维度分别构造模型计算 PD 与 LGD 这两个关键参数。因为资产本身的属性千差万别，每个资产组合对宏观经济变量、风险等级都有不同的响应机制，这些响应机制有时是难以量化的。故而很难用一个"万金油"的模型涵盖某家银行的全部资产，遑论以一个模型涵盖所有银行的资产。无论内评法模型还是预期信用损失模型，面对如此情况所采用的思路都是先按照国别、行业、客户规模等属性对信用资产进行分组，针对特点相近的资产组合分别建立模型进行描述与预测。

（3）关键参数颗粒度相同。预期信用损失模型与内评法中，违约概率（后称 PD 或 PD'）均为客户维度的参数，而违约损失率（后称 LGD 或 LGD'）均为单项资产维度的参数。也就是说，无论在内评法模型还是预期信用损失模型中，每个客户会通过 PD 模型得到一个违约概率，该客户名下的各项信贷资产违约概率是相同的，而同一客户名下的不同信贷资产违约损失率则各不相同。

2. 内评法模型与预期信用损失模型不同点

（1）违约概率模型差异。内评法 PD 为面向历史的 12 个月的平均值，依据巴塞尔委员会的要求加入了较多保守性限制，使得内评法 PD 相对实际违约概率偏高。预期信用损失模型的 PD 要去除保守性限制，并依据宏观经济数据进行预测，将面向历史的平均 PD 变为面向未来的时点 PD，同时，由于预期信用损失模型阶段 2 要求按照资产的剩余年限计算预期损失，所以需要计算超过 12 个月期限的 PD。为了便于区分两个模型中参数的区别，后文将巴塞尔内评法的违约概率设为 PD，而预期信用损失模型的违约概率设为 PD'。

（2）违约损失率模型差异。内评法 LGD 与预期信用损失模型 LGD 有类似的差异。预期信用损失模型需要去除内评法的保守性限制，将历史均值 LGD 调整为时点 LGD。但由于 LGD 并不存在一年内与剩余期限内的区别，所以并不需要就资产阶段划分的不同改变 LGD 参数。同样为了区分两个模型的违约损失率，后文将巴塞尔内评法的违约损失率设为 LGD，预期信用损失模型的违约损失率设为 LGD'。

两种模型的主要差异如表 10 所示。

表 10　IFRS9 与 Basel Ⅱ 下预期信用损失模型的区别

		IFRS9	Basel Ⅱ
违约概率	经济周期影响	PIT_PD	TTC_PD
	违约期限结构	全生命周期 PD	未来 12 个月 PD
违约回收率	经济周期影响	PIT_LGD	经济下行调整
	间接成本	不考虑	考虑
	折现利率	实际利率	无明确要求，但银行应保守估计违约回收率
风险暴露		账面价值	随机模拟风险因子并估计风险暴露

二、转换模型建模

如前文所述，目前商业银行建立预期信用损失模型的主体思路是针对内评法模型与预期信用损失模型的差异，通过一系列数学变换及技术调整将内评法模型各项参数调整至预期信用损失模型中。具体方法如下：

（一）违约概率模型调整方法论

违约概率模型的目标是以组合为单位，建立起各个资产组合层面的违约概率主标尺，且这一预期信用损失模型违约概率主标尺中的各个 PD' 都应是时点的预测值。

1. 资产组合 PD'预测模型

这一步的目标是建立起资产组合的 PD'与"一揽子"选定的宏观经济变量之间的联系，得到组合层面的时点 PD'预测模型。由于不同行业、不同属性的客户所面临的经济环境有所不同，因而其违约概率受宏观经济变量的影响机制是不同的。所以需要对资产分组，对每一个组合分别建立 PD'与宏观经济变量的模型。

每一个组合构建模型时，以组合的历史违约率为因变量，宏观经济变量为自变量，建立回归模型。模型可以是线性或非线性，取决于是否能够较好地通过宏观经济变量解释违约率的变化。这一步骤需要长期的数据积累，大量的基础数据能进一步校准模型，使其参数更为准确。

2. 调整得到组合主标尺

建模的目标并非仅仅得到资产组合的 PD'，而是要得到同一资产组合内不同信用等级资产各自的 PD'，也就是建立资产组合违约概率主标尺。这一主标尺的建立同样需要用到巴塞尔内评法已经积累的历史数据。具体来说，假设资产内共有 n 个信用等级，内评法每个信用等级资产的违约概率为 PD_i，预期信用损失模型下每个信用等级资产的违约概率为 PD'_i。如此，则内评法的主标尺为：

$(PD_1, PD_2, \cdots, PD_n)$

预期信用损失模型的主标尺为：

$(PD'_1, PD'_2, \cdots, PD'_n)$

w_i 为第 i 项资产客户数的权重。通过如下方程组，可以将内评法的主标尺调整为预期信用损失模型主标尺：

$$\ln\left(\frac{PD_1}{1-PD_1}\right) + x = \ln\left(\frac{PD'_1}{1-PD'_1}\right)$$

$$\ln\left(\frac{PD_2}{1-PD_2}\right) + x = \ln\left(\frac{PD'_2}{1-PD'_2}\right)$$

$$\cdots$$

$$\ln\left(\frac{PD_n}{1-PD_n}\right) + x = \ln\left(\frac{PD'_n}{1-PD'_n}\right)$$

$$\sum_{i=1}^{n} w_i \cdot PD'_i = PD'$$

需要指出的是，主标尺的调整方法并不唯一。本课题所采用的这一调整方法既考虑了内评法对 PD 建模时通常所采用的 Logistic 回归的函数形式，也保证了调整后主标尺每个信用级别的 PD'与内评法保持次序一致。也就是不会出现信用评级更低的客户调整后反而违约率更低这种情况。

3. 将 PD'扩展至不同剩余期限

假设客户每年发生违约的概率都相同且相互独立，则在第 t 年的时候，该客户的累积违约率为：

$P'_t = 1 - (1 - PD')^t$

(二) 违约损失率模型调整方法论

违约损失率模型的目标是得到每一项资产的 LGD', 该 LGD' 是面向未来的时点值。具体而言, 预期信用损失模型中违约损失率模型的构建有如下步骤。

1. 构造资产组合 LGD' 预测模型

与 PD' 模型相似, 这一步的目标是建立资产组合层面 LGD' 与"一揽子"宏观经济变量之间的回归模型, 这样可以得到 LGD' 的时点预测值。回归模型可采用线性或非线性, 模型质量同样取决于是否积累了足够的历史数据。

2. 剔除巴塞尔委员会保守性限制

这一步骤的目标是从资产 (如债项) 层面剔除巴塞尔 LGD 中特殊的保守性限制。巴塞尔委员会通过考虑经济周期最差值等方法使 LGD 尽可能保守和谨慎, 因而使 LGD 比实际违约损失率偏高。剔除保守性限制的具体方式取决于巴塞尔内评法模型的结构。若高级法 LGD 模型通过常数项进行调整则去除相应的常数项, 若用函数调整则去除相应的函数。

3. 构造调整因子, 获得单项资产层面的预期信用损失模型 LGD'

将资产组合层面的 LGD' 调整为单项资产 LGD' 的思路与违约概率模型建立预期信用损失模型主标尺的思路相似。不同之处在于 LGD 并没有信用分级和主标尺的概念, 而是需要通过一个调整因子将每一笔债项的巴塞尔 LGD 调整为预期信用损失模型 LGD'。设已剔除保守性限制的单项资产巴塞尔内评法违约损失率为 LGD_i, 预期信用损失模型单项资产违约损失率为 LGD_i', 步骤 1 中求得的组合层面宏观经济变量预测违约损失率为 LGD', 则调整因子的构造思路之一如下:

$$LGD_i' = LGD_i \cdot \frac{LGD'}{Average\ LGD}$$

其中, Average LGD 为组合内资产违约后实际损失率的历史平均值。需要指出的是, LGD 调整因子的构造方法并不唯一。

三、预期信用损失模型变量敏感性分析

建立预期信用损失模型的最终目的是帮助商业银行更合理地计量信贷资产未来可能发生的损失。在财务数据上则体现为计提减值损失。故而下文将在第一节建模思路的基础上分析模型中各项参数对拨备产生影响的机制, 并代入数据进行变量的敏感性分析。

(一) 参数对减值结果影响机制

在预期信用损失模型中, 资产的信用风险会通过两个途径对拨备产生最终影响。其一是信用风险评级直接影响对应资产 12 个月的 PD'。其二是资产信用风险的增加会改变其资产阶段划分, 而划入第二阶段资产的 PD' 通过公式进行剩余期限调整, 与 12 个月的 PD' 相比要高出许多。

这里选择三个不同信用评级 PD' 随资产剩余年限变化的函数图像 (见图 30), 可以看出，随着资产剩余年限的增长，累积违约概率会显著上升。边际违约概率越高的资产，累积违约概率上升越快。

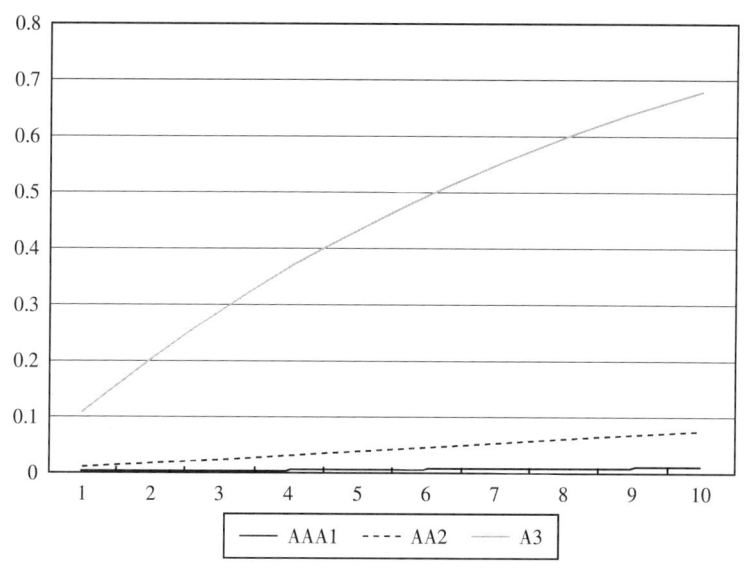

图 30 不同信用评级 PD'随资产剩余年限变化的函数

（二）变量敏感性分析

下文结合一个资产组合的实际数据对预期信用损失模型的各个变量进行敏感性分析。

1. 资产组合构造

预期信用损失模型的内部结构是比较复杂的，包含宏观经济变量的回归模型、巴塞尔内评法调整模型和资产阶段划分模型。很难通过单纯的数学推导看出各项参数与模型减值结果的定量关系。因而本课题基于实际数据选取了×商业银行的一个资产组合 A，来测试模型变量的影响。资产组合 A 已经有一套完整的巴塞尔内评法模型。依据×银行的风险管理政策，A 资产组合中的客户共有 21 个信用评级，每个信用评级都有巴塞尔内评法 PD，构成了资产组合的违约概率主标尺。该组合中的资产剩余年限均值为 3.08 年，各个信用级别的资产剩余年限基本呈相同分布（见表 11）。

表 11 资产组合 A 基本特征信息

信用等级（二十一级）	内评法 PD（%）	内评法 LGD（%）	资产总额（亿元）	客户数权重（%）	资产平均剩余年限
AAA1	0.03	0.00	0.00	0.00	3.08
AAA2	0.04	0.00	0.00	0.00	3.08
AAA3	0.05	0.00	0.00	0.00	3.08
AAA4	0.06	0.00	0.00	0.00	3.08
AAA5	0.07	36.68	31.53	0.25	3.08
AAA6	0.10	35.19	6.11	0.21	3.08
AA1	0.15	38.17	21.86	0.39	3.08

续表

信用等级 (二十一级)	内评法 PD (%)	内评法 LGD (%)	资产总额 (亿元)	客户数权重 (%)	资产平均剩余年限
AA2	0.25	39.19	16.35	1.31	3.08
AA3	0.44	38.56	6.14	1.36	3.08
AA4	0.78	40.95	47.93	6.13	3.08
AA5	1.24	43.31	69.70	12.58	3.08
AA6	1.82	45.80	184.95	21.83	3.08
A1	2.32	47.15	60.73	13.44	3.08
A2	2.82	45.01	81.28	16.08	3.08
A3	3.72	47.48	114.08	14.72	3.08
A4	5.28	46.39	36.41	5.45	3.08
BBB1	7.20	50.86	16.04	2.35	3.08
BBB2	9.60	46.04	8.89	1.26	3.08
BBB3	18.00	49.58	11.29	1.33	3.08
BB	56.00	53.44	19.88	1.32	3.08
B	100	50.56	15.83	0.00	3.08
合计			749.00	100.00	

由组合 A 中各信用等级资产金额的分布图（见图 31）来看，可以看出 A 组合中资产的信用风险基本呈正态分布，但在高风险区域有厚尾（Fat-Tail）特点，符合一般情况下信用风险的分布特点。

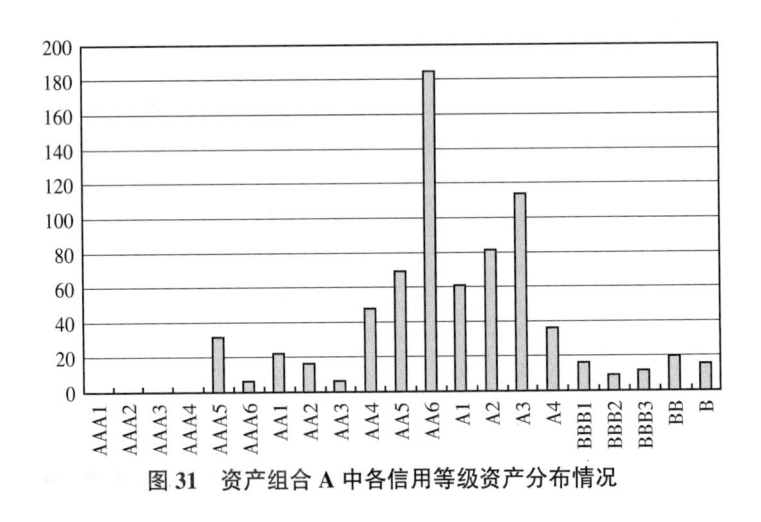

图 31 资产组合 A 中各信用等级资产分布情况

2. 关键变量梳理

从预期信用损失模型的整个建设思路和模型基本公式来看，会对预期信用损失模型减值结果产生影响的变量主要有三组。第一组为宏观经济变量，该组变量用于预测资产组合的 PD'及 LGD'，进而影响到每项信贷资产的违约概率和违约损失率，最终影响减值结果。第二组参数为资产剩余年限，当资产由第一阶段划入后两阶段，减值会发生"断崖式"增长，而该变量则决定了"断崖"有多"高"，资产平均剩余年限越长，划入后两阶段的资产减值与其在第一阶段时差距就越大。第三组为资产阶段划分规则,该组参数决定了有多少资产被划入后两阶段,规则越保守,体现为划入后两阶段的资产更多,最终减值也就越多。下面,从这三组变量出发对资产组合 A 进行描述:

(1)宏观经济变量。宏观经济变量对减值结果的影响并不直接,各宏观经济变量的变化首先影响到的是资产组合层面的 PD'预期值,组合 PD'的变化与巴塞尔内评法主标尺在调整过程中发生一系列相互影响,最终才会影响到每一项资产对应的 PD',从而对减值结果产生影响。

依据所选取的资产组合 A,我们用历史数据建立了回归模型,模型参数如表 12 所示:

表 12 A 资产组合 PD'与宏观经济变量的关系

变量	参数估计值	标准误差	t 值	Pr > |t|	R^2
Intercept	−4.15	0.09	−46.26	<0.0001	
工业增加值当月同比	0.51	0.24	2.12	0.04	
CPI 当月同比	−0.65	0.31	−2.14	0.04	
PPI 当月同比	0.77	0.31	2.53	0.02	
固定资产投资完成额月累计同比	−1.99	0.34	−5.87	<0.0001	0.7428
进口贸易当月同比	−0.83	0.20	−4.06	0.00	
货币供应量月同比	1.11	0.26	4.18	0.00	
金融机构人民币贷款当月值	−0.28	0.13	−2.07	0.05	
一年期存款基准利率	0.50	0.19	2.61	0.01	

将 2006 年至 2015 年的历史数据代入预测模型后,可以得到每一期 PD'的模型预测结果(见图 32)。与每一期的实际违约率比较,可以看出模型对违约概率的拟合情况。

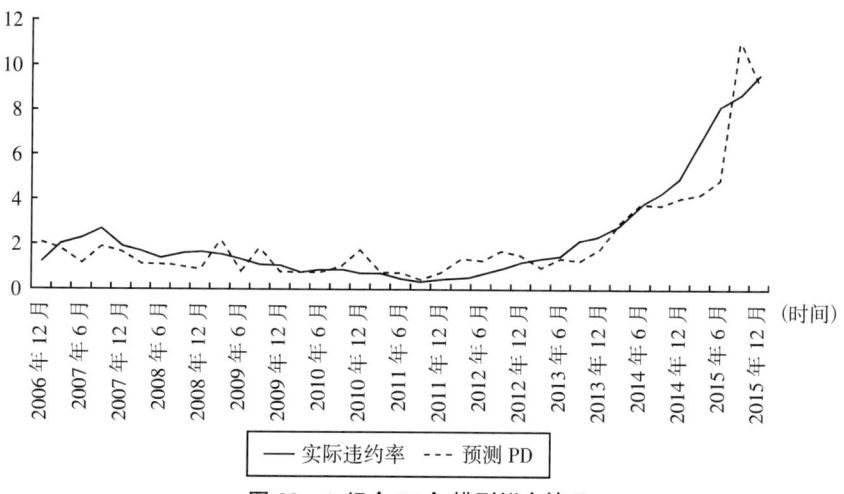

图 32 A 组合 PD'模型拟合情况

实际违约概率与模型预期 PD'变化范围如表 13 所示。

表 13　A 组合实际违约率及模型预测 PD'变化范围

	最大值	最小值	平均值	当前值
实际违约率	9.57	0.37	2.34	N/A
模型预测 PD'	11.18	0.46	2.20	8.36

（2）资产剩余年限。资产组合 A 的各项资产加权平均剩余年限为 3.08 年，各个信用等级的资产剩余年限分布情况基本相同。为简化计算过程，假设资产组合中各信用级别的资产剩余年限分布完全相同，均值都为 3.08 年。

（3）资产阶段划分。资产的三阶段划分模型在整个预期信用损失模型的建设中处于一个非常核心的地位，划分标准的设立是很复杂的。本课题其他部分亦有更为详尽的论述。在敏感性分析部分，我们把阶段划分抽象简化为"落入后两阶段资产的信用等级的个数"。从而能够更为直观地看到阶段划分对减值结果产生的显著影响。

将 A 组合中的最后 7 个阶段都放入后两阶段与 × 行目前的信用等级划分结果最为相近，因而先假设阶段划分的标准为"客户信用评级低于（含）A3 级的 7 个信用等级划入后两阶段"。

（4）减值结果。将各项参数分别代入上一节所构建的预期信用损失模型后，可得到资产组合 A 各个信用评级的减值信息（见表 14）。从组合层面来看，当组合 A 的预测 PD'为 8.359%时，资产组合减值总计为 304.9 亿元，占资产总额的 8.14%。

表 14　减值结果

信用等级	EAD（亿元）	资产阶段	资产剩余年限	12 个月 PD'（%）	LGD'（%）	EL（亿元）
AAA1	0.00	1	1	0.09	0.00	0.00
AAA2	0.00	1	1	0.12	0.00	0.00
AAA3	0.00	1	1	0.14	0.00	0.00
AAA4	0.00	1	1	0.17	0.00	0.00
AAA5	157.66	1	1	0.20	36.68	0.12
AAA6	30.57	1	1	0.29	35.19	0.03
AA1	109.29	1	1	0.43	38.17	0.18
AA2	81.77	1	1	0.72	39.19	0.23
AA3	30.69	1	1	1.26	38.56	0.15
AA4	239.64	1	1	2.23	40.95	2.19
AA5	348.50	1	1	3.51	43.31	5.30
AA6	924.73	1	1	5.10	45.80	21.59
A1	303.64	1	1	6.44	47.15	9.22
A2	406.40	1	1	7.76	45.01	14.19
A3	570.38	2	3.08	10.07	47.48	75.51
A4	182.07	2	3.08	13.91	46.39	31.21
BBB1	80.20	2	3.08	18.36	50.86	18.95
BBB2	44.44	2	3.08	23.53	46.04	11.51

续表

信用等级	EAD（亿元）	资产阶段	资产剩余年限	12个月 PD'（%）	LGD'（%）	EL（亿元）
BBB3	56.45	2	3.08	38.88	49.58	21.85
BB	99.38	2	3.08	78.67	53.44	52.65
B	79.17	2	3.08	100.00	50.56	40.03
合计	3744.98					304.90
减值比例	8.14%					

3. 敏感性分析

（1）宏观经济变量及组合 PD'对减值敏感性分析。如前文分析，在预期信用损失模型中，宏观经济变量对减值结果的影响是间接的。它首先会影响到组合层面违约概率的预测值 PD'，PD'进而通过一系列调整得到新的预期信用损失模型违约概率主标尺。主标尺的变化最终导致减值结果的差异。

文章上文已经介绍了 A 资产组合的 PD'与宏观经济变量的模型。从模型形式来看，是一个多元线性回归模型。各个变量对 A 资产组合 PD'的影响都是线性的。也就是说，当工业增加值当月同比增加 1%，PD'增加 0.507%；CPI 当月同比增加 1%，PD'减少 0.65%；PPI 当月同比增加 1%，PD'增加 0.77%；固定资产投资完成额月累计同比增加 1%，PD'下降 1.98%；进口贸易当月同比增加 1%，PD'下降 0.83%；货币供应量当月同比增长 1%，PD'增加 1.1%；金融机构人民币贷款当月值增长 1%，PD'下降 0.27%；1年期存款基准利率增长 1%，PD'增长 0.49%。

PD'的变化对最终减值结果的影响机制则由于转换方程组的存在而复杂得多。将过去 10 年的宏观经济变量代入模型，可得到 PD'的变化范围。具体如表 15 所示：

表 15　PD'变化范围

	最小值	最大值	平均值	当前值
PD'	0.462	11.179	2.203	8.359

因而，不妨设 PD'由于宏观经济变量的影响可以从 1%到 10%均匀变化，假设其他参数都不变的情况下，分别代入不同的 PD'调整预期信用损失模型主标尺，重复计算组合 A 的减值总额并计算减值占资产总额的比率，可得到结果如表 16 所示。

表 16　PD'变动对减值结果影响

PD'（%）	拨备总额（亿元）	减值比例（%）	减值比例变动（%）
1	93.54	2.50	
2	131.41	3.51	1.01
3	163.20	4.36	0.85
4	192.25	5.13	0.78
5	219.75	5.87	0.73
6	246.14	6.57	0.70
7	271.60	7.25	0.68

续表

PD'(%)	拨备总额（亿元）	减值比例（%）	减值比例变动（%）
8	296.24	7.91	0.66
9	320.12	8.55	0.64
10	343.29	9.17	0.62

将减值比例随 PD' 变动而变动的情况绘制成散点图，可以看出减值比例变化边际递减的趋势。

由图 33 可以看出，在当前 PD' 附近，PD' 每变动 1%，减值比例大约变动 0.65%，随着 PD' 的增长，减值比例随之变动的幅度逐渐缩小。当与宏观经济因素相结合时，可以得到的结论为：在当前宏观经济各项数据条件下，当工业增加值当月同比增加 1%，PD' 增加 0.33%；CPI 当月同比增加 1%，PD' 减少 0.43%；PPI 当月同比增加 1%，PD' 增加 0.50%；固定资产投资完成额月累计同比增加 1%，PD' 下降 1.29%；进口贸易当月同比增加 1%，PD' 下降 0.54%；货币供应量当月同比增长 1%，PD' 增加 0.72%；金融机构人民币贷款当月值增长 1%，PD' 下降 0.18%；1 年期存款基准利率增长 1%，PD' 增长 0.32%。

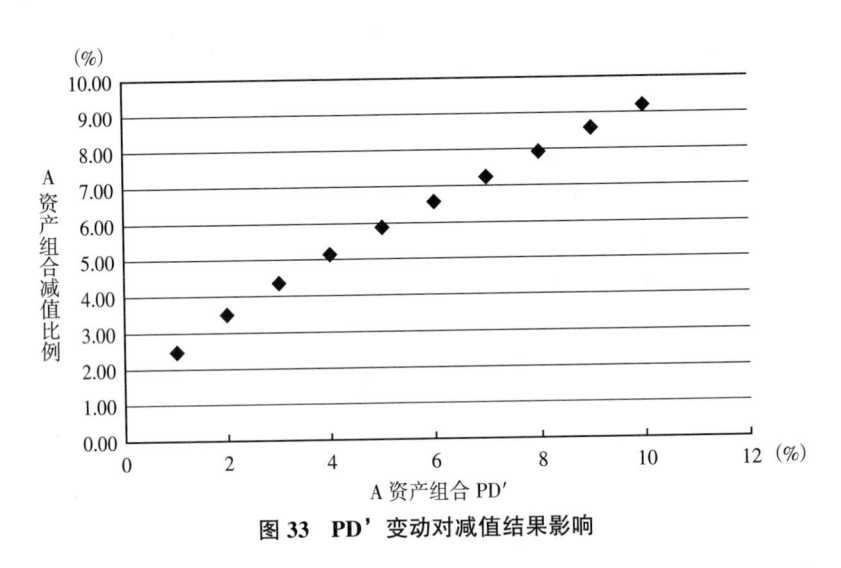

图 33 PD' 变动对减值结果影响

（2）剩余年限对减值敏感性分析。在保持模型其他参数不变的情况下，分别代入资产平均剩余年限从 1 年到 10 年的情况。重复计算组合 A 的减值总额并计算减值占资产总额的比例，可得到表 17。

表 17 资产平均剩余年限对减值影响

资产平均剩余年限	拨备总额（亿元）	减值比例（%）	资产平均剩余年限每增加 1 年的减值比例变动（%）
1	197.20	5.27	
2	257.20	6.87	1.60
3	301.73	8.06	1.19
4	338.18	9.03	0.97
5	369.04	9.85	0.82

续表

资产平均剩余年限	拨备总额（亿元）	减值比例（%）	资产平均剩余年限每增加 1 年的减值比例变动（%）
6	395.56	10.56	0.71
7	418.52	11.18	0.61
8	438.50	11.71	0.53
9	455.97	12.18	0.47
10	471.28	12.58	0.41

将减值比例随资产平均剩余年限变动而变动的情况绘制成散点图（见图 34），可以看出减值比例变化边际递减的趋势。

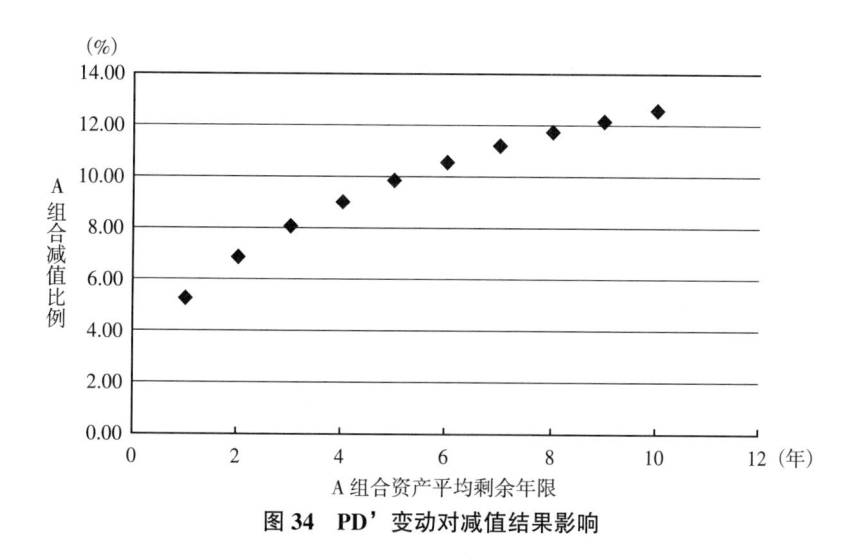

图 34　PD'变动对减值结果影响

从图 34 的结果中可以看出，随着资产平均剩余年限的增长，资产组合的减值比例随之增长。但当资产平均剩余年限较大时，资产组合比例随之增长的幅度衰减。在当前 A 组合的平均剩余年限，也即 3.08 年附近，资产平均剩余年限增加一年，组合 A 的减值比例上升约 0.97%。

（3）资产阶段划分。前文已经对资产阶段划分模型的重要性和做敏感性分析时的简化处理方法做出了阐释。下文在保持其他参数不变的情况下，分别代入将最后 1~10 个信用评级的资产划入第二阶段分类的情况，计算相应的减值比例（见表 18）。

表 18　资产阶段划分对减值结果的影响

划入后两阶段的信用等级数	拨备总额（亿元）	减值比例（%）	减值比例变动（%）
1	197.20	5.27	
2	208.08	5.56	0.29
3	219.04	5.85	0.29
4	225.73	6.03	0.18
5	237.19	6.33	0.31
6	256.65	6.85	0.52

续表

划入后两阶段的信用等级数	拨备总额（亿元）	减值比例（%）	减值比例变动（%）
7	304.90	8.14	1.29
8	330.98	8.84	0.70
9	348.30	9.30	0.46
10	389.75	10.41	1.11

将减值比例随资产阶段划分方法变动而变动的情况绘制成散点图（见图35），可以看出减值比例变化趋势。

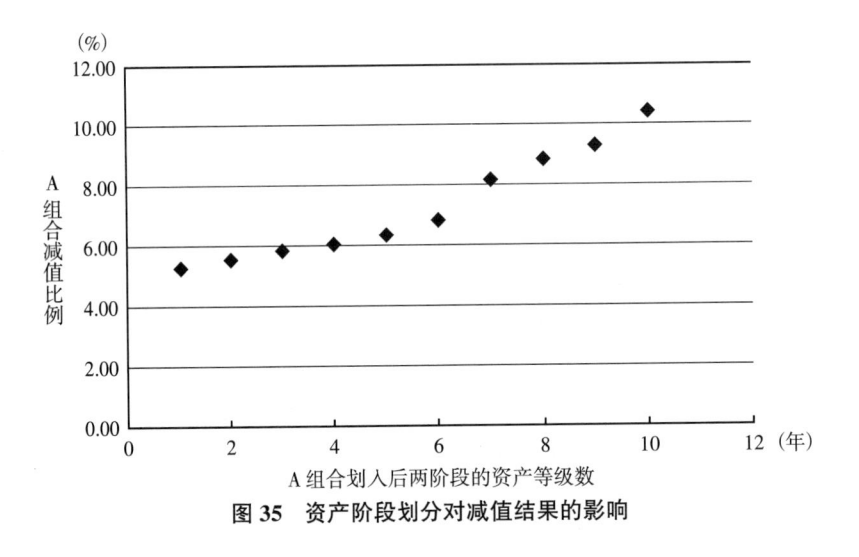

图35 资产阶段划分对减值结果的影响

由图35可知，阶段划分方法对减值结果有显著影响。该影响不像PD'的影响和资产剩余年限的影响那样有比较清晰的规律。巴塞尔内评法主标尺和预期信用损失模型主标尺中各个信用评级对应的PD（或PD'）本身的变化是非线性的，因而也会改变资产阶段划分对减值结果的影响。

四、信用风险阶段划分解决方案

如本篇第五章所述，评估信用资产的信用风险是否显著增加，以及基于信用风险显著增长所做的资产阶段划分在准则实施中既是终点又是难点。第五章更多地从理论角度出发对如何判断信用风险"显著增加"做了探讨，本部分则将从实际操作角度探讨准则实施的解决方案。

目前在我国商业银行信贷资产减值实践中，主要依据信贷资产风险分类结果来计提相应的减值准备。IFRS9引入预期信用损失模型，将金融资产按信用风险恶化程度划分为"三个阶段"，不同阶段按不同方法计量预期信用损失。如前文所述，资产质量阶段划分在整个预期信用损失模型中处于一个非常核心的地位。相同条件下，划分标准的细微变化就会对减值结果产生显著影响。因此，资产质量阶段划分在实务应用中就显得尤为重要，如何准确划分资产的"三个阶段"是预期信用损失模型实施的关键点之一，也是影响商业银行信贷资产减值准备计提金额的重要因素。下面从理论和实务的视角出发，探讨资产质量阶段划分在实务中的应用。

在实务中，参照IAS39资产质量分类过程，从投入产出效率出发，IFRS9资产质量阶段可划分为直接认定或系统模型认定两种方式。此两种方式兼顾效率与效果，在符合IFRS9准则要求的基础上，充分考虑了我国商业银行实际情况。接下来，我们将分别讨论上述两种划分方式。

（一）直接认定法

1. 直接认定为减值类

目前我国商业银行资产减值实践中，符合一定条件的信贷资产直接可划分为不良类资产（次级、可疑、损失），因该类资产已发生明显减值迹象，须纳入不良类别。同样地，根据IFRS9信用风险损失阶段划分的简化方法，资产质量阶段划分也可将符合一定条件的资产直接分为减值类资产。此认定条件既可定性又可定量。其中定量的指标可参考：逾期或欠息天数、预期损失率等。定性指标一般可参考借款人是否失去偿还债务的能力。对于该类出现明显减值迹象的资产可直接认定为减值类资产。

2. 直接认定为低信用风险信贷资产

除直接认定为减值类的资产外，对于符合低信用风险信贷标准的资产，可直接认定为低信用风险信贷资产。如被划分至低信用风险信贷资产，则表明该类资产的信用风险较低。具体认定标准可通过前期模型或历史数据的推算进行确定。

当资产确认为低信用风险信贷资产，可再结合贷款逾期欠息情况作进一步认定。当不存在逾期欠息情况时，可直接认定为初始确认后信用风险无显著增加类资产。当逾期欠息天数不超过一定数值时，可直接认定为初始确认后信用风险显著增加类资产。最后当逾期欠息天数超过一定数值时，可直接认定为减值类资产。

（二）系统模型认定法

信用风险极高的信贷资产可直接认定为减值类资产，信用风险较低的信贷资产通过简单条件判断也可直接认定为相应阶段资产。除上述两种情况外，剩余信贷资产可通过系统模型认定的方式进行阶段划分。根据准则要求，阶段划分的依据为对手方信用风险是否显著增加，这是一个增量概念，不能仅用信用风险的绝对值进行简单判断。

结合我国商业银行实践，客户违约概率是资产信用风险的综合体现，系统模型可从客户违约概率出发，根据客户违约概率初始值与再分类当期违约概率的变化值确定资产阶段划分的初步结果。后续可通过不同的资产风险分类指标进行划分调整，最终得到该类资产质量阶段划分结果。其中资产风险分类指标可包含：客户状态、资产预期损失率、贷款重组情况、还款记录、交叉违约、还款意愿等指标，此部分指标均为借款人与债项的信息。通过资产风险分类指标的调整，系统阶段划分结果可更贴近资产实际，使资产质量阶段划分更为准确。

五、五级分类到三阶段——一个信用风险阶段划分的案例

(一) 贷款五级分类与三阶段划分的影响因素

目前商业银行主要考虑包括客户的还款能力、还款意愿、贷款逾期状况、贷款的担保等信息确定最终的贷款风险分类级别。

IFRS9下将信贷资产信用风险恶化分成了三个阶段,判断自初始确认后信用风险是否显著增加是划分三个阶段的核心。信用风险分析是一项多因素的全面分析,在评估信用风险变化时主要考虑借款人的信用评级和经营状况、经济环境的变化、贷款文件和担保变更等情况。

表19列示了当前我国商业银行在贷款风险分类时通常使用的相关指标以及IFRS9下可用于评估信用风险变化的主要考虑因素:

表19 我国贷款风险分类指标体系和IFRS9下评估信用风险变化的因素

贷款风险分类指标体系		IFRS9下评估信用风险变化的因素
客户评价	信用等级	借款人的内部信用评级或内部行为评分
		金融工具外部信用评级
		内部价格指标的显著变化
	规模与经济性质	
	突发事件	借款人经营成果的实际或预期的显著变化
	还款意愿	预期将降低借款人按合同约定期限还款的经济动机的显著变化
	授信额度使用情况	
	客户状态	借款人预期表现和行为的显著变化,包括组合中借款人的还款行为和变化
债项评价	担保情况	作为债务抵押的担保品价值或第三方担保或信用增级质量的显著变化
		借款人的股东(或个人的父母)所提供的担保质量的显著变化
	贷款用途的一致性	
	是否有展期或重组情况	贷款文件的预期变更,包括预计违反合同的行为,而可能导致契约豁免或修订、免息期、利率阶梯式增长等变更
		利率或合同条款的变化
	还款情况	逾期信息
综合评价	预期损失率	
	专项管理要求	主体对金融工具信用管理方法的变化
	交叉违约	同一借款人的其他金融工具信用风险的显著增加
外部环境因素	外部环境变化情况	所处的监管、经济或技术环境的实际或预期的显著不利变化可能导致借款人履行其偿债义务的能力发生显著变化
		预期将导致借款人履行其偿债义务能力发生显著变化的业务、财务或经济状况的现有或预测的不利变化,如实际利率或失业率的上升
		信用市场风险指标(如信用利差、信用违约互换价格等)的变化

从实质上看，我国商业银行的贷款风险分类划分依据与 IFRS9 判断信用风险变化时的考虑因素基本一致，主要都涉及借款人的偿债能力、市场环境的变化、担保或抵押物的价值变动等。基于上述分析，本课题尝试以我国现行的贷款风险五级分类为基础来划分预期信用损失模型的三阶段，以实现新准则贷款损失准备计提与现行计提模式的衔接，与银行现有信用风险管理体系的整合，从而降低准则的实施成本，这对商业银行来说是挑战，也是一个全新的探索。

（二）现行贷款风险五级分类模式下预期信用损失模型三阶段的划分思路与方案

1. 阶段 1："低信用风险"的简化操作

IFRS9 对符合"低信用风险"的金融工具可直接划为阶段 1（见图 36）。在我国贷款业务中，尚未有对"低信用风险"的判断标准，因此，针对这一标准可具体问题具体分析。

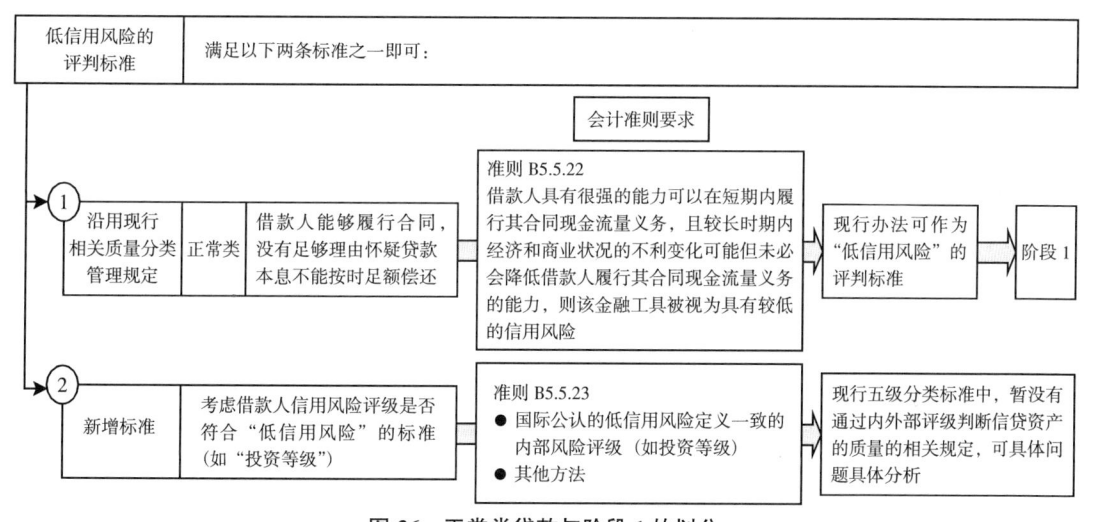

图 36 正常类贷款与阶段 1 的划分

2. 阶段 1→阶段 2："信用风险显著增加"的判定

在阶段 2，金融资产按照生命周期预期信用损失的金额确认损失准备，因此判断阶段 1 到阶段 2 的转化是预期信用损失模型的核心和关键。我们将关注类贷款依据定量和定性指标进一步细分，结合 IFRS9 下对"信用风险显著增加"的标准，将关注类贷款归入阶段 1 或阶段 2（见图 37）。

3. 阶段 3：信贷资产已发生减值迹象

次级、可疑和损失三类贷款合称为不良贷款，符合 IFRS9 下"已发生减值迹象"的标准，因而将这三类均归入阶段 3（见图 38）。

当前不处于低信用风险的金融工具在判断信用风险是否显著增加时，需考虑以下标准：

现行贷款分类标准		对应准则要求		阶段划分建议
定量指标（首要考虑因素）	定性指标	逾期超过30天（含）	或 信用风险是否显著增加	
关注类 — 债务未逾期、无欠息	出现可能影响借款人还款能力的不利因素，但借款人仍有能力偿还债务本息，还款意愿较好，本笔债务未逾期、无欠息			此级别内，暂未出现逾期和欠息，虽出现影响借款人还款能力的不利因素，但仍有偿还能力，建议归为阶段1
关注类 — 临时出现逾期或欠息	出现影响债务人还款能力的其他不利因素和突发事件，或本笔债务临时出现逾期或欠息，但借款人仍有能力偿还债务本息，还款意愿尚可			对逾期未超过30天的本级别资产，其借款人仍有还债能力，建议归为阶段1；对逾期超过30天的本级别资产，虽具有还债能力，但可认信用风险已显著增加，建议归为阶段2
关注类 — 出现逾期或欠息且尚未达到不良信贷资产认定条件	借款人还款意愿不强，或存在对借款人偿还债务本息有较大不利影响的因素，或本笔出现逾期或欠息且尚未达到不良信贷资产认定条件，但借款人尚有能力偿还债务本息			在本级别中，逾期可能未超过30天，但借款人的还款意愿已经不强，且有对偿债的较大不利影响，建议归为阶段2

图 37　关注类贷款与阶段 1 和阶段 2 的划分

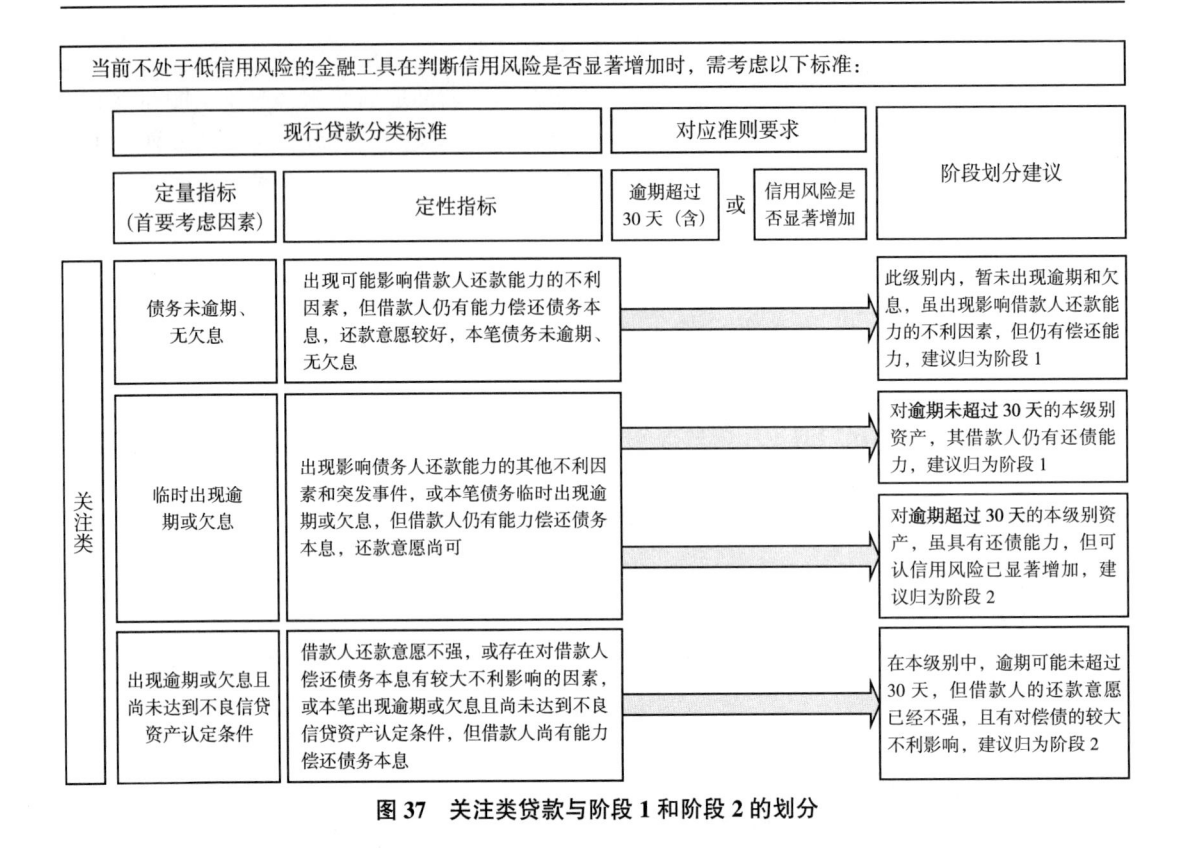

对资产风险分类处于"次级类""可疑类"及"损失类"的金融工具直接划入阶段3

现行贷款分类标准		对应准则要求：已发生减值迹象	阶段划分建议
次级类	借款人的还款能力出现明显问题，完全依靠其正常营业收入无法足额偿还贷款本息，即使执行担保，也可能会造成一定损失		阶段3
可疑类	借款人无法足额偿还贷款本息，即使执行担保，也肯定会造成较大损失		阶段3
损失类	在采取所有可能的措施或一切必要的法律程序之后，债务本息仍然无收回或只能收回极少部分		阶段3

图 38　次级、损失、可疑类贷款与阶段 3 的划分

（三）小结

会计准则和监管规则都是政府管制下的公共信息产品，本质都是解决市场失灵的手段和方式。会计准则是监管规则的基础，监管规则推动着会计准则不断改进。这种内在的统一性和相互依存性为会计准则和监管规则的协调发展提供了重要的理论基础。

本课题尝试以我国现行的信贷资产五级分类结果为基础划分预期信用损失模型下的"三个阶段"，以期能在尽量不改变现行贷款损失准备计提模式的前提下实现新旧准则的平稳过渡，为会计准则与监管规则的协调提供一定的理论参考和实践指导。我们将监管理念纳入会计准则的落地实施中，并转化为合理的会计语言，使金融稳定的要求能充分体现在会计准则之中。无论监管规则与会计准则如何变化，更加准确客观地识别风险和计量风险，并在此基础上计提充足的贷款损失准备与资本，以抵御各类风险冲击，维护金融与稳定，是我们进行制度建设与实务探索的永恒主题，也是会计准则与监管规则协调的最终目标。

六、本章小结

第四章与第五章从资产信用风险阶段划分和预期信用损失建模两个角度进行了理论分析，本章则以理论联系实际，具体提出了这两大难题在实践中的解决方案。并对方案结果进行了敏感性分析。

针对资产信用风险划分，本章提出了直接认定法与系统模型认定法，并以现在银行广泛应用的五级分类为基础给出了阶段划分的一个案例。

针对预期信用损失建模，本课题在第四章结论的基础上，就"转换模型"这一思路进行了实践层面的细节介绍与讨论，并代入×银行A资产组合进行了实际测算及敏感性分析。我们发现：

（1）转换模型方法论显示：减值结果主要受到三组变量的影响，分别为：①资产组合时点PD'预测模型中宏观经济变量的参数；②资产组合的平均剩余年限及其分布；③资产信贷质量划分标准。

（2）敏感性分析结果显示：①减值比例随资产组合PD'增大而增大，但增速递减；②减值比例随资产组合平均剩余年限增长而增大，但增速递减；③减值比例随划入后两阶段资产的增加而增大，增速取决于巴塞尔内评法中的违约概率变动。

参考文献

[1] 财政部. 企业会计准则 [M]. 北京：经济科学出版社，2006.

[2] 葛家澍，高军. 摊余成本及其与历史成本、公允价值的关系 [J]. 南京审计学院学报，2013（1）.

[3] 洪金明，马跃. 对预期信用损失模型进展的跟踪及其实施的思考 [J]. 金融会计，2012（12）.

[4] 李冰，陈亚楠."以预期信用损失模型确认贷款减值损失"对商业银行的影响与对策分析 [J]. 投资研究，2014（1）.

[5] 梁德华，李丹，王力骏. 预期信用损失模型理论分析与最新解读 [J]. 会计之友，2015（9）.

[6] 刘泉军. IFRS9 减值会计对我国上市商业银行的影响分析 [J]. 中国注册会计师，2016（3）.

[7] 刘星，杜勇. 预期信用损失模型分析及其对我国银行业的影响 [J]. 中央财经大学学报，2011（4）.

[8] 刘星，贺晓阳. 贷款减值模型的博弈分析 [J]. 财会学习，2011（4）.

[9] 刘玉廷. 金融保险会计准则与监管规则分离趋势与我国的改革成果 [J]. 会计研究，2010（4）.

[10] 陆建桥，朱琳. 跟踪国际　主动参与　积极应对　深入研究金融工具准则会计最新动向与对策 [J]. 会计研究，2010（2）.

[11] 漆佳. 金融资产减值会计新规对商业银行风险管理的挑战 [J]. 国际金融，2015（9）.

[12] 王红军，刘威. 国际金融危机下金融资产减值方法的转型 [J]. 东北财经大学学报，2010（1）.

[13] 王菁菁，刘光忠. 金融工具减值预期信用损失模型的演进与会计准则体系变迁——兼评IASB

《金融工具：预期信用损失》征求意见稿[J].会计研究,2014(5).

[14] 王鲁兵.商业银行风险管理与会计核算的比较研究[J].中国注册会计师,2009(9).

[15] 王学强.关于商业银行贷款减值拨备问题的思考[J].国际金融研究,2009(1).

[16] 徐聪鑫.资产减值在现行会计准则下应用的研究[J].商场现代化,2016(8).

[17] 张金良.预期信用损失模型对商业银行的影响及应对[J].金融会计,2015(10).

[18] 张珊珊.金融工具减值：已发生损失模型到预期信用损失模型[J].中国注册会计师,2015(7).

[19] 郑伟.预期信用损失模型缺陷与会计监管独立性问题研究——基于对IASB《金融工具：摊余成本和减值》征求意见稿的分析[J].会计研究,2010(5).

[20] 中国人民银行长沙中心支行会计财务处课题组,徐涌.对金融资产减值的变革与应对——以我国主要上市银行为例[J].金融会计,2015(12).

[21] 钟鹿英,郭台达.非参数统计方法应用在新巴塞尔资本协议之信用风险模型[EB/OL].www.ntpu.edu.tw.

[22] 周冬华.中国上市公司资产减值会计研究——基于新旧会计准则比较分析[D].上海：复旦大学博士学位论文,2010.

[23] 周小川.关于改变宏观微观顺周期性的进一步探讨[J].中国金融,2009(8).

[24] Aguais S. D., et al.. Point-in-Time versus Through-the-Cycle Ratings [A]. In M. Ong (ed.). The Basel Handbook: A Guide for Financial Practitioners [C]. London: Risk Books, 2004.

[25] Anderson T. W.. An Introduction to Multivariate Statistical Analysis (2nd edition) [M]. New York: Wiley, 1984.

[26] Barry Belkin et al.. A One-parameter Representation of Credit Risk and Transition Matrices [R]. CreditMetrics® Monitor, Third Quarter, 1998.

[27] Basel Committee on Banking Supervision, The Internal Ratings-Based Approach [R]. January, 2001.

[28] Christian Bluhm et al.. An Introduction to Credit Risk Modeling [M]. Chapman & Hall/CRC, 2003.

[29] Damiano Brigo and Fabio Mercurio. Interest Rate Models-Theory and Practice With Smile, Inflation and Credit (2nd ed.) [M]. Springer Berlin Heidelberg, New York, 2007.

[30] Darrell Duffie and Kenneth J. Singleton. Credit Risk Pricing, Measurement, and Management, Princeton University Press, 2003.

[31] David Lando. Credit Risk Modeling: Theory and Applications [M]. Princeton University Press, 2004.

[32] Edward I. Altman, et al.. How Rating Agencies Achieve Rating Stability [R]. 2004 (4).

[33] Efrag Fee.Impairment of Financial Assets: The Expected Loss Model [R]. 2009.

[34] FASB. Statements of Financial Accounting Concepts No.1 [R]. 1978.

[35] Fischer Black, Myron Scholes. The Pricing of Options and Corporate Liabilities [J]. The Journal of Political Economy, Volume 81, Issue, 1973, 8 (3): 637-654.

[36] Gaurav Chawla, et al.. "AERB": Developing AIRB PIT-TTC PD Models Using External Ratings [J]. Journal of Risk Model Validation, December 2015.

[37] Huizinga H., et al.. Bank Valuation and Regulatory for Bearance during a Financial Crisis [R]. European Banking Center Discussion Paper No. 2009-17, Center Discussion Paper Series No. 2009-58.

[38] Hamerle A., Knapp M. and Wildenauer N.. Modelling Loss Given Default: A "Point in Time"-Approach [A]. In B. Engelmann and R. Rauhmeier (eds.). The Basel Ⅱ Risk Parameters, Estimation, Validation, and Stress Testing [C]. Springerlink, Berlin, 2006.

[39] Jacques de Larosiere. European Financial Regulation [J]. American Economic Review, 1978 (73).

[40] Kamakura Corporation, Kamakura U.S. Bank Model [Z]. www.kamakuraco.com, 2014 (9).

[41] Lawrence R. Forest Jr., et al.. Biased Benchmarks [J]. Journal of Risk Model Validation, 2015 (1).

[42] Lawrence R. Forest, JR., et al.. Implementing a Comprehensive Credit-Risk-Management System: The Case Study of Hanvit Bank [R]. SPRING 2001.

[43] Nadeem A. Siddiqi, et al.. A General Methodology for Modeling Loss Given Default [J]. The RMA Journal, 2004 (5).

[44] Nijskens R., et al.. Credit Risk Transfer Activities and Systemic Risk: How Banks Became Less Risky Individually but Posed Greater Risks to the Financial System at the Same Time [J]. Journal of Banking & Finance, 2011, 35 (6).

[45] Penman S.H.. Accounting for Value [M]. New York, Columbia University Press, 2013.

[46] Peter Crosbie, et al.. Modeling Default Risk Modelingmethodology [Z]. Moody's KMV Company, DECEMBER 18, 2003.

[47] Ratings, Barclays Capital PIT vs. TTC Ratings [R]. 2004 The Basel Handbook.

[48] Robert C. Merton. Theory of Rational Option Pricing [J]. The Bell Journal of Economics and Management Science, Vol. 4, No. 1 (Spring, 1973): 141-183.

[49] Stephen A. Zeff. The Rise of Economic Consequences [J]. The Journal of Accountancy, 1978 (12).

[50] Scott D. Aguais, et al.. Designing and Implementing a Basel II Compliant PIT-TTC Ratings Framework [R]. 2007 the Basel Handbook, 267.

[51] Scott D. Aguais, et al.. Enterprise Credit Risk Management, Enterprise Credit Risk Using Mark-to-Future [J]. Algorithmics Publications, 2001 (9).

[52] Stefan Hlawatsch. Simulation and Estimation of Loss Given Default [R]. FEMM Working Paper No. 10, 2014 (3).

[53] Xinzheng Huang, et al.. Generalized Beta Regression Models for Random Loss Given Default, The Journal of Credit Risk, Volume 7/Number 4, Winter 2011/12.

第二篇

商业银行衍生产品套期保值管理及套期会计应用研究

中国银行财务管理部课题组

课题主持人：刘承钢
课题组成员：杨 琼 郑 坤 解 峰 刘 鸽

摘 要

随着人民币利率、汇率市场化改革深入推进，我国商业银行面临的利率、汇率风险更加突出。能否科学控制这些风险，从而为产品创新、业务转型保驾护航，是判断商业银行能否顺利度过市场化冲击的关键因素，也是衡量我国利率市场化改革是否真正成功的重要因素。市场化改革进程中，人民币利率与外汇类衍生产品市场逐渐发展，为银行实施风险对冲与套期保值措施提供了手段。然而，与国际银行业相比，我国商业银行较少运用衍生产品进行风险管理，在此基础上，实施套期会计合理展现风险管理结果的银行更少。这一方面与我国衍生金融工具还不够丰富有关；另一方面也与我国商业银行对套期保值及套期会计的认识程度不高有关。现阶段，市场化改革的帷幕已经拉开，商业银行面临"逆水行舟、不进则退"的艰难经营环境，客观上迫使其提高风险管理主动性，积极寻求合适的套期保值策略，做好风险成本收益的综合平衡。

基于以上背景，本课题探索如何运用套期保值及套期会计实现对商业银行的利率及汇率风险管理，以期掀开套期保值的面纱，为我国商业银行开展套期保值及套期会计提供一些借鉴。首先，系统性地对比分析了中外银行业在应用套期保值管理及套期会计方面存在的差异，并以美国165家上市银行为样本，运用主成分分析法构建适用于经济套期与套期会计的Logit模型，分析采用套期保值及套期会计的商业银行具备的业务特点。然后，在分析银行利率、汇率风险的基础上，通过全流程的案例分析，阐述了从风险限额管理到风险缓释策略再到套期会计应用的方法。在案例分析过程中，针对IFRS9中的有关规定，设计套期会计应用模板，并对有效性、再平衡等难点问题提出课题组的见解。最后指出了未来银行业科学进行套期保值管理所需的宏观微观条件及相应的政策措施建议。这对于市场化改革背景下，商业银行完善资产负债管理、加强市场风险管控具有重要的意义。

关键词： 利率市场化　商业银行　套期保值

学术创新与应用价值

本课题结合多年衍生金融产品应用管理工作经验,将理论与实践紧密结合,在利率市场化的背景下,具有鲜明的创新特色。与前人的研究成果相比,本课题的学术创新与应用价值主要表现在以下几个方面:

一是本课题系统性地对比分析了中外银行业在应用套期保值管理及套期会计方面存在的差异,并在此基础上,对美国165家上市银行进行定量分析,运用主成分分析法构建适用于经济套期与套期会计的Logit模型,对我国商业银行尤其是中小商业银行在分析是否采取套期保值及套期会计上提供了参考依据。实证分析得出如下结论:银行资产规模越大、业务多元化程度越高,资产负债管理越需要经济套期来对冲利率风险,并采用套期会计展现风险管理结果,使得财务报表的损益波动更为合理;同时,经济套期与套期会计是需要成本的,因此与效益比率有一定的正相关关系;不良资产占比、净核销比例会增加银行的信用风险,增加银行相关管理成本和精力,进而影响到银行进行套期保值或套期会计的主观积极性。整体来讲,运用衍生工具进行套期保值,需要与银行的规模、业务结构、风险策略相匹配,而不能盲目应用。

二是本课题的案例紧贴实际、逻辑清晰,全面分析了在"积极管理"与"被动防御"等不同风险策略下的套期保值应用,具备较高的可借鉴、可参考的价值。在本课题的研究过程中,恰逢国际会计准则委员会(IASB)发布《国际财务报告准则第9号——金融工具》(IFRS9),相对于IAS39中较为严苛烦琐的规定,对于套期会计,IFRS9更为强调基于风险策略上的判断,并对套期关系判断、套期有效性要求等做了适当的调整。但是由于IFRS9尚未正式实施,对于在IFRS9下如何进行套期会计应用国内外并没有可直接供参考或应用的案例。本课题从银行风险管理策略出发,结合国内外银行业实施套期会计的经验,分别设计了基于主动管理及被动防御策略下的利率风险、汇率风险套期保值交易,在此基础上,提出IFRS9下套期会计的应用方法及框架,并对IFRS9中的有效性、再平衡等难点问题提出自己的见解,以期抛砖引玉,为未来我国商业银行业顺利实施IFRS9做出贡献。

第一章 商业银行套期保值及套期会计概述

商业银行是经营资金的特殊企业，随着利率、汇率市场化改革的纵深推进，国内银行长期因利率汇率管制而潜伏的银行账户风险将浮出水面，给银行经营和风险管理带来严峻的挑战。套期保值作为规避风险的重要手段，为商业银行风险管理提供了有力的支持。

一、套期保值概述

（一）套期保值的基本概念

"套期保值"，译自英文"Hedging"，又译作"对冲"，指的是利用金融衍生品或其他工具来规避现货与期货市场上的价格变动风险，从而减少对公司利润、现金流或公司价值的波动。公司可以通过交易特定的期货、远期或期权对冲基础商品现货市场价格变动的不确定性，也可通过变更真实的业务决策来进行对冲，例如，并购可以和金融合约产生相同的对冲效果。

传统的套期保值理论主要源于凯恩斯（1923）和希克斯（1939）在正常交割延期理论中的观点：期货交易中的套期保值是指在期货市场上建立与现货市场方向相反而数量相等的交易头寸，以此来转移现货市场交易的价格波动风险。一旦在现货市场上出现价格不利的变动使交易者蒙受损失，交易者可以用期货市场上的盈利来弥补现货市场上的亏损。传统的套期保值理论强调四大原则——交易方向相反原则、商品种类相同原则、商品数量相等原则、月份相同或相近原则。20世纪50年代，霍布鲁克·沃金提出基差逐利型套期保值理论，进一步扩大了套期保值概念，强调套期保值不仅要降低风险，而且要获得期望的利润。之后约翰逊（1960）和斯第恩（1961）等基于组合投资理论研究套期保值，认为套期保值与其他金融决策一样，以期在风险与收益之间得到一个最优的平衡，最佳的套期保值比率取决于套期保值者的风险偏好以及现货市场和期货市场价格的相关性。

总体来说，套期保值理论来源于规避现货市场价格波动风险的需要，其期望在既定的风险条件下最大限度地获取利润，或者在预期收益的前提下尽量把风险降到最低程度。套期保值效果取决于企业的风险偏好以及具体保值策略，这为金融机构尤其是商业银行运用套期保值进行风险管理提供了重要的理论支持。

（二）套期保值与商业银行风险管理的关系

Ross（1986）认为商业银行资产负债管理的目标：一是使银行利息收入和利息支出的

差额最大化或达到稳定;二是使银行资本价值在一定可接受的风险上最大化或达到稳定。Sinkey(1990)认为商业银行资产负债管理的目标是使银行的短期和长期利率风险效应最小。短期目标与净利息收入有关,长期目标与银行资本价值有关。

因此,商业银行资产负债管理的短期目标为在可接受的风险水平上使银行净利息收入最大或保持稳定,长期目标为使银行资本价值最大化。这与巴塞尔委员会对银行账户利率风险管理的最新要求一致。2016年4月16日,巴塞尔委员会发布了《银行账户利率风险准则》,进一步规范了银行账户利率风险的识别、计量、监测和控制的原则性要求,并将于2018年起执行。在新准则中,巴塞尔委员会多次强调对于银行账户的利率风险,不仅要从短期目标角度分析对银行净收入的影响;还应从长期目标角度分析对银行资本价值的影响。同时要求银行应采取一定的套期保值策略,使得银行账户利率风险控制在董事会设定的风险限额内。此处的风险限额即是银行可承担的风险最高水平,属于银行资产负债管理的范畴。关于风险限额的具体要求我们将在第二章展开论述。

(三)从市场化改革看我国商业银行实施套期保值管理的必要性

在利率、汇率市场化深度改革的背景下,我国商业银行面临着日益频繁的市场价格波动,对我国商业银行的利率风险、汇率风险管理能力提出了严峻的挑战。然而,综观目前我国商业银行的资产负债管理,仍主要体现为以业务计划、预算考核、资源配置等传统财务安排为主,对于以利率、汇率风险管理为核心的全面资产负债管理,则主要停留在监测、计量阶段,通过套期保值手段进行主动风险管理的银行较少。这种局面的形成,有一定的历史原因。在过去长期的利率管制下,商业银行并没有充分的能动性进行利率风险管理。同时由于经营的同质性,商业银行面临的利率风险特征相似,也难以通过市场实现风险对冲。但是,随着近年来利率汇率市场化改革节奏的加快,银行业的经营形势发生了重大的变化,迫切要求商业银行尽快建立基于风险对冲的主动资产负债管理。

从利率改革来看,2015年是我国利率市场化改革迈出实质性步伐的一年。从3月放开存款利率上限至1.3倍到5月进一步放开至1.5倍,从6月大额存单发行到9月市场利率定价自律主体扩容,经过多方准备,10月23日,央行最终宣布放开存款利率上限,完成了利率市场化改革的关键环节,标志着我国的利率管制已经基本放开。同时,市场上多层次的利率定价机制已经初步形成,反映市场供求关系的新型利率管理体制正逐步完善。

从汇率改革来看,2015年注定也是不平静的一年。8月11日,央行宣布完善中间价定价机制,将上一交易日即期汇率收盘价、外汇市场供求状况以及国际主要货币汇率变化作为中间价定价的主要参考标准,经历连续三天约3000点的调整,人民币兑美元中间价与市场价逐步趋于一致。11月30日,国际货币基金组织宣布将人民币纳入"特别提款权"(SDR)篮子,并于2016年10月1日正式生效;12月,中国外汇交易中心推出人民币兑"一揽子"货币指数,进一步完善了人民币市场化的汇率形成机制。

在利率、汇率市场化改革波澜壮阔的画面下,商业银行的经营压力却日益严峻。一方面市场价格波动加剧,负债成本居高不下,资产收益低位徘徊,利差空间不断被压缩,盈利增速下探至个位数甚至负增长;另一方面外部监管要求提高,TLAC资本管理要求提上日程,靠利差抵御风险的能力变弱,盈利抵补资本日益力不从心。以A股上市银行为例,对比2015年和2014年年末的净息差,五大行平均下降18BP,股份行和城商行平均下降5BP。

在此形势下，商业银行不得不使出浑身解数，加大产品创新、业务创新、服务创新，以期突破经营困局。值得注意的是，在因客定制与产品创新背后，伴随着多样的基准选择、灵活的定价条款、复杂的分层设计，利率风险、汇率风险乃至信用风险、流动性风险已经悄然累积。能否识别这些风险，特别是能否科学控制这些风险，从而为产品创新、业务转型保驾护航，是判断商业银行能否顺利度过市场化冲击的关键因素，也是衡量我国利率市场化改革是否真正成功的重要因素。可以说，通过套期保值缓释风险是市场化改革下我国商业银行面临的迫切任务。

（四）研究文献综述

近年来，随着金融衍生工具的不断创新和发展，一些学者就开始利用金融衍生工具进行套期保值以管理利率、汇率风险开展研究，并取得了不错的成果。

在国外学者的研究中，Stulz（1996）认为企业不但可以利用套期保值减少风险，当公司拥有信息优势时，也可以通过承担风险获取收益，即反向套期保值。Hanker（1994）发现样本银行交易利率衍生品通常伴随着较低的利率风险值，即利率衍生品主要用于对冲利率风险。Carter等（2004）认为使用衍生产品进行套期保值的航空企业，由于降低了外部融资成本，公司价值可以增加12%~16%。Nain（2004）指出公司套期保值决策可能受同行业内其他公司影响，比如一个非套期保值公司的外汇暴露随行业内套期保值程度提高而增加。Hommel（2003）分析了对货币风险如何进行套期保值操作，结果表明外汇套期保值能降低企业的风险成本。Hagelin和Pramborg（2004）的研究表明，进行外汇套期保值能有效地减少外汇暴露的风险。Simpson和Dania（2006）的研究证实，选择合适的套期保值方案可以有效地规避欧元汇率波动的风险。

刘淑莲（2009）以完全避险观、基差逐利观和投资组合观为基础，分析了衍生产品使用的三种目的；并以深南电油品期权合约为例，剖析了合约交易的目的及其对企业损益的影响，提出了明确套保目的、量化风险敞口、选择衍生产品、规避融资风险等操作思路。李黎、张羽（2009）指出如果商业银行严格利用金融衍生品对冲基础资产风险，对银行而言也许是一种有益的管理尝试，但是如果过多地利用金融衍生品进行投机，会导致银行整体风险的上升。周鸿卫（2010）也论证了套期保值技术及策略是解决商业银行资产负债组合和结构调整问题的最佳选择。段军山、杨帆（2015）利用国内16家上市商业银行2005~2011年的月度面板数据，考察衍生品套期保值行为对商业银行绩效的影响，并指出以套期保值为目的的衍生品交易并没有加剧银行所面临的收入波动风险。

分析国内外的研究现状发现，国内外的研究主要集中在运用金融衍生品进行套期保值的相关影响方面，对于银行业如何运用衍生品进行套期保值管理的论述相对不多，也缺乏通俗易懂的案例指导。这正是本课题的研究重心所在。

二、套期会计的基本情况

(一) 套期会计的概念及作用

套期会计，就是针对套期业务在会计上的记录与反映。套期会计与一般业务会计处理有所不同，它是一种特殊的会计机制，并不是基于单一业务的确认、计量及报告，而是通过改变利得或损失的确认时间，让被套期的风险和所使用的套期工具之间的联系得到较好的反映，使得风险管理的结果在财务报表中予以体现。比如，银行可能叙做某笔长期固定利率贷款，由于没有对应期限的表内存款类产品对冲，相应形成该期限下的利率风险敞口；此时，银行的风险管理策略是选择通过叙做"收取固定利率、支付浮动利率"的利率互换交易（IRS）来抵销贷款的利率风险敞口。叙做贷款与叙做IRS交易是两类不同业务，基于风险管理的需要，二者之间产生了相互关系。套期会计允许将二者关联起来，并将抵销结果在财务报表中反映。

从会计准则角度看，"套期保值"被界定为"企业为规避外汇风险、利率风险、商品价格风险、信用风险等风险，指定一项或一项以上套期工具，使套期工具的公允价值或现金流量变动，预期抵销被套期项目全部或部分公允价值变动或现金流量变动"。[1]基于所处实际经营情况不同，套期预期所要达成的目的也有所差异，进而产生不同类型的套期保值的会计处理方法。主要包括：①公允价值套期，是指对已确认资产或负债、尚未确认的确定承诺，或该等资产或负债、尚未确认的确定承诺中可辨认部分的公允价值变动风险进行的套期；该类价值变动源于某类特定风险，且将影响主体的损益。②现金流量套期，是指对现金流量变动风险进行的套期；该类现金流量变动源于已确认资产或负债、很可能发生的预期交易有关的某类特定风险，且将影响主体的损益。③境外经营净投资套期，是指对境外经营净投资外汇风险进行的套期；境外经营净投资，是指企业在境外经营净资产中的权益份额。

值得注意的是，一方面不是所有套期活动都可以运用套期会计，也就是说，只有符合会计准则设定的条件，主体才可运用套期会计对套期业务进行会计处理；另一方面套期会计的运用是"选择性"的，也就是说，对于套期业务，即使其符合运用套期会计的条件，仍可以选择不运用套期会计对该套期业务进行会计处理。具体是否运用以及如何运用，需要依据银行的风险管理策略确定。通常对于那些不符合会计准则要求、无法实施套期会计的套期业务，或者符合准则要求，但主体并不选择运用套期会计处理的套期业务，称作"经济套期"。

(二) 套期会计的应用条件

作为特殊的会计处理机制，套期会计的运用并不是免费的，而是须符合严格的约束条件，否则就无法实现运用套期会计呈现风险管理结果的目的。在国内外现行套期会计准则

---

[1] 财政部. 企业会计准则2006 [M]. 北京：经济科学出版社，2006：116.

下,套期会计的运用条件相对较为严格,尤其是关于套期有效性的要求,相对较难满足,一定程度上影响了套期会计的广泛运用。按照现行会计准则,应用套期会计,套期须预期高度有效,且符合企业最初为该套期关系所确定的风险管理策略。其中,套期有效性,是指套期工具的公允价值或现金流量变动能够抵销被套期风险引起的被套期项目公允价值或现金流量变动的程度。高度有效则是指同时满足以下两个条件:一是在套期开始及以后期间,该套期预期会高度有效地抵销套期指定期间被套期风险引起的公允价值或现金流量变动;二是该套期的实际抵销结果在 80%~125% 的范围内。

相对"呆板、严苛"的应用要求使得套期会计的应用并没有特别广泛,国际同业更多采用经济套期来进行风险管理,并未通过套期会计在账面将风险管理结果予以体现。例如,债券投资主要以固定利率为主,为规避利率上行风险,银行可以选择通过 IRS 交易将固定利率收入调整为浮动利率收入。若该类债券为可供出售类(AFS),按照会计准则要求,应以公允价值计量且公允价值变动计入权益。对于对冲 AFS 债券利率风险的 IRS 交易,属于衍生产品,应以公允价值计量且公允价值变动计入损益。若不实施套期会计,则二者变动分别计入权益及损益,可能造成当期权益、损益间的错配;若实施公允价值套期会计,则二者变动全部计入损益;但是,满足套期会计有效性要求并不简单,因为被套期项目(AFS 债券)与套期工具(IRS 交易)公允价值的抵销程度受制于如下条件:是否在同一天叙做、本金对冲比例、信用风险是否对公允价值变动造成重要影响。实际套期操作中,"80%~125%"的高度有效性要求令不少银行望而生畏,宁肯选择损益的错配,也难以实施套期会计,这反而偏离了套期会计实施的初衷。

(三)套期会计的最新变化

会计界已经意识到现行套期会计应用中存在的问题,国际会计准则委员会率先做出调整。2013 年 11 月 IASB 发布"套期会计和对 IFRS9、IFRS7 和 IAS39 的修正",标志着"一般套期会计"(general hedge accounting)项目已完成,而"宏观套期会计"(accounting for marco hedging)项目较为复杂,另设有单独的项目进行修订。"一般套期会计"指针对包括单个被套期项目或形成总头寸或净头寸的一组封闭组合的套期关系的套期会计,适用于相对静态的风险管理;"宏观套期会计"则指针对包括非封闭组合或开放组合的套期关系的会计,适用于动态的风险管理需要。2014 年 7 月,IASB 发布《国际财务报告准则第 9 号——金融工具》(IFRS9),将一般套期会计指引纳入修订后的 IFRS9 中。IFRS9 将全面取代国际会计准则第 39 号(IAS39),于 2018 年 1 月 1 日起正式实行。

对于财务报表使用者和编报者而言,IAS39 中的套期会计复杂难懂,IFRS9 中的套期会计准则为应用套期会计提供了更大的灵活性,IFRS9 的主要变化有:

1. 明确提出套期会计的目标

国际会计准则理事会在 IFRS9 中明确提出套期会计的目标是在财务报告中反映风险管理活动的影响,围绕这一目标,其对套期准则进行了大量原则性的修订,取消了 IAS39 中诸多的门槛限制,旨在帮助投资者更好地了解企业的风险管理活动,评估未来现金流量的金额、时间和不确定性。

2. 扩大套期工具和被套期项目的应用范围

(1)套期工具。在新的套期会计模型中,国际会计准则理事会将套期工具的适用标准不再局限于是否属于衍生工具，而是着眼于套期工具是否以公允价值计量且其变动计入损益（FVTPL）。此外，国际会计准则理事会对套期工具的核算方式也进行了调整。为减少损益波动，IFRS9将期权时间价值的价值波动或远期合同远期因素的价值波动先计入其他综合收益，再以能够预见的方式由其他综合收益分摊计入损益。

（2）被套期项目。被套期项目范围的扩大主要表现在：①若非金融项目的风险组成部分能够单独辨认并可靠计量，IFRS9允许对其进行套期。②允许将包括衍生工具在内的汇总风险敞口作为符合条件的被套期项目。③在经济主体将一组项目（如一组资产）或净头寸（如资产和负债相抵后的净额、预期销售和购买相抵后的净额）进行组合管理的情形下，如果单个项目均符合被套期项目的条件，该组合可作为被套期项目。④对"以公允价值计量且其变动计入其他综合收益"的权益工具进行套期时，被套期风险敞口形成的利得或损失计入其他综合收益，不调整被套期项目的账面价值，这种套期模型里套期工具产生的利得或损失也计入其他综合收益。

3. 取消了"80%~125%"有效性测试规定，引入原则导向的有效性标准

套期有效性是指套期工具的公允价值或现金流量变动与被套期项目的公允价值或现金流量变动的抵销程度。套期无效部分是指套期工具的公允价值或现金流量变动大于或小于被套期项目的公允价值或现金流量变动的程度。IFRS9规定了套期有效性的三项要求：

一是被套期项目与套期工具之间应当存在经济关系，即因面临同样的风险而导致两者的价值通常沿着相反的方向变动。例如，支付固定利率的发行债券与收取固定利率、支付浮动利率的IRS之间即存在经济关系。

二是即使存在经济关系，套期工具或被套期项目因信用风险发生的价值变化幅度不应主导该经济关系产生的价值变动。信用风险对套期工具和被套期项目的影响均应予以考虑。

三是用于套期会计处理的套期比率应当与为进行风险管理目的所用的套期比率相同。套期比率反映的是套期工具数量与被套期项目数量的相对权重关系。

IFRS9并未规定评估套期关系是否符合有效性要求的具体方法。但是，主体所采用的方法应当考虑套期关系的相关特征，包括预期将在套期期间影响套期关系的套期无效部分的来源。主体可以采用定性或定量评估。如果套期工具和被套期项目的主要条款（例如，名义金额、到期期限和基础变量）均匹配或大致相符，则定性评估即可说明套期工具与被套期项目之间存在经济关系。如果套期工具和被套期项目的主要条款并非基本匹配，则会增加相互抵消程度的不确定性，在这种情况下，主体可能基于定量评估来判断被套期项目与套期工具之间是否存在经济关系。

4. 引入"再平衡"概念

再平衡是指对套期比率的调整，即对现有套期关系中指定的被套期项目或套期工具的数量进行调整，以使套期比率保持在符合套期有效性要求的水平上。调整套期比率可以使得主体应对由于基础变量或风险变量而引起的套期工具和被套期项目之间关系的变动。

会计主体在每个评估日应对现存的套期关系进行评估，看是否需要再平衡。再平衡不会导致套期关系的撤销和重新指定，而是作为套期关系的延续进行会计处理。在作出再平衡时，应在调整套期关系之前确认套期无效部分。当套期关系的风险管理目标发生改变，则再平衡不再适用。此时，应当终止对该套期关系运用套期会计。

目前，国际银行业正在评估实施IFRS9的影响，尚未有金融机构正式提前实施IFRS9

的经验。考虑到实施 IFRS9 是全球银行业的主要趋势,且距离正式实施也只剩一年多的时间,因此本课题在第二章及第三章中关于套期会计部分的研究,将主要围绕 IFRS9 一般套期会计的规定进行,以期未雨绸缪、投石问路,为未来正式实施 IFRS9 奠定基础。

(四)套期会计与风险管理的关系

上文提到,套期会计分为三类:公允价值套期、现金流量套期与净投资套期。商业银行应针对不同的风险管理需要,选择不同的套期会计类型。

(1)利率风险管理下,对于固定利率的资产负债项目,其未来现金流量固定,主要面临市场利率波动对公允价值的影响,适用于公允价值套期;对于浮动利率的资产负债项目,其未来现金流量波动,主要面临市场利率波动对现金流量的影响,适用于现金流量套期。银行面临的主要利率风险与对应的套期会计类型及套期保值策略如表1所示。

表1 银行面临的主要利率风险与对应的套期会计类型及套期保值策略

被套期项目	对应的利率风险	套期会计类型	常见套期策略
已存在的固定利率资产或负债	公允价值变动的风险敞口	对已确认的资产(或负债)进行公允价值套期	①通过一个利率掉期交易将收取(或支付)的利息转化为浮动利率 ②如果是资产,通过购买一个看跌期权将资产的卖出价格锁定 ③如果是负债,通过买一个看涨期权来锁定未来以一个特定的价格回购负债的权利
已存在的浮动利率资产或负债	利息收入(或支出)现金流变动的风险敞口	对已确认的资产(或负债)进行现金流量套期	①通过利率掉期交易将收取(或支付)的浮动利息转化成固定利息 ②通过购买一个利率上限期权(或者下限期权)限制利息支出上限(或收入下限)
极有可能或者承诺发行的固定利率或浮动利率债务	在未来利息支付日利率发生变化导致的利息支付变化的风险敞口	对极有可能或者承诺发生的现金流量套期	①通过一笔远期交割的支付固定利率、收取浮动利率掉期将未来浮动利率负债的利息支出转化成固定利息 ②通过购买一利率上限期权锁定未来将会支付的利息 ③通过购买一份买方互换期权来降低利率水平 ④通过购买一个相似债券的看跌期权来降低利率水平

资料来源:Juan Ramirez. Accounting for Derivatives: Advanced Hedging under IFRS9 [M]. WILEY, 2015 Second Edition.

(2)汇率风险管理下,对于高度预计或确定承诺发生的未来外币现金流入或流出项目,其未来现金流量受到汇率波动影响,可采用现金流量套期(未来现金流的现值波动计入权益),也可采用公允价值套期(公允价值波动计入损益);对于境外投资,适用于境外经营净投资套期。银行面临的主要汇率风险及对应的套期会计类型及套期保值策略如表2所示。

表2 银行面临的主要汇率风险及对应的套期会计类型及套期保值策略

被套期项目	对应的汇率风险	套期会计类型	常见套期策略
①极有可能确定承诺发生的未来外币现金流入或流出	极有可能或确定承诺发生的未来外币现金流因汇率变动折本币的金额发生变动	现金流量套期或公允价值套期	①通过运用外汇远期将未来外币收入或支出金额确定下来 ②如果是现金流入,通过购买一个看跌期权将外币折本币金额控制在一定范围内 ③如果是现金流出,通过购买一个看涨期权将外币折本币金额控制在一定范围内

被套期项目	对应的汇率风险	套期会计类型	常见套期策略
②境外经营性净投资	外币投资因汇率变动导致权益折本币后产生波动	境外经营性净投资套期	①通过选择一个外币负债对冲投资的汇率变动 ②通过成交一笔外币衍生品对冲汇率风险敞口，如购买看跌期权对冲外币资产的汇率变动

三、国内外套期保值管理现状分析

（一）国外银行业套期管理及套期会计应用情况

本课题以在美国纽约证券交易所、纳斯达克证券交易所上市的 165 家银行[①] 为样本，通过查阅其 2015 年年报及在 Bloomberg 上的公开财务资料，对其实施经济套期及套期会计的情况进行了分析。从样本范围来看，既有全球经营的大型银行，也有本土运营的中小型银行以及扎根社区服务的社区银行。从套期保值管理上看，165 家上市银行中，36 家（占比 22%）未通过衍生金融工具对冲市场风险，129 家（占比 78%）采用衍生金融工具进行套期保值管理，其中 118 家（占比 71%）实施套期会计，11 家（占比 7%）仅进行经济套期。从套期会计应用情况来看，在 118 家运用套期会计的银行中，27 家银行（占比 16%）对现金流量套期、公允价值套期、净投资套期均有所应用，51 家银行（占比 31%）应用了两种套期会计，以现金流量套期与公允价值套期为主，40 家银行（占比 24%）仅应用了一种套期会计，以现金流量套期为主（见图 1）。从套期保值管理主体上看，国际性大银行普遍采用衍生金融工具对市场风险进行管理，并运用套期会计降低损益波动。美国本土中小型银行则会基于不同考虑选择是否运用经济套期及套期会计。社区银行从成本效益角

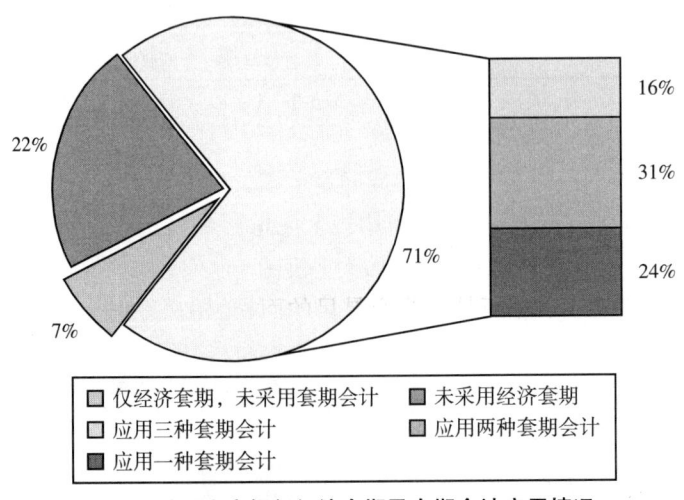

图 1 美国上市银行经济套期及套期会计应用情况

[①] 这 165 家银行可从 Bloomberg 上查到其公开的财务资料。

度考虑，基本不进行衍生金融工具操作，也未实施套期会计，对市场风险尤其是利率风险的管理主要是敞口计量及情景分析。

（二）国内银行业套期管理及套期会计应用情况

同时，我们也对我国 A 股、H 股上市银行套期保值管理的情况进行了分析。截至 2015 年底，A 股、H 股上市银行共计 21 家，其中 9 家为 A 股、H 股上市，7 家为仅 A 股上市，5 家为仅 H 股上市。从规模上看，与美国上市银行结构类似，21 家上市银行中，既有全球运营的大型银行，也有全国性股份制银行以及地方运营的城市商业银行。从套期保值管理上看，21 家上市银行中 5 家（占比 24%）未通过衍生金融工具对冲市场风险，16 家（占比 76%）采用衍生金融工具进行套期保值管理，其中 8 家（占比 38%）仅进行经济套期，8 家（占比 38%）实施套期会计。从套期会计应用情况来看，在 8 家运用套期会计的银行中，1 家银行（占比 5%）对现金流量套期、公允价值套期、净投资套期均有所应用，2 家银行（占比 9%）应用现金流量套期与公允价值套期，5 家银行（占比 24%）仅应用了一种套期会计，以公允价值套期为主（见图 2）。

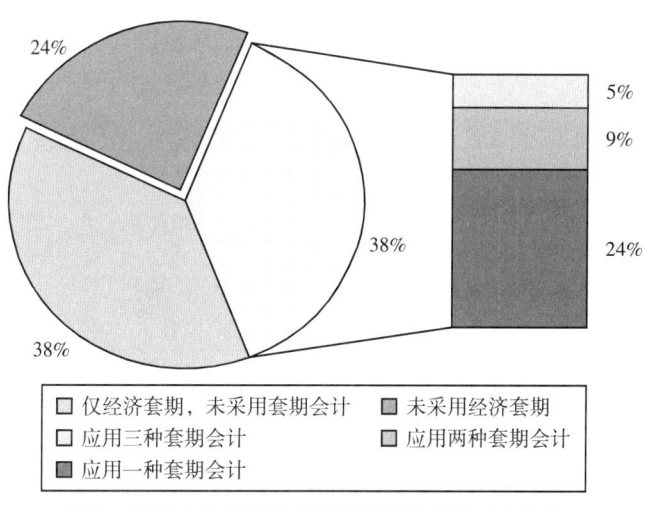

图 2　中国上市银行经济套期及套期会计应用情况

具体情况为：仅 H 股上市的 5 家城商行中，重庆农商银行通过货币远期进行汇率风险管理，并实施公允价值套期会计，其余 4 家商业银行均未采用衍生金融工具进行套期保值管理，其中徽商银行、哈尔滨银行持有为交易目的而叙做的衍生金融工具，重庆银行、盛京银行并未开展衍生金融交易。仅 A 股上市的 7 家银行中，宁波银行、浦发银行、南京银行、兴业银行、北京银行 5 家银行采用衍生金融工具进行套期保值管理，其中仅浦发银行通过实施套期会计进行利率风险管理；平安银行、华夏银行则未采用衍生金融工具进行套期保值管理。9 家 A 股、H 股上市的银行中，全部采用衍生金融工具进行套期保值管理，其中工行、建行、中行、交行、招行、中信 6 家银行实施套期会计，民生、光大、农业银行并未实施套期会计。

（三）国内外银行套期管理比较分析

从上述分析看，一方面我国上市银行与纽交所上市银行有类似之处，即规模大、业务相对复杂的银行更普遍采用套期保值管理，并实施套期会计熨平损益或权益波动；中小型银行，尤其是服务区域小、业务相对简单的城市银行，则一般未采用衍生工具进行套期保值管理。这也从侧面说明实施运用衍生工具，需要与银行的规模、业务结构、风险策略相匹配，而不能盲目应用。另一方面我国上市银行与纽交所上市银行在应用套期保值管理的深度方面仍有差异，即我国进行套期管理的上市银行主体少、占比低；应用套期会计的上市银行更少，应用规模较小，占资产比重低；纽交所上市银行普遍进行套期保值管理，套期会计的应用范围更广、规模更大，占资产比重更高（见表3和表4）。

表3 中国上市银行套期工具名义本金占总资产比例

单位：亿元

	工商银行	中国银行	建设银行	交通银行	招商银行	中信银行
名义本金	296	1345	106	112	494	81
总资产	206100	152514	167441	62683	47318	41388
占比（%）	0.14	0.88	0.06	0.18	1.04	0.20

资料来源：各银行年报。

表4 纽交所上市银行套期工具名义本金占总资产比例

单位：亿美元

	巴克莱银行	汇丰银行	花旗银行	富国银行	美国银行	瑞穗金融
名义本金	4187	3101	2666	1757	4225	3148
总资产	21179	26341	18425	16872	21045	13821
占比（%）	20	12	14	10	20	23

资料来源：各银行年报。

以巴克莱银行、汇丰银行、花旗银行等6家纽交所上市银行为例，这6家银行规模与我国6家应用套期会计的上市银行基本相当，业务覆盖全球且为当地国家主流商业银行。从这6家银行年报披露情况来看，作为套期工具核算的衍生金融工具名义本金占总资产的比例在10%~20%；我国应用套期会计的6家上市银行的该比例在0.1%~1%。通过进一步同业调研发现，我国上市银行主要针对境外业务应用套期会计，对境内业务的利率风险、汇率风险，应用衍生进行套期保值管理的不多。

之所以形成这种差异，一方面与我国当前金融市场环境有关，当前我国金融工具尤其是人民币衍生金融工具并不丰富，交易活跃度不高，客观上限制了采用衍生金融工具进行套期保值的空间；另一方面与我国商业银行的风险管理能力有关，由于长期处于利率、汇率相对稳定的环境中，商业银行缺乏套期保值管理必备的人员、技术、系统等资源储备，主动市场风险管理的能动性不高。套期保值策略说到底是风险管理策略，套期会计也只是在会计账面合理还原风险管理策略的结果，其应用的广度与深度需要商业银行相应的风险管理能力匹配。下面本课题将进一步通过实证深入分析影响银行采取经济套期或套期会计的主要因素。

四、构建 Logit 模型分析套期会计及经济套期的影响因素

上文提到，运用衍生金融工具进行套期保值是基于利率、汇率风险管理需要进行的资产负债管理活动。然而，需要注意的是，衍生金融工具是把"双刃剑"，盲目应用衍生金融工具可能违背风险管理的初衷，起不到应有的套期保值目的。因此，运用金融衍生品进行套期保值管理要求商业银行须具备一定的内在条件。本部分运用主成分分析法分别构建适用于经济套期与套期会计的 Logit 模型，以研究影响商业银行实施经济套期与套期会计的主要因素。

（一）实证研究设计

（1）研究假设。假设上市公司公开披露的年度报告、彭博资讯收集的上市公司财务指标真实、可靠地反映了公司的财务状况和经营成果。

（2）样本选取。本课题研究的样本选自美股上市的 400 家银行，从可获得的年报、可获得的研究指标两方面交叉后得到 165 个完整的研究样本（见表 5）。经比较，这些样本在美股的排名分布较为均匀，保证了样本具有足够的代表性和普遍性。

表 5 美股上市的银行的经济套期及套期会计应用情况

单位：个

	是否采用经济套期	是否采用套期会计
是	129	118
否	36	47
样本总量	165	165

（3）财务指标选取。在借鉴了国内外相关研究成果后，本次研究共选取了总资产、效益比率、可持续增长率等 30 个财务指标作为指标池。为简化判断过程，突出重点影响因素，本课题采用"一次全部选取、逐步剔除影响不显著因素"的主成分分析方法，确定了 9 个显著影响因素，并再次应用主成分分析降维，构建 Logit 模型（见表 6）。

表 6 主成分分析所最终确定的 9 个财务指标

序号	指标名称
V01	职工人数
V02	可持续增长率
V03	财务杠杆率
V04	不良资产/总资产
V05	净核销比率
V06	总贷款/总存款
V07	效益比率
V08	总资产
V09	一级资本比率

（4）资料来源。样本数据及财务数据来源于 Wind 资讯、彭博资讯、纽约证券交易所、美股证券交易所以及商业银行官方网站。

（5）分析工具。运用 2015 年的数据和 SPSS 软件，构建了一个两变量的 Logit 模型。考虑到财务数据的高维性和高度相关性特点，利用主成分分析法从 9 个具有组间显著性差异的指标中提取 7 个主成分，构建 Logit 模型。

（二）实证分析结果——主成分分析

1. 影响商业银行是否采用套期会计的可能财务因素

在构建 Logit 模型进行实证检验之前，首先引入主成分分析法进行归因分析。主成分分析法的基本思路是：从 p 个原始财务指标中提取 m 个相互独立主成分，每个主成分都是原来多个指标的线性组合。提取的主成分根据特征值的大小排序，特征值最大的主成分对原始财务指标的解释力度最大，如果特征值小于 1，表示该主成分的解释力度还不如直接引入一个原始变量的解释力度大。如果 m(m ≤ p) 个主成分可以解释大部分原始财务指标的方差或者提取主成分的累计贡献率达到 80% 以上，那么 m 维主成分空间就能够最大限度地保留原始 p 维财务指标空间的信息。[①] 主成分分析的具体步骤如下：

第一步：原始数据标准化。

设有 n 家美股上市的商业银行样本，每个样本由 p 个财务指标 $x_1, x_2, \cdots, x_p$ 来表述，则：

$$X = (X_1, X_2, \cdots, X_p) \quad (1)$$

其中，$X_i = (x_{1i}, x_{2i}, \cdots, x_{pi})$，p 为模型选取的财务指标的数量。由于主成分分析的出发点是评价指标的协方差矩阵，而协方差容易受评价指标量纲和数量级的影响，因此，首先需要在不改变变量之间相关关系的前提下，将原始指标进行标准化处理，本课题采用 Z-score 法进行标准化，公式标准化后的指标矩阵为 v，其中：

$$v_{ij} = \frac{x_{ij} - \bar{x}_J}{S_j} \quad (2)$$

其中，$\bar{x}_J = \frac{1}{n}\sum_{i=1}^{n} x_{ij}$，$S_j = \sqrt{\frac{1}{n}\sum_{i=1}^{n}(x_{ij} - \bar{x}_J)^2}$

第二步：计算相关系数矩阵。

第三步：计算相关系数矩阵的特征值及相应标准特征向量。值得注意的是，SPSS 软件中一般没有提供主成分分析的专用功能，一般利用因子分析的结果进行主成分分析。具体来讲，就是利用初始因子载荷矩阵的列向量单位化（或除以相应的相关系数矩阵的特征值开根）来计算特征向量。

第四步：利用特征向量计算得到主成分的表达式，确定主成分的个数并选取主成分。主成分个数的确定依赖于主成分的贡献大小，有的以主成分的累积贡献率达到 85% 以上来确定，有的则习惯保留大于 1 的特征根对应的主成分。本课题采用后者。

2. 主成分分析结果

第一步，用 SPSS 19.0 的 Z-score 标准化功能对 9 个财务指标进行标准化。从标准化后

[①] 张文彤. SPSS 11 统计分析教程 [M]. 北京：北京希望电子出版社，2002.

各个指标之间的相关系数情况来看，上述指标仍存在一定的相关性，需要进一步进行降维处理。

第二步，用 SPSS 19.0 的降维功能对标准化后的变量进行主成分分析。分析前，需要先检验这些指标是否适合做主成分分析，本课题采用的检验方法是 KMO 检验和 Bartlett 检验，检验结果如表 7 所示。

表 7　KMO 和 Bartlett 检验

取样足够度的 Kaiser-Meyer-Olkin 度量		0.523
Bartlett 球形度检验	近似卡方	114.751
	df	36
	Sig.	0

资料来源：SPSS 19.0 输出结果。

从表 7 可以看出，样本数据的 KMO 检验值为 0.523，大于 0.5；Bartlett 球形度检验显著性为 0.000，小于显著水平 0.01，数据适合做主成分分析。

接下来对指标进行主成分分析，得到相关矩阵的特征值和每个主成分的方差贡献率（见表 8）。

表 8　解释的总方差

成分	初始特征值			提取平方和载入		
	合计	方差（%）	累积（%）	合计	方差（%）	累积（%）
1	1.747	19.415	19.415	1.747	19.415	19.415
2	1.543	17.141	36.556	1.543	17.141	36.556
3	1.204	13.381	49.938	1.204	13.381	49.938
4	0.922	10.245	60.182	0.922	10.245	60.182
5	0.877	9.740	69.923	0.877	9.740	69.923
6	0.839	9.317	79.240	0.839	9.317	79.240
7	0.747	8.297	87.537	0.747	8.297	87.537
8	0.692	7.691	95.228			
9	0.430	4.772	100			

提取方法：主成分分析。

特征值越大，代表其所对应的主成分变量的信息含量就越多。本课题采用累积方差贡献率大于 85% 的原则，对样本指标提取了 7 个主成分用以替代原始的 9 个指标，来进行套期评估模型分析。从方差累积贡献率来看，这 7 个主成分的方差和占全部方差的 87.537%，说明这 7 个主成分反映了 9 个原始变量信息总量的 87.537%，基本保留了原来指标的信息。将这 7 个主成分命名为 F_1、F_2、F_3、F_4、F_5、F_6、F_7。通过各个主成分的成分矩阵与解释的总方差计算[①]得出主成分系数矩阵（见表 9）。

[①] 林海明，张文霖. 成分分析与因子分析的异同和 SPSS 软件 [J]. 统计研究，2005（3）：65-69.

表9 主成分系数矩阵

变量	1	2	3	4	5	6	7
Zscore（VAR00001）	0.46	0.33	0.15	−0.10	0.02	−0.29	−0.34
Zscore（VAR00002）	−0.12	0.47	−0.11	−0.67	0.15	−0.16	0.24
Zscore（VAR00003）	0.56	0.29	−0.21	−0.09	0.11	0.13	0.15
Zscore（VAR00004）	−0.24	0.40	0.04	0.14	0.46	0.65	−0.34
Zscore（VAR00005）	−0.16	0.44	0.42	0.26	−0.29	−0.33	−0.34
Zscore（VAR00006）	−0.31	0.41	−0.05	0.41	0.04	−0.17	0.62
Zscore（VAR00007）	0.31	0.09	0.52	−0.01	−0.41	0.50	0.37
Zscore（VAR00008）	0.33	0.16	−0.55	0.47	−0.13	0.00	−0.04
Zscore（VAR00009）	0.28	−0.18	0.41	0.23	0.7	−0.24	0.20

用 F_1、F_2、F_3、F_4、F_5、F_6、F_7 分别表示 7 个主成分，由表 9 可以写出各个主成分由标准化变量表示的表达式。如 F_1 的表达式为：[①]

$$F_1 = 0.46 \times zv01 - 0.12 \times zv02 + 0.56 \times zv03 - 0.24 \times zv04 - 0.16 \times zv05 - 0.31 \times zv06 + 0.31 \times zv07 + 0.33 \times zv08 + 0.28 \times zv09 \quad (3)$$

其中，Zscore（原始变量名）是原始变量的标准化数据。类似可以写出其他主成分的表达式（此处略）。

在主成分表达式中，指标系数的绝对值越大，说明主成分受到该指标的影响也就越大，各线性组合中权数较大的几个指标的综合意义给主成分赋予了新的经济含义。如主成分 F_1 中，银行规模类指标的系数最大，表明规模结构类指标对该主成分的影响最大，具体如表 10 所示。

表10 各个主成分影响最大的财务指标

主成分	1	2	3	4	5	6	7
影响指标	职工人数	可持续增长率	总资产	可持续增长率	一级资本比例	不良资产/总资产	总贷款/总存款
指标类别	资产规模	盈利能力	资产规模	盈利能力	资产负债结构	资产质量	资产负债结构

（三）实证分析结果——基于主成分分析的 Logit 模型构建

1. 用于判断银行采取经济套期的概率及其影响因素

（1）计算过程。在上文中的主成分分析中，提取了互不相关的 7 个主成分 F_1、F_2、F_3、F_4、F_5、F_6、F_7。下面以这 7 个主成分作为新的自变量，使用统计分析软件 SPSS 19.0 来构建基于主成分的 Logit 模型。

采用全部进入法，经过计算，得到主成分分析下的 Logit 模型：

$$\ln\frac{p}{1-p} = 4.295 + 5.651F_1 + 2.091F_2 - 1.748F_3 + 1.404F_4 + 1.361F_5 - 1.098F_6 + 1.25F_7 \quad (4)$$

---

① 为简化起见，Zscore（VAR00001）在公式中用 zv01 代替。

或者：

$$p = \frac{\exp(4.295 + 5.651F_1 + 2.091F_2 - 1.748F_3 + 1.404F_4 + 1.361F_5 - 1.098F_6 + 1.25F_7)}{1 + \exp(4.295 + 5.651F_1 + 2.091F_2 - 1.748F_3 + 1.404F_4 + 1.361F_5 - 1.098F_6 + 1.25F_7)} \tag{5}$$

在对该模型的显著性检验中，主成分及常数项的 Sig.均低于 0.05，表明用这 7 个主成分所估计的模型对样本的配适度优于虚无模型（所有变量系数均为 0 时）；统计量 Cox & Snell R^2 = 0.447，Nagelkerke R^2 = 0.689，两者相当于多元回归的 R^2 估计，均表明模型拟合较好（见表 11）；上述检验结果说明以这 7 个主成分为自变量的 Logit 模型能够显著地判断一家银行的经济套期策略。方程中的变量如表 12 所示。

表 11　模型汇总

步骤	−2 对数似然值	Cox & Snell R^2	Nagelkerke R^2
1	75.237[a]	0.447	0.689

注：a. 因为参数估计的更改范围小于 0.001，所以估计在迭代次数 8 处终止。

表 12　方程中的变量

		B	S.E.	Wals	df	Sig.	Exp（B）
步骤 1[a]	FAC1_1	5.651	1.310	18.601	1	0	284.487
	FAC2_1	2.091	0.699	8.942	1	0.003	8.091
	FAC3_1	−1.748	0.751	5.423	1	0.020	0.174
	FAC4_1	1.404	0.511	7.549	1	0.006	4.072
	FAC5_1	1.361	0.438	9.661	1	0.002	3.899
	FAC6_1	−1.098	0.401	7.502	1	0.006	0.334
	FAC7_1	1.250	0.422	8.755	1	0.003	3.490
	常量	4.295	0.814	27.816	1	0	73.357

注：a. 在步骤 1 中输入的变量：FAC1_1，FAC2_1，FAC3_1，FAC4_1，FAC5_1，FAC6_1，FAC7_1。

如果将 F_1 至 F_7 的表达式代入式（4），可以得到由标准化变量表示的主成分分析下的 Logit 模型：

$$\ln\frac{p}{1-p} = 4.295 + 2.8 \times zv01 + 0.25 \times zv02 + 4.22 \times zv03 - 0.9 \times zv04 - 0.78 \times zv05 + 0.82 \times zv06 + 0.37 \times zv07 + 3.59 \times zv08 + 2.27 \times zv09 \tag{6}$$

将标准化变量还原为原始自变量，即将 $Z(V_i) = \frac{V_i - \mu_i}{\delta_i}$ 回代入式（6），得到原始变量表示的主成分分析下的 Logit 模型：

$$\ln\frac{p}{1-p} = -20.48 + 0.0001 \times v01 + 0.0379 \times v02 + 0.4327 \times v03 - 1.0952 \times v04 - 1.5020 \times v05 + 0.0089 \times v06 + 0.0059 \times v07 + 4E(-7) \times v08 + 0.1879 \times v09 \tag{7}$$

至此，关于影响主体采用经济套期因素的 Logit 模型构建完成。

（2）有效性检验。当商业银行的上述财务指标算出来 $p > 0.5$，即判断为很可能采用经济套期；否则，判断为不会采用经济套期。

2. 用于判断银行采取套期会计的概率及其影响因素

（1）计算过程。同理，经过计算，得到主成分分析下的Logit模型：

$$\ln\frac{p}{1-p} = 4.368 + 7.899F_1 + 2.729F_2 - 2.023F_3 + 1.645F_4 + 1.528F_5 - 1.213F_6 + 0.934F_7 \tag{8}$$

或者：

$$p = \frac{\exp(4.368 + 7.899F_1 + 2.729F_2 - 2.023F_3 + 1.645F_4 + 1.528F_5 - 1.213F_6 + 0.934F_7)}{1 + \exp(4.368 + 7.899F_1 + 2.729F_2 - 2.023F_3 + 1.645F_4 + 1.528F_5 - 1.213F_6 + 0.934F_7)} \tag{9}$$

在对该模型的显著性检验中，主成分及常数项的Sig.均低于0.05，表明将主成分F_1所估计的模型对样本的配适度优于虚无模型（所有变量系数均为0时）；统计量Cox & Snell $R^2 = 0.514$，Nagelkerke $R^2 = 0.737$，两者相当于多元回归的R^2估计，均表明模型拟合较好（见表13）；上述检验结果说明以这7个主成分为自变量的Logit模型能够显著地判断一家银行是否会采用套期会计。方程中的变量如表14所示。

表13 模型汇总

步骤	-2 对数似然值	Cox & Snell R^2	Nagelkerke R^2
1	78.053[a]	0.514	0.737

表14 方程中的变量

		B	S.E.	Wals	df	Sig.	Exp (B)
步骤1	FAC1_1	7.899	1.626	23.614	1	0	2695.232
	FAC2_1	2.729	0.723	14.265	1	0	15.316
	FAC3_1	−2.023	0.890	5.172	1	0.023	0.132
	FAC4_1	1.645	0.696	5.591	1	0.018	5.180
	FAC5_1	1.528	0.491	9.666	1	0.002	4.609
	FAC6_1	−1.213	0.441	7.584	1	0.006	0.297
	FAC7_1	0.934	0.442	4.465	1	0.035	2.545
	常量	4.368	0.828	27.805	1	0	78.904

如果将F_1至F_7的表达式代入式（8），可以得到由标准化变量表示的主成分分析下的Logit模型：

$$\ln\frac{p}{1-p} = 4.368 + 4.12 \times zv01 + 0.11 \times zv02 + 5.67 \times zv03 - 1.04 \times zv04 - 0.81 \\ \times zv05 + 0.34 \times zv06 + 0.74 \times zv07 + 4.69 \times zv08 + 2.80 \times zv09 \tag{10}$$

将标准化变量还原为原始自变量，即将$Z(V_i) = \frac{V_i - \mu_i}{\delta_i}$回代入式（10），得到原始变量表示的主成分分析下的Logit模型：

$$\ln\frac{p}{1-p} = -29.45 + 0.002 \times v01 + 0.0176 \times v02 + 0.5805 \times v03 - 1.2754 \times v04 - 1.5488 \\ \times v05 + 0.0037 \times v06 + 0.0112 \times v07 + 5E(-7) \times v08 + 0.2323 \times v09 \tag{11}$$

至此，关于影响主体采用套期会计因素的 Logit 模型构建完成。

（2）有效性检验。当商业银行的上述财务指标算出来 $p > 0.5$，即判断为很可能采用套期会计，否则，判断为不会采用套期会计。

综上可以看出，职工人数、可持续增长率、财务杠杆率、总贷款/总资产、效益比率、总资产、一级资本比例与经济套期、套期会计为正向相关，不良资产/总资产、净核销比率与银行经济套期及套期会计策略为负向相关。

3. 结论

银行资产规模越大、业务多元化程度越高，资产负债管理越需要经济套期来对冲利率风险，并采用套期会计来展现风险管理结果，使得财务报表合理体现损益波动。同时，应注意到，经济套期与套期会计是需要成本的，因此与效益比率有一定的正相关关系；不良资产占比、净核销比例会增加银行的信用风险，增加银行相关管理成本和精力，进而影响到银行进行套期保值或套期会计的主观积极性。

同时，观察影响经济套期和套期会计的因素来看，所选取的指标对经济套期、套期会计的影响方向一致。但规模类系数（ZV01&ZV03）的权重在套期会计中比经济套期大得多，可以解读为当银行的经济套期达到一定的体量和规模时，银行才会从成本效益等角度出发，采取套期会计将风险管理的结果合理反映在财务报表中。

第二章 商业银行利率风险套期保值及套期会计应用研究

一、利率风险概述

商业银行利率风险管理包括交易账户头寸管理和非交易账户头寸管理。目前《巴塞尔新资本协议》第一支柱中市场风险资本计量覆盖的是交易账户利率风险，其管理技术、计量方法较为成熟。银行账户利率风险属于《巴塞尔新资本协议》第二支柱中的重要内容，目前监管部门没有强制性的资本要求，但要求银行应评估资本水平，确保资本能够覆盖银行账户利率风险及其相关风险，并应在内部资本充足性评估程序（ICCAP）中记录资本是否与银行的风险偏好及风险水平相适应。

与交易账户利率风险管理技术的不断发展相比，尽管银行账户占商业银行资产负债的比例很高，且利率敏感性敞口明显，但由于银行账户利率风险主要来源于存贷款业务，过去几年在央行利率管制下，存贷款利率的波动性不大，且商业银行对其无自主性，对资产负债的管理主要侧重余额管理，对资产负债的结构性调整的能力有限。因此，银行主动开展银行账户利率风险管理的能动性不足，所开展的管理工作主要为满足监管最低要求，风险管控的主动性和重视程度明显不足。但是，随着央行存贷款基准利率上下限的放开，利率市场化改革进入实质性推进阶段，银行账户在银行资产负债表中的重要地位决定了其在市场化进程中更易受到冲击，因此本课题的着眼点主要放在银行账户利率风险的研究上。

（一）银行账户利率风险的定义和分类

2016年4月16日，巴塞尔委员会发布了《银行账户利率风险准则》，进一步规范了银行账户利率风险的识别、计量、监测和控制的原则性要求，并将于2018年起执行。巴塞尔委员会认为银行账户利率风险非常重要，特别是在历史性的低利率逐步回归正常化的时期内，因此建议如果监管当局认定，银行抵御利率风险的资本不足，就必须要求银行降低风险水平或增加资本，或二者兼为。该准则对于银行账户的利率风险计量、监测及披露都提出了更为详细、清晰的要求，其中规定银行应按照统一的要求进行信息披露，特别是要披露针对银行账户利率风险实施的套期行为，包括相应的会计处理。

银行账户利率风险指的是由于银行账户利率的水平、期限结构等要素发生不利变动给银行资本和收益带来的当前或预期的风险。[①] 对银行来说，承受这种风险是正常的，它可

[①] Basel Committee on Banking Supervision. Standards for Interest. Rrate Risk in the Banking Book，2016：3.

以成为创造利润与股东价值的重要来源。然而，过度的利率风险会对银行的收益和资本构成严重威胁。利率的变化将改变银行的净利息收入和其他利率敏感性收入与营运支出，从而影响到银行的收益。利率的变化还将影响到银行资产、负债和表外工具的内在价值，因为未来现金流的现值（有时还包括现金流本身）也随利率变动。因此，按照审慎原则，对利率风险加以有效管理，对于银行的安全与稳健是相当重要的。

根据巴塞尔委员会的有关规定，银行账户利率风险主要来自三方面，即利率水平、期限特征以及其变动对收益率曲线的影响，具体分为缺口风险（包含重定价及收益率曲线风险）、基准风险和期权性风险。[①]

（1）缺口风险：与2004年发布的《利率风险管理与监管原则》不同，巴塞尔委员会在《银行账户利率风险准则》中提出"缺口风险"的概念。缺口风险是指由于银行账户金融工具的期限结构不同，从而使得利率变动存在时间差异形成的风险。具体来讲包括重定价及收益率曲线风险。

重定价风险是指由于银行资产、负债和表外业务中到期日（就固定利率而言）或是重新定价的时间不同（就浮动利率而言）而产生的风险。虽然此类重新定价的错配对银行业务十分重要，但除非进行套期管理，否则利率变动时，它们会给银行的收入和内在经济价值带来意外波动。例如，如果银行以短期存款作为固定利率长期贷款的融资来源，一旦利率上升，银行就将面临由此带来的未来收入的减少与内在价值的降低。这是由于在贷款期限内，其现金流是固定的，而融资的利息支出却是可变的，在短期存款到期后会增加。

收益率曲线风险是指由重定价错配导致的缺口风险也会受收益率曲线的斜率或形状变动的影响。当收益率曲线的斜率或形状发生非平行移动，对银行的收入或内在经济价值产生不利影响时，就形成了收益率曲线风险。例如，若短期利率比长期利率上升得更快，则会影响以短期存款来为长期贷款融资的盈利能力。

（2）基准风险：指的是对于重新定价特征相似但采用不同类别基准利率定价的金融工具，由于各自定价基准的变动幅度不同，从而对银行的收入或内在经济价值产生不利影响。假如一家金融机构用1年期存款提供一笔1年期贷款，贷款按照1年期贷款基础利率（LPR）定价，1年期存款按照央行存款基准利率定价。若遇利率调整，贷款基础利率与央行存款基准利率变动幅度不一致，则银行面临着两种基准利率的利差发生变化的基准风险。

（3）期权性风险：来自于银行的期权衍生敞口或资产、负债和表外业务中所隐含的期权，通过行权，银行或其客户可以改变未来现金流的规模及时间。从银行账户而言，期权性风险可以细分为以下两个既有区别又相互关联的子类：

一是自动选择权风险，其产生于单独的金融工具，例如场内（交易所）交易期权和场外合同，也可以包含于其他标准化工具（例如封顶贷款）之中，在对持有人有利的情况下其极有可能行使期权。

二是行为性选择权风险，其产生于金融合约中各类灵活的条款，以致利率变动可能影响客户行为发生变化，例如允许借款人在不需支付罚金或仅需支付一定罚金即可提前偿还贷款的权利，或者是允许存款人以更高收益率支取存款的权利。

---

① Basel Committee on Banking Supervision. Standards for Interest. Rate Risk in the Banking Book，2016：34.

除了上述由利率水平或结构的变动形成的纯粹经济风险外，风险还可能来自如下方面：

一是货币错配风险，指的是由货币错配及汇率变动引起的利率风险。

二是风险头寸的会计处理所带来的风险，指的是利率风险套期活动可能取得期望的经济效果，但是没有满足套期会计规定，即仍然存在损益错配现象。

（二）银行账户利率风险的评估

利率风险是所有金融机构都面临的最具潜在破坏力的风险之一。如果利率发生变化，金融机构的最重要的收入来源，包括贷款与证券的利息收入将受到影响，也影响到金融机构的支出项目，包括存款与其他借款的利息成本。同时，利率变动也会改变资产与负债的市值，从而改变金融机构的净资产，即投资者在金融机构投资的价值。除此之外，利率风险还能造成隐性盈亏，以成本计量的资产可能因利率变化而出现隐性收益或亏损。例如在利率偏低的时候签订一笔长期贷款，之后利率上升，金融机构需以较高成本的负债来提供所需的资金，这笔贷款则出现了隐性亏损。从财务报表的角度来看，利率变动既影响金融机构的资产负债表又影响其损益表。

如上所述，利率变动会给银行的收益和经济价值造成不利影响，这就形成了评估银行利率风险状况的两种不同又相辅相成的分析方法：收益分析法着重分析利率变化对银行近期收益的影响；经济价值分析法注重于利率变化对银行净现金流现值的影响。

1. 收益分析法

在收益分析法中，分析的重点在于利率变动对账面或报告收益的影响。这是很多银行计量利率风险的传统方法。收益变化是分析利率风险的关键，因为收益减少甚至亏损会降低一家银行的资本充足率，并动摇市场的信心，从而直接威胁到该银行财务状况的稳健。

传统上人们最为关注的是净利息收入（NII，即考虑套期影响后的总利息收入与总利息支出之差）。这既反映了净利息收入在银行收益总额中的重要地位，也反映了由于它与利率变动之间存在直接明显的联系。基于NII指标的分析框架下，银行根据自身条件和对市场未来的判断，结合未来业务发展计划，预测不同情景的市场利率变动对银行净利息收入变动的影响，直观地揭示了银行账户的利率风险，并可以通过调整假设中的未来经营计划，以观察在各情景下净利息收入的变动结果，为银行管理层进行资产负债规划提供依据。收益分析法通常被应用于评估银行在未来中短期的时间内产生稳定收益的能力，拥有稳定收益使得银行可以支付稳定的现金流、减少权益价值波动、降低资本成本。可以说，收益分析法与银行内部管理及资产负债管理目标是一致的。

2. 经济价值分析法

市场利率的变动也同样会影响到银行资产、负债和表外业务头寸的经济价值。因此，银行的经济价值对利率波动的敏感度，对于银行的股东、管理层和监管当局等方面十分重要。一种金融工具的经济价值是指按照市场利率折算的其预期净现金流量的现值。以此推算，银行的经济价值可被视为预期净现金流量的现值，即在市场利率变动假设情景下，对现有表内外资产负债所产生的未来现金流进行折现，以观察净资产即资本价值的变化情况。在这种意义上，经济价值分析法是一种反映银行净值对利率波动的敏感度的方法。由于经济价值分析法关注的是利率变动对所有未来现金流量现值的潜在影响，与收益分析法相比，它能够对利率变动的潜在长期影响进行更为深入全面的评估。

（三）银行账户利率风险的监测

1. 限额管理

根据巴塞尔委员会的有关规定，银行机构应从收益和经济价值的角度明确对银行账户利率风险的风险偏好，并实施与其风险偏好相匹配的维持银行账户利率风险敞口的限额政策。风险限额是银行为愿意承受或可以承担的风险水平设置的临界值，即银行可以接受的最高的风险水平。银行利率风险管理的目标是将可能的利率波幅内的利率风险，限制在其自行设定的限额范围之内。若风险敞口超出限额允许的范围，银行需要通过结构调整、套期保值等措施进行风险缓释。

风险限额，应与银行的规模、业务复杂性、资本充足率及其计量与管理风险的能力相一致。汇总风险限额明确说明了银行并表层面可以承受的利率风险总量。根据银行资产负债的性质和其业务的复杂程度，还可以按业务部门、资产组合种类、工具类型或具体的工具设定分解风险限额。无论其总体水平如何，限额均应与银行计量利率风险的方式保持一致，即应反映在特定利率环境下，银行可承受的收益水平或经济价值的波动程度。

2. 计量技术

银行设置指标限额评估和监测资产负债所承受的利率风险，对于银行账户的利率风险计量都是基于假设银行在特定情景下的损失数额，从而计算出利率风险的近似值。管理层通过运用各类风险计量技术，评估银行利率风险状况，结合对未来利率走势的判断，分析主要货币资产利率变动对收益和经济价值的影响。在利率变动的情况下，管理层可通过判断指标的变化以及变动幅度来决定是否进行利率风险管理，减少风险暴露。商业银行对利率风险的计量经历了由简单至复杂的过程，常用的风险计量手段包括利率缺口分析、久期分析、静态模拟分析、动态模拟分析等。在静态模拟中，所估算的是完全来自银行当期表内外头寸的现金流量。在动态模拟法中，模拟则是建立在更为详尽的假设条件之上，即关于利率未来走势和届时银行业务活动的预期变化的假设。这类更为先进的技术考虑了支付流与利率之间的相互作用，因而能够更好地反映隐性或显性期权的效果。

二、利率风险管理策略及控制手段

（一）利率风险管理策略

银行管理层根据风险偏好选择不同的风险管理策略，再根据风险管理策略制定具体的风险管理目标。风险管理策略是银行主体确定如何管理风险的最高层次，通常是指银行如何从整体上面对这些风险，银行应在实践中再确认具体的风险管理目标。

在实践中，商业银行风险管理策略根据风险偏好的差异有所不同，大致可以分为主动管理策略与被动防御策略。主动管理策略指的是银行管理层分析或判断经济周期及利率走势，根据利率走势相机调整"缺口"。被动防御策略指的是银行管理层主要通过对资产和负债规模、期限和品种的调节，使"缺口"维持在稳定水平，对利率风险达到一定的免疫。两种防御策略各有特点,主动管理使银行在不同的利率周期,资产净值都能呈现有益的正向变化,在利率风险免疫方面比被动防御效果更好,但其实施成功的前提必须是对利率走势的判断及时准确,而且能够据此对资产负债做出及时调整。一般来说,具有企业业务优势,产品创新能力较强的银行更适合主动防御策略。被动防御则有较强的操控性和便利性,维持稳定的缺口使得利率变化给银行带来的损失或者收益都相对固定,将利率风险的损失锁定。零售业务比重较大的银行更适合实施被动防御策略。[1]

风险管理策略决定银行在整体上如何应对风险,策略适用于较长的一段时间,比如积极地扩大有益的缺口,或者将缺口维持在某一固定的水平。在同一风险管理策略下,往往涵盖许多不同的套期关系,其中每项套期关系均有各自的风险管理目标。

(二) 利率风险控制手段

若风险敞口超出限额允许的范围,银行管理层一般通过两种方式进行风险缓释与控制:一是资产负债结构调整,即通过对资产负债结构的合理摆布来调控重定价结构,从而规避和控制利率风险;二是风险对冲,即通过持有一种或多种与原有利率风险头寸相反的套期保值工具来消除或缓释利率风险。

1. 资产负债结构调整

商业银行最常用的手段是通过资产负债表内业务调整来管理利率风险,即通过调整资产负债的错配以减少利率风险暴露。根据银行资产负债表的项目属性,表内调整具体策略可分为:证券投资组合策略,商业银行出售长期固定利率证券,购买短期、浮动利率证券增加利率敏感度资产份额,从而增加正缺口或减少负缺口,反之亦然;存贷款组合策略,通过增加定期存款或者短期、浮动利率贷款来扩大正缺口或减少负缺口,如需要相反的效果则反向操作;借入资金策略,其中短期拆借可以使银行在短时间内取得大量利率敏感资金,银行间拆借市场可提供这种便利,而长期借款则主要通过发行金融债券、市场融资等方式获得。[2]

银行表内资产负债调整策略在实际使用时存在一定的"掣肘"。首先,存贷款组合策略下,由于商业银行在存贷款业务中实际上处于被动地位,对于吸收何种存款以及发放何种形式的贷款在很大程度上取决于当地企业或者居民的需求特性,存贷款发生的时间也并非能完全由商业银行决定。[3]存贷款市场的这些特点导致银行使用表内资产负债结构调整的空间有限。其次,通过调整资产负债结构来实现风险管理目标,人为地对资产负债进行组合,相当于把利率波动的风险转嫁给客户。[4]随着利率市场化的深入,优质客户资源必将成为商业银行争夺的对象,这给传统的调整表内资产结构的管理手段带来一定制约。最后,出于风险管理目的调整资产负债结构可能会与银行业务计划产生冲突。银行资产负债管理部门与业务部门出于不同目的影响着银行资产负债表,业务部门根据计划吸收存款、发放贷款或者进行投资,基于风险管理目的调整表内资产负债结构可能会影响业务计划的

---

[1] 施怡. 商业银行利率风险管理中久期缺口测算及其防御策略——基于中国股份制商业银行的分析 [J]. 上海金融, 2014 (5): 106.
[2] 刘湘云. 我国商业银行利率风险管理策略实证分析 [J]. 现代经济, 2007, 6 (12).
[3] 刘湘云. 我国商业银行利率风险管理策略实证分析 [J]. 现代经济, 2007, 6 (11): 106.
[4] 周鸿卫. 金融工程与商业银行资产负债管理研究 [M]. 北京: 中国金融出版社, 2010.

正常实施。在国内市场存贷款利率长期被管制的情况下，银行风险管理让位于业务发展的思想根深蒂固。调整表内资产负债结构的风险管理策略可能会遭遇来自机构内部的阻滞，以及面临较高的沟通成本。

2. 通过衍生工具进行套期保值

套期保值策略也称为风险对冲策略，是指商业银行根据风险敞口情况，运用衍生金融工具规避现货与期货市场上的价格变动风险。根据套期保值对象的区别，区分为交易对冲与宏观对冲。其中，交易对冲指的是针对单笔交易或单个封闭敞口组合的利率风险，运用衍生工具进行风险管理，如金额较大的长期固定利率公司贷款等，其对应IFRS9中的"一般套期会计"；宏观对冲指的是对于无法逐笔对冲风险的业务，基于资产负债轧抵后的开放缺口组合对冲，对应尚未正式发布的"宏观套期会计"。本课题的套期保值策略主要针对的是交易层面的风险对冲。

风险对冲也即金融工程方法，在金融工程框架下，商业银行资产负债行为的本质是一种套利行为，即在不同的市场上销售负债型金融产品（定期或活期存款）获得资金，同时买入资产型金融产品（贷款合同）来获得收益，净利息收入是银行套利交易的结果。总体来看，商业银行资产负债管理的策略就是一个风险受控套利的策略，风险控制的技术主要就是套期保值。[①] 因此银行资产负债管理和套期保值的逻辑是一致的，运用金融工程手段解决银行利率风险管理问题在逻辑上是可行的。风险对冲组合可以根据式（12）表达，假设组合价值为V，由 A_1、A_2、A_3 三种资产组成。每种资产的份额为 n_1、n_2、n_3，组合价值的等式为：

$$V = n_1A_1 + n_2A_2 + n_3A_3 \tag{12}$$

当影响组合价值的因素"x"发生变化时，对冲组合的净价值V尽可能不变，即 n_1、n_2、n_3 的选取应满足：

$$\frac{\partial V}{\partial x} = n_1\frac{\partial A_1}{\partial x} + n_2\frac{\partial A_2}{\partial x} + n_3\frac{\partial A_3}{\partial x} \approx 0 \tag{13}$$

其中，A_1 是基础资产，A_2 和 A_3 分别代表对冲不同风险因素的衍生金融工具。理论上，使得等式成立的条件是影响基础资产 A_1 价值变动的因素少于对冲资产的数量。在上面的公式中，影响基础资产的风险因素 x 应该少于或等于两个。[②] 如仅对冲利率风险，风险因素 x 为利率，∂x 为利率的变动。

相对于资产负债结构调整，风险对冲法是将调整项目从表内转移到了表外，利用衍生金融工具与表内资产负债构建套期保值交易组合，调整"缺口"，进而达到调节利率风险指标的目的。运用风险对冲管理利率风险具备较强的灵活性，由于风险对冲发生在表外，不会受自身业务特点的制约。此外，衍生金融产品为杠杆交易，银行可以通过较低的成本控制大额交易，较表内调整更具成本优势。因此银行管理层可依据自身的风险偏好与对未来利率走势的预测，较为自如地构建交易组合，后续还可以根据实际情况的发展和需求调整交易组合，并且可通过应用套期会计，将风险管理结果反映在会计报表中，从而平抑财务数据的波动。下面通过案例方式分析不同风险管理策略下的银行套期保值及套期会计应用。

[①] 周鸿卫. 金融工程与商业银行资产负债管理研究 [M]. 北京：中国金融出版社，2010.
[②] 宋逢明. 金融工程原理——无套利均衡分析 [M]. 北京：清华大学出版社，1999.

三、主动管理策略下的利率风险套期保值案例

在主动管理策略下,银行管理层将会主动分析预测利率走势,进而对利率变动风险进行积极的管理。如利率上行周期,银行应试图降低资产的重定价期限,或投资的久期,减少长期、固定利率贷款,转而持有更多利率敏感性资产;或者将短期、浮动利率负债转化为固定利率负债。因此银行可选择将固定利率证券投资于 IRS 交易对冲,使固定利息转化为浮动利息,增加利率敏感资产份额,从一定程度上获取利率上升的收益,同时降低证券投资交易组合的久期,使得交易组合的公允价值免受利率上升的负面影响。从负债端来说,银行也可以通过将浮动利率借款(或债券,如有)通过 IRS 交易转化为固定利率,由此减少利率敏感负债份额,起到扩大正"缺口"或降低负"缺口"的作用。如在利率下行周期,银行管理层可反向操作,也可取得预想的结果。

下面,本课题从银行利率风险管理策略出发,结合国内外银行业实施套期会计的经验,分别设计基于主动管理及被动防御策略下的利率风险套期保值交易,在此基础上,提出 IFRS9 下套期会计的应用方法及框架,并对如何进一步衡量套期的有效性提出自己的见解。

(一)基于主动管理策略下的套期保值交易设计

假设某银行 ABC 的管理层实施主动风险管理策略,以期通过积极的管理手段在利率波动时规避获利或者规避损失。ABC 银行预测未来利率将进入下行通道,因此银行决定降低资产的利率敏感度,增加负债的利率敏感度,使资产负债表免受利率风险下行的影响。在实施过程中,银行选择将发行的一笔固定利率债券与收取固定利息支付浮动利息的 IRS 交易组成交易组合。

该固定利率负债为 ABC 银行在 20×4 年 3 月发行的一笔固定利率债券,当时市场利率处于高点,银行发债的成本约为 5.60%,该债券为平价发行。20×5 年初,ABC 银行管理层做出利率下行的预测,随后决定将该固定利率负债与 IRS 交易组成组合,以规避利率风险(见表 15)。

表 15 固定利率债券条款

发行日	20×4-03-31
到期日	20×9-03-31
期限	5 年
本金	5 亿元人民币
票面利率	5.60%
计息惯例	ACT/365
付息频率	半年

银行在 20×5 年 3 月 31 日叙做一笔收取固定利息,支付浮动利息的 IRS 交易。IRS 交易细节如表 16 所示。

表16 IRS交易主要条款

发行日	20×5-03-31
到期日	20×9-03-31
期限	4年
名义本金	5亿元人民币
交易对手	XYZ银行（AAA评级）
收取固定利息	4.33%
支付浮动利息	SHIBOR 6M
计息惯例	ACT/365
付息频率	半年
IRS初始公允价值	0

在IRS交易中，ABC银行支付6月期SHIBOR浮动利率，收取4.33%的固定利率。与固定利率负债相结合后，银行净支付6月期SHIBOR利率和127BP（IRS固定端互换利率与债券票面利率的信用利差）。

从缺口分析来看，对于该笔长期固定利率负债，该行在相应的期限段内找不到对应的资产业务与其自然对冲。同时，考虑到固定利率负债在利率下行时有隐含的亏损，即错过了利率下行时期利息支出下降的机会。在主动管理策略下，ABC银行选择将固定利率负债转化为浮动利率负债，增加重定价负债的规模，主动调整利率敏感性负债，降低了银行的利率敏感度缺口指标，在利率下行时有利于提高ABC银行的净利息收入。收取固定利息支付浮动利息的IRS交易在利率下行时估值盈利增加，发行的固定利率债券在利率下行时估值亏损增加，IRS交易的公允价值变动可以对冲固定利率债券的公允价值估值亏损。

在叙做IRS交易后，如ABC银行所预测的一致，市场利率开始持续下行。ABC银行通过该交易组合节省了利息支出费用。20×6年3月末，ABC银行的这笔交易组合的利息支出如表17所示。

表17 ABC银行组合交易利息支出

	债券利息支出	IRS利息收入	IRS利息支出	净利息支出
09/30/20×5	-14000000	10817735	-11981486	-15163751
03/31/20×6	-14000000	10817735	-8381901	-11564166
合计	-28000000			-26727917
节省的利息支出				1272083

基于对利率走势的成功预测，ABC银行在利率下行期间增加重定价负债的规模，减少了利息支出，在不对资产负债表内结构进行调整的情况下，净利息收入获得了增长。相应地，如果利率上行，ABC银行可以选择将固定利率资产转化为浮动利率，增加重定价资产的规模，进而优化风险管理指标，增加净利息收入，对冲资产公允价值的下降等。

(二) IFRS9下的套期会计实施

假设20×5年3月31日，IFRS9已经生效实施。ABC银行决定对此交易组合实施套期会计并进行后续披露。由于债券为已存在的固定利率负债，其未来现金流为固定现金流,因此债券与 IRS 交易的组合被定义为公允价值套期。依照 IFRS9 的规定,ABC 银行在实施套期会计时,应提供相应的套期会计文档。初始的套期会计文档包括以下内容。

1. 套期文档

套期文档如表 18 所示。

表 18 套期文档

风险管理目标	套期交易目的是为减少因利率变动导致的银行固定利率债券公允价值变动 该套期目标符合银行的整体风险管理策略,在预测利率变动的基础上,实施积极的风险管理手段对冲利率风险 套期风险为利率风险。对冲的利率风险主要为 SHIBOR 等市场利率下降导致银行负债的公允价值上升。为了达到这个目标,管理层决定通过利率互换换出固定利率,换入浮动利率 债券固定利率与市场利率的信用利差不通过该套期交易对冲
套期类型	公允价值套期
被套期项目	剩余期限为 4 年的固定利率债券,债券票面利率为 5.60%。债券固定利率与市场利率的信用利差(127BP)不包括在此套期关系内,套期关系仅包括固定利率受市场利率变动影响的部分 该债券的所有本金(5 亿元人民币)均纳入此套期交易中
套期工具	IRS 交易,名义本金为 5 亿元人民币,期限为 4 年(与债券剩余期限相同),收取固定利息 4.33%,支付的浮动利息盯住 6 月期 SHIBOR 利率

套期指定:利率互换(IRS)被指定为套期工具,其期限与债券剩余期限相同。通过套期工具 IRS 与被套期项目固定利率负债相结合,银行净支付 6 月期 SHIBOR 利率和127BP(IRS 固定端互换利率与债券票面利率的信用利差)。当 SHIBOR 利率下降时,银行的利息支出相应减少。

2. 套期有效性

为了满足套期会计要求,需要满足以下有效性要求:

(1)经济关系。被套期项目会向外支付固定的利息,通过套期工具,ABC 银行收取固定的利息,并支付浮动的利息。被套期项目与套期工具的名义金额相同,期限基本匹配,且导致公允价值变动的基础利率(SHIBOR 变动)基本一致,因此二者经济关系明显。

(2)信用风险的影响。信用风险在本套期关系中不占主导作用:套期工具和被套期项目的信用风险衡量涉及 XYZ 和 ABC 银行的信用评级。截至套期关系指定日,没有影响 XYZ 和 ABC 银行信用评级的重大不利事件发生。在未来发生重大不利事件时,银行将会对信用风险进行重新评估。

(3)套期比率。套期比率为 1∶1,套期工具与被套期项目的本金相等,均为 5 亿元人民币。

(4)套期无效性的来源。以下为可能会导致无效性的情况:①被套期项目的减少或变更(例如债券支付);②未来套期关系中各方信用风险的重大变更。

(5)套期有效性测试频率。套期确定初期、每季度资产负债表日(如 3 月 31 日、6 月 30 日、9 月 30 日、12 月 31 日)以及会导致套期有效性要求的重大环境变化发生时。

3. 进一步衡量套期的有效性和无效性

通过上述经济关系、信用风险的影响以及套期比率三个方面的定性分析,ABC 银行认为套期关系基本符合有效性要求。但由于债券的起息日与 IRS 的起息日不同,ABC 银行决定通过情景分析进一步验证其对有效性的影响。

20×5年3月31日，ABC银行通过两种情景分析确认套期工具与被套期项目的有效性是否仍继续成立（见表19和表20）。即将SHIBOR利率曲线分别上下平移5BP，观察IRS公允价值的变动和债券公允价值变动是否能互相抵消。

表19　情景1：利率曲线向上平移5BP

	套期工具	被套期项目（债券）
初始公允价值	—	−104.0395
曲线平移后公允价值	−0.1568	−103.8517
公允价值变动	−0.1568	0.1878
对冲比例		83.5%

注：为方便比较，公允价值均采用百分比价格。

表20　情景2：利率曲线向下平移5BP

	套期工具	被套期项目（债券）
初始公允价值	—	−104.0395
曲线平移后公允价值	0.1572	−104.2278
公允价值变动	0.1572	−0.1882
对冲比例		83.5%

注：为方便比较，公允价值均采用百分比价格。

根据情景分析的结果，IRS可以对冲债券的公允价值变动，二者具有经济关系，且满足套期有效性要求。其中套期交易的无效部分由债券固定利率与IRS固定端互换利率的信用利差的折现产生。该交易组合的套期比率为1:1，该比率反映了ABC银行实施积极的风险管理手段，即在对风险因子变动进行准确预测的前提下，尽可能多地将非利率敏感的负债转化为利率敏感性负债（或者将利率敏感资产转化为非利率敏感资产），积极利用风险因子的变动获取更多的利益。

4. 套期交易列报

实施套期会计以后，ABC银行可在财务报告中对套期行为进行披露，以便报表使用者直观地了解银行管理层的风险管理策略与实施的效果。下面分析套期会计如何影响ABC银行的财务报表：

（1）套期工具公允价值计算。以20×5年12月31日为例，根据当天的SHIBOR利率曲线，套期工具未来预期现金流与公允价值计算如表21所示（假设衍生产品交易双方不存在违约风险，因此计算中不考虑CVA/DVA调整，下同）。

表21　套期工具未来预期现金流与公允价值

单位：百万元

支付日期	重设利率（%）	折现因子	预期浮动利率现金流	固定利率现金流	净现值
20×6年3月31日	3.34	0.9924	−8.38	10.82	2.42
20×6年9月30日	3.30	0.9760	−8.27	10.82	2.49
20×7年3月31日	2.69	0.9629	−6.72	10.82	3.95

续表

支付日期	重设利率（%）	折现因子	预期浮动利率现金流	固定利率现金流	净现值
20×7年9月29日	3.07	0.9482	−7.65	10.82	3.00
20×8年3月30日	3.10	0.9336	−7.73	10.82	2.88
20×8年9月28日	3.13	0.9190	−7.81	10.82	2.77
20×9年3月29日	3.22	0.9043	−8.02	10.82	2.53
20×5年12月31日的公允价值					20.03

在20×5年12月31日，IRS交易的公允价值为20.03百万元。

（2）被套期项目公允价值计算。以20×5年12月31日为例，根据当天SHIBOR利率曲线，计算固定利率债券的公允价值如表22所示（该公允价值反映的是债券相对于利率风险的折现值，即SHIBOR利率变动导致的债券公允价值变动）。

表22 固定利率债券的公允价值

单位：百万元

支付日期	折现因子	固定利率现金流	现值
20×6年3月31日	0.9924	−14.00	−13.89
20×6年9月30日	0.9760	−14.00	−13.66
20×7年3月31日	0.9629	−14.00	−13.47
20×7年9月29日	0.9482	−14.00	−13.26
20×8年3月30日	0.9336	−14.00	−13.05
20×8年9月28日	0.9190	−14.00	−12.83
20×9年3月29日	0.9043	−514.00	−463.25
20×5年12月31日的公允价值			−543.42

ABC在20×5年3月31日开始实施套期会计，当时债券已发行1年左右。按照20×5年3月31日的SHIBOR市场利率计算，债券在实施套期会计时的初始价格为104.0395百万元，因此当时债券的市值为：104.0395×(−500) = −520.20百万元。

截至20×5年12月31日，债券的公允价值变动为：

−543.42 − (−520.20) = −23.42（百万元）

（3）会计计量及报表列示。根据IFRS9 6.5.8的规定，被套期项目产生的套期利得或损失应当计入损益，并调整被套期项目的账面价值。[①] IFRS9并未明确规定被套期项目套期利得或损失的确认方法，银行业实践中一般按照套期工具产生的累计利得或损失以及被套期项目公允价值的累计变动二者孰低的原则进行确认。在上例中，套期工具公允价值变动损益小于被套期项目公允价值累计变动（绝对值比较），因此应按照套期工具的公允价值变动金额确认被套期项目的利得或损失。在这里我们省略了交易组合利息收入的计量，仅对套期会计分录进行说明。

在20×5年12月31日，ABC银行可对套期交易做如下会计处理：

[①] 若被套期项目为公允价值变动计入其他综合收益的权益工具，被套期项目产生的套期利得或损失应当计入其他综合收益。

套期工具公允价值变动（百万元）：
借：衍生金融资产 – IRS 公允价值变动　　　　　　　20.03
　　贷：公允价值变动损益　　　　　　　　　　　　　　　　20.03
被套期项目公允价值变动（百万元）：
借：公允价值变动损益　　　　　　　　　　　　　　20.03
　　贷：应付债券 – 被套期项目公允价值变动　　　　　　　20.03

通过上述分录，套期工具衍生品公允价值波动被熨平，对银行损益没有产生影响。但如果套期工具衍生产品公允价值变动大于被套期项目公允价值变动，套期工具衍生产品的无效部分将影响银行损益，但由于无效部分金额相对很小，因此损益的波动也将很小。

ABC 银行在附注中披露套期业务如表 23 所示。

表 23　衍生金融工具及套期会计

单位：百万元

	20×5-12-31			20×4-12-31		
	名义本金	公允价值		名义本金	公允价值	
		资产	负债		资产	负债
被指定为公允价值套期工具的衍生产品–IRS	500	20.03	—	—	—	—

实施套期会计后，ABC 银行的风险管理行为以及管理效果可直观地呈现给财务报表使用者，套期工具与被套期项目的公允价值变动损益互相抵消。债券利息与 IRS 交易固定端利息存在的利差为 127BP（5.60%–4.33%），为债券利率的信用利差部分。债券利息的信用利差折现后（即套期无效部分产生的损益）对财务报表产生了影响。如不实施套期会计，套期工具衍生品交易的公允价值变动损益金额将会全部计入 ABC 银行的净交易收入中。在该例中，净交易收入项目将会增加约 0.2 亿元估值盈利。在进行同比分析时（由于 20×4 年并未进行利率风险对冲管理）由于套期交易导致该项目的剧烈波动可能给财务报表使用者造成一定的困惑。

如 XYZ 银行提前终止 IRS 交易，ABC 银行可选择结束套期关系。IRS 交易产生的提前终止费用一次性计入损益，同时冲销 IRS 的估值损益，另外发行的债券也不再计算其公允价值，而重新以成本计量。债券在套期期间以公允价值计量产生的折溢价导致债券账面价值变动的部分，可选择在套期关系终止后，在债券的剩余存续期内进行摊销。

四、被动防御策略下的利率风险套期保值案例

被动防御策略下，银行不主动判断利率走势，而是通过将"缺口"维持在一定水平，以期望将利率变动的影响控制在一定范围内。因此在实务操作中，银行主要监控的是缺口的稳定性。构建交易组合的方式以稳定缺口为目的。如利率敏感性资产增加，则通过衍生交易降低资产的利率敏感度，增加资产的久期；如利率敏感性负债增加，则反向操作。

(一) 基于被动防御策略下的套期交易设计

假设某银行 XYZ 的风险管理策略类型为被动防御型。该银行根据自身资产负债业务的风险承受能力，通过对利率风险监控指标设置限额等手段，将银行承担的利率风险敞口锁定在一个特定范围以达到规避利率波动对银行收入的影响。例如，XYZ 银行通过设置 NII 利率指标来管理银行账户利率风险，指标公式为：

$$NII = \frac{\sum_{活期}^{1年}(表内外资产余额 - 表内外负债余额) \times 重定价期限系数}{当年净利息收入预算} \quad (14)$$

运用该指标的前提是银行管理层对未来一段时间（一般为 1 年）利率走势进行了预测，在预测的利率变动情景下，利用 NII 指标调节资产负债缺口，进而保持银行净利息收入的稳定。影响 NII 的三大主要因素为：一是分母的当年净利息收入预算金额，该金额于年初锁定，全年适用；二是分子——资产负债余额，该金额随各时点实际金额变化；三是分子——资产负债重定价期限系数，该系数与资产负债重定价的期限分布密切相关，反映了在预设利率变动情景下资产负债项目对利率敏感程度，计算公式为：

$$重定价期限系数 = (1年天数 - 重定价期限天数)/360 \times 利率变动 \quad (15)$$

该行将 NII 指标限额设置为 ±20%，由于指标设置了上下限，短期利率敏感性资产与负债的增加均可能导致指标的恶化。因此该银行在经营过程中需动态调整资产负债业务的期限结构，以保证 NII 的值在限额之内。

20×6 年初，XZY 银行管理层发现在预计未来一年市场利率上升 200BP 的情景下，该行短期利率风险 NII 指标已超过 +20% 的上限，经分析，主要原因是公司存贷款业务期限错配比较明显，其中最为显著的是重定价为 3 个月期限的资产规模较大导致指标恶化（见表 24 和表 25）。

表 24 公司存贷款业务期限错配情况

单位：亿元

重定价期限		O/N	1 个月	3 个月	6 个月	9 个月	1 年
重定价期限系数		0.020	0.018	0.015	0.010	0.005	—
资产	公司业务	5	15	**29**	5	4	2
	资金业务	5	16	15	3	10	1
负债	公司业务	2	6	5	4	15	28
	资金业务	3	13	16	5	8	5

表 25 不同期限资产负债对指标的影响

单位：%

重定价期限		O/N	1 个月	3 个月	6 个月	9 个月	1 年	SUM
重定价期限系数		0.020	0.018	0.015	0.010	0.005	—	
资产	公司业务	3.3	9.2	**14.5**	1.7	0.7	0.0	29.3
	资金业务	3.3	9.8	7.5	1.0	1.7	0.0	23.3
负债	公司业务	−1.3	−3.7	−2.5	−1.3	−2.5	0.0	−11.3
	资金业务	−2.0	−7.9	−8.0	−1.7	−1.3	0.0	−20.9
NII								20.3

注：在计算中，该行当年的净利息收入预算为 3 亿元。

银行梳理了可以促进指标优化的业务方案,包括各个条线对资产负债结构的优化以及采用衍生工具对冲风险等。考虑到利用衍生交易可以快速有效地管理利率风险敞口,且在市场反向变化时可以选择及时终止交易,银行最终选择通过增加表外资产负债的方式优化指标,即叙做IRS等衍生品交易调节资产负债的期限结构。但叙做衍生交易后其公允价值变动会导致银行损益波动,银行选择实施套期会计平抑衍生品交易导致的损益波动。

20×6年2月末,XZY银行决定对一笔剩余期限为1年,盯住3月期SHIBOR的浮动利率贷款叙做IRS对冲交易,交易规模为3亿元。IRS交易期限为1年,支付3月期浮动利息,收取固定利息。通过该组合,XZY银行锁定了浮动利率贷款的未来利息收入,在资产端减少了利率敏感性资产的规模。

持有的浮动利率贷款条款如表26所示。

表26 浮动利率贷款主要条款

起息日	20×3-02-28
到期日	20×7-02-27
原始期限	3年
剩余期限	1年
规模	5亿元人民币,其中3亿元用于风险对冲
利率	3M SHIBOR
计息惯例	ACT/360
付息频率	3个月

假设该行决定在20×6年2月末叙做IRS对冲这笔浮息贷款,IRS交易细节如表27所示。

表27 IRS交易主要条款

发行日	20×6-02-28
到期日	20×7-02-27
期限	1年
名义本金	3亿元
交易对手	ABC银行(AAA评级)
支付浮动利息	3M SHIBOR
收取固定利息	2.87%
计息惯例	ACT/360
付息频率	3月
IRS初始公允价值	0

在构建该组合后,XZY银行通过签署IRS交易合约,增加3月期表外负债和1年期表外资产,以期减轻资产负债表的错配情况,进而优化NII指标。叙做IRS交易后,该银行短期资产负债期限结构和对应NII指标如表28所示。NII指标如表29所示。

表28 银行短期资产负债期限结构和对应NII指标

单位：亿元

重定价期限		O/N	1个月	3个月	6个月	9个月	1年
重定价期限系数		0.020	0.018	0.015	0.010	0.005	—
资产	贷款和投资	5	15	29	5	4	2
	资金业务	5	16	15	3	10	4
负债	公司业务	2	6	5	4	15	28
	资金业务	3	13	**19**	5	8	5

注：IRS交易增加了资金业务下的表外1年期资产（IRS固定端）以及表外3个月期负债（IRS浮动端）。

表29 NII指标

单位：%

重定价期限		O/N	1个月	3个月	6个月	9个月	1年	SUM
重定价期限系数		0.020	0.018	0.015	0.010	0.005	—	
资产	贷款和投资	3.3	9.2	14.5	1.7	0.7	0.0	29.3
	资金业务	3.3	9.8	7.5	1.0	1.7	0.0	23.3
负债	公司业务	−1.3	−3.7	−2.5	−1.3	−2.5	0.0	−11.3
	资金业务	−2.0	−7.9	**−9.5**	−1.7	−1.3	0.0	−22.4
NII								**18.8**

综上，XYZ银行通过IRS交易成功地将NII指标调整至限额以内，在不影响表内业务发展的同时实现了优化短期利率风险指标的目的。同时，XYZ银行将继续加强业务结构优化与调整，从源头控制利率敞口错配情况，解决银行资金来源和运用的匹配问题。

（二）IFRS9下套期会计的实施

XYZ银行为避免IRS交易估值给银行损益带来负面影响，决定对交易组合实施套期会计。由于被套期资产为浮动利率贷款，IRS交易将浮动利息交换为固定利息，套期种类为现金流量套期。

1. 套期文档

根据准则要求，XYZ银行应对套期交易准备文档说明（见表30）。

表30 套期文档

风险管理目标	套期交易目的是为锁定因利率变动导致的浮动利率贷款利息变动； 该套期目标符合银行的整体风险管理策略，即在预测利率变动的基础上实施稳健的风险管理手段以保持银行风险敞口指标的健康； 套期风险为利率风险。对冲的利率风险主要为SHIBOR等市场利率变动导致银行资产业务的现金流波动； 借款人的信用风险不通过套期工具对冲
套期类型	现金流量套期
被套期项目	剩余期限为1年的浮动利率贷款，贷款票面利率为3月期SHIBOR利率，重定价期限与支付频率均为3个月； 该借款规模为5亿元，其中3亿元纳入此套期交易中
套期工具	IRS交易，名义本金为3亿元人民币，期限为1年（与借款剩余期限相同），支付盯住3月期SHIBOR的浮动利息，收取2.87%固定利率

2. 套期有效性

（1）经济关系。被套期项目会收取浮动利息，通过套期工具，XYZ 银行收取固定的利息，并支付浮动的利息。该组合中套期工具与被套期项目现金流方向相反，期限基本匹配，均盯住 3 月期 SHIBOR 利率，二者经济关系明显。

（2）信用风险的影响。信用风险在本套期关系中不占主导作用：套期工具和被套期项目的信用风险衡量涉及 ABC 和 XYZ 银行的信用评级。截至套期关系指定日，没有影响 XYZ 和 ABC 银行信用评级的重大不利事件发生。在未来发生重大不利事件时，银行将会对信用风险进行重新评估。

（3）套期比率。套期比率为 1∶1，作为套期工具的衍生品的规模与被套期项目规模相等，均为 3 亿元人民币。

（4）套期无效性的来源。以下为可能会导致无效性的情况：①被套期项目的减少或变更（例如贷款提前偿还）；②套期关系中各方信用风险的重大变更。

（5）套期有效性测试频率。套期确定初期、每季度资产负债表日（例如 3 月 31 日、6 月 30 日、9 月 30 日、12 月 31 日）以及会导致套期有效性要求的重大环境变化发生时。

3. 进一步衡量套期的有效性和无效性

根据 IFRS9 B6.5.5[①] 中的相关规定，在计量套期的无效部分时，为计算被套期项目的价值变动，主体可使用其条款与被套期项目的主要条款相匹配的衍生工具（通常称为"虚拟衍生工具"）。XYZ 银行通过构建虚拟 IRS 交易来计算被套期视为浮动利率贷款的镜子交易，交易细节如表 31 所示。

表 31 虚拟 IRS 交易主要条款

交易日	20×6-02-28
到期日	20×7-02-28
期限	1 年
名义本金	3 亿元
收取浮动利息	3M SHIBOR
支付固定利息	2.86%（交易日当天 NPV 为 0 时隐含的固定利率）
计息惯例	ACT/360
付息频率	3 月
IRS 初始公允价值	—

由于实际叙做的交易与虚拟交易定价条件存在一定差异，XYZ 银行可通过情景分析判断实际 IRS 与虚拟 IRS 公允价值变动的一致程度（见表 32 和表 33）。

表 32 利率曲线向上平移 5BP

	套期工具	假设的套期工具 IRS
初始公允价值	—	—
曲线平移后公允价值	-145260	-147249
公允价值变动	-145260	-147249
抵消比例		99.9%

[①] 即 IFRS9 实施指南中的 6.5.5 条规定，下同。

表33 利率曲线向下平移5BP

	套期工具	假设的套期工具IRS
初始公允价值	—	
曲线平移后公允价值	145379	147367
公允价值变动	145379	147367
抵消比例		99.9%

情景分析结果显示,套期工具(实际IRS交易)几乎可以完全抵消被套期项目(虚拟IRS交易)的公允价值波动,即由于定价条件差异所产生的套期无效部分,对套期关系的有效性不产生重大影响。

4. 套期交易列报

根据IFRS9 6.5.11中的相关规定,现金流量套期中套期工具产生的利得或损失中属于有效套期的部分,作为现金流量储备,计入其他综合收益。现金流量套期储备的金额,应当按照下列两项的绝对额中较低者确定:一是套期工具自套期开始的累计利得或损失;二是被套期项目自套期开始的预计未来现金流量现值的累计变动额。套期工具产生的利得或损失中属于无效套期的部分(即扣除计入其他综合收益后的其他利得或损失),应当计入当期损益。

(1) 套期工具实际IRS交易公允价值计算。20×6年3月末,套期工具IRS的公允价值计算如表34所示。

表34 IRS公允价值

单位:百万元

支付日期	重设利率(%)	折现因子	浮动端现金流现值	固定端现金流现值	净现值
20×6-05-31	2.90	0.9953	−2.18	2.16	−0.02
20×6-08-31	2.79	0.9882	−2.08	2.14	0.06
20×6-11-30	2.77	0.9814	−2.03	2.11	0.08
20×7-02-28	2.77	0.9746	−1.99	2.07	0.08
20×6年3月31日的公允价值					0.19

套期工具的初始公允价值为0,在此期间交易的公允价值变动为19万元。如不实施套期会计,XYZ银行会在净交易收入项目中产生19万元估值盈利。

(2) 被套期工具——虚拟IRS交易公允价值计算。虚拟IRS交易的初始公允价值为0,在此期间公允价值变动为16万元,低于实际IRS交易公允价值变动金额(见表35)。按照IFRS96.5.11中的孰低原则,应将被套期项目(虚拟衍生工具)的公允价值变动额计入现金流量套期储备,套期工具(实际IRS交易)公允价值变动额超过被套期项目的部分(即无效部分)仍保留在损益项下。

(3) 会计计量和报表列示。在20×6年3月31日,XYZ银行将套期有效部分的公允价值变动从损益转入权益。

衍生工具公允价值重估(百万元):
借:衍生金融资产—IRS公允价值变动　　　　0.19

贷：公允价值变动损益　　　　　　　　　　　0.19
借：公允价值变动损益　　　　　　　　　　　0.16
  贷：其他资本公积—现金流量套期储备　　　　0.16

表 35　虚拟 IRS 公允价值变动计算

单位：百万元

支付日期	重设利率（%）	折现因子	浮动端现金流现值	固定端现金流现值	净现值
20×6-05-31	2.90	0.9953	−2.21	2.18	−0.03
20×6-08-31	2.79	0.9882	−2.11	2.17	0.05
20×6-11-30	2.77	0.9814	−2.06	2.13	0.07
20×7-02-28	2.77	0.9746	−2.02	2.09	0.07
20X6 年 3 月 31 日的公允价值					0.16

XYZ 银行在报表中披露现金流量套期业务如表 36 和表 37 所示。

表 36　综合收益表

单位：百万元

	20×6-03-31	20×5-12-31
其他资本公积—现金流量套期	0.16	—

表 37　其他资本公积变动

单位：百万元

其他资本公积—现金流量套期	20×6-03-31	20×5-12-31
期初余额	—	—
加：套期工具公允价值变动（有效部分）	0.16	—
减：套期终止转出	—	—
期末余额	0.16	—

在下一报表日，套期工具的公允价值波动将引起其他资本公积的变动，无效部分仍影响公允价值估值损益。

XYZ 银行在报表附注中披露用于套期业务的衍生品规模如表 38 所示。

表 38　衍生金融工具及套期会计

单位：百万元

	20×6-03-31			20×5-12-31		
	名义本金	公允价值		名义本金	公允价值	
		资产	负债		资产	负债
被指定为现金流量套期工具的衍生产品—IRS	300	0.19	—	—	—	—

最终，XYZ 银行通过增加表外敞口将利率风险指标调节至健康水平，同时引入套期会计，成功规避了衍生产品估值变动对损益的影响。

第三章　基于汇率风险的套期保值管理及套期会计应用研究

一、汇率风险概述

近些年来，国内商业银行加快了全球化布局的步伐，同时伴随着"一带一路"倡议构想的实施，海外拓展业务的步伐进一步加快，商业银行的外汇敞口逐步在增多。随着2015年"8·11汇改"后人民币汇率双向波动幅度加宽，银行外汇敞口面临较高的汇率风险。

（一）汇率风险的定义和分类

汇率风险是指汇率变动导致银行损益或所有者权益遭受损失的风险。根据风险形成原因的区别，汇率风险一般分为交易性和结构性汇率风险。交易性汇率风险是指银行基于交易目的（自营和代客）持有外汇头寸而产生的风险。由于交易性风险的产生与变化都很迅速，交易性汇率风险一般应遵循交易账户相关风险管理政策及办法，并统一纳入交易性限额进行管理。结构性汇率风险是指由于银行资产负债币种结构不平衡或因资本与资产币种不匹配等因素产生的风险。结构性汇率风险一般由以下因素引起：以外币购置的固定资产或物业，在海外附属机构的股本投资，发行外币次级债券及优先股等资本工具，拨付海外机构的外币营运资金，境内外分行外币盈利等。相对于交易性汇率风险，结构性汇率风险一般在银行账户管理。本课题主要研究的是针对结构性汇率风险的套期保值及套期会计应用。

（二）汇率风险的评估和计量

商业银行在评估汇率风险时，通常采用敞口分析法以及在此基础上的敏感性分析、情景模拟、风险价值和压力测试等方法。敞口即风险暴露，外汇敞口就是银行所持有的各类风险性资产余额。其计算方法通常有三种：

一是累计总敞口法。累计总敞口头寸等于所有外币的多头与空头的总和。该方法认为，不论多头还是空头，都属于银行的敞口头寸，都应被纳入敞口头寸的计量范围。因此，这种计量方法比较保守。

二是净总敞口头寸法。净总敞口头寸等于所有外币多头总额与空头总额之差。该方法主要考虑不同货币汇率波动的相关性，认为多头与空头存在对冲效应。因此，这种方法较为激进。

三是短边法。短边法是一种为各国金融机构广泛运用的外汇风险敞口头寸的计量方法，同时为巴塞尔委员会所采用，中国银监会编写的《外汇风险敞口情况表》也采用这种算法。短边法的计算方法是：首先分别加总每种外汇的多头和空头（分别称为净多头头寸之和与净空头头寸之和）；其次比较这两个总数；最后选择绝对值较大的作为银行的总敞口头寸。短边法的优点是既考虑到多头与空头同时存在风险，又考虑到它们之间的抵补效应。

二、汇率风险管理策略及控制手段

（一）汇率风险管理策略

与第二章的利率风险管理策略类似，商业银行对于汇率风险的管理也区分为主动管理型和被动防御型。

（1）主动管理策略。在主动管理策略下，银行积极地预测汇率走势，并根据汇率走势对银行损益/权益的影响，采取不同措施进行管理。当预期汇率变动对银行不利时，可采取套期保值策略进行避险；当预期汇率变动对银行有利时，银行承担汇率风险以获取风险报酬。采取该策略的金融机构，一般把外汇风险管理纳入银行总体的经营管理战略，通过健全的组织架构、配套的管理制度与严格约束机制进行风险管理。

（2）被动防御策略。银行在采取被动防御策略时，往往对业务经营中出现的汇率风险全部进行套期保值，把来自汇率方面的不确定因素全部进行对冲。采取这种策略的银行属于风险厌恶型，银行基本不持有或持有较少的外汇风险头寸，不希望自身的经营业绩受到汇率变动的影响，不愿意承受汇率造成的额外损失，也不想获得汇率波动带来的额外收益，只愿集中精力执行经营和投资计划。

（二）汇率风险控制手段

与利率风险类似，汇率风险控制手段也包括结构调整与风险对冲。然而，相对于利率风险，汇率风险的资产负债或预期收入支出的结构调整会更加困难。例如，H股上市的商业银行预计下半年会有一笔较大规模的港币派息的支出发生，然而，要想通过相近时间、相近规模的一笔港币收入来对冲则困难得多。因此，商业银行主要利用套期保值来规避外汇风险。常用的套期工具主要分为两大类：衍生金融工具和非衍生金融资产或负债。衍生金融工具包括外汇远期、外汇期权、货币期货等；非衍生金融资产或负债包括外汇存款或外汇贷款等。

商业银行汇率风险管理的主要目标是：确保将所承担的市场风险规模控制在可以承受的合理范围内，使所承担的市场风险水平与其风险管理能力和资本实力相匹配。下面，本课题从银行汇率风险管理策略出发，结合国内外银行业实施套期会计的经验，分别设计基于主动管理及被动防御策略下的汇率风险套期保值交易，在此基础上，提出IFRS9下套期会计的应用方法及框架，并对如何进行再平衡提出自己的见解。

三、主动管理策略下的汇率风险套期保值案例

(一) 基于主动管理策略下的套期保值交易设计

如 A 银行 20×5 年下半年需要支付一笔 10 亿港币的股息,市场预期人民币将贬值。A 银行管理层实施主动风险管理策略,通过主动管理,在人民币贬值趋势下,降低外汇空头敞口,减少自身的汇率敏感度。市场上做一笔远期美元购汇交易的成本要低于做一笔远期港币购汇交易的成本,因港币实行的是联系汇率制度,因此某银行 20×5 年 2 月 12 日签订一份 1.29 亿美元远期购汇合约(期限 6 个月)来对冲股息的汇率风险,当天美元/人民币 6 个月期远期汇率为 6.3488,港币/人民币 6 个月期远期汇率为 0.819,远期购汇交易合同条款如表 39 所示。

表 39 远期购汇交易主要条款

交易日	2015-02-12
到期日	2015-08-12
交易对手	Z 银行
名义本金	USD129000000.00
A 银行买	USD129000000.00
A 银行卖	CNY818995200.00
远期汇率	6.3488
结算方式	现金交割
远期购汇初始公允价值	—

叙做远期购汇交易后,如 A 银行所预测的一致,人民币开始贬值。A 银行通过该交易节省了股息支出成本。20×5 年 8 月 12 日,A 银行远期购汇交易盈亏情况如表 40 所示。

表 40 A 银行远期购汇交易盈亏情况

	美元	汇率	购汇所需人民币金额
远期购汇合约	−129000000	6.3488	−818995200
到期日市场	−129000000	6.3806	−823097400
节省的人民币金额			4102200

由于预先锁定汇率,A 银行节省了购汇成本 4102200 元。

(二) IFRS9 下套期会计的实施

假设 A 银行决定实施现金流量套期,初始的套期文档包括以下内容。

1. 套期文档

A 银行在起始日准备的套期关系文档如表 41 所示。

表 41 套期关系文档

风险管理目标	套期目标是预期人民币贬值,锁定银行未来兑换 10 亿港币股息所需的人民币金额; 套期目标同银行整体的外汇风险管理策略(主动管理策略,根据汇率走势,采取不同措施进行管理)相一致; 指定的被套期风险是由于 HKD/CNY 汇率的不利变动而造成应付的港币股息以人民币表示的价值变动风险
套期种类	现金流量套期
被套期项目	未来有 10 亿港币股息的现金流支出
套期工具	远期购汇合约(合约号:00012791),交易对手方为 Z 银行,该银行为国内大型商业银行,其信用风险极低。远期购汇合约约定 A 行在 20×5 年 8 月 12 日将按 6.3488 的价格向 Z 银行买入 1.29 亿美元,结算方式为现金交割

套期指定:A 银行指定远期购汇交易作为套期工具,未来需支付的股息作为被套期项目。对于远期合同,IFRS9 允许会计主体选择在套期关系中是否包含远期点,既将外汇远期作为一个整体指定为套期工具,也可仅将外汇远期交易中的即期汇率变动作为套期工具。在此案例中,我们将远期购汇交易作为一个整体指定为套期工具。

2. 套期有效性

按 IFRS9 规定,需满足以下要求。

(1)经济关系。虽然被套期项目(港币敞口)和套期工具(美元远期)的币种不吻合,但由于港币与美元之间的汇率是挂钩的(香港地区金管局将汇率维持在 1 美元兑 7.75~7.85 港币的窄幅波动区间内),因而只要港币与美元保持联动,采用美元远期交易作为套期工具,与被套期工具——预期派发的港币股息之间存在经济关系。

(2)信用风险的影响。由于 A 银行和 Z 银行均具有较高的信用评级,信用风险的影响对来源于该经济关系的价值变动不具有主导作用。

(3)套期比率。套期比率为 1∶7.7519,20×5 年 2 月 12 日,美元兑港币即期汇率为 1∶7.7519。作为套期工具的远期交易规模(1.29 亿美元)与被套期项目的规模(未来 10 亿港币的现金支出)基本一致。

(4)套期无效性的来源。以下为可能会导致无效性的情况:①被套期项目的减少或变更(如派息率或派息金额变化);②港币与美元的联系汇率制度发生重大变化。

(5)套期有效性测试频率。套期关系确定初期、每季度资产负债表日(如 3 月 31 日、6 月 30 日)以及会导致套期有效性要求的重大环境变化发生时。

3. 套期交易列报

实施套期会计后,A 银行将套期项目和被套期项目因现金流量变动而产生的利得或损失列示在财务报表上,具体如下:

(1)套期工具自套期开始的累计利得。20×5 年 6 月 30 日,8 月 12 日到期的 HKD/CNY 的远期汇率为 0.803,USD/CNY 的远期汇率为 6.2265,人民币的贴现因子为 0.9971。

远期购汇合同的累计利得

=(129000000 × 6.2265 − 818995200)× 0.9971 = −15731499.75(元)

(2)被套期项目自套期开始预计未来现金流量现值的累计变动额。

被套期项目的累计变动额

=(−1000000000 × 0.803 + 819000000)× 0.9971 = 15954160(元)

根据IFRS9 6.5.11中的相关规定被套期项目的公允价值入账金额应根据套期有效部分（即套期工具的估值变动）与被套期项目估值变动孰低的原则计量。在本例中，套期工具公允价值变动小于被套项目估值结果变动，因此应按照套期工具的公允价值变动计入现金流量储备。

（3）会计计量和报表列示。在20×5年6月30日，A银行将套期有效部分的公允价值变动从损益转入权益。

衍生工具公允价值重估（百万元）：

借：衍生金融资产—外汇远期公允价值变动　　3.56
　　贷：公允价值变动损益　　　　　　　　　　3.56
借：公允价值变动损益　　　　　　　　　　　　3.56
　　贷：其他资本公积—现金流量套期储备　　　3.56

在A银行20×5年6月末的财务报告上，该套期关系列示如表42和表43所示。

表42　综合收益表

单位：百万元

	20×5-06-30	20×4-12-31
其他资本公积—现金流量套期	3.56	—

表43　其他资本公积变动

单位：百万元

其他资本公积—现金流量套期	20×5-06-30	20×4-12-31
期初余额	—	—
加：套期工具公允价值变动（有效部分）	3.56	—
减：套期终止转出	—	—
期末余额	3.56	—

A银行在报表附注中披露用于套期业务的衍生品规模如表44所示。

表44　衍生金融工具及套期会计

单位：百万元

	20×5-06-30			20×4-12-31		
	名义本金*	公允价值		名义本金	公允价值	
		资产	负债		资产	负债
套期工具—外汇远期	789	3.56	—	—	—	—

注：此处名义本金为1.29亿美元按照报告日汇率折算成的7.89亿元人民币，下表同理。

外汇风险管理如表45所示。

实施现金流量套期后，A银行的风险管理行为以及管理效果可以直观地展示给财务报告使用者，套期工具的利得属于有效套期的部分，直接确认为所有者权益，在交易到期时转出，计入当期损益。

表 45 A 银行利用现金流量套期管理汇率风险产生的财务影响

单位：百万元

	20×5-06-30
套期工具—外汇远期	789
套期比例	1：7.7519
套期工具的公允价值变动	3.56
被套期项目的公允价值变动	−3.99
平均套期比例	1：7.7519

4. 再平衡

假设在 20×5 年 5 月由于市场冲击，导致港币兑美元一次性贬值至 8.0，之后在 7.95~8.05 范围内小幅震荡。根据 IFRS9 B6.5.10 中的规定，需要对套期关系进行再平衡，以确保在新汇率下的套期比率继续满足有效性的要求。

根据 IFRS9 B6.5.16 中的规定，如果对套期关系作出再平衡，可通过增加被套期项目的权重或增加套期工具的权重等方式调整套期比率。在本例中，A 银行通过调整套期比例来维持套期的有效性，即将套期工具规模减少 0.04 亿美元至 1.25 亿美元（10 亿/8.00），调整后的套期比例为 1：8。自再平衡之日起，套期工具被调减的量（0.04 亿美元）不再作为套期关系的一部分，但应以公允价值计量，且其变动计入损益。在未来剩余期限内，影响套期关系的无效性来源为：①被套期项目的减少或变更（例如派息率或派息金额变化）；②港币与美元的联系汇率制度再次发生重大变化。

四、被动防御策略下的汇率风险套期保值案例

被动防御策略下，银行不通过未来汇率变动套利，而是将汇率敞口限制在极低的水平，把来自汇率方面的不确定因素全部通过套期保值来对冲。

（一）基于被动防御策略下的套期保值交易设计

假设 A 银行 20×5 年 6 月 10 日对其境外分行注资 1 亿欧元。A 银行的风险管理策略是被动防御型，为了规避欧元汇率变动风险，A 银行决定对该笔境外经营净投资实施套期会计，指定 1 亿欧元客户定期存款作为套期工具。

（二）IFRS9 下套期会计的实施

1. 套期文档

A 银行在起始日准备的套期关系文档如表 46 所示。

表 46 套期关系文档

风险管理目标	套期目标是规避汇率波动对 1 亿欧元境外经营净投资导致的价值波动； 套期目标同银行整体的外汇风险管理策略（规避汇率波动对境外经营净投资导致的价值波动）相一致； 指定的被套期风险是欧元境外经营净投资价值由于欧元/人民币的即期汇率变动受到的影响

续表

套期种类	境外经营净投资套期
被套期项目	1亿欧元境外经营净投资
套期工具	标识出合计名义本金为1亿欧元存款组合

套期指定：A银行在境内的存款，标识出合计名义本金为1亿欧元定期存款作为套期工具，1亿欧元境外经营净投资作为被套期项目。从20×5年6月10日开始，每次的套期指定期间与欧元定期存款期限相同（该案例中欧元定期存款期限为一年）。

2. 套期有效性

为了满足套期会计要求，需要满足以下有效性要求：

（1）经济关系。被套期项目和套期工具之间存在经济关系：被套期项目为A银行对其境外分行的1亿欧元净投资。套期工具为A银行的欧元存款负债，欧元/人民币的即期汇率变动对被套期项目和套期工具均产生外汇损益波动，因其名义金额相同，期限匹配（即每次套期指定的期间为一年），外汇损益波动的方向相反，因此二者经济关系明显。

（2）信用风险的影响。被套期项目和套期工具信用风险的衡量涉及A银行的信用评级。由于A银行具有较高的信用评级，信用风险的影响对来源于该经济关系的价值变动不具有主导作用。

（3）套期比率。套期比率为1∶1，即在每一个套期期间，被套期项目和套期工具的名义金额相等，均为1亿欧元。

（4）套期无效性的来源。以下为可能会导致无效性的来源：①被套期项目的减少或变更（例如A银行对该境外分行的投资金减少）；②套期工具的减少或变更差异（例如欧元存款余额以及其他欧元表内负债的合计数小于被套期项目的名义本金）；③未来套期关系中信用风险的重大变更。

（5）套期有效性测试频率。套期关系确定初期、每季度资产负债表日（如3月31日、6月30日、9月30日、12月31日）以及会导致套期有效性要求的重大环境变化发生时。

3. 套期交易列报

实施套期会计后，A银行将套期项目和被套期项目的公允价值变动列示在财务报表上，具体如下：

（1）套期工具公允价值计算。20×5年6月30日，EUR/CNY的即期汇率为6.925，其在6月10日的汇率为7.0319。

套期工具的估值价值 = –100000000 × (6.925 – 7.0319) = 10690000（元）

（2）被套期项目公允价值计算。由于币种、金额、期限完全匹配，面临的基础风险均为即期汇率波动，被套期项目的公允价值变动与套期工具的公允价值变动绝对值金额相等，方向相反，即–10690000。

（3）会计计量和报表列示。套期工具的估值变动：

借：吸收存款　　　　　　　　　　　　　　　　　10690000
　　贷：其他资本公积—境外净投资套期　　　　　10690000

被套期项目的估值变动：

借：外币报表折算差额　　　　　　　　　　　　　10690000

贷：长期股权投资　　　　　　　　　10690000

综合收益如表47所示。

表47　综合收益表

单位：百万元

	20×5-06-30	20×4-06-30
其他资本公积—净投资套期	10.7	—

其他资本公积如表48所示。

表48　其他资本公积

单位：百万元

	可供出售金融资产公允价值变动	现金流量套期	境外经营净投资套期	外币报表折算差额
境外经营净投资套期			10.7	−10.7

外汇风险信息披露如表49所示。

表49　利用境外经营净投资套期管理汇率风险产生的财务影响

单位：百万元

	20×5-06-30
套期工具—客户存款*	687
套期比例	1∶1
套期工具的公允价值变动	10.7
被套期项目的公允价值变动	−10.7
平均套期比例	1∶1

注：该处客户存款为1亿欧元按照报告日汇率折算成的6.87亿元人民币金额。

实施境外经营净投资套期后，A银行的风险管理行为以及管理效果可以直观地展示给财务报告使用者，套期工具与被套期项目的估值变动互相抵消。

第四章　相关政策建议

一、宏观层面的政策建议

（一）进一步发展完善国内金融市场

完善的国内金融市场是顺利实施套期保值业务的必要条件，不成熟的市场制约了商业银行主动调整结构和对冲风险的能力。在推动利率市场化改革进程中，应进一步深化金融市场改革，不断扩大市场参与主体，丰富金融工具品种，拓展金融市场尤其是人民币衍生金融市场的深度和广度，以满足银行日益积淀的利率风险对冲需求，为商业银行提供套期保值所需的避险手段。

（二）加强国内套期会计准则的可操作性

目前，财政部已经发布套期会计准则修订版的征求意见稿。从征求意见稿的情况来看，套期会计的主要规定与国际准则基本一致，但缺乏较为详细的应用指南指导实务界的具体操作。建议在保持国内套期会计准则与国际准则原则一致的基础上，进一步细化套期案例，以推动实务界对套期保值业务的理解及应用。

二、微观层面的政策建议

（一）加快产品创新及业务转型

由于我国利率长期受到管制，压抑了商业银行产品设计和业务创新能力，各家银行在产品、期限、客户结构上的同质化现象严重，造成银行在利率风险特征上往往相同或者相近，导致银行在对冲风险时难以找到与其有互补需求的交易对手，客观上阻碍了套期保值业务的开展。利率市场化改革将使商业银行的市场竞争格局日益激烈，商业银行应从微观主体层面，主动加快产品创新及业务转型，谋求差异化竞争与发展的道路，以推动自身资产负债表结构优化，形成差异化利率风险特征及避险需求，顺利应对利率市场化挑战。

（二）做好实施套期保值管理的各项准备工作

套期保值业务对银行的经营管理能力要求较高，既涉及银行内部不同部门间的分工协作,又对银行计量技术、信息系统、资源储备等方面提出较高要求。商业银行应围绕资产负债管理需要,理顺银行内部套期保值管理机制,建立健全套期保值管理相关配套政策制度,加强人员培训,逐步试点、累积经验,不断提高风险管理水平。

参考文献

[1] 李萌. Logit 模型在商业银行信用风险评估中的应用研究 [J]. 管理科学, 2005, 18 (2).

[2] 张贵峰. 商业银行利率风险管理技术综述 [J]. 统计与信息论坛, 2006, 21 (1).

[3] 刘湘云. 我国商业银行利率风险管理策略实证分析 [J]. 现代经济, 2007, 6 (12).

[4] 刘淑莲. 衍生产品使用的目的:套期保值或套期获利?——以深南电期权合约为例 [J]. 会计研究, 2009 (11).

[5] 李中华. 集团企业汇率风险管理现状和未来设想 [R]. 2011 年度中国总会计师优秀论文选, 2011.

[6] 杨模荣. 套期会计原则缺失问题研究 [J]. 会计研究, 2012 (6).

[7] 张传新. 我国商业银行信用风险度量研究 [D]. 苏州:苏州大学博士学位论文, 2012.

[8] IASB. 动态风险管理会计处理:对宏观套期运用组合重估法(讨论稿)[Z]. 2014.

[9] 施恬. 商业银行利率风险管理中久期缺口测算及其防御策略——基于中国股份制商业银行的实证分析 [J]. 上海金融, 2014 (5)

[10] 宣和. 新套期会计模式:更"接地气"[J]. 会计研究, 2014 (4).

[11] 段军山, 杨帆. 套期保值行为提升银行绩效了吗 [J]. 广东财经大学学报, 2015 (2).

[12] 黄晨, 梁强波. 套期财务报告准则修订对我国商业银行经营行为的影响 [J]. 金融纵横, 2015 (9).

[13] 陈燕华, 萧珮珊, 李家胜. 国际财务报告准则第 9 号:一般套期会计解读 [J]. 新会计, 2015 (5~6).

[14] 王守海, 尹天祥, 牟韶红. 一般套期会计准则的国际进展、反思与启示 [J]. 会计研究, 2015 (9).

[15] 宋逢明. 金融工程原理——无套利均衡分析 [M]. 北京:清华大学出版社, 1999.

[16] 周鸿卫. 金融工程与商业银行资产负债管理研究 [M]. 北京:中国金融出版社, 2010.

[17] 薛昌武, 卢赣平. 套期保值实务 [M]. 北京:中国金融出版社, 2010.

[18] Peter S. Rose, Sylvia C.Hudgins. 商业银行管理(第 9 版)[M]. 刘园译. 北京:机械工业出版社, 2013.

[19] 上海银监局. 全面深化改革中的银行业监管治理探索 [M]. 北京:中国金融出版社, 2014.

[20] 上海银监局. 经济新常态下的银行业监管治理探索 [M]. 北京:中国金融出版社, 2015.

[21] 薛薇. 统计分析与 SPSS 的应用 [M]. 北京:中国人民大学出版社, 2003.

[22] 任汉. 基于面板数据 Logit 模型的美国系统性风险研究 [D]. 合肥:中国科学技术大学硕士学位论文, 2016.

[23] 林杰斌, 林川雄, 刘明德, 飞捷工作室. SPSS12 统计建模与应用实务 [M]. 北京:中国铁道出版社, 2006.

[24] 香港金融管理局. 监管政策手册 IR-1 利率风险管理 [Z]. www.hkma.gov.hk.

[25] 香港金融管理局. 监管政策手册 TA-2 汇率风险管理 [Z]. www.hkma.gov.hk.

[26] 新浪网美股实时行情版面,查询纽约交易所、纳斯达克交易所、美国交易所上市银行排名及财务指标, http://finance.sina.com.cn/stock/usstock/sector.shtml#c61m.

[27] Juan Ramirez. Accounting for Derivatives: Advanced Hedging under IFRS 9 (Second Edition) [M]. WILEY, 2015.

[28] A. Rashad Abdel-khalik. Accounting for Risk, Hedging, and Complex Contracts [M]. Routledge,

2014.

[29] Basel Committee on Banking Supervision. Standards for Interest Eate Risk in the Banking Book [EB/OL]. 2016-04, www.bis.org.

[30] Hommel U.Financial versus Operative Hedging of Currency Risk [J]. Global Finance Journal, 2003, 14 (1): 1-18.

[31] Hagelin N., Pramborg B.. Hedging Foreign Exchange Exposure: Risk Reduction from Transactioin and Translation Hedging [J]. Journal of International Financial Management and Accounting, 2004, 15 (1): 1-20.

[32] Simpson W. M., Dania A.. Selectively Hedging the Euro [J]. Journal of Multinational Financial Management, 2006, 16 (1): 27-42.

第三篇

管理会计引领商业银行新航向
——基于中国农业银行的管理实践

中国农业银行财务会计部课题组

课题主持人：姚明德
课题组成员：毛 焱　张奇渊　李子文　马 硕　柳春江
　　　　　　侯 青　柯 轲　姜益华

摘 要

作为会计与管理的有机结合，管理会计不仅是建立在责任中心理念基础上的业绩评价体系，也是一套价值管理工具，又是一个用于管理决策的信息系统，从更高的层面看，更是围绕价值创造，"事前预算、事中监控、事后考评"的全过程管理活动。管理会计自诞生以来，就是推动完善现代企业制度、支持管理全面升级、增强核心竞争力的基础性工程。随着中国经济进入新常态，金融改革全面加速推进，在"三个下行"背景下，商业银行面临的盈利拐点、成本压降和风险控制"三大困局"也越发突出，全面经营转型迫在眉睫，如何更好地建设、掌握和使用管理会计"量、本、价、险、利"信息与工具，打造"管理"的升级版，已成为当前商业银行必须解决的重点课题。

本课题采用理论、实务和案例相结合的研究方法，基于农业银行的管理实践，从管理会计建设应用的重要性、必要性和时代性出发，围绕"什么是"（概念框架）、"怎么建"（系统框架）和"如何用"（应用框架）管理会计三大问题，分别从"大框架""大平台"和"大应用"的角度开展专题研究，尝试构建"三位一体"的商业银行管理会计体系。

第一章为导论，主要介绍课题背景、文献综述、研究意义及方法创新。第二章从管理会计的总体目标（一个目标）、概念本质（两层内涵）、功能定位（三种关系）、计量原则（四项原则）和分析维度（五大维度）等方面，初步尝试提出了商业银行管理会计概念框架构想。第三章从管理会计"大平台"、业绩计量"小模型"和系统建设"路线图"等角度，提出了商业银行管理会计系统平台建设思路与路径。第四章初步总结归纳了商业银行管理会计的分析方法，并采用案例示范的方式（31个案例），尝试提出了管理会计的六大深化应用方向和20个具体应用领域。第五章对农业银行管理会计建设应用实践和经验进行了总结与分析。最后归纳了管理会计体系建设应用需把握的七大核心环节（抑或是关键"瓶颈"），并提出了针对性对策建议。通过以上分析，希望对我国银行业管理会计体系建设提供有益参考。

关键词： 管理会计　商业银行　概念框架　系统框架　应用框架

第一章 导 论

一、研究背景及意义

过去十年是中国银行业高速发展的十年,以市场化改革为方向的股份制改造和公开上市,为国有银行注入了前所未有的活力,国有银行从"技术"破产的银行迈入了全球市值大行之列,中国银行业也经历了高速、全面发展阶段,综合实力明显加强。但我们应该清醒地认识到,银行业高速发展的主要动因还是源于中国经济的健康发展。自2013年以来,随着中国经济进入新常态,金融改革加速推进,中国银行业发展出现了拐点,净息差逐步收窄,信贷风险快速暴露,净利润也降至微幅增长(甚至负增长),[①]中国银行业迎来了严峻的转型期。

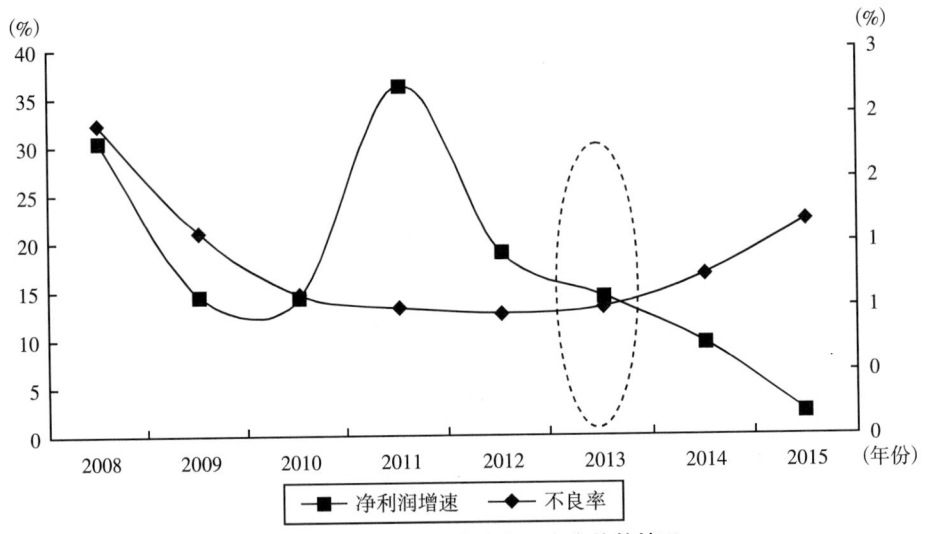

图 1 银行业净利润增速和不良率趋势情况

管理会计自诞生以来,就作为商业银行战略传导和精细化管理的重要工具,是推动经营管理升级的基础性工程。从某种意义上来说,管理会计建设水平决定了一家商业银行的精细化管理水平和核心竞争力。特别是在当前经济金融环境下,如何更好地建设、掌握和使用管理会计"量、本、价、险、利"工具,打造"经营管理"的升级版,已成为商业银

---

① 资料来源:Wind 资讯经济数据库。

行必须要解决的重点课题。

第一，加快管理会计建设应用是适应经济形势的客观需要。随着宏观经济进入三期叠加的新常态，利率市场化等金融改革加速推进，互联网金融风起云涌，市场竞争日趋加剧，商业银行股改红利也消失殆尽，对传统商业银行业务影响深远，迫切需要在盈利模式和管理工具上进行转型变革，打造业务经营和财会管理的"升级版"。面临严峻的形势与挑战，商业银行需要树立价值管理理念，积极运用管理会计工具，推动发展战略转型，创新价值创造模式，强化投入产出效率，完善定价管理机制，持续增强可持续发展能力。

第二，加快管理会计建设应用是顺应会计改革的发展方向。随着管理会计实践逐步推进和应用，其发挥的作用也越发明显，监管部门和行业协会均将管理会计作为会计改革发展的重要方向，管理会计正成为当下会计改革的主旋律。2014年11月，财政部陆续发布《财政部关于全面推进管理会计体系建设的指导意见》及系列解读，从政府层面全面启动管理会计体系建设。英国特许管理师公会（CIMA）与美国注册会计师协会（AICPA）携手发起制定的《全球管理会计原则》也在同一时间正式出炉，意在帮助全球企业建立和完善最佳管理会计体系。商业银行需要落实财政主管部门和行业协会要求，加快推进管理会计建设，探索有本行业和本单位特色的管理会计实践。

第三，加快管理会计建设应用是加强内部管理的时代要求。当前经济形势下，实施精细化"降本、增效、控险"已成为商业银行应对发展困局的当务之急。这就需要通过构建管理会计数据"立方体"，全面展现产品、客户、机构以及区域等维度的"量、本、价、险、利"经营全貌，准确剖析哪些地区、什么产品和哪类客户的成本耗费大、风险水平高、综合回报低。以此为支撑，商业银行才能够有的放矢，采取更加精准的降本控险措施，促进整体经营效益稳步提升。

二、文献统计与综述

作为会计领域创新发展的重要分支，随着20世纪80年代末管理会计引入中国，国内也掀起了研究管理会计理论、方法和应用的高潮。但从行业细分看，主要还是集中在制造业等传统行业，重点聚焦作业成本法、标准成本和平衡计分卡等领域。对于商业银行而言，由于和制造业在产品特性、成本性态和经营特点等方面都存在较大差异，管理会计整体研究和应用还稍显落后。本节主要对目前商业银行管理会计领域的研究成果进行初步归纳。

（一）文献统计研究

依托中国知网（CNKI）核心期刊、CSSCI入选期刊以及硕博论文数据库，我们对商业银行管理会计进行主题和关键词搜索，共发现2000~2015年研究成果398篇，其中学术期刊319篇，博士论文3篇，硕士论文76篇，主要集中在三个方面。一是关于商业银行管理会计的理论体系。仅有3篇，主要对管理会计本质目标、计量对象、要素和原则等方面进行初步阐述，且管理会计"工具论""系统论"等简单化的观点仍有相当市场，商业银行管理会计概念框架研究有待进一步体系化。二是关于商业银行管理会计的系统建设。共有 99 篇，主要是对管理会计的模型构建和系统建设进行研究，其中关于成本分摊（作业成本法）和内部资金计价模型等偏理论的研究占比超过八成，但对于系统实施、利益分配等实务层面的篇幅仍较少，商业银行管理会计系统框架研究有待进一步实务化。三是关于商业银行管理会计的应用研究。共有 296 篇，整体占比将近八成。本类中有约七成研究，集中在单一的机构维度，主要是绩效考评、预算管理和资源配置等方面，另有三成为多维应用研究，主要是在产品、部门和客户等维度的应用。但总体上来看，成体系的应用研究还不多，且案例研究也偏少，商业银行管理会计应用框架研究有待进一步案例化。总的来说，商业银行管理会计理论与应用研究还处于初级阶段，后续仍存在较大的提升空间。

表 1　商业银行管理会计学术研究统计情况

研究内容	学术期刊	硕士论文	博士论文	小计	占比（%）
理论体系	2	1	0	3	0.8
系统建设	75	23	1	99	24.9
应用研究	242	52	2	296	74.4
合计	319	76	3	398	100.0

（二）相关文献概述

1. 商业银行管理会计概念框架

关于商业银行管理会计概念框架的研究主要集中在内涵、范畴、原则、对象等方面。中国财政部（2014）认为，管理会计是会计的重要分支，主要服务于单位内部管理需要，是通过利用相关信息，有机融合财务与业务活动，在单位规划、决策、控制和评价等方面发挥重要作用的管理活动。[①] 全球管理会计原则[②]（2014）则认为，管理会计是为了组织创造价值和保值而收集、分析、传递和使用与决策相关的财务和非财务信息。对于商业银行管理会计，吴晓灵（2006）认为管理会计是对内会计，负责为企业管理层提供预测、决策、控制、考评等相关信息，以促进内部经营管理水平提升和经济效益增长。从内容看主要包括以价值创造为目标的全面预算、以价值创造为导向的业绩评价机制和以价值创造为依据的资源配置机制三个方面。曹国强（2013）认为，管理会计就是为"管理"服务的"会计"。管理会计通过对企业财务及业务数据进行收集、加工、整理和分析，履行预测、规划、控制和考核的职能，目的在于解析过去、控制现在、筹划未来，为企业提供决策支持信息。刘亚干等（2015）认为，管理会计体系的建设目标是建立一套集业绩管理的理念、方法、技术与应用于一体的整体解决方案，充分调动全行各参与主体价值创造的积极性、主动性和创造性，最终实现价值最大化目标。管理会计计量应遵守价值导向、完整性、准确性、及时性与前瞻性、成本效益和责权利对等六大原则。

2. 商业银行管理会计平台建设

从国内商业银行实施管理会计的情况来看，国有商业银行主要采用自建系统的模式，股份制银行主要采用外购系统进行平台建设。唐有瑜（2005）介绍了浦发银行 SAP 系统整

[①] 中国财政部：《关于全面推进管理会计体系建设的指导意见》，2014 年。
[②] 英国皇家特许管理会计师公会和美国注册会计师协会 2014 年联合发布。

体框架、基本内容、主要方法以及未来的发展趋势。曹国强（2013）以中信银行管理会计建设实践为例，将管理会计平台建设比喻为"高级时装"制作，管理会计系统将责任中心体系、业务收支划分、各项成本划分以及数据信息等关键单元有机整合为一体，并最终出具能够支持经营管理决策的管理会计报表。沈如军（2014）认为，工商银行是在"One Bank"的建设框架下，按照"统一平台、统一数据、统一模型和统一方法"的原则，为银行提供一套集业绩管理的理念、方法、技术与应用于一体的整体解决方案，并建立相应的配套机制，实现系统功能与管理应用的良性互动。

3. 商业银行管理会计综合应用

从商业银行管理会计应用研究看，主要逐步实现了由以"机构应用"为主向"多维应用"转变。韩曙光（2008）以光大银行为例，介绍了"分行+条线"的全面预算管理模式，并通过平衡计分卡对分行、条线和部门进行考核评价和业绩激励。曹国强（2013）认为，管理会计在经营管理各个环节中起着不可替代的作用，主要体现在支持战略选择、实施市场细分、强化风险定价、健全绩效管理、优化资源配置和强化成本控制等方面。申香华（2015）认为，通过大数据与管理会计的结合，不仅能助推商业银行会计由以反映职能为主过渡到以控制职能为主，实现商业银行目标管理的系统化和绩效考评的精细化，强化信用评估与风险管理，而且能促使商业银行再造业务流程，创新业务模式，从而使商业银行能突破传统业务的范畴，走具有差异化的智慧银行之路。

三、研究内容及框架

本课题报告围绕商业银行管理会计概念框架、系统建设和应用案例研究，共分为七个部分，具体结构安排如下：

第一章为导论。主要介绍课题背景、文献综述、研究意义及方法创新。

第二章为商业银行管理会计概念框架。主要从管理会计的总体目标、概念本质、功能定位、计量原则和分析维度等方面，初步尝试建立了商业银行管理会计概念框架体系。

第三章为商业银行管理会计系统框架。主要从管理会计"大平台"、业绩计量"小模型"和系统建设"路线图"等角度，提出了商业银行管理会计系统平台建设思路与路径。

第四章为商业银行管理会计应用框架。主要归纳总结了商业银行管理会计的常用分析方法，并通过案例示范的方式，尝试提出了管理会计的六大深化应用方向和二十个具体应用领域。

第五章为农业银行管会建设案例分析。主要以农业银行为案例，对农行管理会计建设应用实践和经验进行了总结与分析。

第六章为管理会计建设应用对策建议。主要基于农业银行实践情况，总结了管理会计体系建设应用需把握的七大核心环节（抑或是关键"瓶颈"），并提出了针对性对策建议。

第七章为结论。

图 2 管理会计课题研究框架

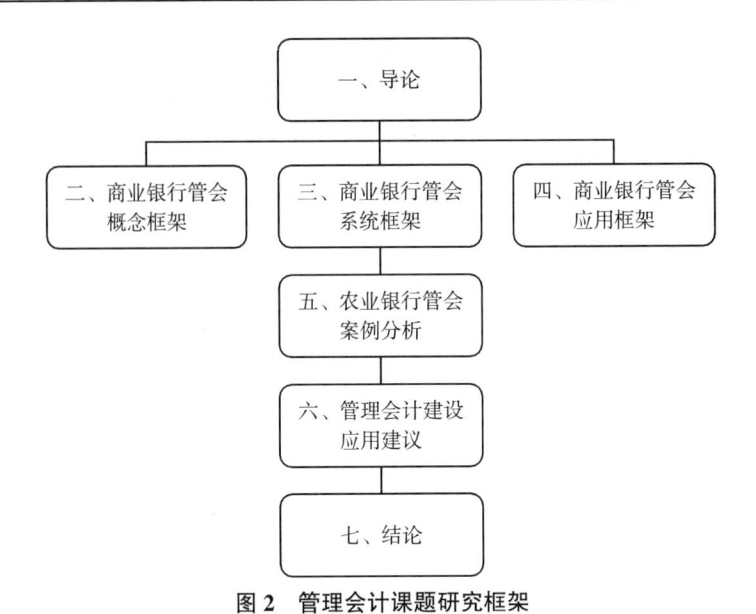

四、研究方法及创新

本课题采用理论、实务与案例相结合的研究方法,通过深入总结农业银行管理会计建设应用的案例经验,尝试积淀有农行特色的管理会计理论体系,并主要从实务的角度探索管理会计应用方向,力争为银行同业提供可借鉴的经验,努力实现理论指导实践和实践升华理论的螺旋式上升。

本课题基于问题导向开展课题研究,创新性地将管理会计建设应用体系,化整为零地归纳为三大问题:"什么是""怎么建"和"如何用"管理会计,并分别尝试搭建了管理会计概念框架(引领)、系统框架(基础)和应用框架(核心),三者共同构建了有商业银行特色的管理会计建设应用框架体系。主要创新之处有以下三个方面:

一是尝试搭建管理会计概念框架。围绕"什么是"管理会计,针对商业银行管理会计内涵"简单化"和"局限化"倾向,从"大框架"的角度,尝试搭建了以"一个目标、两层内涵、三种关系、四项原则、五大维度"为主要内容的商业银行管理会计概念框架,并创新地提出了渠道业绩价值计量的新思路。

二是尝试搭建管理会计系统框架。围绕"怎么建"管理会计,结合商业银行自身特点和大数据时代背景,从"大平台"的角度,创新性地提出了管理会计系统应作为企业级价值管理平台,总体涵盖数据层、加工层和应用层三大层面的一体化建设思路。

三是尝试搭建管理会计应用框架。围绕"如何用"管理会计,在系统归纳商业银行管理会计七大分析方法的基础上,从"大应用"的角度,依托农业银行管理实践,创新性地通过案例示范的方式(31个案例),场景化地总结了管理会计的六大深化应用方向和20个具体应用领域。

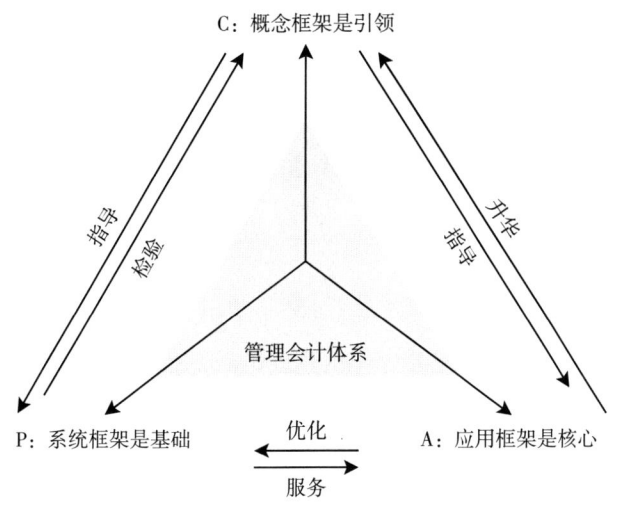

图 3　管理会计"三位一体"框架体系

第二章 商业银行管理会计概念框架

在宏观经济进入新常态、银行发展迈入新阶段的大背景下，随着管理会计理论与实践的快速发展，商业银行普遍将管理会计作为重要的基础性工程，建设应用实践如火如荼，也各有特色。但从整体情况看，受限于实用性和务实性倾向，商业银行在管理会计概念框架体系上的精力和成果有限，仍有待于进一步整合和体系化。本章基于农业银行管理实践，围绕"什么是"管理会计，从管理会计的总体目标、概念本质、功能定位、计量原则和分析维度等方面，初步尝试提出了商业银行管理会计概念框架体系[①]构想。

一、管理会计发展历程回顾：四大阶段

管理会计是管理与会计的有机结合，是现代会计的重要分支之一。随着社会生产力的进步和管理实践水平的提升，"管理会计"逐渐进入大家的视野，它起源于成本管理，发展和壮大主要经历了四个阶段。

（一）萌芽阶段：面向效率管理，立足于"成本最小化"

业界公认的现代管理会计的萌芽，起源于20世纪初泰罗（Frederick W.Taylor）的科学管理。在管理工作逐步向科学化、系统化和标准化方向发展的同时，会计学与管理学的有机结合越来越密切。为在激烈的市场竞争中战胜对手，企业必须要加强内部管理，提高生产效率，以降低成本费用，扩大市场份额。正是在这一背景下，管理会计起源于对成本控制的迫切需求，"标准成本""预算控制"和"差异分析"等成本管理概念应运而生，本量利分析、成本性态分析、标准成本等方法也快速发展。这一阶段，管理会计抑或是成本管理的主要目标是重点用于如何提高生产效率，控制成本，即服务于成本最小化。

（二）发展阶段：面向效益管理，立足于"利润最大化"

20世纪50年代，世界经济在"二战"后第三次技术革命浪潮的推动下快速发展，新环境与新形势对企业管理提出了更高的要求。面对激烈的市场竞争，企业不仅需要提高生产效率，更要追求经济效益，即实现企业利润的最大化。管理会计学者对新环境下管理会计的发展进行了不懈的探索，投入产出分析、质量成本管理、作业成本法等创新的管理会

[①] 美国管理会计师协会、英国皇家特许管理会计师公会和中国财政部分别出台了管理会计公告、基本指引或原则，尝试概括管理会计的概念框架体系，限于篇幅本章不再赘述。但对于商业银行而言，概念框架仍有待进一步体系化、规范化和统一化，本章主要聚焦和构建商业银行管会概念框架体系。

计方法层出不穷，管理会计完成了从"为产品定价提供信息"到"为经营管理决策提供信息"的转变。1952年，国际会计师联合会年会正式采用"管理会计"来统称企业内部会计体系，标志着管理会计学科和概念的正式形成，自此现代会计分为财务会计和管理会计两大分支。

(三) 成熟阶段：面向价值管理，立足于"价值最大化"

20世纪80年代以后，随着经济全球化和知识经济的发展，世界各国之间的经济联系和依赖程度日益增强，企业之间分工合作日趋频繁，准确把握市场定位、客户需求，真正为利益相关者实现价值增值（EVA）变得尤为重要。在此背景下，管理会计的重心升级为服务于企业的"价值最大化"，管理会计与价值管理进一步融合统一。在此基础上，管理会计以价值创造为核心，发展了一系列新的决策工具和管理工具，诸如平衡计分卡、价值链管理、战略成本管理等，为管理决策提供了多元化信息，真正在企业经营管理中发挥强有力的决策支持作用。

(四) 创新阶段：面向大数据管理，立足于"可持续发展"

21世纪以来，通信技术和计算机在各领域广泛应用，加快了数据管理的电子化和通信设备的现代化进程。特别是以数据体量大、数据类型多、潜在价值高、处理速度快为特征的大数据时代来临，必将对企业及企业管理产生重大影响，管理会计也正式迈入大数据管理时代。2013年，特许公认会计师公会（ACCA）财会前沿学院和美国管理会计师协会（IMA）在一份名为《数位达尔文主义：在技术变革中蓬勃发展》的深度分析报告中指出，大数据和云计算已经在潜移默化地改变着商业银行管理会计。比如，阿里巴巴的阿里云可以通过云计算对客户的所有信息进行全面分析，从而判断客户的信用情况、供货或消费倾向，以及预期的业绩价值贡献等。为适应时代发展和精细化管理要求，管理会计需要建立完善"以价值信息为核心，非价值信息为补充"的大数据集合，支持量化决策向纵深发展。

相对于工业企业而言，商业银行管理会计起步较晚，在吸收借鉴工业企业管理会计理念、方法与工具的基础上，20世纪80年代后才逐步建立起适应银行经营管理的管理会计体系，并主要应用于战略管理、预算管理和绩效考评等价值管理方面。20世纪90年代开始，随着西方管理会计引入我国，国内商业银行也开始逐步探索管理会计的建设应用，并逐步形成了有自身特色的应用模式。在中国经济进入新常态，金融改革加速推进的背景下，商业银行盈利模式转型压力越发增大，管理会计建设应用对于商业银行的重要性和紧迫性也更加明显。

与工业企业相比，商业银行管理会计建设的难度更大，主要体现在以下四个方面：一是产品种类繁多。与工业企业几十个乃至几百个产品相比，银行只要构成其产品的利率、期限和币种等某个要素发生变化，就可定义为新的创新产品，且由于更新换代较快，生命周期更短，这都将会对管理会计产品业绩计量带来更大的挑战。二是成本类型复杂。从成本特性来看，工业企业成本大都是直接成本，可直接归集到具体的产品或特定对象。而商业银行是经营风险和资金的企业，直接成本很少，间接成本很多，且分摊动因繁杂，这都需要更加科学合理的成本分摊技术。三是营销活动多元。"一揽子"金融解决方案、交叉销售已成为当前商业银行市场营销的主旋律，这也将给业绩分成带来更多的挑战，管理会计需要建立完善内部利益分配机制，保障互利共赢和公平合理。四是网点规模庞大。作为传统的大型金融机构，商业银行机构网点众多，且地域差异较大，想用一套统一的模型来实施管理会计难度很大，需要因地制宜地调整相关参数。

二、商业银行管理会计目标：一个目标

管理会计是立足于价值最大化的管理活动，其直接任务主要是运用价值管理的理念与方法，围绕精细化管理，为提升管理水平服务。其基本目标是要实现利益相关者的价值最大化，即达到股东、政府、客户、管理层和员工利益的协同。在实现方式上，主要是以经济增加值为核心，通过构建多维业绩计量和评价体系，实施价值创造"事前预算、事中监控、事后考评"的全过程、全维度管理，最终实现利益相关者责权利的统一。

表2 利益相关方利益分配情况

项目	利益对价	利益相关方
一、营业收入		
（一）利息净收入	金融服务	客户
其中：资金成本		
（二）手续费净收入		
二、营业支出	—	—
（一）风险成本	风险消耗	管理层
（二）财务成本	成本消耗	
其中：工资及福利费	工资薪金	员工
（三）税务成本	税金支出	政府
（四）资本成本		
三、EVA	股东回报	股东

三、商业银行管理会计内涵：两层内涵

作为会计与管理的有机结合，管理会计是建立在责任中心理念基础上的业绩评价体系，也是一套价值管理工具，又是一个用于管理决策的信息系统，某种意义上来说更是围绕价值创造的全过程管理活动。管理会计自诞生以来，就是推动完善现代企业制度、支持管理全面升级、增强核心竞争力的基础性工程。

商业银行管理会计主要包括两层内涵：从广义看，和通用概念一致，商业银行管理会计是基于价值最大化的管理活动（即价值管理），主要包括多维价值预算、多维业绩评价、全面成本管理和多维绩效考评四个方面。这四项共同构成了管理会计的管理闭环，其中多维价值预算是管理闭环的核心，多维业绩评价是管理会计的基础，全面成本管理是起源更

是保障，多维绩效考评则是重要手段。从狭义看，管理会计仅指多维业绩评价本身（即基于价值管理的会计），体现为一套全维度的业绩计量和评价体系，这种理解目前在商业银行中更有市场。

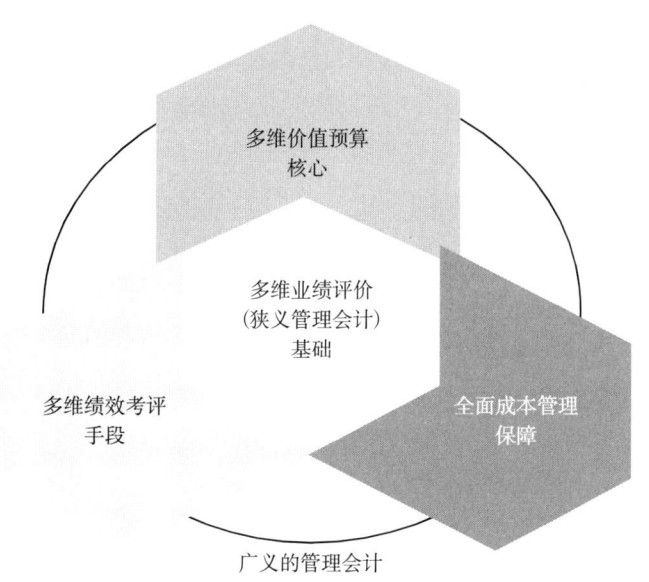

图4　管理会计的管理闭环：广义与狭义的管理会计

四、商业银行管理会计定位：三种关系

随着管理会计建设应用实践的不断深入，它对商业银行经营管理的重要性越发突出。在管理会计职能定位的过程中，要重点明晰其和财务会计、财务管理以及战略管理的关系。

（一）管理会计与财务会计的关系

总体上看，管理会计与财务会计共同构成了会计的两大分支。从联系上看，管理会计以财务会计为基础，核算对象和主要假设总体一致，共同构成会计的两大领域。从区别上看，二者在功能定位、会计标准、分析维度、时间坐标和应用对象上存在着差异（见表3）。

表3　管理会计与财务会计的区别

类别	管理会计	财务会计
功能定位	管理会计创造价值	财务会计记录价值
会计标准	管理会计讲多国语	财务会计说普通话
分析维度	管理会计是透视眼	财务会计是穿衣镜
时间坐标	管理会计突出未来	财务会计反映过去
应用对象	管理会计内部管理	财务会计对外披露

随着管理实践与精细化水平不断提升,管理会计与财务会计也出现了融合趋势。特别是在 IT 技术迅猛发展,交易与核算逐步分离的大背景下,单纯从事会计核算的人越来越少,财务会计中管理比重越来越高,也带来了更多的经济后果抑或是管理后果。从某种意义上来说,这种财务会计也属于"用于内部管理的会计"了。

(二) 管理会计与财务管理的关系

从传统意义上来说,管理会计与财务管理分属于管理与经济领域的两大学科。在主要内容上,管理会计主要包括预算管理、成本管理和绩效考评"三驾马车";而财务管理,则是包括投资管理、融资管理和利润分配三大支柱。在学科融合的大趋势下,到了商业银行这里,财务管理就有了新内涵。从大财务管理的角度来看,管理会计(价值管理)已经被纳入"大财务管理"的范畴,与资产负债管理、资本管理、风险管理等内容一并作为"大财务管理"的重要组成部分。

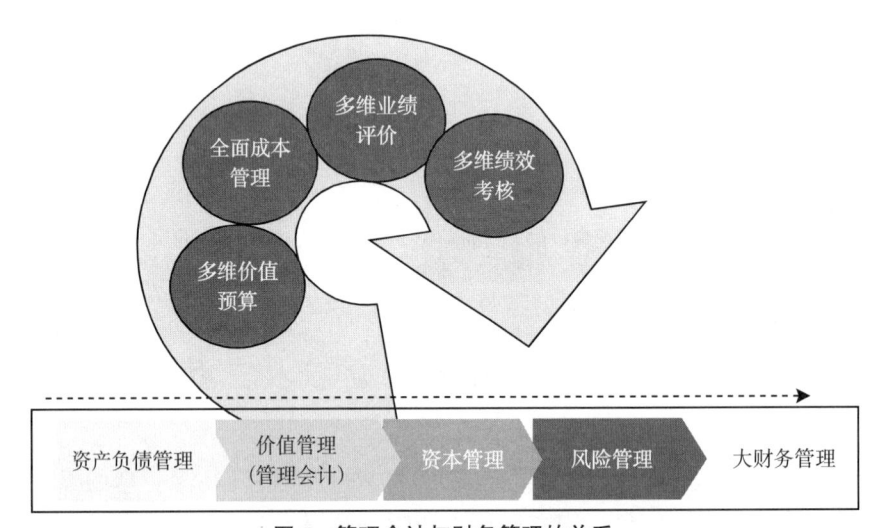

图 5 管理会计与财务管理的关系

(三) 管理会计与战略管理的关系

战略管理是指一个企业在一定时期的全局、长远的发展方向、目标、任务和政策,以及为之而做出的经济决策和管理艺术。对商业银行来说,市场竞争的基本战略主要包括产品差异战略、客户细分战略、成本领先战略和利益协同战略,这些战略的有效执行,归根结底都离不开管理会计理念和工具的应用。总体来说,战略管理与管理会计就是发展战略与战略执行的关系:一方面,依托管理会计体系,可以逐步建立完善涵盖战略执行分解、战略执行保障、战略执行评价以及战略执行支撑等内容的战略执行框架,有效促进全行战略落地根植;另一方面,全行发展战略也会反过来对管理会计建设重点和方向提出要求。二者以发展战略为核心,互相促进、相互协同。

五、商业银行管会计量原则：四项原则

管理会计是支持内部管理的大型信息系统，其产成品就是基于管理需要的多维度业绩价值数据。围绕着管理会计的目标、定位和作用，商业银行管理会计的信息质量应重点满足以下四项原则。

（一）相关性与可靠性兼顾原则

管理会计的主要成果之一就是生成多维度业绩计量结果，为管理决策服务。从这个角度来说，一方面，相关性应该是管理会计首要遵循的原则，要能够提供更有用和相关的信息，以提高决策能力、应对不确定性服务；另一方面，业绩结果的可靠性也对科学决策非常重要。管理会计应以相关性优先，但也要兼顾可靠性，力争平衡统一。

（二）完整性与灵活性统一原则

管理会计是会计与管理有机结合的艺术。一方面，管理会计需要按照全面成本管理的理念，在计量时将各项收入和五类成本全部分配至各分析维度，全面反映各维度综合业绩贡献和成本耗费；另一方面，在实际应用时，也要借鉴责任中心理念，根据责权利对等的精神，按照可控性和灵活性的原则，对考核业绩进行适应性调整。

（三）成本与效益相平衡的原则

数据质量一直是困扰大型商业银行管理会计深入应用的"瓶颈"。一方面，管理会计是数据综合加工系统，对数据质量依赖度较大。但另一方面，对高质量数据的要求，也必然会增加获取数据的成本，甚至也可能会影响数据获得的及时性。管理会计建设应用要避免走"过度要求数据准确性"或"过分强调数据局限性"两个极端，要通过将相对准确的管理会计数据加快应用于实践，再通过实践不断完善模型和方法，努力实现成本与效益的统筹平衡。

（四）长远与短期相结合的原则

管理会计是面向未来的管理工具，在准确计量各维度当期业绩贡献的基础上，更要突破财务会计对经营成果时效反映的局限，为管理者提供基于历史、现在和未来的综合信息，以便更好地促进科学管理与经营决策。

六、商业银行管会分析维度：五大维度

按照现行管理实践，商业银行管理会计业绩评价的分析维度（责任中心），主要包括机构、产品、部门、客户和员工五大方面。其中，基于账户级数据生成的产品和客户维度是管理会计的基本维度，产品维度可以衍生出部门、机构等维度，客户维度则可以衍生出

部门、员工等维度。

——产品维度。产品是商业银行对外服务和创造价值的来源，主要包括存款、贷款、投资、中间业务、同业业务和资管业务、表外产品和其他产品八大类。商业银行应建立统一的产品体系或交叉对应关系，统一产品语言，满足前台营销、对外披露和内部管理"一揽子"需要。

——机构维度。机构是银行对外开展金融业务的各级组织。受益于现行的组织架构和管理环境，目前管理会计在机构层次的应用已基本成熟，已实现了基于价值的全过程管理。目前管理会计应用的重心已拓展至营业网点，为网点布局、分类评价和转型等提供决策支持。

——部门维度。部门是银行内部经营管理活动中的基本单位，主要包括客户管理部门、产品管理部门、渠道管理部门（合称营销管理部门）、直营利润中心和中后台管理部门。其中，营销管理部门主要是根据客户或产品与部门的对应关系来进行计量评价。直营利润中心视同机构，按照归属业绩计量业绩。而中后台管理部门则主要是通过对其成本耗费计划执行率等进行计量，促进强化成本管控。

——客户维度。客户是银行提供产品与服务的对象，也是银行利润的直接来源，可以根据客户属性衍生出集团客户、核心客户、规模属性、评级属性等分析子维度。

——员工维度。员工是银行经营管理活动的主体，管理会计对员工维度的计量，主要包括各级行管理层、客户经理和柜员。管理会计旨在通过精细化计量，来分析评价各类员工的成本耗用和价值创造水平。

——其他维度。根据实践发展和工作需要，将分析维度拓展至渠道等其他维度，满足精细化管理要求。其中，渠道也是商业银行一个重要的责任中心，考虑其在价值创造中的从属地位，可能通过成本加成的方式对其业绩贡献进行评价更为适宜。

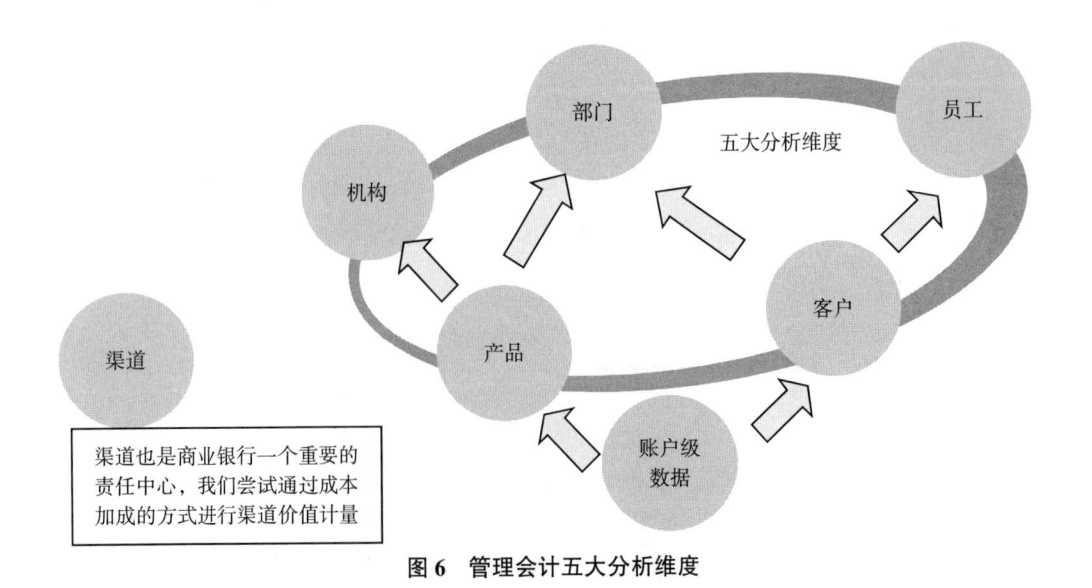

图6 管理会计五大分析维度

第三章 商业银行管理会计系统框架

IT技术的快速发展和大数据理念兴起，推动管理会计模型化、IT化和平台化特征越发明显，如何从庞杂的海量数据中筛选有用信息，提升经营管理和决策能力是管理会计信息系统必须要解决的课题。商业银行需要运用大数据技术，建立完善统一的管理会计平台，将交易、核算和管理等信息综合联结在一起，通过内部资金转移计价、业绩分成和成本分摊等模型工具，实现机构、产品、部门、客户、员工以及渠道等全维度的"量、本、价、险、利"业绩计量与评价，为各级管理者提升管理、强化决策提供深度数据支持。本章基于农业银行管理会计平台建设经验，围绕"怎么建"管理会计，从管理会计"大平台"、业绩计量"小模型"和系统建设"路线图"等角度，提出商业银行管理会计系统平台建设思路。

一、管理会计平台逻辑框架：一体化大平台

基于服务内部管理和价值最大化的总体目标，商业银行管理会计平台应融合管理理念、数据和技术于一体，定位为集经营决策、绩效考评、定价管理、客户营销、成本管控等功能于一身的企业级价值管理平台。理想意义上的管理会计平台，应作为全行的基础性系统工程，按照全行"共建共享"的原则，共同完成系统平台建设工作，并为各级行、各部门全维度、全功能和全过程等价值管理活动服务。按照逻辑架构和数据流程，管理会计平台主要包括数据层、加工层和应用层三个层面（见图7），分别履行数据整合、数据加工和数据应用的职责，实现一体化的决策支持功能。

（一）数据层是管理会计平台的基础：原材料

作为一个综合性数据加工及应用系统，经营数据是商业银行管理会计最重要的资产，更是支持全行精细化管理、提升分析能力、转型发展和科学决策的重要基础。管理会计平台的数据层需要重点完成海量数据收集和数据规范治理两方面工作。

1. 海量数据收集

管理会计涉及商业银行业务经营的各个方面，为满足综合价值管理平台的职责要求，管理会计需要收集和处理海量的信息数据，主要包括以下三类。

第一类：交易系统。主要是指核心银行系统，负责处理银行对客交易，记录客户的原始债权、债务。交易系统主要为管理会计平台提供各类交易，如存款、贷款、投资理财以及代理等业务的业务品种、交易渠道、交易笔数、交易金额、交易时长以及相关客户信息等原始数据信息。

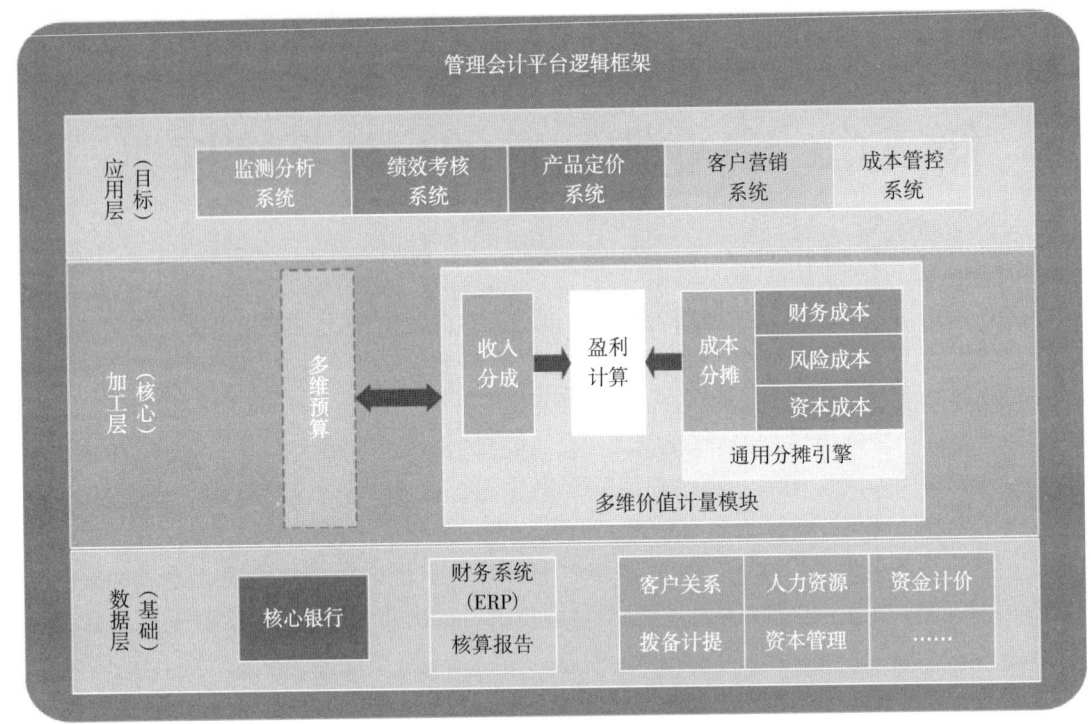

图 7 商业银行管理会计逻辑框架

第二类：核算系统。 主要是按照国家财税法规和公认会计准则开展会计核算，并生成符合对外信息披露和监管要求的财务会计报告。核算系统主要为管理会计提供符合会计准则要求的账户级后续计量数据信息。

第三类：管理系统。 主要是指商业银行内部关于人力、财力、物力的各类管理系统，主要包括财务 ERP 系统、客户关系管理系统、人力资源管理等系统。

2. 数据规范治理

受历史原因影响，国内商业银行信息系统长期以来存在相互割裂、"信息孤岛"现象，这些碎片化的数据资产成为银行沉重的负担，如何将"数据包袱"转化为"信息金矿"也是管理会计平台需要解决的问题。从管理会计先进实践看，商业银行主要通过数据仓库（或数据集市）来实现管理会计源数据的共享性和标准化。

数据仓库是商业银行经营管理数据的战略集合，它不仅仅是所谓的"大型数据库"，更重要的是在推进应用系统逻辑集中的过程中，建立统一的数据标准，实现各类系统或应用之间的互联互通，来保证数据的真实性、完整性和一致性，全面提升数据的应用价值。数据仓库主要有以下几个特点：

一是处理效率快。为了满足管理会计后续数据加工的时效性，数据仓库需要实现按日周期提供符合要求的数据，一般情况下需要在 6~12 小时内完成相关数据的标准化处理，处理效率要求高。

二是数据质量高。为了保障管理会计后续数据加工的准确性，数据仓库需要对上游数据执行数据清洗、转换、装载等操作，来实现纳入统一仓库数据的标准化和高质量。

三是扩展能力强。为了保障管理会计后续数据加工的灵活性，数据仓库需要设计相对复杂的系统架构和灵活的可控环节,来满足未来可能的扩展需求。

(二) 加工层是管理会计平台的核心:加工厂

管理会计平台的加工层其实就是传统意义上的管理会计系统,主要是依托数据层提供的基础数据,通过收入分成、成本分摊、盈利计算等工具及引擎,执行数据处理、拼接和加工,最终实现机构、部门、产品、客户、员工等全维度业绩价值及相关数据的计量与评价(详见本章第二部分)。

(三) 应用层是管理会计平台的目标:产成品

管理会计平台生成数据的最终目的就是要支持经营管理决策。平台应用层主要是实现与绩效考评、客户定价、市场营销和成本管控等应用系统的自动对接,实现价值管理数据的回传和交互,充分发挥预期的支持作用。在此基础上,也可通过将管理会计多维度、精细化的数据,按不同主题、组织、用户和用途,采用管理驾驶舱、业绩报告、责任报告、成本报告以及专题分析等形式,为数据使用者提供决策支持。

二、管理会计业绩计量系统:集成式小模型

作为整个管理会计平台的核心(加工层),管理会计业绩计量系统,围绕责任中心体系,通过搭建盈利计算分析模型、收入业绩分成模型、成本归集分摊模型、内部资金计价模型、风险成本计量模型和经济资本计量模型六大模型,形成了整个管理会计集成式的模型框架。

(一) 盈利计算分析模型

盈利计算分析模型是整个模型框架的统领。管理会计是一个综合多维数据加工平台,需要围绕产品、机构、部门、客户和员工等分析维度,构建以经济增加值(EVA)和风险调整资本回报率(RORAC)为核心指标的多维盈利计算体系。其主要原理是按照"先归集、后分摊"的路径,通过收入业绩分成模型和成本归集分摊模型,将各项收入与支出分配至各客户账户,从而在计量出账户 EVA 贡献的基础上,最终汇总出五大分析维度的价值贡献,实现全维度的业绩评价。

(二) 收入业绩分成模型

收入业绩分成模型是整个模型框架的重点。虽然商业银行现行的核算系统已可实现将收入直接归集至各客户账户,满足了客户和产品维度在收入端的直接归集。但与此同时,机构、部门、客户经理间联合营销的情况普遍存在,通过管理会计建立利益协同的内部利益分成机制,也有了其现实需要。商业银行主要按照"权责对等、收支匹配、管理规范、协商一致"的原则,将总体收益在各相关利益方之间进行拆分,以便科学地体现利益相关方的贡献情况。

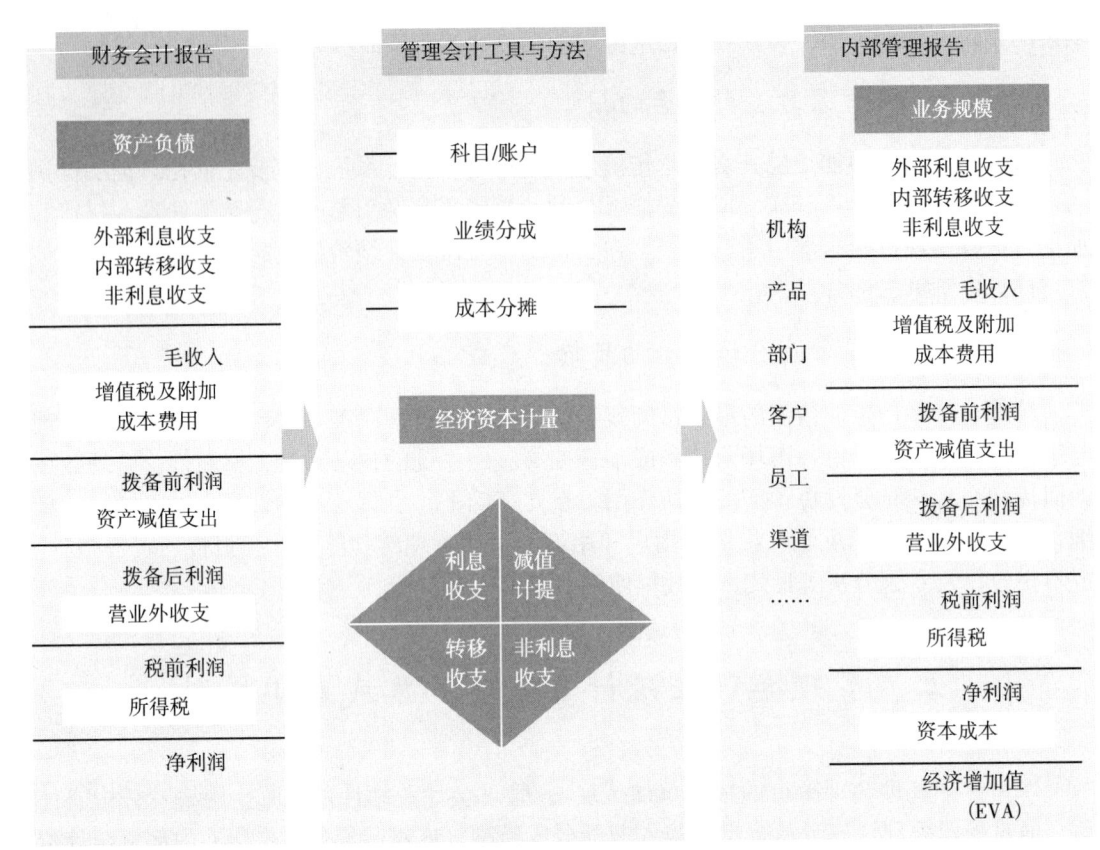

图 8　管理会计盈利分析框架

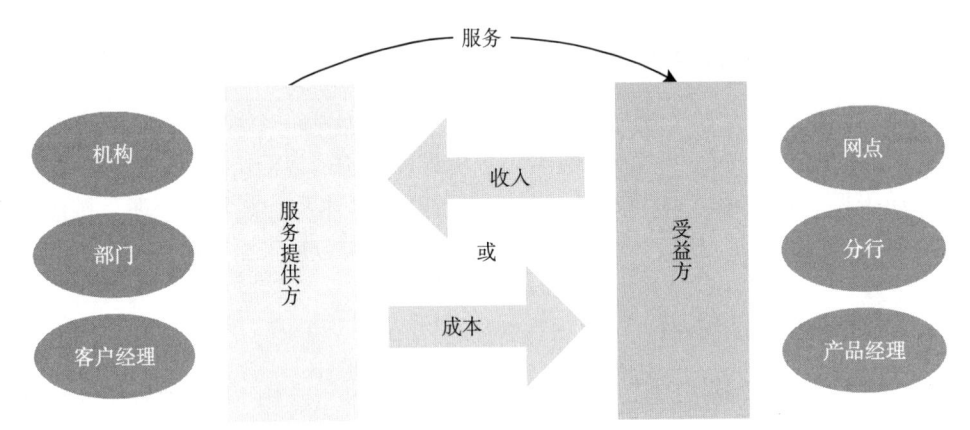

图 9　业绩分成示意

1. 业绩分成类型

在当前金融和市场环境下，不同责任主体间开展联动营销，提供"一揽子"金融服务的情形明显增多，在实践中主要有以下几种情形。

——机构间业绩分成。在以块块为主的经营模式下，机构间联动营销所衍生的业绩分成最为普遍，主要可能涉及总分行间、母子公司间、境内外间以及分支机构间的内部利益分成，可以通过实拨资金或管理会计划拨的方式实现。

——部门间业绩分成。主要是对营销管理部门间共同营销的产品或客户业绩贡献，按照一致意见进行业绩分成。

——网点间业绩分成。主要是基于网点间现金、转账、挂失等代理业务，按照约定的价格进行利益调整与分配。

——员工间业绩分成。主要是对于共同营销与维护的客户业绩进行分成。

——跨维度业绩分成。即对不同维度间需要分割业绩的事项进行利益分成。例如事业部与机构进行业绩分成。

2. 业绩分成方法

主要有比例法、计价法、分配法及双计法等方法。

——比例法。是业绩分成相关方根据在产品共同营销过程中的工作量和贡献，按照约定的分成比例和分成项目，在相关利益主体间进行分成。

——计价法。是根据产品或服务的提供方所提供服务的数量和价格，计算内部转移收支，在相关分成主体间进行业绩分成的一种方式，主要分为内部资金计价（后面详细介绍）和内部服务计价两种。其中，内部服务计价一般包括按业务量计量、按交易金额计量以及以佣金形式支付等方式。

——分配法。主要针对上下级机构间共享的产品收益或客户贡献，由上级行按事前商定的规则分配至辖属机构。

——双计法。是业务分成的特殊方法（即影子考核），主要是为了激励战略业务发展，充分调动积极性，对联合营销的贡献不进行比例分配，而同时计入联动相关方的业绩。也可以一方计入100%，另一方按一定比例计入。

（三）成本归集分摊模型

成本归集分摊模型是整个模型框架的难点。与工业企业相比，商业银行成本种类更多（资金成本、财务成本、风险成本、税务成本和资本成本），且间接成本的比例更高。要准确计量各责任中心的业绩贡献，需要建立相对准确的成本归集分摊模型，对能够直接归集的成本，要依托内部资金计价模型、风险成本计量模型和经济资本计量模型，直接归集到相关责任中心，对其中不能直接归集的部分，管理会计要按其发生动因，分摊至客户账户。

对于作为分摊重点和难点的财务成本支出，其中能够直接指定和分配的部分，要按照预先设定的合约分配至特定的责任中心，提高成本归集和分配的精细化程度。对于大部分表现为间接成本的财务支出，要在开展成本习性研究的基础上，采取营运成本分组的方法，将各责任中心发生的间接成本，结合分组情况建立不同的成本池。在确定分摊动因时，可引入作业成本法原理，针对每一责任中心工作量或业务消耗，确定差异化的分摊动因。

1. 成本分类与归集

按照"谁受益、谁承担"原则，商业银行一般依托财务共享服务中心，来负责费用开支的初始归集与核算，形成待摊成本池。为提升分摊的合理性和效率性，通常可以按照重要性原则，将费用按照特定用途或事项进行分类，再选择合适的动因分摊到受益产品或客户。

表4　商业银行费用分类

费用大类	费用分组
人员费用	工资费用
	福利费用
	劳务用工费
业务费用	房屋相关费用
	计算机相关费用
	交通费用
	市场费用
	运营费用
	行政费用
	研究开发费用
其他费用	其他费用

2. 分摊方法与流程

（1）成本分摊方法。主要分为完全分摊方法、部分分摊方法以及专项分摊方法三种：一是完全分摊方法。是指在分摊时将所有的成本开支，按照分摊动因分摊到最终的成本对象。二是部分分摊法方法。是指只把各类直接成本分摊到产品等成本对象，又可分为实际成本分摊法和标准成本法两种。三是专项分摊方法。对于部分特定成本（如科技研发及专项营销活动等的成本支出），可以按照重要性原则采取专门的路径、流程与方法分摊至产品及客户。

（2）成本分摊流程。主要有平行分摊法和串行分摊法两种：一是平行分摊。就是将待摊成本一次性地在各责任主体（包括业务条线、经营机构、产品、客户等）间同时进行分配，此种方法更为常见。二是串行分摊。是将成本先在某些责任主体上进行分配，然后再以此为基础，向账户（产品）进行分摊。

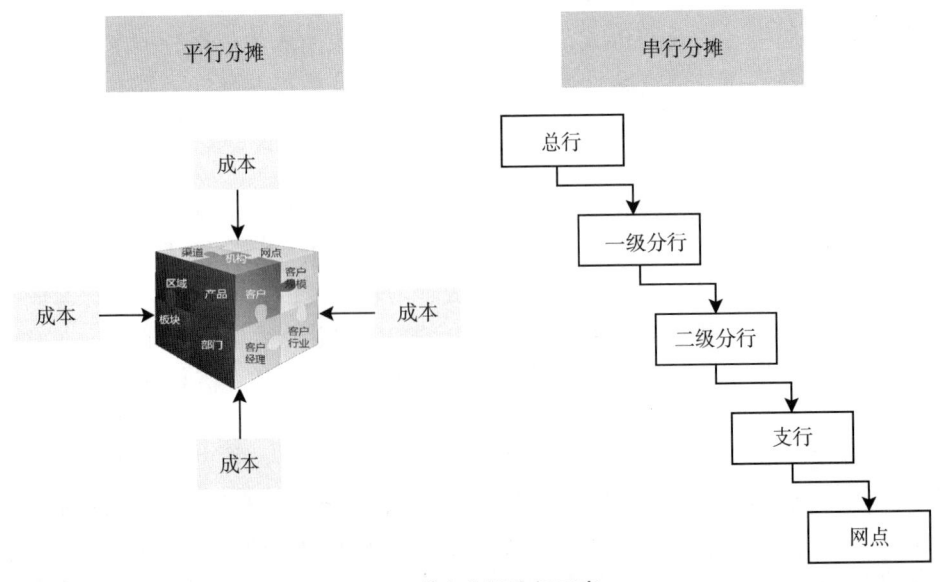

图10　成本分摊路径示意

3. 分摊动因与调整系数

（1）分摊动因。即成本驱动因素，是将成本在受益对象间进行分配的重要因素，通常有单一成本动因和复合成本动因之分。从商业银行通用管理实践看，通常选择复合成本动因，常用的分摊动因有交易笔数、标准业务量（根据交易耗时、业务复杂程度等因素统一折算为"标准业务量"）、账户数、资产规模、交易金额、业务收入等。

（2）调整系数。实务操作中，有些待摊成本与受益对象之间的关系并不十分明晰（如后台部门成本），仅凭分摊动因可能会导致分摊结果与实际情况产生差异。在这种情况下，可以采取在分摊动因基础上，增加调整系数，强化待摊成本与受益对象的关联性。例如，在分摊人力资源管理部门成本时，可使用机构人员（变动）数作为调整系数。

从成本会计角度出发，商业银行的各项耗费均应由产品承担，并通过产品销售实现成本回收与资金周转。而从绩效考评角度出发，责任中心只应承担其可控的成本更为合理。因而，在具体应用过程中，应根据不同的目标，选择不同的分摊方法，生成不同的应用主题。

4. 时间驱动作业成本法应用

作业成本法是指在"从资源到产品"的传统成本分摊路径基础上，引入更细化的核算对象"作业"，按照"作业消耗资源，产品消耗作业"的总体思路，实现更精细化的成本核算与管理的一种方法。

对于商业银行而言，银行网点直接面向客户处理各类交易，其成本耗费可视作直接成本，可运用时间驱动作业成本法（TDABC法）将其交易成本分摊到客户账户。所谓时间驱动作业成本法，是以时间作为分配成本的依据，通过对单笔作业（交易）时间的可靠统计，计算出该作业（交易）的单位时间成本，并根据该项作业的实际交易量，计算出该项作业应分摊成本的方法。其基本原理与处理过程如图11所示。

从理论上讲，作业成本法建立了科学的成本计算与分配体系，但由于商业银行产品的无形性、灵活性与多样性，决定了作业成本法在商业银行的全面实施与运用还有很长的路要走。

（四）内部资金计价模型

内部资金计价模型是实现全维度业绩计量的基础。目前，我国商业银行利息收入占到全部营业收入的八成，业务经营最主要的项目还是资金，诸如存款、贷款、投资等。在没有内部资金计价的情况下，无论资产端或是负债端，均只有外部利息收入或支出，无法科学合理地计量单个产品的业绩贡献，全维度业绩计量也无从谈起。

按照利率市场化要求，大多数商业银行已经实施全额资金管理，统一上收全行的利率风险，即将全行资金的来源统一至总行管理，对于分支机构的运用也由总行统一进行配置。在这一背景下，内部资金计价也应运而生。目前，通用的管理实践是使用期限匹配定价法，通过构建银行内部的收益率曲线，按照业务的期限特性、利率类型和支付方式逐笔确定存、贷款等相关业务的FTP价格，并直接归集到客户账户。商业银行也常根据自身战略安排和管理意图，对收益率曲线确定的价格进行适当的点差调整。

1. 明确单位时间成本

网点	
全部职工（人）	5
实际投入工作时间（分钟）	2400
财务成本	¥4800

* 按 8 小时工作制。

交易单价
= ¥4800 ÷ 2400 = ¥2/分钟

2. 计算单位交易耗时

作业	单位时间（分钟）
现金业务（如现金存款）	2
非现金金融服务（如转账）	4
非金融性业务（如挂失）	5

单位交易成本
× ¥2　= ¥4
　　　　= ¥8
　　　　= ¥10

→ 账户交易成本

3. 计算总耗时 & 总成本

作业	总交易笔数
现金业务（如现金存款）	800
非现金金融服务（如转账）	100
非金融性业务（如挂失）	50

各交易总成本
= 800 × (2 × ¥2) = ¥3200
= 100 × (4 × ¥2) = ¥800
= 50 × (5 × ¥2) = ¥500

网点总供给
时间（分钟） 2400
成本　　　　¥4800

— 交易总消耗
时间（分钟） 2250
成本　　　　¥4500

= 网点其他工作耗时与成本
时间（分钟） 150
成本　　　　¥300

→ 按动因分摊到账户

图 11　TDABC 法在银行网点成本分摊中的应用示意图

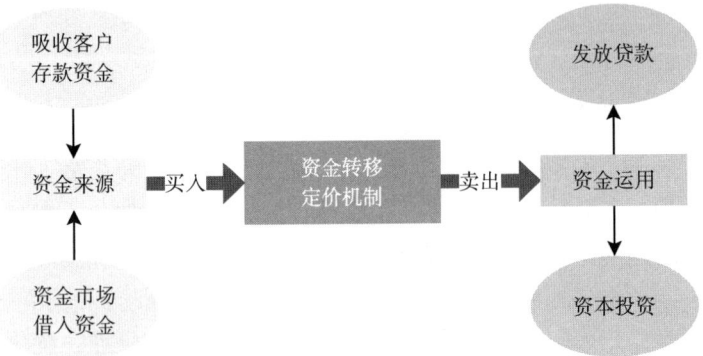

图 12　内部资金转移计价基本原理示意图

（五）风险成本计量模型

商业银行是经营风险的行业，在业务经营的过程中，须按照会计准则要求提取资产减值准备（包括贷款减值准备和非信贷减值准备）。其中，现行贷款减值准备主要是按照国际会计准则 39 号（IAS39）已发生损失模型计提，对单项大额金融资产，普遍采取现金流折现法进行测试,直接分配至各贷款账户;而对于非重大的金融资产组合,一般采取迁徙模型或滚动模型进行测试,并按照确定的规则分配至各贷款账户。

受现有已发生损失模型的局限性影响,客户维度业绩往往波动更大,可能影响到价值贡献计量的合理性。部分银行基于可控成本理念,选择应用内部评级法中的预期损失模型,来计量客户当期应该承担的贷款减值损失。2018年1月1日,国际财务报告准则第9号——金融工具(IFRS9)[①]将正式实施,各维度风险成本计量需要进行适应性研究与调整。

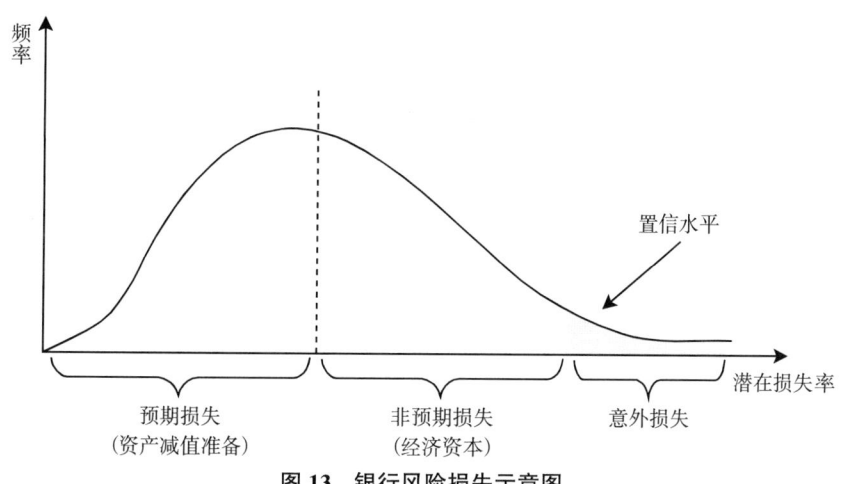

图 13　银行风险损失示意图

(六) 经济资本计量模型

从银行股东角度来说,经济资本就是用来承担非预期损失和保持正常经营所需的资本,主要包括信用风险、市场风险和操作风险的非预期损失。经济资本成本主要反映的是商业银行业务经营所占用的经济资本的机会成本(经济资本占用×股东要求的最低回报要求)。

借鉴新资本协议(Basel Ⅲ)精神,商业银行普遍综合考虑宏观经济形势和自身情况,制定了一套经济资本计量标准,并依托经济资本管理系统落地实施。其中,信用风险经济资本主要采用内部评级法计量,并可直接分配至各贷款账户。市场风险主要采用内部模型法计量,而操作风险更多地采用标准法或高级计量法计量,市场风险和操作风险均需按照既定规则进行分配。

[①] 财政部已借鉴新国际金融工具准则,于近期发布了《企业会计准则第22号——金融工具确认和计量》《企业会计准则第23号——金融资产转移》《企业会计准则第24号——套期会计》和《企业会计准则第37号——金融工具列报》修订版的征求意见稿。

三、管理会计平台建设思路：渐进式路线图

管理会计平台建设是一个系统性的大工程，需要按照"整体规划、统筹兼顾，立足当前、分步实施"总体原则推进。其中，"整体规划、统筹兼顾"，是指作为一个综合性应用系统，管理会计平台必须从全行性、战略性方面做好统筹规划，科学规划管理会计系统边界和逻辑架构，并根据管理需要和部门职责做好分工，共建共享，搭建功能全面、层次清晰的统一平台。"立足当前、分步实施"，是指作为一个长期性的系统工程，管理会计系统建设不可能一步到位，"急不得，也等不得"，需要采取"边治理、边建设"的策略，分阶段有序开展管理会计系统建设。管理会计平台搭建应遵循以下原则：

——统一性原则。即商业银行管理会计系统建设应遵循"统一规划、统一模型、统一标准、统一仓库"的设计思路，统一进行业务数据整合，统一数据交换、统一数据服务、统一数据管控，为用户提供最佳体验。

——安全性原则。管理会计系统功能涉及银行内部管理、业务流程，因此必须要在技术上要采取合理可靠的策略，全面满足数据安全、运行安全、网络安全、交易安全。

——经济性原则。系统在设计时考虑其经济性，在各级机构建设布局、系统容量设计、网络带宽配置、各地接入模式、建设运营成本上应根据各分行情况进行统筹考虑和合理设计，尽量减少投资成本。

——扩展性原则。系统技术平台在设计上应考虑系统模型、接入渠道和业务应用等方面的扩展性问题，以满足将来业务发展时系统平滑升级，支持管理模式或手段的灵活调整。

——成熟性原则。系统所采用的设备和技术应符合行业标准、相对成熟，能够保证一定时期内系统的先进性，并且随着技术的发展能延长系统的生命周期。

第四章 商业银行管理会计应用框架

管理会计的生命力在于运用，它自诞生以来就作为企业战略传导和精细化管理的重要基础，定位为全面价值引导和推动管理升级的应用工程。随着中国经济进入新常态，金融改革全面加速推进，在"三个下行"背景下，商业银行面临的盈利拐点、成本压降和风险控制"三大困局"也越发突出，全面经营转型迫在眉睫。而这些都更需要通过依托管理会计"量、本、价、险、利"全维度业绩信息，为各级管理者战略决策、经营管理和绩效考评等方面提供量化决策支持，可以说管理会计深化应用恰逢其时，也必定大有可为。本章基于国内外同业和农业银行应用经验和实践案例，围绕"如何用"管理会计，初步总结归纳了商业银行管理会计的分析方法，并尝试提出了管理会计的六大深化应用方向。

一、商业银行管理会计分析方法

2016年，一台名叫"阿尔法狗"的人工智能程序，以4:1的比分战胜了韩国围棋世界冠军李世石，轰动了全球。阿尔法狗的胜利，是一次"量化决策"战胜"人脑决策"的胜利。它带给我们的最大启示在于：基于大数据的"智能化决策"全面取代"经验式决策"的时代已经来临。而管理会计正是建立在大数据基础之上的量化决策和科学管理，商业银行需要运用管理会计分析方法，在海量价值及非价值信息中，探寻经营管理中的核心痛点和解决秘钥。常用的管理会计分析方法主要包括以下几种。

（一）比率分析

比率分析法是指反映责任中心经营业绩和变化程度的一种分析方法，主要包括结构比率、效率比率和相关比率三种。在管理实践中，常用的比率通常会固化为通用的经营指标，并进行相应的同比和环比趋势分析。管理会计在履行量化决策支持的过程中，形成了一套自身的管理指标体系，除了常用的RAROC、成本收入比以外，也构建一些特色指标，如风险调整后净息差、万元产品综合创利、存款沉淀率、交叉销售率、低效网点占比、营销低效网点占比、高价值客户占比、客户营销渗透率、名义催收率和部门直接成本收入比等。

【案例4.1】分行贷款净利差分析。贷款净利差（即贷款EVA/日均余额）是一项反映单位贷款的价值贡献能力的综合指标，我们可以对各分行净利差情况进行排名（为保守商业秘密，本课题删除了大部分数据，剩余列式数据均为虚构，仅为方面理解，下同）来分析单位贷款创利效率的行际差异。

表5 分行贷款净利差排名情况

分行	净利差排名前5位	分行	净利差排名后5位
北京	××	湖北	××
上海	××	湖南	××
江苏	××	海南	××
厦门	××	浙江	××
青岛	××	新疆	××

（二）量本利分析——量本价险利分析

"量本利"分析是管理会计最常用的分析工具，主要是对成本、业务量和利润三者依存关系分析的简称。由于在商业银行价值贡献分析中，还需考虑价格和风险因素，我们也将传统的"量本利"分析，扩充发展为商业银行"量本价险利"分析工具。通过"量本利"分析，我们可以对责任中心各盈利影响因素的联动关系和敏感性进行分析。

表6 某产品量本价险利信息情况

项目	金额	金额/日均余额	备注
日均余额	××	—	量
营业收入	××	××	
#FTP收入	××	××	价
#资金成本	××	××	价
财务成本	××	××	本
风险成本	××	××	险
税务成本	××	××	本
资本成本	××	××	本
EVA	××	××	利

【案例4.2】部门量本利分析。某部门2015年经营业绩出现亏损，发现主要是由于信用风险集中暴露影响。为进一步强化财务硬约束要求，我们可以运用"量本利"方法，对其实现保本的最高信贷成本率和不良贷款生成率进行测算，发现只有信贷成本率不高于××，不良贷款生成率不能超过××（风险指标保本点），才能实现EVA保本，若要实现目标利润，风险控制要求会更高。

表7 某部门本量利敏感性分析

项目	某部门	项目	某部门
不良率	××	保本信贷成本率	××
不良率较年初	××	最高容忍不良贷款生成率	××
信贷成本率	××	保本不良率	××

【案例4.3】网点保本点分析。某商业银行根据网点的投资规模及标准将网点分为理财中心、精品网点和基础网点，根据网点店面资产属性分为自有网点和租赁网点。我们可以

运用"量本利"方法,计算不同区域、不同类别网点的存款保本点情况(日均存款大于保本点才能实现盈利),更好地支持网点建设可行性分析和后评价工作。

表8 分经济区域网点存款保本点分析情况

单位:万元

区域	价值属性			资产属性	
	理财中心	精品网点	基础网点	自有网点	租赁网点
一线城市	××	××	××	××	××
二线城市	××	××	××	××	××
三线及其他	××	××	××	××	××
城郊县域	××	××	××	××	××
县域城镇	××	××	××	××	××
县域乡镇	××	××	××	××	××

(三) 盈利动因分析

盈利动因分析是传统的财务分析方法,主要是分析某一机构盈利变动的影响因素及大小,我们也可以把该方法创新扩展到部门、产品等其他维度。

【案例4.4】产品盈利动因分析。某银行贷款产品EVA同比增长5%,其中对公贷款EVA同比减少5%,个人贷款同比增长8%,我们可以运用盈利动因分析,综合计算规模、息差、风险控制、资本占用等因素对产品业绩的影响大小,不出意外,对公贷款EVA同比减少主要还是受到信贷风险的影响。

表9 某银行贷款产品业绩盈利动因分析

项目	贷款	对公贷款	个人贷款	备注
营业收入(A)	6.5%	3%	9%	A
其中:规模	××	××	××	—
NIM	××	××	××	—
营业成本(B)	−1.5%	−8%	−1%	B
其中:财务成本	××	××	××	—
风险成本	−1%	−6%	−1%	—
资本成本	××	××	××	—
EVA同比增速(C)	5%	−5%	8%	C=A+B

(四) 敏感性分析

敏感性分析是指通过分析影响评价指标的诸多不确定因素,测定其中一个或多个因素的变化对目标的影响程度,以判定各个因素的变化对评价指标的重要性,此种方法更多地用于压力测试或找寻主要影响因素。

【案例4.5】产品业绩敏感性分析。以流动资金贷款为例,我们知道影响流动资产贷款业绩的因素主要包括规模、收息率、FTP价格和信贷成本率等,通过敏感性分析,我们可以计算上述指标每变动 1%（或增加 5BP）对流动资产贷款经营业绩的影响（绝对额和相对额）。

表 10 流动资产贷款产品业绩敏感性分析

项目	变动 1%/增加 5BP	变动 2%/增加 10BP	变动 5%/增加 25BP
规模	××	××	××
收息率	××	××	××
FTP 价格	××	××	××
信贷成本率	××	××	××
经济资本率	××	××	××

（五）杜邦分析

杜邦分析法是指利用各盈利指标间的内在关系，对各维度综合盈利能力进行系统性分析评价的方法。除了通用的净资产收益率指标外，对于商业银行来说，我们还可以对 RAROC 进行分解分析：

RAROC = 净利润/经济资本 = 净利润/资产日均余额 × 资产日均余额/经济资本

= ROA × 资本乘数

=（利息净收入 − 财务成本 − 风险成本 − 税务成本）/资产日均余额 × 资本乘数

=（NIM − 财务成本率 − 风险成本率 − 税务成本率）× 资本乘数

【案例 4.6】 RAROC 杜邦分析。以某银行个人住房贷款和个人生产经营贷款为例，通过对影响 RAROC 的分解指标进行逐项分析，虽然个人住房贷款 NIM 明显低于个人生产经营贷款，但由于单位贷款风险成本和资本成本占用更低（资本乘数更高），整体创利能力要好于个人生产经营贷款，可重点加快发展。

表 11 某分行贷款 RAROC 杜邦分析表

项目	个人住房贷款	个人生产经营贷款
NIM	1.35%	3.3%
财务成本率	0.27%	0.97%
风险成本率	0.14%	1.0%
税务成本率	0.44%	0.33%
ROA	0.5%	1%
资本乘数	40	18
RAROC	20%	18%

在商业银行实践中，更常用的杜邦分析是将单位产品 EVA（净利差）作为被分解的指标，根据盈利指标内在逻辑关系，单位产品 EVA 可以分解为净利息收益率与相关成本率，即：

单位产品 EVA 贡献 = 产品 EVA/日均余额 = 净利息收益率 − 相关成本率

=（收息率 − FTP 价格）−（费用成本率 + 风险成本率 + 税务成本率 + 资本成本率）

通过对单位产品 EVA 的分解，就可以从更深层次看出其构成要素，分析不同要素变

【案例4.7】净利差杜邦分析。以保本理财产品为例，单位产品净利差可以分解为净利息收益率（NIM）与相关成本率，通过对逐项分解指标比较，发现2015年保本理财产品业绩下降的原因主要是监管政策变化以及资本成本大幅上升的影响。

表12　保本理财净利差杜邦分析

项目	保本理财	同比
NIM	××	××
财务成本率	××	××
风险成本率	××	××
税务成本率	××	××
资本成本率	××	××
净利差	××	××

（六）实证分析

实证分析即通过设定假设，定量地研究自变量与因变量的关系的方法。此方法需要大量数据的支持，通常商业银行网点和客户维度更为适合，可以运用相关方法，验证经营决策的成果以及对一些趋势问题进行判断。

【案例4.8】网点资源投入实证分析。为验证某银行城市网点建设和人力资源投入的效果，可以选择低柜占比、大堂经理人数、是否有贵宾区等（自变量指标）与网点营销能力（因变量）进行实证分析。

表13　2015年上半年城市网点营销能力影响因素分析

经济区域	低柜占比	大堂经理人数	是否有非现金区	是否有贵宾区	周边500米我行网点个数	价值属性标识
一线城市	×(×)**	×(×)*	×(×)*	×(×)	×(×)*	×(×)*
二线城市	×(×)	×(×)**	×(×)	×(×)*	×(×)	×(×)
三线及其他	×(×)*	×(×)	×(×)	×(×)	×(×)**	×(×)

注：表中括号外数据为相关系数，括号内为Sig值，** 代表99%置信水平显著，* 代表95%置信区间显著。

（七）大数据分析

大数据分析主要是通过分布式技术，对数据进行采集、分析、导入和挖掘，来预测或寻找数据间的相关性。商业银行管理会计大数据分析是指对一类客户群体的基本情况、盈利特征、风险状况、交易习惯、消费偏好以及行为特征等逻辑信息及非逻辑信息，进行聚类分析等综合分析，深入挖掘某一类客户或单一客户普遍性、倾向性的特征规律，以便更好地开展精准营销，提升价值创造能力。

【案例4.9】信用卡客户大数据分析。为进一步提升营销精准度，可以以某银行全部信用卡客户为样本，将客户分为高价值类客户、中价值类客户、低价值类客户以及负价值客户，通过对高价值类客户的年龄、学历、授信、分期习惯、消费场所、消费频次、选择卡种等信息进行综合分析，可以针对目标客户更好地开展精准营销，并对符合高价值客户特征的潜力客户进行专项挖掘。

表 14 信用卡客户盈利特征大数据分析

客户分类	"80后"占比	本科及以上占比	高授信占比	分期占比	逾期占比	白金卡占比
高价值客户	××	××	××	××	××	××
中价值客户	××	××	××	××	××	××
低价值客户	××	××	××	××	××	××
负价值客户	××	××	××	××	××	××

二、商业银行管理会计应用方向

管理会计是商业银行加强内部管理的重要基础，也是强化核心竞争力的关键手段。作为价值管理的重要工具，管理会计能够为商业银行提供全方位、多维度的决策支持信息，对商业银行加快经营转型、提升精细化水平至关重要。其主要可以应用于以下六个方面，实现"六个转变"。

（一）面向战略决策，转"定性决策"为"定量支持"

按照精细化管理要求，依托管理会计价值平台，通过深度数据挖掘和钻取，开展多维业绩价值分析与评价，实现"定性决策"向"定量决策"转变。

1. 搭建全行基础价值管理平台

商业银行可以依托管理会计企业级价值管理平台，建立管理会计内部信息披露机制，定期发布各维度价值贡献结果和系列数据报表，构建以 EVA 为核心的综合评价体系，更准确地找到全行的战略重点产品、部门、区域、渠道和客户。

【案例 4.10】战略重点分析。针对广泛存在的"二八定律"，商业银行可以通过管理会计多维数据，按照业绩价值贡献，找到 EVA 或 RAROC 排名前列的机构、产品、部门、客户和客户经理，更有针对性地开展价值管理和激励约束工作。

表 15 2016 年战略产品、部门、客户业绩贡献情况

EVA排名	EVA 本期	EVA 占比	RAROC 本期	RAROC 同比	EVA排名	EVA 本期	EVA 占比	RAROC 本期	RAROC 同比	EVA排名	EVA 本期	EVA 占比	RAROC 本期	RAROC 同比
产品A	××	××	××	××	部门A	××	××	××	××	客户A	××	××	××	××
产品B	××	××	××	××	部门B	××	××	××	××	客户B	××	××	××	××
产品C	××	××	××	××	部门C	××	××	××	××	客户C	××	××	××	××
产品D	××	××	××	××	部门D	××	××	××	××	客户D	××	××	××	××
产品E	××	××	××	××	部门E	××	××	××	××	客户E	××	××	××	××

2. 构建多维管会分析报告机制

围绕问题、应用和创新导向，商业银行可以依托管理会计理念、方法和数据，建立完

善管理会计定期和专项分析制度机制，全方位反映经营成果、责任中心绩效以及投入产出情况，重点揭示存在问题，为管理决策提供定量支持。

【案例 4.11】成本压降分析。当前经营形势下，商业银行开展"降本增效"已成为应对盈利增长压力的主题。为更好地向成本宣战，某商业银行信用卡中心运用管理会计方法，对短信、账单和资金等直接成本开展敏感性分析：一是短信成本压降。若取消 300 元以下的消费短信提示（改为微信提示），全年可节约成本近××万元。如取消全部消费和账单提醒短信，将节约成本××万元。二是账单成本压降。若将已绑定电子渠道的纸质账单客户全部转为电子账单，可减少成本约××万元，若将全部纸质账单转为电子账单，可节约成本逾××亿元。三是资金成本压降。若免息期调整至 20~50 天，可增加净利润××亿元。

表 16　信用卡免息期调整影响测算

同业	免息期	平均免息期	资金成本节约率（%）
原方案	25~56 天	40.5 天	—
方案 1	20~50 天	35 天	13.58
方案 2	18~50 天	34 天	16.05

【案例 4.12】增收创利分析。随着经济进入新常态，商业银行增收乏力的压力也越发突出，我们可以运用管理会计工具方法，开展专题分析，从产品、客户、规模、息差等角度，深入剖析 2016 年业绩表现较好分行的动因做法，旨在起到典型引路作用。从收入的增长动因看，某分行主要是依靠存款和贷款两大主体业务共同推动。接下来通过分别对存贷款业务"量、价、结构"的钻取分析，我们可以找到该分行在"增收创利"方面的典型经验和做法。

表 17　某分行 2016 年营业收入增长动因分析

项目	营业收入增幅	增长贡献	增长贡献度
存款营业收入	××	××	73%
贷款营业收入	××	××	58%
中间业务收入	××	××	24%
同业业务收入	××	××	
其他业务收入	××	××	
营业收入合计	××	—	—

表 18　某分行 2016 年存款规模增长因素分析

存款产品	规模	同比	规模动因	全行动因	较全行
对公存款	××	××	××	××	9.2%
机关团体存款	××	××	××	××	4.3%
企业单位存款	××	××	××	××	3.6%
社保资金存款	××	××	××	××	0.9%
事业单位存款	××	××	××	××	1.4%

续表

存款产品	规模	同比	规模动因	全行动因	较全行
个人存款	××	××	××	××	-1.8%
个人定期存款	××	××	××	××	0.4%
个人活期存款	××	××	××	××	-1.7%
XX 分行	××	××	××	××	××

3. 支持拓展全面预算管理体系

商业银行可以通过管理会计，推动以机构为主体的预算体系向全维度预算管理体系拓展，支持产品、部门、板块实施中长期价值规划和年度预算，以点带面，全方位落实财务硬约束要求。

【案例 4.13】部门中长期规划。某产品管理部门，根据部门工作规划，结合内外部形势预测研判，以产品为出发点，编制了未来三年部门价值预算草案，经财会部门审核后，作为该部门的主要经营目标。

表 19　某部门未来三年价值预算情况

指标		2017	2018	2019
营业收入	存款产品	××	××	××
	贷款产品	××	××	××
	中间业务	××	××	××
	同业业务	××	××	××
营业成本	财务成本	××	××	××
	风险成本	××	××	××
	资本成本	××	××	××
EVA		××	××	××

（二）面向绩效考评，转"规模导向"为"价值导向"

商业银行可借助管理会计手段，围绕可控成本和责任中心理念，建立价值贡献考核评价全景视图，为各层级、各专业、各维度的绩效考评和价值激励提供支持，通过完善绩效考评方法和手段，为完善互利共赢的利益分配机制提供保障。

1. 强化产品业绩绩效考核

在建立完善前中后台一体化产品体系的基础上，商业银行可以通过管理会计，强化产品的后评价和生命周期全过程管理，促进产品创新发展，优胜劣汰。

【案例 4.14】可售产品绩效考核。为了检验可售产品的经营绩效，某商业银行对辖内销售产品的收入和价值贡献情况进行了综合分析，发现在经济下行周期下，产品的亏损比例有所扩大、盈利集中度过高，多元化有待推进。

2. 推进部门条线精细考核

商业银行可以运用管理会计工具，从以下方面推进部门条线精细考核：一是进一步提升部门价值贡献考核权重，改"规模论优"为"价值论优"。二是探索客户营销管理部门

表20 某银行2016年可售产品盈亏情况表

产品	低效产品		EVA亏损产品		EVA排名前5%产品贡献占比	
	占比	较上年	占比	较上年	占比	较上年
存款	××	××	××	××	××	××
贷款	××	××	××	××	××	××
中间业务	××	××	××	××	××	××
投资	××	××	××	××	××	××
理财	××	××	××	××	××	××
同业业务	××	××	××	××	××	××
信用卡	××	××	××	××	××	××
合计	××	××	××	××	××	××

双重考核机制，激励产品创新与重点客户营销并重。三是对接利润中心和事业部改革，运用管理会计方法，建立完善直营部门业绩评价体系。四是开展总行中后台条线成本归集和分摊研究，支持成本中心差异化考核，促进成本开支管控。

【案例4.15】部门条线考核。为强化价值激励导向，某商业银行2016年将部门绩效考核指标中EVA指标的权重从20%提高到30%，更大限度地激励部门加快价值创造。

表21 某部门考核关键指标权重

序号	指标名称	权重	序号	指标名称	权重
1	经济增加值贡献	30	5	存贷款利差	××
2	贷款不良率	××	6	中间业务收入	××
3	操作风险事件金额	××	7	贵宾客户净增	××
4	核心存款	××	8	个人贷款	××

3. 完善客户经理考核评价

商业银行可以在建立客户经理与各利益相关主体的业绩分成机制的基础上，统一客户经理考核度量衡（EVA），强化定量考核和目标激励约束。

【案例4.16】客户经理业绩评价。为了更好地对客户经理业绩进行评价，某支行通过管会系统调取了客户经理E经营绩效表，2016年其共管理客户4户，其中两个客户为支行分配客户，约定分成比例分别为5%和10%，另有两个客户为E主动营销，约定分成比例分为90%和50%，按照上述数据计算，该客户经理2016年实际价值贡献为59万元，可以据此作为绩效工资和职级晋升的依据。

表22 2016年某客户经理业绩贡献情况

单位：万元

项目		日均存款	客户金融资产	日均贷款	EVA		
					客户	分成比例	客户经理
分配客户	客户A	××	××	××	100	5%	5
	客户B	××	××	××	20	10%	2

续表

项目		日均存款	客户金融资产	日均贷款	EVA 客户	EVA 分成比例	EVA 客户经理
拓展客户	客户C	××	××	××	30	90%	27
	客户D	××	××	××	50	50%	25
客户经理E		××	××	××	—	—	59

(三) 面向资源配置，转"层层下达"为"条块结合"

为落实股东回报最大化要求，商业银行可以通过对机构、条线等经营单元盈利能力和增长潜力进行量化衡量，更好地把握竞争优势，动态调整资源投入方向，强化价值激励约束，进一步提升资源配置的效率和效果。

1. 优化完善财务资源配置

商业银行可以依托管理会计结果，量化和对象化全行发展战略，完善战略费用直通车制度，加大重点战略区域、战略渠道和重点项目资源配置力度，进一步提升财务资源穿透力。

【**案例4.17**】战略费用直通车。某商业银行选定理财、国际结算、互联网金融等12项为2016年度战略重点业务。为对接全行发展战略，该行财会部门在制定费用配置政策中规定，对战略重点业务收入的10%配置战略业务专项费用，进一步完善了"按产品计价、按机构清算"的战略费用直通车制度。

表23　2016年某商业银行战略重点业务清单

项目	收入	项目	收入
结算与现金管理	××	托管	××
互联网（移动）金融	××	商户收单	××
结售汇及外汇买卖	××	国际结算	××
代理保险	××	债券承销	××
代收代付	××	理财	××
代销基金	××	贵金属	××

2. 实施战略客户营销保障

根据战略核心客户名单，建立完善战略客户营销激励机制，根据战略客户实际业绩贡献，匹配专项营销资源，对核心客户营销实行专项激励和资源保障。

【**案例4.18**】战略客户资源配置。某分行运用管理会计数据与工具，综合客户近几年业绩贡献和未来发展潜力情况，选定了2016年战略核心客户清单。对于纳入核心范围的客户，相应配套营销费用，并在中间业务减免（提高减免额度）和授信评级（下放上推授权）时给予政策倾斜。

3. 支持完善产品计价机制

围绕全行发展战略，商业银行可以以投入产出效益为指引，建立完善战略产品专项激励机制，强化营销计价应用。

【案例 4.19】零售计价产品标准。为完善激励约束机制，促进零售业务发展，某商业银行选定了部分零售产品，给予工资计价激励。相关标准主要是根据近几年单位产品的创利情况，实行差异化计价。

表 24 2016 年某商业银行营销计价产品清单及标准

营销计价产品	EVA	万元产品创利（元）	2016 年计价标准
个人住房贷款	××	××	××/万元
个人助业贷款	××	××	××/万元
个人综合授信经营贷款	××	××	××/万元
个人商业用房贷款	××	××	××/万元
储蓄存款	××	××	××/万元

4. 优化贷款资源配置机制

商业银行可以运用管理会计工具，通过对万元贷款综合创利区域差异分析，支持完善"贡献高者得"的贷款配置机制。

【案例 4.20】贷款综合创利分析。为了更好地提升贷款资源经营绩效，某商业银行对辖属分行累计贷款产品和当年投放产品的综合创利情况进行计算，并在贷款配置中，对排名靠前的分行进行了政策倾斜。

表 25 2016 年分行万元贷款综合创利排名情况

分行	贷款占比	万元贷款综合创利排名前 5 位（当年）	分行	贷款占比	万元贷款综合创利排名前 5 位（累计）
宁夏	××	××	北京	××	××
重庆	××	××	江西	××	××
厦门	××	××	山东	××	××
河北	××	××	青岛	××	××
天津	××	××	福建	××	××

5. 强化财务投入后评价机制

商业银行可以对重点投入的战略资源，定期统计分析其重点项目投入的实施情况和经营绩效，强化财务资源的全过程管理。

【案例 4.21】信用卡营销后评价。某商业银行信用卡中心开展"10 元看电影"营销活动，对于该行信用卡持卡客户在指定电影院消费进行补贴，每张电影票补贴 20 元，共补贴×× 万元。参加该活动的信用卡共×× 张，其中新开卡×× 张，累计 EVA 贡献×× 元，活跃度提升×× %。原持卡客户参加该活动信用卡共×× 张，活跃度提升×× %。综合以上情况，该行信用卡中心认为此次营销活动达到了既定的目标，经研究决定加大补贴力度，将该活动延长一个季度。

（四）面向客户细分，转"粗放管理"为"精准营销"

依托管理会计客户业绩信息，支持客户细分，通过客户维度与产品维度、机构维度、渠道维度的交叉分析，摸清客户特性及偏好，提高服务针对性和营销精准度。

1. 支持客户细分营销管理

商业银行可依据客户综合价值贡献情况，支持客户分层管理，针对不同层级客户制定相应的营销、管理和奖励策略，在此基础上，建立健全客户预警和退出机制，完善客户全生命周期管理。

【案例4.22】信用卡客户盈利特征分析。某商业银行运用管理会计大数据技术，对该行信用卡客户的盈利特征进行了分析，得到如下结论：一是客户价值贡献呈现"二八定律"，需要进一步提升高价值客户体验，引导低价值客户上迁或退出；二是"70后"客户是客户贡献的中流砥柱，但也要重点关注"80后"和"90后"的消费潜力；三是持卡张数越多的客户，忠诚度和创利能力更高；四是男性客户的创利能力更强，高端女性客户需进一步营销和培育。

表26　某商业银行信用卡客户价值贡献情况

客户分类	客户数	客户占比	客户净收益	占比	单户创利
高价值客户	××	××	××	××	××
中价值客户	××	××	××	××	××
普通客户	××	××	××	××	××
负贡献客户	××	××	××	××	××
合计	××	—	××	××	××

2. 开展客户潜在价值估值

通过对宏观经济形势和行业景气度等数据的研究，结合客户自身业绩波动曲线，探索建立客户潜在价值测算模型，合理预测客户未来贡献潜力。

【案例4.23】客户未来价值模型探索。为了更好地体现面向未来的管理要求，某商业银行以管理会计历史数据为基础，结合公开、购买或同业交换等数据来源，搭建了潜在价值测算模型，将实际价值/潜在价值较高的客户，作为潜力客户，加大营销介入。

3. 推进整合价值链客户资源

探索运用供应链金融理论与方法，深入研究关联客户价值，支持整合银行价值链客户资源，提高客户关联价值创造能力。

【案例4.24】供应链客户价值分析。A医药集团为某银行的核心客户，该公司与上下游医药企业有较多业务往来，其中B、C和D企业均与某银行有业务往来。该银行为A医药集团办理了供应链融资业务，所涉及的业务品种主要为银行承兑汇票、国内信用证项下买方福费廷融资等。上游企业B和C均在某银行开立基本或一般存款户，并开展无追索权银行承兑汇票代理贴现，而下游企业D在某银行有中长期贷款。基于管理会计业绩数据，该供应链客户群贡献中间业务净收入××，EVA××元，整体实现较高的业绩贡献，且经济连接度和互动度较高，可以持续给予供应链金融专项支持。

表 27　医药供应链客户整体价值分析

客户	净利息收入	中间业务净收入	EVA	业务关联度
A 公司	××	××	××	—
上游企业 B	××	××	××	20%
上游企业 C	××	××	××	30%
下游企业 D	××	××	××	30%
合计	××	××	××	—

4. 服务客户产品营销拓展

围绕营销管理需要，商业银行可以通过对产品渗透率、贷款沉淀率、万元资产中间业务收入等指标进行分析，支持营销管理部门强化重点产品营销客户清单管理，加强机构、部门以及条线间的联动合作，提升产品交叉销售率。

【案例 4.25】客户营销挖潜分析。为进一步提升客户营销潜能，某商业银行对 EVA 贡献不高的核心客户进行梳理和分析发现，有的客户信用评级较高，但营销介入少，金融产品覆盖面很小；有的客户在该行主要为贷款产品，但贷款很快被转移到其他银行，贷款沉淀率偏低；有的客户万元资产中间业务收入偏低，对这些潜力客户均需要开展专项营销挖潜，提升价值创造能力。

表 28　专项营销挖潜潜力客户名单

存款沉淀率		产品覆盖度		交叉销售情况	
客户	归行率	客户	产品介入个数	客户	万元资产中间业务收入
A	××	F	××	K	××
B	××	G	××	L	××
C	××	H	××	M	××
D	××	I	××	N	××
E	××	J	××	O	××

（五）面向产品定价，转"被动调价"为"主动定价"

为适应利率市场化加速推进要求，商业银行可以运用"量本价险利"等分析工具与方法，强化产品全要素成本考量，发挥定价信息相对优势，实现由"被动定价"向"主动定价"转变。

1. 完善内部定价机制

根据全行发展战略和可比同业竞争优势，支持完善差异化资金定价机制，强化内部定价服务战略和市场竞争导向，支持 FTP 动态优化调整。

【案例 4.26】同业合作性存款 FTP 调整。商业银行可以运用管理会计工具，对全行重点产品盈利情况进行动态跟踪分析，及时对 FTP 提出调整建议。例如，某商业银行遵循"大负债"管理理念，决定主动发展同业合作性存款，通过做大资金流量，额外增加全行收益。但通过管理会计业绩数据发现，目前 FTP 政策下，同业合作性存款仍存在业绩倒挂，无法为分支行带来正收益，可能会影响全行战略实施，为此决定适度调整FTP政策。

表29 同业合作性存款业绩情况

项目	日均余额 2016年	日均余额 同比	NIM 2016年	NIM 较上年	EVA 2016年	EVA 同比
同业结算性存款	××	××	××	××	××	××
同业合作性存款	××	××	××	××	××	××

2. 强化外部定价管理

根据产品全要素成本信息，结合区域、客户、产品差异，完善外部产品定价机制，强化客户"算总账"理念，确保收益全面覆盖相关成本。

【案例4.27】个人住房贷款定价。经济下行周期下，贷款结构性需求矛盾越发突出。不少商业银行不约而同地希望加大个人住房贷款投入，但在现阶段同质化产品竞争下，利率如何定价也成为商业银行应对市场竞争面临的首要难题。某商业银行运用管理会计工具方法，对住房贷款利率的保本点进行分区域测算，明确了各区域一般客户贷款利率的底价，将结合市场竞争情况动态调整。其中，对于优质客户可在考虑综合衍生收益的基础上，给予适度的利率倾斜，但对次级客户也要在价格上浮上有所体现。

表30 个人住房贷款盈亏保本点测算情况

指标	北京	南京
收息率	×× （打××折）	×× （打××折）
FTP	××	××
财务成本率	××	××
税务成本率	××	××
信贷成本率	××	××
资本成本率	××	××
EVA	0	0

（六）面向渠道整合，转"响应客户"为"营销为王"

网点是基础经营单元，也是银行业传统优势所在。随着互联网金融迅猛发展，渠道全面转型整合也迫在眉睫。商业银行需要运用管理会计方法，对渠道全面转型整合，并以效益为中心，实施全程管理。

1. 支持渠道战略整合决策

商业银行可以根据网点分区域、类型、层级等经营业绩、产品销售和客户营销信息，完善实体网点、自助渠道的布局及功能调整，强化渠道功能定位。在此基础上，深入分析不同客户群体的金融需求，加快互联网金融布局，提升客户体验。

【案例4.28】渠道战略转型定位分析。某商业银行在通过对柜面、自助设备和网络渠道的交易量、交易额和收入变化趋势进行综合分析的基础上，结合单位交易成本比较和同业优劣势分析，初步提出了新形势下三大核心渠道战略转型的定位和改进要求：柜面渠道要作为营销主渠道,突出增值和个性化服务,要对存量的低效、亏损及不饱和网点加快转型和布局调整;自助渠道建议作为现金分流和普惠金融主渠道,努力提升投入产出效率;网络渠道建议作为互联网创新主渠道,突出创新性和便利性。

表31 三大核心渠道交易笔数、金额、收入和单笔交易成本分析

类别	金融交易笔数		金融交易金额		收入		单笔交易成本
	2016年	近三年CAGR	2016年	近三年CAGR	2016年	近三年CAGR	
柜面渠道	××	××	××	××	××	××	××
自助渠道	××	××	××	××	××	××	××
网络渠道	××	××	××	××	××	××	××

表32 网点分地理区域盈利能力和经营效率分析

地理区域	亏损网点占比		存款低效网点占比		人数小于等于7人网点占比
	2016年	同比	2016年	同比	
长三角	××	××	××	××	××
珠三角	××	××	××	××	××
环渤海	××	××	××	××	××
中部	××	××	××	××	××
西部	××	××	××	××	××
东北	××	××	××	××	××
全行	××	××	××	××	××

表33 网点分经济区域盈利和经营效率分析

经济区域	亏损网点占比		营销低效网点占比		不饱和网点占比
	2016年	同比	2016年	同比	
一线城市	××	××	××	××	××
二线城市	××	××	××	××	××
其他城市	××	××	××	××	××
城郊县域	××	××	××	××	××
县域城镇	××	××	××	××	××
县域乡镇	××	××	××	××	××
全行	××	××	××	××	××

2. 强化渠道建设项目准入

商业银行可在持续加强实体渠道业绩数据的分析积累的基础上,运用本量利分析等方法,完善渠道盈利分析模型,开展各类实体渠道的盈亏平衡分析,并作为项目可行性准入的重要标准。

【案例4.29】网点建设准入分析。根据网点建设规划,某西部地区分行准备新开办一

家网点，定位为理财中心。为做好网点建设可行性分析，该分行收集整理了该区域类似网点的基期营利性指标数据，并结合本网点的实际情况和定位，预测了其未来几年的经营业绩情况。经测算，该网点三年后可实现保本，项目财务可行性测试通过。

表34 未来三年网点业绩测算情况

项目	2016年	2017年	2018年
一、营业收入	××	××	××
二、财务成本	××	××	××
三、资产减值准备支出	××	××	××
四、所得税	××	××	××
五、资本成本	××	××	××
六、EVA	−183	−73	78

3. 完善渠道后续评价机制

深入推进管理会计渠道业绩应用，加强新建或迁址网点（自助渠道）的后评价工作，全面校验投资预期效果，强化后续评价对投资效益的硬约束。

【案例4.30】 新建网点后评价。某商业银行希望了解过去几年新建网点的经营情况，考虑到新建网点需要三年孵化期，该行决定对2009~2013年新建的100个网点经营业绩开展后评价。通过管理会计业绩分析了解到，虽然整体新建网点业绩良好，但东北和环渤海地区仍有一定比例的网点业绩较差，其中东北地区主要是受地区经济环境影响，网点业务规模未达到原先预期，环渤海地区主要是租赁网点的租金过高，影响了经营绩效，二者均需做出适应性调整。

表35 2009~2013年××银行新建网点分地理区域业绩情况

地理区域	新建个数	点均EVA	盈利比率 2016年	盈利比率 全行	营销低效网点占比 2016年	营销低效网点占比 全行	存款低效网点占比 2016年	存款低效网点占比 全行
长三角	××	××	××	××	××	××	××	××
珠三角	××	××	××	××	××	××	××	××
环渤海	××	××	××	××	××	××	××	××
中部	××	××	××	××	××	××	××	××
西部	××	××	××	××	××	××	××	××
东北	××	××	××	××	××	××	××	××
总计	××	××	××	××	××	××	××	××

【案例4.31】 自助渠道后评价。为验证过去几年大规模投入自助渠道的投入产出效率，某一线城市行决定运用管理会计工具方法，对自助交易设备的经营业绩和使用效率进行后评价。经过分析，该行台均自助设备交易笔数、金额和收入呈下行的趋势，特别是离行式自助设备更为明显，种类上自助交易终端和存贷款一体机的使用效率下降更多，这很有可能反映了一线城市渠道分流和客户交易习惯的变化。未来要适度调整存量自助设备的布局和结构，在新增设备投入上要更加谨慎。

表36 ××分行自助渠道台均交易及收入情况

渠道	台数 2016年	台数 同比	台均交易笔数 2016年	台均交易笔数 同比	台均交易金额 2016年	台均交易金额 同比	台均收入 2016年	台均收入 同比
自助设备	××	××	××	××	××	××	××	××
自主交易终端	××	××	××	××	××	××	××	××
ATM	××	××	××	××	××	××	××	××
其中：在行式	××	××	××	××	××	××	××	××
离行式	××	××	××	××	××	××	××	××
其中：一体机	××	××	××	××	××	××	××	××

第五章　农业银行管会建设应用案例

管理会计是经营转型的重要基础，也是精细化管理的核心工具，更是打造管理"升级版"的必要抓手。20世纪90年代起，农业银行就开始积极探索管理会计体系与方法。1998年试点责任会计，2001年起尝试引入经济增加值指标用于业绩评价。2003~2008年，先后建设投产了财务管理系统（FMIS）、业绩价值管理系统（PVMS）和财务决策支持系统（FADS），在管理会计系统建设方面进行了有益尝试。2009年以来，在核心银行系统重构和财会管理平台一体化的大背景下，农业银行先后启动管理会计系统一期和二期建设（MAP），全面构建全维度的管理会计体系，为创新应用管理会计工具，完善管理机制，升级管理水平奠定了坚实基础。

一、耕耘数载，建立完善全维度的管理会计体系

在前期管理会计建设应用探索的基础上，2009年以来，农业银行历时四年多，投入520人·月人力资源，依托统一罗盘平台，先后完成了管理会计一期和二期项目建设，将数据分析粒度细化到账户，构建了产品、部门、板块、机构、网点、客户和客户经理等全维度的业绩计量评价体系，并主要取得了以下进展。

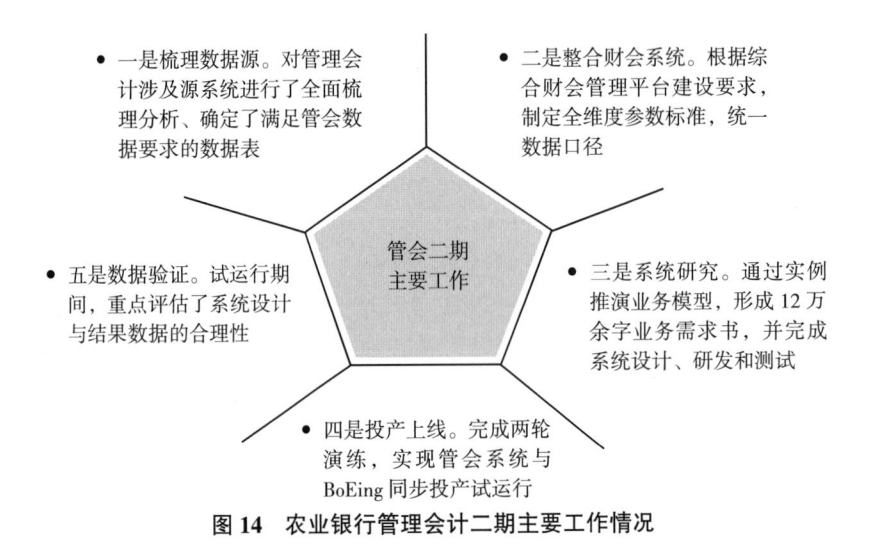

- 一是梳理数据源。对管理会计涉及源系统进行了全面梳理分析、确定了满足管会数据要求的数据表
- 二是整合财会系统。根据综合财会管理平台建设要求，制定全维度参数标准，统一数据口径
- 三是系统研究。通过实例推演业务模型，形成12万余字业务需求书，并完成系统设计、研发和测试
- 四是投产上线。完成两轮演练，实现管会系统与BoEing同步投产试运行
- 五是数据验证。试运行期间，重点评估了系统设计与结果数据的合理性

（管会二期主要工作）

图14　农业银行管理会计二期主要工作情况

（一）构建了全面的管理会计产品体系

在"六级十一大类"财会产品体系的基础上，通过与前台可售产品有效衔接，结合产品后评价需要，农业银行形成了完整的覆盖业务营销、会计核算与管理分析需要的产品体系。同时建立起相适应的产品部门对应关系，力图强化产品管理部门的营销职责（客户部门业绩从客户维度归集）。

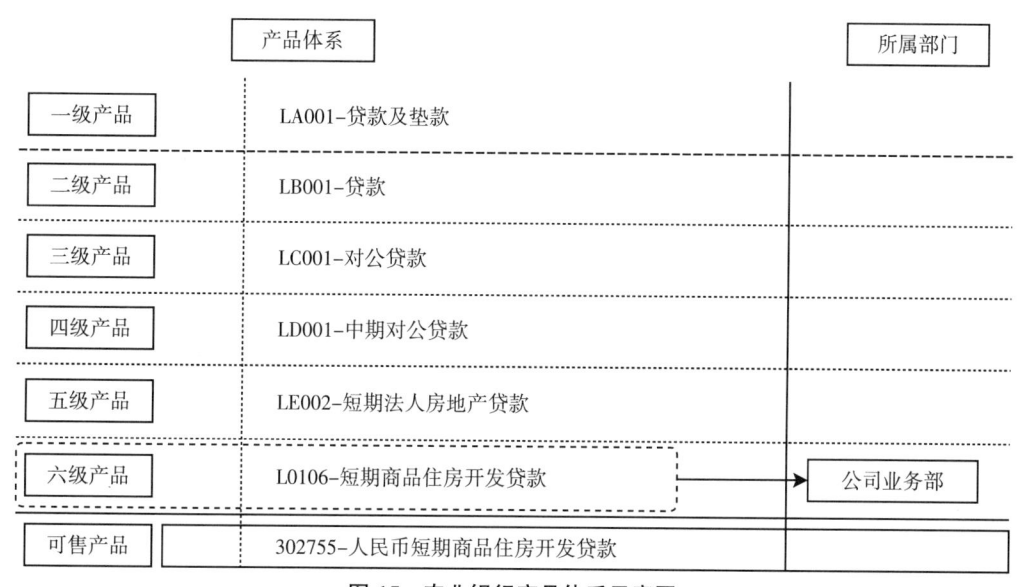

产品体系		所属部门
一级产品	LA001-贷款及垫款	
二级产品	LB001-贷款	
三级产品	LC001-对公贷款	
四级产品	LD001-中期对公贷款	
五级产品	LE002-短期法人房地产贷款	
六级产品	L0106-短期商品住房开发贷款	公司业务部
可售产品	302755-人民币短期商品住房开发贷款	

图 15 农业银行产品体系示意图

（二）建立了价值导向的管会指标体系

以 EVA 和 RAROC 等价值指标为核心，以规模、结构和份额等非价值指标为补充，以创新应用为导向，建立起涵盖"规模、效率、效益、结构、风险"五大类的特色指标体系，客观反映价值创造和经营业绩水平。

（三）设计了先进的多维价值计量模型

在借鉴国内外同业经验的基础上，基于大型商业银行的实际情况，完成了账户级数据建模，建立起农行管理会计盈利分析、成本分摊、资金计价、业绩分成和风险计量等业务模型，将各项财务收支均计量到底层和明细账户，并科学汇总计量各维度的业绩价值贡献。

（四）建立了全维度业绩价值评价机制

依托管理会计模型，生成产品、部门、板块、网点、渠道、客户和客户经理等维度价值贡献，实现了全维度的业绩计量与评价。

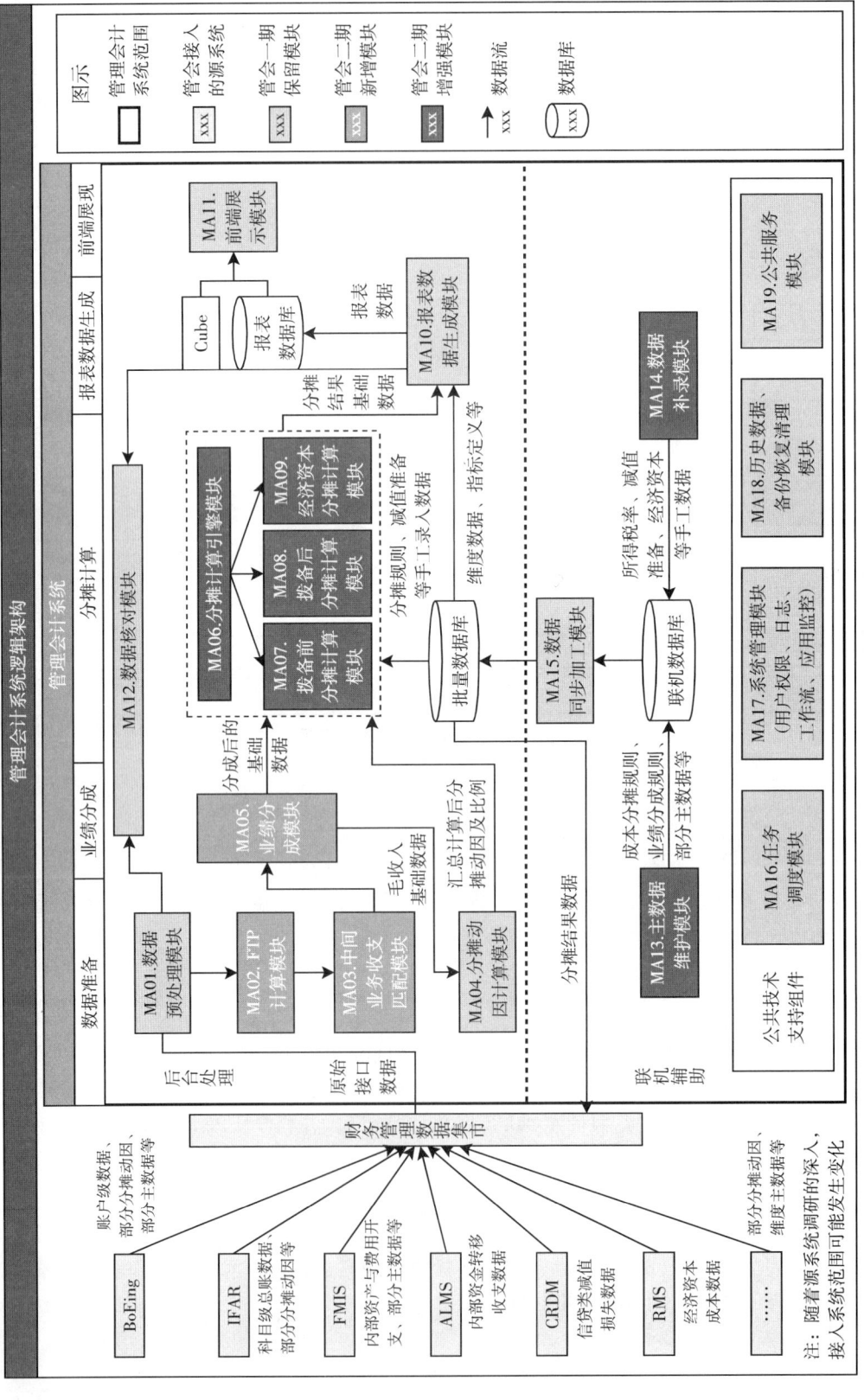

图 16 管理会计系统平台框架

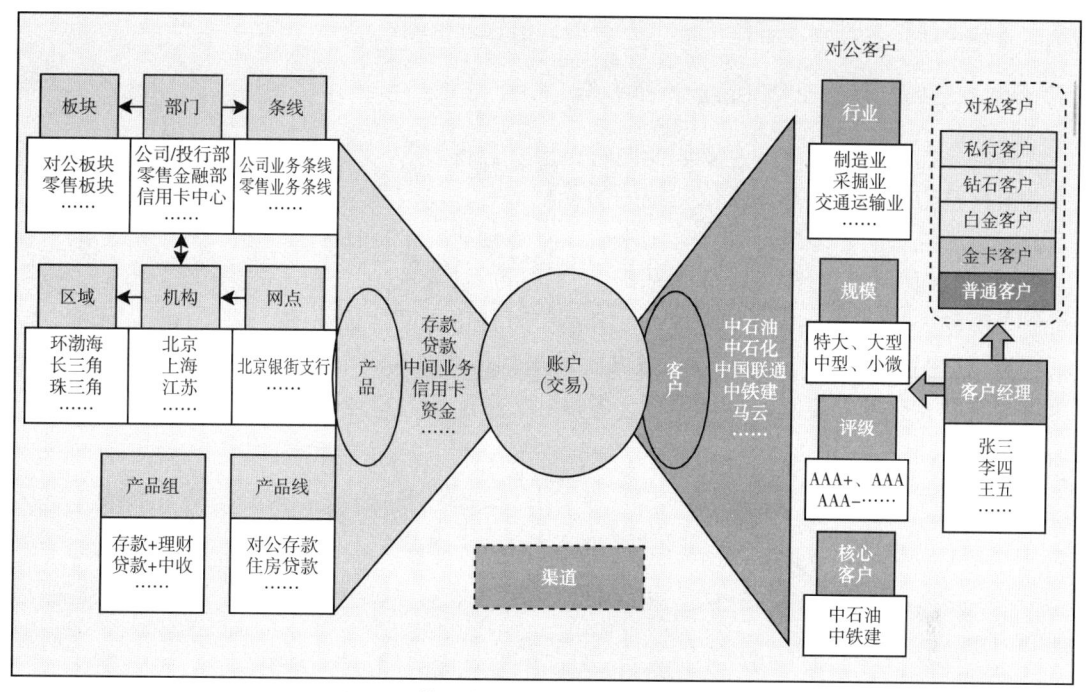

图 17 管理会计二期业绩评价维度体系

(五) 出台了配套的管理会计制度体系

自 2012 年起,农业银行先后制定了《管理会计管理办法》《成本归集与分摊管理办法》《联动营销管理办法》以及系统平台操作规程的"三个办法,一个规程",进一步构建和规范了管理会计制度体系。

二、突出实效,成功搭建全方位的管理会计平台

管理会计系统平台是管理会计建设应用的基础。农业银行管理会计系统,在统一数据参数标准,并对外围 30 多个源系统进行全面分析和对接的基础上,坚持一体化的设计理念,以多维价值贡献为核心,贯通财务预算、绩效考评、资源配置和财务决策等财会管理活动,定位为企业级价值综合管理平台,为全行经营管理和决策提供量化支持。其创新功能主要体现在以下三个方面。

(一) 立足于全维度价值管理平台

实现多维度的价值计量是管理会计的核心要务,要"算得准",支持业绩科学计量与评价。农业银行通过完善盈利计算框架、建立成本分摊和业绩分成模型、制定内部资金计价和风险计量规则,成功搭建了全维度的业绩计量平台,从"量、本、价、险、利"等视角,实现分产品、部门、板块、网点、客户和客户经理等多维度的业绩评价。在此基础上,以价值创造为核心,依托业绩价值计量的全景视图,支持完善"事前预算、事中监

控、事后考评"全过程、多维度、全方位的价值管理框架。

（二）立足于企业级利益分配平台

利益分配是管理会计的主要职能之一，要"分得清"，支持完善利益共赢的分配机制。农业银行基于责任中心理念，依托统一的分配平台，以"收入"和"成本"划转为主要内容，搭建了统一的、多维度利益分配平台，重点强化每个责任中心"责、权、利"的平衡统一。一方面，在现行财务核算的基础上，支持通过管理会计虚拟考核记账的方式，按照科学合理和公开公平的原则，合理优化和调整责任中心的考核业绩，反映不同责任中心的真实贡献。另一方面，支持完善利益共赢的盈利传导机制，"一揽子"解决各维度间以及跨维度的利益分配需要，为全行预算、考核和资源配置等管理提供量化决策依据。

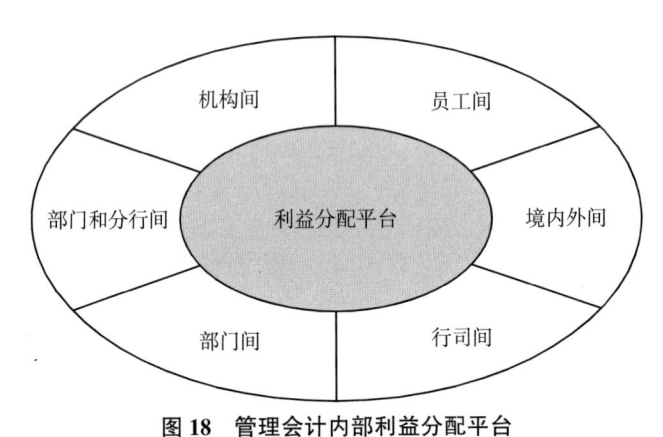

图18　管理会计内部利益分配平台

（三）立足于精细化管理支持平台

管理会计是全行精细化管理的重要抓手，要"用得好"，支持经营管理理念和工具方法的全面升级。农业银行管理会计平台通过整合、拼接和提供多维度价值贡献信息及非价值信息，灵活适应商业银行管理环境和管理需求的变化，服务于战略决策、客户营销、产品定价、资源配置、渠道整合等经营管理的核心环节，支持精细化管理水平的全面提升。

三、统筹推进，顺利完成管理会计试点应用工作

为确保管理会计深化应用取得实效，农业银行创新管理会计推广应用机制，采取试点单位典型引路的方式，选取四家分行（江苏、河北、湖南和深圳）与两个部门（总行公司与投行业务部和信用卡中心），开展管理会计应用试点工作。经过半年多的总分行试点，探索了管理会计应用路径和范例，取得了预期效果，为全行全面深化应用奠定了基础。

（一）推进了"格式报告"向"应用分析"升级

通过管理会计应用试点，在全行和试点行开展产品、部门和客户等全维度业绩评价，

并将管理会计分析结果引入全行经营分析,取得了良好的示范效果和带动效应。

(二) 推进了"原始模型"向"更优模型"完善

按照作业成本法的要求,通过试点单位管会数据深入磨合验证,改进了网点标准业务量折算系数,优化了成本分摊模型,进一步提升了经营数据的科学性和合理性。同时,开发了联机交易解决手工计息数据缺失难题,实现了同业专营业绩自动计量,切实提升了系统的实用性。

(三) 推进了"试点应用"向"全行应用"扩展

通过四家分行和两个总行本级部门各有侧重的应用试点,创新制定了三项管理会计应用指引,为全面推广应用管理会计夯实了基础,形成了应用示范。三项指引分别从产品、部门和网点维度的基本原理、分析框架和应用案例等方面,引导和指导全行深入应用管理会计理念工具,为管理全面升级提供支撑。

(四) 推进了"农行实践"向"管会理论"沉淀

边实践边总结,组织撰写和整理了《商业银行管理会计概念框架体系》《中国农业银行管理会计实践研究》等重点课题研究,并组织起草和编纂了数十篇论文及案例,为农业银行深化和全面推广应用奠定了理论基础。

四、创新机制,全面构建有农行特色的应用框架

在顺利完成试点工作任务的基础上,农业银行通过编发典型经验,开辟网站宣传专栏,开通微信公众账号,搭建应用经验交流平台等多种方式,推进了全行深化管理会计应用的新局面,全面构建了有农行特色的应用框架。

(一) 强化全景式量化决策支持

作为基于价值核心的大数据信息集合,管理会计最立竿见影的作用就是推动价值理念传导,为经营转型提供量化决策支持。农业银行以完善管理会计分析框架为突破口,在创新特色管理会计指标体系和分析方法的基础上,为全行业务经营管理提供了全新的分析决策视角:一是发布全维度价值管理报告。依托管理会计业绩信息,总分行定期发布分机构、产品、部门、客户等全维度、多层级的业绩分析报告,全方位展示各责任中心价值贡献和盈利动因,不断推进价值理念的深化应用。二是扩展立方体综合经营分析。通过将管理会计全维度信息引入全行综合经营分析,进一步扩充经营分析的覆盖面和颗粒度,支持更好地发挥"掌控全局、洞察细微"的预期作用。三是开展全视野专题数据挖掘。充分发挥管理会计海量数据和账户信息的优势,围绕全行战略转型和业务经营中的热点与难点,陆续推出渠道转型、信用卡大数据、增收创利、降本增效、流量经营、网点后评价等一系列战略专题分析报告,切实提升农业银行量化决策水平。

表37 近两年农业银行开展管理会计专题数据挖掘情况

序号	专题报告	内容简介
1	渠道转型	通过对三大渠道交易量、收入和单笔成本的趋势分析，提出转型建议
2	降本增效	开展全维度"降本增效"的特征、问题和对策分析
3	流量经营	对商业银行"流量经营"管理中存在的问题和对策进行综合分析
4	网点评价	对存量、新建和新迁址网点盈利状况、存款拓展以及综合营销进行评价
5	自助设备	对ATM、自助终端的使用效率、收入情况和变化趋势进行综合评价
6	增收创利	深入分析先进行"增收创利"典型做法，为推进典型引路提供决策参考
7	"弯道超车"	基于客户维度对信用卡开展大数据分析，提出"弯道超车"政策建议
8	理财业务	对理财业务盈利贡献、风险状况等开展综合分析
9	外币业务	对外币业务资金端和主要产品开展盈利动因和量本利分析
10	产品营销	对全行产品线的发展态势、创新状况和营销策略等进行综合分析
11	综合贡献	对下浮贷款的客户结构、衍生收益和综合贡献等情况进行全面分析评价
……	……	……

（二）支持内外部定价管理升级

随着利率市场化加速推进，对于商业银行来说，强化定价管理内功的需求也越发迫切，农业银行积极运用管理会计理念、方法与工具，切实推进内外部定价管理全面升级：一是完善产品与客户的精细报价。通过向资负部门和前台营销部门提供全量的账户级"量本价险利"信息，越来越多地将管理会计数据应用于LPR贷款报价、客户利率下浮决策（如个人按揭贷款）以及最低保证金比例（如保付加签）等方面，有效支持了更为精细化的产品定价和客户报价。二是支持建立FTP动态调整机制。在为资负部门提供收益率曲线基础数据的基础上，通过有效对接全行发展战略，结合对战略产品和核心客户经营业绩变动的分析，支持动态调整差异化的产品（如同业合作性存款、一年期储蓄存款）及客户（如AAA级客户）FTP策略。三是适时调整最低资本回报要求。综合经营环境和市场竞争态势，在对可比同业贷款定价策略和比较优势进行分析的基础上，合理调整了全行的最低经济资本回报要求，支持前台部门提供更有市场竞争力的报价。

表38 目标客户贷款收息率底线测算情况

项目	目标客户	同区域可比客户平均	备注
一、营业收入	××	××	根据同区域可比客户情况，综合判定目标客户的贷款收息率底线
# 贷款规模	××	××	
# 贷款收息率	收息率底线？	××	
# 贷款沉淀率	××	××	
# 万元资产中收	××	××	
二、营业成本	××	××	
# 单位贷款财务成本	××	××	
# 单位贷款资本成本	××	××	
# 信贷成本率	××	××	
三、EVA	0	××	

(三) 推进客户精准度综合营销

强化客户精准营销是应对市场竞争的核心法门和稳固盈利能力的重要保障。农业银行依托管理会计业绩信息,支持开展客户精准营销,切实有效提升了综合金融服务能力。一是支持信用卡客户精准营销。运用管理会计大数据分析方法,对存量信用卡客户自然属性、盈利规律、消费习惯、成本习性和风险特征五大维度进行了深入分析,有效支持信用卡客户的价值分层,重点客户的习惯挖掘以及风险客户的特征识别,为客户精准营销提供了保障。二是强化对公客户交叉销售。通过对总分行核心客户存款沉淀率、交叉销售率以及万元资产中间业务收入等指标进行分析的基础上,梳理营销潜力客户,逐一明确营销策略和针对性措施。三是开展亏损产品综合效能分析。从综合创利层面,对下浮贷款、高息存款和大额存单客户业绩贡献进行分析,对亏损产品的实际衍生效能开展综合评价,并提出针对性的提质增效解决方案(对于客户综合贡献为负的,原则上亏损产品到期后退出)。

表39 信用卡分期业务客户大数据分析

分类		分期人数	逾期占比	单户分期收入	平均分期期限	平均分期金额	分期类型	分期商户类型	消费金额
性别	男	××	××	××	××	××	××	××	××
	女	××	××	××	××	××	××	××	××
年龄	"60前"	××	××	××	××	××	××	××	××
	"60后"	××	××	××	××	××	××	××	××
	"70后"	××	××	××	××	××	××	××	××
	"80后"	××	××	××	××	××	××	××	××
	"90后"	××	××	××	××	××	××	××	××
授信额度	0~2万元	××	××	××	××	××	××	××	××
	2万~5万元	××	××	××	××	××	××	××	××
	5万元以上	××	××	××	××	××	××	××	××
合计		××	××	××	××	××	××	××	××

(四) 完善价值型投入产出分析

追求投入产出效率最大化,是提升股东回报的重要要求。农业银行积极运用管理会计手段,围绕价值核心,强化经营决策和投入产出后评价。一是强化重点项目投入产出准入。创新运用管理会计数据与分析方法,编制项目投入产出测算模板,对网点建设、大额营销、重点投入等项目开展开支效益分析,切实提升了财务决策的科学性和规范性。二是强化产品价值贡献综合评价。通过对明细可售产品的经营业绩、综合绩效、市场份额、发展趋势和未来潜力进行分析,进一步强化对产品创新和综合营销的定量后评价。三是强化全渠道经营业绩后评价。通过对存量、新建和新迁址网点的盈利状况、存款拓展以及综合营销等情况进行分析,进一步强化管理会计结果在渠道开支授权、财会工作评价和网点布局调整等方面的应用。

(五) 建立全维度激励约束机制

完善激励约束机制，是管理会计的重要内容。农业银行在机构激励约束相对成熟的基础上，重点向完善全维度激励约束机制推进。一是强化部门业绩考评机制。在建立完善部门产品或部门客户对应关系的基础上，2012年以来，将管理会计部门EVA和成本收入比等指标纳入部门绩效考评，并尝试计划完成率考核，强化全行目标分解和价值约束，进一步完善"横纵结合"的预算考评机制。二是探索客户经理考核激励。通过建立完善对公客户经理与管辖客户的分成机制，探索对客户经理实现业绩价值评价和工资考核激励。三是开展产品营销计价应用。依托管理会计零售产品分区域的单位价值贡献指标，进一步完善零售产品的营销计价，全面调动员工的积极性，推动由"办业务"向"做营销"转变。四是实施内部服务转移计价。通过建立完善网点间代理业务、部门机构间代理服务的计价标准和机制，进一步完善了"成本自担、风险自负、联动分成"的内部利益分配机制。

第六章 管理会计建设应用对策建议

从财政部《关于全面推进管理会计体系建设的指导意见》和农业银行管理会计建设应用实践看,管理会计体系建设是一项全局性、系统性和螺旋式上升的长期工程,其建设和应用的成功既需要科学合理的设计和良好的数据质量,也有赖于理念的有效传导和创新应用的思维,更离不开企业高层的强力推动和人才队伍保障。作为商业银行打造精细化管理"升级版"的基础工程,管理会计体系建设应用应重点抓好以下核心环节,突破以下关键难点。

一、高层推动是管理会计建设应用的前提

管理会计建设应用是一项复杂的长期工程,将必然涉及内部利益的重大调整,而统一思想、高层推动才能为管理会计体系建设构建良好的环境,这也是管理会计深化应用取得实效的前提条件。管理会计不同于财务会计,是企业出于改进内部管理和提升精细化水平的需要,特别是当前形势下管理会计对实施转型发展、应对盈利压力至关重要,也就迫切需要单位领导认识到位、准确定位和积极支持,并在经营决策和业务管理中,率先垂范,亲抓实干,加快推进。事实上,管理会计之所以叫管理会计,其主要服务对象是各级管理者。只有"一把手"认识到位,在决策过程中高度重视,才能真正见到实效。就农业银行经验而言,自股改以来,几届行党委均高度重视,连续两任主管行领导亲力亲为,将管理会计项目纳入全行重大基础性工程,引入咨询"外脑",优先保障资源,加快推进应用,逐步建立完善了有农行特色的管理会计体系。

二、理念传导是管理会计建设应用的关键

管理会计是以价值创造为核心的管理体系,它必然带来价值理念和管理手段的创新与变革,这也势必会与传统观念及做法产生矛盾与冲突。而从目前情况来看,现阶段以"机构+规模"为主的传统业绩观和管理思路仍普遍存在,在相当长的一段时间内,也确实有效促进了业务经营的快速发展,但随着宏观经济与银行业发展步入新常态,固有的管理思路与方法已不能与时俱进,如何统一思想,提高认识,真正地向多维价值管理全面平稳过渡,已成为商业银行管理会计体系真正发挥作用的关键。就农业银行而言,一是突出价值理念传导。通过农银大学等多种形式开展多层次管会培训,作为标准化示范课程,宣讲管理会计的理念、方法和案例,有效促进全行价值理念传导。二是开展典型案例引路。通过

编纂先进行典型应用案例，建立完善管会应用经验分享机制，更生动和更有效地传导管理会计理念与方法，促进全行创新应用。三是强化激励约束机制。通过衔接绩效考核、财会工作评价等手段，促进各级行、各部门主动运用管理会计方法与结果。

三、数据质量是管理会计建设应用的基础

管理会计系统是综合性的数据加工平台，原材料主要来源于大量外围系统的海量数据，其主要成果也是多维的业绩计量数据，可以说数据是管理会计建设应用的基础。但从实际情况看，受机构人员庞大、产品种类繁多、成本类型多样、联动营销普遍等多重因素影响，数据质量一直是困扰商业银行，特别是大型商业银行管理会计深入应用的"瓶颈"。但这个问题需要辩证地来看，一方面，管理会计是数据综合加工系统，对数据质量依赖度较大，高质量数据和分析结果会对经营管理产生积极的促进作用。但另一方面，对高质量数据的要求，也必然会增加获取数据的成本，甚至也可能会影响数据获得的及时性和完整性。商业银行需要做好成本与效益的平衡统一，避免走"过度要求数据准确性"或"过分强调数据局限性"两个极端，要通过将相对准确的管理会计数据加快应用于实践，再通过实践不断完善模型和方法，才能真正意义上追求数据的高质量。

从农业银行的经验来看，一是要实现数据标准的统一性。管理会计是大型综合型应用系统，对外围系统依赖性较强，需要对外围系统数据的标准、粒度、口径和时效提出统一规范和质量要求，全面提升结果数据的专业性和认可度。二是要增强管会数据的实用性。要借鉴责任中心和可控成本理念，紧密衔接管理口径，完善责权对等的责任中心业绩报告，提升管会结果的灵活性和实用性。三是要不断提升数据的合理性。管理会计成本分摊模型和业绩分成规则存在天然的主观因素，其数据结果是螺旋上升的过程，不可能一蹴而就，需要理论与实践相结合，不断提升数据结果的合理性。

四、模型设计是管理会计建设应用的重点

全维度的业绩价值数据是管理会计的重要成果，而统一完善的系统模型就是生产这些成果的大型机器。从某种意义上来说，构建统一的管理会计模型、搭建统一的 IT 管理平台，可以看作是管理会计建设应用的重要基础和关键环节。从农业银行经验来看，一套成熟好用的管会系统模型，最主要的是要围绕管理需求和问题导向，满足统一性、科学性和灵活性要求。一是系统模型要立足整体性。作为全维度业绩价值计量工具，管会系统模型要定位为企业级价值平台，从商业银行整体性和统一性的角度，全方位、全维度、全面地构建模型的系统框架。二是系统模型要立足科学性。系统模型要按照"责权利相统一"原则，围绕"业绩可控"理念，按照"先归集、后分配"的思路，构建完善收入分成和成本分摊模型，并积极引入作业成本法等方法，支持建立完善互利共赢的利益分配机制，确保管理会计业绩结果科学合理。三是系统模型要立足灵活性。管理会计系统模型主要是为深化应用服务，要立足于管理应用的灵活性和个性化要求，基于管理会计大数据视角，生成

一系列的盈利指标和过程数据，强化决策支持的灵活性和精细度。

五、创新应用是管理会计建设应用的灵魂

管理会计的生命力在于运用，其核心要义和生产力在于为管理决策提供量化支持和管理抓手，支持企业持续提升价值创造能力和核心竞争力。而从目前的情况来看，与工业企业相比，商业银行管理会计应用仍处于初级阶段，更多的还是集中于机构维度应用，全维度价值管理尚未成熟，需要商业银行在加快深化应用的过程中，面对新问题和新挑战，运用创造性思维，"摸着石头过河"，建立完善一套符合自身特色的管理会计应用模式。从农业银行的情况来看，一是探索管会应用框架。对于企业总部而言，探索和明确深化应用的范围和重点也是责无旁贷。农业银行从管理会计数据分析入手，积极借鉴国内外同业应用经验，从应用维度和应用内容两个角度，初步探索了管理会计应用框架体系。二是制定管会应用指引。基于对应用重点和方向的总体把握，以创新性、实用性和可操作性为目标，研究制定产品、部门和网点等应用指引，从方法论的角度，总结归纳了管理会计工具和分析方法，创新构建了管理会计特色指标体系和评价标准。三是以点带面取得突破。通过选取部分基础好、管理水平高的分行作为试点行，总行给予重点支持，全面探索管理会计应用落地方式与路径。通过成功实践，积累好的经验与做法，发挥示范效应，促进管理会计应用整体推进。

六、人员团队是管理会计建设应用的保障

"坚持人才带动，整体推进"是财政部全面推进管理会计体系建设坚持的原则之一。管理会计向纵深发展当然也离不开具有跨专业学科背景、丰富工作经验和创新工作思维的人才队伍。从农业银行的情况来看，在管理会计建设应用过程中：一是组建管会建设核心团队。在总行组建了一支由管理会计师（CMA）、金融风险管理师（FRM）、注册会计师和注册税务师组成的专业人才队伍，长期固定从事管理会计工作，大多数团队成员具有2年及以上基层工作经历，理论与实践相结合，为管理会计推广应用提供了坚实的人才保障。二是保障IT技术专业团队。将管理会计建设纳入全行重点IT建设清单，优先安排高质量、高效率、高抗压的IT技术团队，"五+二""白+黑"有效开展工作，为管理会计项目建设和后续应用优化提供了坚实的技术保障。三是培养条线专职人员团队。总行要求各级行选派专职业务骨干，推进管理会计建设应用工作。并通过总行交流、跟班学习和专题培训等多种方式，成功打造了一支懂IT、擅分析、会管理的专业人才队伍。

七、总结沉淀是管理会计建设应用的升华

管理会计起源于制造企业对成本的控制，发展于工业企业战略决策、价值分析和绩效

考核，可以说当前管理会计的理论方法体系还主要是基于制造业发展成熟起来的。20 世纪 80 年代以来，虽然商业银行在加速推进管理会计体系等方面取得了长足的进步，国内外商业银行在管理会计建设应用内容、方法与路径等方面也是各有特色，但从整体来看，作为管理会计的一项重要分支，商业银行在会计目标、概念本质、功能定位、计量原则和分析维度上仍有待进一步整合和体系化，这可能在一定程度上影响了管理会计的应用实效。为进一步深化管理会计应用，商业银行需要对管理实践进行总结回顾，对经验教训进行积淀升华，共同为建立完善商业银行管理会计理论体系添砖加瓦。从农业银行的情况看，在探索管理会计体系的过程中，也不可避免地走了不少弯路，当然也创新了一些方法，突破了许多难题，积累了些许经验，取得了一定的成绩。以此为契机，农业银行在深入总结沉淀管理会计建设应用实践的基础上，通过对管会理论进行再提炼，对应用案例进行再深入，初步拟定了《商业银行管理会计概念框架体系》，并开展了重点课题研究，汇总了应用案例整理，启动了理论书籍撰写，尝试为全行深化应用探索理论基础，也希望对银行同业建设应用管理会计有所裨益。

总体上看，管理会计体系建设是一项螺旋上升的长期工程，只有进行时，没有完成时。在当前复杂多变的经济形势和金融业态下，只有不断优化完善业务模型，改进提升系统平台处理能力，坚持高层推动、全员参与、因地制宜、有的放矢、坚持不懈、创新应用，才能真正体现与发挥管理会计价值工具的作用，不断完善财会管理机制，持续提升商业银行价值创造水平。

第七章 结 论

管理会计自诞生以来，就定位为企业战略传导和精细化管理的重要工具，是提升核心竞争力的基础性工程。从某种意义上来说，管理会计建设水平决定了一家商业银行的精细化水平和价值创造能力。随着中国经济进入新常态，银行发展开始新征程，可以说加快商业银行管理会计建设应用恰逢其时，也必将大有可为。

基于本课题的研究来看，我们从管理会计建设应用的重要性、必要性和时代性出发，围绕"什么是"（概念框架）、"怎么建"（系统框架）和"如何用"（应用框架）管理会计，分别从"大框架""大平台"和"大应用"角度开展课题研究和案例分析，初步构建了"三位一体"的管理会计体系。主要有以下结论：

第一，深化管理会计应用符合时代发展的要求。通过对管理会计的内在作用、政府推动、行业趋势和现实需要等方面进行分析，可以说加快商业银行管理会计应用是顺应经济金融环境变化、适应会计改革发展方向，增强银行管理硬实力的时代要求。与工业企业相比，受产品种类繁多、成本类型复杂、营销活动多元、机构网点庞大等综合因素影响，商业银行建设应用管理会计任重而道远。

第二，管理会计应立足于全过程价值管理框架。作为基于价值管理的管理活动，管理会计不能仅仅局限为一组量化决策工具、一个管理信息系统、一套业绩评价体系抑或是一份多维分析报告，从更高的层面看，它更是涵盖多维价值预算、多维业绩评价、全面成本管理和多维绩效考评四个方面，共同构成"事前预算、事中监控、事后考核"的全过程价值管理闭环。一言以蔽之，管理会计就是价值管理（基于会计的价值管理），或者至少是价值管理的基础与核心（基于价值管理的会计）。在此基础上，本课题系统总结和归纳了管理会计的总体目标（一个目标）、概念本质（两层内涵）、功能定位（三种关系）、计量原则（四项原则）和分析维度（五大维度），初步尝试构建了商业银行管理会计概念框架。

第三，管会系统应定位为企业级价值管理平台。围绕着价值最大化和管理精细化的总体目标，商业银行管理会计平台需要也必须融合数据整合、数据加工和数据应用三位于一体，定位为集经营决策、绩效考评、定价管理、客户营销、成本管控、风险评价等功能于一身的企业级价值管理平台，为全行全维度、全功能和全过程价值管理活动提供一体化的量化决策支持。

第四，管理会计深化应用应重点聚焦六大方面。一是通过深度数据挖掘和钻取，支持战略决策从"定性决策"向"定量决策"转变。二是建立完善价值贡献考评全景视图，支持绩效考评从"规模导向"向"价值导向"转变。三是通过多维经营单元投入产出量化衡量，支持资源配置从"层层下达"向"条块结合"转变。四是依托客户业绩价值大数据信息，支持客户营销从"传统管理"向"精准营销"转变。五是从强化全要素成本方面考虑，支持产品定价从"被动调价"向"主动定价"转变。六是推动渠道战略转型，支持渠道整合从"响应客户"向"营销为王"转变。

第五,管理会计建设应用需把握七大关键环节。从农业银行管理会计建设应用实践来看,管理会计体系建设是一项全局性、系统性和螺旋式上升的长期工程,建设应用要重点抓好高层推动(前提)、理念传导(关键)、数据质量(基础)、模型设计(重点)、创新应用(灵魂)、人才团队(保障)以及理论沉淀(升华)七大核心环节(抑或是关键"瓶颈"),支持有序推进。

参考文献

[1] 唐有瑜. SAP 系统与商业银行管理会计的实践[J]. 金融会计, 2005 (10).

[2] 刘锡良, 刘轶. 提升我国商业银行竞争力: 成本领先战略视角[J]. 金融研究, 2006 (4).

[3] 吴晓灵. 构建商业银行价值创造型管理会计体系、提升中资银行的竞争力[J]. 中国金融, 2006 (22).

[4] 韩曙光. 管理会计在商业银行的应用——以光大银行为例[J]. 金融会计, 2008 (2).

[5] 毛洪涛, 李诗依. 管理会计研究评述与边界扩展——基于理论与实务焦点对比分析的研究[J]. 会计与经济研究, 2012 (6).

[6] 沈如军. "One Bank"框架下工商银行管理会计理论探索与应用实践[J]. 金融会计, 2012 (8).

[7] 张文武. 关于构建管理会计体系的一些思考[J]. 金融会计, 2014 (12).

[8] 姜瑞斌. 创新管理会计价值平台推进商业银行精细化管理[J]. 金融会计, 2015 (9).

[9] 刘亚干等. 大数据环境下商业银行管理会计体系研究[J]. 金融会计, 2015 (9).

[10] 申香华. 大数据时代管理会计在商业银行的应用前景与路径研究[J]. 金融理论与实践, 2015 (10).

[11] 姚明德. 深化管理会计应用, 全面助力"向成本宣战"[J]. 农银学刊, 2016 (4).

[12] 罗伯特·S. 卡普兰等. 管理会计[M]. 北京: 清华大学出版社, 2009.

[13] 曹国强. 管理会计也时尚——商业银行管理会计理论与实务[M]. 北京: 中信出版社, 2013.

[14] 熊焰韧, 苏文兵, 张朝. 管理会计实践发展与展望——创新方法在中国企业的应用调查与分析[M]. 北京: 中国财政经济出版社, 2013.

[15] 余恕莲, 李相志, 吴革. 管理会计[M]. 北京: 对外经济贸易大学出版社, 2013.

[16] 中国财政部. 关于全面推进管理会计体系建设的指导意见, 2014, http: //www.mof.gov.cn/zhengwuxinxi/caizhengxinwen/201411/t20141114_1158265.html.

[17] CIMA, AICPA. 全球管理会计原则, 2014, http: //www.cgma.org/ Resources/Reports/Pages/Global-ManagementAccountingPrinciples.aspx? TestCookiesEnabled=redirect.

[18] 中国财政部. 管理会计基本指引, 2016, http: // kjs.mof.gov.cn/zhengwuxinxi/zhengcefabu/201606/t20160624_2336654.html.

[19] Christopher D. Ittner, David F. Larcker. Assessing empirical research in managerial accounting: A value-based management perspective [J]. Journal of Accounting and Economics, 2001 (32).

[20] Jennifer D. Rice. Funds Transfer Pricing: A Management Accounting Approach within the Banking Industry [J]. Journal of Performance Management, 2004, 17 (2).

[21] Rezaee, Zabihollah. The Relevance of Managerial Accounting Concepts in the Banking Industry [J]. Journal of Performance Management, 2005, 18 (2).

[22] Anders Rom, Carsten Rohde. Management accounting and integrated information systems: A literature review [J]. International Journal of Accounting Information Systems, 2007 (8).

[23] Jordi C. Fuster. Management Accounting in Spanish Savings Banks. An Empirical Investigation [J]. Journal of Performance Management, 2007, 20 (1).

本篇附录

一、管会制度示例

中国农业银行文件

农银规章〔2011〕195号

关于印发《中国农业银行
管理会计管理办法（试行）》的通知

各省、自治区、直辖市分行，新疆兵团分行，各直属分行：

为构建中国农业银行管理会计体系，完善内部管理机制，发挥管理会计决策支持作用，总行制定了《中国农业银行管理会计管理办法（试行）》，现印发你们，并就有关事项通知如下：

一、充分认识管理会计的重要性。管理会计是加强内部管理的基础工具和强化核心竞争力的重要手段，对加快经营战略转型、打造优秀大型上市银行有着十分重要的意义。各行要进一步统一思想、提高认识，努力加快管理会计理念传播，积极推进管理会计体系建设，深入探索管理会计应用。

二、建立管理会计定期报告制度。从2012年开始，各一级分行要按季公布管理会计报告，发布产品、部门和网店业绩情况。同

中国农业银行文件

农银规章〔2014〕139号

关于印发《中国农业银行管理会计管理办法》和《中国农业银行成本归集与分摊管理办法》的通知

各省、自治区、直辖市分行，新疆兵团分行，各直属分行：

今年，总行依托综合财会管理平台（罗盘）完成管理会计系统二期建设与投产。管理会计二期数据粒度细化至账户（合约），分析维度拓展至客户，在外部数据源、内部业务模型等方面较管理会计一期有较大变化。为规范新形势下的管理会计体系建设工作，推进管理会计在全行的广泛应用，总行对《中国农业银行管理会计管理办法（试行）》（农银规章〔2011〕195号）和《中国农业银行成本归集与分摊管理办法》（农银规章〔2011〕173号）进行了修订。现将修订后的《中国农业银行管理会计管理办法》和《中国农业银行成本归集与分摊管理办法》印发你们，请遵照执行。

中国农业银行办公室文件

农银办发〔2014〕268号

关于印发《中国农业银行联合营销
利益分成方案》的通知

各省、自治区、直辖市分行，新疆兵团分行，各直属分行，中国香港、新加坡、首尔、纽约、东京、法兰克福、迪拜、悉尼分行，英国子行，农银汇理基金管理有限公司，农银金融租赁有限公司，农银国际控股有限公司，农银人寿保险股份有限公司：

为建立健全联合营销各主体之间的利益分成机制，进一步提升全行市场营销合力，总行制定了《中国农业银行联合营销利益分成方案》，现印发你们，请贯彻执行。

执行中遇到问题，请及时向总行（财务会计部）报告。联系人：王娟、刘春江，联系电话：010-85109114、010-65221894。

二、专题报告示例

中国农业银行
AGRICULTURAL BANK OF CHINA

2015年度管理会计分析报告

2016年　第1期

财务会计部

2016年1月

中国农业银行
AGRICULTURAL BANK OF CHINA

信用卡业务"降本增效"专题分析
——基于信用卡管会客户级大数据初步挖掘

2016年　第2期

财务会计部　信用卡中心

2016年4月

中国农业银行
AGRICULTURAL BANK OF CHINA

境内分行"增收创利"专题分析
——基于管理会计多维数据的初步挖掘

2016年　第3期

财务会计部

2016年6月

三、应用指引示例

管理会计应用指引
第1号 产品维度

内部资料

管理会计应用指引
第2号 部门维度

内部资料

管理会计应用指引
第3号 网点维度

内部资料

四、试点经验示例

江苏分行以"好用、实用、管用"为抓手,稳步推进管理会计应用

总行管理会计体系建设日臻完善,为各级推广应用创造了条件,按照总行统一部署,江苏分行作为推广应用试点行,紧紧依托总行管会系统,结合自身实际,不断探索,反复实践,取得了一定成效。下面,将我行管会试点和应用情况汇报如下:

一、在应用思路上,坚持"好用、实用、管用"

近几年,我行紧密联系实际,以"好用、实用、管用"为抓手,力争走出一条富有江苏特色的管理会计应用之路。

(一)夯实基础求好用。我行从理念、制度、机制、队伍、系统"五位一体"同步推进,不断夯实管会应用基础。一是理念先行,自2011年起,持续开展多层次的宣讲和培训,不断深化价值创造理念。二是制度保障,除制定推广应用方案外,坚持每年制定价值管理推进计划,将业务和价值创造目标,同步分解到各市行、各部门,推动横、纵两个维度主动应用管理会计。三是机制促进,先后在先进支行评选、部门领导干部业绩考核中引入价值考核,并逐步提高权重,激励各级行、各条线共同关注管理会计。四是队伍储备,目前我行培养了一支大约50人的管理会计推广核心团队,虽然都是兼职,但经过实践,基本能达到懂原理、能操作、会应用。五是系统优化、依托总行系统,我行还搭建了网点价值本地化平台,使管会数据更加可读、适用。

湖南分行推进部门预算,强化效益评价,努力提升价值管理水平

作为总行确定的四个管会推广应用试点行之一,湖南分行高度重视,上下联动,群策群力,以"深化应用、精细管理"为指导,充分运用管会大平台、大数据、多维度业绩值报告功能,在推进部门预算与考核、强化投资项目效益评价等方面进行了有益的尝试,并取得阶段性成效,初步形成高管层高度关注、技术创新配套支持、管理层会筹、经营层用的良好局面,创建了管会应用"五到"的良好效果。

一是听到——全民传导管会价值理念。通过分层次、广覆盖、重实效的宣导培训,将管会传导至各行、各部门,让全员知道、懂得管会价值理念。

二是看到——全面展示管会应用成果。在全行季度业务经营分析会上,对管会机构、部门、产品、客户等多维度业绩进行点评,引起各级管理层高度关注。

三是学到——创新推广管会应用工具。充分利用管会系统数据与我行特色业务相结合,开发数据分析平台,完善分析工具,使管会数据更接地气,为客户经理等员工业绩计量奠定基础。

四是做到——做实部门预算业绩编制。运用管会数据,建立前台部门个性盈利收支模型,科学制定预算方案,做实部门预算编制,将部门预算纳入部门考核。

五是用到——效益评价引导科学决策。编制项目效益评价模板,运用管会数据,分析评估项目效益,引导重大投资

信用卡中心借助管理会计工具,提升价值创造能力

近年来,在行党委的领导和条线员工的共同努力下,信用卡业务呈现出规模、质量、结构协调发展的良好态势。与业务发展相适应,信用卡中心积极借助管理会计支持,不断创新价值管理工具,充分发挥管理会计对信用卡经营的战略指导作用,确保盈利水平持续增长。信用卡中心有幸成为管理会计推广应用试点部门之一,现将信用卡业务管会应用情况汇报如下:

一、认清形势,统一思想,树立价值创造的经营意识。

管理会计作为会计与管理技术的结合,是为适应管理目标的要求而发展起来的,是商业银行提高经营决策水平和加强管理能力的重要工具。信用卡中心高度重视管理会计对提升经营效率和市场竞争力的作用,适应盈利能力持续增长新要求。一是转变认识,明确管会在信用卡价值创造中的重要作用。在管会工具使用前,卡中心对信用卡业务整体盈利水平、各类产品盈亏性、盈利动因的认识并不清晰,对如何提升价值创造能力缺少抓手,自2012年起,卡中心开始引入管理会计,明确将管会作为卡中心对各级行在信用卡营销支持、经营决策、考核评价过程中对业绩科学计量、精准展示的重要工具,提高管理水平、质量和效率。二是加强管会培训,提升管理应用水平。卡中心管理层积极带头参与管会知识学习和应用研讨,在农银大学开设"节约经济资本,加快经营转型"的专题培训课程,组织开展"如何提升开发卡业务盈利"

五、典型引路示例

管理会计应用经验分享
2016年第1期

中国农业银行财务会计部　　2016年5月13日

编者按：管理会计的生命力在于应用。为加快推进管理会计深化应用，强化先进性经验交流和典型引路，总行决定从2016年开始，发布系列管理会计应用特色案例，搭建创新应用经验交流平台，促进全行管理会计应用水平稳步提升。

长期以来，外币业务一直是我行的短板，如何提高外币资金使用效率、提升国际业务综合收益是经营行面临的共同难题。深圳分行运用管理会计本量利分析方法，对外币业务资金和主要产品进行了深入分析，并提出了相应建议，为管理决策提供了量化决策支持。我们特编发2016年第1期应用案例，供各级行研究参考。

管理会计应用经验分享
2016年第5期

中国农业银行财务会计部　　2016年6月30日

编者按：随着金融体制改革的深入和经济下行压力加大，宁波地区产业结构调整也进入深水区，宁波分行的经营压力不断加大，实现经营转型成为当务之急；同时管理半径小、业务门类全的特点，使宁波分行非常适合推广应用管理会计，实施价值管理。基于上述情况，宁波分行高度重视管理会计工作，希望通过引入管理会计工具与方法来应对当前的不利形势，为此成立了课题组就管理会计推广应用进行专题研究，在管会服务决策支持、绩效考核、资源配置、产品定价等方面进行了有益探索，为下一步的应用工作指明了方向，奠定了基础。我们特编发2016年第5期应用案例，供各级行参考研究。

管理会计应用经验分享
2016年第10期

中国农业银行财务会计部　　2016年9月8日

编者按：加强营销项目效益管理是财会部门面临的重要课题。陕西分行运用管理会计客户账户级数据，通过投资回报率和静态投资回收期两个指标，对2013年以来审批立项的13个银医通项目的经济效益情况开展分析，深入传导价值管理理念，深度发掘客户价值创造能力，努力提升贡献水平，并结合该行实际提出银医通项目的管理要求。我们特编发2016年第10期应用案例，供各级行研究参考。

六、理论文章示例

创新管理会计价值平台 推进商业银行精细化管理
姜瑞娥　中国农业银行财务会计部

深化管理会计应用 全面助力"向成本宣战"
■ 中国农业银行财务会计部　姚明德

商业银行管理会计建设应用框架体系
——基于中国农业银行的管理实践

2016年2月　　　　　　　　财务会计部

管理会计是经营决策的重要工具，也是引领企业战略转型的重要抓手，更是体现现代化管理水平的标志。在宏观经济进入新常态，银行发展迈入新阶段的大背景下，商业银行需要也必须将管理会计作为全行重大的基础性工作，逐步构建完善有本行特色的建设应用框架体系。

一、管理会计发展历程与形势分析

（一）管理会计发展历程回顾

管理会计是管理与会计的有机结合，随着社会生产力的进步和管理实践水平的提升，"管理会计"逐渐进入我们的眼帘，并主要经历了四个发展阶段。

1. 萌芽阶段：面向效率，服务于"成本最小化"，业界公认现代管理会计的萌芽，起源于20世纪初泰罗（Frederick W. Taylor）的科学管理，在管理工作逐步向科学化、系统化和标准化方向发展的同时，会计学与管理学的有机结

第四篇

中央银行资产负债表政策溢出效应研究

中国人民银行会计财务司课题组

课题主持人：杨伟中
课题组成员：李忠林　任咏梅　黄文菲　赵兴华　唐　洁　颜　蕾

摘 要

最近一次国际金融危机对全球经济和金融产生了重要影响，为了救助严重的金融危机，发达经济体中央银行相继将政策利率下调至接近于零，但是，上述传统货币政策没有达到预期效果，零利率下限限制了利率下调刺激经济的能力，传统货币政策工具面临失灵局面。这一背景下，美联储等发达经济体央行实施非常规货币政策，通过扩张自身资产负债表，大量购买资产向市场注入流动性，引导公众预期，确保金融体系正常运转，上述政策可以称为中央银行资产负债表政策。

近年来，从发达经济体资产负债表政策实践来看，资产负债表政策深刻影响了发达经济体央行资产负债表的规模、结构和财务状况；更为重要的是，政策实施对本国经济、金融状况产生了积极影响，并推动了全球经济的缓慢复苏。但是，我们也看到，发达经济体央行资产负债表政策还产生了明显的溢出效应，对全球特别是新兴市场经济体资本流动、金融市场以及经济产生了重要影响。本课题以美联储资产负债表政策为例，从全球宏观视角出发，研究发达经济体央行资产负债表政策对包括欧元区在内的发达经济体和中国、印度、巴西、东南亚地区等新兴市场经济体经济和金融的影响，以研究新兴市场经济体政策制定者面对发达经济体资产负债表政策溢出效应时的政策抉择问题。本课题结构如下：

第一章"研究背景"为问题的提出，论述本研究的国内外背景、意义和文献综述；第二章"美联储等主要发达经济体资产负债表政策实践"主要总结了近年来以美联储为代表的发达经济体资产负债表政策，及其对自身资产负债表规模、结构以及财务状况的影响；第三章"美联储资产负债表政策溢出效应传导机制"从经济理论上分析了美联储资产负债表溢出效应的传导机制；第四章"实证分析模型"主要选取数据并建立包含全球主要经济体的 GVAR 模型，实证衡量和检验美联储资产负债表政策溢出效应；第五章"实证结果分析"分析了模型的广义脉冲响应函数结果；第六章为结论及政策建议。

关键词：中央银行　资产负债表政策　溢出效应　GVAR

第一章 研究背景

一、背景及意义

(一) 问题的提出

2007年,美国次贷危机迅速转变为全球范围的金融危机,并对包括发达经济体和新兴市场经济体在内的全球经济和金融产生了重要影响。为了应对金融危机,以美联储为代表的发达经济体中央银行迅速响应,在短期内将政策利率(如美国联邦基金利率)下调至接近0的同时,对陷入危机的金融机构实施救助。但是,由于危机过于深重,2007~2008年,美联储、欧央行实施的传统货币政策没有达到预期效果,零利率下限(zero-lower bond,ZLB)限制了利率下调刺激经济的能力,传统货币政策工具面临失灵局面。因此,美联储等发达经济体央行实施非常规货币政策,通过扩张自身资产负债表方式,大量向市场注入流动性,引导公众预期,确保金融体系正常运转。上述政策可以称为中央银行资产负债表政策。2013年以来,主要国家货币政策出现分化,美国经济复苏势头明显,美联储于2013年12月宣布削减量化宽松政策(QE)购买金额,开始了退出中央银行资产负债表政策的步伐。受欧债危机、自身经济结构等影响,欧洲和日本经济不但没有起色,反而陷入通缩泥潭,欧央行和日本央行宽松政策继续加码,欧央行甚至于2014年引入负利率政策。

从发达经济体资产负债表政策效果来看,资产负债表政策对本国经济、金融市场产生了积极影响:首先,中央银行资产负债表政策有效维护了本国金融市场稳定。美联储、欧央行和英格兰银行对陷入危机的系统重要性金融机构进行的一系列救助措施,对稳定金融市场、控制恐慌情绪蔓延起到了巨大作用。Heider等(2009)通过建立模型对中央银行最后贷款人和危机救助作用进行的论证表明,在金融市场陷入恐慌时(信息不对称造成的逆向选择),金融市场的交易功能失灵,流动性风险急剧增加并出现金融机构破产。因此,中央银行此时必须对市场进行干预,通过扩张自身资产负债表,向金融体系注入流动性,修复私人部门的资产负债表。从实际情况看,在央行资产负债表政策实施后,发达经济体银行状况逐步改善。其次,在中央银行面临零利率下限约束时,资产负债表政策贯彻了货币政策意图。发达经济体央行通过资产负债表政策,影响债券收益率的绝对水平和收益率曲线的斜率,从而影响金融资产的绝对和相对价格。资产价格的变化影响私人部门的消费、投资和储蓄,从而对宏观经济产生影响。同时,中央银行资产负债表的扩张并没有导致通胀率的显著上升。

但是,相对于中央银行资产负债表政策对发达国家经济、金融的积极影响,很多新兴市场经济体认为,发达国家特别是美联储的中央银行资产负债表政策外溢效应明显,美元流动性的持续增加,直接造成了流动性的全球泛滥,新兴市场经济体普遍受到资本大规模进出,金融市场大幅波动的困扰,从而一定程度上干扰了新兴经济体货币当局的政策实施,影响了实体经济。

(二)研究的意义

应该看到,第一,相对于国外学者对美联储等发达经济体资产负债表政策实施对金融市场和本国经济影响研究来说,目前对于美联储等经济体央行资产负债表政策对其他国家特别是新兴经济体溢出效应还停留在定性和直观分析上,定量的实证研究少且分析时没有将全球经济作为一个整体来研究,研究的样本国家也较少。第二,对于新兴市场经济体央行来说,更为关心的问题在于,一是发达经济体央行资产负债表溢出效应的传导机制如何,即通过何种渠道影响本国资本流动、金融市场、货币政策制定和实体经济变量的;二是本国经济金融变量对发达经济体央行溢出效应的响应速度如何,溢出效应的影响程度有多大以及持续时间有多长。可见,深入研究中央银行资产负债表政策溢出效应,对于新兴经济体央行进一步加强政策的主动性和前瞻性,积极应对溢出效应可能对本国金融市场、实体经济以及政策制定产生的影响,进一步增强本国货币政策有效性具有重要的理论和现实意义。

因此,本课题以美联储资产负债表政策为例,首先从经济金融理论上较为全面地分析了美联储资产负债表政策溢出效应可能的传导机制,然后建立较为完整的全球统一的模型,从全球宏观视角研究美联储中央银行资产负债表政策,对包括欧元区在内的发达经济体和中国、印度、巴西、东南亚地区等33个全球主要经济体宏观经济和金融市场的影响。之后,使用脉冲响应函数,定量分析包括中国在内的经济体对美联储资产负债表溢出效应响应时间以及受溢出效应的影响程度。在以上理论和定量分析的基础上,本课题尝试分析新兴市场经济体政策制定者面对发达经济体资产负债表政策溢出效应时的政策抉择,并提出应对发达国家资产负债表溢出效应的政策建议。

二、文献综述

从目前的研究主题和方向来看,2009~2013年,研究的方向为中央银行资产负债表政策实施的影响分析:如Krishnamuthy和Jorgensen(2010)研究了美联储量化宽松政策对利率的影响,D'Amico和King研究了美联储量化宽松对债券收益率、股票价格的流动和贮存影响,Wu和Xia(2013)使用影子利率作为美联储政策利率的替代,采用了FAVAR方法研究了美联储量化宽松对美国宏观经济如CPI、失业率的影响。2014年以来,市场和研究主要关注的是美国退出中央银行资产负债表政策,特别是进一步启动加息的影响。

在中央银行资产负债表政策溢出效应方面,Fratzscher等(2013)研究了中央银行资产负债表政策对发达经济体和新兴市场经济体金融市场的影响,得出了中央银行资产负债表政策对其他国家特别是新兴市场经济体资本流动产生显著影响的结论;刘兰芬、韩立岩(2014)使用EGARCH模型描述量化宽松政策对中国和巴西的影响,得出量化宽松溢出效应在资产价格渠道更为明显的结论。但是,我们更关心的是,中央银行资产负债表政策是否对其他国家实际经济变量产生了明显的溢出效应,以及在多大程度上对其他国家资本流动,股票等金融市场以及利率、汇率、货币供应量、外汇储备等货币政策指标产生了影响。李自磊和张云(2014)使用 SVAR 模型,对美国量化宽松政策与"金砖四国"汇率、产出、通胀之间的关系进行了实证检验,得出了美国量化宽松政策对中国、巴西和印度产出水平产生负冲击的结论;马理、余慧娟(2015)使用 PVAR 模型,研究了量化宽松政策对"金砖国家"经济产出、物价水平、进出口贸易、资本市场波动、货币供应量的影响。

第二章 美联储等主要发达经济体资产负债表政策实践

金融危机前，美联储主要通过调整短期利率即价格型工具，进行货币政策的操作。金融危机爆发后，金融市场陷入混乱，美联储首先将联邦基金利率调至0，在面临价格工具对金融市场和经济恢复十分有限的情况下，美联储又实施了对金融机构进行救助、实施大规模资产购买计划等资产负债表政策，涉及范围之广、调控力度之大、搭配渠道之多、创新水平之高均为历史罕见。资产负债表政策对美国经济产生了重要影响，2011年以来，美国经济率先走出金融危机阴影，经济增长恢复，失业率不断下降。进入2013年，美国经济复苏势头更加明显，美联储也于2013年12月宣布削减量化宽松政策的资产购买金额，开始了退出量化宽松的步伐。

一、美联储主要资产负债表政策

（一）资产负债表政策实施

第一，与美国财政部紧密合作，成立 Maiden Lane 等特殊目的实体促成 JP Morgan 收购 Bear Sterns、救助 AIG 等金融机构。第二，通过政策宣告引导公众预期，使公众相信美联储将在相当一段时间内维持0利率政策。第三，实施了非常规货币政策，先后启动了四轮大规模资产购买计划（LSAP），通过大规模购买 GSE 债券、MBS、公司债券以及美国国债向市场提供流动性，提升市场信心。第四，进行了扭转操作，通过调整美联储资产负债表中证券期限结构调整公众持有的证券结构，从而达到调整收益率曲线，压低长期利率的目的。

（二）逐步退出资产负债表政策

一是停止大规模购买资产政策。随着美国经济复苏，就业形势好转，美联储自2014年1月起逐步退出量化宽松政策，连续8次减少长期国债、联邦机构和政府支持企业 MBS 的购买额，并于2014年10月底完全停止购买长期资产（美联储逐步退出长期资产购买政策的情况如表1所示）。二是继续执行再投资政策（Reinvestment Policy），将财政部债券、政府支持企业债券和 MBS 的到期受偿本金用于重新购买债券。三是加强对联邦基金利率的前瞻性指导，并扩大了联邦基金利率目标范围。2015年12月，美联储公开市场委员会（FOMC）将联邦基金利率目标范围扩大0.25个百分点（0.25%扩大至0.5%），并指出继续拖延货币政策正常化的步伐，可能导致超过2%的通胀目标。

表 1　美联储每月购买长期资产变动情况

单位：亿美元

FOM 会议时间	实施时间	调整后每月购买额	其中：财政部债券	其中：MBS
	2012 年 12 月	850	450	400
2013 年 12 月 18 日	2014 年 1 月	750	400	350
2014 年 1 月 29 日	2014 年 2 月	650	350	300
2014 年 3 月 19 日	2014 年 4 月	550	300	250
2014 年 4 月 30 日	2014 年 5 月	450	250	200
2014 年 6 月 18 日	2014 年 7 月	350	200	150
2014 年 7 月 30 日	2014 年 8 月	250	150	100
2014 年 9 月 17 日	2014 年 10 月	150	100	50
2014 年 10 月 29 日		0	0	0

资料来源：美联储网站，http://www.federalreserve.gov/.

二、政策实施对美联储资产负债表的影响

（一）美联储资产负债规模扩张情况

金融危机之后，美联储创设大量救助工具投放流动性，随后实施多轮量化宽松货币政策，资产规模持续上升。2014 年初宣布退出量化宽松政策以后，资产规模仍呈上升趋势，但增长趋势比上年有所缓和。从央行资产规模占经济总量（以 GDP 衡量）的比例看，2015 年为 24.86%，较 2010 年上升了 8.63%，且维持在历史高位。2007~2015 年美联储资产规模及资产增长率如图 1 所示。

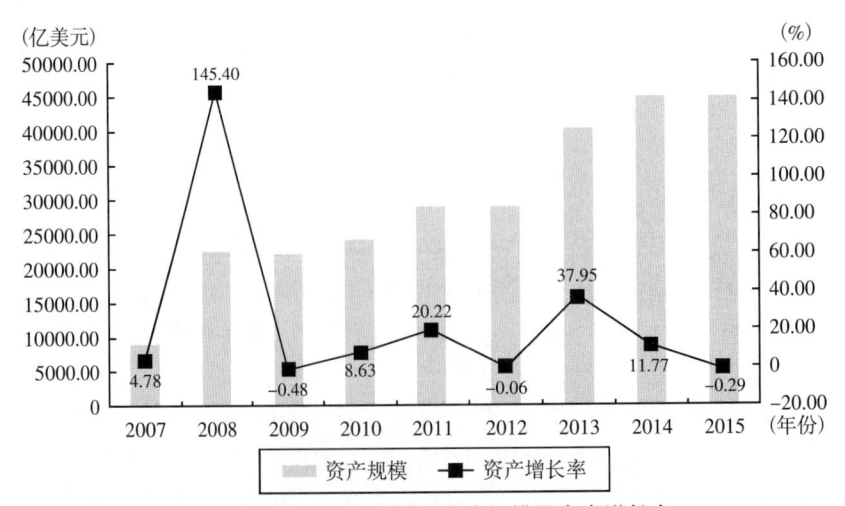

图 1　2007~2015 年美联储资产规模及资产增长率

资料来源：美联储 2007~2015 年年度报告。

(二) 资产负债结构变化情况

美联储危机前80%以上资产是财政部债券（国债）。危机后，美联储创设了大量临时性短期救助工具，资产抵押证券（MBS）比重上升，逐渐成为美联储的主要资产。宣布退出量化宽松政策后，美联储继续实施宽松的货币政策，对财政部债券自动展期，并维持现有政府支持企业（GSE）债券和MBS的持有规模，2015年末，财政部债券、联邦机构和GSE MBS在总资产中的比重分别维持在57.54%和40.15%的水平，主要原因是美联储在完全退出QE之前继续购入财政部债券和MBS。受不再购入和到期偿还本金的影响，政府支持企业债券规模持续下降，在总资产中占比由2010年的6.30%持续降至2015年的0.75%。负债方的存款为最大负债项目，2015年占比为52.34%；流通中货币占比持续下降（见表2）。

表2 2010~2015年美联储主要资产负债项目结构变化

单位：%

主要资产项目	2010年	2011年	2012年	2013年	2014年	2015年
财政部债券	43.95	59.96	62.02	58.63	57.72	57.54
政府支持企业债券	6.30	3.69	2.72	1.47	0.89	0.75
联邦机构和政府支持企业MBS	41.38	29.06	32.58	38.12	39.78	40.15
主要负债项目						
流通中货币	38.78	35.43	38.62	29.77	28.87	30.76
存款	54.61	58.69	55.45	60.77	58.41	52.34

资料来源：美联储2007~2015年年度报告。

(三) 财务影响

2015年，美联储净利润为999.04亿美元，同比小幅下降1.34%。收入主要来自持有国债、政府支持企业债券和资产抵押证券产生的利息收入（占总收入的90%以上），而对存款机构的平均付息率较低，因此盈利状况良好。2008~2015年美联储利润规模及增速情况如图2所示。

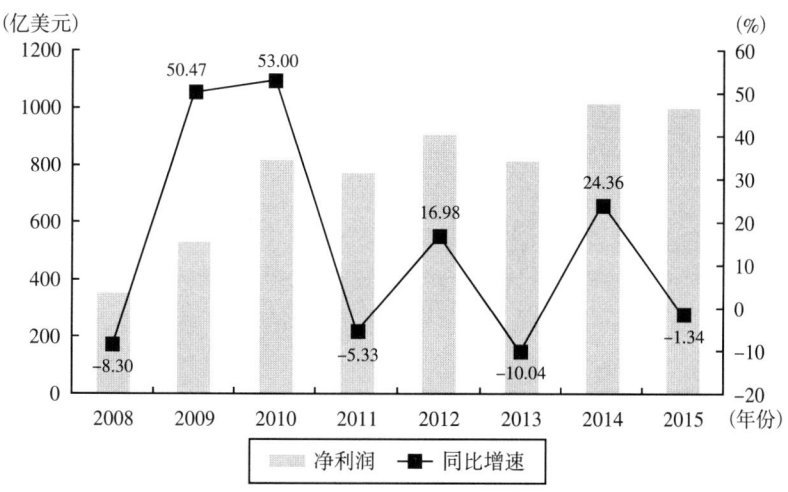

图2 2008~2015年美联储利润规模及增速情况

此外，欧央行、英格兰银行和日本银行在应对金融危机和欧债危机影响过程中，也在维持超低利率的宽松货币政策基础上，启动了直接购买计划（Outright Monetary Transactions，OMT）、资产购买计划（APF）、量化和质化货币宽松政策（QQE）等资产负债表政策，从而推动了资产负债表规模的扩张和结构的变化。2008年以来，主要发达国家资产负债表大幅扩张，占GDP比重不断上升（见图3）。

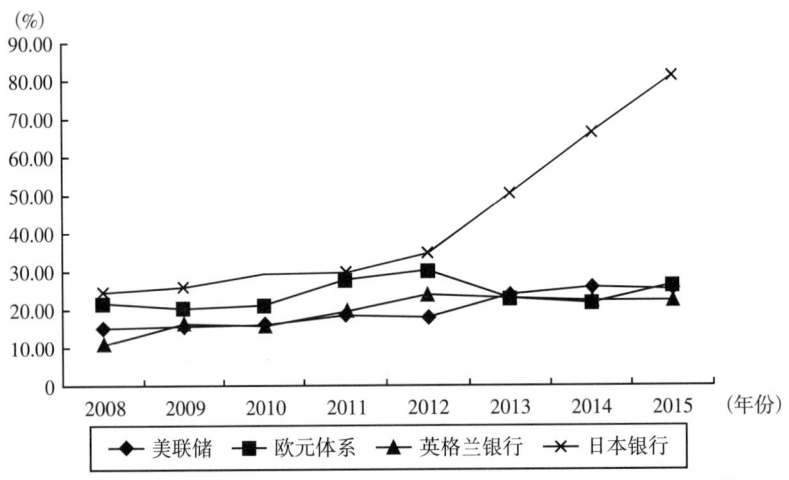

图3　2008~2015年美、欧、英、日央行资产负债表规模占GDP比重情况

第三章　美联储资产负债表政策效果及溢出效应传导机制

结合国际经济理论和 Bernanke 和 Reinhart（2004）在政策利率临 ZLB 时中央银行应采取的措施，我们认为，美联储资产负债表政策对全球金融、经济产生影响主要有以下四个渠道。

一、信号渠道

通过政策宣告，向市场传达政策意图和未来政策演变路径等方式来引导市场预期，从而引起金融资产价格调整，比如：在将利率下调至 ZLB 后，美联储反复宣称未来将较长时间保持零利率，并告知市场提高利率的条件。Gagnon、Raskin、Remasche 和 Sack（2011）研究发现，每次利率政策和资产负债表计划实施的宣告，均会对美国股票价格和债券期限收益率产生影响；Qianying Chen、Andrew Filardo、Dong He 和 Feng Zhu（2012）研究发现，QE 的宣告同样会对亚洲新兴市场经济体金融市场产生重要影响。

二、资本流动渠道

首先是国内投资组合再平衡效应，一方面，美联储资产负债表政策通过直接购买国债、机构债以及其他信贷产品等措施，起到替代私人金融中介的作用，改变美国债券和信贷产品在市场的供给水平，从而影响美国债券收益率和价格水平；另一方面，资产负债表政策扩大了商业银行准备金规模，增加了准备金供给，显著提升市场流动性，缓冲了货币市场流动性风险，从而影响了其他金融资产价格，金融价格调整将影响美国居民和厂商资产组合的调整，导致国际资本流动。其次投资组合再平衡效应也在国际市场上发生，由于美国国债和机构债券是重要的国际投资品，其供给的改变还将显著影响国际金融市场无风险利率水平，从而影响全球资产配置，改变国际资本流动。资本的流入和流出将对全球特别是新兴市场经济体金融资产价格和其他宏观经济变量产生重要影响，同时，如果新兴市场经济体存在资本管制和汇率管理，资本流动会显著影响其货币政策。

三、贸易产出渠道

直观分析，贸易产出渠道方面，资产负债表政策通过影响美国居民可支配收入水平和厂商预算约束，影响美国商品、要素市场供求关系，从而影响其他国家，特别是与美国贸易关联度较高国家的进出口产品需求及结构，美国国内市场需求变化将直接影响这些国家出口和进口，从而直接影响全球产出水平，继而对其他宏观经济变量产生重要影响。

四、大宗商品渠道

从大宗商品渠道来看，由于美元为国际大宗商品（石油、铁矿石、有色金属等）的主要计价货币，美联储资产负债表政策会引起大宗商品价格波动，从而影响全球企业成本水平，进而影响通货膨胀水平，因此，大宗商品价格波动往往是造成不同国家主要宏观经济变量同方向变动的重要原因。

第四章 实证分析模型

鉴于美国经济在世界经济以及美元在全球货币体系中的作用,美国经济以及美联储货币政策对全球经济最为重要,其影响也最为显著。因此,本章以美联储为例,建立模型实证研究中央银行资产负债表政策可能对其他国家经济、金融以及货币政策实施产生的溢出效应。

一、衡量美联储资产负债表政策

通常来说,联邦基金利率是反映美联储货币政策的主要工具,但是由于 2008 年 12 月以来,美联储一直维持美国联邦基金利率在 0 左右,传统政策利率失去了应有的波动,使用联邦基金利率作为反映美联储货币政策意图的政策利率建立模型,以衡量其对美国经济的冲击已经非常困难了。许多学者也意识到了这一点,在 Wu 和 Xia (2013) 文章中,使用了影子利率期限结构计算出了影子利率,并将影子利率作为政策利率,使用 Bernanke、Bovian 和 Eliasz (2005) 提出的 factor-augmented VAR 模型,衡量资产负债表政策对美国宏观经济的影响。

与其他文献不同,本章选择美国 10 年期国债利率减去 3 个月国债利率之差 (期限利差),作为美联储政策利率。选择美国国债收益率之差作为政策利率主要理由:首先,按照 Bernanke (2004) 理论,在传统政策利率接近 ZLB 时,需要实施非常规货币政策,这也与美联储在此次金融危机中所做的一致。在联邦基金利率面临 0 下限利率约束时,美联储大规模资产购买计划的主要原因是通过向市场提供流动性,压低债券利率来刺激经济;其次,更加重要的是,自第三轮量化宽松政策开始,美联储开始执行扭转操作,其主要目的就是在短期利率足够低的情况下,压低长期利率,调整收益率曲线。因此,使用长期利率与短期利率差即可以直观反映美联储资产负债表效果,又可以体现美联储的政策意图,是在 ZLB 情况下,较好反映资产负债表政策结果的工具。

二、文章模型

(一) 全球向量自回归模型 (GVAR)

随着经济全球化发展,全球资源和技术共享程度越来越高,贸易和金融市场联系更加紧密。在建立模型衡量全球经济的联系和相互影响时,遇到的首要问题就是"维度诅咒",

即随着模型维度（国家及其变量）的增加，无法获取期限足够长的数据对模型变量进行有效估计［对于含有 k 个经济变量的标准的滞后 p 阶的 VAR 模型来说，N 个国家模型中就有 P(kN－1) 个变量需要估计，宏观经济数据量通常会小于被估计变量数，此时模型估计无法完成］，为了应对这一问题，Pesaran 等（2004）首先提出了 Global VAR 方法。GVAR 方法通常包括两步：第一步，以全球其他国家为条件，估计单个国家模型，模型中包含国内变量和国外变量，国外变量通过贸易和金融加权矩阵得到；第二步，在 GVAR 框架下，同时解出每个国家的 VARX* 模型，并可以对模型进行广义脉冲响应分析和预测。因此，GVAR 模型包含了时间序列和面板数据，是分析全球经济的有效方法。

（二）GVAR 模型的具体推导及分析步骤

本章使用的 Dees、di Mauro、Pesaran 和 Smith（2007）（DdPS）关于 GVAR 的扩展模型，实证研究美联储资产负债表政策的影响。

首先，假设 GVAR 系统中有 N＋1 个国家，即 i＝0，1，2，…，N，其中，0 为参照国，通常为美国。对于第 i 个国家来说，其 $VARX^*(p_i, q_i)$ 模型：

$$X_{it} = a_{i0} + a_{i1} \cdot t + \sum_{s=1}^{p_i} \Phi_{is} X_{i,t-s} + \Lambda_{i0} X_{it}^* + \sum_{s=1}^{q_i} \Lambda_{is} x_{i,t-s}^* + \sum_{s=1}^{r_i} \Psi_{is} d_{t-s} + \mu_{it} \quad (1)$$

其中，Φ_{is} 为 $k_i \times k_i$ 阶矩阵，Λ_{is} 为 $k_i \times k_i^*$ 阶矩阵；X_{it} 为 $k_i \times 1$ 阶国内向量，属于模型内生变量；X_{it}^* 为 $k_i^* \times 1$ 阶国外变量，具有弱外生性。d_{t-s} 为全球弱外生变量，如石油价格。μ_{it} 为各国单个自发冲击向量，假设其为序列不相关且均值为 0，即 $\mu_{it} \sim i.i.d(0, \Sigma_{ii})$。

同时，国外变量与国内变量联系为：

$$X_{it}^* = \sum_{j=0}^{N} \omega_{ij} X_{jt}, \quad \omega_{ii} = 0 \quad (2)$$

其中，ω_{ij} 表示第 j 个国家占第 i 个国家的贸易权重。

可以看出，$VARX^*$ 模型表达了单个国家与其他国家变量的关联性：第一，国内变量 X_{it} 依赖于其滞后值和国外变量 X_{it}^* 的当期和滞后值；第二，X_{it} 依赖于全球变量 d 的当期和滞后值。

根据式（2），可以得到：

$$Z_{it} = W_i X_{it} \quad i = 1, 2, \cdots, N \quad (3)$$

其中，$Z_{it} = (X_{it}, X_{it}^*)$，$W_i$ 为权矩阵。那么，对于所有的变量来说，式（1）转变为：

$$GX_t = a_{i0} + a_{i1} \cdot t + \sum_{s=1}^{p} \Phi_s X_{t-s} + \sum_{s=1}^{r} \Psi_s d_{t-s} + u_t \quad (4)$$

那么，可得：

$$X_t = G^{-1} a_{i0} + G^{-1} a_{i1} \cdot t + G^{-1} \sum_{s=1}^{p} \Phi_s X_{t-s} + G^{-1} \sum_{s=1}^{r} \Psi_s d_{t-s} + u_t \quad (5)$$

各国 $VARX^*$ 模型统一在 GVAR 系统下，可以得到各国变量之间的长短期联系，可以进行单位根、协整、弱外生性检验，并得到广义脉冲响应函数。

三、变量及数据选取

(一) 模型的宏观经济和货币政策变量

本课题为了研究美联储资产负债表政策对全球宏观经济和有关国家特别是中国货币政策的影响，选取了 33 个国家和地区的样本数据，33 个国家包括：主要发达经济体和经济体 4 个（美国、日本、英国和欧元区），其中，将德国、法国、意大利、西班牙、荷兰、比利时、奥地利和芬兰 8 个国家作为欧元区一个整体来研究；其他发达经济体 6 个（瑞典、瑞士、挪威、加拿大、土耳其、澳大利亚），新兴市场经济体 13 家（中国、韩国、印度、印度尼西亚、泰国、菲律宾、新加坡、马来西亚、南非、巴西、墨西哥、阿根廷、沙特阿拉伯）。

各国 VARX* 模型中变量包括实际 GDP、汇率、股票价格、M2、外汇储备、银行信贷、通胀率以及名义政策利率（如上文所述，美国政策利率为 10 年期国债利率减 3 个月期国债利率）等内生变量，分别用 y、ep、eq、m2、fr、banc、dp 和 r 表示。需要说明的是，第一，对于美国来说，目前研究普遍使用泰勒规则或者修正的泰勒规则，即利率与通胀和产出缺口的关系来描述美联储货币政策，如前所述，2008 年以来，美国联邦基金利率处于 ZLB，且美联储在 QE 后期重点关注了利率期限结构，因此，美国政策利率数据为 10 年期国债利率减 3 个月期国债利率。第二，由于数据期间内，日本也长期处于 0 利率状态，需要加入 M2、外汇储备和银行信贷作为利率和汇率的代理变量，共同描述该国货币政策。第三，对于中国、韩国、印度、菲律宾、印度尼西亚等存在汇率管理和资本管制的亚洲新兴国家来说，货币政策尚未完全转向价格型，出于汇率管理等考虑，通常积累了较多外汇储备，并向国内市场投放了流动性，因此，本课题在描述部分新兴市场经济体货币政策时，也引入了货币供应量（M2）、外汇储备和银行信贷等变量。上述变量在其他国家模型中不作为国内变量。

使用贸易权重矩阵构建国外变量，主要使用 y*、ep*、eq*、dp*、m2* 等表示；同时，所有模型中都含有弱外生的全球变量——石油，使用 poil 表示。

(二) 数据选取

本课题使用 2003 年 1 月至 2013 年 12 月数据。为了对比危机前后美联储货币政策溢出效应，将数据分为两个阶段：危机前（Pre-Crisis Sample，2003 年 1 月至 2007 年 12 月）和危机期间（Crisis Sample，2008 年 1 月至 2013 年 12 月），分析不同样本数据的脉冲响应函数情况。来源主要是 IMF、CEIC、World Bank、各国数据以及 Wind 数据库。同时，不同样本数据，本课题建立各国模型中内外变量联系所使用的加权矩阵也不相同：对于危机前样本数据，使用 2004~2006 年移动平均进出口数据建立权重矩阵；对于危机期间样本数据，使用 2009~2011 年移动平均进出口数据建立权重矩阵。危机期间样本使用的贸易权重矩阵如表 3 所示。

表 3 危机期间样本数据的贸易权重矩阵（仅列出主要经济体）

经济体	美国	欧元区	中国	日本	英国	韩国	印度	巴西	加拿大
美国	0	0.150	0.192	0.167	0.116	0.133	0.126	0.163	0.669
欧元区	0.145	0	0.175	0.100	0.501	0.090	0.185	0.218	0.062
中国	0.176	0.236	0	0.267	0.076	0.282	0.162	0.189	0.080
日本	0.068	0.045	0.147	0	0.023	0.140	0.037	0.047	0.030
英国	0.039	0.180	0.025	0.019	0	0.013	0.036	0.025	0.035
韩国	0.033	0.024	0.103	0.080	0.009	0	0.040	0.040	0.014
印度	0.019	0.029	0.030	0.013	0.018	0.026	0	0.026	0.006
巴西	0.023	0.029	0.032	0.014	0.010	0.020	0.020	0	0.008
加拿大	0.200	0.016	0.019	0.018	0.027	0.014	0.010	0.017	0

四、模型检验

建立 GVECM 模型，需要对模型进行必要的统计检验，如国内变量的单位根检验，国外变量的弱外生性检验以及模型的协整检验。附表 1 给出了美国模型和中国模型中变量单位根的 ADF 检验结果。

检验结果表明，对于危机前样本和危机期间样本各变量部分为 I(1) 单位根过程使用一阶差分形式进入模型，且协整检验表明，各国模型均存在 1 个以上协整关系，因此建立 GVECM 模型。

模型要求国外变量和全球变量具有弱外生性检验如附表 2 所示。对于所有样本数据，国外变量在 5%的显著性水平上不显著，符合弱外生性要求，即模型中国内变量对国外变量没有长期影响。

第五章 实证结果分析

使用危机前样本数据和危机期间样本数据对各国模型进行同时估计,并进行广义脉冲响应函数(GIRFs)分析期限利差变化的影响。

一、美联储资产负债表政策对全球产出和通胀水平影响

图 4 表明,美国期限利差变化对各国产出产生了一定影响,但是影响程度和方向不同。从不同样本数据看:危机前和危机期间,期限利差对各国产出影响方向相同,但危机期间期限利差对产出影响幅度明显高于危机前,反映了危机期间美联储货币政策溢出效应更为明显。从不同经济体看:对于欧元区、日本等发达经济体来说(对于其他发达经济体效应近似,限于篇幅,本课题不再一一列述),期限利差的正冲击会造成产出下降,以欧元区为例,面对一个标准差期限利差正冲击,其实际产出在滞后 2 个月后,开始下降,并在 10 个月左右达到最大响应值,随后逐渐回归,但出现了产出的永久性下降;对于中国、印度等大型经济体,特别是危机期间,期限利差对它们产出负向影响有限;对于菲律宾、马来西亚等小型新兴经济体,期限利差上升造成了产出的下降,且影响幅度最大。整体来

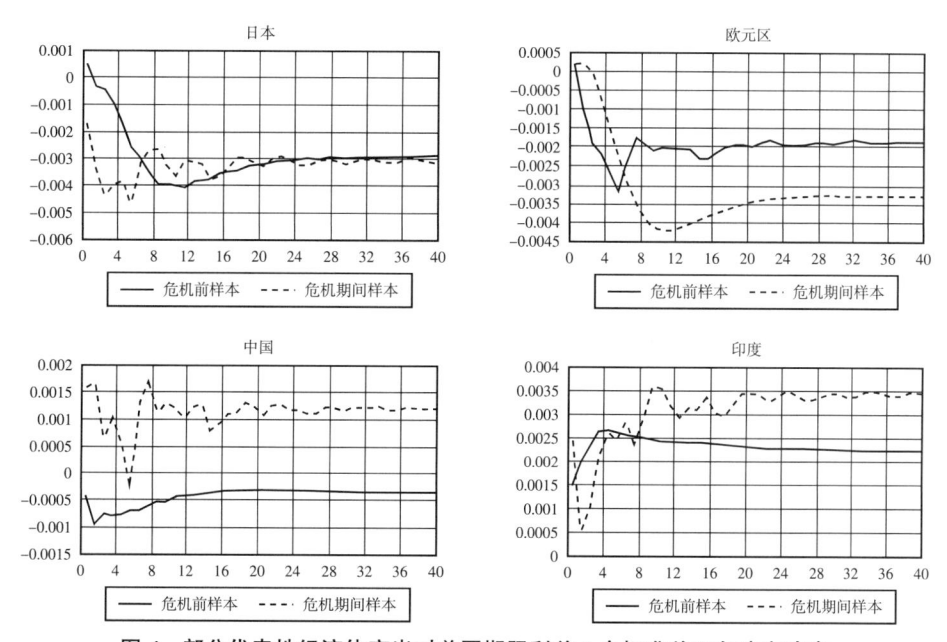

图 4 部分代表性经济体产出对美国期限利差 1 个标准差正向冲击响应

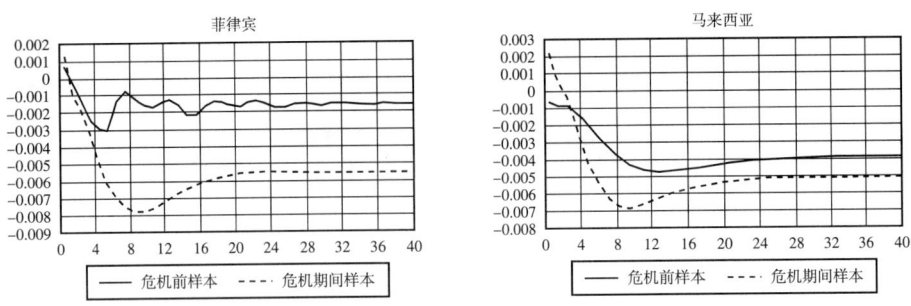

图 4　部分代表性经济体产出对美国期限利差 1 个标准差正向冲击响应（续）

看，美联储资产负债表政策对发达经济体和大型新兴经济体产出影响小，而对小型新兴经济体影响较大。

面对美联储 1 个标准差利率的正向变化冲击时，各国通胀响应情况与产出情况类似（见图 5）。

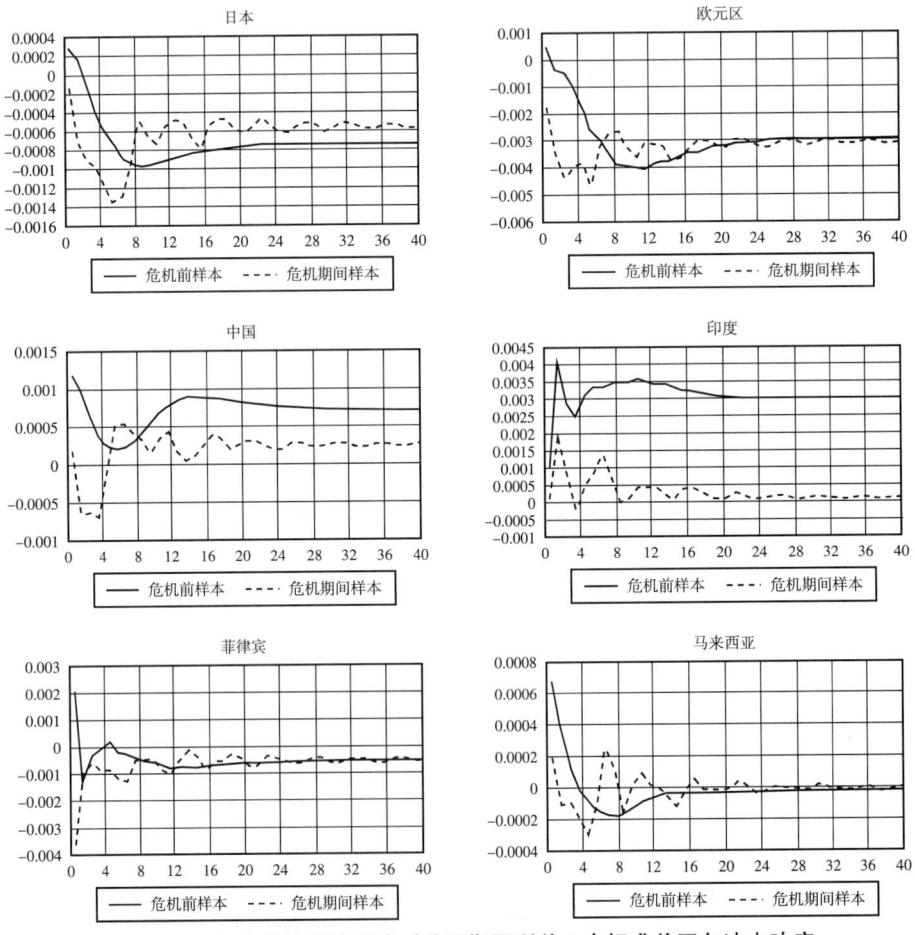

图 5　部分代表性经济体通胀对美国期限利差 1 个标准差正向冲击响应

对于中国、印度等大型新兴市场经济体产出和通胀等变量对期限利差冲击响应不显著，分析原因可能有三个：第一，2007年以来金融危机主要始发于发达经济体，其对中国在2008年至2009年才开始显现，随着当时中国迅速放松货币并推出了大规模刺激政策（4万亿政策等），其对中国影响持续时间较短。第二，中国和印度经济增长主要是国内资本积累和技术进步等因素驱动的，外生性因素对其影响有限，无法改变其内生增长的趋势。第三，中国和印度等经济体由于存在一定的资本和汇率管制，在面临汇率和资本流动冲击时，货币当局采用了冲销式干预政策（买入外汇投放基础货币的同时，使用存款准备金、央票等方式进行对冲），也一定程度上抵消了国外货币政策溢出效应对本国产出和通胀的影响，在下文中，我们分析它们的有关货币政策变量对美联储资产负债表政策响应时可以观察到，资产负债表政策对这些变量有着更明显的影响。

二、美联储资产负债表政策对有关货币政策变量的影响

这一部分主要分析各国名义利率、货币供应量（M2）、外汇储备、银行信贷等对美联储政策利率的冲击响应。

各国利率对美国期限利差1个标准差正向冲击的脉冲响应中，情况出现差异，且危机前和危机期间样本表现也出现较大差异。值得注意的是，中国和印度在危机期间面对美国期限利差的冲击，表现与危机前截然不同（见图6）。

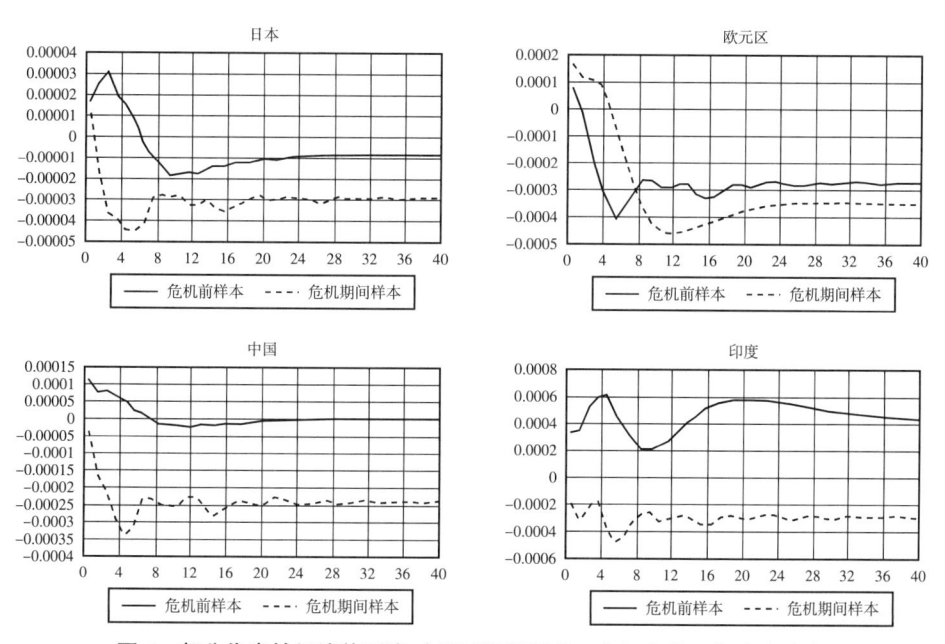

图6 部分代表性经济体利率对美国期限利差1个标准差正向冲击响应

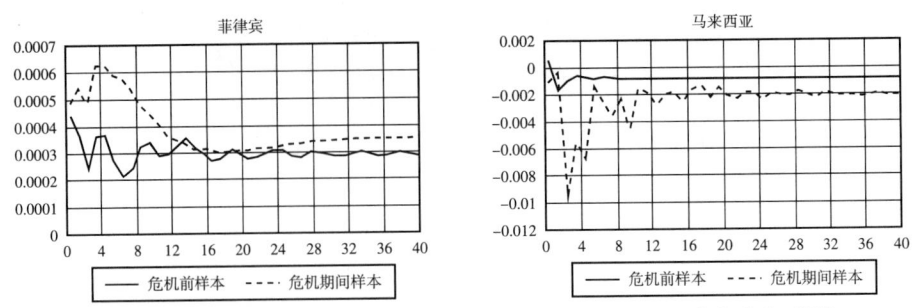

图 6　部分代表性经济体利率对美国期限利差 1 个标准差正向冲击响应（续）

中国、印度、菲律宾等新兴经济体 M2 对期限利差 1 个标准差正向冲击响应幅度明显高于日本，且危机期间样本冲击响应程度明显高于危机前（见图 7）。以中国为例，如果美联储通过货币政策操作改变期限利差，将导致中国货币供应量的下降，且下降在 8 个月后达到峰值，随后逐步回归，但存在永久性下降。

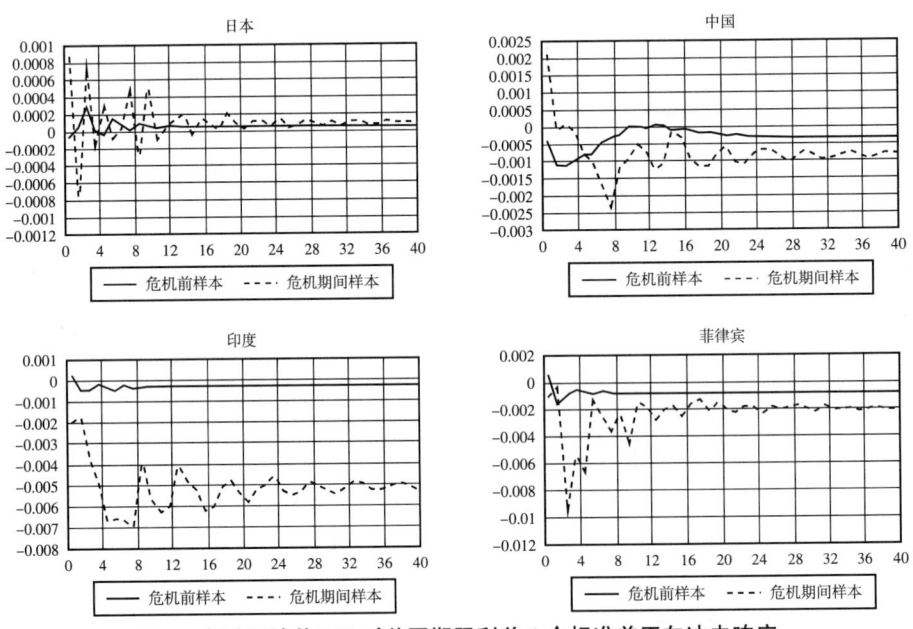

图 7　部分经济体 M2 对美国期限利差 1 个标准差正向冲击响应

除中国外，其他经济体面对期限利差 1 个标准差正向冲击都表现为负响应，且不同样本响应幅度明显不同（见图 8）。中国外汇储备对美国期限利差基本无响应，这可能与即使在金融危机期间，人民币汇率依然持续升值，资本依然大幅流入中国，中国外汇储备仅个别月份出现下降，其他月份都是大幅增长有关。

根据上述脉冲响应分析可以看出，以中国为代表的大型新兴市场经济体货币政策变量普遍受到了美联储资产负债表政策的影响，且影响程度高于其对实际经济变量影响。本课题以中国 M2 对美国期限利差脉冲响应情况为例，对出现上述情况的传导机制分析如下：根据上文的贸易传导渠道分析，美国期限利差变化通过影响美国居民可支配收入水平和厂商预算约束，改变了美国商品、要素市场供求关系，而美国国内市场需求变化将直接影响

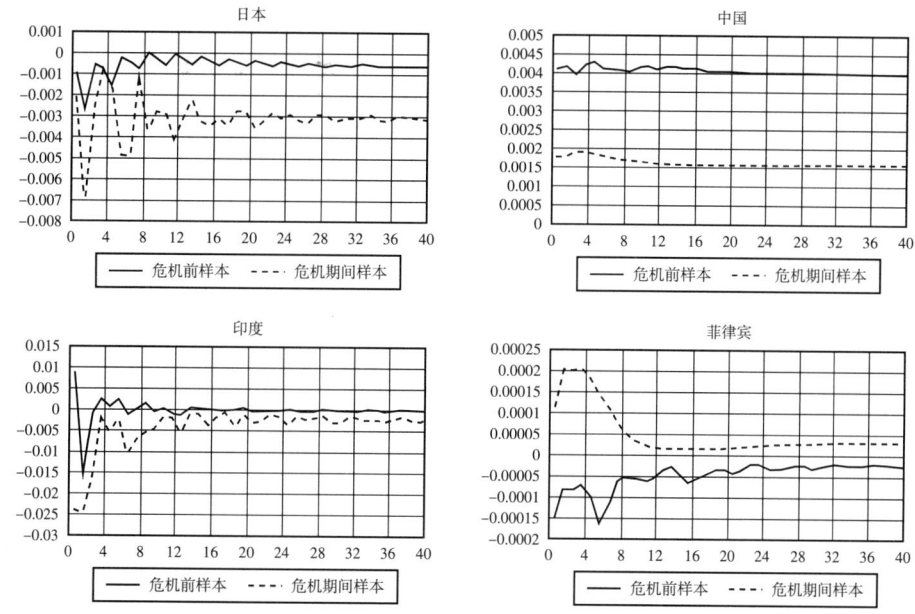

图8　部分经济体外汇储备对美国期限利差1个标准差正向冲击响应

中国进出口。2000年以来，由于中国贸易资本双顺差，为了维持汇率基本稳定，购买外汇形成外汇储备是中国基础货币投放的主要形式。因此，进出口情况直接影响中国基础货币供给，从而影响M2变化。可以说，贸易渠道是美国期限利差对我国M2影响的主要渠道。由于在本课题GVECM模型中，使用贸易权矩阵将国内、国外变量（美国期限利差为中国模型中的弱外生国外变量）联系起来，因此，从脉冲响应来看，模型较好地拟合了上述传导渠道。

第六章 结论及政策建议

通过分析，我们看出：第一，对于研究中所有经济体来说，美联储货币政策都表现出了一定的溢出效应。第二，分样本区间来看，对比危机前和危机期间样本数据的冲击响应函数，危机期间，美联储资产负债表政策溢出效应影响更为显著，持续时间更长。第三，分经济体来看，美联储资产负债表政策对发达经济体和大型新兴经济体宏观经济变量未产生太大影响，但对新兴经济体货币政策变量造成了明显的冲击。可见，新兴市场经济体政策制定者应对上述影响有提前考虑和相应准备。

一、加强货币政策的国际协调，维护我国经济金融稳定

当前，全球经济金融形势日益复杂。从国内来看，我国经济供给侧改革持续推进，经济增长处于缓中趋稳状态。国际上，主要发达国家经济分化，美国经济缓慢复苏，逐步退出非常规货币政策并进入加息周期，但是欧元体系、日本经济形式较差，非常规货币政策甚至负利率政策持续加码，主要经济体货币政策分化造成的溢出问题日益突出。同时，本课题实证分析结果表明，外部政策特别是金融危机期间美联储的非常规货币政策明显影响着我国货币政策有关变量，其造成的溢出效应并没有因为我国资本管制而减少。因此，应对相关问题进行深入研究，并加强交流沟通和相关货币政策协调，在借鉴经验的基础上，做好有关应对的政策储备，以推动我国经济、金融的持续、健康发展。

二、不断深化经济金融改革，建立现代金融体系

经济、金融结构是决定经济发展速度和质量的主要因素，建立现代经济金融结构体系，在面临较强外部冲击时，能够为我国经济、金融发展提供有力的缓冲，减少外部冲击对我国的影响。因此，一是应进一步推进供给侧改革，推进结构调整，矫正要素配置扭曲，扩大有效供给，提高供给结构对需求变化的适应性和灵活性，提高全要素生产率，实现经济的可持续高速发展。二是应深化金融体制改革，当前，我国已经进入关键的金融改革窗口期，利率、汇率市场化改革不断推进，存款保险制度初步确立，为我国金融市场发展创造了有利条件。未来，应继续推进银行、证券、保险业改革，促进金融业提升经营管理水平和自主定价能力，引导金融业更好地为实体经济服务。三是应强化金融监管体制改革。在国际上，最近一次金融危机表明，个体金融机构的微观审慎并不代表整体金融业的宏观审慎，因此金融危机以来，国际主要监管机构和发达国家央行提出了加强宏观审慎管

理的理念。对国内来说，随着我国金融业快速发展，金融混业趋势明显，分业监管体制已经不能适应当前我国金融业发展。未来，应完善顶层制度设计，完善金融监管体制，强化中央银行在宏观审慎管理中发挥的作用，有重点地加强金融机构特别是系统重要性机构的监管，加大金融风险评估和监测的频度和力度，有效防范系统性风险。

三、分析货币政策传导机制，丰富货币政策工具箱

发达经济体中央银行在实施资产负债表政策过程中，积极探索资产负债表规模和结构管理，创新了大量货币政策工具，将 MBS、公司债券、股票、投资信托等金融资产纳入了资产负债表中，直接干预了其所创造的广义流动性的价格形成机制。新兴加转轨经济体中央银行的经济金融环境比发达经济体更为复杂，结构性问题广泛存在，金融创新层出不穷，国际收支平衡压力较大，执行货币政策的难度也大。因此，应分析不同货币政策工具在财政、金融机构、家庭资产负债表，乃至国外央行资产负债表之间的传导效应，借鉴发达经济体央行的有益经验，有针对性地丰富货币政策工具箱。优化数量型工具，促进结构调整；充分利用价格型工具，引导资源有效配置；并注重货币政策与财政政策、产业政策的协调与配合。

四、加强中央银行资产负债表管理，维护资产负债表健康

过去，为了避免外汇持续流入以及外部政策对我国宏观经济产生过大负面冲击，我国货币当局通过购买外汇并提高存款准备金率、发行央票的冲销操作；进入 2015 年以来，我国外汇流入形势发生逆转，人民币汇率单边升值趋势不再，我国外汇储备开始出现下降。可见，在我国应对外部政策溢出效应过程中，中央银行资产负债表发挥了重要作用，通过资产负债表的扩张和收缩来吞吐外汇储备和流动性，从而维持了我国汇率的基本稳定和经济的持续快速发展。周小川行长指出："中央银行的资产负债表是中央银行宏观调控操作的基础，调控能力的大小取决于资产负债表的空间。"因此，第一，应进一步完善中央银行资产负债表综合管理。在政策实施过程中，统筹考虑可能对资产负债总体规模、结构和财务状况产生的影响，并充分衡量政策实施带来的风险，采取有效措施加强风险管理，以维护资产负债表持续健康。第二，应不断增强央行财务实力，提高资产负债表弹性。国外中央银行资产负债表政策实践表明，财务实力对于中央银行政策目标实现具有重要意义，保持较为充足的资本和较强的财务实力，有助于提升中央银行政策独立性和公信力，从而增强货币政策和金融稳定政策的有效性，促进政策目标的实现。在面对国外发达经济体央行溢出效应时，我国中央银行未来政策实施面临的不确定性更高，面临的风险更为复杂，未来，应完善中央银行利润分配机制，建立健全损失弥补和化解政策，并将利润分配政策与资本有效补充机制相结合，以保持较为充足的资本；应推进中央银行财务缓冲机制建设，根据资产负债表规模及面临的风险状况，建立健全覆盖信用风险、市场风险等的专项准备金制度，有效提升资产负债表和损益表弹性。

参考文献

［1］马理，刘艺，娄田田.美国量化宽松政策实施与退出的溢出效应：文献评述［J］.金融监管研究，2015（5）：75-90.

［2］陈磊，侯鹏.量化宽松、流动性溢出与新兴市场通货膨胀［J］.财经科学，2011（10）：48-56.

［3］马理，余慧娟.美国量化宽松政策对金砖国家的溢出效应研究［J］.国际金融研究，2015（3）：13-22.

［4］李自磊，张云.美国量化宽松政策对金砖四国溢出效应的比较研究——基于SVAR模型的跨国分析［J］.财经科学，2014（4）：22-31.

［5］刘兰芬，韩立岩.量化宽松货币政策对新兴市场的溢出效应分析——基于中国和巴西的经验研究［J］.管理评论，2014（6）：13-22.

［6］吴宏，刘威.美国货币政策的国际传递效应及其影响的实证研究［J］.数量经济研究，2009（6）：42-52.

［7］刘洪飞，刘晓明，连飞.美联储量化宽松政策对中国经济溢出效应的实证分析——基于美联储资产负债表的扩张［J］.金融发展评论，2014（3）：45-57.

［8］M. Hashem Pesaran, Til Schuermann and Scott M. Weiner. Modeling Regional Interdependencies Using a Global Error-Correcting Macroeconometric Model［J］. Journal of Business & Economic Statistics, 2004, 22（2）：129-162.

［9］Stephane Dees, Filippo Di Mauro, M. Hashem Pesaran and L. Vanessa Smith. Exploring the International Linkages of the Euroarea: A Global VAR Analysis［J］. Journal of Applied Econometrics. J. Appl. Econ, 2007（22）：1-38.

［10］Marcel Fratzscher, Marco Lo Duca and Roland Straub. On the international spilloversof US Quantitative Easing［R］. European Central Bank Working Paper, 2013.

［11］Qianying Chen, Andrew Filardo, Dong He and Feng Zhu. International Spillovers of Central Bank Balance Sheet Policies［R］. BIS working paper, 2012（66）.

［12］Stefania D'Amico and Thomas B. King. Flow and Stock Effects of Large-Scale Asset Purchases: Evidenceon the Importance of Local Supply［J］. Journal of Financial Economics, 2013, 108（2）：425-448.

［13］Lamont Blacky, Ricardo Correaz, Xin Huang and Hao Zhou. The Systemic Risk of European Banks during the Financial and Sovereign Debt Crise［J］. Journal of Banking and Finance, 2016（63）：107-125.

［14］Chudik Alexander, Pesaran M.. Hashem Theory and Practice of GVAR Modeling［R］. Cesifo Working Paper No. 4807, 2014.

［15］Smith L.V. and A. Galesi. GVAR Toolbox 2.0, https: //sites.google.com/site/gvarmodelling/gvar-toolbox, 2014.

［16］Bernanke B. S., Reinhart V. R.. Conducting Monetary Policy at Very Low Short-Term Interest Rates［J］. American Economic Review, 2004, 94（2）：85-90.

［17］Okina K., Shiratsuka S.. Policy Commitment and Expectation Formation: Japan's Experience under Zero Interest Rates［J］. North American Journal of Economics and Finance, 2004, 15（1）：75-100.

［18］Bernanke B., Reinhart V. R., Sack B. P.. Monetary Policy Alternatives at the Zero Bound: An Empirical Assessment［J］. Finance and Economics Discussion Series, 2004（2）：1-100.

［19］Li H.. International Linkages of the Chinese Stock Exchange: A Multivariate GARCH Analysis［J］. Applied Financial Economics, 2007, 17（4）：285-297.

［20］Ugai H.. Effects of the Quantitative Easing Policy: A Survey of Empirical Analyses［J］. Monetary and Economic Studies, 2007, 25（1）：1-48.

［21］Joyce M., Lasaosa A., Stevens I., et al.. The Financial Market Impact of Quantitative Easing in the

United Kingdom [J]. International Journal of Central Banking, 2011, 7 (3): 113-161.

[22] Espinoza R., Prasad A.. Monetary Policy Transmission in the GCC Countries [R]. IMF Working Paper, 2012, No.12/132.

[23] Morana C.. The Great Recession: US Dynamics and Spillovers to the World Economy [J]. Journal of Banking & Finance, 2012 (36): 1-13.

[24] Heider F., M. Hoerova and C. Holthausen. Liquidity Hoarding and Interbank Market Spreads: The Role of Counterparty Risk [R]. ECB Work Paper No. 1126, 2009.

[25] Arvind Krishnamurthy and Annette Vissing-Jorgensen. The Effects of Quantitative Easing on Interest Rates: Channels and Implications for Policy [J]. Brookings Papers on Economics Activity, 2011, 2 (3): 215-287.

[26] J. Gagon, M. Raskin, J. Remache and BP Sack. Large-Scale Asset Purchases by the Federal Reserve: Did They Work [J]. Ssm Electronic Journal, 2010, 17 (441): 301-348.

[27] Bernanke B. S., J. Bovian and P. Eliasz. Measuring the Effects of Monetary Policy: A Factor Augmented Vector Autoregressive (FAVAR) Approach [J]. Quarterly Journal of Economics, 2005 (120): 387-422.

[28] Jing Cynthia Wu Fan Dora Xia. Measuring the Macroeconomic Impact of Monetary Policy at the Zero Lower Bound [J]. Social Science Electronic Publishing, 2016, 48 (2-3): 253-291.

附表1 中国和美国模型国内变量单位概检验结果（5%显著性水平）

危机前样本

Domestic Variables	Critical Value	CHINA	USA
y (with trend)	-3.45	-1.90043	-1.22992
y (no trend)	-2.89	-1.37639	-1.77033
Dy	-2.89	-4.6843	-4.54682
Dp (with trend)	-3.45	-2.78241	-4.13769
Dp (no trend)	-2.89	-6.71517	-3.57323
DDp	-2.89	-8.5979	-8.48965
ep (with trend)	-3.45	-3.06134	
ep (no trend)	-2.89	-0.41062	
Dep	-2.89	-6.81746	
r (with trend)	-3.45	-2.07469	-3.59459
r (no trend)	-2.89	-1.12883	-3.48495
Dr	-2.89	-5.86078	-6.87497
m2 (with trend)	-3.45	-5.72206	
m2 (no trend)	-2.89	-5.74244	
Dm2	-2.89	-7.37201	
fr (with trend)	-3.45	-4.59275	
fr (no trend)	-2.89	-3.15121	
Dfr	-2.89	-14.156	
banc (with trend)	-3.45	-5.33209	
banc (no trend)	-2.89	-5.31795	
Dbanc	-2.89	-8.00109	

危机期间样本

Domestic Variables	Critical Value	CHINA	USA
y (with rend)	-3.45	-0.29008	-2.22256
y (no trend)	-2.89	-2.52339	-1.4688
Dy	-2.89	-3.38002	-2.66819
Dp (with rend)	-3.45	-3.59057	-4.29868

续表

Domestic Variables	Critical Value	CHINA	USA
Dp (no trend)	−2.89	−3.7311	−4.17418
DDp	−2.89	−4.08033	−5.63846
ep (with rend)	−3.45	−3.44846	
ep (no trend)	−2.89	−0.46679	
Dep	−2.89	−3.13206	
r (with rend)	−3.45	−2.23507	−2.25544
r (no trend)	−2.89	−2.24146	−1.6889
Dr	−2.89	−3.3411	−3.67092
m2 (with rend)	−3.45	−2.81217	
m2 (no trend)	−2.89	−2.83417	
Dm2	−2.89	−6.57383	
fr (with rend)	−3.45	−2.64188	
fr (no trend)	−2.89	−1.54655	
Dfr	−2.89	−5.35199	
banc (with rend)	−3.45	−2.12579	
banc (no trend)	−2.89	−2.27557	
Dbanc	−2.89	−9.06861	

附表 2 国外变量和全球变量具有弱外生性检验

Country	F test	Fcrit_0.05	ys	Dps	rs
ARGENTINA	$F_{(2, 15)}$	3.68232	0.24423	0.50162	1.086742
AUSTRALIA	$F_{(5, 18)}$	2.77285	0.86858	0.32653	1.073439
BRAZIL	$F_{(2, 20)}$	3.49283	1.20183	0.81782	0.655848
CANADA	$F_{(3, 20)}$	3.09839	0.47489	2.56574	0.590543
CHINA	$F_{(2, 19)}$	3.52189	0.88010	0.25404	0.283201
CHILE	$F_{(2, 14)}$	3.73889	1.20700	2.19270	0.241869
EURO	$F_{(2, 21)}$	3.46680	0.73309	1.03032	1.075854
INDIA	$F_{(2, 21)}$	3.46680	1.73181	0.28746	0.898314
INDONESIA	$F_{(3, 21)}$	3.07247	0.92778	0.38397	0.385974
JAPAN	$F_{(2, 18)}$	3.55456	0.63717	1.60134	0.455926
KOREA	$F_{(4, 16)}$	3.00692	0.50269	0.17802	0.952726
MALAYSIA	$F_{(2, 21)}$	3.46680	0.90300	0.83475	0.333866
MEXICO	$F_{(3, 21)}$	3.07247	1.46696	0.91933	0.395172
NORWAY	$F_{(3, 20)}$	3.09839	1.57172	0.82568	0.487527
NEW ZEALAND	$F_{(2, 21)}$	3.46680	2.44537	0.29837	2.062482
PERU	$F_{(4, 20)}$	2.86608	1.94920	0.58422	0.956358
PHILIPPINES	$F_{(2, 19)}$	3.52189	0.38458	3.61698	0.590575
SOUTH AFRICA	$F_{(3, 20)}$	3.09839	1.96545	1.90106	0.841462
SAUDI ARABIA	$F_{(2, 23)}$	3.42213	1.10270	1.35202	1.69378
SINGAPORE	$F_{(2, 19)}$	3.52189	0.16351	2.29717	0.088669
SWEDEN	$F_{(2, 21)}$	3.46680	0.13053	0.20669	1.422602
SWITZERLAND	$F_{(3, 20)}$	3.09839	1.03718	0.59341	0.566283
THAILAND	$F_{(3, 18)}$	3.15991	0.64940	0.35032	1.468451
TURKEY	$F_{(1, 23)}$	4.27934	0.08335	0.32453	0.137639
UNITED KINGDOM	$F_{(3, 20)}$	3.09839	0.20007	0.88673	0.576571
USA	$F_{(2, 25)}$	3.38519	0.00160	0.20294	

第五篇

政策性银行执行审慎性会计原则问题研究

中国农业发展银行财务会计部课题组

课题主持人：李若原
课题组成员：戴思国　张姗姗　董华璐

摘 要

金融危机之后，审慎经营和审慎监管再度成为银行业的焦点。会计信息在反映和控制风险方面具有重要作用，因此关于审慎性会计原则的讨论也日趋集中。从政策性银行的职能定位、业务属性和资金来源来看，其执行审慎性会计原则比商业银行更具紧迫性。在此背景下，本课题讨论了政策性银行依据现行会计准则进行账务处理过程中的不够审慎之处及其对审慎经营和审慎监管的负面影响，并有针对性地为会计准则和监管规则提供了政策性建议。

首先，本课题系统梳理了审慎性会计原则的起源和发展过程，并认为政策性银行中的审慎性原则应是微观至每笔业务层面的审慎性原则，审慎反映政策性损失，如实区分政策性和自营性业务的盈亏。

其次，本课题探讨了政策性银行执行审慎性原则的必要性：①政策性银行承担着逆经济周期调节职能，因此需要在经济形势良好时保留更多的资本，这就要求其执行比商业银行更高程度的审慎性原则。②对于风险较高的未知领域，政策性银行往往需要依政策指导先于商业银行投入资金。换言之，政策性银行在行业内具有投资导向的示范性作用，因此其依照审慎性原则及时反映损失的需求更明显。③政策性银行的政策性亏损由财政兜底，其信用与财政信用息息相关，因此利用审慎性原则进行风险控制的必要性比商业银行更高。

再次，本课题重点归纳分析了政策性银行依据现行会计准则对特殊业务进行账务处理过程中的不审慎之处及其经济后果。具体包括：向资质较差的客户发放政策性贷款之初即可基本确定的损失未予以确认；政策性中长期贷款客户还款风险较高，但未出现客观减值迹象之前未确认损失；具有不确定性的政府补助确认为应收款；未对贷款承诺确认预计负债；未对政策性债务重组中的贷款展期确认货币时间价值损失；未对政策性和自营性盈亏分账核算、分别披露。这些不审慎之处将严重影响政策性银行对损失的反映和对风险的管理，使利润和资本虚高，不利于外部业绩考核和风险监管，也不利于政策性银行执行其预期职能。

最后，本课题针对第三部分的问题提出了政策性建议。①会计准则应重申审慎性原则在银行业尤其是政策性银行中的重要地位，对损失确认时点、计量属性和披露内容进行详细规范。②监管机构应在业绩评价和风险监管两方面对政策性银行实施差别监管，鼓励政策性银行实施审慎性原则。③政策性银行应注意保持对（政策性）损失的敏感性，积累自身历史数据，构建符合政策性银行特征的损失计算模型。

关键词：政策性银行　审慎性原则　风险管理　会计准则

第一章 绪 论

一、问题的提出

2008年国际金融危机爆发，全球经济遭受极大的冲击。危机爆发后，如何构建一个有效的防范系统性风险的宏观审慎监管框架，成为世界主要国家金融体系改革的重要议题。2010年，G20首脑峰会对此进行了集中讨论，《巴塞尔协议Ⅲ》也在同年出台。我国在党的十七届五中全会决议中明确提出"构建逆周期的金融宏观审慎管理制度框架"。在宏观审慎监管背景下，会计信息作为金融机构财务状况、经营成果和现金流量的反映载体，应为宏观审慎监管提供重要的基础数据信息。为此，国际会计准则理事会（IASB）和美国财务会计准则委员会（FASB）等会计准则制定机构开始陆续启动了一系列重大会计准则项目的修改和完善工作。以国际会计准则理事会（IASB）于2014年新修订的《国际财务报告准则9——金融工具》中所发布的预期损失模型为代表，会计准则尤其是金融会计准则为服务于金融监管机构而逐渐体现出强烈的审慎性倾向。

政策性银行具有辅助国家政策实施的职能，承担着商业银行不愿或不宜开展的业务，需要依政策指导放贷给风险高、收益低的领域，具有逆经济周期调控职能和行业先导作用。政策性银行的这些本质特征决定了其风险反映和管控关系到国家信用和主权评级、关系到财政稳定和财政职能发挥、关系到金融行业整体的稳定。因此，政策性银行执行审慎性会计原则的问题有着比商业银行更为紧迫的研究必要性。然而，在审慎监管的呼声如此之高的背景下，仍尚未有研究系统地阐明政策性银行应如何执行审慎性原则的问题。有鉴于此，本课题将基于政策性银行的特殊定位，探讨政策性银行执行审慎性会计原则的必要性和执行过程中需要解决的问题，对政策性银行的审慎账务处理和审慎风险管控做出诸多探索，也为会计准则、监管规则的完善提出政策性建议。

二、研究方法与意义

本课题主要采取归纳法、列举法、比较分析法等研究方法，按照提出问题、分析问题、解决问题的逻辑结构，对政策性银行如何执行审慎会计原则，以及在执行中遇到的重点和难点问题进行探讨。

本课题对会计准则的修订、金融监管的完善以及政策性银行的实务操作改进都有很强的现实意义：

（1）就会计准则而言，本课题将结合国内外会计基础理论及国际会计准则动态，以贷款及拨备、贷款承诺、政府补助、债务重组、经营分部等几个争议性前沿业务的账务处理为要点，基于审慎性原则对会计准则中确认计量以及信息披露方面存在的诸多模糊和缺陷提出自身的建议。

（2）就监管规则而言，本课题致力于如何使政策性银行更完整地确认、披露和反映损失，这有助于提升外部审慎监管的有效性。同时，本课题重点关注了如何在监管过程中鼓励政策性银行执行审慎性原则，从而为政策性银行的差别监管提供了着力点。

（3）就政策性银行的实务操作而言，本课题不仅探索了具体会计处理的改进措施，而且结合政策性银行的特点，提出了符合政策性银行利益要求以及业务特性的意见和建议。

三、课题内容与结构

本课题共包含五个部分，课题研究结构如图1所示。

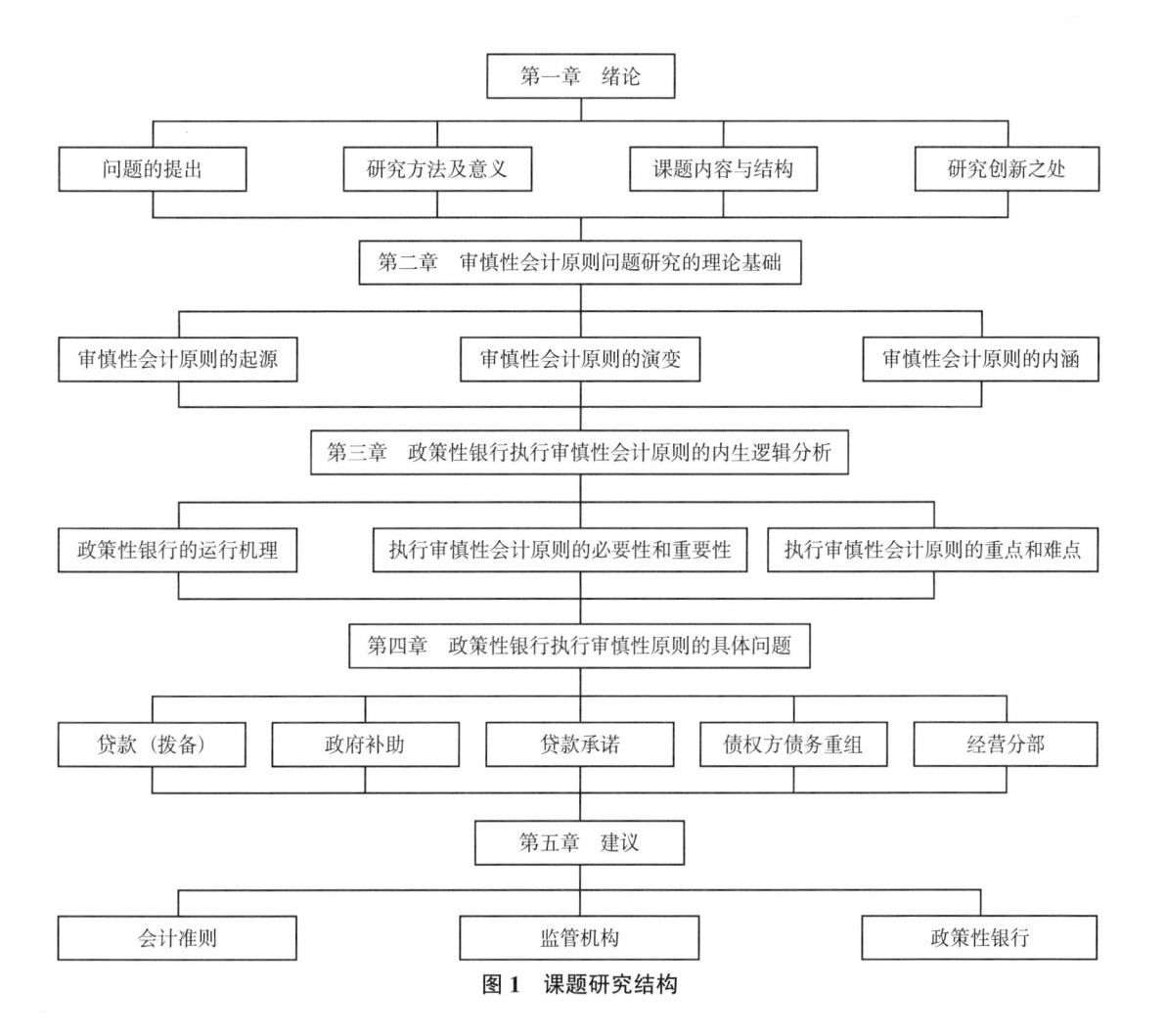

图1 课题研究结构

第一章是"绪论",介绍课题的研究背景及目的、研究方法与意义、文章内容与结构、研究创新与不足。

第二章是"审慎性会计原则问题研究的理论基础",通过梳理国内外相关文献,研究和分析了审慎性会计原则的起源、演变历程和内涵,对本课题所称的审慎性原则做出了明确的界定。

第三章是"政策性银行执行审慎性会计原则的内生逻辑分析",阐述了政策性银行的运行机理、政策性银行执行审慎性会计原则的必要性和重要性以及政策性银行执行审慎性会计原则的重点和难点,强调了政策性银行执行审慎会计原则的特殊性。

第四章是"政策性银行执行审慎性原则的具体问题",结合政策性银行本身的业务特点,深入分析了政策性银行在贷款及拨备、政府补助、贷款承诺、债务重组、经营分部等方面的业务特殊性和会计处理上的争议,讨论账务处理中不符合审慎性原则之处及其经济后果,探究实务改进的必要性。

第五章是"建议",基于前文的分析,提出对会计准则、监管机构和政策性银行自身的建议,探讨如何将审慎性原则纳入与政策性银行特殊业务有关的会计确认和计量之中,如何对政策性银行实行差别监管以鼓励政策性银行更多执行审慎性原则,政策性银行又应如何在应对外部准则和监管的同时通过执行审慎性原则进行自身的风险管控。

四、研究创新之处

本课题通过对政策性银行执行审慎会计原则的诸多问题进行探索和研究,主要创新点体现在以下几个方面:

第一,基于政策性银行的特殊性重新看待审慎性会计原则的重要性。政策性银行在执行商业银行所不宜或不愿承担的业务时,会承担较高的风险,发生较多的损失。尽管审慎性原则目前不在 FASB 和 IASB 的概念框架之内,但本课题分析发现,作为行业先导和财政兜底单位,政策性银行审慎反映政策性损失的重要性仍需进一步重视。

第二,从政策性银行的实际业务出发,根据其业务的特殊性以及相关准则的规定,探讨审慎性会计原则的执行导向和应用细节。政策性银行与商业银行之间存在经营目标的差异、实施业务的差异、资金来源的差异等,这决定了政策性银行不能和商业银行一样执行审慎性会计原则。政策性银行的特殊性导致其在执行审慎性会计原则的过程中有诸多难点,对这些问题的探讨对于政策性银行的会计实践具有重要的指导意义。

第三,从鼓励政策性银行执行审慎性原则的角度探讨政策性银行的差别监管措施。目前,银监会存在针对政策性银行的差别监管理念,但却并未出台细则以将这一理念付诸实施。本课题则提出针对政策性银行的差别业绩评价、差别审慎监管等措施,对监管机构的差别监管规则具有借鉴意义。

第二章 审慎性会计原则问题研究的理论基础

一、审慎性会计原则的起源

审慎性会计原则的起源目前仍不明晰。通过回顾已有文献和史料，我们认为审慎性的起源与企业应对经济环境不确定性的需求有关。通常情况下，资产和负债的计量都是在不确定性的情况下进行的。从历史上看，管理者、投资者、会计师在把握可能的出错方向时，往往倾向于低估而不是高估净利润和净资产，这样就形成了保守主义的惯例（APB，1970）。Gray（1988）也指出，社会价值观越倾向于规避不确定性，会计就越倾向于稳健。

当资产和负债的计量存在不确定性时，依照审慎性原则低估资产的做法具有若干益处。首先，对于企业自身来说，审慎性原则有助于资本保全并保证持续经营。审慎性原则通过压低利润减少了可供分配的股利，从而有助于资本保全（Ahmed et al.，2002）。只有保全了资本，才能保证企业在不损害利益相关者权益的基础上维持持续经营（查特菲尔德，1989）。在审慎性原则应用较为普遍的欧洲，曾有法律明文指出如果是为了公司的长远发展或便于各期均等地支付股利，公司就有权力设立秘密准备（丁平，1995）。

其次，对于外部债权人来说，审慎的报表更有利于监督企业的偿债能力。Watts（2003）认为，契约是塑成稳健会计的最早源头。审慎性原则产生于以资产负债表为主要（甚至是唯一）的会计报表的年代，那时候企业较少对外公布利润等经营业绩信息（普雷维茨和莫里诺，2006）。当时，银行等债权人是会计报表的主要使用者，企业越是低估其资产，银行越是感到安全。稳健性在信息不对称、回报不对称、时间段有限和责任有限的情况下能够缓解道德风险问题。在债务契约中，债权人只能得到合同价值而不是剩余价值，而且一旦企业破产，股东只承担有限责任——这种契约特征决定了债权人需要稳健的信息。在事前，债权人需要稳健的信息来决定是否借款。在事后，由于稳健信息会使债务人更容易触发违约条款，因此债权人需要稳健的信息来监督借出资金的使用，限制债务人进行过度分配股利、巨额收购等损害贷款价值的行为（Watts，2003）。

最后，对于政府部门来说，企业稳健计算利润能够提升企业资金实力，这有助于宏观经济的平稳运行。19世纪英国在南海公司泡沫之后出台的《股份公司条例》和《公司法》，以及德国在80年代股灾之后出台的《商法典》都明显地规定了审慎性原则的运用，这便在很大程度上是出于这一考虑。放在现代银行业来说，监管机构依照审慎性原则进行审慎监管亦与这一缘由有关。

二、审慎性会计原则的演变

(一) 审慎性会计原则在概念框架中的演变

FASB 在第 2 号概念框架中解释了稳健性的概念,但并未明显将其置于有用财务信息的质量特征层级之内(FASB,1980)。FASB 在该概念公告中分析了稳健性原则的若干缺陷,例如,稳健性原则导致财务报告出现偏差,它与其他信息质量特征(如真实性、中立性、可比性及一致性等)是冲突的;如果本期低估资产数字,则以后期间的利润数字将会被高估,会计事实上很难长期持续地低估资产和利润;任何企图低估业绩的做法都有损于会计信息的可靠性和完整性,从长远来看都是行不通的;估计盈余数字时的任何偏差,无论是过度保守(Overly Conservative)还是谨慎不足(Unconservative),受影响的只是利润或损失的记录时点,而利润或损失的总额从长期来看并不会受到影响,因此没有理由倾向于高估或者低估,否则必将导致一些报表使用者受益而另一些人受损。与 FASB 不同,IASB 原有的概念框架则将审慎性作为可靠性的决定因素之一,置于财务报表的质量特征之中。与 IASB 一致,我国亦始终在基本准则中将稳健性作为重要的会计信息质量特征。2010 年,FASB 和 IASB 在趋同的概念框架中从理论框架中删除了"审慎性"原则(FASB,IASB,2010)。虽然我国尚未实施相同措施,但从历史发展中可以看出,会计准则中的审慎性原则源自历史遗留下来的惯例和传统,它不符合以投资者决策有用为目标的概念框架,因此其地位在会计理论中呈现出一定的下降趋势。然而,由下文分析可知,这并不妨碍审慎性原则在银行业中的重要作用。

(二) 审慎性会计原则在具体准则中的演变

虽然审慎性原则在会计理论和概念框架中的地位有所下降,但具体准则中审慎性原则的影子仍非常多见,其中最普遍的就是资产减值会计规则。对于银行业来说,最典型的对应项目就是贷款损失准备规则。美国储贷危机之后,为了确保银行拨备能够充分反映其信贷风险,银行被要求使用统一的会计准则,遵从 SFAS 第 114 号计提贷款损失准备。我国 2001 年发布的《金融企业会计制度》和 2006 年发布的《企业会计准则》也均有此要求。

在过去很长一段时间以内,我们都是针对"已发生事项"按照"很可能"的标准确认会计准备的。例如,在《财务会计准则第 5 号——或有事项》中,FASB 指明,只有当财务报告发布之前的信息表明在财务报告截止日资产已经减值、负债已经发生的时候,才能确认会计准备;只有损失与现时或过去期间的交易或事项相关时,才能确认一项资产减值或一项预计负债;未来的交易和事项不应计入财务报表内。《财务会计准则第 114 号——债权人对贷款减值的会计处理》也指出,一项贷款的减值是指基于现时的信息和事项,债权人很可能无法全部收回合同现金流。我国的资产减值准则与此类似,强调存在客观证据、确凿证据或减值迹象的时候,才需要进行减值测试。

然而,贷款损失准备规则及其对应的审慎监管理念在 2008 年的金融危机之后,越发受到重视。金融稳定论坛(Financial Stability Forum,FSF)等组织认为现行贷款损失准备确认过迟，在经济形势转差时计提准备，并在经济回暖时转回的会计处理加剧了金融波动——这是导致金融危机的原因之一（FSF，2009）。为此，FASB 和 IASB 联合成立了金融危机咨询小组（Financial Crisis Advisory Group，FCAG），探究如何恢复投资者对资本市场的信心。2014 年 7 月，IASB 发布了 IFRS9，提出了金融工具减值的预期损失模型。该模型认为，存在客观减值证据或发生违约之前，金融工具的信用风险可能会显著增加。企业应使用概率加权的方法估计这部分信用风险的增加可能会带来的损失。这样一来，客观证据和可能性标准同时被舍弃了，会计准备的计提时点进一步提前了，这将显著提升银行业贷款损失准备的计提水平。可见，审慎性原则在具体准则（尤其是银行业会计准则）中的地位反而有上升趋势。究其原因，虽然审慎性是一种会计偏差，将其置于概念框架之内会使会计理论逻辑难以自洽，但是事实上，这种偏差对于银行业风险控制和宏观经济的平稳运行却是有所助益的。无论何时，审慎性原则在银行业都将保有举足轻重的地位。

三、本课题所称审慎性会计原则的内涵

面对经济业务的不确定性，会计人员尽量不高估资产和利润的惯例，即为传统意义上的审慎性原则。具体来讲，传统意义上的审慎性原则要求会计人员在确认资产和收入时提供比确认负债和费用时更多的证据；当存在具有同等可能性的两个估计金额时，使用比较不乐观的估计数。

在政策性银行中，政策性因素的存在形成了多种多样的损失业务，同时也形成了较多的获得政府补助的机会。因此政策性银行不仅强调应在资产和利润总额层面保持审慎性，而且更强调各个单项业务损失和收益记录的审慎性。唯有如此，才能准确区分核算政策性和自营性业务盈亏，正确核算政策性银行的业绩，合理计算所需政府补助，及时控制与国家信用相关联的风险。

因此，本课题所称审慎性会计原则为微观至每一类业务的审慎性原则。其内涵为审慎记录每一个单项业务的利润，避免每一个单项费用的少记和迟记，防止每一个单项收入的多记和早记。其外延表现形式包括提前损失确认时点，提高损失确认金额，严格限制贷款拨备的转回条件，以及将不适合确认入表的可能损失在表外及时和完整地进行披露等。

第三章　政策性银行执行审慎性会计原则的内生逻辑分析

一、政策性银行的运行机理

（一）主体定义

政策性银行是指由政府创立、参股或保证（庄俊鸿，2001），以国家信用为基础（白钦先、曲昭光，1999），为贯彻和实施政府的特定战略或弥补市场失灵，直接或间接从事政策性金融活动的机构。政策性银行具有财政和金融的双重属性，主要依托于银行杠杆化运作，将有限的政府资金予以放大，投向政府需要支持的特定领域，以解决政府投资总量不足、时间错配等问题。政策性银行一般是政府意志的体现、财政职能的延伸、战略支撑的手段，是银行体系的重要组成部分（解学智，2015）。

（二）存在和运行的理论基础

新古典经济学认为，完全依托市场机制难以实现市场资源的最优化配置，达到"帕累托最优"，会出现公共物品供应不足、公共资源使用过度、垄断、外部性等"市场失灵"现象，作为现代市场经济资源配置的主要途径之一的金融市场在调节金融资源的配置中，由于金融市场的不充分竞争和金融机构本身的特性，导致不能有效地配置金融资源，即亦存在着"金融市场失灵"。对于金融资源配置中市场机制失灵的问题，就需要政府通过创立政策性金融机构来校正，以实现社会资源配置的经济有效性和社会合理性的有机统一。因此，政策性金融机制并不是完全同市场机制相反的行政机制，它具有财政"无偿拨付"和金融"有偿借贷"的双重性，是两者的巧妙结合而不是简单加总。在现阶段，我国的政策性银行就发挥着逆周期调节作用，在稳增长、促改革、调结构、惠民生、防风险等领域发挥自身的能动性。

（三）市场定位

政策性银行产生之初，是作为政府与市场之间的桥梁，通过提供金融服务弥补市场缺损和制度缺损，实现政府社会经济政策或意图而存在的。但在金融自由化浪潮下，政策性金融机构被不断调整和重组，政策性银行开始转型。国家、政府对政策性银行的控制逐步削弱，政策性银行的股权结构多元化。政策性银行的资金来源也逐步由政府全面负责模式向市场化模式转变，运作机制不断借鉴商业银行，开始以稳健经营和提高效率为努力方向，引入现代公司治理制度和国际化标准、建立系统风险管理体系，力求有效控制经营风险，实现可持续经营。

我国的政策性银行建立较晚，是在原有国家专业银行向国有商业银行转轨的过程中产生的。1993年11月，党的十四届三中全会做出了《关于建立社会主义市场经济体制若干问题的决定》，明确提出"建立政策性银行，实行政策性业务与商业性业务分离"，组建国家开发银行和进出口信贷银行，改组中国农业银行，严格承担界定的政策性业务，"国家重大建设项目，按照统一规划，由国家开发银行等政策性银行，通过财政投融资和金融债券等渠道筹资，采取控股、参股和政策性优惠贷款等多种形式进行"。1994年《国务院关于金融体制改革的决定》中指出："建立政策性银行的目的是，实现政策性金融与商业性金融的分离，以解决国有专业银行身兼二任的问题，隔断政策性贷款与基础货币的直接联系，确保人民银行调控货币的主动权。"因此，我国政策性银行建立之初，是为了分化原有全能银行的职能，充当国家政策执行主体的角色。《中共中央关于全面深化改革若干重大问题的决定》进一步提出推进政策性金融机构改革，"十三五"规划也提出要加快金融体制改革，提高金融服务实体经济效率。健全商业性金融、开发性金融、政策性金融、合作性金融分工合理、相互补充的金融机构体系。因此，政策性银行也在学习国外的经验不断转轨，其地位也不仅是政治职能的承担者，而更向市场化演变，以市场主体的身份支持国家政策的落实。政策性银行要把执行政策放在首位，坚持社会效益优先，努力将国家的政策要求转化为优惠便利的金融服务。

(四) 政策目标

李杨（2006）、刘克崮（2006）认为，一个完备的政策性金融体系，应当包括四个方面：一是福利性，主要弥补市场机制导致的社会福利损失，促进居民生活水平普遍提高；二是补偿性，主要弥补薄弱产业和行业发展不足，以金融方式对其进行补偿；三是支持性，对政府期望加快发展的经济体系中的特定组成部分提供融资支持；四是开发性，这是政策性金融的主体，其特点是引入市场机制和资本成本概念，运用效率与盈利原则，通过市场化运作，实现政府的政策目标。政策性银行作为政策性金融体系的组成部分，势必要为这些目标而努力。

此外，政策性银行还应通过"建设市场、建设制度"这种方式，更为积极、主动地以金融手段创造供给，与市场兼容并通过其开拓性投融资活动引导社会资金流向，提高社会资本形成率，在促进经济增长的同时，扩大社会需求并强有力地优化经济结构。具体体现在缓解经济社会发展中的物质"瓶颈"、制度"瓶颈"，维护经济金融安全稳定等方面，特别是通过建设市场和制度的方式实现政府发展目标。

二、政策性银行执行审慎性会计原则的必要性和重要性

(一) 关系国家信用和主权评级

一般来说，政策性银行在对外融资中，可以享受主权或准主权级信用等级，这是国家

信用在市场上的体现,其实质是"政府的担保"(郑波,2006),即政府以明确或潜在的方式对政策性银行的负债进行担保。政策性银行通过政府的担保,信用度提高到国家主权级同等水平,发行的债券也都被视为"准政府债券",由于风险小,易为市场接受,从而保证长期稳定低成本的资金来源。一旦政策性银行自身风险爆发,出现债务违约,不仅有损自身信用,对于国家信用以及主权信用评级来说也有很大的负面影响。因此政策性银行执行审慎会计原则不仅是对自身风险的防控,也是对国家信用的维护。

(二) 关系财政稳定和财政职能发挥

政策性银行与财政都是以政府为主体弥补市场配置金融资源不足的制度安排,政策性银行和财政通过不同的渠道、方式来体现政府的意图。但是政策性银行最终要受到财政的支持和制约,一般政策性银行由财政出资组建,日常运营也受到财政的支持。在高政策性下,政策性银行资金通常称为国家的"第二财政"。但是政策性程度高的政策性银行却更容易导致预算软约束,使风险向财政转移。如不秉持审慎性,政策性银行一旦出现风险,将会蔓延到财政领域,需要国家财政承担相应的巨大损失,影响财政职能的发挥。因此政策性银行执行审慎会计原则既是对自身风险的防控,也是对财政波动的提前预防。

(三) 关系金融稳定和金融职能发挥

政策性银行在金融体系中发挥着基础性作用,可以有效利用社会资金,最大限度地发挥资金的杠杆作用。同时政策性银行也具有引导性和示范性,在银团贷款中可以作为先导准备金,也可以以重点建设基金作为铺垫,补充企业资本金作为企业向商业银行贷款的基础。在金融风险爆发时,政策性银行更是凭借着自身的杠杆运作和带动力发挥着逆周期调节作用。一旦政策性银行爆发风险,对金融稳定将会产生巨大的冲击,其自身所承担的金融职能也将难以发挥。因此政策性银行执行审慎性会计原则既是对自身风险的防控,也是金融稳定和金融职能发挥的重要基础。

三、政策性银行执行审慎性会计原则的重点和难点

(一) 多元目标和多重标准

受政策性和银行的双重属性所决定,政策性银行经营的目标存在多元性:既要秉承家国情怀,强化政治担当,社会效益优先,实现政府调控意图;又要自行消化一部分政策性损失,实现财务可持续,甚至面对与商业银行同一标准的业绩考核。在监管层面,政策性银行也受到多重标准的约束。财政部作为出资人,要求资本保值增值、与财政职能相协调;发改委等国家调控部门,强调履行政策性银行职能,有所作为;银行监督管理部门,注重会计准则执行和风险防范。

(二) 主体业务

政策性银行的主体业务是政策性贷款,有以下三个方面的特殊性:一是贷款对象特

殊。部分贷款对象在其他银行没有贷款业务，主体资质差，信息不透明，如购销企业、涉农小企业、扶贫投融资主体，没有可参照的市场。二是定价特殊。政策性银行通常贷款定价优惠，低于市场价格。三是贷款风险大，受影响因素多，价值更易波动。因此，政策性银行应如何执行审慎会计原则以合理揭示该类业务的风险，需要进行重点分析。

(三) 创新及特殊业务

除了基础贷款业务以外，政策性银行还有很多特殊业务。例如，政策性银行涉及大额中长期贷款承诺、政府补助、融资平台贷款转地方财政债务等政策性债务重组等。此外，将政策性业务和自营性业务分账核算和披露，在单项业务上审慎反映风险，也是国务院对政策性银行的最新要求。如何在这些领域执行审慎会计原则，尚未有经验可循。本课题则将对此进行重点剖析，并在后文给出政策性建议。

第四章 政策性银行执行审慎性原则的具体问题

一、政策性银行在贷款业务确认和计量中执行审慎性原则的问题

(一) 贷款初始计量

1. 政策性银行的特殊业务

政策性银行的贷款由于政策性因素的存在具有其特殊性：对于国家需要鼓励或救济的对象，政策性银行有必要实施优惠利率，或给予超过信用对象还款能力的贷款；在承担宏观经济调控职能时，需要实施逆周期放贷，在风险更高、企业还款能力更差时进行贷款；这些贷款业务往往在放贷之初即可确定将会发生损失。

例如，为了保护农民利益、保障粮食市场供应，农发行需要辅助国家实施粮食最低收购价政策。当市场粮价低于国家确定的最低收购价时，国家委托符合一定资质条件的粮食企业，按国家确定的最低收购价收购农民的粮食。以农发行某省分行为例，2015年该省中晚稻为270.1亿斤，商品粮约为165亿斤，农发行累计收购88.82亿斤，占比53.83%；其中，最低收购价收购数量81.26亿斤，占商品粮收购粮总量的91.49%。启动粮食最低收购价的前提是市场粮价低于国家确定的最低收购价。这意味着：①无论筹资成本多高，一旦启动，贷款必须投放，投放多少依赖市场收购需求；②农发行发放的每一笔最低收购价贷款收购粮食的价格都高于市场价格，粮食销售发生亏损概率较高，还本付息压力较大，贷款到期足额收回本息存在风险；③粮食从收购入库到出库有较长的储备时间，出现库存消耗的可能相当大，此时可销售粮食总量将低于收购粮食总量，这部分损耗的贷款本金由粮食收购企业自己承担，财政不负责补贴，这进一步提升了此类贷款的还款风险。近年来，受稻强米弱、国内外价格倒挂、消费低迷、终端市场销售不畅等因素交织影响，龙头加工企业经营举步维艰，中央储备粮直属企业及委托收储库点几乎成为市场收购的唯一渠道。对于此类贷款，农发行在发放之初就几乎可以确定将难以按要求收回全部本息。

2. 基于审慎性原则的会计处理可选方案比较

目前，农发行只是按照与正常贷款一致的核算方法对此类贷款进行了会计处理，并未在贷款之初确认可能的损失，未将此类贷款分类为关注类或不良类贷款，也未在表外进行披露。这显然掩盖了这类贷款可能发生的损失，不符合审慎性原则，令报表使用者难以准确掌握贷款质量信息，不利于银行内部风险管理和外部风险监管。

关于在贷款初始即存在减值的情形，FASB 曾做出如下零散的规定："银行可能因如下情形而在贷款初始即发生减值损失：做了错误的贷款决策、信用审核过程有缺陷或过于激进。在这种情况下，银行应在贷款发生日即确认减值损失。"虽然 FASB 对于贷款初始确认即存在减值的原因的解释与政策性银行的状况不同，但二者的客观表现形式是一致的。基于审慎性原则，对于历史数据充足、能够可靠计量损失的此类贷款业务，本课题认为可以考虑在贷款初始确认时即确认一部分减值损失；对于不确定性较高、无法可靠计量损失的此类贷款业务，应在表外进行及时且完整的披露。例如将在贷款分级时将其分类为关注类贷款，或予以文字说明。

（二）利息收入确认

1. 政策性银行的特殊业务

政策性银行发放的政策性贷款中，有些贷款利息应由各级财政补贴。但事实上，由于地方政府财力不足，地方财政贴息经常会有拖欠情况。例如，某产粮大省在 1992 年 4 月 1 日至 1998 年 5 月 31 日期间所发生的、经清理认定的粮食财务挂账贷款共为 138.2 亿元。按政策规定，利息应由中央和地方财政各负担一半。但事实上，中央财政承担的利息按年到位，而由地方财政承担的利息，受地方财政预算限制，地方政府用于拨补利息的资金难以足额、及时到位，从而形成挂账欠息，而且额度逐年增加，2015 年末为 25.25 亿元。再如，云南省某县 1998 年 6 月 1 日以来形成的政策性亏损挂账贷款 4789 万元，由于粮食财务挂账金额大，县级财政财力不足，在 2005~2010 年已累计欠拨粮食财务挂账利息 489 万元。

2. 基于审慎性原则的会计处理可选方案比较

《企业会计准则讲解（2010）》中指出："企业按照固定的定额标准取得的政府补助，应当按照应收金额计量，确认为营业外收入，否则应当按照实际收到的金额计量。"可见，会计准则在一定程度上考虑了收入的确认，必须保证未来现金流很可能流入企业。但根据政策性银行的实际业务，在财政财力不足的情况下，即使已经出台标准，银行仍然可能难以收到补助的对应现金流。若完全按照标准记录，则可能会出现账目上虽确认收入，而实际的应收利息却一直挂账、难以收回的情况。这显然多记了收入，高估了银行的利润和资本，从而损害了基于利润的业绩评价的有效性和基于资本的风险监管的有效性。为此，基于审慎性原则，本课题建议可以考虑将所有的财政贴息收入（尤其是地方财政贴息）的确认推迟至实际收到款项之时，以审慎计算利润，夯实资本。

（三）贷款拨备

1. 政策性银行的特殊业务

政策性银行的贷款业务分为政策性贷款和自营性贷款两个部分。对于自营性贷款客户，由客户部门对其准入条件、信用等级设定标准，政策性银行可以按照其所设定的信用标准进行资质评定，仅对符合条件的客户发放贷款，合理防范和控制风险。政策性贷款客户则不然，即使其在财务还款能力、现金流水平、抵押担保能力、在行业中的地位可能不及自营性客户，政策性银行仍然要根据国家政策调控目标向其发放贷款。这些政策性贷款客户认定的信用评级为 A 级以上，但实质上其资质还存在一定的不确定性，这也是政策性因素难以量化进入信用评级体系所造成的结果。有些政策性贷款客户会享受财政补贴,例如,承担政府粮棉油收储职能的企业能享受到财政直接拨付的费用补贴资金。易地扶贫搬迁、棚户区改造、重大水利等贷款,其还款来源依靠纳入财政预算的受托代建款项,也是接受政府补贴的一种形式。然而受地方可支配财力的影响,上述贷款的补贴是否能如实到位存在着不确定性。也有些政策性贷款客户并无明确的还款保障,例如城乡一体化、县域城镇建设等贷款业务,属于国务院明确的政策性银行重点支持领域。为发挥政策性银行的逆周期调节作用,此类贷款的支持对地方"三农"的发展至关重要,但对应的还款来源却存在较大的不确定性,一旦出现风险,很可能需要政策性银行自身消化。

政策性银行的贷款期限也比较长,中长期贷款占比较多。如表 1 所示,作为商业银行代表的中国工商银行和中国农业银行中长期贷款占比在 60%~70%,而作为政策性银行的国开行和进出口银行的中长期贷款占比则达到了 80%甚至 90%以上。

表 1 政策性银行与商业银行贷款期限占比举例

银行性质	银行名称	项目	金额(亿元)	比例(%)
政策性银行	国开行 2015 年 9 月 30 日	短期贷款	3221	4.67
		中长期贷款	65809	95.33
		其他	4	0.01
		合计	69034	100.00
	农发行 2015 年 12 月 31 日	短期贷款	18060	52.48
		中长期贷款	16350	47.52
		合计	34410	100.00
	进出口银行 2015 年 9 月 30 日	短期贷款	1823	17.82
		中长期贷款	8393	82.04
		其他	14	0.14
		合计	10230	100.00
商业银行	中国工商银行 2015 年 9 月 30 日	短期贷款	31500	29.27
		中长期贷款	71291	66.24
		其他	4841	4.50
		合计	107632	100.00
	中国农业银行 2015 年 9 月 30 日	短期贷款	30924	35.91
		中长期贷款	52084	60.47
		其他	3117	3.62
		合计	86125	100.00

资料来源:根据对外披露数据整理。

政策性银行不仅在贷款客户的决策上受政策性因素的影响,而且在贷款追偿中也会受到政策性因素的影响。例如,在政策性粮食财务挂账业务中,尽管订立了消化还款时间表,但并无强制性,只要财政不拨款,贷款本金仍在进行展期。综上所述,政策性银行对贷款客户资质的选择自主性较小、客户资质水平不高、贷款期限长、政策性特征强等特点,这导致其违约风险比商业银行更高。如何反映政策性银行可能的贷款损失,对于其自身的风险管理、银行业风险蔓延的控制、政府财政压力管理等诸多方面具有极其重要的意义。

2. 基于审慎性原则的会计处理可选方案比较

基于政策性银行在银行系统中的先导作用以及其财政兜底的特征，本课题认为及时反映政策性银行的贷款损失尤其是政策性贷款损失是很有必要的。农发行目前依照我国会计准则使用已发生损失模型确认贷款拨备。为了增强贷款损失确认的及时性，本课题认为可以考虑在政策性银行优先执行 IASB 于 2014 年 7 月发布的预期损失模型。该模型提出了反映资产信用质量改善和恶化的一般模式，分为三个阶段采用不同方法确认金融资产预期信用损失：第一阶段是指对于自初始确认后信用风险无显著增加或在报告日的信用风险较低的金融工具，应确认 12 个月的预期信用损失，并按照资产的账面总额计算利息收入（即无须扣除信用损失准备）。第二阶段是指对于自初始确认起信用风险显著增加（除非这类金融工具在报告日的信用风险较低），但尚无客观减值证据的金融工具，应确认整个存续期的预期信用损失，但仍按照资产的账面总额计算利息收入。第三阶段是指对于报告日存在客观减值证据的金融资产，应确认整个存续期预期信用损失，并按照账面净额（即扣除预期信用损失）计算利息收入，类似于现行的已发生损失模型。本课题认为，用预期损失模型将损失确认时点提前，使用概率加权的方法将政策性银行的风险直接计入损失，而不再等到客观减值证据出现时再确认损失，能够更为审慎地反映政策性银行的隐藏损失。

当然，执行预期损失模型也具有相应的难度：一是政策性银行的贷款期限长，受政策影响可变性强，容易形成信息干扰，使损失难以合理且可靠估计；二是贷款对象差异大，积累历史数据、建立模型相对困难。政策性银行应注意这些自身特征，构建满足自身需求的预期损失模型，合理计算贷款损失风险的可能水平及其权重。

二、政策性银行在政府补助会计处理中执行审慎性原则的问题

（一）政策性银行的特殊业务

政策性银行基于职能的特殊性，需要支持国家战略和政策落实，其业务的开展也与政府有诸多联系，其中涉及大量政府的财政贴息或者补助资金。例如农发行开展的 PSL 贷款、粮油业务停息挂账、重点建设基金专项债券等，都存在政府提供的优惠融资利率或者财政、地方政府贴息。此外，针对政策性业务，政府也会有对特定对象或不特定对象的风险补偿金。根据我国《企业会计准则 16 号——政府补助》，政府补助是指企业从政府无偿取得货币性资产或非货币性资产，但不包括政府作为企业所有者投入的资本。与收益相关的政府补助，应当分下列情况进行处理：用于补偿企业以后期间的相关费用或损失的，确认为递延收益，并在确认相关费用的期间，计入当期损益；用于补偿企业已发生的相关费用或损失的，直接计入当期损益。因此，按照现行准则的规定，政策性银行收到的财政贴息和风险补偿金都应作为政府补助在营业外收入中反映。

但是由于政策性银行大量开展政策性贷款，财政贴息和风险补偿金在政策性银行业务中占有很大比例，以重点建设基金专项贴息为例，某政策性银行 2015 年重点建设基金债

券发债应补贴利息 8.43 亿元，该部分债券 2016 年应补贴利息为 49.67 亿元（不含 2016 年新发债券的应补贴利息）。凡是政府的财政贴息或者风险补偿金都放在营业外收入反映会产生两个问题：第一，该类业务的经济实质无法反映。政府财政贴息是针对政策性银行开展的低息贷款业务而给予的，这类业务如果只看对企业的利息收入，政策性银行基本难以盈利其至亏损，只有把财政贴息也算进来，才是政策性银行的正常利息收入。将财政贴息计入营业外收入相当于过于审慎地记录了营业收入，这部分审慎性只影响利润结构，而不会降低利润和资本，因此相当于信息的无效扭曲。第二，该种处理无法正常反映政策性银行的经营绩效。根据财政部印发的《金融企业绩效评价办法》，政策性银行和商业银行按照同一套指标体系进行绩效考核，对此种政策性业务，如果只考虑利息收入，那政策性银行的经营绩效要被显著拉低。这会导致对政策性银行绩效的错评，不利于对政策性银行的管理和考核。在绩效压力下，政策性银行将更加难以执行审慎性原则。

（二）基于审慎性原则的会计处理可选方案比较

政策性银行一般都会按照准则的规定，在营业外收入中反映财政贴息部分，以及政府拨付的风险补偿金。这压低了经营利润，产生了信息的无效扭曲。不高估收益并不代表可以错报收益，恰当、如实地反映业务实质，也是审慎性原则的应有之义。

在政府补助处理中，国际会计准则给予了企业更大的灵活性，IASB 政府补助准则规定，"与收益相关的政府补助可以作为损益的一部分列示，也可采用另外一种方法，即报告有关费用项目时将其扣除"，即 IASB 允许总额法和净额法选择使用来反映政府补助。其规定的出发点在于如果没有补助，主体可能不会发生这些费用。因此，在列报费用时如不抵销补助，会引起误解。但在使用净额法时，为了突出政府补助的特殊性，需将补助对应当单独披露的各收益或费用项目的影响作出披露。基于审慎性原则及政策性银行的特殊性，可将贷款的财政贴息部分在政策性银行的相关成本中直接扣除，或者把该贴息部分作为利息收入反映；对于政府的风险补偿金，要区分情况对待，对不特定对象的风险补偿金，应作为递延收益，在其他营业收入中反映，对特定对象的风险补偿金补充拨备。同时应重视披露相关政府补助信息。

三、政策性银行在贷款承诺会计处理中执行审慎性原则的问题

（一）政策性银行的特殊业务

政策性银行的贷款要为国家的特定目标服务，用于支持国家产业政策和经济调节，而贷款的发放很多都是先通过贷款承诺的形式。政策性银行的贷款承诺业务具有以下特点：第一，授予对象特殊。政策性银行贷款承诺的授予对象不能完全根据银行自身的信用评级来决定，在参考评级的基础上，要根据国家政策的倾向性，必须对特定地区、特定行业甚至是亏损企业或中小企业授予，这就导致政策性银行贷款承诺的事前风险敞口过大，容易发生贷款承诺损失。第二，承诺期限特殊。政策性银行的贷款承诺期限很长，而授予企业

的贷款大多又是中长期贷款,这就使贷款承诺在等待发放的过程中,承担很大的意外变动风险,容易在发放前就能预计到损失。第三,贷款承诺没有承诺费,无法在贷款承诺的定价上考虑风险。

以农发行为例,其贷款按国家战略要求支持特定领域,如水利、扶贫、城镇一体化等,按银监会"三办法一指引"等相关工作要求,贷款审批后即按整体贷款金额签订贷款合同,然后再根据项目进展分次发放贷款,每次发放时按发放金额确认资产,剩余的合同金额尽管已经产生了贷款义务,但不进行会计确认。在农发行支持的基础设施贷款中,大多具有总额大、建设期长的特点,因此往往存在大量已签合同未发放的贷款义务。又如在最低粮食收购价贷款中,事先农发行要和贷款企业、当地财政签订三方协议,在签订协议时确定贷款承诺,贷款额根据企业粮食收购量确定,在企业收购粮食时发放。特定领域往往是国家支持的保护产业或者鼓励发展的优先产业,其市场风险巨大,而且贷款承诺的长期限导致风险在这个过程中逐渐积累。按照现行准则的规定,没有客观证据证明贷款承诺发生损失,就不能计提减值准备,这就导致政策性银行完全可以预期到的未来贷款承诺损失无法在财务报表内反映,不利于政策性银行的风险管理,也不利于政府和社会公众了解政策性银行所积累的风险。

(二) 基于审慎性原则的会计处理可选方案比较

按照目前我国《企业会计准则第 22 号——金融工具确认和计量》的规定,对于适用金融工具准则的贷款承诺,只有在有客观证据表明该金融资产发生减值的,才能计提减值准备;按照《企业会计准则第 13 号——或有事项》的规定,可能损失确认为预计负债需满足严格的条件,该损失必须是企业的现时义务。在明确可以预知贷款承诺会发生损失,但却没有客观证据表明贷款承诺发生损失的时候,无法计提减值准备。这显然不符合审慎会计原则的要求,有高估资产和收益的可能性。

本课题认为,基于审慎性原则,我们可以探索在签订贷款承诺合同时,参照贷款方法,对贷款承诺进行风险分类,按照或有事项披露贷款承诺;如果出现减值迹象,就要在表内确认预计负债;在贷款实际发放后,转为准备。甚至,我们可以参照 IFRS9 中对贷款损失准备的规定,以预期损失确认预计负债和贷款损失准备,以审慎反映贷款承诺尤其是中长期贷款承诺的可能损失。已发生损失模型和预期损失模型下的损失确认时点可以表示为图 2。

已发生损失模型:		确认预计负债	预计负债转贷款损失准备
	签订合同	减值迹象	发放贷款
预期损失模型:	确认预计负债	确认预计负债	预计负债转贷款损失准备
	签订合同	风险增加	减值迹象	发放贷款

图 2 基于审慎性原则的贷款承诺损失确认时点

四、政策性银行在债务重组会计处理中执行审慎性原则的问题

(一) 政策性银行的特殊业务

由于政策性银行需要接受政策指引贷款给信用资质不高的客户,因此时常面临债务重组事项。多样化的债务重组条款所隐含的损失有时并不显而易见,因而在债务重组事项中正确识别并确认损失是政策性银行执行审慎性原则的又一关键。例如,为了规范地方融资平台借贷行为,国家不再允许地方政府向银行借贷,并于2015年开启了地方政府平台贷款转债券业务。地方政府把即将到期的贷款置换为短则三年、长则十年的低利率债券,由政策性银行进行承销,在银行的账目上即体现为"贷款置换债券"。以某政策性银行为例,2015年该行置换244只债券共计838亿元,加权平均年限为6.51年,加权平均利率3.72%,远低于五年期以上基准贷款利率。再如,在国有粮食购销企业粮食政策性财务挂账全部从企业剥离、由县(含县级)粮食行政管理部门集中管理的业务中,农发行对于挂账贷款执行无限制展期、永久性按照一年期利率收取利息的政策。这事实上延长了贷款期限、降低了贷款利率,也属于修改债务条件的债务重组。

(二) 基于审慎性原则的会计处理可选方案比较

由于地方政府贷款置换债券与粮食企业贷款转挂账两项业务具有相似之处,在这里我们仅以地方政府置换债券业务为例做重点分析。

2015年,某政策性银行置换了838亿元债券,加权平均年限为6.51年。对于银行来说,在置换之前,银行应在当年收回838亿元贷款本金(假设置换贷款全部为当年到期贷款);在置换之后,银行应在六年半之后收回838亿元债券面额,在六年半期间内按照3.72%收取利息,并按照千分之一左右的费率收取承销手续费。置换业务对农发行的现金流影响如表2所示。

表2 地方政府贷款置换债券业务对农发行的现金流影响

单位:亿元

时间	置换前		置换后			
项目	本金	现金流入合计	本金	利息	手续费	现金流入合计
第0年	838	838				838×1‰
第1年				838×3.72%		838×3.72%
第2年				838×3.72%		838×3.72%
第3年				838×3.72%		838×3.72%
第4年				838×3.72%		838×3.72%
第5年				838×3.72%		838×3.72%
第6年				838×3.72%		838×3.82%
6.51年			838	838×3.72%/2		838×(1+3.72%/2)

从表2中可以看出，若不考虑货币时间价值，农发行是会从中得益的：获取了更长时间的利息，并取得了债券承销手续费收入。即使考虑贷款收回后的再贷款利息，手续费仍属于置换业务所带来的额外收入来源。再加上置换业务之后，还款客户从区县级政府上升到省级政府，还款更有保障，因此其损失并不明显。但如果考虑到货币时间价值，3.72%的年利率低于银行贷款利率很多，显然不足以弥补银行的机会成本。换言之，银行将贷款在第0年收回，然后再贷出去的收益要显著高于将其置换为低利率债券。

那么问题就在于，银行是否应确认这部分货币时间价值的损失呢？我国《企业会计准则第12号——债务重组》规定，"在债务重组中修改其他债务条件的，债权人应当将修改其他债务条件后的债权的公允价值作为重组后债权的账面价值，重组债权的账面余额与重组后债权的账面价值之间的差额，计入当期损益。"在《企业会计准则第39号——公允价值计量》将未来现金流的现值作为公允价值估算的一个层次，但并未规定将其应用在债务重组业务上。从实务操作来看，以某政策性银行为例，并未将现值损失确认入表。美国公认会计原则则对债务重组业务做了如下规定：①债务重组的会计处理取决于重组条款对现金流的实质影响，而不取决于条款的内容和形式。重组中无论涉及还款时间的变更、还款利率的变更还是还款面值的变更，其对现金流的实质影响可能是一样的。②重组债务账面价值高于重组后可收回现金流现值的部分应计入损失。③折现所使用的折现率应该与原始合同一致，不受债务重组影响。可见，美国公认会计原则是将重组债权的现值减少确认为损益的。基于审慎性原则，我们认为政策性银行在执行贷款置换债券业务时应以重组债权的现值为基准及时确认延长还款年限所带来的货币时间价值损失，以提升银行对业务损失的敏感度。粮食企业贷款转挂账业务与此类似，应当在将展期所引起的本金现值的减少确认为相应损失，同时确认一项贷款损失准备。

五、政策性银行基于审慎性原则执行分部报告的问题

（一）政策性银行的特殊业务

前已述及，政策性银行的业务可以分为政策性业务和自营性业务两种类别。其中，政策性业务是指经特定程序由国家交办或批准的业务，由国家负责相应的风险补偿、用以支持国家经济政策的业务；自营性业务是指符合国家政策导向但不在政策性业务名录内、由政策性银行自行承担风险的业务。以农发行贷款业务为例，近两年内农发行的政策性业务与自营性业务的占比如表3所示。

表3　农发行政策性贷款与自营性贷款占比

单位：万元

项目	2015年12月31日	比例（%）	2014年12月31日	比例（%）
政策性贷款	327702778.13	95.23	260721223.79	92.08
自营性贷款	16400918.21	4.77	22413883.99	7.92
合计	344103696.34	100.00	283135107.78	100.00

资料来源：根据对外披露数据整理。

(二) 现行会计处理及其存在的问题

目前，农发行尚未在核算上区分两类业务，这导致了如下两个问题：

第一，政策性业务的收益通常要低于自营性业务，甚至出现损失。例如，"PSL 资金贷款"，为支持国民经济重点领域、薄弱环节和社会事业发展，农发行可以质押信贷资产方式从人民银行以较低利率获得特种贷款资金，再将其以较低利率贷给符合条件的企业。农发行给予符合条件企业的优惠利率可以低至 4% 以下，而农发行使用的 PSL 资金利率则由人民银行根据经济增长、通胀水平和总供求情况等因素调整确定。除此之外，农发行还会对个别易地扶贫搬迁项目、重大水利建设项目等在基准利率基础上下浮一定百分点。如若不区分核算两类业务，那么自营性业务的利润可能掩盖政策性业务的损失。这不利于政策性银行对损失进行管控，也不利于财政估算补助和支持力度。

第二，两类业务混合形成的利润，与商业银行不具有可比性。2011 年财政部发布的《金融企业绩效评价办法》则将政策性银行与商业银行放在了同一框架下，几乎未考虑政策性银行所特有的政策性损失。不区分核算两类业务，将扭曲政策性银行的盈利能力，不利于激励和考核。

(三) 基于审慎性原则的会计处理可选方案比较

本课题认为，政策性银行的政策性业务和自营性业务应遵从"分部报告"准则对"业务分部"的规定，分类管理、分类核算，明确责任和风险补偿机制，充分暴露政策性业务的损失，在单项业务层面体现审慎性原则。这亦与国务院对政策性银行两类业务分别核算的要求相符。

我国《企业会计准则第 35 号——分部报告》所称的业务分部，是指企业内可区分的、能够提供单项或一组相关产品或劳务、承担了不同于其他组成部分的风险和报酬的组成部分。国际财务报告准则委员会 IASB 于 2006 年发布的《国际财务报告准则第 8 号——经营分部》中则对"经营分部"给出了如下定义：作为主体的组成部分，经营分部从事可取得的收入并产生费用的经营活动；主体首席经营决策者定期评价该部分的经营成果，以决定向其分配资源和评价其业绩；具有单独的财务信息。可见，我国会计准则强调不同的业务分部应承担不同的风险报酬，国际会计准则强调业务分部应当是管理者评价业绩和资源分配的单元。无论从哪种评判标准来看，政策性银行的政策性业务和自营性业务均应划分为两个业务分部。其一，政策性业务风险高于自营性业务、收益低于自营性业务，二者的风险报酬比相去甚远；其二，政策性业务与自营性业务实质不同，筹资来源不同，管理者理应在做决策时对二者区别对待。

然而不可否认，政策性银行做两类业务分别核算具有极高的难度。两类业务在筹资、运作流程和责任人员上无法完全截然分开，这导致很多费用分摊失去标准。本课题建议遵循"谁受益，谁负担"的原则和重要性原则，对资产负债、成本费用进行合理分摊。分部报告形成以后，内部的决策流程和外部的监管和评价体制也应相应改进。在内部人员业绩考核和部门资源分配上，应充分考虑两类业务的差别，将当期业绩和资源需求与各自的历史信息相比较，确定其合理性，进而采取决策。在外部业绩评价上，应针对政策性亏损给予足够的补贴，鼓励政策性银行以自营性业务弥补政策性亏损，自行消化未补贴部分。在外部风险监管上，应关注政策性分部暴露出来的政策性亏损，监督银行留足资本，并随时掌握财政压力的程度。

第五章 建 议

一、会计准则的修订建议

由本课题的分析可知,政策性银行存在大量的政策性业务,这些业务隐含着一定的亏损,然而目前银行方面在识别、记录和反映亏损上都存在着一定的盲区。针对这一现状,本课题拟对会计准则提出如下建议:

(一)重申审慎性原则在银行业尤其是政策性银行中的重要地位

虽然审慎性原则目前不在 FASB 和 IASB 的概念框架内,但审慎性原则在银行业风险管控中的作用不可忽视。少记或迟记银行的业务损失,都会导致高估资本,降低资本缓冲危机的作用,令金融系统变得脆弱。政策性银行承担着逆经济周期调节作用,在投资导向上又起到商业银行的示范作用,因此及时反映政策性银行的业务损失、保留足够的资本就更为重要。本课题建议,会计准则(基本准则)应强调审慎性原则在银行业(尤其是政策性银行)中的重要地位。

(二)细化损失确认条件

政策性银行的业务属性决定,其承担的风险比商业银行更高,甚至在业务发起时就可预知损失。目前,这部分损失并未确认入表,国内准则也并无细则规定符合什么条件的损失可以确认。从国际上来看,FASB 仍坚持存在客观证据证明损失已发生才能进行表内确认,而 IASB 已经进一步将"风险显著增加"作为损失确认的条件。基于政策性银行执行审慎性原则的必要性,本课题认为我国现行会计准则应进一步细化损失确认条件,例如:

(1)对于根据历史资料能够合理且可靠估算的损失,应允许政策性银行在业务发起之时即确认损失。

(2)积极运用预期损失模型。对于尚无客观证据,但还款风险已显著增加的贷款,应允许政策性银行确认一部分损失。

(三)明确损失计量属性

政策性银行经常需要对国家重点支持的领域给予让步性的贷款条款,例如提供远低于市场利率的优惠利率、无限制延长贷款还款期间等。此时,损失相关的计量属性对于账务处理就起到了关键作用。从执行审慎性会计原则的角度,本课题认为准则应明确损失相关的计量属性,以解决"还款期限延长所形成的货币时间价值损失是否应予以确认",或

"损失是否应以未来现金流的现值变化为计量依据"的问题。借鉴 FASB 在债权方债务重组准则中的规定，本课题认为还款期限延长所形成的贷款本金折现损失应予以确认。折现率则正反映了银行对风险的判断和估计，将风险信息确认入表，是执行审慎性原则的重要一环。这能够为风险监管部门提供重要的指示性信息。

（四）明晰表外披露条款和格式

对于不确定性较强、难以可靠计量的可能损失，准则应约束政策性银行在表外进行明晰的披露，明确披露内容，统一披露格式。在理想状态下，表外披露应该能够令报表使用者得到企业未来现金流入和流出的金额和可能性。例如，政策性银行应将还款风险较高的贷款自放贷之日起分类为关注类贷款；将展期贷款、下浮利率贷款的条款变更正式披露在附注中。

综上所述，本课题认为会计准则应保证政策性银行能够优先执行审慎性原则，及时确认和披露潜在损失，尤其是政策性损失。这样不仅有助于银行内部的风险控制，而且有助于政策性银行执行行业先导和示范作用，有助于财政及时掌握补贴压力，有助于监管部门的风险监管。

二、监管规则的修订建议

基于政策性银行的业务特殊性，监管机构应注意实施与商业银行有差别的监管模式。目前，我国银监会已提出对政策性银行执行差别监管的理念，但在具体细则上尚无作为。本课题以鼓励政策性银行执行审慎性原则为着力点，探讨监管机构应如何对政策性银行进行差别监管。具体来讲，本课题认为，监管部门应注意以下两个方面：

（一）业绩评价的差别监管

政策性银行出于政策性考虑，经常需要给予下浮利率、贷款展期等让步性贷款条款。即使未形成实际损失，也会形成资金占用或降低息差，从而损害其业绩。无论是政策性业务还是自营性业务，政策性银行所从事的都是商业银行所不愿从事或不宜从事的业务。然而，2011 年财政部发布的《金融企业绩效评价办法》则将政策性银行与商业银行放在了同一框架下，几乎未考虑政策性银行所特有的损失。这会使考核评价结果不公平，使激励机制失去效果。

另外，政策性银行具有逆周期调控作用和投资导向示范作用，因此其执行审慎性原则的必要性比商业银行更高，而执行审慎性原则也会带来更多的账面损失。如若将二者置于一个水平线上进行业绩考核，势必会影响政策性银行执行审慎性原则的积极性。因此，出于鼓励政策性银行执行审慎性原则的目的，财政部应考虑对政策性银行和商业银行在业绩考核上实施差别监管，构建政策性银行特有的业绩考核方法。可纳入业绩考核范围的指标包括但不限于：政策性职能履职的情况、支持国家经济和产业政策的效果和力度、自行消化政策性亏损的额度等。

（二）风险差别监管

在风险监管方面，银监会也应对政策性银行执行与商业银行不同的监管模式。这主要体现为以下三个方面：

第一，政策性银行承担着宏观经济的逆周期调控作用。在经济形势较差时，政策性银行应向市场放出更多的资金，这就要求政策性银行在经济形势良好时保留更多的资本。因此，政策性银行应更注重动态拨备监管，甚至动态资本监管。

第二，政策性银行在投资导向上承担着行业示范作用，很多重大的风险未知的投资项目均需由政策性银行先行投资。这就要求政策性银行比商业银行更为及时地反映业务损失，从而要求政策性银行执行比商业银行更高程度的审慎性原则。因此，政策性银行的贷款质量监管指标（如拨备覆盖率、不良贷款率）应比商业银行更为严格。

第三，政策性银行遵从国家政策指导，政策性业务损失由财政兜底，其与商业银行的资金来源不一致。因此，在计算资本充足率类监管指标时，应考虑财政资本的作用。构建政策性银行的核心监管指标势在必行。

综上所述，政策性银行的监管应区别于商业银行。监管机构应出台政策引导和配合政策性银行执行审慎性原则。

三、政策性银行的策略建议

基于前述分析，本课题从政策性银行自身的角度提出如下建议。

（1）为了实现审慎经营目标，要充分重视审慎会计的作用，给予执行审慎会计原则的体制和机制支持。在行内由上至下贯彻政策性银行执行审慎性原则的必要性，令财务人员、业务人员和风险管理部门合作，要求各部门员工对损失持敏感态度，时刻注意识别可能已经发生的损失并及时确认和披露。对于任何一项政策性让步，政策性银行应保持足够的损失敏感性，以现值模型、市场模型等方法识别自身损失，并进行会计核算，形成档案，供财政部门和监管部门调用。

（2）积累历史数据，构建符合自身特征的、符合政策性业务实质的风险管理模型和框架。以预期损失模型的构建为例，政策性银行应注意以下两个方面：

第一，某些出于市场保护的政策性贷款在市场价格下跌到一定程度时需要以稳定粮食市场、保护农民利益为目的发放（如粮食最低收购价贷款），因此应在减值模型中适当引入经济周期指数、市场价格指数等宏观经济指标。

第二，政策性银行的很多贷款都贷给了水利等基础设施建设项目，因此在减值模型中还应注重引入这些产业的成熟度、经济指数等指标。

（3）对政策性业务和自营性业务形成分部报告。能够直接通过科目和账户核算反映的，按科目账户分别反映；未按业务性质分设科目但存在较明确区分标准的，按区分标准分别反映；未分设科目且不存在较明确区分标准的，依据各类业务量的比例进行合理分摊；各类业务的资产与该类业务的费用之间原则上要存在一定的对应关系。只有形成了分部报告，才能方便内部管理，同时有助于财政掌握补贴力度，有助于监管部门进行业绩考核和风险管控。

（4）注意向会计准则指定机构和监管机构发声，争取政策性银行的可持续发展。政策性银行在经营过程中面对多重目标、多方压力、多难选择。例如，政策性银行在风险管理和承担逆周期调控职能时需要执行审慎性原则，然而这又与财政部业绩考核发生了冲突。面对这种现实困境，政策性银行应注意积极向有关部门反映，争取更合理的监管和激励措施。

（5）加大会计人员的职业培训力度，提升会计人员专业水平，以应对政策性银行在审慎性原则执行过程中需要学习的新准则（如预期损失模型）。培育会计人员自律意识，合理把握审慎性原则执行过程中职业判断的"度"，避免会计信息的客观公正受到损害。

参考文献

[1] 白钦先, 曲昭光. 各国政策性金融机构比较 [M]. 北京：中国金融出版社，1999.

[2] 财政部金融司. 金融企业绩效评价办法 [Z]. 2011-05-12.

[3] 财政部会计司. 金融企业会计制度 [Z]. 2001-11-27.

[4] 财政部会计司.《企业会计准则》，2006-02-15.

[5] 丁平. 瑞士会计简介 [J]. 会计研究，1995（8）.

[6] 国务院. 国务院关于金融体制改革的决定 [Z]. 1993-12-25.

[7] 李杨. 国家目标、政府信用、市场运作——我国政策性金融机构改革探讨 [J]. 经济社会体制比较，2006（1）.

[8] 刘克崮. 关于我国政策性金融改革发展的思考，在中央党校进修部第39期省部A班学员论坛上的发言 [Z]. 2006.

[9] [美] 加里·约翰·普雷维茨，巴巴拉·达比斯·莫里诺. 美国会计史 [M]. 杜兴强，于竹丽等译，孙丽影，杜兴强审校. 北京：中国人民大学出版社，2006.

[10] 解学智在中国农业发展银行年中全国分行行长会议上的讲话 [Z]. 2015.

[11] [美] 迈克尔·查特菲尔德. 会计思想史 [M]. 北京：中国商业出版社，1989.

[12] 郑波. 国外政策性银行的最新发展及对我国的启示 [J]. 上海金融，2006（12）.

[13] 庄俊鸿. 政策性银行概论 [M]. 北京：中国金融出版社，2001.

[14] Ahmed A. S., B. K. Billings, R. M. Morton and M. Stanford-Harris. The Role of Accounting Conservatism in Mitigating Bondholder-Shareholder Conflicts over Dividend Policy and in Reducing Debt Costs [J]. The Accounting Review, 2002, 77 (4): 867-890.

[15] Accounting Principles Board, Statement 4 Basic Concepts and Accounting Principles Underlying Financial Statements of Business Enterprises [Z]. October 1970.

[16] Basel Committee on Banking Supervision. Basel III: International Framework for Liquidity Risk Measurement, Sstandards and Monitoring [Z]. December 2010.

[17] Financial Accounting Standards Board, SFAC 2 Qualitative Charateristics of Accounting Information [Z]. May 1980.

[18] Financial Accounting Standards Board, SFAS 5 Accounting for Contingencies [Z]. March 1975.

[19] Financial Accounting Standards Board, SFAS 114 Accounting by Creditors for Impairment of a Loan [Z]. May 1993.

[20] Financial Stability Forum. Report of the FSF Working Group on Provisioning [R]. 2009.

[21] Gray S. J.. Towards a Theory of Cultural Influence on the Cevelopment of Accounting Systems Internationally [J]. Abacus, 1988, 24 (1): 1-15.

[22] International Accounting Standards Board. Conceptual Framework for Financial Reporting [R]. 2010.
[23] International Accounting Standards Board. IFRS8 Operating Segments [Z]. November 2006.
[24] International Accounting Standards Board, IFRS 9 Financial Instruments [Z]. July 2014.
[25] Parliament of the United Kingdom [Z]. Joint Stock Companies Act 1856, 1856.
[26] Parliament of the United Kingdom [Z]. The Companies Act 1862, 1862.
[27] Watts, R. L.. Conservatism in Accounting Part I: Explanations and Implications [J]. Accounting Horizons, 2003, 17 (3): 207-221.

第六篇

利率市场化背景下商业银行资产证券化发展问题探讨及策略研究

交通银行预算财务部课题组

课题主持人：林至红
课题组成员：蒋　娴　强　清　黄莹莹　端木静文

摘　要

20世纪80年代起全球掀起了利率市场化改革浪潮，对于以利差作为主要收入来源的传统银行来说，利率市场化改变了货币资金价格形成机制，加剧了"金融脱媒"，直接影响了银行的资产负债业务，迫使银行加快业务模式转型。中国的利率市场化在2015年底基本上完成，新形势下我国商业银行的经营与发展面临着巨大的挑战。

资产证券化作为20世纪金融市场最重要的创新之一，在宏观层面，可以打通直接融资与间接融资的通道，联结资金需求与供给两大主体，实现资金的有效配置与高效运转，有利于利率市场化的推动与运行以及整个金融体系的效率提升；在微观层面，可以帮助商业银行实现风险资产的转让，加强整体资产的安全性、流动性，提升自身资产负债管理水平，并为商业银行提供了拓展业务范围、实现盈利模式转型的渠道，是商业银行应对利率市场化挑战的有力工具。当前形势下，我国商业银行作为资产证券化发展的主力军，需要充分发挥应有的作用。

本课题从资产证券化的本质着手，阐明了资产证券化的核心要素、主要类别、参与主体与运行机制，分析了资产证券化与其他融资方式的区别，阐述了商业银行在资产证券化过程中可以充当的角色。接着，结合国际经验分别从宏观角度和微观角度论证了利率市场化背景下商业银行开展资产证券化的必然性。进而，通过总结分析美国花旗、英国汇丰、日本三井住友等国际大银行在利率市场化进程中开展资产证券化的实践经验和主要特点，对比分析我国商业银行开展资产证券化的实践和现状，并进一步从基础资产出表、监管资本计量、会计利润、经济利润、参与企业资产证券化的收益五个方面分析了商业银行开展资产证券化的所涉及的财务表现问题。进而总结出利率市场化进程中我国商业银行资产证券化发展存在的问题和困难。最后，从商业银行和宏观政策两方面提出了推动商业银行资产证券化进一步发展的策略和政策建议。

关键字： 资产证券化　利率市场化　商业银行　会计利润　经济利润

第一章 绪 论

一、研究背景

利率市场化改革是金融改革的重要内容和关键步骤。20世纪80年代全球掀起了利率市场化改革浪潮,对于以利差作为主要收入来源的传统银行来说,利率市场化改变了货币资金价格的形成机制,直接影响到银行的资产负债业务,加剧了"金融脱媒",迫使银行加快业务模式转型。资产证券化作为20世纪金融市场最重要的创新之一,诞生于美国利率市场化改革的进程中,对欧美、日本等国家利率市场化环境下提升金融效率、优化资源配置均起着非常重要的作用。

资产证券化20世纪70年代起源于美国,通过一定的结构安排、信用增级及信用评级等手段,将流动性较差但能在未来产生稳定现金流的资产转换成金融市场上流动的证券,是一种结构化的融资方式。具有推动利率市场化、解决金融机构资产与负债的匹配问题、分散金融风险等其他融资方式所没有的功能,能够满足社会投资者等多方面角色对证券产品不同的投资需求,联结信贷市场、货币市场与资本市场,促进整个资本市场长期健康发展。尽管2007年爆发了以资产证券化为起因的美国次贷危机,但美国及其他国家资产证券化市场却未因此而消失,而是通过快速的政策调整使得资产证券化向着更良性和理性的方向发展。

我国资产证券化发展在经历了早期探索(1992~2004年)、试点开展(2005~2008年)、暂行停滞(2008~2011年)、再次启动(2012年至今)四个阶段后,目前正处于由试点到逐渐常态化快速发展阶段。特别是2014年以来,资产证券化业务取得了突飞猛进的发展,不论是发行规模还是发行单数都呈现显著增长。2014年11月,银监会、人民银行和证监会相继出台关于资产证券化业务备案制的规定,信贷资产证券化业务步入常态化发展。2015年5月13日,国务院常务会议决定进一步推动信贷资产证券化市场健康持续发展。随着利率市场化进程的加快,我国证券化产品的发行规模和参与范围不断扩大,资产种类和结构创新也日趋丰富,发行量节节攀升,中国金融发展即将进入资产证券化时代。

商业银行是资产证券化发展的主力军,可以充当发起人、投资机构、资产服务机构、承销商、融资顾问等多重角色,参与资产证券化业务的开展。我国证券化目前处于试点阶段,商业银行开展资产证券化的过程中,在外部市场环境方面,面临着法律制度、会计规则、监管法规还不健全等情况;在内部自身条件方面,存在开展资产证券化的时日较短、经验不足,尚处于探索时期,对证券化实质理解不够、市场需求挖掘不足、主动性不够等问题,商业银行资产证券化尚未能充分发挥出其推动利率市场化和商业银行经营转型的重要作用。

因此，现阶段，有必要对资产证券化的实质（是什么），利率市场化背景下商业银行开展资产证券化的必要性（为什么），已有哪些商业银行资产证券化的国际经验（别人怎么做），如何进行会计处理，证券化对银行会计利润、风险收益有什么影响（有什么财务影响），目前我国商业银行开展资产证券化存在哪些困难（有什么问题），以及如何进一步推动商业银行资产证券化发展（下一步怎么办）等问题进行深入研究，这些问题的研究与解决对实现资产证券化的长远发展及深化资产证券化对利率市场化的推进具有重大的现实意义。

二、研究思路和结构安排

为解决上述问题，本课题从资产证券化的本质着手，阐明了资产证券化的核心要素、主要类别、参与主体与运行机制，分析了资产证券化与其他融资方式的区别，阐述了商业银行在资产证券化过程中可以充当的角色。接着，结合国际经验分别从宏观角度和微观角度论证了利率市场化背景下商业银行开展资产证券化的必然性。进而，通过总结分析美国花旗、英国汇丰、日本三井住友等国际大银行在利率市场化进程中开展资产证券化的实践经验和主要特点，对比分析我国商业银行开展资产证券化的实践和现状，并进一步从基础资产出表、监管资本计量、会计利润、经济利润、参与企业资产证券化的收益五个方面分析了商业银行开展资产证券化的所涉及的财务表现问题。进而总结出利率市场化进程中我国商业银行资产证券化发展存在的问题和困难。最后提出推动商业银行资产证券化进一步发展的策略和政策建议。

本课题共分为八章：第一章是概述，介绍本课题研究背景和结构安排；第二章是对商业银行资产证券化本质的分析，从资产证券化的核心要素、主要类别、参与主体、运行机制、与其他融资方式的区别以及商业银行在其中的角色等方面深层次透析本质；第三章是利率市场化背景下商业银行开展资产证券化的必然性，从国际经验角度分析资产证券化是推动和深化利率市场化的重要工具，同时从我国利率市场化的推进及商业银行自身发展角度分析开展资产证券化的必然性；第四章从在美国的花旗、英国的汇丰、日本的三井在利率市场化背景下开展资产证券化业务的思路及实践着手，总结国际大银行开展资产证券化的主要特点，相应对比分析我国资产证券化发展现状；第五章在研究资产证券化基础资产出表的会计原则和信用风险转移及监管资本计量的监管原则基础上，从发起机构角度静态分析并讨论资产证券化带来的会计利润及经济利润影响；第六章在第四章及第五章的基础上总结讨论我国商业银行开展资产证券化动力不足、商业银行资产证券化并未减少银行业风险总量、资产证券化市场环境还不完善等问题及困难；第七章在第六章问题的基础上，从商业银行角度提出构建契合利率市场化要求的证券化发展体系的有关策略建议，并从宏观政策角度提出推动商业银行资产证券化发展的政策建议；第八章总结了研究结论、局限及未来研究方向。

第二章 商业银行资产证券化的本质

资产证券化,这一近50年来世界金融领域最重大的金融创新,英文是"Asset Securitization",由华尔街投资银行家刘易斯·拉尼利(Lewis S. Ranieri)于1977年首次提出。资产证券化的过程,指的是将缺乏流动性,但具有预期稳定现金流的资产汇集起来,形成一个资产池,通过结构性重组,使之成为可以在金融市场上出售和流动的证券从而融资的过程。其结构性融资采用了现金流重组、期限分割、信用分级等技术。通过资产证券化,原始资产变为可交易的单位,重新构建了真实金融资产的现金流和风险,以满足投资者的需要。

一、资产证券化的核心要素及主要类别

(一)资产证券化的核心要素

资产证券化的操作在实践中不断丰富和完善,在欧美法系国家已经形成了一套比较固定的标准流程,该流程主要包括四项核心要素。

(1)基础资产。基础资产是指在资产证券化过程中用作打包重组的流动性较差,但未来具有稳定现金流的目标资产(池)。基础资产能够产生未来稳定的现金流,现阶段将未来稳定收益出售给第三方,基础资产因被出售而从融资方资产负债表的资产端出表,同时获得现金对价,作为现金进入资产负债表的资产端。

(2)基础资产风险和收益的分离、重组。基础资产作为被转让的标的物,在被转让后,即完成了与原来所有者的分离,此时,该项资产的风险和收益都转移给了新的所有者。该项资产的收益来源于其未来产生的现金流,同时风险也存在于现金流的稳定性和持续性,以及能否及时提供预期的现金收益。资产重组(结构化)的过程是对基础资产进行选择、搭配,计算现金流,并进行分层、分级和重组的过程。资产重组可以通过对基础资产的优化配置,使其收益达到最佳水平。

(3)基础资产的风险隔离。基础资产的风险隔离是指被证券化的标的,即基础资产,不仅要转变所有权,而且其风险应该彻底与其原始所有者无关。经过真实出售,基础资产与原所有者的经营风险完全隔离。这样,即使原所有者由于经营不善而破产,原所有者的债权人和股东对证券化资产也没有任何追索权;如果基础资产不足以偿还本息,投资者的追索权也仅限于基础资产,对原所有者的其他资产也没有任何追索权。在实际操作中,通常是将基础资产出售给具有独立法人地位的特殊目的公司(SPV)。

(4)信用增级。信用增级是指通过提供保证和提高基础资产的信用级别,增加其市场

价值，降低投资风险，吸引更多投资者，并降低资产证券化的发行成本。经过信用增级，提高了基础资产的信用等级，增强了证券的安全性和流动性，更易于销售和流通。在实践中主要有内部信用增级和外部信用增级两种方法，前者包括优先/次级安排、超额抵押、差额支付（现金流入不足时由原所有人补足）、信用触发机制、资产回赎安排、替换安排（替换不合格资产）等，后者包括保险机制、外部担保、第三方流动性支持等。

（二）资产证券化的主要类别

资产证券化作为一个不断发展的创新工具，有很多不同的分类方式，但是最普遍采用的是根据使用的基础资产分类。从这个分类角度来看，资产证券化一般分为两大类（见表1）：房屋抵押贷款证券和资产支持证券。MBS一般可以进一步分为住房抵押贷款证券化、商用房产抵押贷款证券化和抵押担保债券，其中RMBS以个人住房抵押贷款为基础资产，CMBS以商用房产抵押贷款为基础资产，CMO以房屋抵押贷款转付证券为基础资产。ABS一般可以进一步划分为狭义ABS和债务抵押证券两类，其中狭义ABS包括以汽车贷款、学生贷款、设备租赁、应收账款、消费贷款等为基础资产的证券化产品；CDO是以银行贷款、债券或资产证券化产品为基础资产的证券化产品，这就衍生出了它的两个重要分支，即信贷资产的证券化和市场流通债券的再证券化。目前，国际上主要有四种类型的资产证券化市场：RMBS、CMBS、ABS（狭义）和CDO。

表1 资产证券化的主要类别（按基础资产划分）

资产证券化（广义ABS)	资产支持证券	狭义ABS（以汽车贷款、学生贷款、设备租赁、应收账款、消费贷款等为基础资产的证券化产品）	
		债务抵押证券	市场流通债券再证券化
			信贷资产的证券化
	房屋抵押贷款证券	住房抵押贷款证券化	
		商用房产抵押贷款证券化	
		抵押担保债权	

目前，我国资产证券化根据监管部门不同及基础资产差异，主要分为银监会和央行主导的信贷资产证券化（信贷ABS）、证监会主导的企业资产证券化（专项资产管理计划，企业ABS和银行间市场交易商协会主导的企业资产支持票据（ABN）。其中，信贷资产证券化主要包括以企业贷款、信用卡应收款、个人住房抵押贷款等为基础资产的证券化；企业资产证券化（企业ABS）主要包括以租赁收入、应收账款、基础设施收费为基础资产的证券化；企业资产支持票据（ABN）主要包括以企业应收款以及污水处理费收入、高速公路收费收入、城市水费收入等收益权作为基础资产。我国资产证券化的主要类别及累计发行占比情况如表2所示。

表 2 我国资产证券化产品的主要类别

类别	监管机构	基础资产类型	累计发行占比
信贷资产证券化（信贷 ABS）	银监会和央行	企业贷款、信用卡应收款、个人住房抵押贷款等	约58%
企业资产证券化（企业 ABS）	证监会	租赁收入、应收账款、基础设施收费等	约40%
企业资产支持票据（ABN）	银行间市场交易商协会	企业应收款以及污水处理费收入、高速公路收费收入、城市水费收入等收益权	约2%

注：表中"累计发行占比"按照我国截至 2016 年末资产证券化的累计发行额计算。

二、资产证券化的参与主体及运行机制

（一）资产证券化的参与主体

1. 基本主体

在资产证券化的过程中，资产归属和转移的主体，也就是资产证券化的基本主体（以信贷资产证券化为例），包括原始债务人、资产出售者和投资者三方。①原始债务人是在与原始债权人签订的债权债务合同中承担债务的一方，可以理解为是在源头上承担还本付息义务的借款方。②资产出售者也可称为发起人，是基础资产的原所有者、卖方和融资方，在基础资产为信贷资产时，指的就是银行或发放贷款的金融机构。③投资者，即购买资产证券化产品的一方，目前主要是机构投资者，包括保险公司、投资基金、养老基金、信托投资公司、商业银行等。

2. 中枢通道——特殊目的实体（SPV）

特殊目的实体在资产证券化过程中起到的是中枢作用。SPV 是专门为发行资产支持证券组建的，在法律上具有独立的地位。SPV 是证券的发行人。SPV 的独立性体现在它独立于发起人，当发起人将基础资产出售给 SPV 时，它们之间是两个独立机构的交易。因此，SPV 起到了风险隔离的作用。另外，SPV 也独立于参与证券化的其他机构，如信用评级机构、证券承销机构等中介服务机构。但是 SPV 与这些机构和发起人之间都存在各种经济法律关系，所以 SPV 处于资产证券化流程的核心位置。

3. 中介服务机构

为了清晰地明确和保障发起人/资产出售人、发行人（SPV）及众多投资者的利益，资产证券化的顺利发行也离不开一些中介机构的参与。这些中介服务机构包括：律师、会计师、增信机构、信用评级机构、证券承销和融资顾问机构、资产管理/服务机构、受托管理机构等（见表3）。

表 3 资产证券化过程中的中介服务机构

机构类型	职责
律师	拟订各种文件和协议，界定资产证券化的各方参与者之间的法律关系，并提供法律咨询和服务，确保交易的产品和管理过程符合法律法规的要求
会计师	确保基础资产的现金流的完整性，检验发行人提出的假设及预测现金流。确保交易中所涉及的各方的现金流都被妥善记录，各方能够合法合理地因其承担的责任和做出的贡献获取回报

续表

机构类型	职责
增信机构	在基础资产之外,对投资者提供额外的信用支持,以获得较高的资产评级
信用评级机构	对发行的证券的质量进行评估。既包括初评时,对基础资产和资产证券化产品进行风险评估,也包括证券发行后及兑付之前,跟踪和确保资产证券化产品的信用保持不变,如有改变,调整评级
证券承销/融资顾问机构(投行)	设计和发行阶段,向发行人提供融资结构设计,寻找投资者,进行证券承销和定价等服务;作为融资顾问,可以提供财务管理、资产(池)内部评估,提供设计、分析、比较和建议等服务
资产服务机构(服务商)	管理并收取基础资产产生的本金和利息现金流,并通过SPV交给投资者;处理逾期贷款;向投资者提供及时准确的现金流报告
受托管理机构	负责账户的开设、资金的保管和向投资者支付本息等工作

(二) 资产证券化的运行机制

在资产证券化实际运作过程中,各类参与主体机构相互衔接,形成了一套运作流程(见图1)。

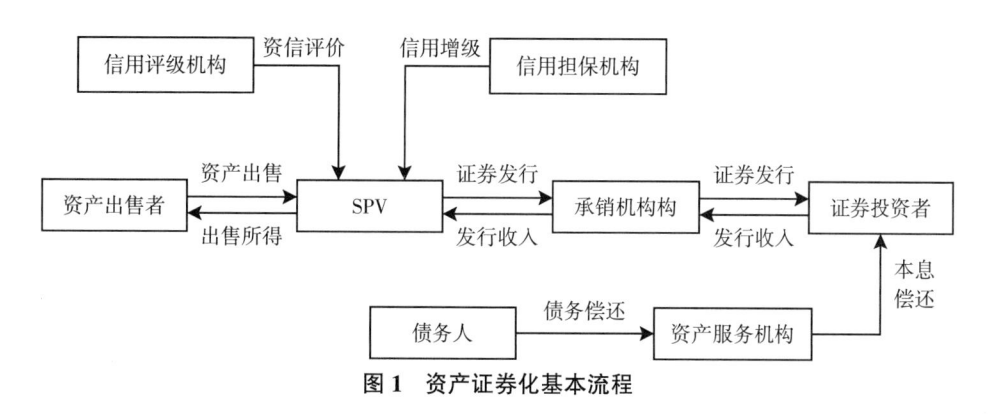

图1 资产证券化基本流程

以信贷资产证券化为例,首先,原始债务人和债权人之间建立了债权债务关系。债权人拥有相关资产,作为发起人,将这部分资产进行拆分和重组,形成新的资产组合,出售给SPV,实现资产真实出售,兑现收益。其次,SPV获得该项基础资产,作为发行人,设计和发行基于该资产的资产支持证券,出售给投资者,获得发行收入。该项收入交给发起人。

同时,整个过程还包括以下活动:一是信用担保机构和信用增级机构(也可以是内部)提供增信服务。二是信用评级机构提供评级结果。三是融资顾问机构和证券承销机构(一般为投资银行)负责设计产品、交易结构和保荐承销。四是律师、会计师等专业中介提供相关法律、审计等服务。五是SPV将基础资产托管给资产服务机构,由其从原始债务人那里收取基础资产产生的本金和利息现金流,并通过受托管理机构或SPV交给投资者;若出现债务逾期,资产服务机构会监督逾期债务的借款人和处理逾期贷款,并向投资者提供准确的现金流报告。

三、资产证券化与其他融资方式的区别

资产证券化作为一种融资工具,其与传统的融资方式的区别体现在对资产负债表的影响、依赖的信用基础、融资成本和融资效率四个方面(见表4)。

表4 资产证券化与其他融资方式的区别

融资方式	对资产负债表的影响	信用基础	融资成本	融资效率
资产证券化	只影响表左(资产)	基础资产	较低	较高
传统企业融资(股权、债权)	同时影响表右(所有者权益、负债)、表左(资产)	企业信用	较高	较低
传统项目融资	同时影响表右(负债)、表左(资产)	项目及企业信用	依据项目预期现金流情况	较高
信托受益权等表外融资	无影响	企业信用	较高	较高

(一)对资产负债表的影响不同

资产证券化是资产负债表左边的融资。在资产负债表中,左栏是资产,右栏是负债和所有者权益。资产证券化通过资产实现融资,体现为减少非流动性资产、增加现金(银行存款)等流动性资产,其变动都是在资产负债表左方,资产负债的总规模不发生变动;传统企业融资方式中,股权融资是以所有者权益融资,债权融资是以负债融资,均体现在资产负债表右方,且通常右方增加的同时,左方会相应增加现金(银行存款)等,最终导致资产负债的总规模增长。

(二)所依赖的信用基础不同

与传统的企业融资相比,资产证券化基于的是企业(包括银行)的部分资产,而一般企业融资基于的是企业整体的信用。整体经营情况不好的企业,可能不具备发行债券或股权进行融资的必要条件(如监管要求等),但企业可以利用所拥有的某个或某些未来有稳定现金流入的资产作为基础进行融资。比如,可以用应收账款、公用设施收费权、公路收费权等进行资产证券化来实现融资。资产证券化后,企业对于已经出售的资产没有追索权,通过风险隔离,企业的经营风险也不会影响证券投资者的收益,投资者承担的风险只取决于证券化基础资产的现金流状况。

与传统的项目融资相比,资产证券化是建立在基础资产之上的可流动交易的证券,依赖的是基础资产的信用。传统项目融资是指以项目的预期经济收益和参与人对项目风险所承担的义务为担保,以项目的资产作为贷款的抵押物,并以项目的运营收益和盈利来偿还贷款的具有有限追索权性质的一种融资方式,仍然属于债务融资的范畴。两者的融资人、筹资渠道、担保结构、流动性均不同。

与信托收益权等银行表外业务融资相比,虽然从表象上来看,两者都没有对资产负债表产生影响,也都通过中枢通道(比如信托公司)来进行资金的流转,但与实现基础资

真实出售、风险隔离的资产证券化相比,信托收益权的信用基础仍然是需要融资的企业,仅是通过交易结构设计对投资标的进行了"标准化"处理,没有进行更深层次的收益和风险重构与分层,也缺乏广泛市场流通的基础。

(三) 融资成本不同

与企业（包括银行）直接向资本市场发行债券或股票的融资方式相比,企业资产证券化融资方式具有一定的融资成本上的优势。资产证券化将具有未来现金流的资产从企业的整体风险中隔离出来,进行各种信用增级,因此,企业发行的证券化产品的风险会低于其发行的股票与债券,投资者要求的回报也会低于股票和债券;同时,资产证券化融资虽然会涉及多家中介机构,但支付的中介机构费用相对于发行股票、发行企业债来说较低,信用增级需要担保费用也较低,因此,资产证券化的融资成本相对较低。

(四) 融资效率不同

资产证券化在把流动性低的资产转换为证券过程中,通过实施各种的现金流分割与重组技术,基础资产的风险和收益也相应地进行了分割和重组,从而可将风险分散给那些能够理解和接受这些风险的市场参与者,并将收益分配给出价最高的市场参与者,金融市场的融资效率由此得以大大提高。同时,通过信用增级一方面使筹资者能够获得较高于自身信用级别的融资渠道,节省了融资成本;另一方面投资者也可以从投资风险较低的证券化资产中获得收益。投资者承担的风险不由企业自身的资产状况和评级的高低决定,只取决于基础资产本身,同时高信用级别的担保公司的介入也提高了投资的安全性。因此,资产证券化实现了筹资者与投资者的"双赢",提高了融资效率。

通过上述比较可以发现,与其他融资方式相比,资产证券化融资方式在各方面都具有独特的优势。

四、商业银行在资产证券化中的角色

(一) 作为发起人

商业银行可以充当资产证券化的发起人。一方面,商业银行通过将缺乏流动性的信贷资产转让给 SPV,将其移出资产负债表之外,从而缓解资产的流动性压力,释放被束缚的资本配置而满足资本充足率的管制要求,同时在转移信贷风险的同时及时收回具有更高流动性的资产销售现金收入,提高资产的平均收益率。另一方面,商业银行对于其所拥有的其他资产或购买的其他银行或金融机构的资产,根据不同资产的特点,进行搭配组合并转移给 SPV 进行证券化操作。如此,银行在将吸收存款、发放贷款的传统优势转化为证券化操作中汇集拟证券化资产优势的同时,不仅有效地进行了资产负债的调整和优化组合,改善了资产负债表的管理状况,而且在购买、销售信贷资产的过程中也获得了利差和相应的其他收益。

(二) 作为中间服务机构

（1）商业银行在资产证券化过程中担任资产服务机构，通过提供表外服务，开拓传统业务之外的收入新来源。银行可以利用对信贷资产的熟悉、优良的技术设备和丰富的人力资源，为证券化提供资产的受托管理服务，定时收取基础资产产生的现金流并进行日常管理和投资的服务，受托保管证券化资产，并按照收益偿付协议要求代为向投资者派发证券收益的服务，从中获取服务费收入。

（2）商业银行在资产证券化过程中提供信用增级服务。在这一过程中，银行可以为证券化资产权益的及时足额偿付提供信用担保或者签发备用信用证；可以为资产证券化提供临时性的贷款，缓解运作中资金短期周转问题；可以以经纪人或当事人身份为资产证券化提供相应的金融互换（包括货币互换和利率互换）和外汇交易服务，便利证券化的国际化操作和减轻货币与利率风险。

（3）商业银行在资产证券化过程中担任证券承销商，可利用分布广泛的商业网点，进行资产证券化产品的发售，从中获取承销服务收入。

（4）商业银行在资产证券化中担任融资顾问机构，接受结构设计和业务操作的咨询，利用累积的实战经验，为其他需要证券化的主体提供咨询设计服务，获取相应的报酬。

(三) 作为投资者

商业银行在资产证券化流程中充当投资人，可以借助资产证券化产品本身良好的资产信用和信用增级的保障，在降低银行总体资产风险、减少资本配置要求的同时，获取稳定的投资收入，并调整资产负债结构，实现业务的多样化和风险的分散化。

综上，从资产证券化这一金融创新的特点来看，资产证券化存在的根本目的和原因仍然是解决资金供需双方需求错配的矛盾。发起人/资产出售者需要在资本市场高效获得融资，而不同的投资者对分散化投资产品的需求各有不同，都希望为其管理的资金获取有吸引力的回报。资产证券化通过对非流动性基础资产进行结构化的重组设计，将不具备多层次广泛交易可能的资产转变为可以分层分档、针对不同风险偏好投资者的证券产品，满足了资金供需双方的需求，实现了"双赢"。

从宏观层面来看，商业银行资产证券化在本质上：一是可以将在间接融资模式下聚集在银行的风险和收益，通过精细化的风险、收益重构与分层，形成相对标准化的产品，满足市场的投资需要；二是商业银行资产证券化的过程也是间接融资向直接融资转变，对基础资产的未来现金流及其风险进行市场化定价，在更精细化层面实现金融资源配置的过程。从商业银行在资产证券化中可以扮演的多重角色的实践来看，商业银行资产证券化在本质上：一是商业银行作为发起人，实现风险资产的转让，高效获得融资，提升整体资产的流动性，成为管理优化资产负债表的有效工具；二是商业银行作为中间服务机构，利用自身的专业与信息优势，提供相关金融服务，获取中间业务收入，是实现盈利模式转型的有效工具；三是商业银行作为投资者，是购买证券化产品从而实现业务多样化、风险分散化的有效工具。

第三章 利率市场化背景下商业银行开展资产证券化的必然性

一、国际经验显示出资产证券化是推动和深化利率市场化的重要工具

（一）商业银行资产证券化缘起于利率市场化改革

1. 利率市场化的理论背景与实践意义

美国经济学家罗纳德·麦金农（R. I. McKinnon）和爱德华·肖（E. S. Shaw）在20世纪70年代提出了金融自由化和金融深化理论，他们认为发展中国家普遍存在的金融抑制现象阻碍了金融发展，落后的金融抑制了私人储蓄和投资的形成，发展中国家要想促进金融发展以及推动经济增长，就需要通过金融自由化放松管制。该理论的核心思想是，应该放松政府部门对金融体系的管制，尤其是对利率的管制，使实际利率提高，以充分反映资金供求状况。这样，投资者就不得不考虑融资成本，充分权衡投资成本和预期收益，从而使资金配置效率大为提高；而且，高利率鼓励人们储蓄，从而提供了储蓄向投资转化的顺畅渠道。正如肖于1973年所说："金融自由化和金融深化的实质是放松利率，使之反映储蓄的稀缺性和刺激储蓄。"美国、英国、日本等各国在20世纪70年代相继开始了金融自由化改革。目前，我国的金融改革也是逐步实现金融自由化的过程。从发达国家金融自由化的先后时间安排来看，一是要完成利率市场化，二是要完成金融机构、市场现代化，三是要实现资本自由流动，四是完成本国货币国际化。由此可以看出，利率市场化是金融改革非常关键的第一步。

利率市场化是指将利率决定权交给市场，由市场资金供求状况决定市场利率，市场主体可以在市场利率的基础上，根据不同金融交易各自的特点，自主决定利率。利率市场化改革是一国金融业发展到一定程度的客观需要和必然结果，也是一国经济体制改革中的核心问题。在过去的几十年中，西方发达经济体和部分发展中国家先后实现了利率市场化，不仅对于银行个体的资产负债结构、经营战略产生了巨大的冲击，同时对其各自的金融体系，尤其是对银行业的市场结构、运行机理也产生了深远的影响。

2. 利率市场化改革中资产证券化兴起的国际经验

美国作为资产证券化的发源地，其资产证券化的兴起与美国利率市场化下存贷款利率管制的放开紧密相关。美国利率市场化始于1970年，持续至1986年，以金融产品创新为突破口［1970年美联储允许大额可转让定期存单（CDs）的利率市场化］；同时其资产证

券化起步于 1970 年，当时的抵押贷款银行将住宅抵押贷款证券化并发行了抵押贷款支持证券。分析其缘由，一方面，利率市场化下的"金融脱媒"压缩了银行的资金来源，给银行负债端带来了巨大压力，尽管美国商业银行业推出可转让支付命令账户（NOW 账户，也称付息的活期存款）、超级可转让支付账户（Super Now 账户）、货币市场存款账户（MMDAs）等各种产品来吸引存款，仍阻挡不了货币市场基金等金融产品在利率市场化过程中规模的不断扩大，以及由此导致的银行存款的大量流失。另一方面，商业银行资产和负债期限错配情况严重、缺乏足够的头寸稳健地支持当时巨大的住宅融资需求和消费增长的融资需求，面临巨大的流动性风险。资产证券化帮助银行将手中的住宅和商业物业抵押贷款转换成抵押贷款支持证券，既为银行拓宽了资金来源、解决了流动性困难和资产负债期限错配问题，又满足了当时强劲的新增住房和消费融资需求，创新了融资解决方案。

英国的利率市场化始于 1971 年，持续至 1986 年，在此过程中，英国为解决其抵押贷款市场带来的资金紧缺问题，于 20 世纪 80 年代从美国引入了资产证券化（最初引入了 MBS 交易结构），并由于住房抵押贷款、信用卡消费市场活跃，很快成为资产证券化发行最主要的国家之一。并且，随着作为基础资产的担保资产类型不断丰富，以及法律与制度环境的进一步完善，英国逐步成为欧洲证券化市场最发达的国家。

日本的利率市场化改革始于 1977 年，持续至 1994 年。以国债利率自由化为突破口，采取了先国债、后其他品种；先在银行间实行市场利率，后在存贷款利率中实行；先长期、大额，后短期、小额的步骤。同时，日本在 20 世纪 90 年代早期开始启动资产证券化，并在东南亚金融危机爆发后，为了解决银行面临的不良贷款率上升以及流动性短缺等问题，加快了资产证券化发展的步伐。资产证券化改善了由于金融危机导致的、利率市场化加剧的商业银行财务状况恶化的状况，为日本恢复健康的金融市场发挥了重要作用。

澳大利亚的利率市场化改革始于 1978 年，持续至 1985 年。澳大利亚资产证券化始于 20 世纪 90 年代中期，动因是为向全球金融市场寻求资金，满足住宅抵押信贷的需求。利率市场化完成后，为解决资金融通和流动性问题，满足住宅抵押贷款需求，澳大利亚的发行人创造性地通过海外发行 RMBS，成功实现了通过资产证券化从欧美等全球金融市场融资，满足和支持其国内住宅抵押信贷等需求。

从上述各国经验可以看出，各国商业银行在利率市场化的不可逆转和加速推进的大背景下，存贷利差缩小，利润空间受到挤压，存短贷长所造成的流动性错配风险也被进一步放大，资产证券化作为一项重要的金融创新工具，可以有效地化解上述问题。可以说，利率市场化的推进是商业银行资产证券化在各国兴起的催化剂，而商业银行资产证券化在各国利率市场化推进及运行中又起着有效平衡资金供需矛盾的重要通道作用，二者相互促进，共同发展。

（二）利率市场化进程中需要通过商业银行资产证券化提高金融效率

国际经验显示，资产证券化跨市场运作并重构收益风险的特性，使其成为利率市场化进程中促进经济发展、提高整个金融市场的运作效率必不可少的金融工具。比如，在美国，资产证券化推动了居民住宅市场的发展，解决了民众安居需求，并促进了之后消费型社会结构的形成，同时，资产证券化的创新使美国拥有了世界上最具有效率的金融市场，并使美国在金融危机爆发之前实现了数年稳定的增长；在日本，通过发展资产证券化，良好地解决了东南亚金融危机爆发后,银行面临的不良贷款率上升以及流动性短缺等问题,加快了其经济复苏的步伐;在欧洲,资产证券化市场的规模扩张满足了新时期金融机构对货币流动性的需求,并通过释放流动性、优化融资结构、降低融资成本等方式促进了欧洲实体经济的发展。具体来说,资产证券化通过以下几个方面的作用促进利率市场化进程中金融效率的提高。

1. 连通资本市场与货币市场

资金在资本市场与货币市场的自由流通是利率市场化的必要条件。资产证券化使商业银行在资本市场上出售信贷资产,换回现金资产,同时,商业银行可以将换回的现金资产用于票据贴现、同业拆借等货币市场业务,这样就实现了两个市场的资金融通。

商业银行资产证券化的发展与推进将会结束直接融资与间接融资互相分离的历史,将二者有机地统一到一个完整的资金流通过程中,提高了经济实体中金融体系的效率。在严格控制风险的前提下,利用资产证券化,打破各个金融市场之间的割裂状况,实现资金在货币市场和资本市场之间的双向流通,可以有效地降低金融体系宏观层面的系统性风险。

2. 拓宽企业融资渠道的同时加快银行角色的转变

资产证券化作为一种融资工具,拓宽了企业尤其是中小企业的融资渠道,对促进和完善中小企业融资体系以及推动中小企业的不断发展意义深远,同时也促进银行转变角色,实现盈利模式转型。

一方面,打通了中小企业迈向资本市场的通道。一直以来,中小企业因其规模相对较小、经营变数多、风险大、信用能力较低等自身原因,以及资本市场准入门槛较严等外部原因,其融资渠道始终受限。但通过资产证券化业务,实现信用增级,为中小企业提供一种与融资者自身信用等级相分离的融资渠道;同时,信用增级手段提高了资产支持证券的收益率,也提高了这种债券的投资意愿。因此,资产证券化业务为中小企业提供了进入资本市场融资的机会,丰富和拓宽了中小企业的融资模式。商业银行在此过程中也从传统的融资供给方转化成金融服务机构,分散转移了原本全部由商业银行承担的风险,节约了资本,实现"双赢"。

另一方面,提供了确立中小企业信用价值的重要途径。当出现中小企业融资市场资金供求失衡时,往往会导致民间借贷市场利率高企、银行信贷利率大幅度提高,存在一定的中小企业信用价值价格机制扭曲。为解决这一问题,商业银行可以借助信贷资产证券化工具,利用评级公司的独立评级以及投资者对此类证券产品的市场判断与行为,帮助中小企业构建企业信用价值的发现与定价机制,将中小企业的融资需求引入到相对成熟的全国银行间市场等,促进中小企业有效利用资产证券化工具与手段化解融资成本高问题。

3. 提升宏观和微观层面资金的周转效率

利率市场化的完全实现需要建立在资金高效运转的基础上。

从宏观角度看,资产证券化作为一个新的工具,它把利益带给了证券化的参与各方并且使得融资者的资金来源多样化,分散了投资者的风险,并增加了资本市场流动性,优化了资本市场资源配置,解决了借款人的资金缺口,加速了资金的流通,提升了资金的周转效率,从而推动了利率市场化的进程。

从商业银行角度看,可以有效增强资产的流动性,提高资本利用效率。商业银行运用资产证券化工具,将流动性低的资产转移到SPV,并获得对价,使低流动性的资产成功转换成流动性较高的现金流,从而为商业银行打开一条解决其流动性不足的有效渠道。资产证券化作为一种新型融资工具,不但不会增加商业银行的负债,同时还使商业银行得到了资金,切实提高了资金周转水平,从而有效地提高了资本的利用效率。

综上,资产证券化这一工具使资金得到合理配置,在客观上构建并联结了资金需求与供给两大主体,起到了桥梁作用,实现了资金的有效配置,有利于推动整个金融体系向更高层次发展。

(三) 危机后银行资产证券化在各国利率市场化推进和运行中仍起着关键作用

2007年次贷危机的爆发而引起的全球性的金融危机暴露了美国资产证券化市场存在的许多问题,资产证券化一时间也受到了不少学者与业内人士的批判。不可否认,次贷危机的发生和资产证券化确实存在一定关系。过度贪婪的金融机构通过将大量不符合优质抵押贷款条件的住房贷款证券化,将巨大的贷款发生违约、抵押品无法覆盖损失的一系列风险转嫁给广大投资者,使一些与美国次贷市场相关的银行、基金公司陷入困境或破产,并通过金融市场的高度流动性将风险和灾难传导至整个金融体系。

分析美国次贷危机爆发的原因,以下五方面因素难脱干系:一是基础资产的发放流程存在失控,审慎的态度在抵押贷款的发放中缺位,并且没有进行足够的风险定价。许多抵押贷款发放时没有对债务人进行收入确认,按揭比例超出审慎水平、高按揭比例的抵押贷款没有被要求购买保险;二是基础资产的信息披露缺乏真实性、客观性,使风险在后续的不断再证券化中被无限放大;三是由于信用评级机构对基础资产的风险评估时缺乏客观性,凭借对房价上涨的主观预计,将次级贷款判断成优质贷款,过高评定次贷证券化产品的信用等级,对投资者产生误导;四是投资者对投资标的了解不足,盲目相信评级;五是市场监管与约束存在不足。

综合资产证券化出现以来,通过其对各国经济金融的巨大促进作用,和其发展中出现的问题可以发现,次贷危机并不是资产证券化的必然产物,而是在市场监管缺失和不足的情况下,一些金融机构错误甚至恶意利用资产证券化这一金融工具的结果。本质上,资产证券化和其他的金融工具一样,都只是一种工具,采取正确适当的运用方式可以大力促进金融经济的发展。

危机过后,各国均采取应对措施,完善规范资产证券化市场,推进其持续健康地发展,促进其继续在各国利率市场化推进和运行中发挥关键作用。

巴塞尔委员会在2009年1月发布《新资本协议框架完善建议》(征求意见稿),提出要全面提高对资产证券化产品风险的认识。同时,要求银行对采用外部评级的证券化风险暴露进行稳健的信用分析,并对再证券化风险暴露赋予更高的风险权重,以更好地反映这些产品的内在风险。美国在2010年7月推出了《多德—弗兰克华尔街改革与消费者保护法案》,规定银行等资产支持证券发起人需持有他们打包或出售的资产支持证券中至少5%的份额。另外该法案还要求证券交易所提高证券市场化的透明度和标准化,要求发行者披露更多的资产信息,并对所有衍生品,包括信用违约掉期合约(CDS)市场实施全面监管,提高市场有效性和透明度。一系列监管制度的完善为资产证券化的稳健发展提供了正确的路径,也为资产证券化发挥其应有的作用提供了保障。

次贷危机后，资产证券化在金融市场中的地位并未有根本性改变。次贷危机爆发时，美国资产支持证券的年发行规模急剧下降，由 2007 年的 25600 亿美元降至 2008 年的 14836 亿美元。但 2009 年美国资产支持证券的发行规模又回升至 21034 亿美元，此后每年的发行规模基本都在 20000 亿美元。截至 2016 年末，美国资产证券化余额达 103081 亿美元，占全部债券市场余额的 26%，约占 GDP 的 12.5%。除此之外，日本、欧洲、澳洲的资产证券化市场规模在次贷危机后也迅速恢复甚至超过危机前的水平。可见，次贷危机后商业银行资产证券化推动在各国金融经济发展中仍然起着关键作用。

二、我国利率市场化的推进和运行需要商业银行资产证券化

自 1996 年以来，我国利率市场化改革已经推行了近 20 年。2016 年 3 月中国人民银行行长周小川在"2016 中国发展高层论坛"上发表演讲时表示：中国的利率市场化在 2015 年底之前应该说基本上完成了，无论是贷款还是存款利率管制都已经取消，金融机构都有了利率的自主定价权。利率改革后续还有很多任务，例如中央银行对利率指导的传导机制尚待健全。此外，周小川指出，利率形成机制还需在市场上不断磨合、逐渐完善。因此，需要完善的方面还很多，但总体上看利率市场化改革已经取得了决定性进展。

利率市场化改革给商业银行带来了巨大的挑战，资产证券化则可以为商业银行提供问题的解决之道，同时，我国利率市场化改革仍需不断地完善，利率市场化的推进和运行也需要商业银行资产证券化。

（一）提供跨市场利率形成和管理的工具

1. 资产证券化推动金融资产市场价格的形成

由市场决定各类金融资产价格是利率市场化的重要方面。资产证券化为金融资产的市场价格的形成提供了一条途径。在证券化产品形成的过程中，各种中介机构（如评级公司和担保公司）会对原始金融资产进行评估并进行市场化定价。此外，市场购买者也会对产品进行评估，通过大量的市场买卖，最终形成证券化产品的均衡价格。这个均衡价格反向传导，就是资产的市场价格。

随着利率市场化的推进，商业银行确定贷款利率时可以将该贷款所形成的资产证券化产品在市场上的可能定价作为考虑因素之一。这样贷款利率摆脱了"管制的存款利率"和央行贷款基准利率束缚，实现真正的利率市场化。

2. 资产证券化推动商业银行存贷款定价市场化

商业银行存款定价主动权不足，是阻碍存款利率市场化的主要原因之一。资产证券化拓宽了商业银行的融资渠道，商业银行通过金融资产转让来实现融资，从而减轻对存款的依赖，减少或不再通过高息揽存来补充资金。进而增加了商业银行对存款定价的主动权，有利于推动存款利率的市场化进程。

3. 资产证券化有助于完善债券市场收益率曲线

资产证券化产品的定价提高了市场参与者的价格敏感度，可以发挥价格发现功能，为

市场上不同风险等级的金融资产定价提供参考，有利于推动利率市场化的发展。具体而言，信贷资产证券化能够丰富金融产品，完善债券市场的收益率曲线。债券收益率曲线是不同期限债券所对应的收益率连接所形成的线。完善、连续的债券收益率曲线是市场对债券市场化定价的基础，债券的市场化定价也是利率市场化的基础。目前，交易活跃的债券主要是短融、中期票据、国债、金融债，短期融资券和中期票据主要是短期的，国债、金融债主要是长期的，中长期债券的交易并不活跃，在此基础上形成的收益率曲线是不连续和不完整的。银行的信贷主要是中长期的，因此，通过银行信贷的资产证券化，可以增加中长期债券品种，活跃中长期债券交易市场，形成完整和连续的债券市场收益率曲线，推动利率市场化发展。

(二) 推动形成利率市场化下更优的资源配置

资产证券化能有效改善商业银行的资产质量，并起到调整资产结构的作用。商业银行经过信贷资产证券化剥离流动性差的资产，以此改善资产质量，有效解决存贷资金期限、利率错配问题，使中长期资产提前变现，快速实现资金回流，提高资金的运作效率。同时，目前，我国商业银行拥有不少的基础设施建设贷款和地方政府融资平台贷款，这些贷款往往具有一定的行政色彩，对银行而言是一种"非市场化行为"贷款，贷款利率往往以贷款基准利率为主，阻碍了贷款利率的市场化。随着信贷资产证券化的推出，银行可通过部分出售这些定价偏低的资产，腾出信贷额度投放到收益更高、定价更市场化的资产中去，实现资源的优化配置。

(三) 促进风险的有效分配，形成分散效应

长期以来，我国主要的融资方式是通过银行的间接融资。因此，金融体系的信贷风险集中在商业银行，而商业银行的资产主要是贷款，贷款除非债务人提前还款或者到期，否则基本上只能沉积在银行，流动性极低或者完全不能流动，而发放贷款难免会产生坏账、呆账，或者称为不良贷款，这就构成了商业银行经营的系统性风险，而利率市场化的到来同时增加了贷款企业经营的不确定性，一定程度上会放大这种风险。通过资产证券化产品的设计，从市场的角度，可以实现将集中在银行的风险分散给不同风险偏好的投资者，实现风险的转移和分散。从银行的角度，一方面，可以把部分贷款包括不良贷款从资产负债表中转移出去，转变成在市场上流动的资产支持证券，实现表内资产表外化；另一方面，也为银行管理风险提供了新渠道，比如，可以通过信贷资产证券化降低某一行业的信贷风险集中度。

三、利率市场化背景下商业银行自身的发展需要开展资产证券化

(一) 资产证券化作为资产端的融资工具，促进银行资产管理的优化

利率市场化以后，商业银行存贷款的利率波动性都可能会变大，商业银行会面临更大

的信用风险和利率管理风险，这就要求商业银行提高自身的资产管理水平。资产证券化是通过资产实现融资，可以提升商业银行对自身资产的管理能力，实现资产结构的优化。一方面，商业银行通过运用资产证券化工具和手段，可以将那些经济利润低、信用风险高、资金错配严重、占用资本大等类型的资产进行出售，剥离出资产负债表，从而获得一些流动性较高的资产。这样，一定程度上阻止了实体经济中企业的经营风险集中向商业银行的传导，进而降低了金融机构的利率风险、偿付风险和违约风险等。另一方面，商业银行可以运用资产证券化融得的资金进行再投资，商业银行可以根据自己的经营需求选择投资各种利率、期限、行业、交易对手等的资产，加强了商业进行资产管理的主动权，有利于商业银行优化资产的配置，完善资产的结构。

（二）资产证券化提前兑现非流动性资产，增加了银行流动性风险管理的手段

商业银行获得资金的主要渠道有吸收存款、央行存款、同业拆借、发行中长期债券等，在这部分来源中吸收的存款占据很大比重；但是商业银行的资金主要投放于贷款业务、贴现业务、中间业务等，其中贷款业务在商业银行资产业务中占比很大，在贷款业务中又有大量占用资金量巨大、还款期限较长的项目。

在这种资产负债经营结构下，当市场发生激烈变化情况，商业银行很容易面临流动性压力，引发流动性风险。流动性风险是银行面对的主要风险之一，尤其是在当前利率市场化、金融自由化、资本流动全球化的大环境下，商业银行经营中面临的流动性压力远远大于过去任何时期。商业银行经过资产证券化剥离流动性差的资产，兑现成流动性高的现金，以此改善资产质量，可以有效解决存贷资金期限、利率错配问题，快速实现资金回流，提高资金的运作效率、提升流动性。

（三）银行可在资产证券化中身兼多职，多元化收益来源，实现盈利模式转型

利率市场化下，商业银行存贷利差缩小，以吸收存款发放贷款的传统盈利模式已不能满足商业银行的发展需求，这就要求商业银行调整业务结构转变经营模式，不断地创新金融产品和服务，抓住客户新需求，不断发展中间业务和表外业务，拓宽业务范围，积极转变盈利模式，才能适应竞争更加激烈的经济环境，巩固自身竞争地位，不断发展。

商业银行一方面可以作为发起人，通过信贷资产证券化将进入基础资产池的信贷资产的利息收入部分转换成中间业务收入；另一方面则可以为中介服务机构拓宽中间业务收入来源。信贷资产证券化将商业银行存量的信贷资产转变成可流通交易的证券，实现了信贷市场和证券市场的对接，有利于推动银行参与证券市场，促进商业银行由资产持有型向交易型转型，降低银行对传统存贷款净息差的依赖。

资产证券化促进银行收入的提高，主要体现在以下三个方面：

1. 息差收入

在证券化业务中，发起项目前，商业银行对资产池的加权平均利率可进行相对精细的测算。发起项目时，通过对招标利率进行限定（固定利率发行可限定招标利率范围，浮动利率发行可限定基本利差范围），可以在一定范围对证券的发行利率进行管控。由于一般

贷款者的信用级别较低，贷款利率通常较高，而证券经过信用增级，信用级别通常较高，证券利率便相对较低，商业银行可以从中获得一定的息差收入。

2. 中间业务收入

在资产证券过程中银行一般被 SPV 指定为资产服务商，负责向抵押贷款的借款人收取本金和利息，对抵押贷款进行适当的管理，这一过程中商业银行可以获得一定的服务收入。如果商业银行对该笔抵押贷款的信用有足够的信心，也可以充当信用增级机构，对贷款的按时偿付提供担保，可以另外获得担保收入。此外，商业银行还可以在各类资产证券化中担任融资顾问机构、证券承销机构等，获得多种中间业务收入。

3. 再投资收益

再投资收益指商业银行将流动性差的资产（比如信贷资产）出售后，将取得的出售资金进行再投资，从而取得投资收益。再投资既可以购买无风险资产，如债券、中央票据等，也可以购买风险证券，如公司债券、股票等，另外可以继续提供贷款，放款后对信贷资产再进行证券化。在资产证券化的过程中，商业银行可以实现在获取再投资收益的同时，按一定的规划和目标调整资产结构，如资产的客户、产品、行业分布等，从而实现更优的风险收益平衡。

第四章 利率市场化背景下商业银行资产证券化的实践

一、国际大银行利率市场化进程中开展资产证券化的主要特点

世界各国利率市场化的过程大多集中在1960~1999年的时间段，特别是在1980年左右。在这一过程中，金融创新之一的资产证券化业务开始出现并逐渐发展壮大。各国资产证券化业务呈现出不同的特点，但是开展资产证券化的思路却趋于一致。

（一）资产证券化源于解决利率管制导致的流动性问题

20世纪60年代前，各国普遍存在利率管制、金融限制、银行分业经营等情况，利率管制中的利率上限不利于有进取精神、经营管理良好的银行吸引更多的存款，整个银行业的存款规模下降，大量资金从银行流出进入货币市场，银行盈利状况恶化。而且在政府大力鼓励居民购房背景下，期限较长的住房抵押贷款突增。银行资产负债存在期限错配问题，流动性风险加剧。为了解决长期流动性问题，金融机构为谋求自身发展开始探索产品创新，规避对利率的管制。住房抵押贷款证券化出现并逐渐发展，有效拓宽了商业银行的资金来源，改善了资产负债管理。进一步来看，商业银行资产证券化也推动了利率市场化改革。

（二）进一步发展资产证券化解决利率市场化后的盈利问题

利率市场化后，银行业的经营环境发生了显著变化。商业银行之间的竞争加剧，利润空间被侵蚀，依靠存贷利差赚取收入的传统银行受到了挑战。经营环境的变化迫使商业银行改变以往仅依靠吸收存款、发放贷款就能获得可观利润的经营模式，商业银行的经营重点逐渐向中间业务拓展。银行进一步开展资产证券化等金融创新业务，通过证券化过程中的资金管理、信用担保、贷款回收等一系列与证券化相关的中间业务，拓宽了银行的获利渠道，寻找到新的利润增长点。

（三）发展资产证券化过程中充分考虑政策动向和市场需求

资产证券化发展过程中存在一个特殊现象，即政府是证券化的重要推动者。因此，在证券化发展之初，银行选择资产证券化的行为会受到政府政策的影响。在证券化开展过程中，要实现可持续发展需要健全的会计法规、税法法规、监管规定等金融法律制度的保

障。会计法规决定基础资产出表、SPV合并等诸多会计问题,直接影响发起机构的财务报表状况;税法法规决定发起人、投资者、SPV等纳税情况,直接影响各参与机构的利润;监管规定决定银行发行资产证券化后的信用风险加权资产情况,直接影响资本充足率和杠杆率等监管指标。银行在开展资产证券化时会充分考虑这些法律法规的变化,以期获得最大效益。

同时市场需求是银行开展资产证券化的内在动力,银行根据市场上的需求和反馈及时调整证券化策略。类似美国的资产证券化最初由政府主导,但随后逐渐转变为由市场主导的商业化发展模式;英国资产证券化的发展最开始就有市场力量的推动,即私人部门对利润的追求。

(四)资产证券化发展到一定程度后存在利用出表转移风险进行监管套利的情形

从1988年的《巴塞尔资本协议Ⅰ》到2004年的《巴塞尔资本协议Ⅱ》再到2010年的《巴塞尔资本协议Ⅲ》,巴塞尔委员会对银行资本充足率的规定逐渐明确,要求逐渐提高。同时,巴塞尔对资产证券化的计量也处于不断完善中。由于《巴塞尔协议》等监管法案对高评级证券化资产的风险权重过低(AAA评级20%权重),而赋予基础资产如企业贷款100%的权重,导致高评级和低评级风险加权资产出现了落差。面对日益发展中出现的资产充足率压力,银行倾向于利用资产证券化的出表优势实现风险的向外转移,减少信用风险加权资产,实现监管套利。但是这种类型的资产证券化行为,可能存在部分掩盖证券化风险的嫌疑,在进行出表操作时,可能会忽视风险还在银行内的事实,过度发展可能会形成金融风险的累积,存在一定的危机隐患。

(五)随着企业及居民生产消费标的物变化不断创新应用证券化

证券化刚刚出现时,国际上的银行主要发行住房抵押贷款证券化,但是当市场上出现更多的信用卡贷款、企业贷款、汽车贷款、助学贷款、不良贷款等资金需求或资产处置需求时,银行会进行创新,将这些贷款作为基础资产开展证券化业务,进一步丰富了证券化市场,给投资者带来更多的投资机会选择。

(六)在混业经营发展的同时转向在证券化过程中担任各类参与角色

资产证券化过程涉及发起机构、投资机构、增信机构、承销商、融资顾问、资产服务商、受托管理机构等各类机构,这些机构可从中赚取中间收入。利率市场化后,银行逐步实现混合经营,涉足证券、信托、保险、基金等各个领域。在具备资格能力后,银行倾向于参与各类角色,获得中间收入。同时大部分的银行都是资产服务机构,可获取贷款服务费。

二、美国商业银行资产证券化的思路和实践特点(以花旗为例)

作为世界经济最发达的国家,美国利率市场化从酝酿到最终完成,先后用了16年的时间。美国利率市场化进程采取渐进式，20 世纪 70 年代主要放开了大额存单利率，80 年代则通过立法加速进程。1986 年 4 月，美国利率市场化完成。伴随着美国利率市场化的发展，商业银行资产证券化业务开始出现，自 1970 年出现首笔房屋抵押贷款证券（MBS）后，美国市场上的资产证券化业务在政府和市场的双重推动下不断创新，逐步发展壮大。商业银行作为证券化中的重要参与机构，开展资产证券化时呈现出一定的思路。

花旗集团资产证券化的发展可以反映出美国银行业资产证券化发展的缩影。花旗集团的前身是花旗银行，花旗银行历史可以追溯到 1865 年，1968 年为了规避法律对银行证券业务实行严格分业管理的限制，花旗银行成立花旗公司，以其作为花旗银行的母公司。1998 年 4 月，花旗公司与旅行者集团合并组成花旗集团。花旗集团是美国第一个从事混业经营的银行，也是美国资产证券化程度最高的银行，因此以花旗集团为样本分析商业银行在各种阶段面临各种风险时开展资产证券化的主要思路。

（一）利率市场化改革期间响应市场及政府需求，试水个人住房抵押贷款证券

美国于 1970 年开始利率市场化后，银行业的经营环境发生了显著变化。各种利率市场化的改革方案取消了利率管制，银行跨州设立分支机构的禁令，商业银行之间的竞争加剧，在改革逐步推动过程中，资产负债错配问题被放大，流动性风险加剧，甚至出现利率倒挂现象。

面对这种宏观背景及银行的经营压力，花旗银行于 1985 年发行首笔个人住房抵押贷款证券化（RMBS），金额为 9.5 亿元，其中 30 年期个人住房抵押贷款占比达 58%，15 年期个人住房抵押贷款占比为 42%，一方面是在政府的大力支持下，试水资产证券化业务，另一方面是为了解决在通货膨胀下长期住房贷款导致的流动性及低收益率的问题。

自 1985~1995 年，花旗银行证券化发展缓慢，仅合计发行 175 亿美元。1996~2006 年证券化发行量基本呈逐年增长趋势，2006 年达到（高峰 802 亿美元）。2008 年次贷危机后发行量骤然缩减至 146 亿美元。此后到 2015 年，证券化呈现波动式发展，发行规模不及危机前。1996~2015 年花旗银行证券化和美国证券化总体的发展趋势对比如图 2 所示，花旗的发展趋势基本滞后于美国总体。美国市场上大部分都是政府担保的住房抵押贷款证券，政策对证券的影响较大，商业性银行一般在综合评估、回顾政策效果后再进行证券化，因此发展会滞后于美国总体市场。

（二）利率市场化改革完成后创新运用 CMO 和信用卡贷款证券化

利率市场化侵蚀了银行的利润空间，过去单纯依靠存贷利差而赚取利润的方法已不可行，需要寻求更多的金融创新手段，以在激烈的市场竞争中获取利润，实现持续发展。

一是花旗银行在 1987 年发行了 7.7 亿美元的担保债务凭证（CMO）。CMO 最早出现于 1983 年，源于房地美创造性地将住房抵押贷款转付证券的现金流打包重组为期限不同的债券以满足不同类型投资者需求，是资产证券化的一个主要创新，为后续资产证券化的创新奠定了基础。花旗银行在市场出现 CMO 后的第四年就发行了该产品，且至 1998 间陆续发行 CMO，但是 1999 年后停止发行该类证券，只在 2009 年发行了 2 亿美元金额。截至 2015 年底，花旗银行累计发行 CMO 逾 60 亿美元。

图 2 1996~2016 年美国总体及花旗银行资产证券化发行情况
资料来源：Bloomberg 数据库及 SIFMA 网站，http://www.sifma.org/.

二是花旗银行在 1989 年发行了 8.25 亿元的信用卡贷款证券化。美国市场上首次出现狭义资产证券化（狭义 ABS）是在 1985 年，花旗银行继四年后发行了信用卡贷款 ABS，此后，信用卡贷款成为花旗银行主要的 ABS 产品。截至 2016 年底，花旗银行累计发行信用卡贷款 ABS 近 1696 亿美元。

（三）面对财务报表质量压力，花旗银行进一步发展证券化实现轻资本运行

1998 年美国颁布实施的《金融服务现代化法案》奠定了美国金融市场综合化转型的政策基础。在这一基础之上，通过机构和产品的双重维度，以花旗为代表的传统商业银行迅速转型为金融控股集团，并扩张到大多数金融业务领域。花旗集团自 1998 年成立伊始经营范围扩大到银行、保险、证券、信托等各个金融领域，并从 1999~2004 年全力推动"急剧增长"战略的实施，频繁并购、业务多元化成为这个时期的发展特点。

"急剧增长"时期花旗集团资产大幅度增加，从 1999 年的 7956 亿美元到 2004 年的 14841 亿美元，资产增加了近 1 倍。但是净资产收益率呈下降态势，从 2000 年的高峰值 22.4%下降到了 2004 年的 17%，自有资本获得净收益的能力下降。为了提高流动性支撑膨胀的资产，改善财务报表质量，增强投资者信心，花旗集团不断加大杠杆，通过资产证券化将大量的个人住房抵押贷款等资产出表，实现报表的轻资本。一是大幅增加个人住房抵押贷款证券化的发行量，截至 2004 年底，与 1999 年相比增加 217%。二是创新发行汽车贷款证券化，于 2002 年发行近 26 亿元的汽车贷款 ABS，进一步丰富了 ABS 的品种。到 2005 年，花旗净资产收益率达到了 22.3%的水平。花旗集团 1999~2007 年资产证券化发行情况如图 3 所示。

（四）面对资本监管压力花旗集团利用证券化出表优势提高资本充足率

"急剧增长"战略虽然推动花旗集团实现高速扩张，奠定了雄厚的市场基础和强大的竞争优势，但也带来了市场声誉受损、合规性风险频生等严峻的问题，增长阶段后资产质量下降，2005~2007 年花旗集团资本充足率持续下降，到 2007 年下降至 10.9%。

美国当时的规定，证券化满足"真实销售"的前提时，可以把资产转移出资产负债

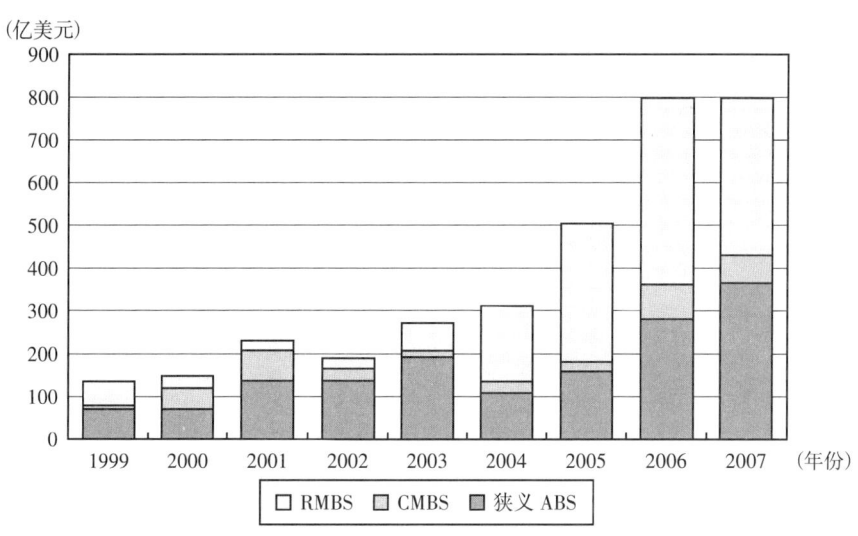

图 3　花旗集团 1999~2007 年资产证券化发行情况

资料来源：Bloomberg 数据库。

表，从而实现资产负债表的紧缩，并降低资本要求，缓解资本充足率压力。花旗集团大力发展资产证券化业务，甚至在政府的默许下，仅在形式上满足"真实销售"，将部分不符合"真实销售"的资产，甚至次级贷款进行了打包出表。2005~2007 年花旗集团发行的证券化占历年证券化发行额（截至 2016 年末）的 41%，个人住房抵押贷款证券化（RMBS）更是超过狭义资产支持证券化（狭义 ABS）的发行量，三年发行额占历年发行额的 55%。但在此期间基本没有证券化产品的创新。在证券化带走大量资产出表后，到 2008 年花旗资本充足率提升为 15.6%，较 2007 年提高了 4.7 个百分点。但是个人住房抵押贷款大量出表的行为及将次级贷款证券化再证券化的过程最终将美国引向次贷危机，进而在世界范围内掀起了一场金融风暴。

（五）次贷危机重创后花旗银行调整证券化策略丰富基础资产标的物

次贷危机出现后，由于资产质量的持续恶化，花旗集团不得不计提大笔的贷款损失准备，2008~2009 年共计提近 730 亿元的贷款损失，这对花旗的盈利能力是致命的打击。花旗集团连续两年呈现负利润，2008 年集团净利润为-187 亿元，2009 年为-16 亿元。同时美国监管吸取次贷危机的教训，修改法规加强了对银行资本的约束。面对内外环境的双重压力，花旗集团需要寻找新的利润增长点，进行转型发展。在这种背景下，花旗集团改变证券化策略，减少住房抵押贷款标的，丰富消费贷款标的物。一是个人住房抵押贷款证券化发行量骤减，2008 年仅发行 20 亿美元；二是持续稳步发行信用卡贷款证券化，2008~2009 年共发行逾 283 亿元；三是增加消费贷款标的物，2014~2015 年合计发行 14.5 亿元的消费贷款证券化。

花旗集团通过证券化策略调整资产负债结构，消化质量较差的贷款，如图 4 所示，到 2009 年花旗资产负债上的消费贷款中，90 天以上及 30~89 天的延迟还款比例均下降，体现出其资产质量逐渐好转。

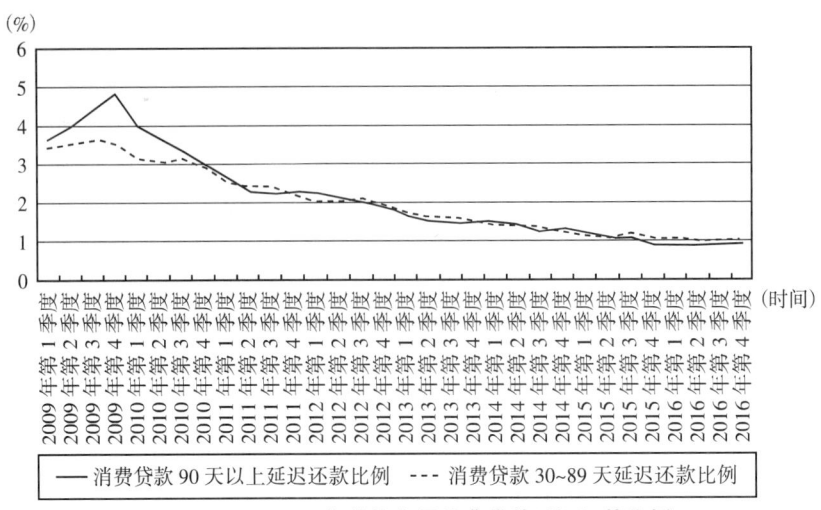

图4 2009~2016年花旗集团消费贷款延迟还款比例

资料来源：根据花旗集团披露的财务报告数据整理，http://www.citigroup.com/citi/。

（六）花旗集团转向承销商等多种角色

花旗集团转向综合化运营后，在证券化业务中不仅承担发行者的角色，同时会承担承销商、投行、融资顾问等角色，赚取更多的中间业务收入，成为利润的一个主要来源。2009~2015年，非利息收入占比基本在32%之上。通过长期的证券化过程，花旗集团已经把相当部分的信贷风险转移到了集团外部，但是由于花旗集团在证券化中承担多种角色，广泛参与各种业务，在通过杠杆效应加倍赚取利润的同时，也让信贷风险不断循环回归，最终可能仍有部分风险积累在集团内部。

三、欧洲商业银行资产证券化的思路和实践特点（以汇丰为例）

继美国之后，英国于1986~1987年率先在欧洲各国中开展证券化业务，此后证券化作为一种有别于传统融资方式的融资工具吸引了英国乃至整个欧洲资本市场的关注。目前，欧洲已发展成为除美国之外的全球第二大资产证券化市场。从欧洲资产证券化的地理分布来看，英国在欧洲各国中资产证券化的发展规模最大，占比为25.12%。英国利率市场化不像其他国家那样采取循序渐进的方式，而是采取"一步到位"式的利率市场化改革，1971年一举废止利率协定，对金融业进行了以金融服务自由化为核心内容的改革，历经10年利率市场实现完全自由化。

汇丰集团是一家以服务贸易为起点、全球本地银行特征明显的全能型国际金融集团。20世纪80年代之前，其主要立足于亚太地区深耕传统业务。80~90年代末，汇丰为顺应经济贸易全球化的发展趋势，开始追求"范围经济"。1991年汇丰集团成立，业务范围扩大至商业银行、保险和投资银行等多项业务，多元化业务架构初步构建，但传统商业银行业务仍占主导地位，这也是汇丰受亚洲金融危机冲击较小的重要原因。作为世界银行的代表，下面主要从汇丰自身发展的角度研究其开展资产证券化的主要思路。

(一) 利率市场化环境中，汇丰出于流动性需求开展房贷等证券化业务

在20世纪60年代利率管制背景下，英国不同类型的金融机构之间几乎不存在竞争，银行业服务专门由银行提供，住房融资则专门由住房抵押贷款互助会提供。利率市场化改革后，英国取消对银行贷款的控制，银行将新领域拓展到住房融资，且利率市场化后存贷利差都出现了明显的下降。面对1981年利率市场化改革后存贷利差缩窄，银行积极开展住房融资业务导致的流动性需求，英国银行开展了系列金融创新，其中包括资产证券化。汇丰在这种背景下也开始了资产证券化业务的探索。1988~1990年共发行42亿美元的房屋净值贷款证券化、8.6亿美元的住房抵押贷款证券化。

(二) 汇丰坚持稳步发展策略，审慎对待证券化的发行

汇丰一向以稳健著名，在次贷危机爆发时花旗银行巨亏的情况下，汇丰仍然微弱盈利。坚持稳健发展的汇丰在对待资产证券化时是持有审慎态度的。1988~2007年总共发行588亿美元的资产证券化，2007年发行量达到高峰，达到近98亿美元。资产证券化基础资产的种类相对单一，基本包括房屋净值贷款、住房抵押贷款、贸易贷款、汽车贷款、信用卡贷款。除了房屋净值贷款、住房抵押贷款，汽车贷款证券化的发行量最大。

四、日本商业银行资产证券化的思路和实践特点（以三井住友为例）

日本是亚洲资产证券化发展最早、市场规模最大的国家。日本利率市场化开始于1977年，到1994年结束。20世纪90年初的利率改革后期阶段，日本的资产证券化开始出现。到1997年东南亚金融危机爆发后，日本银行不良贷款率上升以及流动性短缺等问题突出，资产证券化得到政府和市场的青睐，取得了蓬勃发展。三井住友银行成立于2001年，是日本第二大商业银行、世界十大银行之一。下面主要结合日本证券化市场，简析三井住友银行发行资产证券化的特点。

(一) 政府主导资产证券化市场发展

日本资产证券化在20世纪90年代初起步时，受到了比较严格的限制。当时的通产省在1992年颁布了《特债法》(Special Claims Law)，对资产证券化作出了较多限制，比如基础资产仅限于设备租赁债权、消费性分期和信用卡债权等，发行人仅限于少数取得执照的特殊目的公司与信托银行。东南亚金融危机后，为解决银行面临的不良贷款率上升和流动性短缺问题，日本政府于1998年发布、于2000年修订了《特殊目的公司法》，放宽了证券化的基础资产种类，放松了对资产证券化的相关管制。政府的支持为日本资产证券化的发展打造了良好的环境，促使日本资产证券化市场规模迅速扩大。

日本资产证券化的发展先从狭义资产支持证券（狭义ABS）开始，接着是债务抵押证券（CDO）的发展，直到2002年，房屋抵押贷款证券（MBS）成为市场上的主要产品，

其中又以住房抵押贷款证券化最多。日本住房支援机构（JHF）是住房抵押贷款最主要的发起人，JHF与美国的房地美和房利美类似，属于政府支持机构，购买私人金融部门发行的居民住房抵押贷款，将其打包后发行RMBS，或者为私人金融部门发行的RMBS提供担保服务。

2004~2007年，日本住房抵押贷款证券化还是以银行等机构发行为主，2007年美国发生次贷危机后，JHF发行的RMBS成为个人住房抵押贷款市场的主体，在2011年的RMBS市场上，JHF发行的RMBS占比高达92%。

截至2017年第一季度末，日本资产证券化市场规模为17.94万亿日元（约为0.16万亿美元）。其中，政府支持的日本住房支援机构JHF发行的RMBS就达到了12.1万亿日元，占比达68%。2004~2016年资产证券化发行情况如图5所示。

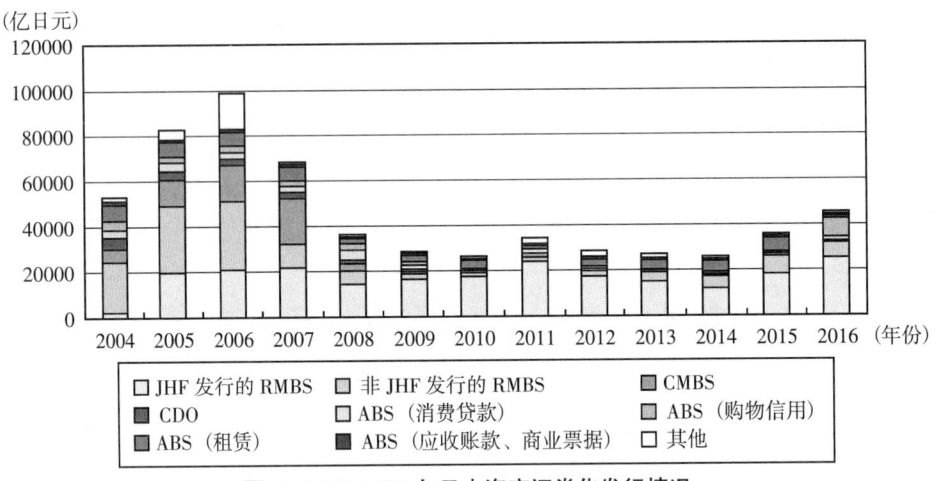

图5 2004~2016年日本资产证券化发行情况

资料来源：JSDA, http://www.jsda.or.jp/en/.

（二）三井住友银行发行证券化主要以RMBS为主

三井住友银行资产证券化发行量于2007年达到峰值6122亿日元，2008年骤减至1818亿日元，在2010年达到低谷465亿日元，此后到2015年发行量逐步增加，但是低于危机前的水平。

其中，发行品种上主要以个人住房贷款证券化为主。企业贷款证券化自2006年以来发行量逐步减少，在2009年后基本未曾发行，商用房地产住房抵押贷款证券化（CMBS）只在2007年发行过739亿日元，此后没有再发行。2006~2016年三井住友银行资产证券化发行情况如图6所示。

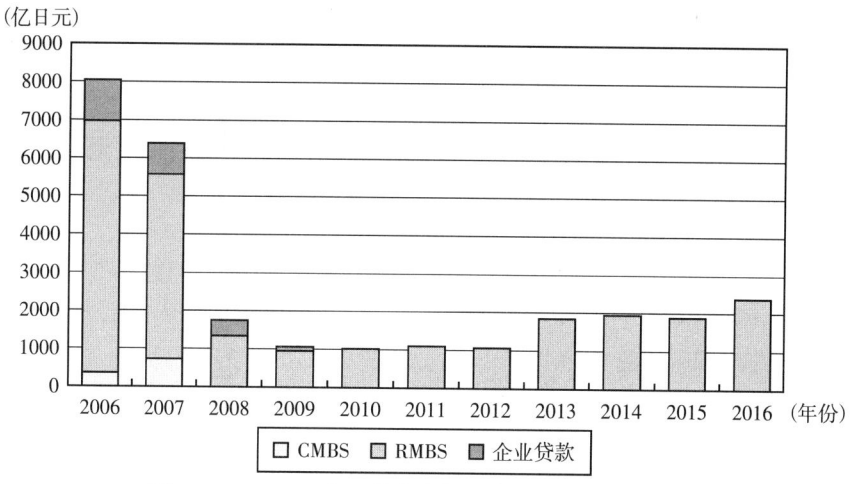

图 6　2006~2016 年三井住友银行资产证券化发行情况

资料来源：JSDA，http://www.jsda.or.jp/en/.

五、我国商业银行开展资产证券化的实践和现状

在利率市场化开始之前，我国已于 1992 年开始对证券化有所探索，但是没有得到有效的发展。资产证券化真正开始于 2005 年，处于试点模式。截至 2016 年末，信贷资产证券化产品累计发行规模为 11777 亿元，占证券化市场的 58%；企业资产证券化产品累计发行规模为 8122 亿元，占证券化市场的 40%；资产支持票据发行规模最小，占比仅为 2%。

（一）我国资产证券化发展空间巨大

我国利率市场化和资产证化历程均晚于欧美日各国，发展程度也弱于各国。截至 2016 年末，美国资产证券化余额达 103081 亿美元，占全部债券市场余额的 26%，约占 GDP 的 12.5%，我国资产证券化余额为 10945 亿元，在债券市场占比仅为 1.7%。相比美国市场占比远远偏低，也预示着未来的发展空间巨大。

（二）我国资产证券化的发展跟政府政策紧密相关

我国资产证券化走的是一条"政策先行，逐步放开"的道路，证券化的发展与政府指导密切相关。2004 年《国务院关于推进资本市场改革开放和稳定发展的若干意见》首次提出"积极探索并开发资产证券化品种"，这为证券化业务发展奠定了明确的政策基础。2005 年 3 月，中国人民银行、银监局出台了《信贷资产证券化试点管理办法》，正式启动了我国资产证券化试点。随着试点范围的扩大，我国证券化基础资产选择范围也逐步扩大。

但是 2008 年金融风暴之后，资产证券化也戛然而止，2009~2011 年证券化处于停滞阶段。2009 年后，监管部门对资本充足率的硬约束以及随后的信贷收紧，业界对资产证券化扩容或重启的呼声越来越强烈。央行、银监会、财政部于 2012 年 5 月下发的《关于进一步扩大信贷资产证券化试点有关事项的通知》标志着信贷资产证券化业务重启，首期信贷资

产的额度为 500 亿元。证监会于 2013 年 3 月 15 日发布《证券公司资产证券化业务管理规定》，允许具备证券资产管理业务资格的证券公司申请设立专项计划，发行资产支持证券。2013 年 7 月，国务院办公厅下发的《关于金融支持经济结构调整和转型升级的指导意见》明确指出，"逐步推进信贷资产证券化常规化发展，盘活资金支持小微企业发展和经济结构调整"。同年 8 月，国务院常务会议决定进一步扩大信贷资产证券试点，并指出"优质信贷资产证券化产品可在交易所上市交易，在加快银行资金周转的同时，为投资者提供更多选择"。2014 年底银监会、证监会将资产证券化由审批制改为备案制，2015 年 4 月央行实行注册制，目前我国资产证券化正以"银证备案+央行注册"模式逐步发展。

自 2005 年试点以来，截至 2016 年末，金融机构共发行 310 单信贷资产证券化，累计发行 11777 亿元。其中，仅 2013 年 8 月 28 日国务院常务会议进一步扩大试点以来，截至 2016 年末，金融机构共发行 287 单信贷资产证券化，累计发行 10881 亿元（见图 7）。

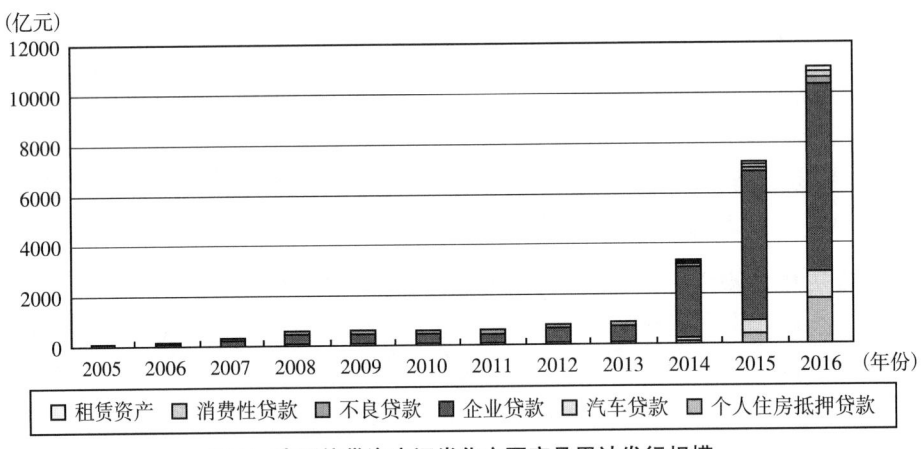

图 7 我国信贷资产证券化主要产品累计发行规模

资料来源：Wind 数据库。

（三）商业银行是我国信贷资产证券化的主要发起机构

自 2005 年试点以来，商业银行是信贷资产证券化最主要的发起机构。2016 年末，五大国有银行、股份制银行、城商行、农商行、邮储银行五类商业银行累计发行金额占比达 60.46%，政策性银行紧随商业银行之后，位列第二名，累计发行金额占比 24.03%。二者的发行规模占比达到 84% 左右，剩下的规模为外资银行、公积金管理中心、非银金融机构发起。各机构发行规模情况如表 5 所示。

表 5 各类商业银行累计发起证券化规模及占比（截至 2016 年末）

银行类型	累计发起金额（万元）	占比（%）
政策性银行	2830	24.03
五大国有银行	2203	18.71
股份制银行	2859	24.27
城商行	1739	14.77
农商行	207	1.76

续表

银行类型	累计发起金额（万元）	占比（%）
邮储银行	111	0.95
外资银行	23	0.20
其他	1804	15.32
合计	11777	100

（四）我国信贷资产证券化基础资产趋于多元化发展

随着试点范围的扩大，我国信贷资产证券化基础资产选择范围逐步扩大。如表6所示，我国企业贷款证券化自2005年第一笔发行开始就受到了市场欢迎，呈现逐年递增趋势。汽车贷款证券化始于2007年，也获得了较好的发展。个人住房抵押贷款虽然在2005年就开始了，但是进展缓慢，2015年之前只在2007年、2014年分别发行过1笔。信用卡贷款开始于2014年。除了2006年和2008年分别发行了2笔不良贷款，我国证券化的基础资产基本都是优良贷款，自从2016年国家不良贷款试点开始后，不良贷款证券化逐渐出现在公众视野。

表6　我国信贷资产证券化累计发行笔数（2005~2016年）

年份	合计	企业贷款	汽车贷款	住房抵押贷款	租赁资产	消费性贷款	信用卡贷款	不良贷款	工程机械贷款	铁路专项贷款
2005	2	1	—	1	—	—	—	—	—	—
2006	3	1	—	—	—	—	—	2	—	—
2007	4	3	—	1	—	—	—	—	—	—
2008	8	5	1	—	—	—	—	2	—	—
2012	5	3	2	—	—	—	—	—	—	—
2013	6	5	—	—	—	—	—	—	—	1
2014	67	50	8	1	2	1	1	—	—	4
2015	107	75	12	10	4	3	2	—	1	—
2016年	108	42	20	20	4	6	2	14	—	—

在过去的10年时间里，我国证券化市场还是以企业贷款证券化为主。截至2016年末，我国企业贷款资产证券化累计发行7410亿元，占信贷资产证券化累计发行量的62.9%，个人住房抵押贷款证券化RMBS累计发行1866亿元，占信贷资产证券化累计发行量的15.8%（见图8）。我国目前的这种市场构成，与欧美以住房抵押贷款和信用卡贷款证券化居多的市场构成有所不同，这与我国证券化的技术及经验均还不够成熟有一定关系。随着我国利率市场化的推进，资产证券化的技术、经验和规范逐步成熟，预计未来我国资产证券化市场将会逐步增加资产池的基础资产种类，更多地向住房抵押贷款及消费型贷款倾斜。

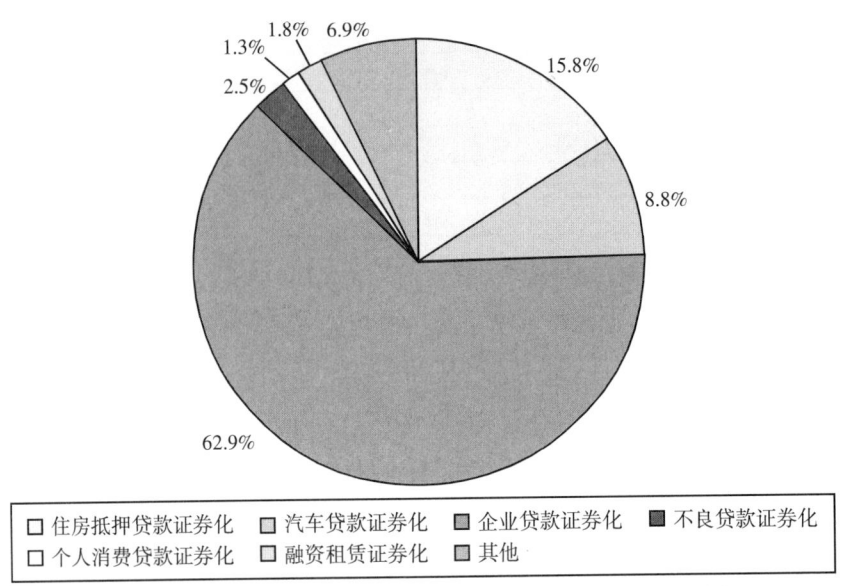

图 8 我国信贷资产证券化产品累计发行规模（2005~2016 年）

资料来源：Wind 数据库。

（五）商业银行已有在企业证券化中担任承销商角色的实践

从 Wind 数据来看，截至 2016 年末，我国部分商业银行在企业资产证券化中承担承销商角色，涉及 34 笔业务，合计金额为 414 亿元。未来存在一定的市场发展空间。

第五章 商业银行开展资产证券化的财务分析

一、判定资产证券化基础资产出表的会计原则

资产证券化会计处理中的特殊目的实体合并及资产真实销售直接影响资产证券化的收益及财务表现，因此基础资产能不能出表一直是证券化领域备受关注且饱受争议的话题。

（一）美国会计原则：重视控制原则

美国关于基础资产出表的会计法规几经变化，目前适用的法规是 2009 年发布的《财务会计准则第 167 号——可变利益实体的合并》（FAS167）和 2009 年发布的《财务会计准则公告第 166 号——金融资产的转让和服务》（FAS166）。FAS167 规定并表条件包括：是否有可变利益实体（以下简称 VIE）中的可变利益;[①] 是否有主导对 VIE 经济表现产生最重大影响的活动的权利；是否能吸收 VIE 潜在的重大损失的义务或接受 VIE 潜在重要收益的权利。

FAS166 规定终止确认必须满足：转让方放弃了对资产的控制权，转让方收到了现金或其他对价。其中，控制权是 FAS166 的重要概念，要求：一是资产在法律上被隔离开来；二是资产的转入方有权出售资产或将其作为抵押物；三是资产的转让方不再对资产保持有效控制。

金融危机前，美国资产证券化基础资产大部分都进行了出表处理，但是可能实际风险并没有转移出去，积累了大量风险；金融危机后，美国在判定出表上更加重视实质。

（二）国际会计原则：风险和报酬+控制

国际会计准则目前按照 2011 年发布的《国际财务报告准则第 10 号——合并财务报表》（IFRS10）与《国际会计准则第 39 号——12 金融工具：确认和计量》（IAS39）判定会计出表。

IFRS10 与美国的 FAS167 规定基本一样，即将控制作为并表的关键，但是 FAS167 规定只要发生合并了，基本不能再对资产进行销售确认，而 IFRS10 规定即使按要求合并特

---

① 可变利益实体（Variable Interest Entities），是指满足以下条件之一的任何实体：第一，在没有额外的次级财务支持下，风险权益投资不足以为实体自身的经营活动提供资金。第二，作为一个整体来看，风险权益投资人缺少下面的任一特征：1）通过表决权或类似权力，实现对 VIE 经济表现产生重大影响的活动的主导；2）承受实体预计损失的义务；3）获取实体预计剩余收益的权利。资产证券化中使用的特殊目的实体几乎都是可变利益实体。如果一个对 VIE 的投资满足用来承受 VIE 的部分预计损失或获取 VIE 的部分剩余收益的权利的条件，那么这个投资可以称为可变利益。

殊目的实体SPV，也可以对资产进行销售确认。IFRS10规定并表需要满足三个条件：一是拥有主导被投资者的权利，这个权利是现行的，并且能够主导对被投资者回报有重大影响的相关活动；二是通过对被投资者的涉入，面临变动回报的风险敞口或取得变动回报的权利；三是有利用其对被投资者的权利影响投资者回报金额的能力。

IAS39规定如果转让方实现了资产上几乎所有的风险和报酬的转移，那么转让方终止确认资产；如果资产的转让方没有转移资产上几乎所有的风险和报酬，但是放弃了对资产的控制，即转入方有出售该资产的实际能力，那么转让方也可以终止确认资产；如果资产的转让方没有转移资产上几乎所有的风险和报酬，但是没有放弃对资产的控制，那么转让方应当按照继续涉入金融资产的程度来确定资产。

其中风险和报酬转移的标准有两点：一是转让方必须将收取资产的现金流的合同权利转移给另一方；二是转让方必须保留收取所转移的资产的现金流的权利，但承担将收取的现金流支付给最终收款方的义务。

（三）我国会计原则：与国际会计原则趋同

我国关于资产证券化的会计法规及准则也是处于调整研究阶段。目前，还没有专项的关于SPV合并的准则或处理办法，主要参考2014年颁布的《企业会计准则第33号——合并财务报表》（以下简称33号准则）。33号准则规定以控制为基础予以确定。控制即为投资方拥有对被投资方的权利，通过参与被投资方的相关活动而享有可变回报，并且有能力运用对被投资方的权利影响其回报金额。

在判定金融资产转移时根据《企业会计准则第23号——金融资产转移》（以下简称23号准则）。23号准则主要参考《国际会计准则39号》，采用"风险和报酬+控制"的框架确认资产转移。关于金融资产转移的标准：一是从该金融资产收到对等现金流量时，才有义务将其支付给最终收款方；二是转让合同条款禁止转出方出售或抵押原始资产；三是转出方有义务将收取的现金流量及时支付给最终收款方。国际、美国及我国准则对比分析如表7所示。

表7 国际、美国及我国准则对比分析

项目		国际会计准则	美国会计准则	我国会计准则
特殊目的实体合并	参考准则	IRS10	FAS167	33号准则
	并表关键	控制	控制	控制
	并表规定	拥有主导被投资者的权利；通过对被投资者的涉入，面临变动回报的敞口或取得变动回报权利；有利用其对被投资者的权利影响投资者回报金额的能力	有VIE中的可变利益；有主导对VIE经济表现产生最重大影响的活动的权利；吸收VIE潜在重大损失的义务或接受VIE潜在重要收益的权利	投资方拥有对被投资方的权利；通过参与被投资方的相关活动而享有可变回报；有能力运用对被投资方的权利影响其回报金额
资产真实销售	参考准则	IAS39	FAS166	23号准则（参考IAS39）
	基本框架	风险和报酬+控制，更重视风险和报酬转移	重视控制原则	风险和报酬+控制，更重视风险和报酬转移

续表

项目		国际会计准则	美国会计准则	我国会计准则
资产真实销售	并表规定	转让方必须将收取资产的现金流的合同权利转让给另一方；转让方必须保留收取所转移的资产现金流的权利，但承担将收取的现金流支付给最终收款方的义务	转让方放弃了对资产的控制权；转让方收到了现金或其他对价	从该金融资产收到对等现金流量时，才有义务将其支付给最终收款方；转让合同条款禁止转出方出售或抵押原始资产；转出方有义务将收取的现金流量及时支付给最终收款方

二、判定资产证券化信用风险转移及监管资本计量的原则

资产证券化中基础资产信用风险转移及资产证券化信用风险加权资产的计量结果直接影响经济利润及监管指标。之所以会出现这种情况，是因为资产虽然移至表外，但风险并没有移出，银行为了维护自己的市场信誉，一般为证券化资产提供各种形式的保证，导致银行名义资本充足率虽然达标，但是银行业整体风险却有所提高。

（一）巴塞尔监管原则：实质重于形式

巴塞尔委员不断完善监管规则，从《巴塞尔协议Ⅰ》到《巴塞尔协议Ⅱ》逐步提高对资产证券化的有效监管。目前，国际上采用的是《巴塞尔协议Ⅱ》的资产证券化监管框架。2014年12月，《巴塞尔协议Ⅲ》的《资产证券化新资本框架》正式公布，计划于2018年1月开始实施。

《巴塞尔协议Ⅱ》规定了信用风险转移判定的六大条件，以风险转移确认的实质大于形式为原则，要求原始权益人、监管者紧紧围绕证券化交易的"经济实质"，通过证券化的法律和会计处理形式，判断资产证券化是否实现了风险的有效转移，并据此确定相应的监管资本。

《巴塞尔协议Ⅱ》中证券化的资本计量方法分为标准法和内部评级法。标准法对不同评级的风险暴露规定相应的风险权重；内部评级法包括评级基础法和监管公式法两种。评级基础法用于有外部评级或可以推断出评级的风险暴露，类似标准法，但风险权重的设计更为复杂；监管公式法用于未评级且无法推断出评级的资产证券化风险暴露，根据公式计算相应风险加权资产。

《巴塞尔协议Ⅲ》的《资产证券化新资本框架》，在《巴塞尔协议Ⅱ》的基础上简化了监管公式法的计算公式，调整评级基础法的风险权重，将标准法改为根据公式计算权重，整体上旨在克服资本框架对外部评级的机械依赖，增加监管资本的风险敏感度，降低监管资本套利的可能性。

（二）我国监管原则：与巴塞尔规则基本一致

我国目前按照2012年发布的资本办法附件9《资产证券化风险加权资产计量规则》中的规定确定信用风险转移及资本计量。附件9与《巴塞尔协议Ⅱ》的规则基本一致。

附件9规定了信用风险转移判定的五大条件,要求银行应当基于交易的经济实质,而不仅限于法律形式来确定信用风险转移情况,计提监管资本。资产证券化风险暴露的资本计量方法分为标准法、内部评级法,内部评级法又进一步细分为评级基础法和监管公式法。标准法风险权重跟外部评级有关,具体如表8所示。评级基础法风险权重除了跟外部评级有关系,还和资产池是否分散有关系(见表9)。监管公式法采用模型,计算复杂。目前我国各银行基本采用标准法计算资产证券化的监管资本。

表8 标准法外部评级适用风险权重

单位:%

长期信用评级	AAA 到 AA-	A+到 A-	BBB+到 BBB-	BB+到 BB-	B+及 B+以下或者未评级
资产证券化风险暴露适用权重	20	50	100	350	1250

表9 评级基础法外部评级适用风险权重

单位:%

外部评级	资产证券化风险暴露		
	优先档次、资产池分散的风险权重	非优先档次、资产池分散的风险权重	资产池不分散的风险权重
AAA	7	12	20
AA	8	15	25
A+	10	18	35
A	12	20	35
A-	20	35	35
BBB+	35	50	50
BBB	60	75	75
BBB-	100	100	100
BB+	250	250	250
BB	425	425	425
BB-	650	650	650
BB-以下或者未评级	1250	1250	1250

三、商业银行资产证券化的会计利润分析(从发起机构角度)

会计利润作为报表上评价机构经营成果的重要指标,一直以来受到各种关注。商业银行在资产证券化中一个主要也很重要的角色是信贷资产证券化的发起机构。从发起人角度来讲,分析报表上的会计利润是有必要的。会计原则规定如果基础资产不能实现出表,那么就不能确认损益。因此下述分析均基于特殊目的实体表外处理(即不并表)和资产实现销售的假设。

商业银行资产证券化在产品期间的收入主要包括贷款服务费、募集资金再投放的收益、自持资产支持证券的收益。成本主要包括贷款出表后损失的利息收入及委托人的费用支出。资产证券化拥有各种现金流,收益计算相当复杂。为了突出财务分析效果,因此暂不考虑税收、清仓回购、贷款违约、回收款再投资收益等因素,且对收益过程作了简化处理。

假设资产池本金为 F,证券化后将其分成优先 A-1 档、优先 B 档和次级档。优先 A-1 档占比 a,票面利率为 r_1,期限为 N_1;优先 B 档占比 b,票面利率为 r_2,期限为 N_2;次级档占比 c,固定利率为 r_3,期限为 N_3。次级档在存续期获得一个较低的固定利率,存续期结束后资产池中的回收款扣除税收、各项费用以及各档次证券本息后剩余的全部收益都作为次级档证券的收益,次级档持有人获得的全部收益为 R。发起机构自持比例为 m。

会计利润 = $s \times F \times t + m \times (a \times F \times r_1 \times N_1 + b \times F \times r_2 \times N_2 + c \times F \times r_3 \times N_3 + R)$
$+ R_2 - R_1 - C$

(1)$s \times F \times t$ 为贷款服务费。其中,F 为资产池本金,s 为贷款服务费率,t 为贷款服务期限。我国商业银行作为信贷资产证券化的发起机构,通常会发挥贷款管理优势担任贷款的服务机构。贷款服务的工作主要包括入池资产的本息回收、对违约贷款的处置,定期提供贷款服务机构的报告等。贷款服务费的计算相对复杂,存在动态变化,为了便于理解,因此暂不考虑不同时间节点本金的变化。

(2)$m \times (a \times F \times r_1 \times N_1 + b \times F \times r_2 \times N_2 + c \times F \times r_3 \times N_3 + R)$ 代表发起机构自持资产证券化的投资收益。央行和银监会要求发起机构必须自持一定比例的证券。自持部分会带来投资收益。

(3)R_2 代表商业银行通过证券化募集资金再投资的收益。信贷资产出表后能够释放新的贷款规模,银行用发行信贷资产支持证券的募集资金再投放新的贷款,可以新增贷款收益;除贷款外,银行还可以使用释放出来的资金投资债券等标准化产品或者非信贷等非标业务,并从中获得投资收益。

(4)R_1 代表资产池基础资产的收益。商业银行将资产出表发行证券化后,入池资产的收益不再属于银行,成为资产证券化的成本。

(5)C 代表商业银行作为委托人的费用支出。根据信托合同的一般约定,银行作为信贷资产证券化的委托人,需要承担承销商费、财务顾问费、评级机构费、法律顾问费、会计顾问费、发行登记费、不可预计费等中介费用。

(一)影响会计利润的因素分析

会计利润的影响因素中,资产池本金、分档情况、各档次利率及基础资产收益情况与打包资产现金流密切关联,一旦项目成立,这些因素由市场客观决定,基本为固定值。贷款服务费率、中介费率、自持类型、自持比例、再投资收益不确定性较高,更多是由市场参与主体行为决定,一般为变动值,因此下述主要从这几个因素进行分析。

贷款服务费率和中介费率更多地取决于市场。一方面,如果市场成熟,有众多提供中介服务的机构,形成有效竞争环境,那么中介费用就能有效减少;另一方面,如果商业银行是个综合化的银行,拥有专业性强的团队,在监管许可的前提下参与证券化的其他环节,也能有效减少中介费用,提高资产证券化运作效率。自持证券化的投资收益与证券的定价及自持情况密切相关,但是自持的情况也会影响会计出表判定及业务资本计量,商业银行需要在监管要求约束下合理确定自持比例。再投资收益与释放资金使用情况及再投资收益率相关，释放资金能否在市场上找到让发起机构满意的投资渠道，再投资收益能否覆盖失去的基础资产收益会直接影响发行证券化的动力。

(二) 多因素静态分析

假设某银行拟进行证券化，资产池贷款本金为100亿元，剩余期限为5年，平均利率为6%。证券后的优先A-1档占比为80%，AA评级，票面利率为4.5%，期限为2.34年；优先B档占比为10%，AA评级，票面利率为5.48%，期限为3.34年；次级档占比为10%，期限为4.85年，次级档兜底剩余收益，预期收益率为9.08%。合同规定贷款服务费率为0.4%，平均久期为3.5年。平均中介费率为0.39%。表10中的5种情形分别为自持比例、再投资资金运用比例、再投资收益率不同时对应的账面利润。其中再投资资金运用比例为再投资资金金额占释放资金的比例。

表10　不同情形下的会计利润

单位：亿元

项目	情形1	情形2	情形3	情形4	情形5
自持比例	垂直自持5%	垂直自持6%	水平自持5%	垂直自持5%	垂直自持5%
再投资资金运用比例	100%	100%	100%	80%	80%
再投资收益率	6%	6%	6%	6%	7%
自持收益	0.73	0.88	2.20	0.73	0.73
再投资收益	28.50	28.20	28.50	22.80	26.60
贷款服务费			1.40		
基础资产利息收入			30.00		
中介费用			0.39		
会计利润	0.24	0.09	1.71	-5.46	-1.66

(1) 情形1与情形3比较（自持类型不同）：其他因素相同的情况下，水平自持5%获得收益1.71亿元，比垂直自持5%高了1.47亿元。次级档为优先档进行担保，承受风险的同时也存在高收益的概率。我国证券化的基础资产质量较好，违约概率较低，回收收益最终归属于次级档。水平自持能够留存次级档的大部分收益甚至全部收益。因此，我国发起机构更愿意水平持有全部次级档，甚至发起机构在做证券分层时，会考虑持有全部次级档的情况。

(2) 情形1与情形2比较（均是垂直自持，自持比例不同）：垂直自持6%的利润为0.09亿元，比垂直自持5%少了0.15亿元。一方面自持比例高，带来的证券化收益多；另一方面自持越多，释放出的资金相对较少，带来的再投资收益率越少；另外，再投资收益率（6%）高于优先A档及B档的收益，因此垂直自持多的收益反而少。

(3) 情形1与情形4、情形5比较（再投资资金运用比例及再投资收益率不同）：情形1和情形4的其他因素均相同，情形1的释放资金100%得到了再投资机会，情形4的释放资金有80%得到了再投资机会。情形4的利润只有-5.46亿元，远低于100%再投资的利润。情形4与情形5的其他因素均相同，二者均是80%的再投资使用情况，但是情形5的收益率为6%，高于情形4的收益率1个百分点，因此情形5的利润为-1.66亿元，高于情形4的利润（-5.46%）。

其他因素相同的情况下，更充分、更好地运用释放资金带来的收益更高。贷款规模紧张时，资产证券化有腾挪规模的作用，腾挪出来的规模可用于收益更高的资产。但是在经济形势差、市场资金需求不旺盛的情况下，将好的资产证券化后，商业银行不一定能够找到比原有资产更优、价格更高的资产，释放出的资金也许就无法全部用来再投资。

综上，从会计利润的静态角度来看，水平自持比垂直自持获得的收益更多；垂直自持比例不同对收益的影响情况还和释放资金再投资收益率有密切关系；释放资金运用情况及新投资收益率对会计利润有较大的影响。

四、商业银行资产证券化的经济利润分析（从发起机构角度）

随着国际监管资本要求趋严，资本对银行资产的约束越来越强，银行逐渐重视反映风险的内部管理利润即经济利润。2013年12月，人行、银监会联合公告，发起机构自留方式改为可以垂直持有，比例不低于发行规模的5%；持有最低档次比例不低于该档次规模的5%。监管规定银行业机构应当按照自持证券化档次对应的风险权重计提监管资本。资本变动会影响经济资本成本，进而对经济利润产生影响。

（一）不同情形证券化对经济资本成本的影响（不考虑再投资）

1. 实现风险隔离的资产证券化能够降低资本成本

基础资产的风险和报酬已经从发起人一端转移出去，发起人对SPV也不具有控制，无须将SPV纳入并表时，基础资产已经与发起人形成风险隔离，这样的信贷资产证券化满足基础资产出表的条件，现金和自持的证券取代了原来的基础资产，银行作为贷款服务机构能够获得中收，仅需计提自持部分的资本，总体信用风险加权资产下降，资本成本减少。

相反，基础资产的相应风险如果没有有效地转移出去，基础资产还在表上，银行除了要计提基础资产的资本，还要计提自持部分的资本，总体信用风险加权资产（以下简称RWA）增加，资本成本增多。通常，商业银行作为发起机构的信贷资产证券化均实现了出表，故下述各种情形分析均基于基础资产出表的前提下展开。

2. 垂直自持比水平自持更节约资本

按照前例，100亿元贷款的风险权重为100%，优先A-1档外部评级为AAA，风险权重为20%，优先B档外部评级为AA，风险权重为20%，次级档无外部评级，采用1250%风险权重。垂直自持5%时减少92.85亿元的信用风险加权资产（100 - 80×5%×20% + 10×5%×20% + 10×5%×1250%），按照11.5%的资本充足率要求计提资本，12%的年化经济资本成本率计算（下述相同），节约资本10.7亿元，减少资本成本1.28亿元。水平自持5%时减少37.5亿元的信用风险加权资产（100 - 100×5%×1250%），节约资本4.3亿元，减少资本成本0.5亿元。

3. 高权重基础资产进行证券化节约资本效果更加明显

不同类型的基础资产被赋予不同的风险权重，因此选择不同类型的资产证券化资产，对资本节约的影响程度也有所差异。同样是信贷资产，一般公司贷款的风险权重为100%，中小企业贷款的风险权重为75%，个人贷款的风险权重为50%。[①] 接前例，不同基础资产类别下，一般公司贷款证券化节约资本10.68亿元，降低资本成本1.28亿元，中小企业贷款节约资本7.8亿元，降低资本成本0.94亿元，个人贷款节约资本4.93亿元，降低资本成本0.59亿元（见表11）。

表11 不同类别基础资产节约资本成本情况

单位：亿元

项目	一般公司贷款	中小企业贷款	个人贷款
基础资产 RWA	100.00	75	50
自持比例	垂直自持5%	垂直自持5%	垂直自持5%
自持 RWA	7.15	7.15	7.15
减少 RWA	92.85	67.85	42.85
节约资本	10.68	7.80	4.93
资本成本减少	1.28	0.94	0.59

（二）不同情形证券化的经济利润静态分析（考虑再投资）

通过资产证券化募集的资金进行再投放，在带来收益的同时，也会带来经济资本成本。假设所取得资金再投放资产的风险权重和基础资产一样。那么募集资金投放后，基础资产出表带来的资本节约又会因为募集资金再投放而回到起始，最终表现为资本的增加。自持证券的资本减掉自持证券对应基础资产的资本即是增加的资本。[②] 下述经济利润沿用会计利润分析中的例子，暂不考虑内部资金成本、内部资金收益（见表12）。

表12 不同情形下的经济利润测算

单位：亿元

项目	情形1[③]	情形2	情形3	情形4	情形5
基础资产类别	一般公司贷款	一般公司贷款	一般公司贷款	中小企业贷款	个人贷款
自持比例	垂直自持5%	垂直自持6%	水平自持5%	垂直自持5%	垂直自持5%
RWA 增加	2.15	2.58	57.50	3.40	4.65
资本增加	0.25	0.30	6.61	0.39	0.53

---

① 为简化起见，此处的风险权重采用银监会《商业银行资本管理办法（试行）》中的关于信用风险权重法的规定，未考虑有缓释物和保证人的情形。

② 按照11.5%的经济资本占用率，以及基础资产风险权重与再投资资产的风险权重一致，均为RW的假设，证券化前经济资本 = 基础资产×RW×11.5%，证券化后经济资本 = 自持证券的经济资本 + 证券化募再投资形成的资产×RW×11.5% = 自持证券的经济资本 + (基础资产 – 自持证券对应基础资产)×RW×11.5%，因此经济资本变动 = 自持证券的经济资本 + (基础资产 – 自持证券对应基础资产)×RW×11.5% – 基础资产×RW×11.5% = 自持证券的经济资本 – 自持证券对应基础资产×RW×11.5% = 自持证券的经济资本 – 自持证券对应基础资产的经济资本。可参见表12情形1的具体注释了解量化的计算过程。

③ 以情形1的经济利润计算为例，在正文中的系列假设前提下，证券化前RWA = 100亿元（100%权重）。垂直自持5%水平下，优先A档、优先B档及次级档分别自持4亿元（80%×5%，AAA评级）、0.5亿元（10×5%，AAA评级）、0.5亿元（10×5%，无评级），自持部分证券的RWA = 4×20% + 0.5×20% + 0.5×1250% = 7.15亿元，再投资资产RWA = 95亿元×100% = 95亿元，因此证券化后RWA较证券化前RWA的变动值 = 7.15 + 95 – 100 = 2.15亿元，资本增加值 = 2.15亿元×11.5% = 0.25亿元，资本成本增加值 = 0.25亿元×12% = 0.03亿元，沿用前面会计利润分析例子中0.24亿元的利润，因此经济利润 = 0.24 – 0.03 = 0.21亿元。

续表

项目	情形 1	情形 2	情形 3	情形 4	情形 5
资本成本增加	0.03	0.04	0.79	0.05	0.06
会计利润	0.24	0.09	1.71	0.24	0.24
经济利润	0.21	0.05	0.92	0.20	0.18

注：表中 RWA 为风险加权资产的缩写。RWA 增加是指信贷资产证券化后，且证券化获得资金再投放资产的风险权重和基础资产一样的情形下，RWA 比资产证券化前 RWA 的增加值。

（1）情形1与情形3比较（自持方式的不同）。水平自持后经济利润为0.92亿元，比垂直自持的经济利润（0.21亿元）高0.71亿元。水平自持虽然更耗用资本，但是次级档的高收益率最终会弥补多耗用的资本，经济利润依然大于垂直自持。

（2）情形1与情形2比较（自持比例的不同）：垂直自持5%后的经济利润为0.21亿元，比垂直自持6%的经济利润（0.05亿元）高0.16亿元。一方面，垂直自持比例低，扣减经济利润的资本成本少；另一方面，垂直自持比例高，会计利润大。

（3）情形1与情形4、情形5比较（基础资产类别的不同）。风险权重高的基础资产节约资本效果更好，一般公司贷款证券化资本成本增加额为0.03亿元，中企业贷款证券化增加0.05亿元，个人贷款证券化增加0.06亿元。结合会计利润，一般公司贷款证券化经济利润最大为0.21亿元，其次依次为中小企业0.2亿元，个人贷款0.18亿元。

综上，水平自持经济利润高于垂直自持，同是垂直自持，自持比例越低，经济利润越大，风险权重较高的基础资产证券化后对经济利润的积极影响作用更大。

五、商业银行参与企业资产证券化的收益简要定性分析

伴随着我国商业银行综合化发展的趋势，银行除了承担发行机构、贷款服务机构、投资机构等角色外，还可以为企业发行资产证券化，作为承销商和融资顾问帮助企业设计、销售资产支持证券，帮助企业直接融资。在这一过程中，银行获得承销商费、资产服务费等中介收入，构成银行中间业务收入，不用承担资本成本。

第六章　利率市场化背景下我国商业银行资产证券化发展存在的问题和困难

一、我国商业银行开展资产证券化动力不足

(一) 经济下行期，银行再投资收益难以达到基础资产水平

截至2013年放开贷款利率之前，银行主要利润来源是存贷利差。银行目前资产负债表上还有不少贷款都是那个时期发放的，贷款利率较高，质量较好，且积累了大量利润。贷款利率放开后，银行的利润进一步受到息差缩窄的侵蚀。

经济下行期，市场上出现了一定程度的"资产荒"，资金缺乏理想的投资对象，银行把以前的利率高的优良贷款证券化后，释放出的资金无法寻觅到优秀的投资机会。从第五章的财务分析中可以看出再投资收益对会计利润和经济利润的影响很大，如果再投资利率低于原基础资产利率，财务利润及经济利润为负，将直接影响发起机构的证券化动力。

(二) 试点阶段基础资产的可选择范围相对较窄

一是现在我国证券化处于试点阶段，试点政策决定了基础资产的选择范围，商业银行选择基础资产开展证券化更多的是由政府指导；二是我国证券化市场缺乏大量违约历史数据，主要采用期权补偿的静态利差进行定价，期限长、利率低、违约概率低的优质产品定价也低，往往没有市场，发起机构一般会需要选取剩余期限相对较短、贷款利率水平相对较高的信贷资产入池；三是银行出于对自身声誉的保护，作为发起人，通常对基础资产的质量严格把关，避免出现兑付风险。总体来说，信贷资产证券化基础资产的可选择范围相对不是很大，总体规模中仍然是以相对优质且利率较好的企业信用贷款资产为基础资产的资产证券化占绝大比重。

(三) 资产证券化的资本要求日益趋严，通过证券化节约资本的空间有限

如第五章分析，银行可以通过信贷资产证券化将部分表内资产转移至表外，减少相应的资本占用，并盘活存量，重构资产分布，向轻资本结构转型，从而降低资本充足率水平。但随着巴塞尔资本监管规则日益趋严，对实质风险转移的认定标准更为严密，自持和投资资产证券化的风险权重均变得更为审慎，银行通过资产证券化减少资本占用的空间进一步变小。

(四)分支机构信贷额度充裕,存在不愿将优良贷款入池的情况

一是分支机构信贷额度充裕。当前经济增速放缓,从 Wind 数据来看,2015 年以来我国 GDP 同比增速呈递减趋势,2016 年我国前两季度 GDP 同比增速均仅为 6.7%,为近 28 个季度的最低值。市场对贷款的需求降低,2015 年以来金融机构贷款同比增速基本呈逐步下降态势。在这种背景下,目前我国银行普遍存在年内信贷额度充足的情况,分支机构腾挪资产释放规模的需求不大,开展证券化的动力不足。

二是分支机构不愿意将优质贷款进行证券化。我国信贷资产证券化处于发展的初级阶段,各行为提升证券化产品的品牌声誉,要求信贷资产证券化产品评级在 AA 级以上,因此对分支行推荐的基础资产质量严格控制,基本必须是优质贷款。另外,分支行又承担贷款质量考核压力,优质贷款一旦作为证券化产品的基础资产,通常会通过交易设计转移出资产负债表,从而可能引起不良贷款比率将上升。贷款质量作为核心考核指标,分支行通常会将优先考虑,因此存在不愿意将优质贷款纳入信贷资产证券化产品的情况。

(五)市场上缺乏专业性人才和技术,中介垄断严重

资产证券化涉及诸多领域,是一项技术性强、专业化程度高、程序复杂的融资工具,涉及金融、证券、房地产、评估、财务、税务、法律等各个专业。资产证券化的开展迫切需要专业的技术,也需要既有理论基础知识,又有实践操作经验的复合人才,但是我国这样的技术和人才队伍较缺乏,一方面造成了我国资产证券化水平与发达国家的差距,另一方面造成中介市场过于垄断,中介费用较高,给会计利润及经济利润造成了压力。

二、我国商业银行资产证券化并未减少银行业风险总量

资产证券化的一个重要功能就是分散和转移风险,实现风险在整个经济社会的重新分配。但是由于各种因素,存在银行业的风险并没有得到有效缓解的情况。

(一)破产隔离的法律效力仍待夯实,刚性兑付尚没有被打破

一方面,资产证券化的融资基础是资产所产生的现金流。为保证现金流安全,基础资产须与原始权益人进行破产隔离。在实际的资产证券化项目中,基础资产按权属性质可分为债权类资产和收益权类资产。一般情况下债权类资产(如租赁债权、小额贷款、贸易应收款等)相对更容易做到破产隔离,收益权类资产(如物业管理费、索道收费等)由于其收益往往依赖于原始权益人的正常经营,所以难以与原始权益人完全独立。银行也是收益权类资产证券化的重要投资机构之一,风险可能在资产证券化开展的过程中继续在银行体系积累。

另一方面,我国资产证券化还处于试点阶段,在利率市场化背景下国家为了维持利率市场化改革的稳步推进,保持市场开展证券化的积极性,银行为了维护声誉,因此资产证券化中往往会出现刚性兑付现象。

(二) 出表的会计准则规定模糊，缺乏统一操作标准

如前面分析所述，基础资产真实出表直接影响发起机构的会计利润、经济利润及各项相关的财务指标。宽松的会计准则会给投机者投机机会，轻易出表提前实现利润又把风险隐藏起来，粉饰真实的盈利水平和风险水平。

前述第五章描述了我国真实出表的准则。判定特殊目的实体合并基于控制的三个要素，判定真实销售基于"风险和报酬+控制"的框架，但是在做具体判断时缺乏统一标准，蕴含了大量的风险。

一是判定特殊目的实体合并时，对于控制的第二个要素"拥有SPV的可变回报"，尚未明文规定对SPV可变回报的量化门槛。实际操作中大多以30%作为门槛，会造成判定口径的不统一，存在很大的主观空间。

二是判定真实销售时，会计准则没有明文规定风险和报酬转移的具体量化标准，也没有提供案例，造成实际业务中会计处理的不统一。目前实际业务中普遍接受的标准是风险和报酬转移至90%以上就实现出表。

三是会计准则没有明文规定"既没有转移也没有保留金融资产所有权上几乎所有的风险和报酬"标准，实际操作中一般按照介于10%~90%的标准处理。

四是上述会计准则条款的不明确，造成各机构对出表的判定有所区别，存在一定的被滥用的可能。由不同事务所之间不同的判断也可能造成发行人存在"购买会计意见"的倾向，导致会计出表并不反映业务实质，隐匿风险。

(三) 现行资本监管规定较多依赖外部判断，可能催生监管套利及评级风险

一方面，监管资本计量中，需要通过判断基础资产信用风险转移的情况来判断是否可以不再对基础资产计提资本。但在实务中，对基础资产信用风险转移的判定标准并没有明确的统一规范，实践操作中更多依赖于会计上的出表结果，可能存在部分未能完全反映风险转移情况的情形。

另一方面，目前资产证券化资本计量时适用的风险权重过于依赖外部评级，权重法（标准法）下高评级证券按照20%的权重，无评级或者低评级按照1250%的权重。这种悬崖落差会对发起人有较大的利益刺激。由于信用评级机构的收入与评级结果挂钩，部分发行人可能通过操纵资产评估和评级机构，来获得对自己最有利的信息，倾向选取最优惠的评级而不是最准确的评级，导致评级的虚高，从而误导投资者不能够充分判断所面临的风险。

(四) 商业银行资产证券化依然在银行内部自我循环

我国资产证券化的投资机构主要为机构投资者，半数以上的证券化产品是银行之间互持，其余部分被基金公司、私募、投资公司购买。信用风险并没有转移出银行业，相当程度依然在银行业的体系内循环。

三、资产证券化市场环境有待完善

(一)"分业监管"影响资产证券化效率,可能影响银行开展证券化的需求

我国金融管理体制目前仍是"分业监管"的模式,即证监会管理证券业、保监会管理保险业、银监会管理商业银行等金融机构。受分业监管体制的限制,我国证券化市场主要被分为两大部分:在人行和银监会主管的银行间债券市场交易的商业银行信贷资产证券化,在沪、深证券交易所的企业资产证券化。两种资产证券化产品各自由不同的监管部门审批、在不同的交易场所上市流通,适用不同的监管规则。现行分业监管的金融监管体制使得资产证券化发行成本提高,造成了一定的资源错配,降低了资产证券化的效率。

现今商业银行发行证券化的动力不足,为了弥补利润空间,银行有寻求增加中收的动力。商业银行现在是综合化发展,有能力也有需求为企业发行资产证券化,赚取中收。但是分业监管下银行业市场和证券市场的相互独立,一定程度上抑制了商业银行积极发展资产证券化的需求。

(二)资产证券化相关的法律法规尚不健全,缺乏制度基础和保障

一是资产证券化中枢通道 SPV 可适用的法律制度不完善。SPV 是实现资产证券化风险和收益隔离的关键节点。其组织形式主要有公司型和信托型。如采用公司型,我国公司法的相关规定过于复杂,将增加资产证券化发行成本,影响其市场吸引力。如采用信托型,目前我国信托法关于委托人和受托人信托关系的定义,与资产证券化中发起人作为原始权益人,向 SPV 真实出售基础资产的经济法律关系,在内在含义上存在差异。

二是对资产证券化的税收政策,目前虽然有指导政策,但仍然比较粗略,关于申报操作、营业税的规定不够明确,存在就同一笔利息收入对发起人和 SPV 重复征税的情况,增加了资产证券化的发行成本。营改增后,关于资产证券化的税收政策尚不明确。

(三)市场驱动因素弱于政府因素,出现先有供给后有需求的情况

从美英等国资产证券化的发展情况来看,政府对资产证券化的干预更多的是以市场化的方式进行。我国资产证券化业务目前处于试点阶段,选择资产证券化方式进行融资,更多的是以政府推动为主要因素,由企业自主决策的成分相对较少。缺失市场推动的背景下,一般是先出现资产证券化,市面上再出现投资者,必然造成资产证券化市场的低效率。

(四)作为需求端的投资者市场有待进一步培育

一是目前我国证券化的投资者主要是商业银行,投资群体较为单一,缺乏投资需求;二是从经济学来讲,投资者能够筛选出优质的资产证券化产品及优秀的专业证券化管理人,但是我国证券化市场普遍存在刚性兑付及政府驱动等因素,投资者的行为也掺杂了主观判断因素,因而投资者市场暂时没有有效地发挥甄选优质产品及优秀管理人的功能。投资者市场还不成熟,需要进一步的培育。

第七章　推动我国商业银行资产证券化进一步发展的策略及建议

一、从商业银行角度：构建契合利率市场化要求的证券化发展体系

资产证券化作为推动和深化利率市场化的重要工具，能够有效促进跨市场的利率形成和管理，推动形成利率市场化下更优的资源配置，分散风险为利率市场化保驾护航。在我国利率市场化改革过程中甚至到改革结束后的很长一段时间，资产证券化必然成为极其重要的金融创新业务，有效推动利率市场化改革。商业银行在资产证券化中承担重要角色，需要借鉴国外优秀经验，在解决现有问题的基础上做好资产证券化的策略研究工作，以契合利率市场化发展要求。

（一）做好基础资产选择策略，契合盘活资产要求

资产证券化的本质意味着资产负债表上除了现金等流动性强的资产均可以作为基础资产进行证券化。在未来资产池估值、现金流分层等技术进一步成熟的基础上，商业银行要灵活运用基础资产，主动寻求资产做表内外资产结构的调整，真正发挥证券化盘活存量资产的作用，通过资产证券化对整个资产端的重构，调整客户结构、期限机构、产品结构、风险结构，重新定位细分市场。

我国已发行的资产证券化虽然是在试点政策下开展的，但是对于未来选择策略也有参考意义，下述主要从现有案例出发研究主要策略。

1. 选择中小企业贷款证券化，调整银行风险结构进而解决中小企业融资困境

我国中小企业一直面临融资难、融资贵的问题，中小企业贷款证券化后银行的风险结构得到调整，中小企业信用风险转移到投资者，为银行向中小企业发放贷款提供了动力，能有效解决中小企业融资难问题。但是在目前的信贷资产证券化产品中，中小企业贷款极少，主要原因在于中小企业贷款多为短期贷款，而资产证券化产品期限较长，操作上可能会存在问题。

中国民生银行一直定位于小微企业的银行，小微产品体系较为健全，民生银行于2013年12月发行了以中小企业贷款为基础资产的证券化，发行总额为13.67亿元，分为优先A档、优先B档及次级档，占比分别为72%、13.9%、14.01%。除了监管要求的5%自留比例外全部出售，基础资产完全出表。优先A档及B档采取"基准利率+固定利差"的浮动利率模式，发行票面利率分别为6.75%、7.5%。

资产池涉及 41 名借款人的 47 笔优良中小企业贷款,来自 9 个省近 25 个行业,加权平均贷款利率为 6.84%,稍低于优先 B 档的票面利率,基本不存在超额利差;贷款平均剩余期限为 8.9 个月,与证券期限接近;中诚信给予的资产池借款人评级均在 BB 级以上,均为正常贷款;接近 90% 的贷款存在保证缓释,有助于提升投资者信心(见表 13)。

表 13 民生银行中小企业贷款证券化

项目名称	民生银行 2013 年第一期信贷资产支持证券		
贷款服务机构/发起机构	中国民生银行		
发行总额(万元)	136657.00		
基础资产	中小企业贷款		
借款人数量	41		
要素	优先 A 档	优先 B 档	次级档
债券评级	AAA	A+	无评级
发行金额(万元)	98500	19000	19157
起息日	2013/12/13	2013/12/13	2013/12/13
到期日	2014/8/26	2014/8/26	2014/8/26
债券期限(年)	0.70	0.70	0.70
利率方式	附息式浮动利率	附息式浮动利率	零息式
基本利差	3.75%	4.50%	—
票面利率	6.75%	7.50%	—

资料来源:中国货币网。

约 13 亿元的资产证券化转移出了中小企业信用风险,在一定程度上影响了资本充足率,2013 年末民生银行法人资本充足率为 10.62%,较 2013 年第三季度上升了 0.58 个百分点。

2. 选择消费贷款证券化,充分挖掘零售市场

当前经济增长下行期,各个银行利润增速下降,不良双升,零售业务成为银行转型发展和突破的一个关键点。消费信贷作为零售业务竞争的最重要方面,将其通过证券化的方式出售,对银行而言能够不断盘活存量,继续投资零售市场上的业务。另外,由于个人普遍关注重视信用,消费信贷的不良贷款率或者违约率均比较低,证券化产品颇受关注。

交通银行信用卡是交通银行与汇丰银行共同合作推出的信用卡品牌产品。交行于 2015 年 11 月发行了首笔 50 亿元的信用卡证券化,分为优先 A 档、优先 B 档及次级档,占比分别为 85%、10%、5%。交行按照监管比例全部自持次级档,获得次级档的剩余收益,基础资产没有完全出表,按照继续涉入法处理。优先 A 档及 B 档采取固定利率模式,发行票面利率分别为 3.4%、4%。

资产池涉及 270711 名借款人的 433573 笔正常卡透支贷款,平均剩余期限为 13.9 个月,众多的基础资产贷款可以有效分散系统性风险,因此证券化的票面利率普遍较低;加权平均分期债权年手续费率为 8.61%,存在超额利差(见表 14)。

通过信用卡贷款证券化释放出 50 亿元的规模,可以继续发放零售贷款,盘活零售资产类业务。

表 14　交通银行中小企业贷款证券化

项目名称	交元 2015 年第一期信用卡分期资产支持证券			
贷款服务机构/发起机构	交通银行			
发行总额（万元）	502227.58			
资产池未偿本金余额	34509.41			
基础资产	信用卡贷款			
借款人数量	270711			
加权平均贷款剩余期限（年）	2.74			
要素	优先 A 档	优先 B 档	次级档	
债券评级	AAA	AA	无评级	
发行金额（万元）	426490	50520	25218	
起息日	2015/11/6	2015/11/6	2015/11/6	
到期日	2016/7/16	2016/8/16	2017/2/16	
债券期限（年）	0.7	0.78	1.28	
利率方式	附息式固定利率	附息式固定利率	零息式	
票面利率	3.40%	4.00%	—	

资料来源：中国货币网。

3. 选择住房抵押贷款证券化，调整整体期限

从目前市场来看住房抵押贷款的不良率极低，同时期限很长，会长时间占用银行资本，因此住房抵押贷款比较适合成为基础资产。但是这类贷款证券化的发行也存在一定弊端，由于周期长、利率偏低，且在利率市场化后随着利率下行，这类证券化产品的收益率可能会持续走低。

中国建设银行于 2015 年 9 月发行了 16 亿元的正常类个人住房抵押贷款证券化，优先 A-1 档、优先 A-2 档、优先 B 档、次级档分别占比为 31%、19%、38%、12%，按照监管规定最低 5% 的比例自持，基础资产完全出表。优先 A-1 档、优先 A-2 档、优先 B 档采用浮动利率，固定利差分别为 -0.95%，-0.15%，0.63%。

入池信贷涉及 4931 名借款人的 4931 笔贷款，加权平均剩余期限为 14.61 年，最长贷款剩余期限 25.75 年，平均贷款利率 4.305%（见表 15）。

表 15　中国建设银行中小企业贷款证券化

项目名称	建元 2015 年第一期个人住房抵押贷款资产支持证券			
贷款服务机构/发起机构	中国建设银行			
发行总额（万元）	162211.87			
资产池未偿本金余额	0			
基础资产	房地产抵押贷款			
借款人数量	4931			
要素	优先 A-1 档	优先 A-2 档	优先 B 档	次级档
债券评级	AAA	AAA	AAA	无评级
发行金额（万元）	50000	31500	61000	19712
起息日	2015/9/29	2015/9/29	2015/9/29	2015/9/29
到期日	2019/10/26	2022/12/26	2030/10/26	2041/1/26
债券期限（年）	4.08	7.25	15.08	25.35

续表

项目名称	建元 2015 年第一期个人住房抵押贷款资产支持证券			
利率方式	附息式浮动利率	附息式浮动利率	附息式浮动利率	零息式
基本利差	−0.95%	−0.15%	0.63%	—
票面利率	3.95%	4.75%	5.53%	—

资料来源：中国货币网。

长期限的住房抵押贷款出表后，资产期限缩短，降低了经济资本占用，有效盘活了资产。

4. 选择不良资产证券化，盘活资产，改善财务表现

不良资产证券化带来的现金流回收包含了优质资产运作的带动效应，相比简单的核销而言，不良资产证券化更体现市场规律，更有效率。但是不良资产的高风险性导致了产生的现金流具有不稳定性和不可预测性，在执行过程中需要更多的尽职调查和估值，具有明确的识别标准及机制，才能发挥不良资产证券化的功效，避免市场出现以劣换好的现象，从而隐匿风险。

自 2016 年我国不良资产证券化试点以来，招商银行首次发行 2.3 亿元的不良信用卡证券化，分为优先 A 档及次级档，分别占比 81%、19%。按照监管最低要求垂直自持 5%，基础资产实现出表。优先 A 档采取 3%的固定利率。

基础资产涉及 60007 户借款人，60007 笔资产，未偿本息合计 20.98 亿元，证券化后打 11%的折扣，剩下的金额即 18.68 亿元进行核销直接扣减利润（见表 16）。

表 16　招商银行不良贷款证券化

项目名称	和萃 2016 年第一期不良资产支持证券	
贷款服务机构/发起机构	招商银行	
发行总额（万元）	23300.00	
资产池未偿本金余额（万元）	150905.98	
基础资产	不良贷款	
借款人数量	60007	
加权平均贷款剩余期限	0	
计息起始日	2016/5/31	
法定到期日	2020/5/26	
要素	16 和萃 1 优先	16 和萃 1C
债券评级	AAA	无评级
发行金额（万元）	18800	4500
起息日	2016/5/31	2016/5/31
到期日	2017/1/25	2018/5/25
债券期限（年）	0.66	1.99
利率方式	付息式固定利率	零息式
基本利差	0.00%	—
票面利率	3.00%	—

资料来源：中国货币网。

对于各种较大现金流波动风险，招行通过优化现金流测算模型、简化资产支持证券结构设计、设置流动性储备账户等机制来缓释。同时做好适当充分的信息披露，以便于动态管理投资者预期。

5. 把控基础资产风险

2016年我国出现首笔证券化违约情况（见表17），虽然这笔证券化由信托公司发行，但是商业银行也需要引以为戒。

表17 首笔出现违约的证券化

单位：万元，%

项目名称	大成西黄河大桥通行费收入收益权专项资产管理计划						
发起机构	益通路桥						
发行总额	53000.00						
基础资产	基础设施收费						
要素	14益优01	14益优02	14益优03	14益优04	14益优05	14益优06	14益通次
债券评级	AA+	AA+	AA+	AA+	AA+	AA+	AA+
发行金额	5000	7000	8000	9000	10000	11000	3000
起息日	2014/5/29	2014/5/29	2014/5/29	2014/5/29	2014/5/29	2014/5/29	2014/5/29
到期日	2015/5/28	2016/5/28	2017/5/28	2018/5/28	2014/5/29	2020/5/28	2020/5/28
债券期限（年）	1	2	3	4	5	6	6.01
利率方式	固定利率	固定利率	固定利率	固定利率	固定利率	固定利率	零息式
基本利差	—	—	—	—	—	—	—
票面利率	8.2	8.3	8.5	8.9	9.2	9.5	—

资料来源：中国货币网。

上述要素中，债券评级AA+，评级尚可，整个项目发行利率偏高，均超过8%。违约的主要原因是基础资产现金流不稳定。整个项目的现金流还款来源完全依赖于大成西黄河大桥通行费收入，而该大桥位于鄂尔多斯地区，煤炭市场的严重下滑以及大桥附近煤场的环保改造等因素导致经过该大桥的车流量锐减，通行费收入无法覆盖原有的兑付兑息安排。追根溯源，违约事件的发生在很大程度上是因为管理人对本项目的现金流预测和分析过于乐观，未能充分考虑未来现金流变化的各种因素，未能做到"对现金流情况进行合理预测和分析"。

（二）做好利润分析策略，契合盈利要求

利率改革推进过程中，商业银行盈利空间受到侵蚀，需要新的产品创造另外的盈利通道。第五章对会计利润及经济利润的影响因素做了简要分析。无论是从会计利润还是从经济利润来看，水平自持比垂直自持获得的收益更多；同是垂直自持，自持比例越低，经济利润越大；并且释放资金运用情况及新投资收益率对会计利润及经济利润影响很大。商业银行在开展资产证券化时，要精打细算，做好利润分析工作。

一是在自持比例底线约束下，商业银行应充分考虑市场环境，权衡判断自持比例。尤其要关注水平自持有可能赚取超额收入，但是也会存在无法完全出表导致资产负债表无法"瘦身"的情况。

二是再投资收益率及释放资金使用情况对利润的影响极大,商业银行要培养专业能力强的投行人才,建立有效的资产运作体系,快速准确地寻找到优质资产进行投资。

三是商业银行应完善资产管理、投行、市场金融市场中心等各部门的职能、运作机制及流程,参与到资产证券化的各个角色中,增加中间业务收入。

四是商业银行应充分发挥银行业重要参与者的作用,不断积累历史数据,为市场统一定价机制的建立奠定基础,保证利率市场化利率传导机制的正常运行。

(三) 适时调整策略,创新资产证券化模式

由于市场反应滞后于利率推进进程,我国金融市场必然会出现问题,比如,投资渠道窄,投资环境差,造成再投资较难的现象,传统的资产证券化可能无法调动商业银行的积极性,创新资产证券化模式势在必行。

一是商业银行除了使用存量资产外还可以主动寻求增量进行证券化。比如,银行根据投资者要求提前设计好证券化类型和利率,再从市场上寻找稍高于该利率的贷款,将新增的这个贷款证券化,就不存在再投资的问题,可以提高资产周转率,赚取中收,获取稳定的客户。

二是商业银行可以借鉴证券公司的做法,为客户寻求最大的证券化和现金流价值。以往银行一般对自己行的资产进行证券化,很少看企业客户的报表和现金流。银行可以利用查看客户信息及现金流的优势,充分思考将这些现金流进行证券化的可能性及盈利情况,以替代传统的耗用银行资本的间接融资,进而获得中间业务收入。

(四) 总分行联动,在银行内部建立促进证券化有效实施的体制机制

一是商业银行要在自身体系内分支机构和总行间统一全行的认识,研究并普及资产证券化的产品内涵、作用和风险点,促进分支机构在参与、学习和开展资产证券化过程中,继续发挥风险管理第一道防线的作用,并在其中积累做"通道银行"的实践经验。为利率市场化深化运行积累市场运作经验。

二是商业银行总行要做好顶层设计,围绕宏观层面利率市场化下,社会融资的核心矛盾,结合自身客户(群)、产品体系的特点,有所选择、主次分明的推进资产证券化。初期经验积累阶段,可以多种基础资产均做一些小规模的尝试,中期和长期发展阶段,应充分结合融资需求、市场情况、自身客户情况和管理能力,有选择和有针对性地开展资产证券化。

三是商业银行总行要设计好考核政策,适当给予拿出优质资产的分支机构一些鼓励政策,提高分支机构参与资产证券化的积极性。

二、从宏观政策角度:推动商业银行资产证券化发展的政策建议

诞生于利率市场化过程中的资产证券化这一创新工具,要在利率市场化运行中发挥好正能力,离不开政策层面的推动和规范。

(一) 夯实和完善相关制度法规，为证券化发展提供制度保障

一是建议制定具有中国特色的会计细则，完善基础资产出表法规。我国现行的会计处理和国际准则趋同。国际准则对于资产证券化会计处理的修订是基于当时的国际金融环境和交易规则。而我国资产证券化所基于的法律、税务和交易规则与国际存在差异，因此对国际准则的完全复制并非最佳。一方面，建议在会计细则中明确SPV可变回报、风险和报酬转移、"既没有转移也没有保留金融资产所有权上几乎所有的风险和报酬"等具体量化标准，确保会计机构对出表判定的客观性；另一方面，建议对照我国实际操作与会计细则有出入的地方，进行研究统一。比如细则中规定循环构成证券化不能出表，但是我国实际操作中已有多单"出表"交易。

二是建议制定关于证券化的专项法律法规，明确证券化中SPV的法律地位，规范证券化中各参与主体的权利义务关系，在法规层面为资产证券化基础资产的风险、报酬与发起人构成实质隔离夯实制度基础。同时，市场实践中，加快投资者培育和市场规范的树立，逐步引导打破刚性兑付的市场预期，做到真正的破产隔离。

三是建议进一步明确关于证券化的税收政策，避免双重征税的情况，适当给予税收优惠，降低发行成本，鼓励商业银行有序开展资产证券化。

(二) 紧跟巴塞尔步伐完善监管法规，促进证券化发展的同时加强风险管控

《巴塞尔协议Ⅲ》的《资产证券化新资本框架》已公布，计划于2018年1月开始实施。建议提前研究新框架，在《巴塞尔协议Ⅲ》统一原则下制定适合我国的资产证券化计量规则，修订以往过于依赖外部评级的条款，面向各银行征求修订意见，以达到新规则能够准确客观地反映风险转移情况及计量风险的目标。在鼓励商业银行积极发展资产证券化的同时，增强对实质风险的认识和管控。

(三) 充分发挥金融监管协调作用，统一监管标准

伴随证券化的发展，银行参与范围的拓展，很有必要强化金融监管的协调机制，统一产品标准、法律法规及监管规则，形成资产证券化良好的外部环境。考虑到我国证监会及银监会职能及分管范围的严格划分，建议首先开放资产证券化同时在两个市场上发行和交易的权限，作为过渡方案，最终逐步统一证券化发行和交易的市场，统一监管。

(四) 培育投资者市场，规范外部评级制度和惩罚措施

一是建议大力培育作为需求端的投资者机构，加强其自身的管理和盈利能力，减弱其过分依赖刚性兑付的投资举措，逐渐引进保险机构、养老基金等资金充裕的投资机构，多元化资产证券化的投资市场，降低银行业风险。

二是建议制定专门的外部评级制度，规范外部评级机构的资质认定及行为规范，明确评级机构违反规定的惩罚措施，同时在评级市场中推行投资者支付评级费用的市场规范，从根本上确保评级结果公正、准确、透明。

第八章 研究结论、局限及未来研究方向

一、研究结论

在当前利率市场化背景下我国大力开展商业银行资产证券化的必然趋势下，本课题通过深入分析商业银行资产证券化的本质及开展的必然性，分析借鉴国际大银行开展证券化的实践经验，在会计及监管规则分析的基础上测算会计及经济利润，总结出我国商业银行资产证券化存在的问题并尝试给出解决方案：一是商业银行要进一步发挥能动性，主动挖掘存量资产、寻找增量资产，通过精打细算，主动进行表内外资产结构的调整，真正发挥证券化盘活存量、做活增量的作用，通过基础资产选择策略、利润分析策略、创新资产证券化模式策略及总分联动策略，调整客户结构、期限结构、产品结构、风险结构，重新定位细分市场，为更好地应对和融入利率市场化未雨绸缪、精耕细作，把握主动。二是从完善基础资产出表会计规定、完善我国监管法规、统一监管标准、培育有效投资市场及外部评级市场等方面改善宏观政策，推动资产证券化发展。

二、存在的局限

一是本课题会计及利润分析中的例子均是基于各种假设，没有考虑复杂的现金流，分析效果有待加强；二是由于时间和水平有限，本课题没有对税收、定价、披露、不良资产证券化等做进一步的分析，而这四个方面也是资产证券化领域普遍关注的重点及难点。

三、未来研究方向

一是研究商业银行资产证券化的现金流结构，从盈利的角度构建创新资产证券化模式；二是研究不良资产证券化的会计规则及现金流特点，分析发起机构的盈利情况；三是深入研究我国会计披露规则，借鉴美国及国际准则披露规定，结合我国实际操作中特点，提出我国披露规则的完善建议；四是研究我国税收政策，分析营改增对商业银行资产证券化的影响，并给出进一步建议。

参考文献

[1] 李敏，宋瑞波. 企业资产证券化融资与其他融资方式的比较研究[J]. 云南财贸学院学报（社会科学版），2004（4）.

[2] 彭惠，李勇. 不良资产证券化的收益分析与风险管理——资产证券化对发起人的影响[J]. 国际金融研究，2004（6）.

[3] 葛奇. 次贷危机的成因、影响及对金融监管的启示[J]. 国际金融研究，2008（11）.

[4] 宣昌能，王信. 金融创新与金融稳定：欧美资产证券化模式的比较分析[J]. 金融研究，2009（5）.

[5] 沈炳熙. 次贷危机与证券化[J]. 中国货币市场，2011（11）.

[6] 巴曙松，华中炜，朱元倩. 利率市场化的国际比较：路径、绩效与市场结构[J]. 华中师范大学学报（人文社会科学版），2012（5）.

[7] 张利. 美国资产证券化研究[D]. 吉林：吉林大学博士学位论文，2013.

[8] 曲彬. 成熟经济体利率市场化改革对我国的经验启示[J]. 财经界（学术版），2014（3）.

[9] 朱孟楠，侯哲. 中国商业银行资金错配问题研究——基于"钱荒"背景下的思考[J]. 国际金融研究，2014（4）.

[10] 王庆华，董琪，彭新月. 信贷资产证券化产品定价方法与实践[J]. 债券，2014（9）.

[11] 邹晓梅，张明，高蓓. 美国资产证券化的实践：起因、类型、问题与启示[J]. 国际金融研究，2014（12）.

[12] 陈凌白. 中国信贷资产证券化效应研究[D]. 大连：辽宁大学博士学位论文，2014.

[13] 吴赟. 欧洲资产证券化发展研究及对中国的启示——以西班牙实践经验为例[D]. 上海：复旦大学硕士学位论文，2014.

[14] 赵晓娜. 利率市场化背景下的商业银行信贷资产证券化[J]. 湖北经济学院学报，2015（2）.

[15] 王芳. 利率市场化背景下我国信贷资产证券化发展问题研究[J]. 中州学刊，2015（4）.

[16] 李宁果. 商业银行信贷资产证券化业务的综合收益研究[J]. 新金融，2015（5）.

[17] 邹晓梅，张明. 日本资产证券化现状、特点与启示[J]. 南方金融，2015（10）.

[18] 张涛. 资产证券化对商业银行流动性的影响研究[D]. 合肥：安徽财经大学硕士学位论文，2015.

[19] 赵凤双. 我国商业银行信贷资产证券化研究[D]. 北京：首都经济贸易大学硕士学位论文，2015.

[20] 中央国债登记结算公司证券化研究组. 2015年资产证券化发展报告[J]. 债券，2016（1）.

[21] [美] R.I.麦金农. 经济发展中的货币与资本[M]. 卢骢译. 上海：三联书店上海分店，1988.

[22] 姜建清. 商业银行资产证券化——从货币市场走向资本市场[M]. 北京：中国金融出版社，2004.

[23] 巴塞尔银行监管委员会. 巴塞尔协议（第三版）[M]. 北京：中国金融出版社，2011.

[24] 宋光辉. 资产证券化与结构化金融——超越金融的极限[M]. 上海：复旦大学出版社，2013.

[25] [美] 扈企平. 资产证券化——理论与实务[M]. 郑磊译. 北京：机械工业出版社，2014.

[26] 沈炳熙. 资产证券化中国的实践[M]. 北京：北京大学出版社，2014.

[27] 林华. 金融新格局：资产证券化的突破和创新[M]. 北京：中信出版社，2014.

[28] 冯光华等. 中国资产证券化市场发展报告2016[M]. 北京：中国金融出版社，2016.

[29] 郑磊. 资产证券化——国际借鉴与中国实践案例[M]. 北京：机械工业出版社，2016.

[30] Gorton G., Metrick A.. Securitized Banking and the Run on Repo[J]. Journal of Financial Economics，2012（2）.

第七篇

银行外部审计监管政策改进研究

中国银行业监督管理委员会财务会计部课题组

课题主持人： 胡永康
课题组成员： 郗永春　司振强　石晓乐　吴斌斌（上海局）
课题主要执笔人： 司振强　石晓乐　吴斌斌（上海局）

摘 要

美国次贷危机引发的全球金融危机暴露了国际金融管理体系存在的诸多问题，以G20、FSB为首的国际金融监管界采取了一系列措施完善国际金融监管体系和框架，作为金融基础的审计也被纳入了此次改革的范围，受到了国际监管界的高度关注。因为在此次金融危机中审计预警金融风险、辅助金融监管、维护金融稳定的作用并没有得到有效发挥，一些银行获取无保留意见审计报告之后很快就陷入了财务困境，市场和监管者对审计的期望与现实的差距不断拉大。为了恢复市场和监管者对审计的信心，促进金融系统的稳健运行，国际金融监管界督促国际审计管理各方采取措施应对审计存在的问题。目前，国际审计监管框架的改革也基本完成，从改革的结果来看，对审计师独立性、资质、审计质量、审计报告内容的要求更高了，对审计辅助金融监管、促进金融稳定的要求也明显加强，这对于完善我国审计监管政策有着重要的借鉴意义。本课题着重从银行监管的角度对我国银行外部审计监管政策改进问题进行了研究，分析了银行外部审计对于银行监管的重要性，研究了金融危机期间审计失败的深层次原因，跟踪了国际主要经济体在银行外部审计方面的监管政策改革经验，回顾了我国金融监管部门在金融危机后加强审计管理的相关措施，探究了当前我国银行外部审计仍然存在的一些问题，最后借鉴国际经验并针对我国银行外部审计存在的问题提出了完善我国银行外部审计监管的政策建议。

本课题分七章进行分析研究。第一章论述了银行外部审计之于银行监管重要性的理论基础；第二章综述了相关文献；第三章总结了金融危机暴露出的银行外部审计存在的问题；第四章论述了改进银行审计的国际经验；第五章总结了危机后我国加强外部审计采取的措施；第六章论述了我国银行外部审计存在的问题；第七章提出了加强我国银行外部审计监管的政策建议。

关键词：银行 金融危机 外部审计 监管政策

第一章　银行外部审计之于银行监管重要性的理论基础

一、高质量财务报告是银行安全与稳定的必要条件

首先，准确的财务信息有助于管理者有效管理银行风险、做出正确的经营决策。其次，银行向监管部门报送准确及时的财务报告，这些财务报告对于以风险为核心的监管者来说至关重要，有助于管理者制定现场检查计划、非现场监管流程，评估银行资本充足状况和财务能力。再者，可靠的财务报告是银行筹资的必要条件，通过向股东、存款人、借款人和潜在投资者提供财务信息和经营成果，有助于维护机构的市场纪律，加强市场约束的效果。

二、高质量会计准则及其实施是监管规则的重要基础

首先，会计准则是银行监管的重要基础性条件。这是由于会计信息是银行监管工作的基础，银行监管监测指标的计算都依赖于银行的财务报表，作为会计信息生成标准的会计准则质量的高低将最终影响到银行监管指标，对银行监管有效性产生影响。

其次，会计准则是银行监管的重要补充。高质量的会计准则能够显著提升金融机构财务信息质量，为市场参与者及时了解金融机构的财务状况、经营成果和现金流量提供高质量的信息，提高金融机构的透明度，为市场参与者的市场约束行为提供重要的决策信息，从而有助于促进金融机构的稳健经营。因此，高质量会计准则能够提升市场约束作用，是银行监管的重要补充。

会计准则是银行监管的重要工具。经济金融快速发展时期，各国银行监管者积极推动会计准则的发展及其国际化进程，以推动本国金融经济的快速发展。在经济和金融危机中，修改会计准则往往会成为防止金融危机进一步蔓延、恢复市场信心的利器。2007年以来爆发的金融危机已经造成了全球性的金融危机，以美国、欧盟为代表的国际银行监管者纷纷采取措施企图阻止金融危机的进一步蔓延，其中暂停或者放宽公允价值会计使用成了防止经济崩盘的重要救援手段。

三、银行监管者对于审计质量的信心是有效银行监管的关键因素

有效的外部审计是银行总体风险管理的重要组成部分，可以弥补银行内部审计的不足，提高监管部门监管检查的效率，减少现场检查的时间，促进银行业稳健经营。而且，随着银行创新业务发展和以原则为基础会计准则的实施，银行监管对外部审计专业知识和职业判断的依赖程度不断提高。以原则为基础的会计准则关注交易的经济实质，并假设具有类似经济实质的交易的会计处理应保持一致。正是由于以原则为基础的会计准则由概念和原则而非具体规则组成，因此管理者在实施准则、审计师在解释准则时都需要职业判断。随着国际会计准则采取更加原则化的准则制定导向，对审计师职业判断依赖程度越来越高。即使是在采用规则导向会计准则的国家，也需要依赖审计职业判断来决定哪一种具体的规则是最相关的规则。与此同时，近年来银行投资于复杂金融工具越来越多，这些复杂金融工具以模型为基础的估值方法使其估值存在巨大的不确定性，而且估值模型不统一、模型参数不可观察、缺乏充足的历史数据支持、无活跃交易市场存在，这些都加剧了估值的复杂性，进而对审计提出了挑战。对于银行监管来说，至少有四个业务领域的会计准则与之密切相关，需要一定程度上依赖于审计师职业判断，但依赖程度各国情况有所差异。一是贷款损失准备；二是银行表外业务并表；三是非流动和复杂金融工具公允价值计量；四是信息披露。此外，目前的审计准则也并不专门针对银行业，更需要依赖审计师关注银行审计的特殊性。

四、高质量审计有助于提振市场信心

外部审计师依据高质量审计准则和道德行为准则所实施的审计是提升市场信心的重要因素。美国金融危机引发的全球金融危机中，市场的动荡引发的金融工具公允价值估值问题更显示了外部审计在规范财务报告中的基础性作用。随着金融市场流动性的消失，金融工具估值所需要的市场价格数据不存在了，复杂金融工具难以进行有效估值。部分银行转而采用内部模型进行估值。此时急需审计师对这些金融工具估值模型、估值假设、模型参数等进行审计，确保估值信息的可信性。审计的实际表现使得市场对审计的期望与现实的差距进一步扩大，一些银行获审计师发表无保留意见的审计报告，在接下来的会计年度资产公允价值却大幅缩水。

五、银行监管越来越依赖于高质量的审计来完成监管任务

目前，国际绝大多数银行监管者需要依赖财务信息评估银行的表现，确定监管资本的充足性。银行贷款、证券和其他资产的准确可靠计量直接影响监管资本的计算。银行监管

者对银行财务报告中资产估值部分主要依赖于审计师的审计，公允价值应用范围的扩大使得公允价值估值审计的重要性日益凸显。审计师在对银行进行审计时会获知一些与银行监管有关的信息或要求监管者立即采取行动的信息，在一些国家审计师被要求在上述情况出现时应及时向银行监管者报告，巴塞尔银行监管委员会（BCBS）也鼓励审计师与监管者的交流和信息沟通。此外，银行监管者在开展现场和非现场监管时也会利用审计师的工作。因此，高质量审计是银行监管的重要补充并提高监管效率。

第二章 文献综述

一、危机中对审计的指责

在美国次贷危机引发的全球金融危机中，外部审计因其没能够预警金融风险、辅助金融监管、维护金融稳定，受到了广泛的非议。如 Mario Christodoulou（2010）指出，美国的新世纪金融公司、贝尔斯登，英国的北岩银行、德国工业银行、苏格兰银行等银行纷纷陷入经营困境，金融机构、监管机构和评级机构在饱受批评的同时，银行的审计师对财务报告的鉴证作用也受到社会各界的质疑，指出审计师没有在金融危机的初期阶段拉响任何警报。这些银行在获取无保留意见的审计报告之后很快就陷入了财务困境，这说明审计师为市场构筑的最后一道防线是失效的。金融危机使监管机构、金融机构和审计职业界等开始反思审计失败的原因。

（1）审计师适应外在环境变化的能力存在局限性。曹细钟在《金融危机：审计为什么也失败》中指出，审计人员的知识来源主要是教育、培训和过往经验的总结，包括对过去无数成功与失败经验的总结。但如果过去的经验已经陈旧、不适应环境变化而审计人并不自知，这种情况下审计师很可能会因为过去的经验信息而过度自信，从而未考虑其他可能的情况和信息，在审计判断时可能会无意识地偏离客观的估计而转向其更偏好的方面。

（2）外部审计缺乏危机时期新问题新情况的审计标准和审计经验。金融危机期间的审计与金融稳定期间的审计大为不同，审计师往往缺乏对危机时刻的审计经验和审计判断能力。为了应对危机时刻审计标准和审计经验不足的状况，美国 PCAOB 先后发布《关于审计公允价值计量的金融工具以及专家使用的相关事项》《当前经济环境下的审计注意事项》《审计人员对重大非正常交易的思考》和《审计人员对抵押和负债活动引起的诉讼和或有事项的思考》四份审计实务公告，对公允价值和会计估值审计、附加审计、粉饰交易以及负债和抵押贷款的信息披露问题进行了规范。国际审计与鉴证准则理事会（IAASB）先后发布了《在当前市场环境下审计公允价值面临的挑战》（2008 年 10 月）、《在当前经济环境下持续经营方面需注意的审计事项》（2009 年 1 月）、《关于在财务报表审计中使用外部确认所暴露的实际问题》（2009 年 11 月）三份报告，以强调市场动荡期间的公允价值会计估值和持续经营假设等重要问题。

（3）审计模式落后。欧盟委员会绿色报告《审计政策：从危机中汲取的教训》（*Audit Policy: Lessons from the Crisis*）中认为，审计的目的是为财务报告整体免于存在重大错报提供合理保证，而目前的审计较少集中于财务报告的真实和公允，而更集中于确保财务报告是否依据了所适用的财务报告准则。金融危机的经验表明，应"实质重于形式"地确保不同地区间不存在套利行为。

（4）审计报告模式落后。Daniel L.Goelzer（2011）指出，金融危机后，美国投资者对金融机构在经济危机前披露不足的沮丧转化为对现行审计报告模式的不满："在金融危机中，审计师去哪里了？审计师的责任是什么？公司如此接近于破产边缘或如此需要援助，审计师为何没有在审计报告中提到持续经营问题？" 2010 年 10 月，欧盟发布《审计政策：从危机中汲取的教训》中认为有必要进行全面的辩论，讨论应当采取何种措施以确保财务报表审计和审计报告能够"合乎目的"，明确地界定何种信息应当由审计师作为审计意见和发现的一部分提供给利益相关者。

（5）审计与监管合作的失效。巴塞尔银行监管委员会曾在 1989 年和 2001 年发布过《银行监管者和银行外部审计师的关系》（该文件于 2002 年重新修订）和《银行内部审计和监管者与审计师之间的关系》。两份文件中突出强调了银行监管者与审计师合作的必要性，认为监管者与外部审计师的合作将提高监管的有效性，监管者和外部审计师关注的内容互为补充。但危机中的情况表明，由于缺乏有效的约束机制，审计机构和银行监管部门之间的对话机制在危机前就已失效。当重要问题发生时，外部审计人员很少主动向监管部门报告，监管部门因此缺乏足够的信息采取干预措施。

二、改进银行审计的国际经验

（1）金融稳定理事会（FSB）。金融危机之后，FSB 对银行外部审计的作用进行了反思，并发布了一系列报告推动外部审计改革进展，包括：建议在《有效监管核心原则》第 22 条会计与披露中，考虑是否将补充标准 2——外部审计师向监管者报告重要事项的职责上升为必要标准（2010）；建议 BCBS 根据最近的经验来审视 2008 年发布的《外部审计质量与银行监管》，以增强监管者对审计质量的信心，并建议银行监管者与证券监管者和审计监管者加强合作（2011）；强调外部审计向金融机构监管当局提供信息的作用，以及金融机构外部审计监管有效性的重要性（2012）；推动外部审计实践和要求在全球范围内更高层次的一致性（2012）；强调了全球系统重要性银行审计质量愈加重要，并指出随着 IASB 和 FASB 预期损失模型即将实施，审计质量将面临挑战（2015）。

（2）国际独立审计监管者论坛（IFIAR）。2012 年 6 月起 IFIAR 每年在成员国开展一次审计调查，以发现全球金融审计共同存在的问题，及审计监管者和审计师提升审计质量的建议。调查发现，上市 PIEs 审计存在的问题主要在于公允价值计量、内控测试、财务报告和披露的充分性、审计委员会交流、舞弊程序和风险评估，SIFIs 和 G-SIBs 审计主要问题集中于减值损失和减值准备的审计、内控测试与投资和证券估值的审计，质量控制系统的问题存在于审计安排、人力资源、独立性和道德要求等。调查要求 IFIAR 和各国监管当局采取措施提高审计质量的重要性，审计公司采取进一步措施以实质性提升审计质量（2013，2014）。

（3）巴塞尔银行监管委员会（BCBS）。一是在修订的《有效银行监管核心原则》中，对银行外部审计提出了更高的监管要求，尤其是将《有效银行监管核心原则 2006》关于监管机构与外部审计定期会晤、外部审计有责任向监管机构报告重大问题、要求银行经常轮换外部审计师的要求由附加标准提升为必要标准（2012）。二是对《银行监管者与银行外部审计师之间的关系》（2002）和《外部审计质量与银行监管》（2008）进行修订，发布《银行外部审计指引》，要求建立以审计委员会为主的银行外部审计监督体系，结合商业银行的特有风险对外部审计师提出期望和建议，建立银行监管部门和审计监督机构之间的对话（2014）。

（4）国际审计与鉴证准则理事会（IAASB）。IAASB着力于对改进审计报告模式进行了跟踪研究，并最终于2015年1月完成了对国际审计报告相关准则的改革，制定和修订了一系列国际审计准则（ISAs）。最大的变化是要求审计师在为上市公司财务报表出具的审计报告中，就关键审计事项进行沟通。IAASB认为，所作改进将能够重振审计工作，帮助审计师对其审计行为和沟通工作作出实质改进（2015）。

（5）欧盟。欧盟委员会认为，许多金融机构在2007~2009年因持有的表内外头寸而产生巨额损失，但一个值得思考的问题是，审计师为何对这些机构在此期间的财务报表发表了无保留审计意见。现在是探究审计师是否能够真正履行社会所赋予职责的时候了（2010）。为此，欧盟在审计的作用、审计公司的治理与独立性、审计监管、审计市场集中度和市场结构、欧洲统一审计市场的建立、中小企业审计的简化、国际审计市场的合作等方面提出一系列的改革措施建议。此外，新的欧盟审计法规与指导意见（2014）提出了多项建议，主要包括强制轮换公众利益实体的外部审计机构、限制提供非审计服务、增加审计报告的信息量等内容，堪称2002年《萨班斯—奥克斯利法案》后全球公司治理领域最严格的监管法规。

（6）美国。在提高审计独立性方面，美国一直不遗余力。美国《萨班斯—奥克斯莱法案》对强制轮换和间隔期做出了严格的规定（2002）。美国SEC认为，除非审计人员提供的审计服务和非审计服务事先征得了审计委员会的同意，否则审计人员将被认为是不独立的（2013）。美国公众公司会计监督委员会（PCAOB）《审计独立性与会计师事务所强制轮换概念公告》也以实施会计师事务所强制轮换制为重点，针对提高审计独立性向社会各界征求意见（2011），但国内各方对于实施轮换的预期效果存在一定的分歧。在审计报告方面，美国财政部审计职业咨询委员会（ACAP）建议PCAOB启动准则制定工作，改进审计报告模式（2008），之后PCAOB发布了《财务报表审计报告准则的可能修订的概念公告》，建议扩展标准审计报告，旨在增加审计报告的相关性、价值和透明度（2011）。2013年PCAOB发布了扩展审计师报告披露信息的首份建议，进一步要求审计师在审计报告中披露关键审计事项。

（7）英国。一是完善审计报告。英国财务报告委员会（Financial Reporting Council，FRC）发布的《审计报告：改变的时刻?》中，要求审计报告中明确报告例外的事项（2007）。2011年根据《有效公司治理——完善公司报告和审计》征求意见的反馈信息，FRC认为需要开展更多工作来披露审计师如何完成审计目标；审计师能够也应该对审计过程进行描述，从而向财务报告使用者再次保证所有重大事项已经被恰当的披露；有必要修改审计准则中关于审计师向审计委员会报告和审计报告向使用者报告的部分，以使审计师对公司治理的贡献度更加透明。2015年3月，FRC发布了对审计报告新规定执行情况的调查 *Extended Auditor's Reports: A Review of Experience in the First Year*，调查确认审计不仅满足了新要求，而且有些表现得更加积极，对审计报告的修改超过了FRC规定的要求。二是加强审计与监管的交流。2011年5月,英国金融服务局(FSA)和FRC发布《最终指引:关于外部审计和监管部门关系的操作准则》。2013年4月1日,英国国会于2012年12月通过的《金融服务法》(Financial Service Act)正式生效,标志着新的金融监管体制正式开始运行。审慎监管局在2013年4月发布了监管声明《外部审计师与监管者关系:操作准则》,认为外部审计在监管框架中发挥着重要作用,这要求对被审计的财务信息有信心,从而确保监管努力和监管政策有效、恰当并基于准确的数据。

三、危机后我国加强外部审计采取的措施

(1)提高审计独立性。财政部于2010年发布《金融企业选聘会计师事务所招标管理办法》,对事务所的选聘方式和轮换提出了新的要求,要求服务费达到或超过100万元的要求采用公开招标或邀请招标的采购方式。2016年修订之后该标准提高到120万元。

(2)提高资质要求。2010年财政部发布的《金融企业选聘会计师事务所招标管理办法》对金融企业聘用的会计师事务所具备的资质提出了要求,主要体现在对事务所规模的要求。2012年,财政部会同证监会发布了《关于会计师事务所从事证券期货相关业务有关问题的通知》,对从事证券期货业务的会计师事务所的资质提出了更高要求。2010年,银监会发布的《银行业金融机构外部审计监管指引》要求银行业金融机构委托的外审机构应具有与机构资产规模、业务复杂性等相匹配的规模、资源和风险承受能力。

(3)推动审计沟通交流。银监会于2011年发布了《关于加强银行业金融机构外部审计沟通工作的通知》,要求银行业金融机构畅通与外部审计沟通交流的渠道和机制,银行监管机构应加强与银行业金融机构以及外部审计机构的信息交流,定期举行三方会谈,也可直接与外部审计机构进行沟通。

(4)加强银行外部审计监管。2009年我国参加了国际货币基金组织和世界银行开展的金融部门评估规划(Financial Sector Assessment Program,FSAP)。FSAP评估团认为,考虑到商业银行需要从不同类型的借款人处获取可靠的财务信息,改善对借款人的审计质量对银行业非常重要。根据FSAP的评估意见,中国银监会于2010年发布了《银行业金融机构外部审计监管指引》,但由于银监会并未获得法律授权对银行外部审计实施直接监管,因此该文件仍然是通过银行间接表达对银行外部审计的监管意图,在审计委托、审计质量控制、终止审计委托、与外审机构的沟通和审计结果的利用等几个方面作出了规定。

(5)加强审计质量的内部治理能力。上海证券交易所于2013年制定了《上市公司董事会审计委员会运作指引》,该指引总结我国证券市场上的成熟做法,借鉴境外先进经验,为上市公司提供可资借鉴的模式,以充分发挥审计委员会的作用。

四、我国银行外部审计存在的问题

胡少先(2016)认为,我国外部审计事务还存在以下主要问题:一是重要概念理解欠准确,风险导向理念形象化;二是项目承接风险评估体系不完善,审计计划编制形式化;

三是审计程序执行不到位,审计结论形成格式化;四是审计证据获取不适当,审计证据的充分性、适当性存在欠缺。

五、总结

从以上文献来看,金融危机以来,国际金融监管界、审计准则制定界和审计实务界都对外部审计进行了深刻的反思,采取了一系列的措施,研究银行外部审计存在的问题、银行监管与外部审计的关系、外部审计准则存在的问题以及对外部审计的监管要求。目前来看,国际审计监管框架的改革已基本完成,对审计师独立性、资质、审计质量、审计报告内容的要求更高,对审计辅助金融监管、促进金融稳定的要求也明显加强。

从国内文献情况来看,有关外部审计的研究可谓汗牛充栋,但研究重点大多集中于对审计准则的改进、对审计实务问题的研究以及对银行审计有关问题的研究,很少从银行监管的角度来研究外部审计的作用和存在的问题。因此,可以说,银行监管与外部审计是目前研究领域的一个空白。这一方面说明外部审计在预警金融风险、辅助金融监管、维护金融稳定方面的作用尚没有得到足够的重视;另一方面也使得外部审计辅助银行监管在理论上缺乏基础,在实践中缺乏与审计界的共鸣。然而,随着银行业务愈加复杂,外部审计将在银行监管和金融稳定中扮演着越来越重要的角色,并成为银行监管者无法忽视和绕开的一个领域。因此,本课题将以银行外部审计监管政策改进为主题,借鉴国际监管改革经验,探究我国银行外部审计存在的问题,研究和解决问题,并提出完善我国银行外部审计监管的政策建议。

第三章 金融危机暴露出的银行外部审计存在的问题

一、审计本身存在的问题

在美国金融危机引发的全球金融危机中,美国的新世纪金融公司、贝尔斯登,英国的北岩银行、德国工业银行、苏格兰银行等银行纷纷陷入经营困境,金融机构、监管机构和评级机构均饱受批评,银行的审计师对财务报告的鉴证作用也受到社会各界的质疑,指出审计师没有在金融危机的初期阶段拉响任何警报(Mario Christodoulou,2010)。这些银行在获取无保留意见的审计报告之后,很快就陷入了财务困境,审计师为市场构筑的最后一道防线失效。究其原因,审计质量不高是产生审计期望差距的根本原因,具体表现在以下方面:

(一)现代外部审计制度安排上存在先天缺陷

随着现代企业规模的不断扩大,企业的股东代表大会日渐失去监督企业管理层的权力。股东权力的分散及对经营管理决策快速反应的要求,使董事会的主要领导权逐渐被专门的经营者所掌握,且经营管理者担任董事的数量占绝对优势,董事会的领导权已经掌握在经营管理者手中,股东利益代表只能成为一个牵制主体。尽管为了避免经营管理层的绝对控制,推出了以外部独立董事为主的公司治理结构,但没有有效抑制经营管理层权力的绝对膨胀。在董事会能够决定如何聘请注册会计师、如何支付审计费用的体制下,外部审计的管理权已逐渐从股东手中转移到了经营者手中。因此,现代外部审计制度出现了有悖于市场经济规律的怪圈,出钱埋单的与实际消费的不是同一主体。是以客户为导向,还是以社会公众利益为重,成为困扰注册会计师行业的难题,也导致审计师无法以超然独立的角色对财务报告发表公允的审计意见。

(二)会计准则过于复杂提高了审计的难度

随着金融创新的不断加快,为了满足金融创新的需要、防范会计套利,会计准则变得越来越复杂、越来越有原则。同时,随着会计准则对经济后果的影响力提升,准则制定过程的政治性也愈加明显,利益相关者为了实现利益最大化而干预准则制定过程,导致会计准则制定成为协调各方利益的过程。为满足不同利益群体的利益,会计准则提供了不同会计选择和方法,从而导致复杂性增加,逻辑性缺乏。会计准则的复杂似乎体现了会计的科学与严谨,但随着会计估计和判断的因素增多,使用者操控的余地越来越大,导致会计信息缺乏客观标准，会计处理结果存在较大的伸缩性，增加了审计师对会计处理进行公允评价的难度、审计的难度和审计质量控制的难度。此次金融危机就暴露了 IAS39 金融工具准则过于复杂，没有为金融工具分类和减值提供一个清晰的逻辑依据。为此，G20 和金融监管界纷纷要求准则制定机构修订会计准则，降低会计准则复杂性。

（三）适应外在环境变化的能力存在局限性

审计人员的知识来源主要是教育、培训和过往经验的总结，包括对过去无数成功与失败经验的总结。但如果过去的经验已经陈旧、不适应环境变化而审计人并不自知，这种情况下审计师很可能会因为过去的经验信息而过度自信，从而未考虑其他可能的情况和信息，在审计判断时可能会无意识地偏离客观的估计而转向其更偏好的方面（曹细钟：《金融危机：审计为什么也失败》）。证实偏好会使管理层趋向于支持而非驳斥先验的信仰或偏好的信息，许多情况下这一趋向会导致无理由地信赖先验信仰或偏好。

（四）缺乏危机时期新问题新情况的审计标准和审计经验

金融危机期间的审计与金融稳定期间的审计大为不同，而审计师往往对金融稳定期间的审计假设和审计判断较为熟悉，而缺乏危机时刻的审计经验和审计判断能力。如金融危机之后，公允价值计量引发的问题成为审计机构屡屡成为被告的原因之一，从公布的破产法庭调查报告及大量诉讼文件来看，陷入危机的银行无一例外存在利用公允价值高估资产的现象。国际会计准则 IAS39 和美国的 FAS157 为公允价值计量提供了指南，但这些指南均是基于稳定的市场起草的，在金融危机期间，金融机构所持有的资产市场不稳定、流动性较低，难以准确定价，需要运用第三层级输入变量进行公允价值估值，审计人员在对第三层级公允价值估值进行审计时需要进行大量的职业判断，对模型采用的假设的合理性、参数值的合理性、模型本身的恰当性进行判断，是否需要利用专家的判断、如何利用和评价专家的判断都需要职业判断，在没有充分审计指南的情况下，审计的职业判断复杂而风险重重。对银行持续经营的评估也存在类似问题，英国上议院经济事务委员会在 2010 年 11 月针对国际"四大"召开的质询会议中，负责北岩银行的普华永道主席伊恩·鲍威尔声称，我们发表的审计意见的基础是我们确认政府将给银行提供财政援助。德勤高级合伙人约翰·康纳利认为，审计师未能预见到随后年度银行倒闭引发的全球金融危机。为了应对危机时刻审计标准和审计经验不足的状况，美国 PCAOB 先后发布《关于审计公允价值计量的金融工具以及专家使用的相关事项》《当前经济环境下的审计注意事项》《审计人员对重大非正常交易的思考》和《审计人员对抵押和负债活动引起的诉讼和或有事项的思考》四份审计实务公告，对公允价值和会计估值审计、附加审计、粉饰交易以及负债和抵押贷款的信息披露问题进行了规范。IAASB 先后发布了《在当前市场环境下审计公允价值面临的挑战》（2008 年 10 月）、《在当前经济环境下持续经营方面需注意的审计事项》（2009 年 1 月）、《关于在财务报表审计中使用外部确认所暴露的实际问题》（2009 年 11 月）三份报告，以强调市场动荡期间的公允价值会计估值和持续经营假设等重要问题。

（五）审计师没有保持充分的职业怀疑

美国审计准则和国际审计准则均要求注册会计师在编制和实施审计计划时，必须保持职业怀疑态度，识别和评估舞弊导致重大错报的可能性，通过获取充分、恰当的审计证据，以合理保证被审计单位财务报表不存在因错误和舞弊导致的重大错报。对于在危机中陷入财务困境的金融机构来说，其审计师均未遵守审计准则的要求，保持足够的职业谨慎和职业怀疑，部分原因是审计师与金融机构有着多年的客户关系，充分相信客户的信誉或诚信，在未获取充分审计证据的情况下就得出审计结论。如在雷曼利用回购交易粉饰资产负债表的案例中，雷曼在2007年第四季度利用回购隐瞒了386亿美元的负债，但安永事务所出具了无保留审计意见，未提及任何关于回购的事项。在新世纪金融案中，新世纪金融在资产证券化剩余收益权上利用公允价值计价，毕马威在缺乏足够证据的情况下盲目判定新世纪金融确定的假设是合理的，没有保持足够的职业怀疑，没有获取足够证据支持公允价值估值模型折现率过低的合理性，没有获取足够证据支持折现率长期保持不变的合理性，没有获取足够的证据支持模型设计是合理的，对于金融专家的建议也没有给予充分的考虑。

（六）由于缺乏独立性使得审计鉴证作用失效

外部审计机构不同于国家审计机构，是接受被审计单位的聘请从事审计业务，这当中的聘请与受聘的关系确实对审计准则中的独立性要求带来了一点挑战，有些被审计单位较为强势，规模庞大，是外部审计机构争抢的对象，面对这些客户，就算是"四大"的合伙人也会有所忌惮。

在美国和欧洲的许多国家，多数金融机构的外部审计机构连续审计年限长，缺乏独立性，致使审计的鉴证作用大打折扣，因独立性问题导致审计失败的案例时有发生。据路透社报道〔中注协行业发展研究资料（No.2012-2）〕，美国标普五百强公司委任同一家事务所的执业时间，超过25年的有175家，超过100年的有7家。美国审计总署2003年的调查表明《财富》1000家公众公司审计师的平均任期是22年，大约有10%的公众公司的审计任期超过了50年。如果排除那些在两年内更换了安达信的公司，也不考虑那些审计任期超过50年的公司，那么剩余的《财富》1000家公众公司的审计任期均值为19年。根据欧盟2006年的一项调查（study by London economics on the economic impact of auditors' liability regimes）发现，半数以上的公司聘请的审计机构已经连续审计超过7年，31%的公司已经超过15年没有更换审计师，越大的公司更换审计机构的概率越低。

同时，审计市场集中度非常高。欧盟上市公司审计市场被四大会计师事务所所垄断。从审计收入来看，四大的市场份额超过了90%，使审计市场失去活力。这种不充分竞争不利于审计质量的提高。

此外，审计咨询业务的发展也影响了审计独立性。由于传统的审计业务增长缓慢，大型会计师事务所一直在拓展咨询业务，并从中获利颇丰。统计显示（源自《欧美发难四大会计师事务所 非审计业务或被拆分》2011年第一财经日报），英国最大的几所会计师事务所收入总额约2/3都是由非审计业务创造的。欧洲审计官员估计称，全球会计师事务所28%~30%的收入源自法定审计，18%源自非审计业务。

（七）未充分遵循审计准则实施审计

从各国审计监管机构对审计业务的检查情况看，审计人员在审计时并未完全遵守审计准则，对于审计程序的执行不到位，审计取证也不够充分，在进行资产估值时，未能充分核实资产的真实性，对欺诈及其他违法违规行为也缺乏充分的审核；同时，审计机构在内部质量控制监测中存在不足，业务质量控制审查并未得到充分落实，审计机构在认识到自身审计质量不足的同时并未采取有效措施制止员工的违法违规行为。

在本次金融危机中，几乎"四大"的很多客户都陷入困境，比如，美国国际集团（AIG）和高盛的审计机构就是普华永道，毕马威则是花旗的审计机构，贝尔斯登和房利美的审计机构则是德勤。安永因其在雷曼兄弟公司倒闭中扮演的角色遭到民事欺诈的指控。2010年美国证监会指控安永对雷曼将500亿美元资产以"回购105"手段不正常划至表外以隐藏负债和降低杠杆的事件"袖手旁观"，甚至有助长之嫌，成为金融危机中首个针对会计师事务所的指控。美国破产法院法官指出，安永会计师事务所的严重过失是导致雷曼兄弟破产的重要原因之一。纽约总检察长指责安永"直接协助"雷曼兄弟粉饰资产负债表长达七年之久。2011年德勤被指控在审计过程中未能发现某抵押贷款机构的巨额欺诈阴谋，遭遇76亿美元索赔。诉状说："德勤失察欺诈，因为它简单地接受了管理层对高度可疑交易的解释，那些解释矛盾、不完全且匆忙。"2013年1月，美国证券交易委员会（SEC）对毕马威的一名合伙人和一名经理提出正式指控，这也是首次有审计师因为2007~2009年金融危机期间相关的业务行为而遭受联邦监管机构的起诉。证券交易委员会在起诉书中指控现年40岁的毕马威合伙人约翰·埃索夫（John Aesoph）和35岁的高级经理达伦·伯尼特（Darren Bennett）没有妥善对内布拉斯加州第一级银行的账目进行审计，后者在金融危机期间因为坏账的拖累而宣布破产。

（八）审计行为模式落后

审计人员在审核财务报表时，应秉承高度的职业怀疑态度，然而危机中的情况表明，为了避免破坏和管理层的关系，审计人员通常把工作重点过多地放在收集和接受证据以支持管理层的主张上，未能对公司的估值方法进行充分的审查和质疑，这为公司向投资者和监管部门隐瞒其日益恶化的财务状况提供了机会。同时，在目前的审计标准下，审计报告缺乏对财务报表重大问题及风险的讨论，如估值、信贷风险集中度、贷款损失拨备、表外业务等，使投资者无法获取足够的信息，影响了其投资决策的有效性。欧盟委员会绿色报告《审计政策：从危机中汲取的教训》（*Audit Policy: Lessons from the Crisis*）认为，审计的目的是为财务报告整体免于存在重大错报提供合理保证，而目前的审计较少集中于财务报告的真实和公允，而更集中于确保财务报告是否依据了所适用的财务报告准则。金融危机的经验表明，应"实质重于形式"地确保不同地区间不存在套利行为。

（九）审计报告模式落后

现行审计报告模式成形于20世纪40年代，审计报告最核心的内容是审计意见，列于最后的意见段，审计师在此段中对所审计财务报表是否在所有重大方面符合会计准则的规定，是否公允地反映被审计单位的财务状况和经营成果发表一个高度浓缩的意见。意见分为无保留意见（合格）和非无保留意见（不合格，包括保留意见、否定意见和无法表示意见）。这种审计报告被称为"合格/不合格"模式。这种模式有其内容简洁、统一可比、意见明确等优点。但这种审计报告模式只是传达了审计师的最终结论，而没有对这些结论背后的风险评估和分析过程提供线索，缺乏对财务报表重大问题及风险的讨论，如估值、信贷风险集中度、贷款损失拨备、表外业务等，使投资者无法获取足够的信息，影响了其投资决策的有效性。此外，审计业务的低透明度引发社会公众和监管机构对审计业务质量的疑虑，标准的审计报告只包括审计的角色和局限性的标准化陈述，基本不涉及审计师在审计过程中开展的具体审计工作和审计发现，对外部信息使用者理解问题、判断形势几乎没有帮助，从而导致审计的"预警"作用在社会公众和监管机构看来出现失灵。因此，审计的低透明度导致社会公众对审计的不理解，进而导致期望差距的出现。

金融危机后，美国投资者对金融机构在经济危机前披露不足的沮丧转化为对现行审计报告模式的不满（Daniel L. Goelzer, 2011），有人对现行的审计报告模式提出质疑："在金融危机中，审计师去哪里了？审计师的责任是什么？公司如此接近于破产边缘或如此需要援助，审计师为何没有在审计报告中提到持续经营问题？"2010年10月，欧盟发布《审计政策：从危机中汲取的教训》中认为有必要进行全面的辩论，讨论应当采取何种措施以确保财务报表审计和审计报告能够"合乎目的"，明确地界定何种信息应当由审计师作为审计意见和发现的一部分提供给利益相关者。

二、审计与监管合作的失效

审计机构和银行监管部门之间的对话机制失效，外部审计对于监管机构的预警功能未能有效发挥。会计信息是监管的基础，监管资本的确定与银行贷款、证券及其他资产的准确估值有直接的关系，监管部门需要依赖财务报告信息来评估银行的状况，确定资本的充足性。巴塞尔银行监管委员会曾在1989年和2001年发布过《银行监管者和银行外部审计师的关系》（该文件2002年重新修订）和《银行内部审计和监管者与审计师之间的关系》。两份文件突出强调了银行监管者与审计师合作的必要性，认为监管者与外部审计师的合作将提高监管的有效性；监管者和外部审计师关注的内容互为补充，如监管者关于银行"稳定性"的观点是对审计师"可持续性"观点的补充；外部审计师的早期预警职能应当放在监管者采取预防措施的总体框架中。在许多领域，监管者和外部审计师的工作是可以相互促进的。监管者通过现场检查、与管理层进行会谈或其他与银行的沟通等方式获得的信息，有助于外部审计师深入地了解银行的情况。在那些外部审计师与监管当局有密切联系的国家，外部审计师经常被要求就内审部门的工作质量和运作情况发表看法。同理，管理建议书和其他报告能帮助监管者深入了解银行内部控制体系。外部审计师可以获知一些重要信息，这些信息可能与监管者有关，或者要求监管者采取紧急行动，如未满足银行准入要求的信息；决策体内部的严重冲突或重要部门管理人员的意外离职；严重违背法律法规或银行章程、审计章程或条例的信息；审计师辞职的意向或审计师的调动情况；银行业务风险的严重恶化以及产生潜在风险。巴塞尔银行监管委员会《有效银行监管核心原则》（2006年版）第22条（"BCP22"）附加条款2规定："外部审计人员应向监管部门报告重要材料。"

2001年，巴塞尔银行监管委员会和国际会计师联合会（IFAC）的国际审计实务委员会[IAPC，国际审计与鉴证准则委员会（IAASB）的前身]发布了国际审计实务公告

(IAPS) 1004 号《银行监管者与外部审计师的关系》，认为注册会计师与银行监管机构对有关事项关注的角度可能存在差异，但可以相互补充。如果银行监管机构对商业银行出具了监管报告，注册会计师应当考虑向商业银行获取该报告。涉及治理层责任的事项可能为银行监管机构所关注，特别是那些需要银行监管机构采取紧急措施的事项。如果法律法规要求直接与银行监管机构沟通，注册会计师应当及时就这些事项与银行监管机构沟通。如果法律法规没有要求直接与银行监管机构沟通，注册会计师应当提请管理层或治理层与银行监管机构沟通。如果管理层或治理层没有及时与银行监管机构沟通，注册会计师应当征询法律顾问的意见，考虑是否有必要直接与银行监管机构沟通。注册会计师应当予以关注并需要提请银行监管机构采取紧急措施的事项主要包括：

(1) 显示商业银行未能满足某项银行许可要求的信息；
(2) 商业银行决策机构内部发生严重冲突或关键职能部门经理突然离职；
(3) 显示商业银行可能严重违反法律法规、银行章程、规章或行业规范的信息；
(4) 注册会计师拟辞聘或被解聘；
(5) 银行经营风险的重大不利变化及影响未来经营的潜在风险。

为此，各国当局在审计机构与银行监管部门之间建立了不同形式的对话机制。但危机中的情况表明，由于缺乏有效的约束机制，审计机构和银行监管部门之间的对话机制在危机前就已失效。当重要问题发生时，外部审计人员很少主动向监管部门报告，监管部门因此缺乏足够的信息采取干预措施。

第四章 改进银行审计的国际经验

金融危机后,国际社会对金融监管理念、方式和实践进行了深刻反思,包括金融稳定理事会(FSB)、欧盟、英国、美国等国家和地区的外部审计监管机构均对金融企业外部审计功能失效进行深入分析,之后积极采取措施弥补金融企业外部审计存在的缺陷和不足,并推动银行监管与外部审计机构的交流和对话机制,努力提升银行外部审计在维护金融稳定方面的积极作用。

一、金融稳定理事会

金融危机之后,金融稳定理事会对银行外部审计的作用进行了反思,在FSB于2010年11月发布的 *Intensity and Effectiveness of SIFI Supervision: Recommendations for Enhanced Supervision* 中提出以下建议:在《有效监管核心原则》第22条"会计与披露"中,考虑是否将补充标准2——外部审计师向监管者报告重要事项的职责上升为必要标准。各国银行监管当局应向系统重要性银行的外部审计师的领导发函提出对外部审计师的期望,并应定期与外部审计机构的监管者接触以交流经验和表示关切。

在FSB于2011年发布的 *Intensity and Effectiveness of SIFI Supervision: Progress Report on Implementing the Recommendations on Enhanced Supervision* 中,报告对2010年报告进展情况进行了跟踪调查,认为在加强监管方面银行监管者和外部审计师可以互相利用各自的知识来更加积极地识别系统重要性银行风险,重点是如何将两者关系变得更加有效。根据各方讨论,FSB建议巴塞尔银行监管委员会根据最近的经验来审视2008年《外部审计质量与银行监管》报告,以增强监管者对审计质量的信心,因为审计质量仍然是有效银行监管的关键因素之一。为了鼓励国际会计公司提高审计控制,便于监管者与审计公司之间建立更加有意义的对话机制,银行监管者还应与证券监管者和审计监管者加强合作。报告在加强银行监管面临的挑战部分提到了外部审计,外部审计不仅在评估估值恰当性中发挥作用,而且有助于强化银行内部控制和公司治理,但是金融危机表明外部审计辜负了监管者的期望。监管者普遍感到他们本应该能够与外部审计师进行更加深入的对话,审计师应向监管者报告更多事项。在许多地区,审计师没有法律义务向监管者正式报告,而非正式的报告可能会与审计师的法律义务相冲突。目前,改善监管者与审计师关系的工作正在进行,几个地区已经发布了监管者与审计师关系的行为法规。同时,审计独立性的重要性被着重强调,因为独立性是职业怀疑的基础。为了提高独立性,一些地区已经要求审计合伙人在一定年限内轮换,尽管会产生一些摩擦,但轮换被认为有利于缓解利益冲突,而且还有利于对银行财务和风险报告内部控制进行全新评估。监管者提到四大会计师事务所的重要地位，表达了对四大垄断系统重要性银行审计的担忧，即对系统重要性银行审计服务高集中度问题的担忧。

在 FSB 于 2011 年 3 月召开的会议上，世界银行和欧盟委员会提交的两封信中要求 FSB 将外部审计工作包含在其工作计划中。世界银行和欧盟委员会强调了金融危机背景下外部审计工作的重要性，信中提出了两套议题：一是是否吸取金融危机的教训来提升外部审计在维护金融稳定中的功能和效用；二是 FSB 是否可以在这方面发挥作用。世界银行提议考虑到 FSB 的法定职责及其理事会和跨地区的成员构成，在检查外部审计在促进金融稳定中的作用方面，FSB 是最恰当的国际组织。

在 2012 年 1 月 10 日的全体会议上，FSB 会议强调了提升外部审计向金融机构监管当局提供信息的作用，以及金融机构外部审计监管有效性的重要性。考虑到金融市场、金融机构和审计公司的全球性特征，在继续提高审计质量的同时，推动外部审计实践和要求在全球范围内更高层次的一致性将至关重要。FSB 鼓励在以下方面开展工作。

（1）改进外部审计师向金融机构（包括系统重要性金融机构，SIFIS）审慎监管者报告的信息。FSB 将为巴塞尔委员会外部审计监管政策文件提供信息。

（2）增强审计监管的有效性，尤其是对金融机构外部审计监管的有效性，提升审计质量。FSB 要求国际独立审计监管者论坛（IFIAR）报告以下事项：①其成员在他们检查过程中发现的与金融机构外部审计相关的挑战和问题；②IFIAR 成员对这些问题采取的应对措施，包括外部审计公司的措施；③成员国审计监管者和审计师进一步强化金融机构外部审计监管可能采取的相关措施建议。

FSB 也认可其他正在进行的完善审计操作与审计准则的相关工作，鼓励 IAASB 和其他国家审计准则制定者完善审计师提供给投资者和其他财务报告使用者相关信息的准则，在不同地区征求意见稿中提出的方法各不相同，这需要高质量的准则来提高审计操作的一致性。FSB 将继续支持准则制定者与监管者、投资者、市场监管者、审慎监管者、金融机构和审计公司在提高外部审计质量和提高其在金融稳定中的贡献度方面的对话。

在 2015 年会议上，FSB 强调 G-SIBs 审计质量变得更加重要，因为随着 IASB 和 FASB 预期损失模型即将实施，审计质量将面临挑战。审计公司应继续查找审计问题的根源并提出解决方案，提高审计质量。审计公司的高级合伙人达成一致，系统重要性金融机构和全球系统重要性银行审计质量在 2015 年底应有一个实质性的提升，以期 IFIAR 在 2017 年的调查结果能够达到一个满意的水平。

二、国际独立审计监管者论坛（IFIAR）的调查

2006 年 9 月，在金融稳定论坛的支持下，世界 44 个国家独立于审计职业的审计监管机构联合组成了独立审计监管机构国际论坛，以促进不同国家审计监管机构之间的沟通，提高外部审计监管的全球一致性。2012 年 6 月，IFIAR 成员国开展了审计调查，以发现全球金融审计共同存在的问题，也是为了满足 FSB 要求获取金融机构外部审计存在的挑战和问题、针对这些问题作出的应对，以及未来审计监管者和审计师提升审计质量的建议的需要。此后，IFIAR 每年开展一次这样的调查。

(一) 第一次调查

此次调查对 IFIAR 的 24 个成员国的 961 家公众公司的 98 家审计公司的审计工作进行了调查，对 108 家金融机构的 28 家审计公司的审计约定进行了检查，并对 23 个成员国的 109 家审计公司的内部质量控制进行了检查。调查主要集中在以下几个方面：

(1) 上市公司审计问题。在上市公司审计检查中发现出现问题最多的领域依次是公允价值计量、内部控制测试、质量控制评估、评估与监管的充足性、财务报告与披露的充足性、收入确认、实质性分析程序、集团审计、存货、关联交易、贷款损失与贷款减值准备的审计、专家的利用、持续经营。

(2) 系统重要性和全球系统重要性金融机构审计问题。存在问题最多的领域依次是：内控测试、投资与证券估值、贷款损失和贷款减值准备审计、对管理层判断和评估的挑战与检验不充分、客户存款与贷款的测试、审计方法体系包括的程序和工具、财务报告与披露的充分性、集团审计。

(3) 职业怀疑。经调查发现，审计师缺乏职业怀疑是导致审计存在上述问题的一个可能的原因。

(4) 对审计公司质量控制系统的检查。根据 IAASB 审计质量控制国际准则中所规定的六要素，检查发现问题按频率依次为：审计表现（engagement performance）、人力资源、独立性和职业道德要求、客户风险评估、承接与续聘、审计监督、审计质量的领导责任。

调查的几个问题是：

(1) 上市公司审计中面临最大的挑战和审计质量问题是什么？

回答最多的答案有：审计师缺乏职业怀疑，过度依赖管理者和审计师自己的专家；在作出审计判断时没有获取足够的审计证据；没有充分执行审计质量评估程序，包括缺乏审计质量评估技术。

(2) 审计公司采取了何种措施来应对这些挑战和问题？

多数回答是审计公司已经采取措施修订审计方法体系，进行审计培训，提高审计内控评估程序，将审计发现告知审计公司领导和员工。

(3) 审计公司针对所审计的上市公众利益公司采取了特殊的质量控制措施吗？

针对系统重要性银行，一些审计公司已经对它们审计质量控制评估流程进行了重组，以覆盖技术团队和高级合伙人，完善了内部质量控制评估，进行了培训、修改了审计方法体系，或者根据审计的经验和行业特长重新安排了合伙人和工作人员。

(4) 成员国采取了何种措施来提高审计质量？

多数采取的措施是向特定审计公司发布检查报告和关键信息，并建议提出补救措施以提高审计质量。一个成员国对问题的根源进行了分析，并鼓励审计公司设计和实施根源调查，以对审计不足的根源有更深刻的理解。一些成员国提出了三个到五个提高审计质量的建议，确保审计公司采取了补救计划来实施这些建议。许多成员国还强调了审计公司领导在质量控制中的个人责任，鼓励审计公司提高对高风险审计的审计质量控制评估时间，在公司管理中及时对相关问题予以解决。一些成员国还鼓励审计公司在审计质量和合伙人评估和报酬计划之间建立关联。一些成员国还定期与 GPPC 公司的领导层进行会谈来讨论审计重要问题、会计和监管议题、审计检查发现，包括与公司技术领导考虑正在出现的会计问题。

一些成员国还进行了跨部门分析，与其他监管组织合作，将审计检查计划集中于审计公司的重大问题，其他一些成员国与国内外准则制定者合作来提高审计和职业道德水准。有的还进行教育强调审计质量的重要性。

（5）在审计质量提高方面最有必要的改变是什么？

多数成员国认为需要审计公司在高层建立和维持正确的声音，调整经营模式来关注审计质量，鼓励审计合伙人保持更多的职业怀疑。

调查结论： 尽管成员国的调查显示审计公司已经采取了补救措施来应对审计中发现的问题，但调查显示审计师仍然需要提高对上市公司和大型金融机构的审计质量，需要继续完善审计技术、审计监管政策和程序。这些问题在每年的检查中都存在，这说明审计公司应该采取措施进行根源分析，以掌握这些问题的潜在影响因素，并采取措施来纠正不足。

（二）第二次调查

2014年4月，IFIAR公布了2013年审计调查结果，发现成员国在审计方面存在的会对审计质量产生的影响的重要方面。2013年的调查与2012年调查在内容和方法上类似，调查了上市公众利益公司（PIEs）、系统重要性金融机构（SIFIs）和全球系统重要性银行（G-SIB）审计质量控制的内控体系，调查结果也基本相似。

上市PIEs审计存在的问题主要还是公允价值计量、内控测试、财务报告和披露的充分性，另外增加了审计委员会交流、舞弊程序和风险评估的问题。SIFIs和G-SIBs审计主要问题集中于减值损失和减值准备的审计、内控测试和投资和证券估值的审计，另外新增了审计委员会交流、专家和专业人士工作的利用、实质性分析程序、舞弊程序、风险评估。质量控制系统检查发现的问题与2012年相同，主要存在于审计安排、人力资源、独立性和道德要求。

调查结果的重复性表明，审计公司应采取措施进行问题的根源分析，以更清晰地掌握这些问题的潜在原因，并采取恰当的补救措施。调查结果的重复性也支持了IFIAR和各国监管当局采取措施提高审计质量的重要性。两次调查结果也明确了审计公司需要采取进一步措施以实质性提升审计质量，IFIAR成员国需要采取措施应对发现的问题。审计公司需要提高审计质量，继续提高审计技术和审计监督程序和流程，需要进一步开展问题根源分析，分析潜在的原因，采取必要的措施来解决存在的问题。

三、巴塞尔银行监管委员会（BCBS）的经验

（一）《有效银行监管核心原则》对提高银行外部审计管理的要求

在2010年11月G20首尔峰会上，金融稳定理事会要求有效银行监管核心原则对银行、证券和保险业监管的核心原则进行修订。2012年9月，巴塞尔银行监管委员会经17次国际银行监管者大会审议通过后正式发布了第三版《有效银行监管核心原则2012》，新核心原则在第27项原则"财务报告和外部审计中对银行外部审计"上提出了更高的监管要

求,尤其是将《有效银行监管核心原则 2006》关于监管机构与外部审计定期会晤、外部审计有责任向监管机构报告重大问题、要求银行经常轮换外部审计师的要求由附加标准(Additional Criterial)提升为必要标准(Essential Criteria)。具体如表 1 所示。

表 1 新旧有效银行监管核心原则(外部审计部分)比较

《有效银行监管核心原则 2006》——原则 22 号:会计处理和披露(外部审计部分)		《有效银行监管核心原则 2012》——原则 27 号:财务报告与外部审计(外部审计部分)	
必要标准 2	监管机构有权要求银行管理层和董事会负责确保每年公布的财务报表经过适当的外部审计并签署意见	必要标准 2	监管机构要求银行董事会和管理层确保每年公布的财务报表由独立的外部审计师签署意见,其审计遵循国际公认的审计标准和实践
必要标准 4	法律法规或监管部门有权在适当情况下对银行外部审计的范围和实施外部审计的标准做出规定	必要标准 4	法律法规或监管机构有权规定银行外部审计范围和实施标准。**这要求外部审计师根据风险状况和重要性来规划和实施外部审计**
必要标准 5	监管指引或当地的审计标准规定,审计内容应包括所有贷款、贷款损失准备金、不良资产、资产估值、交易和其他证券业务、衍生产品业务、资产证券化业务,以及财务报告内控的充分性等	必要标准 5	监管指引或当地的审计标准规定,审计内容应包括所有贷款、贷款损失准备金、不良资产、资产估值、交易和其他证券业务、衍生产品业务、资产证券化业务、对表外工具的并表和其他处理方式以及财务报告内控的充分性等
必要标准 6	如果监管机构认为银行聘任的外部审计师专业性不够、独立性不够、不受职业标准规范或未遵守规定的职业标准,则有权否决和撤销该项聘任	必要标准 6	如果监管机构认为银行聘任的外部审计师专业性不够、独立性不够、不受职业标准规范或未遵守规定的职业标准,则有权否决和撤销该项聘任
必要标准 7	财务报表应按照国际上普遍认可的审计做法和标准进行审计		
附加标准 1	监管机构与外部审计机构定期会晤,讨论在银行经营方面共同关心的问题	必要标准 8	监管机构与外部审计机构定期会晤,讨论在银行经营方面共同关心的问题
附加标准 2	无论监管机构是否是出于监管目的使用外部审计信息,外部审计都有责任向监管机构报告重要问题。例如银行未能符合发照标准、违反银行法或其他法律,以及外部审计认为有可能对监管有实质性影响的问题。法律法规确保外部审计为履职报告这类信息时,不承担违反保密义务的责任	必要标准 9	监管机构要求银行外部审计师直接或通过银行向其报告重要问题,例如银行未能符合发照标准、违反银行法或其他法律、**银行财务报告程序中存在的重大缺陷与控制薄弱环节**,以及外部审计认为有可能对监管有实质性影响的问题。法律法规确保外部审计因忠实履职而提供上述报告时,能免于承担违反保密义务的责任
附加标准 3	法律法规或监管机构要求银行经常轮换外部审计(事务所或事务所的审计人员)	必要标准 7	监管机构确定银行经常轮换外部审计

(二)发布新的银行外部审计监管指引

巴塞尔银行监管委员会银行外部审计监管政策继续演进。巴塞尔银行监管委员会在 1997 年的《有效银行监管核心原则》中就提出了审计的重要性。随着银行业的不断发展,监管部门和外部审计师之间在外部审计质量上具有越来越多的共同利益,于是在 2002 年 1 月,BCBS 与国际审计实务委员会[IAPC,国际审计与鉴证准则委员会(IAASB)的前身]联合发布了《银行监管者与银行外部审计师之间的关系》。文件论述了银行董事会和管理层的职责、外部审计师和银行监管部门的角色,以及外部审计师与银行监管部门之间的关系，强调银行治理层的责任，同时强调银行监管部门与外部审计师沟通的重要性和必要性。它的不足之处在于：尚未建立起以审计委员会为主的银行外审监督体系，没有明确银行在外部审计中应当承担的职责，缺乏可操作性；没有结合银行审计特点描述外部审计师角色，缺乏差异性；对银行监管部门角色的描述基本上与提高外部审计质量没有直接关系；忽略了与会计、审计准则制定机构的合作，以及与审计监督机构的合作。

2002年以后，监管部门对外部审计的依赖在不断增加。与此同时，审计失败案例频现、大型会计师事务所业务的全球化扩张以及越来越复杂的会计准则和金融工具使得监管部门对这种依赖的担心也与日俱增。到了2008年，金融危机愈演愈烈，公允价值估值带来的挑战不断凸显出高质量外部审计的重要性。在此背景下，巴塞尔委员会于2008年12月发布了《外部审计质量与银行监管》，提出了对银行业外部审计质量与银行业监管之间关系的新认识，并以此为出发点全面拓展BCBS与其他机构在准则制定、审计监督等领域的合作，推动审计机构之间合作和对话，并提出了对《银行监管者与银行外部审计师之间的关系》（2002）进行修改和更新的需求。在《银行监管者与银行外部审计师之间的关系》（2002）和《外部审计质量与银行监管》（2008）的基础之上，巴塞尔委员会开始推动制定外部审计监管指引。2014年3月，《银行外部审计指引》正式发布，前两份文件同时废止。

《银行外部审计指引》（2014）相对于前两份文件的改进在于：一是建立了以审计委员会为主的银行外部审计监督体系，要求银行通过这个体系对自身的外部审计进行监督，确保外部审计质量，明确了监督职责，提高了可操作性；二是结合商业银行的特有风险对外部审计师提出期望和建议；三是对《银行监管者与银行外部审计师之间的关系》（2002）的内容进行了精简，删去了占据大量篇幅的监管部门职责描述；四是要求建立银行监管部门和审计监督机构之间的对话，并指出信息交换的内容包括银行特定领域审计的有效性，审计监督机构在监督检查金融机构审计过程中发现的问题和应对措施，这对提高银行审计质量具有重要意义。

（三）《银行外部审计指引》（2014）要点

《银行外部审计指引》（2014）（以下简称《指引》）全文分为两个部分。第一部分提出了九条原则，分为两类：审计委员会监督外部审计职能的职责以及审慎监管部门与银行外部审计师和审计监督机构的关系。第一部分还提供了监管部门评价审计委员会监督和评估外审的有效性的框架，以及与外部审计师和审计监督机构建立有效关系的框架。第二部分提出了BCBS对提高银行外部审计质量的六条监管期望和建议，审计委员会可以据此履行监督和评估外部审计的职责，监管部门也可据此与外部审计师和审计监督机构进行沟通。

1. 审计委员会与外部审计有关的职责和与外部审计师的关系

一是提出了审计委员会监督银行外部审计的职责。审计委员会应当制定适当的程序和标准，批准或向董事会建议批准外部审计师的聘用、续约、解聘和报酬，定期评估外部审计师的知识、能力，还应当监督和评估外部审计师的独立性和有效性。巴塞尔银行监管委员会认为组织健全的审计委员会能够对审计质量发挥重要作用。

二是要求审计委员会与外部审计师保持沟通和联系。在银行的整个报告周期，双方都应该开展定期的对话，保持合作和质疑，以履行其监督职责并提高审计质量。审计委员会应当要求外部审计师向其报告重要事项,如审计中遇到的困难、存在显著重大错报风险的关键领域、发现的重要内部控制缺陷等。巴塞尔银行监管委员会还特意指出双方的沟通应当以书面形式沟通重大审计发现和重要事项,以便于监管部门查阅沟通情况。

2. 监管部门与外部审计师的关系

监管部门和外部审计师之间进行有效沟通有助于强化监管有效性,也有益于提高审计质量,对双方都有好处。文件提出了监管部门和外部审计师在被监管银行层面建立有效关系的沟通渠道、范围、内容,以及职责和义务(报告义务和保密义务),并指出各国监管部门可以通过发布监管指引来规定双方关系的范围和内容。在沟通方式上除了获取银行审计结果外,还应建立银行监管者与外部审计师之间直接的书面或口头沟通如双边、三边会议。在沟通的内容上,除了财务报告中重大错报的特别风险领域外,还包括银行利用会计准则监管套利行为、银行不客观的估值、内控流程的重大缺陷、违法违规行为、财务信息与监管信息的不一致。监管者还应当要求外部审计师将可能对监管职能具有重要意义的审计发现事项向其直接报告,具体情形增加了银行要求审计师修改其对财务报表意见的情形。银行监管部门与会计师事务所、会计职业界之间还应当就重要风险和系统性问题建立开放、及时和定期的沟通,并就适当的会计技术与审计问题定期交换观点。

3. 银行监管部门与审计监督机构的关系

银行监管部门和有关的审计监督机构在确保外部审计质量上具有重要的共同利益,因此应当开展有效的对话和合作,建立适当的合作和信息共享框架,这有助于识别和应对银行审计中的重要问题,并采取应对措施。《指引》指出,对话可以以正式或非正式的形式进行,定期举行,需要时也可即时召开会议;对话内容包括与银行监管部门特别相关的领域,如贷款损失准备,以及审计监督机构在监督检查金融机构审计过程中发现的问题或议题,以及审计监督机构应对这些问题的措施;银行监管机构还可以与审计监督机构讨论可能产生重大错报的特别风险和需要建立适当信息共享框架的领域,需要审计监督机构采取措施的事项。

4. 对外部审计师和财务报表外部审计的监管期望和建议

巴塞尔银行监管委员会认为,国际审计准则为保证审计质量和审计师针对财务报表发表恰当且独立的职业观点奠定了重要基础,但它是原则导向的,并没有特别针对银行外部审计。因此在指引第二部分,BCBS对银行外部审计提出了期望和建议,希望审计准则能够针对银行业的风险和问题在银行审计上做出恰当的调整。具体来说,该部分描述了BCBS对外部审计师的知识和能力、客观性和独立性、职业怀疑态度和审计质量控制的期望。此外,该部分强调了银行财务报表中经常出现显著重大错报风险的关键领域,并要求外部审计师对这些关键领域予以特别关注。这些领域包括而不限于贷款损失准备、金融工具的公允价值计量、负债(包括或有负债)、披露和持续经营的评估等。BCBS的《银行外部审计指引》主要内容如表2所示。

表 2 BCBS《银行外部审计指引》内容概览

原则/期望	分类	编号	内容
原则	审计委员会与外部审计有关的职责和与外部审计师的关系	原则 1	审计委员会应当建立有效的程序，以批准或建议批准外部审计师的聘用、续约、解聘和报酬
		原则 2	审计委员会应当监督和评估外部审计师的独立性
		原则 3	审计委员会应当监督和评估外部审计的有效性
		原则 4	审计委员会应当与外部审计师保持有效沟通，以履行其监督职责并提高审计质量
		原则 5	审计委员会应当要求外部审计师向其报告所有相关事项以履行其监督职责
	监管部门与外部审计师的关系	原则 6	监管部门应当与外部审计师建立有效的关系，包括建立适当的沟通渠道，对各自履行法定职责有关的信息进行交换
		原则 7	监管部门应当要求外部审计师将对监管履职可能具有重要意义的审计发现事项向其直接报告
	银行监管部门与审计监督机构的关系	原则 8	银行监管部门与会计师事务所、会计职业界之间应当就重要风险和系统性问题建立开放、及时和定期的沟通，并就适当的会计技术与审计问题定期交换观点
		原则 9	银行监管机构与相关审计监督机构之间应当建立定期有效的对话
期望	对外部审计师和财务报表外部审计的监管期望和建议	期望 1	银行外部审计师应当具备足够的银行业知识和胜任能力，以便恰当地应对财务报表中的重大错报风险，并且充分满足法定审计中可能附加的监管要求
		期望 2	银行外部审计师应当在实质上和形式上保持相对于银行的客观性和独立性
		期望 3	外部审计师在计划和实施银行审计时，应当保持职业怀疑态度，并考虑到银行审计的特殊挑战
		期望 4	承接银行审计业务的会计师事务所应当遵守适用的质量控制准则
		期望 5	银行外部审计师应当识别和评估财务报表重大错报风险，考虑银行业务的复杂性和内部控制环境的有效性
		期望 6	银行外部审计师应当恰当地应对银行财务报表的显著重大错报风险

四、国际审计与鉴证准则理事会（IAASB）

现行审计报告模式提供的是高度概括后的信息，而非具体审计信息，针对这一不足，国际以及一些国家准则制定机构和监管机构〔如 IAASB、美国公众公司会计监督委员会（PCAOB）、英国财务报告委员会（UKFRC）、欧洲委员会等〕都在着手改进审计报告模式，以增进审计报告的信息价值和审计工作的透明度，提升审计报告的质量，更充分地发挥审计在维护社会公众利益、促进金融秩序稳定方面的作用。自 2006 年起，IAASB 就开始对改进审计报告模式进行了跟踪研究，对审计报告改革路径进行了积极、审慎、循序渐进的探索。金融危机后，IAASB 于 2011 年 5 月发布了咨询文件《增强审计报告的价值：探索变革的途径》，寻求在审计报告改进方向上达成共识。2012 年 6 月，IAASB 就改进审计报告的方案征询公众意见，以进一步判断和明确审计报告的改革方向，同时召开圆桌会议，集中听取各方对改革方案的意见，并与各国准则制定机构和政策制定者进一步沟通意见。经过了广泛的调查研究,与全球范围的投资者、监管部门、审计监督机构、各国审计准则制定机构、审计师、财务报告编制人员等相关各方就如何改进审计报告准则进行了深入沟通后,IAASB 最终于 2015 年 1 月 15 日完成了对国际审计报告相关准则的改革,制定(修订)了以下国际审计准则(ISAs):①修订 ISA 700——对财务报表形成审计意见和出具审计报告;②制定 ISA 701——在独立审计师报告中披露关键审计事项,对关键审计事项的判断和沟通进行规范;③修订 ISA 705——在独立审计师报告中发表非无保留意见;④修订 ISA 706——在独立审计师报告中增加强调事项段和其他事项段;⑤修订 ISA 260——与治理层的沟通;⑥修订 ISA 570——持续经营;⑦修订 ISA 720——注册会计师对含有已审计财务报表的文件中的其他信息的责任;⑧因上述修订而对其他数项审计准则作出的符合性修订。在所做的多项改进中,最大的变化是要求审计师在为上市公司财务报表出具的审计报告中,就关键审计事项进行沟通。关键审计事项是审计师认为对财务报告使用者理解报告和审计工作至关重要的事项。审计师需要指出在审计中是如何处理这些事项的。这不仅会改变审计报告,还能够增加审计报告沟通信息的价值。再如,这次改革加强了审计师对被审计单位持续经营假设的关注,包括财务报表对持续经营的披露,以及在审计报告中增强审计师就持续经营所做审计工作的透明度。IAASB 认为,所做改进将能够重振审计工作,帮助审计师对其审计行为和沟通工作作出实质改进。待这些改革措施实施一段时间,审计师、监管部门、各国准则制定机构和报告使用者积累一定经验后,IAASB 有意开展后续审查,以了解本次改革措施是否达到初衷。

五、欧盟做法

(一) 反思绿皮书

2010 年 10 月 13 日,欧盟委员会发表题为《审计政策——危机的教训》的绿皮书,在金融市场改革的大背景下,反思金融危机中审计的不足之处,探讨如何对现行的审计制度安排进行改革,以进一步发挥审计师在促进金融稳定中的作用。该绿皮书指出,许多金融机构在 2007~2009 年因持有的表内外头寸而产生巨额损失,但一个值得思考的问题是,审计师为何对这些机构在此期间的财务报表发表了无保留审计意见。现在是探究审计师是否能够真正履行社会所赋予职责的时候了。欧盟提倡有必要进行全面的辩论,公开讨论审计的作用(包括审计师与利益相关者的交流、国际审计准则)、审计公司的治理与独立性、审计监管、审计市场集中度和市场结构、欧洲统一审计市场的建立、中小企业审计的简化、国际审计市场的合作等方面提出一系列的改革措施建议,并广泛征求各方意见。

(1) 在审计的作用方面。欧盟委员会认为,审计意见应关注"实质重于形式",确保不同地区监管框架之间不存在监管套利。欧盟委员会认可外部审计所获取的信息是有助于金融监管的,并鼓励加强审计与监管者的合作,希望审计集中于对资产负债表进行验证,确保实质重于形式。外部审计应从使用者的角度对管理者提出挑战,关键是对被审计主体实施职业怀疑,对财务报告中的关键披露部分实施职业怀疑。审计的沟通交流职责需要进行审视,以提高总体沟通水平,提高审计附加值。

（2）审计公司的治理与独立性。欧盟委员会希望增强法定审计的独立性，合理应对目前存在的由被审计单位聘任和支付审计费的利益冲突问题、审计轮换频率较低以及提供非审计服务。欧盟委员会正在考虑由第三方机构负责审计师的委任和报酬支付；考虑对外审机构和合伙人均进行法定轮换，为审计市场注入和保持客观性与活力；希望禁止外审机构为审计对象提供非审计服务，从而使审计师在被审计单位没有任何经济利益，提高外审机构的独立性。

（3）监管方面。对于特定的金融机构，根据欧盟法律审计师应当及时向监管者报告被审计单位存在的重大违法行为和影响持续经营的事项。投资公司的审计师被要求向监管者报告大量的事项。但对于危机中这些要求是否得到有效的执行，欧盟委员会没有获得相关信息。欧盟委员会考虑是否将大型或上市公司的审计师与监管者的交流明确为一项法律要求。

（4）审计市场的集中度。上市公司的审计已经被所谓的"四大"所垄断，在审计收费方面，欧盟大部分成员国中，"四大"在上市公司审计中的市场份额占到了90%，其他审计机构难以与"四大"竞争。如此高的集中度会导致系统风险的积聚，"四大"中一个倒闭就会导致使整个市场动荡。审计市场的过度集中使客户没有充分的选择空间。欧盟委员会正在考虑采取以下措施：一是联合审计。联合审计目前仅在法国实行，上市公司被要求聘任两个审计公司进行审计，分享审计工作、联合签署审计意见。该措施能够增强审计市场活力，使非"四大"的审计公司变成审计市场的参与者。为了鼓励中小审计公司的发展，欧盟委员会可能会以法律的形式要求大公司的审计必须采取联合审计的方式，至少有一个非系统重要的审计公司参与其中。联合审计的模式下，必须配套建立清晰的审计意见责任界限，以及不同审计意见的解决和披露机制。而且，联合审计的模式还能够缓解系统重要性审计公司失败产生的影响。当一个审计公司倒闭后，另一个审计公司可以确保审计的连续性。参考银行的做法，有序退出、生前遗嘱也可以参考。二是审计师的法定轮换。法定轮换不仅能够提高审计独立性，而且可以作为催化剂为审计市场引入更多的活力。审计轮换不仅包括审计公司的轮换，也包括合伙人的轮换。法定轮换需要配套审计投标中聘任审计师标准的全透明，审计质量和审计独立性是最关键的标准。三是解决"四大就是最好"的倾向。四是应急措施。欧盟委员会将与成员国、审计公司和其他利益相关者合作，考虑应急措施，能够在系统重要性审计公司倒闭后做出快速的反应，避免对审计服务造成的影响，预防市场风险的积聚。

（二）新欧盟审计法规

2014年4月3日，欧洲议会投票通过了新的欧盟审计法规与指导意见。新的提案包括多项建议，主要包括强制轮换公众利益实体的外部审计机构、限制提供非审计服务、增加审计报告的信息量等内容，堪称2002年《萨班斯—奥克斯利法案》后全球公司治理领域最严格的监管法规。

（1）审计收费。当审计公司过去连续三个财务年度从一家公众利益公司中收取的费用超过了审计师或审计公司所有收费收入的15%时，审计师或审计公司应向审计委员会披露这一情况，并与审计委员会考虑可能对审计独立性带来的威胁，确保审计独立性不受损害。审计委员会应考虑是否在审计报告发布之前，请其他审计师或审计公司进行审计质量评估。

如果审计师或审计公司从一家公众利益公司获取的审计费超过了全部收费的15%，审计委员会应客观判定该主体是否继续聘请该审计师或审计公司实施审计，继续审计不得超过两年。

（2）禁止非审计服务。负责公众利益公司审计的法定审计师或审计公司，或者其所在的审计网络，不能直接或间接向被审计主体或其母公司、所控制的实体提供任何被禁止的非审计服务，包括相关税务服务（准备纳税表、工资税、关税、公共补贴和税收激励），税收检查支持、计算直接或间接税、递延税，税收咨询，法律要求的除外；管理或决策服务；代为记账及编制财务报告；工资服务；设计和实施与财务信息相关的内部控制或风险管理程序，或设计和实施财务信息技术系统；估值服务包括精算服务或诉讼支持服务；法律服务：有关法律顾问、代表被审计单位谈判、诉讼解决中的辩护；被审计单位内部审计相关服务；融资、资本结构与分配、投资战略方面的服务；推广、交易及认购被审计单位股份；人力资源服务，包括对会计记账、报表编制相关的人力资源服务，包括寻找相关的候选人，或进行候选人相关背景调查；人事组织架构设计、成本控制。

（3）审计独立性评估。法定审计师或审计公司应每年以书面形式向审计委员会确认审计师、审计公司和其合伙人、高管人员、管理人员独立于被审计实体，与审计委员会讨论对审计独立性的威胁，以及采取的预防措施。

（4）违规现象。当审计师或审计公司怀疑或已经有足够理由怀疑财务报告可能会发生或已经发生违规（包括舞弊行为），应及时通知被审计主体，并要求进行调查，采取必要的措施处理违规，防止未来同样违规行为的再次发生。如果被审计主体没有调查违规行为，审计师或审计公司应及时通告监管当局调查此事。审计师或审计公司向监管部门报告并不构成对被审计公司的违约及违反信息披露的法律限制。

（5）审计质量审核。在被审计报告对外披露之前，应进行审计质量控制审核，以评估法定审计师或关键合伙人是否能够出具合理的审计意见和审计结论。审计质量控制审核应由不参与审计的审计师进行。

（6）审计报告。审计报告应补充披露以下信息：审计师或审计公司由谁委任；审计师或审计公司委任的时间、无中断审计的时间长度，包括过去更换和再次委任的审计师或审计公司；提供支持审计意见的信息：评估最重大的错报风险，包括由于舞弊产生的重大错报风险，审计师对这些风险如何应对，关于这些风险最重要的观察；解释审计在何种程度上能够发现违规，包括舞弊；确认审计意见与向审计委员会提供的补充报告一致；声明没有提供被禁止的非审计服务，审计师或审计公司在审计时仍持独立性。此外，审计师或审计公司不能以暗示性或建议审计报告已经得到了监管部门认可或批准的方式提及任何监管部门的名字。

（7）向审计委员会的补充报告。法定审计师或审计公司最晚在审计报告提交之前向审计委员会提交补充报告。成员国可以要求补充要求该报告报送被审计主体的管理或监管部门。补充审计报告内容至少包括：独立性声明；确认参与审计的所有合伙人；审计过程中利用了其他审计师或审计公司工作的，审计报告中应提及该事项并确认收到其他审计师或审计公司关于独立性的确认函；描述与审计委员会、被审计企业的管理者或监管者进行沟通的性质、频率和内容；审计时间和范围的描述；当两个或以上审计师或审计公司进行审计的，描述各自的任务分工；描述哪些资产负债项目进行了直接验证，哪些通过系统和符合性测试进行验证，并解释相对以前年度验证方法变化的原因；描述审计中财务报告整体运用的重要性水平，特定类别交易、会计科目或披露的重要性水平，披露在设定重要性水平时考虑的定性因素；报告和解释审计过程中可能引起对被审计主体持续经营产生重大怀疑的有关事项或条件的判断，是否构成了重大不确定性，当进行持续经营评估时提供所有担保、保证书、公共干预的事业和其他支持性措施的总结性报告；报告被审计主体的重大不足，或在合并报表层面，母公司内部财务控制系统或会计系统的不足，对于每一个重大不足，补充报告应陈述所提的不足是否已经由管理层解决；报告审计过程中发现的任何涉及事实已经或怀疑违法违规的重大事项，应考虑这些事项属于审计委员会的职责范围；报告和评估年度或合并财务报告中使用的各类估值方法，包括估值方法变化所带来的影响。合并财务报告法定审计时，解释合并的范围和例外的标准，这些标准是否得到有效贯彻；确认合并财务报告审计中涉及的第三国审计。被审计主体是否提供所有的解释和文件；报告审计过程中遇到的任何重大困难；审计中讨论的重大事项或者与管理层交流的主要问题；根据审计师执业判断认为对财务报告编制过程有效监督具有重要影响的事项。如果有两家以上的审计师或审计公司审计，它们之间在审计程序、会计规则或其他审计行为方面存在分歧的，应向审计委员会报告分歧的原因。给审计委员会的补充报告应签字。

（8）向监管者的报告。公众利益公司的法定审计师或审计公司有责任快速向监管当局报告报告以下信息：重大违法、违规、违章行为；重大威胁或对公众利益公司持续运行产生的怀疑；拒绝发表审计意见或发表负面或保留意见的情况。当与公众利益公司有密切联系的公司存在上述情况时，审计师或审计公司也有义务向监管部门报告。

信贷机构和保险机构的监管部门与审计师及审计公司之间应建立起有效的对话。双方应共同承担起遵守该规定的责任。

欧洲系统风险委员会（ESRB）和CEAOB应至少每年与审计欧盟范围及国际认定的全球系统重要性银行的法定审计师、审计公司或审计网络召开一次会议，以向ESRB通报这些系统重要性金融机构的重大进展情况。为了实现双方的对话，欧盟监管机构EAB、EIOPA应考虑现行的监管政策，发布指引指导监管者监管信用机构和保险机构。审计师、审计公司或审计网络向监管部门披露前述的信息不构成违反合同约定或信息披露法律限制。

（9）审计任期。公众利益公司至少每年重新委任审计师或审计公司，委任可以连续。无论是委任特定审计师或审计公司，还是两者皆有，连续聘任的时间都不应超过10年。最大连续审计年限到期后，审计师或审计公司以及审计网络联盟中的任何成员在未来4年内都不能对该公共利益主体提供审计服务。欧盟成员国可以将最长审计年限延长至：①20年，条件是采取公开招投标确定审计师；②24年，适用于两个以上审计师或审计公司联合审计。最长审计年限的延长需要审计委员会、监管主体向股东大会提议并得到批准。最长审计年限结束后，公众利益主体可以向监管部门提出再次聘任审计师或审计公司的要求，满足适用20年或24年条件的，可以继续聘任，但不得超过2年。

负责法定审计的关键合伙人连续审计的时间不能超过7年，该合伙人停止审计至少3年后才可以重新对该公众利益公司进行审计。

法定审计师或审计公司应对最资深的人员建立适当的逐步轮换机制，该轮换机制是以个人为基础，而不是以整个审计团队为基础。

（10）对审计质量和市场竞争的监督。监管者和欧洲竞争网络（ECN）应定期监督为公众利益公司提供审计服务的市场发展情况，应特别评估以下内容：①审计师或审计公司审计缺陷高发的风险，包括一家审计公司网络内可能会导致审计公司倒闭的系统性缺陷，特定部门或跨部门审计服务条款的破坏，进而审计缺陷风险的积聚及其对整个金融部门稳定的影响；②市场集中度水平，包括特定部门的审计集中度水平；③审计委员会作用的发挥；④采取措施化解风险的需求。从2016年6月17日开始，每个监管部门和ECN至少每三年报告一次公众利益公司审计市场的发展，并提交给CEAOB、ESMA、EBA、EIOPA和欧盟委员会。欧盟委员会根据这些报告形成欧盟层面的联合报告报送欧洲理事会、欧洲央行和欧洲系统性风险理事会，甚至报送给欧洲议会。

六、美国

（一）审计独立性措施

自2001年以来，从安然破产到世界通信舞弊；从环球电信到施乐公司的虚假信息，这些公司财务欺诈案件使投资者蒙受了巨大的损失，审计人员独立性的丧失被认为是这一系列公司欺诈案件最大的元凶之一。为了挽回广大投资者对美国证券市场的信心，美国政府提出了一系列改革的建议。美国国会于2002年7月底通过了《萨班斯—奥克斯利法案》（Sarbanes-Oxley Act of 2002）。该法案第203条规定：负责某公司审计项目的合伙人或负责复核该审计项目的合伙人须以5年为限进行轮换，间隔5年后这些合伙人可以重新为该客户提供服务；其他审计项目的合伙人和审计小组重要成员轮换期为7年，间隔2年后可重新为客户提供服务；前审计小组成员必须在1年以后才能在他的前审计客户中担任会计或财务监管的职务。虽然《萨班斯—奥克斯利法案》没有对会计师事务所的强制轮换做出规定，但是美国国会已要求国家会计总署（General Accounting Office）针对事务所强制轮换制度可能对上市公司带来的潜在影响进行研究。研究表明，事务所强制轮换会为上市公司带来额外的财务成本，而且新的会计师事务所没有前任事务所积累下来的关于上市公司内部制度方面的资料，因而会计师事务所强制轮换制度并不是增强审计独立性进而提高审计质量的有效政策。此外，在美国SEC 2013年颁布的审计师独立性要求中还对非审计服务提出了要求，"除非审计人员提供的审计服务和非审计服务事先征得了审计委员会的同意，否则审计人员将被认为是不独立的"。

PCAOB于2011年8月16日发布《审计独立性与会计师事务所强制轮换概念公告》（以下简称《概念公告》），以实施会计师事务所强制轮换制为重点，针对提高审计独立性向社会各界征求意见。本次征求意见的问题没有简单停留在强制轮换的意义层面，而是围绕实施该制度的具体问题展开讨论。根据问题的范围和性质，可分为三类：一是实施强制轮换制的一般性问题，包括作用、利弊和适当性；二是与制定强制轮换规则相关的问题，包括任期时间、适用范围和实施过程；三是提高审计独立性方法的其他建议。

各方一致肯定了PCAOB对提高审计独立性的重视，但对于实施轮换的预期效果存在一定的分歧。任期时间层面的问题包括：适当的审计期限长度是多少（PCAOB希望围绕10年或更长期限征求意见），是否对不同类型的审计业务采取不同的审计任期，事务所在轮岗后多久可以重回原来的审计业务（限制期）等。对此类问题的反馈意见，各方存在争议。以企业为主的反馈方认为5年是比较合适的任期时间，且任期时间不应因不同类型的审计业务而存在差异。大多数事务所及相关机构认为由于存在2~3年的"学习曲线"，审计任期时间应不低于10年。关于"限制期"，大多数反馈方认为应根据审计任期时间而定。

PCAOB提出了"意见收买"现象。现存的两个观点：一是担心事务所会因实施轮换而加强对目标客户的迎合；二是认为实施轮换制后，会因为将切断事务所与客户的长期合作而缓解该现象。从意见反馈的情况看，大多数企业认为，通过轮换可以减少"意见收买"现象的发生，因为事务所意识到其客户关系并非无限期，并且审计工作底稿将被后任事务所复核。

从意见反馈的情况看，大型事务所反对强制性定期重新招标，认为它不仅具有与强制轮换制相同的弊端，而且大幅增加了事务所的营销成本，因为它强化了"审计是商品"的观念。联合审计也同样不受事务所欢迎，因为多方沟通会造成低效劳动。同时，反对方一致建议PCAOB应当考虑在其现有职权范围内寻找实施方案，且应最大限度发挥企业内部审计委员会的职能，而不是一味强调通过外部审计提高审计质量，并提出可以通过人力资源培训来逐步培养审计人员的职业判断能力和道德水准，以从根本上解决审计独立性问题。

从目前情况看，作为审计监管机构的PCAOB为推动审计机构独立性所付出的3年努力已付诸东流了。在为审计机构轮换定规建制进行努力的3年后，PCAOB不得不接受"完败"这样一个残酷的现实。PCAOB提出的审计机构轮换制的设想遭遇的强烈抵制是其始料未及的。众议院于2013年通过了一项险些对《萨班斯—奥克斯利法案》进行修订的法案，而该法案的目的就是禁止PCAOB要求上市公司聘用特定的审计机构为其提供服务或者是按照轮换制的要求每隔几年聘用不同的审计机构为其提供服务。

（二）审计报告

金融危机后，美国投资者对金融机构在经济危机前披露不足的沮丧转化为对现行审计报告模式的不满。对于最终触发金融危机的风险，投资者本应得到警示。这种感觉重新点燃了对现行审计意见郁积已久的不满。2008年，美国财政部审计职业咨询委员会（Advisory Committee on the Auditing Profession，ACAP）建议美国公众公司会计监管委员会（Public Company Accounting Oversight Board，PCAOB）启动一项准则制定工作，改进审计报告模式。2011年6月和美国公众公司会计监督委员会（PCAOB）发布了《财务报表审计报告准则的可能修订的概念公告》，建议扩展标准审计报告，旨在增加审计报告的相关性、价值和透明度。该概念公告列举了改变审计报告模式的多项备选方案，并就这些方案向公众征求意见。同时，该概念公告也欢迎公众提出其他能够为投资者展现更为透明的审计程序、更加深入的公司财务报表信息以及财务报表之外的其他信息的方案。概念公告中所举的备选方案包括：①审计人员讨论和分析；②强制使用与拓展强调事项段；③审计人员对财务报表以外的其他信息进行鉴证；④明确标准审计报告的用语。

2013 年 8 月 13 日，经过慎重的考量，PCAOB 发布了扩展审计师报告披露信息的首份建议。虽然 PCAOB 的首份建议仍将保留出具无保留意见/非无保留意见的模式，但是将进一步要求审计师在审计报告中披露关键审计事项（Critical Audit Matters，CAMs）。PCAOB 对 CAMs 的定义为，在对财务报告收集证据或形成审计意见过程中，那些"涉及最困难的、最具有主观性的或者最复杂的审计判断，或者给审计师带来最多障碍"的事项。

（三）审计监管与信息沟通

在美国金融危机之前，美国商业银行检查手册（Commercial Bank Examination Manual）已经对商业银行外部审计以及审计与监管者［包括美联储（FRB）、联邦储备保险公司（FDIC）、美国货币监理署（OCC）等］的信息沟通进行了详细的规定，总的来看具有以下几个方面的特点：一是银行审计委员会重视外部审计的监督作用，对审计质量的主动管理意愿更强，每年会根据银行风险活动情况和潜在的收益来评估和确定银行需要的银行外部审计程序范围（财务报告审计或内控审计），还可以进行特定的审计确保覆盖高风险或高度关注的领域。为了确保审计质量，审计委员会会评估审计独立性，询问管理层对会计问题的观点，监督监管报告的编报流程等。二是银行监管部门对外部审计有监督职责。对外部审计流程进行评估是银行监管流程的一个重要组成部分，监管人员会根据职业判断对外部审计的充分性进行评估，评估的内容包括：董事会或审计委员会是否每年充分评估和批准审计流程政策；审计流程是否充分；审计委托所覆盖的事项是否充分、审计报告能够充分解释审计发现的问题；外部审计师是否能够保持充分的独立性；董事会是否对审计师的经验、专业胜任能力和独立性进行了应有的考核；董事会或审计委员会会议纪要是否包括了审计批准、监督和审计时间安排，以及与管理层讨论审计报告并及时采取措施应对审计发现和审计建议。监管者仅在极特殊情况下才对审计师的胜任能力和独立性进行评估，如审计已经开始后发生了审计师变更，或者监管人员发现审计师在银行有直接经济利益、相当于银行的管理层、完全或部分参与银行记账或记录、在银行有禁止的贷款项目。三是审计师能获取更多监管信息。首先，银行管理层应允许审计师接触到所有的监管报告、书面交流信息，提供所有理解备忘录、书面协议、管理命令或监管当局发出的行动报告。其次，美国审计准则（GAAS）要求审计师可以在审计过程中将监管者作为审计证据信息的来源之一，审计师可以交流或问询监管部门相关信息。此外，美联储也鼓励审计师参加监管检查结束会议或监管者与银行之间关于检查发现问题的会议，银行有责任及时将会议时间通知审计师。被审计银行的审计师也可以主动要求在监管检查过程中或结束时与监管者召开会议获取相关检查信息，特殊情况下可以要求管理层不参加会议。四是监管者可以要求银行就其关心的问题聘请审计师进行专项审计，具体问题包括内部控制不完善、董事会不了解内控、内部舞弊证据、已知或怀疑存在贪污挪用公款、已知或怀疑存在犯罪行为、董事可能存在损失负债、需要对贷款或存款进行验证、关联企业有问题的交易、完善外部审计流程的需要。监管当局也可以要求金融机构提供外部审计师发布的各种报告，也可以要求银行在审计师披露审计发现问题的会议之前通知监管当局。

七、英国

(一) 完善审计报告

在英国 FRC（Financial Reporting Council）是负责推动完善公司治理和报告制度、推动投资的独立监管机构，通过制定英国公司治理法案来实施高质量的公司治理标准，制定公司报告、审计和保险准则，监督和实施会计和审计准则，监督审计职业和职业会计团体的监管活动，对涉及会计和保险的公共利益事项实施独立的政策安排。

在金融危机发生之前，FRC 已经开始着手提升审计质量的工作，2007 年 FRC 发布了一个《审计报告：改变的时刻?》（The Auditor's Report: A Time for Change）的讨论稿，其中提出了大量的选择方案。根据该讨论稿，FRC 要求审计报告中明确报告例外的事项，要求审计报告中描述这些事项，甚至还要求审计报告更加精准地描述审计的范围。第二阶段的改革是研究如何让审计报告更加具有信息含量。根据反馈意见的情况，FRC 认为审计准则不应阻止审计师在审计报告中包含补充的声明，以强调有助于理解审计工作的事项，但是这并没有刺激审计师在审计报告中增加补充的声明。

2008 年金融危机之后，公司治理有效性、审计委员会和审计师向市场传递信息的充足性引起了高度关注，FRC 随即开始征求意见和收集证据工作。2011 年根据《有效公司治理——完善公司报告和审计》（*Effective Company Stewardship—Enhancing Corporate Reporting and Audit*）征求意见的反馈信息，FRC 得出以下结论：需要开展更多工作来披露审计师如何完成审计目标；审计师能够也应该对审计过程进行描述，从而向财务报告使用者再次保证所有重大事项已经被恰当地披露；有必要修改审计准则中关于审计师向审计委员会报告和审计报告向使用者报告的部分，以使审计师对公司治理的贡献度更加透明。2012 年，FRC 为了实现上述结论，同时修订了公司治理法案和审计准则。其中，公司治理法案中引入了新的原则"董事会应对公司状况和前景作出一个公允、合理、可理解的评估"。新的条款要求董事会在年度报告中声明"他们认为年度报告和会计总体公允、合理和可理解，为利益相关者评估公司表现、经营模式和战略提供了必要的信息"。新条款还要董事会应当要求审计委员会为上述声明提供建议。新法案还要求年度报告中应当包含独立的部分来描述审计委员会的工作（审计委员会报告），包括审计委员会已经考虑的财务报告中的所有重大事项以及如何应对。审计准则也根据公司法案的修订进行了配套修订，要求审计师向审计委员会报告与董事会和审计委员会履职相关的信息，包括董事会和审计委员会履行新公司治理法案规定的新职责的情况和相关报告，信息的交流应能够使董事会和审计委员会理解审计师在审计过程中做出的重大判断进而形成审计意见所依据的道理和相关的证据。

在做出上述修订的同时，FRC 考虑到信息披露的责任在于公司而非审计师，当董事会对财务报告的声明与审计师的结论不一致或者审计委员会在年报所披露的事项与审计师与审计委员会交流的事项不一致时，审计师应将审计委员会没有披露的事项在审计报告中予以披露。此外，考虑到审计委员会可能不情愿在年报中报告与审计有关的事项，因此 FRC

修改了审计报告准则，要求：

（1）描述审计师发现的重大错报的评估风险，哪些对审计整体规划产生了最大的影响；审计资源的分配；以及审计团队的指导。

（2）对审计师如何在规划和实施审计过程中运用重要性概念提供解释。

（3）总结一下审计范围，包括解释审计范围如何确保覆盖重大错报的评估风险和审计重要性概念的适用。

上述审计报告的新要求从 2012 年 10 月 1 日起实施。

2015 年 3 月，FRC 发布了对审计报告新规定执行情况的调查（Extended Auditor's Reports: A Review of Experience in the First Year），调查确认审计不仅满足了新要求，而且有些表现得更加积极，对审计报告的修改超过了 FRC 规定的要求。调查显示，审计公司采取不同的方式扩展了审计报告，并进行了不同的创新，FRC 认为创新的程度和方式的不同令人鼓舞。重大的创新包括：披露所运用的重要性基准、披露审计委员会未调整差异的重要程度、报告已识别风险的翔实审计发现、尝试对审计范围进行更加翔实的解释、利用图表来展示审计报告。审计报告对持续经营进行披露，将审计结论放置于审计报告开头，将审计范围一般性描述转移到网络中。需要改进的方面有：提高风险报告的详细程度；完善重要性运用的讨论以及为何设定一个特定的基准，应对重要性其他方面的问题；在风险和重要性讨论与如何影响审计范围之间建立清晰的关联。

（二）加强审计与监管的交流

2008 年爆发的国际金融危机暴露了英国金融监管体制存在的缺陷。针对危机反映的问题，英国政府推进了金融监管体制改革。2011 年 5 月，英国金融服务局（FSA）和 FRC 发布《最终指引：关于外部审计和监管部门关系的操作准则》[Code of Practice for the Relationship between the External Auditor and the Supervisor (FG11/09)]。2013 年 4 月 1 日，英国国会于 2012 年 12 月通过的《金融服务法》（Financial Service Act）正式生效，标志着新的金融监管体制正式开始运行。新监管体制力求更清晰地界定相关机构职责，要求其专注于履行各自在特定领域的法定授权，不再强调实施综合监管。在新监管体制中，金融服务局（FSA）被撤销，其职能分别由审慎监管局（Prudential Regulation Authority）和金融行为监管局（Financial Conduct Authority）所承担。英格兰银行通过金融政策委员会和审慎监管局牵头负责维护金融稳定。FSA 发布的 Code of Practice for the Relationship Between the External Auditor and the Supervisor (FG11/09) 被审慎监管局和金融行为监管局所继承。其中，英格兰银行的审慎监管局在 2013 年 4 月发布了监管声明《外部审计师与监管者关系：操作准则》[The Relationship between the External Auditor and the Supervisor: a Code of Practice, Supervisory Statement, (LSS7/13)]，金融行为监管局在 2013 年 6 月发布了《外部审计与监管者关系操作准则》(Code of Practice for the Relationship Between the External Auditor and the Supervisor)。在 LSS7/13 引言中认为，外部审计在监管框架中发挥着重要作用，这要求对被审计的财务信息有信心，从而确保监管努力和监管政策有效、恰当并基于准确的数据。发布文件的目的是通过在审计师和监管者之间建立有效的关系来提升监管有效性，推动高质量外部审计，此次目标是双重的，而非单一提升监管效率。其中，英格兰银行对外部审计与银行监管的关系给出如下原则：

原则 1：监管者和审计师应寻求建立开放、合作和建设性的关系。建立开放、建设性的双向对话机制以支持双方有效履职。交流可以通过正式渠道如双边或多边会谈，或者非正式渠道如电话会议。对于单个被监管机构，两者之间的关系可以是监管团队领导与审计合伙人之间对话，也可以是双方其他个人之间的对话。

原则 2：监管者和审计师应进行定期对话。两者之间根据需要设定交流频率，确保各自有效履职。对于存款机构、保险公司和投资公司至少每年举行一次双边对话，其中对于一类公司每年至少有一次审慎监管局主持的三方会议，三方会议至少有监管团队领导、审计合伙人领导和审计委员会主席。会议内容应覆盖有利于各方履职需要的所有议题。此外，对于一类公司有必要在计划审计和审计总结时举行监管者与审计师之间的双边会议。

原则 3：监管者和审计师应及时分享所有履行各自法律职责相关的信息。英国《金融服务与市场法案》(2000) 允许审计师向审慎监管局通报审计师认为与审慎监管局履职相关事项有关的信息或观点。审计合伙人负责判断披露这些信息是否有助于审慎监管局履职，并由审计师直接向监管者及时披露。在许多情况下，这些事项已经与管理层进行了适当的讨论，但审计师不能够依赖于公司向监管者通报这些事项。

原则 4：对所分享的信息或从被审计公司获取的信息，监管者和审计师应履行保密职责。法律要求审慎监管局和审计师对履职中获取的信息承担保密责任，但是法律允许审慎监管局与审计师分享这些信息。

《金融服务与市场法案》(2000) 有特定的条款允许审慎监管局与审计师分享保密的信息，以便于能够或帮助审慎监管局或审计师履职。该法案也允许审计师与监管者真诚地交流信息而不必承担法律责任。

英国金融行为监管局补充一条：审计师的报告责任。《金融服务与市场法案》(2000) 规定审计师有职责向监管者报告。审计师应在法案第 2(2) 条规定的环境下及时、合作地向 FCA 交流信息。审计师也可以参考 ISA250 的有关部分。

第五章 危机后我国加强外部审计采取的措施

一、提高审计独立性

在金融危机之前,我国监管当局曾对审计师的独立性有过要求,但仅对签字会计师轮换提出要求,对会计事务所轮换没有提出要求。如 2004 年证监会发布的《关于证券期货审计业务签字注册会计师定期轮换的规定》对签字会计师的轮换提出要求,要求签字注册会计师连续为某一相关机构提供审计服务,不得超过 5 年。为首次公开发行证券公司提供审计服务的签字注册会计师,在该公司上市后连续提供审计服务的期限不得超过两个完整会计年度。签字注册会计师被轮换后,2 年内不得重新为该相关机构提供审计服务。《会计师事务所质量控制准则第 5101 号——业务质量控制》第 19 条规定,会计师事务所应当对上市公司审计项目负责人、签字注册会计师和高级负责人每 5 年进行轮换。

金融危机后,为吸取金融危机经验提高审计独立性,财政部于 2010 年发布《金融企业选聘会计师事务所招标管理办法》(以下简称《管理办法》),对事务所的选聘方式和轮换提出了新的要求,要求服务费达到或超过 100 万元的要求采用公开招标或邀请招标的采购方式。2016 年,财政部对《管理办法》进行了修订,修订之后该标准提高到 120 万元。受聘会计师事务所在承接该项审计业务后,单项业务收入占事务所当年总收入的比例原则上不得超过 40%。此外,在审计轮换方面对会计师事务所的轮换第一次提出要求,要求金融企业连续聘用同一会计师事务所原则上不得超过 5 年。截至 2010 年 12 月 31 日,如果金融企业连续聘用同一会计师事务所年限已经达到或超过 5 年的,最长可延续 3 年,但连续聘用年限最长不得超过 10 年。2016 年进行修订之后,规定对于排名进入前 15 名且审计质量优良的会计师事务所,可适当延长聘用年限,最长不超过 8 年。2010 年中国银监会为加强银行外部审计管理,发布了《银行业金融机构外部审计监管指引》,其中重申了对外部审计师要在形式和实质上保持独立性,同时要求银行业金融机构不宜委托负责其外部审计的外审机构提供咨询服务。

二、提高资质要求

《金融企业选聘会计师事务所招标管理办法》对金融企业聘用的会计师事务所具备的资质提出了要求,主要体现在事务所规模上的要求:金融企业合并资产规模在 5000 亿元以上的，事务所注册会计师人数不得少于 200 人，近 3 年内有连续从事金融企业审计相关经验；金融企业合并资产规模达 10000 亿元以上的，会计师事务所注册会计师人数不得少于 400 人，近 3 年内有连续从事金融企业审计相关经验；近 3 年内存在违法、违规，因审计质量问题被警告或通报批评两次以上等情形的会计师事务所不得从事金融企业审计业务。

2012 年财政部会同证监会发布了《关于会计师事务所从事证券期货相关业务有关问题的通知》，对从事证券期货业务的会计师事务所的资质提出了更高要求：依法成立 5 年；质量控制制度和内部管理制度健全；注册会计师不得少于 200 人，最近 5 年持有注册会计师证书且连续执业的不少于 120 人；会计师事务所的执业保险累计赔偿限额与累计职业风险基金之和不少于 8000 万元，上一年度业务收入不少于 8000 万元；至少有 25 名以上的合伙人，且半数以上合伙人最近在本会计师事务所连续执业 3 年以上。2010 年银监会发布的《银行业金融机构外部审计监管指引》要求银行业金融机构委托的外审机构应具有与机构资产规模、业务复杂性等相匹配的规模、资源和风险承受能力。

三、推动审计沟通交流

金融危机之前，中国银监会发布的《商业银行信息披露办法》第 17 条规定，商业银行在会计师事务所出具审计报告之前，应与会计事务所和监管部门举行三方会谈。《中国注册会计师审计准则第 1613 号：外部审计师与银行监管的关系》规定，外部审计师应当向监管机构报告那些应当立即引起监管注意或采取措施的重大问题（详见第 27 条）。

金融危机后，为提升审计质量，加强银行与外部审计、外部审计师与银行监管的沟通力度，银监会于 2011 年发布了《关于加强银行业金融机构外部审计沟通工作的通知》，要求银行业金融机构畅通与外部审计沟通交流的渠道和机制，积极配合外部审计工作，审计委员会与外部审计机构举行双方会谈，就审计情况进行沟通。在银行监管方面，银行监管机构应加强与银行业金融机构以及外部审计机构的信息交流，定期举行三方会谈，也可直接与外部审计机构进行沟通，及时发现和解决银行业金融机构存在的相关问题。银行监管机构应向外部审计机构通报最新监管政策，及时回复外部审计机构的政策咨询，适当吸收外部审计机构参加监管政策培训，促进外部审计机构提高对监管政策的认知和理解。银行监管机构还应加强与外部审计行业主管部门的沟通交流，定期通报外部审计执业质量、银行重点风险以及外部审计直接向监管部门报告的事项，充分交流外部审计及银行监管需要重点关注的问题。

四、加强银行外部审计监管

美国金融危机之前，除了财政部、证监会和注册会计师协会对外部审计的监管外，我国银行监管部门对银行外部审计的监管基本处于空白，或者对于银行外部审计的监管更多通过对银行的监管意见得以体现。

2009年我国参加了国际货币基金组织和世界银行开展的金融部门评估规划（Financial Sector Assessment Program，FSAP），评估团对中国实施《有效银行业监管核心原则》情况进行了评估，其中在对核心原则第22条——会计处理和披露进行评估时指出了存在的一些问题：一是中小会计师事务所审计质量有待改善；二是我国注册会计师审计独立性标准不完善；三是对会计事务所执行质量检查频率偏低。FSAP评估团认为，考虑到商业银行需要从不同类型的借款人处获取可靠的财务信息，改善对借款人的审计质量对银行业非常重要。

为此，评估团建议：一是持续关注私营企业会计和审计的专业性，确保其财务报表制定和审计的专业性；二是相关部门应制定更为严格的审计独立性规范以强化审计行业的公信力；三是优先落实世界银行2009年10月发布的《世界银行关于遵守标准和守则的报告（ROSC）——会计和审计》提出的政策建议，进一步提高中小型会计师事务所的审计质量；四是进一步强化对注册会计师行业的监管，提高会计师事务所执业质量检查频率。在银行审计监管方面，FSAP评估团认为，尽管实践中中国银监会可以建议银行更换不合格的会计师事务所，并可以向财政部提出处理建议，但银行业监管机构在要求银行终止聘任不称职的外部审计机构方面无明确的法律授权，影响了其在该领域的监管有效性。评估团建议，为确保审计质量，应当适当修改相关法律法规，从而当外部审计被认为存在专业能力不足、缺乏独立性或不能遵循审计职业准则的情形时，银监会应拥有直接否决或撤销银行聘用的该外部审计机构的权力。

根据FSAP的评估意见，中国银监会于2010年发布了《银行业金融机构外部审计监管指引》，但由于银监会并未获得法律授权对银行外部审计实施直接监管，因此该文件仍然是通过银行间接表达对银行外部审计的监管意图，在审计委托、审计质量控制、终止审计委托、与外审机构的沟通和审计结果的利用等几个方面作出了规定。在审计委托方面，要求银行业金融机构委托具有独立性、专业胜任能力和声誉良好的外审机构从事审计业务。在审计质量控制方面，银行业监管机构可以对外审机构的审计报告质量进行评估，并对存在重大疑问的事项要求银行业金融机构委托其外部审计机构进行专项审计。银行业金融机构不宜委托负责其外部审计的外审机构提供咨询服务。在终止审计委托方面，银行业监管机构发现外审机构存在审计结果严重失实、存在重大舞弊行为、严重违背审计准则存在应发现而未发现的重大问题的，可以要求银行业金融机构立即评估委托外部审计的适当性。在与外审机构的沟通方面，外审机构根据审计准则向银行监管机构报告银行违法、违规行为、影响持续经营的事项、出具非标准审计意见、管理层有重大舞弊行为、决策机构内部严重冲突或关键职能部门负责人突然离职等事项，被审计银行不得阻挠。

五、加强审计质量的内部治理能力

为推进上市公司提高治理水平，规范上市公司董事会下属审计委员会的运作，上海证券交易所于2013年制定了《上市公司董事会审计委员会运作指引》（以下简称《指引》），该《指引》总结我国证券市场上的成熟做法，借鉴境外先进经验，为上市公司提供可资借鉴的模式，以充分发挥审计委员会的作用。该《指引》明确了审计委员会在监督及评估外部审计机构工作的职责，对于提升上市公司审计质量具有积极的意义。具体包括评估外部审计机构的独立性和专业性，特别是由外部审计机构提供非审计服务对其独立性的影响；向董事会提出聘请或更换外部审计机构的建议；审核外部审计机构的审计费用及聘用条款；与外部审计机构讨论和沟通审计范围、审计计划、审计方法及在审计中发现的重大事项；监督和评估外部审计机构是否勤勉尽责。同时，为了确保审计质量，审计委员会还将协调管理层就重大审计问题与外部审计机构的沟通，协调内部审计部门与外部审计机构的沟通及对外部审计工作的配合。

第六章 我国银行外部审计存在的问题

一、我国外部审计整体存在的问题

总体来看,我国外部审计行业整体执业水平与审计报告使用者的期望存在一定的差距,根据证监会及各地证监局、财政部监督局及各地专员办、中国注册会计师协会和省级册会计师协会对会计师事务所执业质量检查情况的综合分析,我国外部审计事务还存在以下主要问题(摘自胡少先:《提高审计报告质量从"源头抓起"》2016年1月):一是重要概念理解欠准确,风险导向理念形象化。风险导向审计理念要求审计执业人员保持合理的职业怀疑,而实务中存在审计程序不到位现象,忽视风险评估及控制测试阶段工作。二是项目承接风险评估体系不完善,审计计划编制形式化。三是审计程序执行不到位,审计结论形成格式化。四是审计证据获取不适当,部分执业人员对重要事项的取证不重视,导致审计证据的充分性、适当性存在欠缺。为解决上述问题,需要以诚信为本,加强职业道德建设;规范执业,树立法律风险意识;风险前移,强化项目现场控制;加强培训,提高专业胜任能力;与时俱进改进审计报告。

此外,我国外部审计市场存在一定的垄断现象。根据财政部发布的《中国注册会计师行业发展报告》,"四大"国际会计网络(普华永道、德勤、安永、毕马威)在中国仍然垄断金融机构年报审计的市场份额。2014年度"四大"业务收入约为120亿元,其中审计业务收入为109亿元,占中国注册会计师行业审计业务收入的25.7%;在2014年度的264家H股客户中,"四大"的客户为232家,占比约88%,取得审计收入约21.8亿元,占比约97%。从上市公司资产看,A股市场上市公司约86%的资产经"四大"审计,审计收费在3000万元以上的12家上市公司全部为"四大"的客户;从上市公司客户行业分布角度看,"四大"在银行、证券、保险、航空航运等领域仍具有绝对优势。为解决金融市场垄断问题,财政部计划改进完善中央企业、金融企业审计轮换制度,适时、适当延长审计轮换期,同时研究大型企业集团和金融机构"主审+参审"的审计师配置制度,既鼓励公平竞争、充分竞争,又缓解竞争压力、规范竞争秩序。2014年沪深股市股本总额前100家上市公司的审计师分布如表3所示。

表3 2014年沪深股市股本总额前100家上市公司的审计师分布

单位:家

	上市公司	"四大"	其他7家H股所	其他证券所
商业银行	14	14	0	0
证券保险	3	3	0	0

续表

	上市公司	"四大"	其他7家H股所	其他证券所
能源钢铁	20	8	9	3
电力电厂	9	2	6	1
建筑地产	14	7	5	2
航空航运	4	4	0	0
其他	36	20	12	4
合计	100	58	32	10

资料来源：《中国注册会计师行业发展报告》。

二、银行外部审计存在的问题

为充分了解我国银行业外部审计的现状，2013年银监会财会部曾组织部分银监局对58家中小银行业金融机构（4家股份制银行、15家城商行、14家农商行、5家农合行、7家农信社和13家非银行金融机构）2012年外部审计情况进行了调研。调研表明，银行业外部审计水平有所提高，外部审计对银行监管的补充作用逐步显现，但仍存在影响审计质量的关键问题。

（一）审计独立性问题

部分银行虽然对外审机构选聘进行了原则性规定，但对审计质量仍缺乏全面、系统的制度管理，致使管理层实质控制着外部审计机构的选聘意见。参与调研的58家机构中有12家机构的外审机构实质由经营管理层委托，有9家机构既提供年报审计又提供咨询服务。在管理层掌握外部审计控制权的情况下，外审机构出于自身利益考虑，有可能主动迎合银行管理层要求，出具有利于管理层的审计意见。

（二）银行对审计质量缺乏有效管理

部分银行对外审机构的独立性、专业胜任能力缺乏独立、客观的评价机制，所选聘的外审机构可能不具有银行年报审计的能力。参与调研的58家机构中有11家未建立起外部审计委托的内部管理制度，有7家未建立审计委员会，6家采用了公开招标的方式选聘外审机构，有14家机构对拟聘请的外审机构未进行评估，有8家小银行所聘请的外审机构省内排名在100名以外。个别外审机构已经连续9年为同一家银行进行了年报审计，审计独立性无法得到有效保障。部分银行对外审机构的委托还缺乏自主权，影响对外审机构的客观评价。如部分非银行机构在外审机构的选择上服从于其母公司或国资委的决定，个别外审机构的专业胜任能力已经受到机构的质疑。

（三）外审机构的审计质量无法有效保障

现有银行外部审计师的专业素质、知识结构难以完全适应银行业务多元化发展要求，即使大型审计机构也会因审计师频繁变动而使专业胜任能力无法得到有效保障。中小型外审机构审计工商企业的经验较为丰富,但在银行、证券、保险、信托业务审计经验更显不足。如在信托公司审计中,因缺乏足够信托业务知识背景,审计师借鉴银行、证券机构审计经验进行审计现象比较普遍。此外,部分银行对外部审计的重要性缺乏足够认识,愿意支付的审计费用偏低,导致外审机构在审计过程中出现人员配备相对紧张,审计时间较短,审计方案覆盖面不全,重要会计事项被疏忽,审计抽样检查比例严重不足,所提出的审计问题缺乏数据和实例支撑等问题。

(四) 审计意见对银行问题的反映不充分

从审计意见来看,58家机构中出具"不带任何说明段的无保留意见"的有52家,出具"带强调事项段的无保留意见"的有5家,只有1家出具了保留意见。调整的事项主要包括:贷款五级分类调整、买入返售金融资产重分类和相关资产科目核算调整,减值准备计题事项调整、损益类事项调整等。

从对银行会计监管的经验来看,2012年中国银行业理财产品、同业业务等创新业务快速发展,而银行创新业务会计处理存在较多问题,包括:理财产品表内外会计确认未严格依据"控制"的标准;银行理财产品投资非标资产公允价值无法可靠计量的情况下被指定为"公允价值计量且其变动计入当期损益",银行非标资产投资会计科目使用混乱,有的在"买入返售金融资产"科目核算,有的在"应收账款类投资"或"可供出售金融资产"科目核算,存在利用会计准则规避监管约束的现象;银行发行或购买的大量非标资产实质具有贷款的形式,而由于非标在形式上不同于贷款,使得会计科目确认使用了贷款之外的"应收款项类投资""公允价值计量且其变动计入当期损益""买入返售金融资产"等科目,使其规避了贷款拨备率、拨备覆盖率、资本充足率以及贷款规模控制的监管约束。银行会计处理的上述不规范行为未能在银行外部审计中得到有效规范,相关问题也未能在审计报告进行强调,银行外部审计师也未能及时向监管部门汇报上述不规范会计行为及其对监管的影响。

(五) 外部审计对银行监管的补充作用发挥有限

一是银行监管机构尚未充分认识到银行外部审计对监管工作的重要补充作用,主动利用外部审计开展监管工作的积极性不高,仅有10%的银监局发现了审计过程中的重大事项并采取了应对措施。二是银行监管机构未充分借助外部审计力量开展监管,仅有27%的银监局要求外审机构对监管关注的重要问题进行审计。三是外审机构预警银行风险的功能未有效发挥,三方会谈内容大多停留在审计后的情况通报,审计前缺乏对审计重点风险领域或事项的沟通,审计过程中审计机构很少主动、直接向银行监管机构汇报银行审计过程中发现的重大问题,如对于银行2012年理财和同业业务发展中出现的会计处理不规范问题也未及时向监管部门沟通,影响了对相关会计问题的及时规范,直到在2016年初财政部发布的《企业会计准则解释第8号》中才对理财产品的并表和会计处理存在的问题进行规范。四是银行监管部门与外部审计监管部门之间的沟通机制尚未建立,银行监管和审计过程中发现的问题双方未能充分进行沟通交流,银行创新业务会计处理中存在的问题仍能得到及时规范。五是银行监管部门对银行外审机构仍缺乏直接的监管权力。

第七章 加强我国银行外部审计监管的政策建议

一、法律层面明确银行监管与外部审计的关系

出台银行监管与外部审计关系的监管法规,以法律的形式明确两者关系且具有强制性,否则在实施过程中难以执行。金融危机表明,尽管巴塞尔银行监管委员会已经出台了规范银行监管者与外部审计信息沟通的相关指引,某些国家在实践中也对信息沟通有相关的规定,但由于无法律约束、无具体明确的规则,实务中审计师出于维护客户关系和利益的考虑,很少主动向监管部门沟通信息,从而导致双方沟通无法有效落实,两者合作维护金融稳定的功能失效。这种经验教训必须认真吸取,从制度层面明确银行监管与外部审计的关系,在操作层面具体化两者关系的具体实现方式和途径。根据我国实践经验来看,仅在银行监管法规制度层面明确两者关系还无法有效确保两者关系的实现,还应在会计法、注册会计师法、银监法等更高法律层面明确两者的关系,才能确保银行监管与外部审计加强合作、共同促进金融稳定。

二、加强外部审计监管政策顶层设计

此次金融危机之后,G20 和 FSB 高度重视会计审计规则存在的问题,从金融稳定高度提出了改进会计审计规则的具体措施,因此,会计审计规则已经不仅是经济和市场领域的重要规则,其已经成为金融监管规则的重要组成部分,在维护全球金融稳定方面将发挥着积极重要的作用,我们必须从金融稳定的高度来重新考量中国的会计审计问题。金融危机后,我国金融外部审计相关监管部门积极吸取金融危机经验出台了相关的完善政策,但总体来看对外部审计的重视程度还不充分,还缺乏对我国金融外部审计状况和质量的总体评价,没有做到心中有数。仅仅采取"别人生病、我吃药"的治理方式或许无法从根本上解决中国金融外部审计存在的根本问题。而且,各监管部门之间审计监管政策的制定还处在各自为政、各管一摊的局面,缺乏有效的顶层设计,各监管政策之间也缺乏有效的衔接与配合,无法形成合力规范和提升外部审计在维护金融稳定中的积极作用。基于上述分析,建议由财政部统筹协调各金融监管部门对金融外部审计质量进行全面的调研,针对查找的问题统筹出台监管政策,对于外部审计共性的问题由财政部出台监管政策,对不同金融领域的外部审计问题,可授权由各金融领域监管部门出台监管政策,从而形成有效的金融外

部审计监管法律框架。

三、赋予银行监管部门监督管理银行外审计的职能

目前，财政部及其相关部门是银行外部审计的法定监管部门，但考虑到银行外部审计在维护银行系统稳定方面的重要性以及银行监管部门对银行外部审计的依赖程度，建议在《银监法》中明确银行监管机构对银行外部审计机构的管理权力，与财政部合作加强对银行外部审计的监管。具体条款至少应包括当外部审计被认为存在专业能力不足、缺乏独立性或不能遵循审计职业准则的情形时，银监会应拥有直接否决或撤销银行聘用的该外部审计机构的权力。银行外部审计在审计过程中发现的需引起监管注意或采取措施的重大问题，应立即向银行监管机构直接报告。

四、强化银行监管部门在银行业会计准则实施中的管理作用

目前，财政部是我国会计准则制定和监督管理部门，从近年来会计准则在银行业的实施情况来看，财政部及相关部门对银行业实施会计准则的情况以及对银行审计监管的情况尚达不到银行业稳健发展的要求，会计准则原则性无法有效满足金融创新发展要求。行业管理部门在没有明确法律授权情况下对银行会计和审计的管理并没有实质性的权威措施，从而一定程度上影响了对银行会计和审计的监管效率。为了促进会计准则高质量实施、推动审计质量的有效提升，建议进一步明确银行业管理部门在银行会计审计中的监管定位，或建立财政部与相关监管部门的联席会议机制，便于联合开展银行会计审计的监督检查工作，会同财政部共同提升银行会计审计质量。

五、完善银行外部审计监管规则

目前，我国银行外部审计监管政策中最重要的文件是《银行业金融机构外部审计监管指引》（2010年发布）和《中国银监会关于加强银行业金融机构外部审计沟通工作的通知》，这两份文件涵盖了银行外部审计的主要环节和监管要点。相对于巴塞尔银行监管委员会《有效银行监管核心原则（2012）》和2014年发布的《银行外部审计指引》，我国的银行外部审计监管规则需要进行补充完善。一是要求银行承担外部审计质量的评估和监督职责，强化了审计委员会的监督职责，包括监督和评估外部审计师的独立性，监督和评估外部审计的有效性，与外部审计师保持有效沟通，讨论审计发现的重大问题，提高审计质量，要求审计师向其报告相关事项以履行其监管职责。二是银行监管者与外部审计机构和审计师之间建立开放、有建设性的关系。包括建立适当的沟通渠道，明确信息沟通的内容和方式，以及要求审计师将可能对监管职能具有重要意义的审计发现事项向其直接报告，银行

监管部门还要与会计师事务所、会计职业界、审计监管机构等建立定期对话交流机制。三是对银行外部审计机构和审计师提出更高期望和要求，包括应具备足够的银行业知识和专业胜任能力，在实质和形式上保持相对于银行的客观性和独立性，在审计过程中保持充分的职业怀疑态度，承接银行审计业务的会计师事务所应实行严格的审计质量控制措施确保审计质量等。四是强调银行审计的复杂性和特殊性，要求外部审计师识别和评估财务报告重大错报风险，了解银行经营面临的信用风险、市场风险等各类风险，考虑银行业务的复杂性和内控环境的有效性，恰当运用重要性水平，有效评估重大错报风险以及银行的内部控制环境，关注银行财务报表经常出现显著重大错报风险的关键审计领域，如贷款损失准备的计提，以公允价值计量的金融工具、负债及或有负债、信息披露、持续经营、资产证券化、特殊目的实体等，要求外部审计师充分运用经验，实施职业判断，并要求审计委员会与审计师讨论可能影响监管资本和监管披露的问题。五是强调监管者对银行外部审计的质量的评估。借鉴美国的监管经验，要求监管者开展对银行外部审计质量的评估，包括评估外部审计的管理流程是否健全、审计程序是否适宜、审计证据是否充分以有效支持审计结论、审计是否具有独立性、审计委员会的监督作用是否有效、银行对审计过程中的会议记录是否完备。

六、建立银行监管部门与外部审计的全过程沟通机制

应建立银行监管与外部审计全过程沟通交流机制，形成提升银行会计信息质量的良性循环。在审计开展之前，银行监管部门提出对银行外部审计机构的审计监管期望和银行审计重点关注的会计领域。通过审前会谈的方式及时将监管期望和审计重点领域传导给审计机构，审计中及时将可能对银行监管职能具有重要意义的审计发现事项向监管部门直接报告，审计后及时向监管部门反馈审计中发现的问题。银行监管部门会同会计准则管理部门解决银行审计中存在的突出问题，共同提升银行会计信息质量。为建立上述有效的信息沟通机制，提高信息沟通的效率，应确保沟通双方的平等性，即确保信息的互通既要有助于提升监管效率，也要有助于提高审计质量，即审计师也应有权从银行获取银行监管部门下发给银行的各种报告，审计师也可以提请与监管者进行会谈获取被审计单位财务报告审计有关的信息，最终共同促进金融稳定。因此，信息沟通过程中不能单方面强调监管者对信息的需求和审计师沟通相关信息的义务，审计师信息需求也应得到充分保障。从具体实践来看，银行监管部门对外部审计要求提供的信息更多，外部审计要求银行监管部门提供的信息较少，尚未真正实现互利、共赢的局面。为此建议由银行监管部门与外部审计监管机构之间共同就信息沟通的义务和内容等联合发布原则性指导意见，具体指导监管者和审计师之间的信息沟通活动。

七、建立银行监管部门与审计职业界、审计监管机构的定期沟通机制

银行监管机构除了与银行外部审计机构和审计师建立定期沟通机制外，银行监管机构还应与会计师事务所、会计职业界之间建立沟通机制，就行业重大风险和系统性问题（如创新金融工具会计、会计估计等）建立开放、定期的沟通机制。银行监管机构还应与银行外部审计的监管机构如财政部、注册会计师协会建立良好的信息沟通机制，将各自履职过程中发现的双方关注或感兴趣的议题或问题进行交流。银行监管部门可以将监管中发现的银行执行会计准则存在的普遍问题、银行审计普遍存在的不足、审计质量普遍存在的问题以及应采取的措施等及时通告审计监管机构，以便于审计监管机构加强对这些问题的监管力度，不断提升银行审计质量。审计监管机构可以将审计监管过程中发现的系统性问题和普遍存在的重大错报风险问题及时通告银行监管部门，以便于银行监管部门采取监管措施防范可能引发的系统性风险，确保银行业稳健运行。

八、提升商业银行审计委员会的外部审计质量管理职能

良好的公司治理对于高质量银行审计具有内在的需求，即公司治理层希望通过外部审计能够发现公司经营管理存在的问题，通过审计结果来加强对公司的治理，提升管理水平。为了实现上述治理目标，银行审计委员会应主动加强对银行外部审计质量的管理。2013年中国银监会印发的《商业银行公司治理指引》对审计委员会的职能进行了明确，即主要负责检查商业银行风险及合规状况、会计政策、财务报告程序和财务状况；负责商业银行年度审计工作，提出外部审计机构的聘请与更换建议，并就审计后的财务报告信息真实性、准确性、完整性和及时性做出判断性报告，提交董事会审议。相对于巴塞尔银行监管委员会在《银行外部审计》中的相关要求，我国银行审计委员会在审计质量管理中的职能还不够充分、作用不够显著，银行主动开展审计质量管理的意愿不够强烈，这实际上也反映出公司治理存在的问题。建议借鉴《银行外部审计指引》中的先进经验，完善《商业银行公司治理指引》中审计委员会职能部分，强化审计委员会在外部审计监督和评估中的重要职责：一是要对外部审计师的资质、专业胜任能力、客观性和独立性、质量控制等方面进行评估和持续监督；二是要加强与外部审计师的沟通，及时发现银行的重大风险事项，并向董事会报告，充分发挥审计委员会的对内监督功能；三是开展审计委员会、银行高管层和外部审计师的三方会谈，及时解决审计发现的事项和问题。对确实缺乏外部审计监督意识的银行，应当通过监管手段加以约束。

九、改进审计报告提升银行审计报告价值

积极借鉴国际审计报告改革经验，完善我国审计报告结构和内容。目前，注册会计师协会正在积极开展审计准则的国际趋同工作，根据 IAASB 发布的新的或修订的审计准则修改中国注册会计师审计准则。2016 年 1 月，中国注册会计师协会发布了《中国注册会计师审计准则第 1504 号——在审计报告中沟通关键审计事项》《中国注册会计师审计准则第 1501 号——对财务报表形成审计意见和出具审计报告》《中国注册会计师审计准则第 1324 号——持续经营》《中国注册会计师审计准则第 1151 号——与治理层的沟通》《中国注册会计师审计准则第 1503 号——在审计报告中增加强调事项段和其他事项段》《中国注册会计师审计准则第 1502 号——在审计报告中发表非保留意见》《中国注册会计师审计准则第 1521 号——注册会计师对其他信息的责任》七项审计准则征求意见稿的通知。由于征求意见稿对审计报告的改革内容适用所有企业，各行业特点无法有效体现，为了提升银行审计报告的信息价值，建议注册会计师协会能够在一般审计报告改革基础之上根据银行审计的特点有针对性地提出审计报告改革内容，以进一步提升审计报告在维护金融稳定中的信息价值和积极作用。

十、改进审计行为提高审慎性

一是提高专业胜任能力，加强审计人员金融业务知识培训，使审计人员充分了解和掌握银行业务知识和创新发展趋势，有效应对金融机构业务不断发展创新和业务复杂性的不断提高，前瞻性地研判业务和产品风险对持续经营的影响，从宏观、微观层面对银行业发展走势进行分析判断。同时，还要不断提升执业水平，提高会计准则具体运用于金融创新业务的水平，有效应对国际会计和审计准则的变化所带来的挑战，尤其是预期损失模型实施对银行会计和审计带来的挑战。二是提升职业谨慎和职业怀疑水平，包括审慎确定重要性水平，谨慎分析确定可能存在重大错报的领域，对管理层的判断保持充分的职业怀疑态度，通过获取充分、有效的审计证据来支持审计结论的形成。三是建立强有力的审计质量控制体系，会计师事务所应充分发挥审计质量控制系统在提升审计质量的关键作用，监督审计计划编制的合理性，审计风险评估的恰当性，审计程序执行的完整性和准确性，审核审计证据获取的充分性和恰当性，对审计结论进行严格复核，确保审计结论的恰当性，降低审计失败风险。四是提高适应环境变化的能力。为了提高审计人员迅速适应环境变化的能力，审计机构应招聘不同专业人士或果断借助外脑提高对新情况、新问题的分析和判断，并重视专业人士或外脑的意见，提高对新问题和新情况的审计判断审慎性，降低审计失败风险。

十一、完善审计独立性管理制度

完善审计独立性管理制度，最重要的是完善审计轮换制度。从各国审计轮换的经验来看，尽管审计轮换是否能够提高审计质量和审计独立性并无定论，但实践中审计轮换的做法已经成为各国监管当局应对审计失败、提高公众对审计信心的一项重要举措。我国也借鉴国际经验部分采取了审计轮换的做法，但目前来看审计轮换制度还尚不完备，建议对审计轮换制度进行更加有效的机制设计。一是建议明确合伙人和会计师事务所双重轮换之间的关系。二是不仅审计项目签字合伙人要轮换，审计项目复核合伙人也要实行轮换。三是审计项目中其他合伙人和成员也要实行轮换。四是要明确合伙人和其他审计人员轮换后可重新进行审计的"间隔期"。五是明确合伙人和其他审计人员在审计结束后多长时间可以担任被审计公司会计或财务主管等职务的"冷却期"。此外，为提高审计独立性，建议借鉴欧盟经验，要求银行外部审计机构均不得向被审计银行提供与银行财务报告有关的咨询服务。

十二、研究银行审计市场垄断问题

对金融领域审计集中度进行调查，防范系统性风险，采取措施降低金融审计市场高集中度的状况。通过调查发现，我国国有和股份制商业银行基本上均由四大会计师事务所进行审计。市场的高度集中带来潜在的风险，即如果某家大型审计公司出现审计失败，将会降低其审计的其他银行客户财务报告的可信度，对金融市场信心造成波动，带来一定的系统性风险。因此应当建立一定的机制，降低审计市场集中度，引入适当的竞争，解决审计市场垄断问题。

参考文献

[1] 李建良，李冬伟. 美国变更审计独立性相关规定对我国的启示 [J]. 商业时代，2006 (9).
[2] 曹细钟. 金融危机：审计为什么也失败 [J]. 中国市场，2009 (8).
[3] 徐南，叶建芳. 雷曼破产事件中安永审计责任的分析 [J]. 会计之友，2010 (10).
[4] 武恒光. 金融危机时代审计师角色的延伸思考 [J]. 中国注册会计师，2011 (9).
[5] 中国银监会. 中国银行业监管有效性评估报告——FSAP 评估相关观点与建议 [R]. 2012.
[6] 中国银监会. 银行业金融机构外部审计监管指引 [R]. 2010.
[7] 中国银监会. 关于加强银行业金融机构外部审计沟通工作的通知 [R]. 2011.
[8] 财政部 证监会. 关于会计师事务所从事证券期货相关业务有关问题的通知 [R]. 2012.
[9] 财政部. 金融企业选聘会计师事务所招标管理办法（试行）[Z]. 2010.
[10] 中国注册会计师协会. 增加报告信息含量提升报告沟通价值——国际审计报告改革述评，中国注册会计师协会网站——行业发展研究资料（No.2015-1）[R]. 2015.
[11] 财政部会计司. 中国注册会计师行业发展报告——基于会计师事务所 2010~2014 年度报备信息的数据分析 [EB/OL]. 财政部网站，http://www.mof.gov.cn/pub/.

[12] 胡平，丁珤. 金融稳定和外部审计 [J]. 金融会计，2011（11）.

[13] 胡少先. 提高审计报告质量从"源头"抓起 [J]. 中国会计报，2016-01-08.

[14] 中国银监会. 有效银行监管核心原则（2012）[M]. 北京：中国金融出版社，2012.

[15] 王锦丽. 公允价值审计职业判断难点分析——毕马威新世纪金融审计案的启示 [J]. 财会月刊，2010（11）.

[16] Basel Committee on Banking Supervision. External Audits of Banks [EB/OL]. http://www.bis.org/bcbs/publications，2014.

[17] Basel Committee on Banking Supervision. The Relationship between Banking Supervisors and Banks' External Auditors [EB/OL]. http://www.bis.org/bcbs/publications，2002.

[18] Basel Committee on Banking Supervision. External Audit Quality and Banking Supervision [R]. 2008.

[19] Daniel L. Goelzer. Statement on Concept Release on Possible Revisions to PCAOB Standards Related to Reports on Audited Financial Statements [EB/OL]. www.pcaobus.org，2011.

[20] European Parliament, Regulation No 537/2014 of the European Parliament and of the Council of 16 April 2014: On Specific Requirements Regarding Statutory Audit of Public-interest Entities and Repealing Commission Decision 2005/909/EC [J]. Official Journal of the European Union，2014.

[21] European Commission. Green Paper Audit Policy: Lessons from the Crisis [EB/O]. http://ec.europa.eu/internal_market/consultations/docs/2010/audit/green_paper_audit_en.pdf，2010.

[22] International Forum of Independent Audit Regulators. 2012 Summary Report of Inspection Findings [EB/OL]. https://www.ifiar.org/IFIAR-Global-Survey-of-Inspection-Findings.aspx.

[23] Mario Christodoulou. Big Four Expect a Grilling from Lords Audit Inquiry [EB/OL]. http://www.accountancyage.com/aa/analysis/1898295/expect-grilling-lords-audit-inquiry，2010-11-16.

[24] Prudential Regulation Authority (Bank of England). The Relationship between the External Auditor and the Supervisor: A Code of Practice [R]. 2013.

第八篇

第二代偿付能力监管体系下的保险证券化研究

中国人寿保险（集团）公司财务部课题组

课题主持人：赵立军
课题组成员：于胜全　刘蓉　郭新杰　颜娜　雷琳　王李强

摘 要

2016年，保险业第二代偿付能力监管规则正式实施，保险业的资本管理、风险管理面临新的挑战。保险证券化在国际上被认为是一种有效的风险缓释技术和资本管理工具，在国际市场上已经具备相对成熟的模式并形成一定的市场规模，而我国的保险证券化尚处于研究和萌芽阶段，尚未实质性开展。

本课题充分借鉴国际经验，分五个部分对第二代偿付能力下的保险证券化进行研究。第一部分介绍第二代偿付能力监管体系的主要内容，并分析其对保险公司的影响。第二部分介绍保险证券化的基本内涵，探讨其在第二代偿付能力监管体系下的重要意义。第三部分介绍主要的保险证券化形式、作用、运作模式和国内外市场情况。第四部分主要探讨开展保险证券化面临的会计、税务、法律、风险等关键问题。第五部分结合行业实际，提出相关政策建议，力求为在中国开展相关业务提供有力支持。

关键词：保险证券化 "偿二代" 资本管理 风险管理

第一章　第二代偿付能力监管体系概况及其实施影响

一、第二代偿付能力监管体系简介

2016年第一季度开始，中国保监会正式启用第二代偿付能力监管制度体系（以下简称"偿二代"），标志着我国保险业的偿付能力监管进入新的历史阶段。"偿二代"的实施将对中国保险主体的业务模式、投资策略、经营管理产生深远影响。

（一）"偿二代"的建设背景

"偿二代"的建设实施有其客观背景。第一，第一代偿付能力监管体系（以下简称"偿一代"）对风险的反映不够充分。2003年，保监会发布了"偿一代"监管标准，这一标准直接借鉴美国经验，采用法定会计准则进行资产负债的评估，并直接使用了欧盟偿付能力Ⅰ的标准进行最低资本的评估，即最低资本主要取决于业务规模、准备金和风险保额。"偿一代"缺乏对风险的分类和评价，而且没有全面覆盖各类风险，监管指标与风险的关联度不高，从而一定程度上导致保险行业出现重业务规模、轻业务价值、重投资收益、轻投资风险等矛盾，形成依靠资本、人力等要素驱动的、粗放的行业发展格局。第二，保监会推进"放开前端、管住后端"的监管改革。既往的监管实践中，保监会对产品定价、投资范围进行严格的审批和限制，限制了保险创新空间，不利于保险公司通过产品对接市场需求，利用保险资金服务实体经济。因此，保监会积极推进产品定价的市场化改革，并大力松绑保险资金运用管制。在放开产品、投资前端，推进行业向创新驱动转型的同时，监管部门需要高度关注行业风险，因此，有必要管住"偿付能力"这个后端，守住底线。第三，行业发展中出现了一些新的情况和风险。随着放开前端的推进，近年来保险业内集中销售了一批中短期存续产品和定价利率较高的终身型产品，负债端风险有所上升。同时，随着经济环境和资本市场的变化，投资端收益率水平呈下降趋势，且投资组合中的风险资产比重有所增大，市场风险、信用风险等有所积累。此外，在资产负债匹配上，长钱短用和短钱长用并存，久期匹配和收益率匹配的矛盾加大，利差损风险、流动性风险上升。

鉴于此，2012年3月，保监会启动了第二代偿付能力监管制度体系建设工作；2013年5月，制定发布了《中国第二代偿付能力监管体系整体框架》；2015年2月13日，正式印发"偿二代"17项监管规则以及过渡期内试运行的方案，保险业进入"偿二代"实施过渡期；自2016年第一季度开始，"偿二代"正式在保险业实施。

(二)"偿二代"的主要内容

与"偿一代"侧重定量监管和规模导向的特征相比,"偿二代"采用国际通行的定量监管要求、定性监管要求和市场约束机制的三支柱框架,如图1所示。

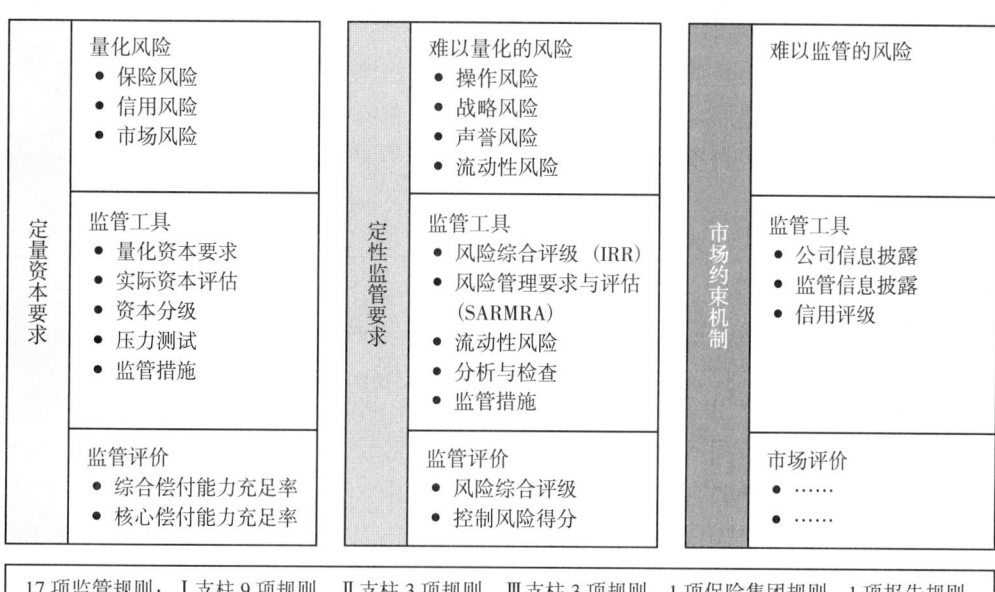

定量资本要求	量化风险 • 保险风险 • 信用风险 • 市场风险	定性监管要求	难以量化的风险 • 操作风险 • 战略风险 • 声誉风险 • 流动性风险	市场约束机制	难以监管的风险
	监管工具 • 量化资本要求 • 实际资本评估 • 资本分级 • 压力测试 • 监管措施		监管工具 • 风险综合评级(IRR) • 风险管理要求与评估(SARMRA) • 流动性风险 • 分析与检查 • 监管措施		监管工具 • 公司信息披露 • 监管信息披露 • 信用评级
	监管评价 • 综合偿付能力充足率 • 核心偿付能力充足率		监管评价 • 风险综合评级 • 控制风险得分		市场评价 • …… • ……

17项监管规则:Ⅰ支柱9项规则,Ⅱ支柱3项规则,Ⅲ支柱3项规则,1项保险集团规则,1项报告规则。产险公司13项规则;寿险公司14项规则;再保险公司12项规则;保险集团1项规则。

图1 "偿二代"三支柱框架

资料来源:赵宇龙(2015)。

第一支柱定量资本要求,主要针对可以用资本量化的保险风险、市场风险、信用风险三大类风险,要求保险公司具备其相适应的资本。具体包括:一是最低资本要求,即三大类量化风险的最低资本、控制风险最低资本和附加资本,三大类风险还进一步进行了明细分类(见图2),实现了较为全面的量化风险覆盖;二是实际资本评估标准,即保险公司认可资产和认可负债的评估标准,"偿二代"采用了与财务报告统一的估值框架和价值计量方法,从而实现资产负债表、资本分配、风险管理和绩效评估的统一管理;三是资本分级,即根据资本吸收损失能力的不同,对保险公司的实际资本进行分级,明确各类资本的标准和特点;四是动态偿付能力测试,即保险公司在基本情景和各种不利情景下,对未来一段时间内的偿付能力状况进行预测和评价;五是监管措施,即监管机构对不满足定量资本要求的保险公司,区分不同情形,采取监管干预措施。

第二支柱定性监管要求,主要是针对难以量化的操作风险、战略风险、声誉风险和流动性风险。具体包括:一是风险综合评级,即综合第一支柱三类风险的定量评价和第二支柱对难以量化风险的定性评价,对保险公司总体的偿付能力风险水平进行评价;二是保险公司风险管理要求与评估,即监管部门对保险公司的风险管理提出具体要求并进行监管评估,根据评估结果计量公司的控制风险最低资本;三是监管检查和分析,即对保险公司偿付能力状况进行现场检查和非现场分析;四是监管措施,即对不满足定性监管要求的公

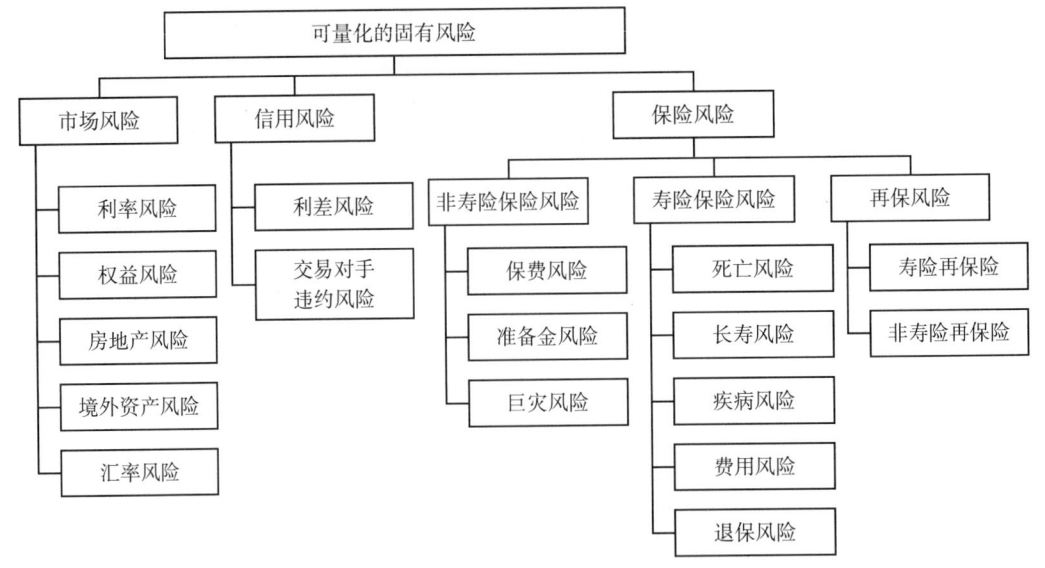

图 2 "偿二代"可量化固有风险的分类

资料来源：赵宇龙（2015）。

司，区分不同情形采取监管干预。

第三支柱市场约束机制，主要针对依靠常规监管工具难以防范的风险。具体包括：一是加强偿付能力信息公开披露；二是监管部门与市场相关方建立持续、双向的沟通机制；三是规范和引导评级机构，使其在偿付能力风险防范中发挥更大作用。

（三）"偿二代"的主要特征

"偿二代"的最大特征体现为风险导向，突出体现在以下四方面：一是风险覆盖更加全面。"偿二代"采用的三支柱框架，填补了"偿一代"对市场风险、信用风险、各类保险风险的监管不足，增加了对操作风险、战略风险、声誉风险和流动性风险的监管要求，比较完整地覆盖了保险公司面临的风险，构建了一套全面的风险识别、计量和防范体系（见图 2）。二是风险计量更加科学。对于可量化风险，"偿二代"采用先进的随机方法对其进行度量；对于难以量化的风险，"偿二代"通过风险综合评级（分类监管），建立了保监会相关部门相互协作、分类评价的机制，确保评估更加全面科学。三是风险反应更加敏感。"偿二代"能及时反映保险公司经营行为、业务结构和投资结构等调整所带来的风险变化。对于公司非理性竞争、高风险投资等行为，将导致其资本要求提高，引导和促使公司经营更加理性，行业竞争更加有序。四是风险管理得到强化。"偿二代"将保险公司风险管理能力与资本要求挂钩，风险管理水平高的公司，资本要求就下降；反之，资本要求就提高。

（四）"偿二代"下保险公司量化风险的资本占用情况

从 2015 年试运行情况看，"偿二代"比"偿一代"的风险识别能力显著增强，能够科学、全面地计量和反映保险业面临的各类风险。以 2015 年第二季度为例，"偿二代"试运行期间财产险公司和寿险公司量化风险最低资本结构如图 3、图 4 所示。

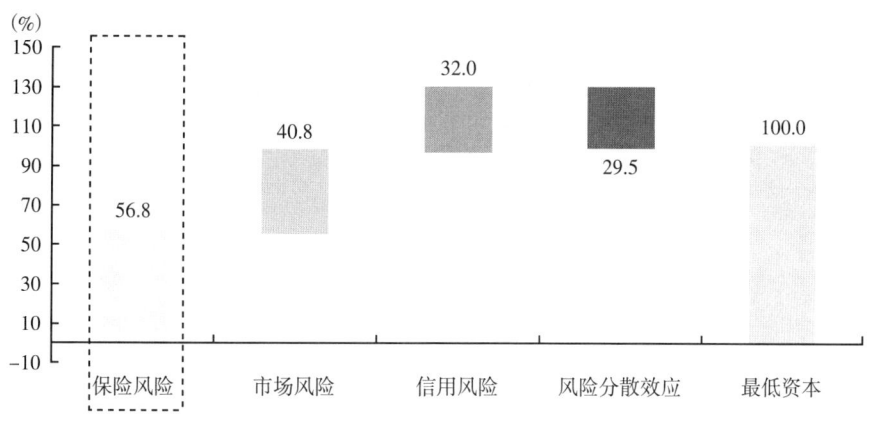

图 3 2015 年第二季度财产险公司量化风险最低资本结构情况

资料来源：赵宇龙（2015）。

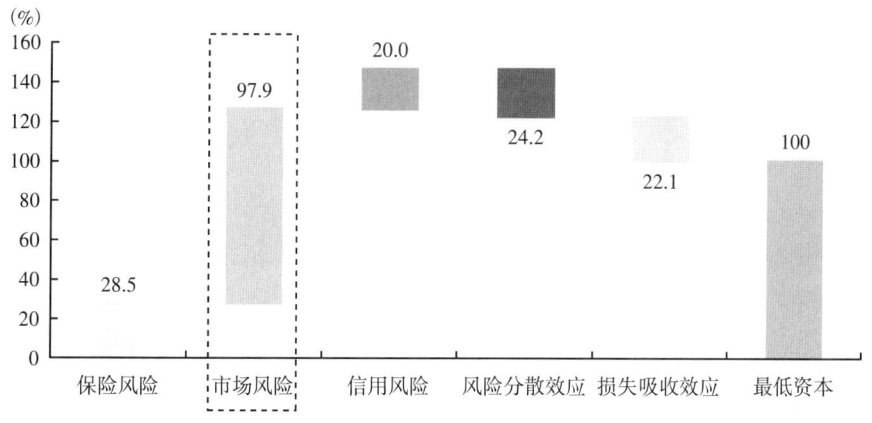

图 4 2015 年第二季度寿险公司量化风险最低资本结构情况

资料来源：赵宇龙（2015）。

可以看出，以短期业务为主的财产险公司，主要风险是保险风险、市场风险，信用风险的体量也比较大。寿险公司投资组合中长期资产占比较大，因此市场风险占比最高，保险风险和信用风险也占相对较高的比例。

"偿二代"下，各类风险可继续细分。如图 5 所示，2015 年第二季度，寿险公司保险风险中最大的细分风险是退保风险。如图 6 所示，2015 年第二季度，寿险公司市场风险中的主要风险是利率风险，其次是权益资产的价格风险。

二、实施"偿二代"对保险公司的影响

实施"偿二代"后，保险公司需要适应新形势，科学权衡风险与资本，通过实施全面风险管控，积极开展资本管理。

第一，需要有效管控保险风险。保险公司在追求业务规模、发展速度的同时，需要根据不同类型保险业务占用监管资本的高低，主动调整业务结构，推动发展转型，有效地控

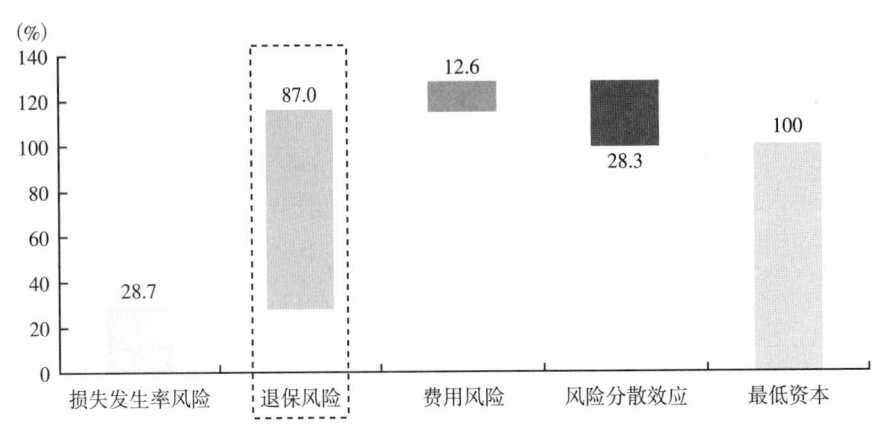

图 5 2015 年第二季度寿险公司保险风险最低资本结构情况

资料来源：赵宇龙（2015）。

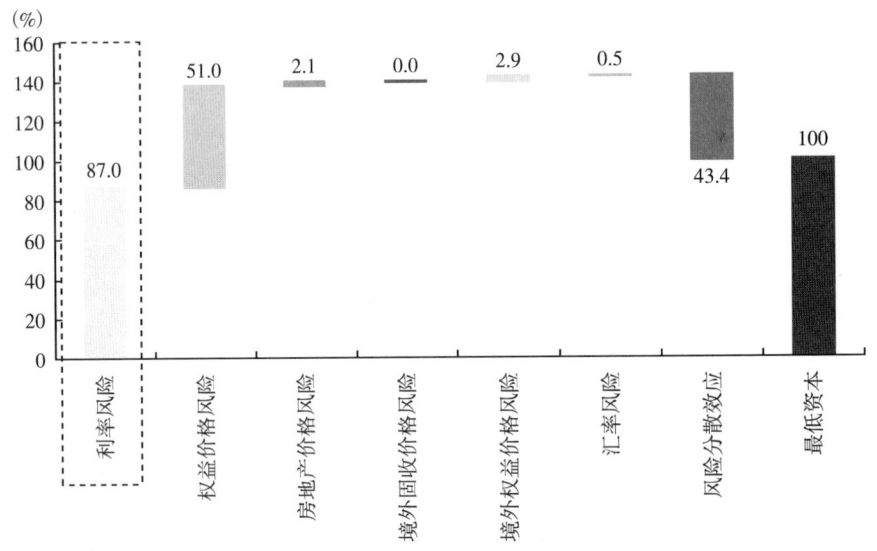

图 6 2015 年第二季度寿险公司市场风险最低资本结构情况

资料来源：赵宇龙（2015）。

制保险风险敞口，防范资本过快消耗。与此同时，还需要积极利用再保工具，探索新的保险风险分散工具，对寿险风险和非寿险风险进行有效的控制和分散。

第二，需要有效管控投资风险。第一支柱量化投资风险是市场风险和信用风险。按照风险程度高低，"偿二代"对不同资产设置了相应的基础因子，按照因子从高到低排列。基础因子的高低决定着不同投资资产耗用资本的多少。因此，保险公司不仅需要在资产配置时需要平衡收益、风险和资本，还需要探索更多手段用以调整资产配置、转移投资风险，通过对资产端的管理有效管控资本。

第三，需要加强资产负债匹配。"偿二代"要求保险公司把投资业务和保险业务放在同一平台上进行权衡，且资产负债管理水平将在很大程度上影响保险公司风险管理评估中的分数。任何保险业务或投资资产，都会产生资本成本的占用，保险公司需要在资产、负债两端统筹考虑资本管理；同时，寿险公司资产和负债的匹配程度通过利率风险最低资本的计量，很大程度上影响偿付能力充足率。因此，保险公司需要建立风险偏好体系，划定资产负债管理工作边界，并有效使用各种风险转移和资本补充工具，实施动态的资产负债匹配管理。

第四，需要丰富资本补充工具。"偿二代"下，资本水平决定着保险公司可以承担的风险，也就决定了保险公司的业务规模、投资边界。资本是一种有偿使用的稀缺资源，因此，如何适应业务需要，完善资本补充机制，以合理成本获取相应形式和规模的认可资本是"偿二代"下的一项重要任务。

第五，需要加强风险管理能力。"偿二代"第二支柱定性监管中，对保险公司风险管理水平设置了评分要求，评分高低将直接影响最低资本的计量，进而影响偿付能力。100分风险管理水平下，最低资本计提可以"打九折"，而0分下最低资本需要计提增加40%，两种评分下资本计提差距巨大。因此，储备和使用更为丰富的风险管理工具，如投资端的风险对冲工具、负债端的风险分散工具，提升风险管理水平，将有利于节约资本。

第二章 保险证券化的内涵与意义

一、保险证券化的概念

保险证券化的基本原理与主流的资产证券化一致,都是将缺乏即期流动性但可预期的未来现金流进行打包,通过结构性重组和信用增级,将预期现金流转换为可以在金融市场上流动买卖的有价证券的过程。

(一) 狭义的保险证券化

国外研究所所谓的保险证券化一般指保险风险的证券化。保险证券化产品发轫于 20 世纪 90 年代中期,一般被称为保险连结证券(Insurance-linked Securities,ILS),其出现的背景有二:一是非寿险再保险市场上出现显著的资本压力;二是寿险和非寿险部门对资本管理的关注开始增大。可见,保险证券化产品的出现与保险公司的资本管理有直接关系。国外研究一般将其分为非寿险证券化和寿险证券化两类,比较有代表性的产品是巨灾债券、长寿风险债券、死亡风险债券等。巨灾债券是目前规模最大的保险风险证券化产品,其市场规模在 2013 年底约为 200 亿美元。2015 年,中再财产再保险公司在国际市场上发行了我国首支巨灾债券,金额为 5000 万美元。

Swiss Re 认为,在欧盟第二代偿付能力监管规则下,ILS 有望继续成为保险人的风险转移方式。2009 年,欧洲保险和职业年金监管委员会发布《保险连结证券报告》,报告指出"新的原则导向的第二代偿付能力监管框架很可能会是 ILS 市场的重要推手,'偿二代'可能将证券化和衍生工具确认为有效的风险缓释技术"。

(二) 广义的保险证券化

赵宇龙(2015)在更加广泛的范围内探讨保险证券化,认为保险证券化既包含基于资产端的一般意义上的资产证券化,也包含基于保单价值、保险负债、保险责任的证券化,事实上只要有现金流就可以进行证券化。

本课题在"偿二代"的背景下开展保险证券化的研究,探讨范围力求全面,因此,将从广义视角开展相关研究。

二、与一般资产证券化的比较

与我国市场上主流的资产证券化相比，保险证券化的特点十分鲜明。一是证券化的基础现金流更加广泛，涉及资产负债表两侧，如前所述保险资产、保险风险、保单到期价值、超额准备金、保单内含价值等均可证券化。二是证券化的作用更加多元，不仅可以是融资、补充流动性的工具，还在很大程度上发挥增值服务、转移风险、调节资本等作用。三是证券化的难度更大，一方面，涉及参与者众多，除了常规的发起人、投资人及各中介机构之外，还涉及保单持有人、被保险人、保单受益人等非资本市场参与者；另一方面，保险风险与资产风险差别很大，ILS 的定价、评级、会计计量更为复杂。四是证券化的发展还处于探索阶段，尽管国外发达保险市场上的保险证券化已经有较长时间的发展沿革，形成较为成熟的运作模式并具备较大的市场规模，但我国的保险证券化还没有实质性开展。

三、保险证券化的作用

从宏观层面来看：首先，保险证券化打通保险业与资本市场之间的通道，开辟了新的直接融资通道，实现保险风险向资本市场的分散，提升直保公司和再保公司的风险承受能力。其次，保险证券化向资本市场供给了新的投资品种，特别是基于保险风险的投资产品，由于其风险属性与一般投资产品有质的差别，故而对资本市场风险的多元化有重要意义。事实上，2008 年金融危机中，ILS 基本没有受到波及，反而发挥了稳定金融体系的积极作用。再次，实现了以保险公司整体信用为基础融资向以某项业务现金流为基础的融资，融资条件更加宽松，有利于快速补充资本。最后，保险证券化产品市场形成之后，将市场化的定价结果反馈至保险公司，有利于保险更加科学地进行产品定价，合理确定负债成本。但是，保险证券化将留存在保险体系内部分的风险转移到资本市场，客观上扩大了资本市场的风险体量，资本市场参与者承受的风险总体更高。

从微观层面来看：第一，保险证券化在不依赖企业信用的条件下，将流动性不足的资产、保单组合、内含价值包含的现金流转移给资本市场投资者，获得即期的现金流入，发挥补充流动性的融资功能。第二，保险证券化实现高风险资产、保险责任的出表，有利于释放资产和负债风险，优化资产配置，调整资本结构，改善资负匹配。第三，保险证券化过程有效提升了保险公司资产、负债的周转率，进而有利于提升公司的盈利能力，有利于提升资本的内源性补充能力。第四，有利于提升保险产品的流动性，满足客户长期保单变现需求，提升产品吸引力。

第三章 保险证券化主要类别

根据可证券化的基础标的不同，保险证券化大致可以分为四类：保单证券化、保险风险证券化、保险内含价值证券化和保险资产证券化。本章将依次介绍几种保险证券化模式，包括基本概念、证券化产品类别、证券化的运作流程、偿二代规则下保险证券化的实施意义及国内外保险证券化市场的发展情况等。

一、保单证券化

（一）基本概念

在保险业发展的过程中，基于保单现金价值受益权的转让而衍生出了众多的金融保险产品，这些产品可以称作广义概念上的保单转让，主要包括寿险保单质押贷款、寿险保单贴现和保单证券化等。保单证券化则起源于保单贴现业务。

保单贴现是指保单持有人以保单满期给付折价或被保险人保险责任发生给付折价的方式，将保单受益权转让给愿意投资的第三方，投资人取得保单的受益权后，继续履行缴费义务，当保单满期或被保险事故发生时，投资人可领取保险金，从而获得投资收益。其基本作用是创造了一个保单交易的二级市场，使保单受益权成为可以交易、流通的金融商品。表1列示了保单贴现与保单质押贷款、退保的主要区别。可见，保单贴现给保单持有人提供了一种流动性支持力度更大、转让价值更高的保单衍生产品。

表1 保单贴现与保单质押贷款、退保的主要区别

名称	给付基础	给付条件	权利获得	保单效力
保单贴现	按保险责任给付折算，金额介于保单到期给付金和保单现金价值之间	被保险人是末期病患或老年人，保单有现金价值	属金融商品可转让	转让了保单受益权，由受让方负责后续缴费，保单持有人无须缴纳后续费用，保单继续有效
保单质押贷款	按保单现金价值的一定比例	保单有现金价值	投保人	保单状态不改变，借款期间仍负责缴纳保险费。当借款人无法偿还债务，贷款本息累计到退保现金价值时，保险人有权终止保单。若借款人归还债务，保单持续有效
退保	保单现金价值	保单有现金价值	投保人	保单效力终止

(二) 保单贴现的主要产品类别

1. 重症保单贴现 (Viatical Settlement)

重症保单贴现指针对重症末期患者的被保险人,由专业医疗机构做出详细医疗诊断书,确定其存活期在 24 个月以内。保单贴现公司支付贴现金取得保单所有权,成为保单指定受益人,并承担保单到期前未缴费的缴费义务。重症保单贴现提供了一种保单持有人可生前使用死亡给付金的途径。我国市场上一些重疾产品附有"重大疾病提前给付条款",约定当被保险人满足某种条件时,保险人可以将保险金的一部分先行付给被保险人,与重症保单贴现业务有近似之处。

2. 寿险保单贴现 (Life Settlement)

寿险保单贴现指因医疗技术进步,重症患者存活时间被拉长,余命难以评估,加之医药需求高涨,使重症保单贴现由最初的公益救助逐渐发展成为专业的理财工具,贴现对象扩大到老年人和有资金需求的保单持有人,被保险人没有重病但其预期寿命可以通过精算方法估算。如此,对投资人而言,寿险保单贴现的年化投资回报率取决于被保险人最终的生存年限。

3. 重症保单贴现和寿险保单贴现的区别

两类贴现业务的区别主要体现在保单持有人、被保险人预期寿命、保险金额等方面,详见表 2。

表 2　重症保单贴现和寿险保单贴现的区别

名称	重症保单贴现	寿险保单贴现
保单持有人	重症患者 年龄在 25~44 岁	老年人 年龄超过 65 岁
被保险人预期寿命	小于两年,通常一年或更短	大于两年,12~15 年
保险金额	小于 10 万美元, 通常介于 2.5 万~5 万美元	大于 10 万美元,通常超过 25 万美元

资料来源:毛娜 (2013)。

(三) 保单贴现的基本运作模式

判断一张保单能否成为可贴现的目标保单,需要满足两个条件:一是保险金的给付具有必然性;二是保单的实际经济价值必须高于其退保价值。从国际经验看,英国和德国的目标保单多为分红型两全险,而美国主要为万能终身寿险和传统终身寿险,即可贴现的目标保单主要是长期寿险保单。

在保单贴现过程中,保单持有人、保险公司、投资人、保单贴现公司、健康评级等中介机构都是保单贴现市场正常运作的必要参与者。

(1) 保单持有人是贴现保单的供给方,需要提前变现保单获取现金流的主体,潜在的可开发客户包括退保客户、保单质押贷款客户、急需资金的客户 (如重症客户、个人经营失败的客户等)、需要提前支付养老金的客户等。

(2) 保险公司的角色基本未发生变化,只是保单后续缴费人员变更、受益人变更,需要做相应的保全操作，此外，保险资金也可以成为保单贴现资产的投资人，或者保险公司也可以自己成立保单贴现公司获取中介收入。

（3）投资人是贴现资金的供给方和贴现利润的受益方，为赚取利润承担一定风险。

（4）保单贴现公司是贴现业务的服务方，负责对接保单持有人、投资人和保险公司，组织开展保单评估、被保险人医学评估等，确定贴现金额，并负责贴现保单的后续管理、利益分配。其主要盈利来源是提供服务的对价，如果以自有资金参与贴现业务的投资，还可获得相应的投资收益。

（5）健康评级（医疗鉴定）等中介机构接受委托，负责对被保险人当前身体健康状况信息评估死亡风险，判断其预期寿命。

如图7所示，保单贴现的基本运作模式是：保单贴现的提供者是保单贴现公司，该公司与保单持有人订立保单贴现合同，同时另与投资人/投资机构签订投资合同。保单贴现人完全不与投资人直接交易，完全由保单贴现公司作为中间人采用间接交易完成。其间，医疗中介提供评估服务，保险公司提供保单保全服务。

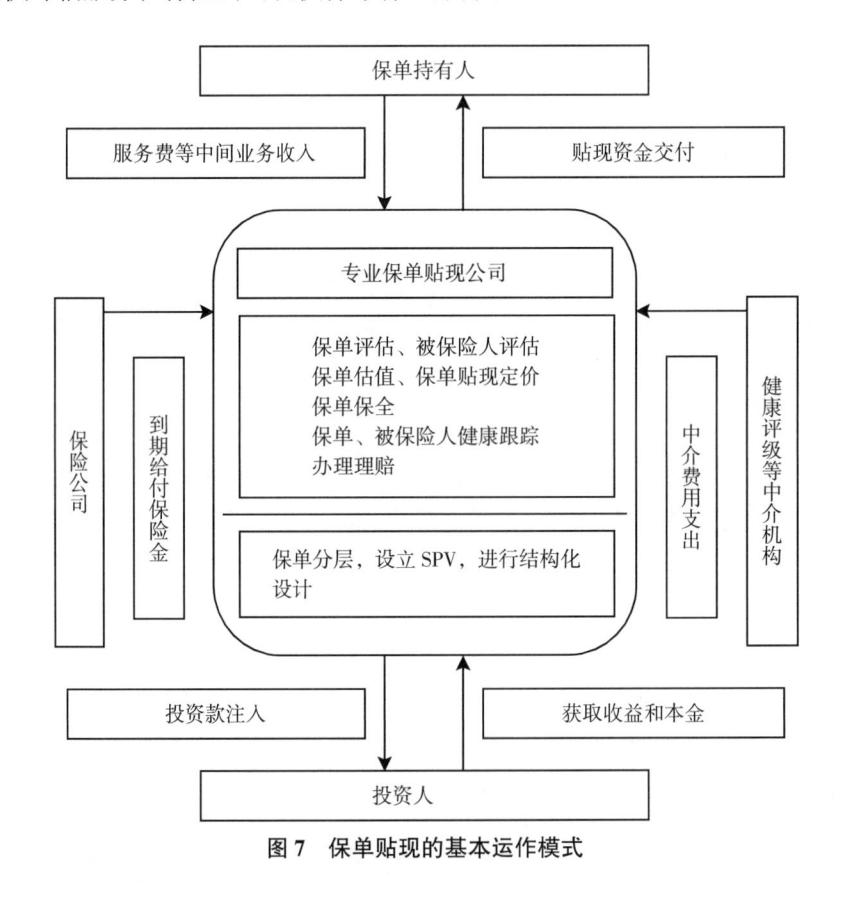

图7 保单贴现的基本运作模式

（四）保单证券化

寿险保单贴现并不是市场发展的终极形态，在资本市场的催化下，最初依靠中介机构的一对一保单贴现交易很快演变为一对多、多对一乃至最终的多对多交易，即寿险保单的证券化交易。在此模式下，保单贴现公司等中介机构不再撮合个别的寿险保单交易，而是成立特殊目的机构（SPV），以信托的架构向投资者吸纳资金用于收购各类寿险保单。SPV将收购来的保单根据收益和风险大小进行分割、重组、打包，进行结构化设计，并进行信用增级，进而在市场上发行分级证券化产品（如分为优先A、优先B、次级），这个过程便是保单证券化。通过份额化的分级证券化设计，有利于吸收更大范围的资金和不同风险承受能力的投资者。保单证券化相较保单贴现，是资本市场下实现保单资产有效流动的一种更高级的形态，使保单转化为在二级市场可流通的证券产品，能够吸引更多不同风险偏好的投资者；反之，大量投资者的参与又使得保单证券化市场急剧膨胀。

（五）保单贴现/证券化的意义

从保单持有人角度看，满足变现要求，保单贴现/证券化获得的现金介于满期给付和现金价值之间，高于以现金价值为基础的退保或保单质押贷款，但丧失保单受益权。从保单受益权的受让方（投资人）角度来看，保单贴现/证券化业务是新型的利润来源，当保单剩余期间的现金流（保险给付现金、后续保费支出现金等）的折现净值大于当前支付的贴现金额时，这笔保单贴现业务就可带来盈利。而且基础资产的风险与传统金融产品差别较大，不受经济周期影响，从分散投资风险的角度而言，保单证券化产品是一种有利选择。从保单贴现服务中介的角度来看，通过提供保单贴现的中介服务，可以获取手续费等服务收益。从健全保险市场和金融体系的角度看，保单受益权具备交易的经济基础，也在国外实践中被证明是具有较大市场的交易品种，保单证券化能够丰富我国金融产品市场，提升保单流动性，创造新的交易市场。

从保险公司角度看，在"偿二代"下，一是降低退保率，缓释最低资本中的量化退保风险。尽管保单贴现使保险公司失去一定的退保利润，但完成保单的整个生命周期、获取长期寿险产品的经营利润，最符合保险公司固有经营模式的要求。超出预期的退保会影响寿险公司资产负债匹配，迫使公司在不合适的时间出售资产以应对资金流动性需求，从而产生损失。保单贴现/证券化使保单基本维持原状，对保单的整个生命周期影响较小，可以降低退保率、提高续保率，进而使贴现保单产生正常的经营利润。二是促进内含价值高的长期寿险保单销售，改善保险状况。保单证券化较大地提高了保单可变现能力和变现价值，保单更具吸引力，投保人可将之视为金融资产或财产规划工具之一，不仅局限于长期保障功能。此类高价值保单销售占比提高，有利于提升公司的偿付能力水平。

（六）保单贴现/证券化市场概况

1. 国外情况

保单贴现业务于20世纪80年代在美国出现，经过30余年的发展，市场已相当成熟、健全，尤其是从1993年美国政府立法以来，迅速发展形成了巨大的市场，主导全球市场规模。目前，已有数十个州制定了专门的法律法规来加以规范，同时产生了大量专业的保单贴现公司以及评估保单价值的医院及律师事务所。美国康宁研究与咨询公司关于寿险保单贴现产业的年度调查报告显示，2011年寿险保单贴现市场有大约价值350亿美元的票面金额，而这一数字在2016年将增长到900亿~1400亿美元。

从发展历史上看：20世纪80年代重症保单贴现及死亡保险生前给付产品在美国问世；1995年美国立法支持重症保单贴现及死亡保险生前给付免征联邦所得税；1996年

医疗技术进步，重症患者（特别是艾滋病人）余命预估难度加大，保单贴现业者寻找其他市场，寿险保单贴现市场出现；1999年美国得州首先将健康老年人作为保单贴现经营对象；2000年底美国保险监管官协会对重症保单贴现修法，高净值保单加入保单贴现市场；2001年美国保险监管官协会发布第一个重症保单贴现示范法，各州可参照示范法进行州立法；2004年美国联邦保险立法委员会修订了示范法；2007年美国生前给付协会拥有了150家保单贴现会员公司，其中95%的业务为寿险保单贴现，5%为重症保单贴现。2007年11月，美国联邦立法委员会通过示范法修正条例，要求购买满两年的保单可进行交易。从上述成效可以看出，美国保险监督协会及各州对保单贴现业务的立法规范是推动业务成熟发展的关键因素。

2. 国内情况

国内保单贴现业务还没有开展起来，但在最近几年，我国部分保险公司在业务中出现了类似的附加产品，如"附加提前给付重大疾病保险""提前给付特别利益条款"，这些是用寿险保单条款的方式来实现的，可以说是我国保单贴现业务的萌芽。从国内具体情况看，保单贴现业务有需求、有市场。

一是老龄化进程加快，中国将进入深度老龄化阶段。伴随着老年人口的增加，退休问题、医疗费用问题也日显突出。目前，我国人均重疾医疗费用支出约在10万元左右，且以年20%的幅度快速增长，而其中社保医疗报销范围非常有限。庞大的老年人口及"巨额"的医疗费用使社会和居民对保单贴现产生了一定的需求。二是资金的流动性需求，当客户出现资金周转困难，希望通过退保或保单质押贷款获取资金纾困。2015年末保险行业的保单质押贷款额累计高达2298亿元，同比大增27.69%，退保金为3965亿元，同比增长约20%。从表3可以看出，保单质押贷款、退保金呈逐年上升态势，客户存在较强的变现需求，急需保单贴现这类现金补偿金额较高的保单变现产品。三是保险公司有需求。在"偿二代"下，寿险公司保险风险中退保风险比例最高，保单贴现可以有效缓释退保风险；另外，为提高资本效率，保险公司需要积极向资本占用较低的高价值长期业务转型，保单贴现业务有利于推进转型步伐。四是规模逐步壮大的普通寿险（长期年限占很大比例）、分红寿险、重疾险为保单贴现业务提供丰富的基础资产（见表4）。五是保单贴现证券具备一定优势，不受经济周期波动影响，违约风险低，且根据美国保单贴现市场投资经验，保单贴现所得的报酬高于银行存款利率，此证券产品易受投资者青睐。

表3 2011~2015年行业保户质押贷款和退保金数据

单位：亿元

全行业	2011年	2012年	2013年	2014年	2015年
保户质押贷款	636	835	1335	1800	2298
退保金	973	1238	1964	3331	3965
合计	1610	2073	3299	5130	6263

表 4　2011~2015 年寿险行业分险种保费收入（解释 2 号口径）

单位：亿元

人身险业务		2011年	2012年	2013年	2014年	2015年
寿险业务	小计	8695	8908	9425	10902	13241
	普通	951	970	1200	4296	6728
	分红	7663	7854	8133	6509	6413
	万能	77	80	87	92	96
	投连险	4.5	4.3	4.4	4.4	4.2
	剔除万能和投连	8614	8824	9333	10805	13141
健康险	小计	636	790	1006	1418	2182
	短险	230.3	262.9	334.1	426.4	557.8
	长险	405.3	527.4	671.4	991.7	1624.3

目前，国内市场上也逐渐开始一些尝试。北京 2003 年便成立了"北京保险服务中心股份有限公司"，目标是建立寿险保单贴现交易平台；深圳拟建立保单流通平台，解决保险产品的流动性；北京、上海、深圳、成都四地都在筹建保险交易所，上海保交所已正式挂牌成立，为保单贴现搭建了平台基础。近年来已经有美国保单贴现公司开始拓展海外市场，并在我国某些地区开始非法销售类似产品，特别是广东地区出现了一些香港保险人士操作的非正式保险贴现市场。

从保单证券化业务的前景来看，如果保单贴现能够较大程度地替代退保、保户质押贷款并开拓新的需求，国内保单贴现市场有望快速成长至 5000 亿元左右的规模，届时以贴现保单为基础资产的证券化业务有望发展起来，从而吸引更多形式、更大金额的资金进入这一市场，实现保险业务与资本市场的关联。

二、保险风险证券化

（一）基本概念

保险风险证券化是国际资本市场在 20 世纪 90 年代兴起的一种金融创新，它将保险人承保的风险通过证券的形式直接从保险市场转移到了资本市场，从而达到在资本市场投资者之间分散承保风险的目的。保险风险证券化业务与传统保险和再保险均有区别。

1. 保险风险证券化与传统保险

传统保险依据的是"大数法则"和精算，是在对事故发生率、死亡率、利率和费用率测算的基础上，将保险风险在众多投保人之间分摊的机制，保险公司仍然是风险经营者。保险风险证券化本质上改变了保险的运作机理。在保险风险证券化机制下风险分担的主体更多，所牵涉的利益关系也更为复杂。更为重要的是，保险风险证券化直接改变了保险行业的经营模式。原本保险公司是经营风险的企业，因此法律对其规定了资本金、准备金、偿付能力充足率等一系列严苛的指标，以确保其在保险期限届满时能履行对保单持有人的承诺。保险风险证券化直接转移了保险风险，保险公司从风险的经营者变成了中介机构，其盈利模式和对保单持有人的责任发生了重大的变化，这与前文的保单证券化基本不改变保险公司的角色相比有本质区别。这势必会引起法律制度设计、当事人权利义务关系和保险监管制度的变革。

2. 保险风险证券化与再保险

从转移原保险人承保风险的角度看，再保险业务与保险风险证券化有异曲同工之处，原保险人可以选择从再保险公司购买再保险，对冲其保险组合的部分风险，也可以通过证券化向资本市场转移保险风险，两种方法在一定程度上是可以互补、共同作用的；但从风险样本上看，对于众多相对较小的、独立的风险，传统市场和再保险市场的风险管理机制可以承担。但是，对于那些发生概率很小、破坏性巨大的风险事件，一旦发生，仅靠保险这个闭环市场的风险分散功能将远远无法覆盖其经济损失。如巨灾风险，国际和国内经验都验证了普通商业保险和再保险对巨灾风险管理的软弱无力，保险风险证券化是一种创新的极端风险管理模式，实现了保险风险向资本市场的转移。

（二）主要产品类型

早期的保险风险证券化主要是财产保险领域的巨灾风险证券化，但近年来保险市场对寿险风险和车辆损失风险等也开始了证券化的尝试。

1. 巨灾风险证券化

巨灾债券是巨灾风险证券化最常见的类型，它是以债券发行的方式，将债券本金和利息的偿还与否，直接和巨灾风险的发生与否相关联。巨灾债券和一般债券相比，有一个显著的区别是它的偿还附有条件，即如果在约定的期限内发生了约定的保险事件，债券持有者将丧失部分或全部的利息收入，甚至丧失部分或全部的本金。自然，巨灾债券的报酬率要高于市面上一般债券的回报率。

在实际操作中，保险公司通过SPV来发行巨灾债券。根据所承担风险的不同，巨灾债券可分为本金保护债券、部分本金保护债券、本金不保护债券；对于同一基础风险，也可以通过设置不同的利息水平和风险水平，来改变债券的风险程度，从而设计出种类繁多的巨灾债券来满足市场风险投资者的需要。从保险风险证券化产品的潜在效力来看，巨灾债券发挥了金融风险管理套期保值工具作用的能力。

2. 寿险风险证券化

如同巨灾风险证券化一样，人寿保险公司通过证券化规避极端死亡率、长寿率乃至罹病率急剧上升的风险。已经发行过的寿险风险证券化类型主要有极端死亡率债券和长寿债券。

极端死亡率债券是指本金或息票基于指定人群极端死亡率上的债券。寿险公司所面临的实际死亡率可能会远高于其承保时所预测的数值，为转移这种极端死亡率风险，寿险公司将其证券化，把风险转移和分散到风险承受能力更强的资本市场，以克服保险市场对极端死亡率风险总承保能力相对有限这一不利的现实。该债券是现实中首次尝试用证券化的方法来替代传统的转分保方法对冲极端死亡率风险，是寿险证券化发展过程中重要的里程碑。

长寿债券是国际上新兴的有效管理长寿风险的金融工具，是指其息票或面值与生存概率相关联的债券。经济发展带来生活水平的提高以及医疗技术的改善致使人类寿命普遍延长，即特定群体的实际寿命长于依据生命表事先预测的寿命的系统性聚合风险，形成长寿风险。通过长寿债券，养老基金和保险公司可以将长寿风险转移给其他金融机构或更为广泛的投资者，达到分散长寿风险的目的。目前寿险证券化产品市场发展迅速，相对而言，长寿债券的市场发展却十分缓慢。极端死亡率风险与长寿风险证券化的原理一样，均属于死亡率风险转移证券化，均能扩大寿险公司或年金公司的承保能力和业务范围。

3. 其他保险风险证券化

保险风险证券化的道路一旦开启，根据保险公司的风险管理、资本需求，保险业与金融业的融合会不断深入，其他类型的保险风险证券化也会逐步推出。如在国外，汽车保险证券化已经成为资产证券化中占较大份额的项目，它将汽车保险这一缺乏流动性但能产生可预见现金流量的资产转化为在金融市场上可以出售和流通的证券。安盛集团前几年就对2亿欧元的车险进行了风险证券化，在我国，汽车保险证券化还是一个较新的概念。劳工补偿保险证券化、健康保险证券化等，也受到国际再保险业的关注。

（三）运作模式

各类保险风险证券化运作模式相似，属于保险市场与资本市场两种最为重要的风险配置制度融合下的产品。本课题以较为成熟的风险证券化类型——巨灾债券为例，阐述保险风险证券化的运作模式。

一般而言，典型的保险证券化产品主要由六个要素构成（伍芳燕，2006）：①投保人；②由发行巨灾债券的保险公司或再保险公司担当的发起人；③一个具有特殊目的的机构充当证券发行人角色，由其承担保险人与资本市场的联系，并向保险人提供再保险契约；④与SPV签订证券契约的投资人，主要由购买保险证券化产品的投资人承担，可以是保险公司、再保险公司以及银行机构等资产市场参与者；⑤充当资产隔离者的信托机构，为了实现资产隔离，降低发起人与投资人对SPV的信用风险，需要将其所有资产移出SPV，由信托机构加以管理；⑥独立的资信评估机构，参与债券发行的评估工作。

与一般证券化的模式类似，保险风险证券化产品的发行一般由保险公司设立特殊目的载体，并通过该特殊目的载体发行债券，SPV通常会将向投资者收取的本金放在信托机构，再将资金投资到高流动性及高稳定性的金融工具，用以支付投资人的市场最低收益率（如国债）。该SPV在发行保险证券化产品的同时，将反向给发起保险公司签发再保险契约，达到将保险公司从保险公司转移和分散的目的。除此之外，保险公司还会将部分保费通过SPV支付给投资人，作为贴补投资人承受保险风险及保险公司违约风险的价差，更好地促成这笔交易。

如果事先确定的触发条件（如巨灾时间、长寿风险衡量指数临界值、死亡指数等）没有达到，投资者将收回本息，作为使用他们资金及承担风险的补偿。反之，如果达到触发条件，那么投资者就会损失利息、部分本金或者全部本金，SPV从信托机构将筹集资金转给保险公司来兑现再保险合同，债券契约完成。触发条件一般分为两类：一是补偿型触发，这种触发条件基于发起人在保险风险的实际损失。例如，1994年美国机动车联合服务公司USAA发行的巨灾债券是以公司的损失额超过1亿美元为约定的债务免除条件。这种触发条件很好地防范了基差风险，对发行人而言这类证券有完全的对冲效率。二是非补偿性触发，典型的触发机制包括行业损失触发、参数触发、模型触发等。例如，东京海上和火灾保险公司发行了一种巨灾债券，以 7.1 级地震的发生为债券的部分本金利息免除的条件。这类证券选用的物质特征一般应该很容易识别，像地震的烈度、飓风的风力级数、洪水的流量等。这类证券给发行人带来了基差风险，但这种触发机制没有道德风险，而且资本市场投资者能够以模型进行成本—收益分析，因此最受投资者的欢迎。

特殊目的机构在证券化交易中扮演了很重要的角色，对保险公司而言，特殊目的机构的存在可以避免保险公司在资产负债表中增加负债，也使得保险公司在计算净保费盈余率时扣除再保险费用；对投资者而言，如果保险公司由于某些原因破产，SPV 仍然有义务兑现巨灾债券，从而减轻投资者所承担的保险公司经营信用风险。

（四）发行基础

第一，证券化的风险必须能够定价。巨灾等极端风险的保险定价就很难，没有足够的样本支持大数定理，甚至可能发生遭受巨灾的损失程度超过整个保险行业的承保能力，原保险合同都如此，巨灾风险债券化的定价就更成为债券能否成功发行的关键。巨灾风险债券化首先要能够定价，而且必须通过公正的第三者进行巨灾风险的定价。因此，该定价者必须是市场上有信誉、有专业能力且具备公正性的机构，同时能够随时公开相关巨灾预测报告，使风险定价的过程透明化，取得投资者的信任，以降低道德风险的产生。

第二，债券的大小须适当。债券的发行过程中所需的成本高昂，如 SPV 的设立成本，律师、会计师、精算师等专业咨询费，定价机构的风险定价成本，行政成本等相当高昂。这些成本都属于固定成本，因此不论债券金额的大小，其所需的相关发行成本并不会相差太大，所以如何在固定成本下，寻求适当的发行单位是相当重要的。也就是说，当发行数量越大时，相对的平均成本会越低。

第三，债券发行内容的设计必须同时满足风险转移者的需求。巨灾风险承保的广度与风险承保理赔机制的设计，必须同时满足风险转移者的需求。由于债券风险承担的内容会直接影响债券评级，而债券评级的高低亦是决定购买者购买与否的一个重要因素，因此，在债券发行设计当时就必须决定适当的风险承担与债券评级。如 USAA 所发行的巨灾债券，虽属同次发行但却可以设计成 ClassA-1 与 ClassA-2 两种不同评级的证券，以满足不同需求的投资者。

实际上，从目前市场上所有的巨灾债券交易内容来看，几乎所有的债券承保风险都可以在传统再保险市场上找到替代的再保合约，而且承保条件可能比巨灾债券还要优越，价格上也可能较低廉，但是再保险公司具有偿付能力不足甚至破产的风险，不像巨灾债券买卖采取十足担保，风险分散更为广泛，交易的信用风险几乎为零，这使得证券化具备条件能够和再保险竞争。

（五）作用与意义

从保险公司的角度看，保险风险证券化为保险公司提供了再保险之外的保险风险管理方式，为"偿二代"下的资本管理提供了新型风险分散和融资工具。一是证券化能使资本市场的资金直接参与保险市场风险的承保，将风险分散到更大的群体，为整个保险市场的承保能力做支撑，使得再保险或保险公司的承保能力增加，进而有利于加快业务发展，提升盈利能力。二是证券化的产生与发展将为保险业提供更广阔的资金来源和转移风险的新型渠道。保险风险从保险公司转移出去，减少了公司在资产负债表中的负债，改善了公司的风险水平，释放监管资本；保险风险证券化不再依托保险公司整体信用融资，转为基于风险事件融资，能够有效补充资本和流动性。三是保险公司可以借助自身在精算、风险管理上的优势，通过成立 SPV 等中介机构，促进收入的多元化。

从发挥保险保障功能的角度看，长期以来，极端风险的价格不稳定且赔付巨大，保险承保和赔付能力极其有限。如巨灾保险的再保险市场价格常因巨灾频繁而不断上涨，甚至无保险公司愿意提供承保，导致自然灾害带来的损失得不到充分补偿，只能靠政府救助和民间捐赠，保险分散风险的社会功能没有得到有效发挥。保险风险证券化产品的发行，能够有效稳定巨灾等极端风险的再保险市场价格，也能在保险事件发生时，为投保主体提供必需的赔偿。

从投资者的角度看，巨灾风险等证券化产品具备较高的吸引力：一是基差风险（Basis Risk）较低。与合同标准化程度较高的保险期货或期权相比，虽然风险证券化的合同标准化程度低，但享有较低的基差风险，使风险的转移更为完整。二是信用风险低。债券发行所募集的资本，由 SPV 公司存入信托机构，仅于巨灾损失发生或债券到期后，才动用信托基金的余额，因此，买卖双方间的信用风险几乎不存在。三是根据承担的风险赚取合理的报酬。虽然巨灾风险发生后，投资者可能遭遇本金损失，但不同投资者可以购买不同风险等级的证券化产品以锁定自己最大限度的亏损，若极端风险事件不发生，则此类产品的收益率明显高于一般债券收益。四是能降低投资组合风险。保险风险证券化产品为零贝塔（Zero-Beta）投资工具，不存在资本市场风险，根据投资组合理论，能降低投资组合风险。但需要注意的是，并非所有的机构投资者都熟悉保险风险的合理价格，亦不了解寿险和财产保险损失赔款的计算，因此这类产品无法全面普及于资本市场的投资者。

从中介机构角度看，由于债券交易涉及中介服务、财务担保、信托机构、精算与定价等，证券化的交易成本较高，使得中介机构能够从中获取不菲的服务收入，利润可促使中介机构更有理由去推动证券化的成功发行；反之，开展崭新业务也促进了中介服务水平的提升。

（六）市场概况

2012 年以来，保险风险证券化[①]市场呈现跨越式发展，从一个相对小众的市场逐渐发展成为保险行业进行风险融资的主流渠道之一。截至 2014 年末，保险风险证券化市场规模达到约 600 亿美元，其发展尤其对财险领域的风险定价及承保能力具有一定影响。

近几年，全球各主要市场利率持续走低，经济形势低迷，全球资本投资利差缩小；加之全球气候变化加剧，各类巨灾风险事件频频被触发。在此大环境下，保险公司和再保险公司的盈利能力下降，承保能力被迫压缩，亟须从资本市场融资以满足承保需求；而投资者们出于对风险分散的考虑，也纷纷将部分资金从传统投资品种转移至保险风险领域。

1. 国外情况

巨灾风险证券化是保险风险证券化的主要形式，其覆盖的风险主要指财产及伤亡风险。2012 年起，巨灾风险证券化规模增长迅速（见图 8）；2014 年全球巨灾债券的新发行

---

① 此处统计数据包括巨灾债券、行业损失担保、极端死亡债券、长寿债券、内含价值证券化和资产管理工具等。

规模再创新高，达到 80 亿美元，巨灾债券的市场累计规模余额已达到约 230 亿美元；债券发起人涉及的保险机构达 20 家，其中约一半发起人都是首次参与保险风险证券化产品发行的机构。近年巨灾债券发行的另一特点是大额交易频出，其中，Florida Citizens 斥资 15 亿美元购买 Everglades Re Ⅲ 巨灾风险产品成为近年单笔最大交易。其他单笔上亿美元的大单也屡见不鲜，使得债券发行人获得了成规模的资金保障，从而进一步激发了保险人或者再保险人发行巨灾证券化产品的积极性。

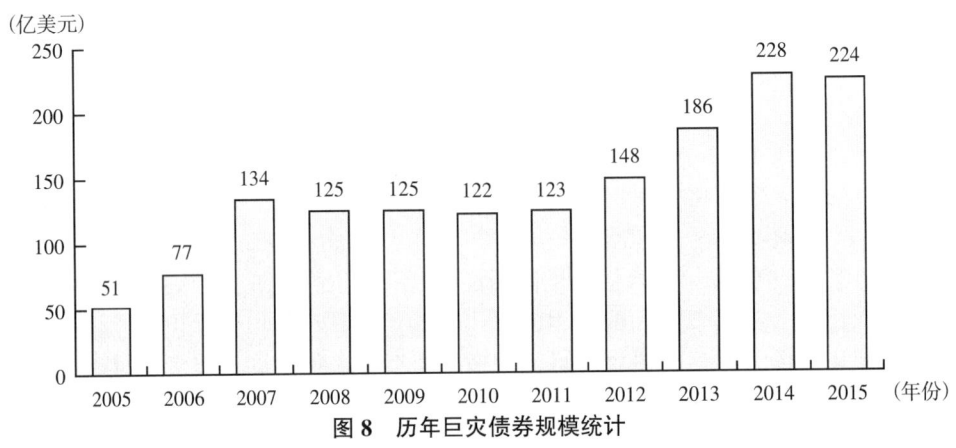

图 8 历年巨灾债券规模统计

资料来源：Statista（2016）。

（1）寿险风险证券化方面。极端死亡率债券市场规模增长较为迅速，2003~2012 年共成功发行了 9 次极端死亡率债券，融资总额达 24 亿美元。长寿债券方面，市场上出现的少数长寿债券有 2004 年欧洲投资银行（EIB）发行的长寿债券和 2010 年的瑞士再保险发行的 Kortis 长寿债券。

（2）车险证券化方面。基于巨大的市场规模和赔付规模，车险证券化被认为具有很大潜力。如安盛集团就曾经对 2 亿欧元的车辆损失险进行了风险证券化产品发行。

2. 国内情况

（1）巨灾风险证券化方面。2015 年，我国第一只巨灾债券已在境外市场成功发行。此次发行的这只以地震风险为保障对象的巨灾债券由中再集团旗下全资子公司中再产险作为发起人，发行主体为设在百慕大的特殊目的机构 Panda Re，募集金额 5000 万美元。中再集团和中再产险以再保险转分的方式，将其所承保的部分中国大陆地区地震风险分保给特殊目的机构 Panda Re，再由 Panda Re 在境外资本市场发行巨灾债券进行融资，以融资本金为这部分风险提供全额抵押的保险保障。作为自然灾害多发的国家，70% 的城市暴露在洪水、台风、地震等自然灾害之下，但是，我国保险行业在巨灾救助方面发挥的作用有限。2008 年汶川地震损失近 8500 亿元，保险只赔了 20 多亿元，表面原因是商业保险公司的巨灾保险没有发展起来，根本原因是巨灾风险不符合大数法则，其风险损失不是一家或几家直保公司、再保公司可以承受的。欧美市场上保险赔付占巨灾损失的比例可以达到 20% 左右，其中大量风险通过巨灾证券化向资本市场进行了分散。目前，我国正在探讨巨灾证券化的相关事宜，筹备中的上海保交所等也计划开展相关业务。因此，无论是从扩展巨灾风险的分散场所来看，还是从丰富我国金融产品的角度来看，巨灾证券化均有较大发展空间。

（2）寿险风险的证券化方面。这一业务在我国处于萌芽状态，尚未有实际相关产品发行的记录。然而，我国的保险业仍处于发展的黄金阶段，资金需求十分旺盛，适合探索新的融资模式。此外，寿险公司还要应对因人口老龄化问题而带来的日益严峻的长寿风险，因此迫切需要找到适合我国国情的寿险证券化方案。

三、保险内含价值证券化

（一）基本概念

保单内含价值证券化是以寿险业务为基础的证券化，是指寿险公司将寿险保单获得成本、未来业务经营利润以及封闭业务的盈余资产作为担保，以有效业务在经营期内产生的未来的预期现金流为基础资产支撑，在资本市场上发行证券，其目的在于将保单内含价值一次性提前变现以满足寿险公司的融资和风险管理需求。其基础在于保单获得成本和有效业务价值等的风险和现金流的可分离性（谢世清，2015）。每份寿险保单都是一套完整的业务闭环，收到的保费、付出的手续费及佣金、各种给付支出等都是可以逐单分离的，且每一份保单都包含明确的风险因素以及未来的现金流预期，这就使得标的资产内含价值暴露的风险及未来预期现金流可以很容易与寿险公司其他业务的现金流相分离，为内含价值证券化提供了基础。

（二）主要产品类型

按证券化标的资产来分，保单内含价值证券化可分为三类，如图 9 所示资产负债表的左侧三项：保单获取成本证券化、有效业务价值证券化和封闭业务证券化。

资产负债表	
资产	负债
1. 保单获得成本	4. 死亡保险金给付
	5. 年金给付
2. 有效业务价值	6. 多余责任准备金
3. 盈余资产（封闭业务）	盈余边际（封闭业务）
指定封闭业务资产	市值边际
	封闭业务负债

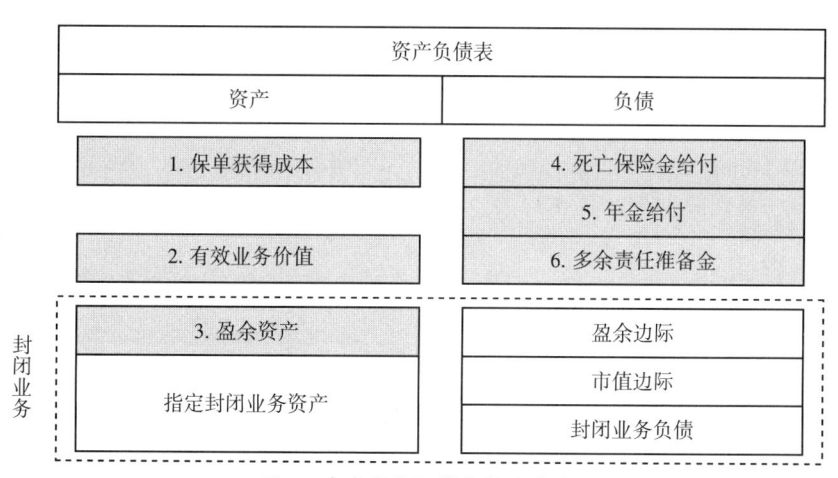

图 9　内含价值证券化基本分类

资料来源：谢世清（2015）。

1. 保单获得成本证券化

寿险公司获取新业务时必须先期投入与保险合同有关的较大的手续费、佣金、体检费等直接费用，这些费用构成保单获得成本。按照国外会计准则惯例，对于长期寿险保单，由于此类支出所带来的保费收入是在保单有效期内按时间逐年得以确认的，因而寿险公司通常首年也不将所有支出计入当期成本，而是根据权责发生制的会计原则将此类支出先资本化为无形资产。在保单有效期内，寿险公司每年逐步从未来的保费收入或退保罚金中进行摊销并减记为递延获得成本。由于寿险公司在首年已经将保单获得成本以现金方式支出，因而寿险公司未来每年提取的摊销成本实际上可以视为其净现金流入。保单获取成本证券化就是将这部分确定的净现金流入作为基础资产进行证券化操作，减轻保险公司一次性付出大额成本的压力。

然而，2009年初中国保监会发布了《关于保险业实施〈企业会计准则解释2号〉有关事项的通知》，明确规定了保单获取成本不得递延，即所有保单获取成本需一次性计入当期损益，不得逐年确认。这也使保单获得成本证券化目前在我国并不适用。

2. 封闭业务证券化

封闭业务证券化源起于欧美市场风行的相互保险业务，属于衍生业务之一。相互保险指的是由所有参加保险的人自己成立的法人机构，类似合伙制企业，规模有限。由于合伙制企业不能依靠发行股票来获得资本、扩张规模，因此在20世纪90年代金融蓬勃发展、监管逐步放松、大量金融集团开始涉足寿险业务的背景下，相互保险机构纷纷寻求改制，致力于由合伙制企业改为股份公司，以便在市场上进行大规模筹资和并购。改制过程中，为了避免原相互保险保单持有人的分红权益与改制后股份公司新业务的权益之间产生冲突，普遍做法是将原相互保险保单及其对应的资产负债与改制设立的股份公司的新业务分离开来，形成独立的"封闭运行"账户，即封闭业务。以封闭业务的盈余公积、未分配利润及现金流为基础资产进行的证券化，则为封闭业务证券化。

3. 有效业务价值证券化

寿险公司的现金流入主要来自三个部分：新单及续期保费、准备金对外投资的收益和资本利得、退保利润等其他业务收入。现金流出主要有四个部分：当风险事件发生时向保单受益人支付约定的保险赔偿金、保险合同到期支付的满期给付金、退保时所支付的退保金以及保单获取成本、税金。有效业务价值证券化是指将特定期间内特定保险业务未来可收取的净现金流予以证券化，提前变现该特定保险业务的未来收益。换句话说，就是通过资产证券化将人寿保险业务的成本以及未来收益形成的内含价值提前变现为证券化产品。

（三）运作模式

保单内含价值证券化属于负债端证券化，其运行机制与大多数证券化产品类似，其运行流转过程也与保险风险证券化基本一致，大体包括发起人（寿险公司或再保险公司）将自营的或者从一家或多家寿险公司收购的一批寿险保单集中，形成一个资产池，将资产池内保单的资产、负债以及所产生的净利润以真实销售的方式转移给独立的SPV，后者对净利润进行重组打包并以此为基础发行债券给投资人，债券发行获得的本金被转移给发起人，用于对其保单内含价值进行融资。在此基础上，还可以通过第三方担保机构减少证券死亡率和保单续保率的风险暴露，引入信托投资和利率互换等机制。

与其他证券化相比，保单内含价值证券化具有一定的特殊性，主要表现在以下两个方面：一是内含价值估值模型复杂，精算难度较大。在各类寿险保单中，最适合作为内含价值证券化标的的就是那些持有中的长期或者终身寿险保单。能否将这样一批保单进行公允合理的价值估值，无疑是证券化产品利益相关者最关心的问题之一。众所周知，保险产品的设计、保费的计算、现金流的安排都是依靠精算模型实现的，而精算过程包含大量的精算假设，如死亡率、退保率、费用率、风险收益率等。随着经济环境、社会环境的变化，如利率下行、人口老龄化、医疗技术进步、替代投资产品出现等，精算所使用的假设会随时间的变化而变化。因此，在对持有中的保单进行估值时，原保单生效时的价值评估结果很可能已经不再适合作为证券化产品的估值依据，精算师需要重新对保单进行价值评估。考虑到再次估值的结果将直接影响证券化产品投资者的利益，因此内含价值证券化对于精算准确性和合理性的要求进一步提高，难度加大，需要更为专业的精算师和更为合理的金融模型。二是监管政策是否允许保险公司将尚在存续期的业务通过 SPV 转移。保单是客户与保险公司签订的法律合同的一种，签发保单的公司需要对保单的给付负责。保单内含价值证券化试图将保单涉及的全部资产和负债转移给 SPV，实质上也将保单经营权卖给了 SPV，由 SPV 进行保费收入的投资运营和赔款、给付的支出。保险法及相关法律法规是否认可此类风险转移，并且允许原保险公司将对应的资产和准备金负债一同出表，将直接决定此类证券化的实施是否有意义。如果监管规定不允许保险责任准备金出表，则实施证券化将会给保险公司带来更严重的资金紧张和偿付能力风险。

（四）作用与意义

内含价值证券化的实质将未来多年利润提前一次性获得，将"未来资产"转换为即期货币，提前套现保单本身所包含的未来利润现金流。

对于证券化的发起人保险公司来说：首先，它是一种融资工具，并且这种由资产作为支持的证券往往成本相对较低，它的发行有助于改善保险公司资本水平，利用融到的资本支持新业务发展，提高承保能力。其次，它可以起到风险隔离的作用，如果业务封闭化运行，其风险不会传递至其他业务。再次，内含价值证券化加快了业务周转速度，有助于提高保险公司盈利能力。最后，内含价值证券化还实现特定业务管理，通过观察和跟踪独立账户封闭运行情况，为其他未证券化的部分提供更精确的市场估值，以满足精算和公允价值评估的需要。

对于证券化产品投资者来说：第一，以内含价值为基础的证券化产品投资风险较低。保险是基于大数法而产生的，在保单体量达到一定规模的情况下，保险公司对于保单的续期收入情况、退保情况、给付情况等的预测和评估相对是比较准确的。在不发生极端挤兑或非理性退保高潮的前提下，投资者的收益基本可以得到保证。第二，保险资产与银行资产在风险内涵和盈利模式上有着明显的区别，在市场上充斥着大量相似性很高的银行信贷资产证券化产品的背景下，保险内含价值证券化产品可以为投资者提供更多的选择，帮助投资者分散投资风险。

（五）市场概况

保单内含价值证券化在国内还没有先例，国外已经有了较长的发展历史和成熟的市场模式。保单内含价值证券化曾是寿险证券化最主要的形式，1996年至2006年6月固定收益市场上发行的人寿债券总价值达到159亿美元，超过半数是内含价值交易。在2008年国际金融危机爆发前，责任准备金证券化[①]的迅速发展使得内含价值证券化的占比下降至30%左右。此后受金融危机影响，内含价值证券化的发行又进一步下降，但如表5所示，近年来在欧洲有了大幅度的恢复。2014~2015年，内含价值证券化产品发行规模继续增加，Reinsurance Group of America 于2014年发行了3亿美元的利率为4.5%的内含价值证券化债券；Aurigen Capital Limited（ACL）于2015年初发行了2.1亿加元的内含价值债券等，其中ACL将部分募集资金用于兑现其在2011年发行的上一期内含价值债券（Willkie Farr & Gallagher）。据瑞士再保险2006年发布的报告估计，内含价值证券化全球潜在市场将达到4000亿~5000亿美元，而现有内含价值证券化的规模仅为70亿美元，因此其未来仍有巨大的增长潜力（Swiss Re，2006）。

表5 国外近年来保单内含价值证券化的发行情况

项目	AEGON	Bank of Ireland	Santander	Caixa Bank	BBVA	RGA	ACL
时间	2007年1月	2007年10月	2012年7月	2012年11月	2013年3月	2014年12月	2015年1月
金额	£92m	€400m	€490m	€524m	€630m	$300m	C$210
国家	英国	爱尔兰	西班牙	西班牙	西班牙	美国	加拿大
产品	投连险等	投连险	定期寿险	定期寿险	定期寿险	定期寿险	定期寿险
业务	封闭业务	开放业务	封闭业务	封闭业务	封闭业务	封闭业务	封闭业务

注："m"表示百万。
资料来源：①根据 Towers Watson（2013）整理。②Willkie Farr & Gallagher LLP（2014）。

（六）案例

1. 保单获取成本证券化示例

1998~2002年，德国汉诺威再保险（Hannover Re）将批量业务打包，先后五次进行寿险、健康险以及意外险业务内含价值证券化产品发行，累计获得4.31亿欧元的融资，并以此拓展其在德国本土、西欧、北美和亚洲的业务扩张及发展。汉诺威再保险发行的这些内含价值证券化系列产品中，就有相当一部分属于保单获得成本证券化。首先，汉诺威再保险先从西欧和北美的多家寿险公司获取大量仍在有效期内的寿险再保险业务，并为这些寿险公司提供保单获得成本融资支持，随后将再保险业务内含价值打包进行证券化，以融资资金弥补其自身的保单获得成本所需金额。在此过程中，汉诺威再保险充当了资源集中者的身份，通过收集多家机构保险业务并打包卖给多方投资者的方式实现了规模经济效应、有效分摊了证券化所花费的固定成本，并在较大范围内分散了死亡率风险与保单失效风险（Cowley and Cummins，2005）。

---

① 美国市场上，监管机构要求计提的法定责任准备金相对保守，超过经济责任准备金，两者之间的差额称为"超额责任准备金"。超额责任准备金使保险公司的资本压力增大，承保能力受限。因此，保险公司开始基于超额责任准备金发行证券化产品，进行融资，缓解资本压力。我国监管准则与会计准则下，均按最优估计方法计提保险责任准备金，不具备超额责任准备金证券化基础，因此，不在本课题中探讨。

2. 内含价值证券化示例

某人寿保险公司想要释放资本从而实现其战略增长的目标，拟将其价值4亿美元的业务证券化，业务包括传统寿险、利率敏感型寿险、递延年金以及公司拥有的寿险。为此，该保险公司创建了一种结构性的解决方案，即损失首先会影响公司自留的风险部分，继而是BB级，然后是BBB级，依次类推。自留部分确保发起人将首先遭受损失，因而为拥有较高级别债券的投资者提供了保障。证券化提供了风险转移，降低了保险公司的资本要求，使其得以发展新业务。保险公司可以立即获得寿险保单未来现金流的限制。投资者后的收入，同时也合理地承担与收益挂钩的风险。收入流包括利息收入以及债券到期本金。这项投资有助于投资者固定收益组合的多样化，因为债券与权益或传统固定收益证券没有关联。但投资者也应熟悉其中所涉的风险，包括死亡率风险、失效风险，有些还存在利率风险等其他风险。

3. 封闭业务证券化示例

封闭业务证券化的一个典型案例就是2001年普天寿金融集团公司（Prudential Financial）在去相互化过程中发行的封闭业务内含价值证券化。如图10所示，该封闭业务证券化大致包含以下内容：一是去相互化，即Prudential Financial通过IPO在资本市场发行1.1亿股Class A股票取得30亿美元，并向原相互保险保单持有人定向发行4.56亿股股票替代其在原相互保险公司的权益，完成了从一家封闭的相互保险公司向保险股份制公司转化的过程。二是分离新老业务，即新公司将原承包的相互保险保单全部打包转移给独立SPV公司（Prudential Insurance）封闭运营，并由集团下游控股子公司（Prudential Holding）对普天寿保险公司（Prudential Insurance）进行控股。三是内含价值证券化，即SPV以封闭业务的内含价值为基础发行17.5亿美元，包含A、B和C三个不同层级的系列债券，同时母公司Prudential Financial发行1.75亿美元Class B股票跟踪反映该封闭业务的市场价值（Cowley and Cummins，2005）。

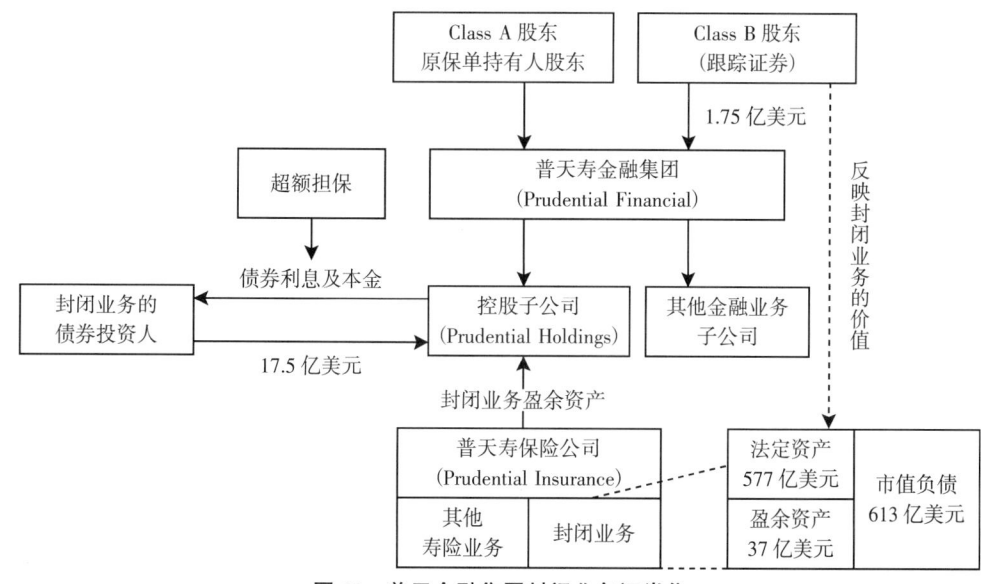

图10 普天金融集团封闭业务证券化

资料来源：谢世清（2015）。

四、保险资产证券化

(一) 基本概念

我国资产证券化自2012年重启以来,得益于市场需求和政策导向,得到快速发展。近几年,作为金融市场的重要组成部分,资产证券化受到了广泛关注,但从发行主体和规模而言,银行仍是资产证券化的主要发行力量。保险企业在资产证券化中可扮演三类角色:

第一,保险公司作为投资者,用保险资金投资资本市场的金融衍生工具——资产证券化产品,资本的收益性使保险业与资产证券化产生了最初的联系。保险资金的投资范围逐步放开,保监会2013年8月出台了《关于保险业支持经济结构调整和转型升级的指导意见》,提到"支持保险资金参与信贷资产证券化",鼓励保险公司充分发挥机构投资者作用和资金融通功能。目前,保险公司投资的资产证券化产品,主要包括银行信贷资产支持证券、证券公司专项资产管理计划、保险资产管理公司项目资产支持计划。

第二,保险公司或保险资产管理公司作为发行人,参与证券化过程,赚取中介业务收入。2014年7月底,保监会向各保险资管公司下发《项目资产支持计划试点业务监管口径》,明确规定了保险资管作为资产证券化发行人及项目资产支持计划受托人的监管口径,其在一定程度上赋予了项目资产支持计划的风险隔离功能,使其拥有了特殊目的载体(SPV)属性,表明保险直接运作资产证券化序幕正式拉开,而其将信贷资产、金融租赁收益权资产、符合要求的股权资产纳入项目资产支持计划投资范围,表明保险资金投资范围进一步拓宽。但是,实务中保险资产管理机构发行的项目资产支持计划数量仍然较少,主要原因在于三个方面:一是监管严格,规定资产种类限于信贷资产(企业商业贷款、住房及商业性不动产抵押贷款、个人消费贷款、小额贷款公司发放的贷款、信用卡贷款、汽车融资贷款)、金融租赁应收款和每年获得固定收益分配,且对本金回收和上述收益分配设置信用增级的股权资产。其中,股权资产的信用增级方式包括保证担保、抵押担保和质押担保。二是项目资产支持计划仍实行审批制度。银行资产证券化产品、保险资管基础设施债权计划、保险资管不动产计划、保险资管产品均实行注册发行制,产品发行效率较审批制下的产品更高。三是无相关二级市场,缺乏流动性。相比而言,银行资产证券化产品、证券公司专项计划均可在银行间和交易所流通。

第三,保险公司作为资产证券化的发起人,将自身基础资产作为标的,发行证券化产品,以换取资产流动性达到融资目的。这就是本课题所讲的第四类保险证券化,即将保险公司资产负债表左边流动性不高的资产打包并结构化处理,以发行证券化产品。

(二) 保险资产证券化的特有类型

盘点保险公司资产负债表的左端,一些流动性低、可证券化的基础资产项目,如信托计划、投资性房地产非标准投资等,同一般的资产证券化运作方式一样,在此不做赘述。保险公司一些带有保险特质的资产若成功发行资产支持证券,可算是金融衍生工具在保险市场具有重要意义的尝试。2016年国内就有一例，已经成功发行保险资产证券化——保单质押贷款支持证券。

保单质押贷款为保险公司带来未来现金流量，满足作为证券化基础资产的基本条件。随着保单持有人资金需求的提高，保单质押贷款规模近年来不断增加，使保险公司有更多动力发行保单质押ABS项目，以激活存量资产、提高资金配置效率。由太平人寿与华泰证券合作发行的"太平人寿保单质押贷款债权支持1号专项计划"推开了保单质押贷款证券化的一次全新试水，虽然该项目预期收益仅有3.88%，但是期限短——仅有半年时间，资产质量又好，很受市场的欢迎。据悉，这不仅是全国首单，更是全球首个保单贷款ABS项目。在操作上，每一笔保单质押贷款，太平人寿都需征得贷款人对"公司转让合同项下债权"的书面同意后，才进行后续处理，且全过程中客户无须与任何第三方发生直接接触，不会对客户的权益和体验产生任何影响。与此同时，太平人寿债权支持1号的设计和报批过程也受到了监管部门的高度关注和大力支持。上海保监局有关部门指出，该项目的推出是"金改40条"发布以来，保险机构在自贸区内探索金融创新的有效尝试，进一步促进了保险业与资本市场的双向融合。

（三）运作模式

各种类别资产证券化的运作模式和流程基本相同，保险风险证券化、保险内含价值证券化都做了较为详细的阐述，在此简要介绍保险资产证券化。

主要参与者及运作流程（宣和，2013）：①保险公司作为发起机构根据实际情况，选择合适的基础资产进行证券化，以达到融资目的，盘活公司存量资产需求。②建立资产池后出售或信托给一家特定目的载体，通常这项转移形成真实销售。可以由保险公司的资管机构设立SPV，可降低内部沟通成本，并拓展业务收入来源。③由SPV以该资产池未来所产生的现金流为支撑，对其进行重组，分割信用增级，在金融市场上发行资产支持证券。出售证券的所得将会作为SPV从发起人处购买资产的资金。④资金保管机构接受受托机构委托，负责保管信托资金。资金保管机构应按保管合同的约定，定期向受托机构提供资金保管报告，说明资金管理情况和资产支持证券收益支付情况等。⑤投资机构作为信贷资产证券化业务的"末端"，购买证券产品。⑥以贷款作为基础资产的证券化，会有贷款服务机构接受受托机构委托，负责管理贷款的机构。理论上，贷款服务机构与最初信贷资产证券化的发起机构（即保险公司）可以不属于同一机构。但是实务中，由于作为发起机构的保险公司对证券化的贷款资产本身的资料很了解，管理起来更为方便，也更有效率和效果。当然，除了上述六个主要参与者，还涉及律师事务所、会计师事务所、评级机构等中介机构。

（四）作用与意义

一是提供基于资产负债表左方的融资方式，可用于补充流动性；二是可以实现高资本占用资产出表的目的，改善资产配置，优化偿付能力；三是作为发行人，获取中间业务收入，拓展收入来源；四是作为资产证券化产品的投资人，接入信贷资产等长期资产，有效匹配寿险长期资金，优化资产负债匹配。

（五）市场概况

国外市场上，保险资金特别是长期寿险资金，既是 MBS 等证券化产品的主要投资方，也是资产证券化产品的重要发起人。

国内市场的情况如下：

（1）保险资金投资方面。与国外保险资金有很大的不同，国外保险资金运用结构复杂、渠道广泛，有价证券占有一定的比重，甚至还涉及风险投资；而我国的保险资金主要投向银行存款、债券等稳健投资，平均占比在50%以上，其中债券占有最重要的地位。2015 年，我国资产证券化市场发展提速，全国共发行 1386 只资产证券化产品，总金额 5930.39 亿元，同比大幅增长 79%，市场存量为 7178.89 亿元，同比增长 128%。但实务中，保险资金参与的规模还不大。保险资金的投资比例约为 2%，规模不到 100 亿元，也不到 10 万亿元保险资金总量的千分之一。

（2）发起人方面。国内实务中的首例，是由太平人寿与华泰证券合作发行的"太平人寿保单质押贷款债权支持1号专项计划"，该项目发行规模 5 亿元，发行期限 6 个月，优先级预期收益 3.8%，评级为 AAA 级。截至 2016 年上半年，寿险全行业保单质押贷款规模已达到 2528 亿元，对于这样一笔规模庞大且持续增长的存量资产，此前还没有一家公司对其进行过主动管理，太平人寿的这次尝试表明保险公司的资产证券化正式开闸。此外，截至 2016 年上半年，我国保险行业总资产 14.72 万亿元，其中债权计划、股权计划、投资性房地产、长期股权投资等非证券类资产超过 1.5 万亿元，这些资产如果通过证券化盘活，在"偿二代"下将有积极意义。

（3）发行人方面。对资产证券化产品，保险资管公司的兴趣比较大。2012 年 10 月，保监会《关于保险资金投资有关金融产品的通知》发布，拓宽了保险资金的投资范围。2013 年 4 月，新华—东方一号项目资产支持计划成为保险投资新政以来首个项目资产支持计划。当年共发行项目资产支持计划 12 个，发行规模 451 亿元。2014 年项目资产支持计划的发行有一段停滞，随着 2014 年 7 月《项目资产支持计划试点业务监管口径》的发布，项目资产支持计划重启，当年共发行项目资产支持计划 7 个，发行规模 202 亿元。截至 2016 年 8 月底，保险资产管理机构累计发起设立各类债权、股权和项目资产支持计划 586 项，合计备案（注册）规模 14894.01 亿元。但 2015 年 1~9 月，22 家保险资产管理公司中只有 9 家试点了资产证券化相关业务，共发起设立了 22 单资产支持计划，金额合计 812.22 亿元。也就是说，作为五大类资管产品之一的资产支持计划业务，只占保险资管公司各类资管业务的 6% 左右，业务规模仍然较小。

第四章　保险证券化的关键问题

保险证券化不只是单个机构或单个产品的证券化尝试，而是涵盖保险经营领域、经营模式和利润实现等多环节、全流程的创新，将深刻地改变保险业发展的格局，并对金融法律和监管制度产生重大影响。保险证券化能否得到健康发展，有赖于金融市场配套措施的完善和健全，即健全的法律法规支持，完善的会计、税收制度，有效的金融综合监管、专业人才储备等。

一、法律法规

有关法律法规的创新完善可以为保险证券化的大规模发展提供有力保障，但保险业务有别于普通的金融产品，特别是寿险产品，它以人的身体、生命为标的，在证券化过程中，与一般物权转让的法律基础不一样。

在保单证券化方面，从国际市场上看，在业务较快发展的同时，保单贴现业务也面临着较大的法律规管问题。美国经过多年的实践和立法，对保单贴现业务仍有严格限制，被保险人需为重疾末期、慢性病患者以及 65 岁以上老人，保单签署公司须具备一定资质，且部分州对贴现定价进行管制。加拿大等国还不允许保单贴现业务开展。从国内市场上看，在我国目前《保险法》的框架下对寿险证券化过程中 SPV 收购保单资产的交易的法律定性不明确。在 SPV 收购保单资产的过程中，向保单持有人购买了寿险保单的受益权从而成为了新的保单受益人。但是保单受益权是一项不稳定且权能不完整的债权。根据《保险法》第 41 条的规定，被保险人可以随时变更受益人，而受益人却不能转让受益权。也就是说受益人地位并不稳固，其受益权的行使完全依赖被保险人的配合。造成这一现象的原因在于，我国的保险立法是以保护被保险人权益为核心的，受益人的权益要屈从于被保险人的权益。此外，保单受益权还受到投保人退保权的威胁。我国《保险法》并没有清晰地界定投保人退保权和受益人受益权的相互关系。根据《保险法》第 15 条的规定，投保人在保险合同成立后可以行使退保权，而且理论上该权利在保险合同终止前都有效。因此，即使能够行使保险金请求权，如果投保人决定解除保险合同理论上可在保险事故发生以后，SPV 等机构也可能面临一无所获的局面。2003 年成立的"北京保险服务中心股份有限公司"至今尚未开展保单贴现业务的经营，可见保单证券化要在我国推广应用，法律制度方面还有待进一步的细化（顾业池，2010）。

在内含价值证券化方面，如果按照"真实销售""风险隔离"的原则开展，相当于保险合同中保险人的职责发生了变更，保险公司从风险的经营者变成了中介机构，其盈利模式和对保单持有人的责任发生了重大变化，保单持有人是否达成一致同意，尚未在保险法规中找到有力依据。

综上所述，我国保险证券化在法律制度层面还有很多欠缺，这必然会对实务操作产生消极的影响。

二、金融综合监管

自2003年起，我国实行了"一行三会"的金融监管体系，在加强监管专业化管理的同时提高了监管效率。但在业务创新的背景下，金融混业经营的出现容易诱发金融风险的"多米诺骨牌"效应，对金融监管体制也提出了严峻的挑战。保险证券化机制深化了保险市场和资本市场的融合，各自风险相互传递，需要对两个市场共同进行监管。保险市场的监管决定了保险公司能否通过有效的风险管理来对其可预期的良好资产实施证券化，最终来吸引投资者的购买；资本市场的监管则决定了投资者在资本市场上的投资信心，以及发挥资产市场的分散功能，而非加大风险集中度。因此，两者的监管要互为补充和协调。为避免重复监管和监管真空，保监会和证监会须加快完善金融综合监管协调机制，明确分工和职责，就监管中的问题进行协商并采取有效的措施来应对；同时，还应加强双方金融监管数据的交流，实施信息共享，构建畅通的信息共享平台。

三、风险因素

保险证券化因基础资产特殊性、产品设计复杂性，面临着诸多风险，做好风险控制管理是证券化产品成功发行的关键因素。

（一）定价风险

证券化业务的定价取决于标的业务的价值和风险轮廓，而保险证券化的风险因子与传统证券化业务存在较大差别。而且，由于证券化的本身具有复杂性和创新性，证券化的基础资产特性、信用增级方式、市场利率变化等因素使得定价方法和过程不尽相同，容易造成定价风险。

在保单证券化产品中，基础资产的价值除了取决于贴现金额与实际给付金额之差外，还取决于实际死亡率与预计死亡率之差以及实际生存时间与预期生存时间之差等，定价的偏差都会影响投资者可获得的实际收益。在内含价值证券化产品中，风险来自资产和负债两方。内含价值的评估需要基于一系列精算假设（死亡率、退保率、伤残率等）、投资收益率假设、折现率假设，对保单现金流、投资收益等进行估计，进而通过折现获得。任何一项假设因子的微小变化，可能引起内含价值的较大变化，因此，内含价值与实际收益很可能产生较大的偏差，需要对封闭资产或指定资产组合面临利率风险、股票市场风险等投资风险以及负债端面临死亡率、生存率以及保单失效风险等进行全面审慎的评估。当然，由于风险偏好等不同，不同主体对同一组业务的内含价值可能产生不同的评估值，使产品定价变得更复杂。在保险风险证券化中，基于指数性或模型性触发机制的最大风险是基差风险,即公司的损失与决定证券化产品偿付的指数的距离。合理的风险测定及定价需要整合大量详尽可靠的数据,这就使一方面需要建立合理的数量计算模型,另一方面需要对复杂数据的处理、运算、分析。这些技术性的突破需要长时期的历史数据积累,并借鉴国际先进经验,不断探索符合实际的数据统计方法、建立可定量计算的模型以及对无法量化因素的定性分析方法,我国保险业还需很长的时间去探索。

(二) 道德风险和逆向选择风险

目前已经有很多研究指出,证券化等金融创新会诱发金融机构的动机扭曲 (Incentives Distortion),增大单个金融机构的风险水平。主要诱因有两个方面:一是证券化会降低金融机构对基础资产的审核和监督的积极性。因为证券化后将其信用风险进行了转移,包括保险风险被转移,所以保险机构对承保业务、投保人的监督将会减弱,甚至会降低承保标准而出现道德风险,并且有更大的动机将不良贷款证券化,即会出现逆向选择问题。二是证券化会引发金融机构的盲目风险承担。金融机构通过证券化后出售资产时一方面可以降低资金占用,另一方面也更加方便容易。这就使得进行证券化的金融机构愿意提高自身的风险承担水平,愿意持有高风险的业务,从而增加金融机构或证券接收方的风险。

因此,从监管角度看,必须有措施要求金融机构严格限制证券化的基础资产质量,如通过强制自留比例将证券化的风险与金融机构部分捆绑;同时,加强流动性指标的管理,控制自身的流动性风险,避免为快速发展和追求超额利润而过度证券化以致作茧自缚;另外,可以提高金融机构信息披露程度,要求其分别披露资产负债表内证券化风险暴露和表外证券化风险暴露等,遏制金融机构参与高风险业务的动机。

四、交易成本

保险证券化业务涉及参与者众多,往往面临较高的发行成本,这使保险证券化业务往往需要达到一定规模才具备发行意义。

(一) 担保成本

从国际发展趋势上看,保险证券化正在变得更为便捷,如欧洲有些保险证券化产品不再进行担保。但在我国,保险证券化作为金融市场的新品种,在试点初期,担保能降低产品信用风险,对发起人、投资者都更有吸引力,这部分成本估计避免不了。

(二) 税收成本

参考信贷资产证券化业务,税务处理在我国有一定的法规进行保障。对印花税、营业税、企业所得税等都做了详细规定。在具体资产证券化的设立阶段中,资产证券化的营业税与企业所得税是根据不同的情况进行缴纳的,如果资产证券化过程中有特殊的情况,其印花税将获得全免。资产的转让人和接收人要签署相应的《资产买卖协议》。那部分资产的转让人在向资产的接收人转移资产时要选择合适的税种和税率,进行合法的资产证券化转让。在资产证券化的发行阶段中,资产的接收人如果同意认购该证券,将会免除相应的印花税。如果资产的转让人认购相应的证券,并向接收人转让,那么,转让人的所得税将会减免。在资产证券化的支付阶段,资产的转让人和接收人之间要达成一致,选择合适的税种或税率进行具体的资产证券化交易。不管是什么类型的税种都要在适合转让人和接收人双方利益的时候才能产生一定的支付能力。这样的税务规定有利于资产证券化的健康发展,保护其资产的完整性。

目前税收制度上没有对保险证券化做单独规定,应该是参照信贷资产证券化的处理方式,虽然规定详细,由于涉及的交易环节过多,也免不了带来一定的税负成本。

(三) 信用评级成本

信用评级是保险证券化的一个重要环节,由于投资者对寿险证券化产品缺乏专业的认识,对发行人的风险状况也无法识别。因此,投资者需要利用信用评级的指导来做出合理的投资决策,以减少因投资者对发行人基本面不了解所造成的信用风险。类似保险证券化的金融衍生产品的频频问世,会增大对信用评级的需求。

证券托管机构、医疗评估机构等中介机构费用更是避免不了,在保险证券化的各环节扮演不同角色。

五、会计处理

保险证券化发挥其资本管理作用的重要基础是会计上将其确认为风险转移工具。对于保险资产证券化而言,就是要确认基础资产能否出表、是否需要在合并报表层面作为结构化主体进行合并;对于保险风险证券化而言,就是要确认SPV能够发挥再保险的作用。

(一) 保险资产证券化会计

2008年金融危机后,资产证券化的会计处理和披露要求越来越复杂。按照目前核算规则,资产证券化会计处理的关键是转移测试,具体流程如图11所示。

首先,按照《合并财务报表》,按照"控制"标准确定特殊目的实体是否需要纳入合并范围(见图11步骤1)。"控制"是指投资方拥有对被投资方(包括信托计划、资产管理计划等结构化主体)的权力,通过参与被投资方的相关活动而享有可变回报,并且有能力运用对被投资方的权力影响其回报金额。控制的标准不是法律形式,是合同的经济实质。判断发起人是否控制信托计划的关键是面临的可变回报的重要性以及是否与其他投资方不同。可变回报的重要性的判断标准较为严格,通常认为可变回报的比例超过30%时即达到控制条件;另外,如果可变回报的可变动性重大(如发行人持有全部或较多部分次级档债券),即便可变回报量级不大,也符合控制条件。"控制"测试后,若发起人不合并特殊目的主体,资产转移测试的对象是发起机构转移至特殊目的主体的金融资产;若发起人合并特殊目的主体,资产转移测试的对象是转移至投资者的金融资产。

其次,需要按照《金融工具》准则进行转移测试,关键点有三:一是确定权力是否转移。即确定主体收取金融资产的现金流的合同权利是否满期(见图11步骤3),如满期则

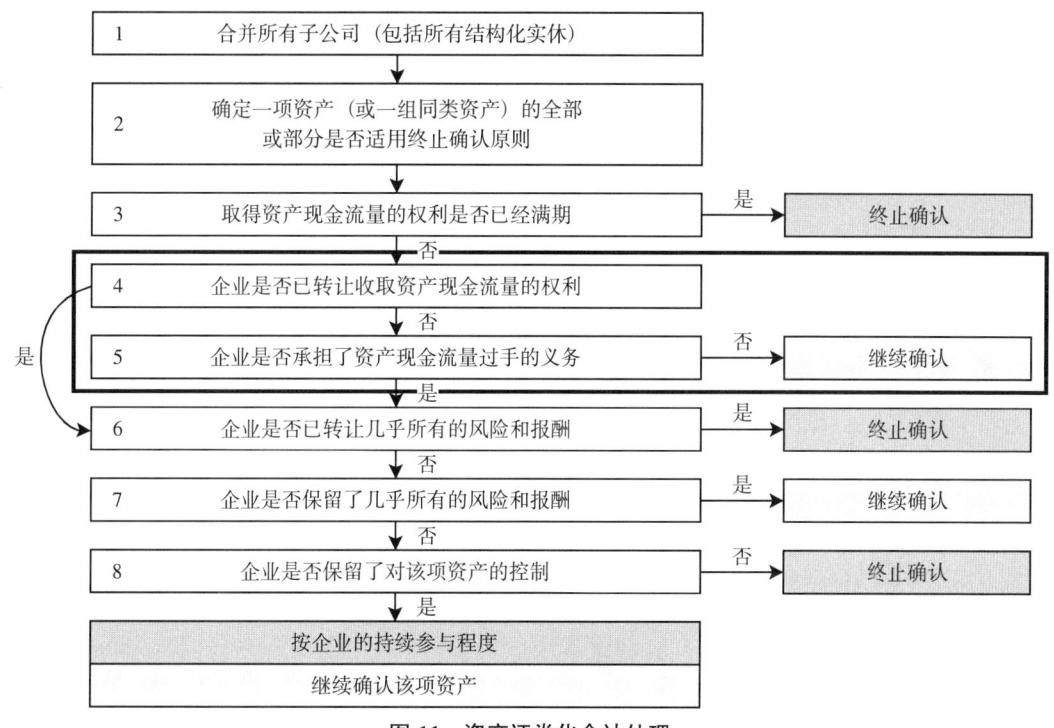

```
┌─────┬──────────────────────────────────────────────┐
│  1  │  合并所有子公司（包括所有结构化实体）         │
└─────┴──────────────────────────────────────────────┘
              ↓
┌─────┬──────────────────────────────────────────────┐
│  2  │  确定一项资产（或一组同类资产）的全部         │
│     │  或部分是否适用终止确认原则                   │
└─────┴──────────────────────────────────────────────┘
              ↓
┌─────┬──────────────────────────────────────────┐   是   ┌──────────┐
│  3  │  取得资产现金流量的权利是否已经满期       │──────▶│ 终止确认 │
└─────┴──────────────────────────────────────────┘       └──────────┘
              ↓否
┌─────┬──────────────────────────────────────────┐
│  4  │  企业是否已转让收取资产现金流量的权利     │
└─────┴──────────────────────────────────────────┘
              ↓否
┌─────┬──────────────────────────────────────────┐   否   ┌──────────┐
│  5  │  企业是否承担了资产现金流量过手的义务     │──────▶│ 继续确认 │
└─────┴──────────────────────────────────────────┘       └──────────┘
              ↓是
┌─────┬──────────────────────────────────────────┐   是   ┌──────────┐
│  6  │  企业是否已转让几乎所有的风险和报酬       │──────▶│ 终止确认 │
└─────┴──────────────────────────────────────────┘       └──────────┘
              ↓否
┌─────┬──────────────────────────────────────────┐   是   ┌──────────┐
│  7  │  企业是否保留了几乎所有的风险和报酬       │──────▶│ 继续确认 │
└─────┴──────────────────────────────────────────┘       └──────────┘
              ↓否
┌─────┬──────────────────────────────────────────┐   否   ┌──────────┐
│  8  │  企业是否保留了对该项资产的控制           │──────▶│ 终止确认 │
└─────┴──────────────────────────────────────────┘       └──────────┘
              ↓是
┌──────────────────────────────────────────────────┐
│           按企业的持续参与程度                    │
│           继续确认该项资产                        │
└──────────────────────────────────────────────────┘
```

图 11　资产证券化会计处理

资料来源：范勋（2015）。

直接终止确认。如未满期，则继续确定主体是否已转让资产的现金流[①]（见图 11 步骤 4）或承担将收取的现金流支付给最终收款方的义务（见图 11 步骤 5），步骤 5 中需要进行现金流"过手测试"，满足不垫款、不挪用、不拖延等基本条件。满足步骤 4 或步骤 5 之一，即可进入下一步测试，确认是否终止确认。二是确定风险是否转移。按照准则规定，"企业已将该金融资产所有权上几乎所有的风险和报酬转移给转入方的，应当终止确认该金融资产；保留了金融资产所有权上几乎所有的风险和报酬的，不应当终止确认该金融资产；既没有转移也没有保留金融资产所有权上几乎所有的风险和报酬的，应当继续判断企业是否对该资产保留了控制"。资产证券化中，主体是否已经转移所有权上几乎所有的风险和报酬往往不易直接判断，需要在考虑现金流波动性和相关风险的前提下，采用一定的数理方法进行计算。三是确定控制是否转移（见图 11 步骤 8）。准则规定，企业既没有转移也没有保留金融资产所有权上几乎所有的风险和报酬的，放弃了对该金融资产控制的，应当终止确认该金融资产；未放弃对该金融资产控制的，应当按照其继续涉入所转移金融资产的程度确认有关金融资产，并相应确认有关负债。

完成以上测试后，资产证券化有三类主要会计处理结果：第一，基础资产终止确认。基础资产达到"真实销售"，基础资产在表内终止确认。此外，若主体对特殊目的实体不满足控制的条件，在合并层面也不需要并表。第二，基础资产不出表。如果金融资产转移的结果是不终止确认金融资产，即发起人保留了基础资产几乎所有的风险和报酬，则主体

[①] 转让资产现金流的典型做法如将债券销售给交易对手。

继续确认全部所转让资产，并且将收到的对价确认为一项金融负债，该资产及其相关负债不能相互抵销。第三，既没有转移也没有保留资产所有权上几乎所有风险和报酬的，如果发起人控制特殊目的实体，则需要确认继续涉入资产和继续涉入负债，并在编制合并报表时，将特殊目的实体纳入并表范围。如果发起人不控制特殊目的实体，则将基础资产从表内转出，并确认转移事项中产生的权利和义务所对应的资产和负债，不需并表。

综上，资产证券化的基础资产出表的标准较为严苛，需要满足权力、风险、控制等多重测试，达到"真实销售"标准。从国际经验上看，保险业证券化面临的会计规则较银行业更为严格，这也在一定程度上制约了相关业务的发展。例如，内含价值证券化的过程中，保险公司仍然保留着基础业务的"服务权"，包括保单核赔、保全甚至对应的资产管理；从合并报表的角度讲，保险公司具备影响内含价值证券化可变回报的能力，很可能要合并报表。因此，保险公司在设计相关的结构化项目时，需同时考虑基础资产出表、特殊目的实体并表问题，特别是关注现金流过手测试、风险自留量级、特殊目的实体可变回报重要性水平、控制权和服务权保留程度等事项，科学做好证券化产品和交易的设计。

在会计信息披露方面，会计准则规定需要披露金融资产的性质、保留与资产相关的风险和报酬、账面价值等信息。我国的证券化资产处于起步阶段，对反映企业资产证券化的表外信息披露不充分，信息的披露范围不够规范，同时监管机构对于信息披露的监督也不强。

（二）保险风险证券化会计

一般而言，保险证券化的触发机制不同导致发起人基差风险的高低不一。以损失补偿为触发条件的保险证券化基差风险较小，具有准再保险的地位，因而在处理上与再保险相似，资本缓释的效果较好。非补偿型触发保险证券化的基差风险较大，在会计处理上则可能会被视为衍生品。

我国保险风险证券化处于起步阶段，相关会计处理规则还不完善，可供参考的是欧盟第二代偿付能力相关原则。按目前的方向，欧盟第二代偿付能力很可能会认可证券化和衍生工具作为有效的风险缓释技术，并分为金融工具型风险转移工具和再保险型风险转移工具两类。保险证券化如果符合再保险型风险转移工具条件，将起到缓释资本的积极作用。以下重点介绍欧盟第二代偿付能力关于再保险风险转移工具的五个原则。

原则一：经济效果优于法律形式。如果再保险风险缓释技术的经济特征满足认可要求，风险缓释技术的识别和处理应具备一致性，不论其法律形式或会计处理如何，应给予同等认可和处理。原则二：法律的确定性、有效性和可执行性。转移给再保险人的风险必须明确并具法律效力，在所有相关的司法管辖下可强制执行。原则三：流动性和价值的确定性。转移给再保险人的风险应根据经济原则和资产负债的市场价值进行评估，真实反映了保险人资产负债表的价值。原则四：确保再保险风险转移工具卖方的信用质量。为确保保险公司从可靠的对手方购买再保险，风险转移工具卖方应具有足够的信用质量来保障基本确定的利益。就金融机构而言，只有在其评级在BBB以上且风险转移工具的价值与该机构信用质量呈正相关的情况下，才能被考虑作为该种缓释工具的提供方。原则五：直接、明确、不可撤销和无条件的特征。再保险买方必须对再保险人有直接请求权，风险覆盖范围明确。再保险合同不能包含分出人不能控制的条款。风险转移工具必须提供能向风险保护卖方直接索赔的权利，且清楚指向特定的风险暴露。风险转移工具不能包含风险保护卖方单方面撤销合同及增加风险保护成本的条款，也不能包含在分出人控制之外的妨碍卖方履行义务的条款。

综上所述，保险证券化只要被认可为具备再保险作用的风险转移工具，就可以与一般再保险进行一致性处理，有效发挥风险转移作用。同时，其条件也较为严格。首先，保险风险转移的经济效应在法律上不可争辩；其次，保险风险转移的经济效果是确定的；再次，风险转移涉及资产负债的计量要与市场一致，从而保证支付条件触发时，可以提供充足的现金流；最后，再保险公司必须具备足够的信用评级水平，从而有效保护投保人。因此，保险证券化的法律条款、SPV架构需要进行严密设计，会计计量面临严格要求，投资人也须具备很好的资质。

第五章 政策建议

当前历史时期，积极探索开展保险证券化业务，打通保险市场和资本市场，有着很强的现实意义。第一，在"资产荒"背景下，保险证券化向市场提供基于保险风险的投资产品，有利于改善资本市场上市场风险、信用风险过于集中的现状，缓释金融行业的周期性风险。第二，通过资本市场分散保险风险，有利于提升保险行业的承保能力，更好地发挥保险的保障功能，提升保险行业地位。第三，当前保险行业资产负债匹配矛盾较为突出，特别是实施"偿二代"后，保险公司发展模式转型升级压力较大，保险证券化为保险公司防范流动性风险，改善资本水平提供新型工具，有利于保险行业的稳定、可持续发展。第四，通过保险证券化，能够提供市场化的定价参考，从而推进保险产品费率市场化改革，提升保险行业前端开放程度，激发行业发展活力。从目前政策层面来看，除了保险公司参与资产证券化发行、投资资产证券化产品已经出台相关政策之外，保险证券化的政策和实务总体呈空白状态。随着国家推进创新驱动发展战略，金融领域改革持续深化，保险行业不断发展壮大，创新地推进保险证券化已经具备较强的现实意义。鉴于此，本课题提出以下建议：

一、贯彻创新驱动战略，开辟保险证券化政策空间

（一）加强部门协调，出台相关政策

保险证券化的发起、核准、投资等环节，既涉及保险业，也涉及证券、银行、基金等其他金融行业，需要银保证等行业监管部门共同推进。按照简政放权的基本原则，形成科学的分工协作监管模式，从而为保险证券化的发起开启通道，为提高其发行和交易效率提供支持，为各类金融机构对其投资提供便利，为防范相关风险提供协调机制，进而推进整个金融市场的互联互通。

（二）优化制度环境，创造发展条件

一是完善偿二代标准体系，明确保险证券化产品作为风险管理工具的认定原则；确定在银行、保险资本监管体系下，投资保险证券化产品的认可资产标准；同时，在资金运用监管政策上，需放开投资范围，明确比例限制。二是完善保险证券化的会计处理标准，出台具体解释，做好相关产品会计处理与金融工具、再保险合同等会计准则的衔接，特别是要合理确定保险证券化的出表标准，避免标准过宽导致保险证券化被滥用的同时，也要防止出表标准过严而阻碍业务发展。三是借营改增改革之际，明确证券化产

品税收政策，防范流转环节重复征税；同时，进一步明确证券化特殊目的实体的税收定位，便于后续管理。

(三) 把握稳健原则，积极开展试点

为推动保险证券化顺利起步，建议尽快开展试点，并遵循以下原则：一是选取数家业务基础较好、精算和定价能力较强的大型保险机构，合理利用专业能力较强的中介机构力量，开展保险证券化发起试点，保证产品设计和定价的合理性。二是在北京、上海等金融保险发达程度较高的地区，先行发售相关产品，必要时可先在欧美发达市场试点发售，总结经验后再在国内推广。三是科学遴选具备较强资本实力和风险承受能力的合格投资机构先行试点，模式成熟后再向其他机构投资人和个人投资人推介。

二、按照循序渐进原则，有序开展保险证券化业务

保险证券化产品复杂程度较高，需要相对发达的金融市场进行对接。以我国金融市场发展阶段而论，开展保险证券化宜循序渐进。

(一) 大力推进巨灾风险证券化

中国是自然灾害较为频繁的国家，灾害类型多、分布广、频率高、损失大。目前，我国巨灾损失的补偿机制以政府财政主导为主，保险行业发挥的作用十分有限。如前所述，损失 8500 亿元的汶川地震，保险业赔付不足 1%。实际上，2007 年底，保险行业净资产为 4200 亿元，[①]不足汶川地震损失的一半。而且国内巨灾保险的再保险也在很大程度上依赖境外市场，我国保险业自身应对巨灾损失的能力总体有限。

巨灾证券化作为保险业应对巨灾损失的重要工具，有利于实现保险风险在资本市场间的横向分散，是巨灾保险的重要配套机制，其发展历史已超 20 年，在发达市场已经形成成熟模式并具备很大规模。我国监管机构也已经启动巨灾保险制度立法工作，部分地区的巨灾保险试点逐步落地，并且已经有国内再保险机构在海外发行巨灾债券的先例。与此同时，我国银行间债券市场规模发达，交易所债券市场也发展很快，聚集了大量的优质机构和个人投资者，这也为发行巨灾证券化产品提供了很好的基础。

应该说，发展巨灾证券化形势紧迫，可参考的发达市场制度体系较为完善，供参考的成熟样本数量很多，发起、投资的基础较为坚实，因此，有必要把巨灾证券化作为保险证券化的优先考虑，先行发展。

(二) 有序开展保险资产证券化业务

保险资产证券化在当前的行业格局下意义很大。其一，保险市场开放程度加深，大量社会资本涌入，影子银行业务在保险业有一定风险苗头。例如，部分中小公司通过集中销售中短期存续产品、久期不确定的理财型万能险产品进行融资，并在资产端借助信托计划

[①] 2008 年底，受资本市场下行影响，全行业净资产更是降至不足 3000 亿元。

等工具向股东转移资金,甚至将保险资金转出后再回流至保险公司形成资本金,表现为资产配置中高风险、期限长、流动性低的非标准资产占比上升很快,造成了短钱长用、资本不实等资负问题,如管理不慎,可能引起一定的流动性风险。通过保险资产证券化盘活长期资产,融入资金,有利于改善资负匹配,防范流动性风险。其二,投资MBS等长期证券化产品,是国际大型保险公司的通行做法,有利于缓解"长钱短用"的资负矛盾。目前,我国信贷资产证券化供给增加,保险公司可积极介入,有效匹配其长期负债。

(三) 积极试点开展保单贴现及其证券化

前文分析,老龄化趋势、重疾威胁等使保单贴现具备了发展背景,"偿二代"下退保风险管控和业务转型需要使得保单贴现具备了发展动力,长期寿险保单的积累使得保单贴现具备了发展基础。刘喜华(2012)还从保单贴现资金供给、贴现技术(定价)、法律法规方面分析了贴现业务的可行性。与此同时,保单贴现业务的道德风险和定价风险也不容忽视。

鉴于此,保单贴现业务宜审慎开展,比较合理的方案是由数据积累和保单管理经验丰富的寿险公司成立专业的贴现服务机构,引入各类专业中介,并对接银行、基金等优质机构资金,试点开展高价值寿险保单的贴现业务,在试点基础上逐步在资本市场发行基于贴现保单的证券化产品。

(四) 有序探索内含价值证券化和寿险风险证券化

内含价值证券化和寿险风险证券化在很大程度上依赖精算技术和对未来投资环境、风险事故的判断。对发起人而言,很难做到准确定价;对投资人而言,很难掌握其真实风险。因此,在保险市场和资本市场融合度不高的情况下,发行这两类证券化产品的难度很大。但是,随着"偿二代"实施带来的资本管理要求以及相互制保险组织等创新模式的出现,可以在充分借鉴发达市场经验教训的基础上,初步开展内含价值证券化、寿险风险证券化相关探索。

三、促进配套基础建设,增强保险证券化发展动力

保险证券化本身就是一项技术性、专业性和综合性均很强的创新工具,尤其需要坚实的发展基础和良好的发展环境。一是完善法律法规体系。巨灾保险的立法、保单受益权转让的法律规定、再保险制度建设等需要进一步建立或完善,从而为保险证券化提供法律基础。二是推进保险交易平台建设。充分发挥2016年6月揭牌的上海保险交易所的作用,为巨灾证券化产品的发行和交易、保单受益权的转让等提供交易场所,从而为保险证券化提供物理基础。三是加强信息披露。保单证券化产品成功与否,很大程度取决于其定价和风险的披露程度,风险刻画越清晰,定价规则越明确,越能吸引投资人。因此,有必要完善信息披露制度,为保险证券化提供透明环境。四是提升评级有效性。保险风险的特殊性,使一般金融机构很难合理评估产品的违约风险。因此,建设权威的资信评估机构,有助于投资人了解保险证券化产品,为保险证券化提供专业保障。五是强化人才储备和投资

者教育。精算、信用评估、法律、财会、健康评估等专业技术在保险证券化过程至关重要，需要专才也需要综合性人才。同时，作为一种新型产品，需要把保险证券化的运作机理、投资价值、风险等及时、准确地传递给投资人。因此，有必要加强人才引进培养，加大宣传教育力度，为保险证券化提供有力保障。

参考文献

[1] 陈文辉. 中国"偿二代"的制度框架和实施路径 [J]. 中国金融，2015（5）.
[2] 陈文辉. 保险"偿二代"的实施重点 [J]. 中国金融，2016（13）.
[3] 赵宇龙. 保险行业的风险管理——"偿二代"视角 [Z]. 保监会偿付能力监管部，2015（9）.
[4] 赵宇龙. 保险机构在资产证券化中的多重角色 [J]. 金融会计，2015（8）.
[5] 谢世清. 保单内含价值的证券化与定价方法 [J]. 保险研究，2009（12）.
[6] 邱剑，郭金龙. 保单转让的理论与其市场发展 [J]. 保险研究，2011（5）.
[7] 邓颖璐，彭斯，王乾，周诺亚. 基于中国人口死亡率的寿险保单贴现定价研究 [J]. 保险研究，2014（7）.
[8] 姚新超，阎彬. 美国寿险保单贴现的运作及其启示 [J]. 国际金融研究，2005（9）.
[9] 毛娜. 我国老年人与重疾患者对保单贴现的需求分析 [J]. 保险职业学院学报，2013（2）.
[10] 陈斌. 寿险保单贴现业务的发展与思考 [J]. 保险研究，2009（12）.
[11] 尧金仁. 上海试点保单贴现的建议 [J]. 上海保险，2009（7）.
[12] 谢世清，郑雨薇. 极端死亡率风险与长寿风险证券化的比较研究 [J]. 中央财经大学学报，2015（1）.
[13] 张田，包琼. 巨灾保险制度研究——国际经验借鉴与我国的实践 [J]. 保险天地，2014（11）.
[14] 宋一鸣. 我国汽车保险风险证券化初探 [J]. 时代金融，2013（2）.
[15] 诸宁. 证券化与再保险——我国巨灾风险管理对策的比较研究 [J]. 宏观经济研究，2015（5）.
[16] 谢世清，姚维佳. 寿险证券化的理论框架分析 [J]. 财经论丛，2014（2）.
[17] 伍燕芳. 浅谈国外保险风险证券化 [J]. 商业研究，2006（5）.
[18] 罗蕴略. 资产证券化业务的会计处理和税务分析 [J]. 实务解读，2015（8）.
[19] 肖迪. 商业银行资产证券化业务的出表和并表问题分析 [J]. 中国总会计师，2015（4）.
[20] 林华，张武，许余洁. 资产证券化的会计处理 [J]. 金融会计，2015（8）.
[21] 宣和. 如何化解信贷资产证券化相关会计问题 [J]. 会计研究，2013（12）.
[22] 詹才成. 商业银行信贷资产证券化的影响及风险研究 [J]. 时代金融，2015（4）.
[23] 刘顺国. 寿险证券化及其在我国的应用前景研究 [D]. 西南财经大学硕士学位论文，2011.
[24] 范勋. 出表，还是不出表？——资产证券化业务中的会计处理 [Z]. 中国金融会计学会 2015 年第 1 期信贷资产证券化高级研修班培训材料，2015.
[25] 刘喜华，我国推行保险贴现的可行性分析 [Z]. 2012 China International Conferenceon Insuranceand Risk Management，2012.
[26] Swiss Re Report. 证券化——保险公司和投资者的新机遇 [J]. Sigma，2006（7）.
[27] 杨芮. "沉睡"保单的创新变现路 [N]. 第一财经日报，2014-10-27.
[28] 谢世清. 长寿互换的运行机制与定价模型 [N]. 证券市场导报，2015（2）.
[29] 谢世清. 长寿债券的运行机制与定价模型 [J]. 财经理论与实践（双月刊），2014（3）.
[30] 顾业池. 寿险保单证券化利弊辨析 [J]. 保险研究，2010（6）.
[31] 王飞. 欧盟偿付能力Ⅱ中保险证券化监管质素及其启示 [J]. 上海保险，2014（12）.
[32] The Handbook of Insurance-linked Securities [M]. Wiley，2009.
[33] Artemis report，Q4 2015 CatastropheBond & ILS Market Report [EB/OL]. www.artemis.bm，2016.

[34] Alex Cowley, J. David Cummins. Securitization of Life Insurance Assets and Liabilities [J]. Journal of Risk & Insurance, 2005, 72 (2).

[35] National Conference of Insurance Legislations Life Settlement Model Act [Z]. National Conference of Insurance Legislators (NCOIL), 2007.

[36] Pauline Barrieu and Luca Albertini. The Handbook of Insurance-Linked Securities [M]. Wiley Finance, 2009.

[37] Christian Weistroffer. Insurance-Linked Securities: A Niche Market Expanding [Z]. Deutsche Bank Research, 2010-10-4.

第九篇

"偿二代"对保险公司预算管理和资本考核的影响

中国保险监督管理委员会财务会计部课题组

课题主持人：郭　菁
课题组成员：栗利玲　张晓蕾　肖丹丹　王　浩　张　翔
　　　　　　彭吉海　管　培

从监管层面看，安全和稳定性是保险公司经营的首要任务，所以全球保险行业的监管均以资本充足性为主，也就是偿付能力监管为核心。从公司运营层面看，保险公司的盈利模式、产品策略、投资策略、融资策略、风险控制及发展战略也都以偿付能力充足为前提条件。可以说，偿付能力管理是保险公司战略设定和日常运营的核心出发点。

金融危机过后，全球金融行业的监管体系和方向发生了巨大变化，监管机构在风险计量、系统性风险管控和专业监管方面做出了积极努力。在国际监管环境变革的背景下，在中国保险行业日益市场化的背景下，中国以"偿二代"为代表的保险行业监管体系也发生了巨大的变化，直接或间接地导致保险经营理念和策略的变革。

"偿二代"涵盖17项主要监管规则，从定量监管、定性监管和信息披露三个层面建立系统性管理框架，遵循风险导向、行业实际和国际可比的核心理念，将全面推动保险行业向以风险为导向的经营模式转型升级，对保险公司的战略制定和日常经营均会产生深远的影响。

从保险公司日常管理角度出发，预算和考核是保险公司战略制定和管理要求落地的核心管理工具。本课题将结合"偿二代"的监管要求及核心理念，探讨预算管理及资本考核在保险公司运营管理过程中升级的可行性路径。

摘 要

风险与资本是保险公司实现稳健经营的基础，理论与实践证明全面风险管理是平衡这二者关系的重要管理工具。早在2001年，COSO委员会就致力于全面风险管理框架，行业先进保险公司已经搭建体系并收获实践成效。中国保险业发展历程短，风险意识薄弱，在2016年，中国保监会制定并实施了中国风险导向的偿付能力监管体系（以下简称"偿二代"），才正式开启了中国保险行业从规模管理向以风险管理为核心的管理理念的转型升级。

"偿二代"为中国保险行业实现风险导向式经营管理的转型提供了合理的风险计量工具，反映了不同保险公司的风险暴露水平和资本充足水平，培养了高级管理层和内部董事会的风险文化意识，将风险管理能力与资本需求直接挂钩，真金白银地影响保险公司的资本需求和运营策略，促进风险管理与经营管理的紧密联系，压力式推动保险公司的经营转型。

通过近两年的实践，中国保险行业已经全面落实了"偿二代"的监管要求，并在保险公司风险管理体系搭建、公司制度建设、人才储备等方面打下了坚实的基础。更重要的是，保险公司已经慢慢意识到转变管理思路的必要性，以风险管理为其战略制定和日常经营管理的核心出发点，回归保险本质，提升行业整体的价值创造能力和风险管理水平，推动中国保险行业健康、快速和科学化发展的进程。但是，薄弱的风险管理基础、专业人才储备不足与技术支持匮乏等特点，导致中国保险行业无法实现风险导向式经营管理转型一步落地，而是需要先从前端控制、后端监测入手，逐步丰富中端环节的日常管理。

预算管理是保险公司战略规划、控制资本占用与分配风险的核心管理工具，从源头上把控风险和资本。而资本考核是衡量绩效表现、后端监控调节经营策略的重要手段。因此，本课题建议在预算编制过程中增加风险及资本预算模块，推动"偿二代"风险管理理念在公司运营管理中逐步落地。同时，"偿二代"将价值、风险和资本维度的考量有效地结合到一起，资本维度的考核对于保险公司的经营来说必不可少。本课题以"偿二代"理论为基础，对保险公司的资本考核方案提出建议，希望可以对不同类型的保险公司在新环境下的资本管理策略带来启示。

关键词："偿二代"　全面预算管理　资本考核　风险调整绩效考核

第一章 保险行业经营与全面风险管理

一、保险行业经营：以风险管理能力为核心竞争力

（一）保险行业经营的特殊性

保险公司是普通公司的一种，它具有一般公司的特征，因此一般公司的治理方法和管理机制在保险公司中也同样适用。但是，保险公司因其经营业务还具有以下这些特性：保险合同前期收取保费，后期支付理赔，且支付数额和时间的不确定性决定了保险公司的高杠杆特性和资产负债的不匹配性；寿险保险产品还具有长期性的特点，长期稳健经营是保险公司经营的假设基础；另外，保险公司的经营具有很强的专业性，消费者（投保人）与保险公司之间的信息不对称，导致经营管理问题很可能长期潜伏。

保险公司经营业务的特殊性决定了其经营管理的特殊性，在保险行业发展过程中，很多保险公司在注重业务扩张和规模保费增长的同时忽视了公司在经营过程中承受的风险，包括对风险的识别、衡量和控制，最终只能以破产收场。在 2000 年前后，日本有 7 家保险公司倒闭，美国在 2000~2001 年就有 60 家保险公司破产。在 2008 年的金融危机中，美国国际集团（AIG）陷入财务危机，最后只能求助于美国政府的救援，这一事件直接引发了全球保险行业的思索与反省，并加速各国保险监管的变革，偿付能力充足、信息披露、公司治理、风险管理和保险集团管理成为保险行业经营管理和保险监管的关注重点。

（二）风险管理能力是保险公司的核心竞争力

保险行业是经营风险的行业，它通过为投保人提供风险保障来获取利润。故对于保险公司来说，如何经营好风险、平衡风险与收益的关系是公司经营所面临的重要问题。

随着经济环境的持续下行、低利率走向和监管规则变革，保险公司的各利益相关者对保险公司的风险管理能力越来越重视。同时，随着国内保险公司朝着多元化、国际化或金融保险服务集团化发展。可以说，提高风险管理能力是保险公司满足内外部需求的必然要求，是其提升市场竞争力的关键。

1. 风险管理能力是保险公司外部利益相关者评判其经营管理的一项重要指标

（1）监管机构。保险行业的监管机构对保险公司的期望是实现安全运营以及保护保单持有人的利益，对保险公司监管的重点关注领域包括保险业务经营、偿付能力监管和保险资金运用。用风险管理的语言来解释，保险公司必须满足偿付能力充足率，以及操作风险和流动性风险等必须被管控在合理的范围内。因此，对于监管机构来说，如何管理保险公

司面临的可度量或不可度量的风险并保证保险行业持续发展是一项重要课题。

资本的本质是吸收风险损失，并且是计量风险的最适合载体。在发生未预期损失的时候，有充足的、合格的、高质量的资产用于吸收损失是保险机构保障其稳健、安全经营的最后一道防线。可以说，保险行业的监管核心是对保险公司的偿付能力监管，而风险管理是保险公司提高其偿付能力和资本使用效率的重要工具。

（2）评级机构。评级机构评估的是企业是否有能力履行当前的义务，也就是企业整体的违约风险。对于保险公司来说，评级主要包括偿付能力和财务实力评级、信用评级和债券发行评级。其中，对其偿付能力和财务稳健性的评估是最重要的一项。

评级的结果将从很多方面影响保险公司的经营结果：

a. 监管机构也越来越多地关注评级结果，并且将评级结果作为其风险管理能力的一项重要指标和检查内容。

b. 保险公司如果在资本市场上融资，其评级结果为"良好"及以上，将会更容易进入资本市场并获得更好的融资条件。

c. 对其保险业务的影响：专业的保险中介和经纪公司在向它们的客户推荐保险公司的时候，会重点关注保险公司的评级；保险公司在选择再保险时通常也会优先考虑评级较高的再保险公司。

d. 保险公司的潜在投资者在做出投资决策时也常常会考虑评级结果。

评级结果是保险公司向市场展示其核心竞争力的重点指标，并且具有十分普遍的可比性。

外部评级机构对保险公司进行评级时，风险管理和资本管理的评估是评级中的重要考量指标，其中包括风险管理文化、风险控制、极端事件处理、风险和资本模型以及战略风险管理等。因此，加强这些方面的风险管理能力，将大大有利于保险公司的评级结果，进而提升保险公司在市场上的竞争力。

（3）客户。保险公司的客户，也就是投保人，关注的是在未来损失发生的情况下，能够得到保险公司合理、及时的赔付，其保单的保障功能得以实现。客户通常会依据保险公司的监管结果（偿付能力充足率）和评级结果来评判。

（4）债务持有者。债权人一般会通过保险公司的业绩和信用程度来评判保险公司，具体内容包括公司的财务经营情况、信用评级、发展战略评估和经营业绩分析。从风险管理的角度来看，保险公司对评级结果、实际资本和最低资本、偿付能力充足率、总投资收益率和加权平均净资产收益率等的管理将会影响债权人的预期，而债权人的预期将会进一步影响保险公司的融资能力大小。

（5）未来上市要求。保险公司上市是其提升品牌、市场竞争力及融资的重要手段。然而，保险公司如果无法满足相关条件，上市将会更大限度地影响保险的经营，因为上市带来了透明度，其负面的经营结果将会带来更大的风险。因此，在满足一般的上市要求后，保险公司还需要保证其经营稳健、盈利水平较高和公司价值水平较高，才能"享受"上市带来的"福利"。偿付能力风险水平、盈利水平和价值水平是（全面）风险管理关注的重点。因此，完善的风险管理体系是保险公司未来上市的基础。

2. 风险管理是保险公司提高自身经营效率的一项重要能力

保险公司内部股东和董事会关注的是其所有者权益投资回报率和公司盈利的稳定性。

风险管理能力的大小影响保险公司的偿付能力充足率、资产价值的波动性、权益投资收益的大小（ROE）、风险调整后的收益（盈利）和可持续发展的能力。

公司内部管理层/员工也会关注公司盈利的稳定性、治理结构和激励机制，这将与他们自身的"收入"息息相关。有效合理的风险偏好指标将会影响绩效激励的程度，从整体员工的角度出发，这将在一定程度上影响公司的各项经营结果。

从保险公司内外部利益相关者的角度出发，以风险管理能力作为保险公司的核心竞争力，将会极大限度地提高其经营绩效、损失吸收能力和市场品牌效应。

二、国外保险行业在风险管理方面的努力与成效

（一）全面风险管理体系

现代风险管理起源于20世纪50年代的美国。当时密歇根州通用汽车的重大火灾事件让公司管理层意识到风险管理的重要性，成为美国行业风险管理兴起的导火线。

风险管理在保险行业，尤其是国外保险行业发展中得到了广泛的运用，但是保险公司在传统的风险管理框架下仍然避免不了破产的现实。残酷的事实证明了传统的风险管理的缺陷：忽略了不同类型的风险之间的相关关系，没有统一考虑所有的风险，从整体的角度对保险公司进行系统的管理，同时也忽略了公司治理的能力和结构，这对风险管理态度以及风险管理的积极性造成了损害。

2004年，COSO委员会发布了《企业全面风险管理ERM——综合框架》，正式引入了全面风险管理的理念，力求实现四大目标，包括战略、经营、报告和合规。许多机构，包括北美寿险和非寿险精算协会都将全面风险管理作为重要的研究内容，各国监管机构也对风险管理做了许多研究和尝试。一些信用评级机构也将全面风险管理的完善程度纳入保险公司评级的考察范畴。

国际保险监督官协会（IAIS）在2003年也指出，随着全面风险管理和基于风险的资本管理的发展，保险公司越来越有必要把所有业务（包括资产和负债业务）中的各类风险纳入统一的控制、计量、交易和经济资本配置框架。

很多保险公司纷纷开始搭建全面风险管理框架。韬睿咨询公司（Tillinghast）在2004年对全球大型保险公司进行的企业全面风险管理的问卷调查中发现：

（1）保险公司对全面风险管理的关注度仍在不断提高，86%的被调查对象表示，企业全面风险管理比传统风险管理具有绝对的优势，可以通过有效的风险决策和资本配置机制促进公司价值的增加。

（2）风险管理组织体系日渐完善。亚洲、欧洲和加拿大的公司已经有70%建立了全面风险管理委员会，其中美国有一半的公司建立了这样的委员会。

（3）首席执行官CEO和首席风险官CRO的责任日趋明显。有39%的被调查对象表示，CRO在风险管理中承担绝对主要责任，CEO对风险管理的责任和关注正在加强。

（4）风险和资本的整合管理正得到加强。经济资本是资本决策和资本管理的重要工具。有53%的被调查对象目前已经使用经济资本作为一个关键的决策工作，并且28%的被

调查对象正在计划使用。

但是问卷结果也显示，相当部分大型保险公司在全面风险管理方面的努力还主要在基础建设上，如建设内部风险管理流程，改进风险的测度和量化，改进风险识别和风险优化管理机制等。全面风险管理在期望和现实之间还存在差距。

KPMG 在 2010 年全面风险管理调查报告中指出，2006 年、2009 年和 2012 年的被调查对象中使用 ERM 的占比分别为 35%、51% 和 78%；有 80% 左右的被调查者认为 ERM 在保护公司资产/价值，以及提高企业的韧性方面有很好的效果。对于不执行 ERM 的公司，有一半左右是因为内部 ERM 知识和技术缺乏或是内部资源（人力和资金）不足。

（二）经济资本管理

银行业是最早使用经济资本的行业。在资本管理和竞争激烈的形势下，银行业摸索出了新的风险管理手段：经济资本管理。在该机制下，金融机构能够更精确地计量风险资本。经济资本最初只是作为风险管理的一种工具，随着各种风险量化模型的不断优化和应用，经济资本逐渐参与到风险管理的各个层面，并在全面风险管理框架中发挥重要作用。目前，经济资本体系已经发展起来，主要包括经济资本度量、经济资本配置与经济资本绩效评估。保险公司后来了解到经济资本在风险管理和公司治理中的作用，也开始效仿银行业利用经济资本进行风险管理和资本配置等。

2002 年，北美精算师协会（SOA）对全球经济资本的使用情况进行了调查，包括 491 个调查对象，其中跨国企业、美国、加拿大和北美的占比分别为 44%、32%、8%、4%。其中，将近一半的保险公司已经开始使用经济资本；对于经济资本的应用，将近一半的被调查者认为风险管理是他们使用经济资本的主要原因，32% 左右是因为绩效管理。

KPMG 在 2004 年的调查中发现，80% 的受访保险公司已经采用了经济资本的管理模式，在 200 家全球保险机构中，65% 的保险公司将经济资本作为风险管理工具，19% 的被调查公司考虑使用经济资本；英国 90% 的保险公司都使用了经济资本；全球保险集团（Aegon）、安联保险集团、安盛保险、富通国际（Fortis）、荷兰国际保险集团、瑞士再保险和慕尼黑再保险等国际领先保险机构都建立了经济资本模型，将研究结果应用于实践。但是中国的保险公司对经济资本基本没有实践经验。

三、中国保险行业风险管理现状

（一）中国保险行业的发展史

新中国保险业的发展是从旧中国保险业的全面清理、整顿和改造开始的。中国人民保险公司的成立是中国保险事业进入新的历史时期的一个重要标志。

1949 年 9 月，中国人民银行在北京组织召开第一次全国保险工作会议，讨论关于成立中国人民保险公司的具体事宜。1949 年 10 月 20 日，中国人民保险公司在北京宣告成立。

1958 年 10 月，西安财贸会议再次决定停办国内保险业务。此后，国内保险业务的发展曾几经波折，中国保险业经历了 20 年基本没有国内保险的历史，直到 1979 年 4 月，国内保险市场才再次起步。从此，中国保险业进入了一个崭新的发展时期。

20世纪90年代以来，中国把建立社会主义市场经济体制作为经济发展总目标，中国保险业也随之获得了飞速的成长与进步。

1. 从"粗放型"高速增长向"集约型"稳健发展转型

1980~2010年，全国保费收入从4.6亿元增长到14528亿元，年复合增长率超过30%；保险密度从0.48元/人增长到1083.4元/人，保险深度从0.1%增长到3.65%。

2011年"十二五"时期，中国保险市场逐渐进入稳健发展期，从单一的规模快速增长向回归保障转型。2010~2015年，全国保费年复合增长率为13.4%；行业利润从837亿元增长到2824亿元，增长率达237%。

相比发达经济体，中国保险行业发展还有一定的差距。截至2015年，全国的保险密度为人均272美元，保险深度为3.6%；而世界保险密度为26美元，保险深度为6.2%，是我国的两倍甚至更多。

2. 业务结构不断优化，保险服务的社会功能凸显

2014年，人身险业务结构持续优化，与实体经济联系紧密的保证保险同比增长66.1%，保障性较强的年金保险同比增长77.2%，与民生保障关系密切的健康保险同比增长41.3%。10年期以上新单期交占比同比提高5.9个百分点。

2013~2015年，保险赔款支出从6213亿增长至8674亿元，增长率近40%；2014年，保险业为全社会提供风险保障1114万亿元，同比增长25.5%。

（二）长期规模效益发展导致中国保险行业的风险管理能力薄弱

从我国保险行业的发展史可以看出，我国保险业发展迅速，注重保费规模增长，资产增量速度快，保险公司数量也不断扩充。但是我国保险业发展历史较短，保险公司的风险意识不足，风险管理能力较差，在过分追求规模、急功近利的思想下，忽略了对风险的控制和对风险管理能力的培养。

尽管在"偿二代"的契机下，保险公司在风险管理的文化培养和体系建设等方面已经有了很大的提升，但仍然存在根本性的差距：首先，风险管理体系建设尚不健全，无法保证实现全面风险管理体系的搭建；其次，绝大多数的风险管理部门成立时间短，当前阶段的工作内容主要是统筹SARMRA评估，协调沟通各部门的工作，各项风险的管理和监控与经营环节脱节；最后，缺乏科学的风险和资本计量模型。我国保险公司尚未有能力搭建内部模型，目前基本使用"偿二代"最低资本方法计量各项风险，有一两家保险公司建立了经济资本模型，但是在实践中存在落地困难的现状。

这几年，中国保险行业开始逐渐关注风险和资本的计量模型，如经济资本模型，但是仍停留在理论层面。在2006年，中国保监会与荷兰国际集团（ING）共同举办了经济资本研讨会，对经济资本的概念及其应用进行了系统的介绍；同年9月，相关领域专家在中国精算师协会年会上也对经济资本进行了系统性的探讨。

综上，我国保险业在风险管理体系建设方面明显处于落后的地位，目前大部分公司还无法从"无风险管理"直接转型到"全面风险管理"，实现有中国特色的风险导向式经营管理才是过渡期的出路。

第二章 "偿二代"与保险公司全面风险管理

一、保险行业监管：以风险导向的偿付能力监管为核心

(一) 国际保险监督官协会监管标准

国际保险监督官协会成立于1994年，代表了140多个国家（200多个管辖区）的保险监管和监督机构，其监管的范围包括全球97%的保险保费。它的目标是维持全球金融稳定，促进保险行业的有效和全球一致性监管，并维持公平、安全和稳定的保险市场，最终保障投保人的利益。

IAIS最重要的一项职能是制定了国际保险监管规则，其制定的保险核心原则（Insurance Core Principles，ICPs，以下简称核心原则）成为成员国家基本的保险监管原则。IAIS制定核心原则的出发点是为世界各国（地区）的保险监管提供一个统一的保险业监管框架。核心原则最早颁布于2000年，2008年国际金融危机之后，国际和各国监管主体发现了现有监管体系的不足，尤其是针对"大而不能倒"的大型机构的监管力度不足。之后，G20集团大力推动IAIS修改核心原则，2011年，IAIS发布了第二版的核心原则，被称为核心原则（2011），共有26条，内容包括保险监管机构、市场准入与公司治理、监管手段、资本充足性、市场行为和消费者保护，以及保险监管的新领域六个方面。

同时，IAIS认为全面风险管理对单个保险法人和保险集团进行有效风险管理、保持偿付能力十分重要。因此，在原"风险分析和管理"和"保险活动"原则的基础上，制定了"出于偿付能力目的的企业风险管理"原则，要求保险公司必须建立企业风险管理框架，包括风险识别与量化、风险管理政策、风险容忍声明、风险反应和风险反馈、自身风险和偿付能力评估等。

2008年金融危机后，各国的监管主体意识到"大而不能倒"的金融机构对全球经济稳定的重要作用，因此近几年来，IAIS致力于制定对"大而不能倒"的保险机构和国际活跃保险集团的监管规则。在资本计量方面，被列入全球活跃保险集团和全球系统重要性保险机构的保险公司，除需要计提满足自己国家的偿付能力最低资本外，还需要预留一部分的"附加资本"来增强其风险损失吸收能力。另外，如果各国已经评选出国内系统重要性保险机构，还需要按照一定的规则计提资本，该规则可由各监管主体在满足IAIS的要求下进行适当的调整。

国际保险监督官协会在风险和资本计量、会计准则、公司治理和监管规则等各个方面

都有一套统一的原则、标准及指导性文件，旨在为全球的保险机构建立和发展完善的监管体系提供支持和指导，最终稳定和提高整个金融体系的安全与效率。

(二) 美国风险资本 RBC 监管体系

1. 美国保险市场概况

2012 年，美国是世界 500 强金融企业占比最多的国家，并且其上榜公司最多的行业是保险业，有 14 家。美国保险行业发展的历史并不是最久，但其发展速度快，在全球保险市场占比第一，并且在其国内经济中占据重要地位。截至 2015 年，美国保险行业的净保费收入是 1.2 万亿美元，其中寿险/健康险占比 55%，产险/意外险占比 45%，产寿发展平衡。根据经济合作与发展组织（Organisation for Economic Cooperation and Development，OECD）的数据，2014 年美国保险行业的保险深度达 11%，保险密度为 5965 美元。

美国保险行业发展快，主要动力是国内市场对保险的需求巨大，主要体现在寿险、健康险和车险上。消费者对保险的接受程度高，以及健全的法律制度和成熟的金融市场都是促进保险需求的主要原因。因为高额的遗产税，大多数美国人通过人寿保险保全财产；医疗和住院费用高，导致基本理疗和特殊疾病的健康险保单需求很大；汽车的普及度高以及购买车险的法律规定，使得车险市场量一直很大。

美国国内大型保险公司多，国际化程度高。截至 2015 年，美国一共有 5926 家保险公司，其中产险、寿险和健康险分别占 2544 家、872 家和 859 家，保险行业细分程度高。并且，美国的再保险市场居全球第三位，强大的再保险市场，能进一步促进保险市场的健康发展和加强保险产品的流动性。

2. 美国 RBC 监管模式

全美保险监督官协会（National Association of Insurance Commissioners，NAIC）开发了一套风险资本标准（Risk Based Capital，RBC），来对保险公司进行更具主观性的监管。1993 年，美国各州监管启动了风险资本（Risk-Based Capital，RBC）监管制度，用于评价各家保险公司的风险状况，以及评价其资本和盈余是否充足，而（不）充足的程度将决定公司的行动等级和监管主体的干预程度。

风险资本比率（RBC Ratio）= 总调整资本（Total Adjusted Capital）÷ 授权控制水平 RBC（Authorized Control Level RBC）

如果 RBC 比率超过 200%，则不需要任何监管措施；如果低于 200%，监管机构按照 RBC 比率对保险公司实行不同程度的干预，分为公司行动级、监管行动级、授权控制级和强制控制级，如表 1 所示。

表 1 风险资本标准的行动等级

行动等级	风险资本比率
不行动	RBC ≥ 200%
公司行动级	150% ≤ RBC < 200%
监管行动级	100% ≤ RBC < 150%
授权控制级	70% ≤ RBC < 100%
强制控制级	RBC < 70%

全美保险监督官协会每年都要求保险公司向其提交风险资本标准报告，既有效地提高了保险监管的效率，也增强了保险公司的风险管理意识。

（三）欧盟偿付能力监管

欧洲保险市场发展历史悠久，有着传统优势，并且风险管理和精算技术发达；其业务覆盖全面，涉及海内外；再保险市场发展成熟，专业再保险公司一般都是资本十分雄厚、保险经验相当丰富的大型公司。但是欧洲内部的市场发展并不均衡。欧盟各国之间受到金融危机的影响程度也不一致。OECD数据显示，截至2015年，欧盟（其中15个国家）的保险深度仅为8.2%，保险密度为3481美元，均低于美国。

欧盟内部国家较多，为应对经济全球化和金融一体化的浪潮，为统一欧盟成员国之间的偿付能力监管标准，欧盟理事会和欧洲议会推动制定了欧盟偿付能力体系，截至目前，主要有两代偿付能力标准，即偿付能力监管一代（Solvency Ⅰ）和偿付能力监管二代（Solvency Ⅱ）。

Solvency Ⅰ的推出，在维护保单持有人的权益方面起到了重要作用，但是也存在一些不足：偿付能力额度的监管导致保险公司监管资本与实际的经济资本相背离；保险企业的整体风险管理水平没有完全从偿付能力额度中反映出来；成员国的监管标准差异较大；与金融保险集团监管的要求有差异。

欧盟委员会在20世纪90年代就开始对偿付能力一代（Solvency Ⅰ）进行修改，并且希望在第二阶段能够搭建第二代偿付能力监管办法即偿付能力二代（Solvency Ⅱ），以解决Solvency Ⅰ无法全面评估保险公司的企业风险等缺点。

经历了多年反复的磋商和改进，Solvency Ⅱ终于在2016年1月1日生效，适用于28个欧盟成员国，形成了参考巴塞尔协议三支柱监管模式的保险业三支柱监管模型（见图1）。

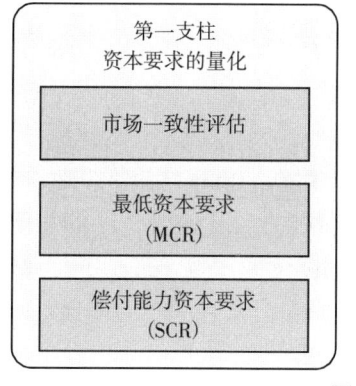

图1 欧盟Solvency Ⅱ三支柱监管模型

欧盟Solvency Ⅱ的监管要求将对公司的资本要求分为两方面：偿付能力资本要求（Solvency Capital Requirement，SCR）和最低资本要求（Minimum Capital Requirement，MCR）。偿付能力资本要求可以根据标准模型或内部模型计算。Solvency Ⅱ规定保险公司的最低资本与一年期风险价值（VaR）相关，一般规定为80%~90%的置信水平下的VaR。最低资本的标准模块与偿付能力资本要求类似，但操作风险和违约风险没有被计量。

欧盟 Solvency Ⅱ 鼓励保险企业开发适合自身风险特征和资本要求的内部模型，保险企业全面风险管理的资本配置优势与价值创造优势逐步得到体现。

Solvency Ⅱ 考虑到了保险集团对风险管理特殊性的要求。由于集团内部业务条线众多，本身经验机制就有分散风险的属性，因此在考虑集团的偿付能力情况时，不仅要考虑单个公司的偿付能力，还需要从整体考虑各个法人主体的关联情况。例如，欧盟地区保险公司的分公司和子公司可以使用集团资产来支持其偿付能力要求。

（四）中国偿付能力监管体系发展进程

"偿一代"的建立是缓慢探索的过程。1995 年，《保险法》第一次对偿付能力监管提出了明确要求。1998 年保监会成立后，继续加强对偿付能力的管理，陆续发布了相关监管规定。截至 2007 年底，我国基本构建起比较完整的第一代偿付能力监管制度体系。

"偿一代"监管框架借鉴了欧盟偿付能力 Ⅰ 和美国 RBC，建立了以监管流程为主线的监管框架，主要由公司内部风险管理、偿付能力报告、财务分析和财务检查、适时监管干预、破产救济五部分内容组成，并在实践中形成了行之有效的监管机制。

"偿一代"的建立使我国偿付能力监管从无到有，保险业第一次树立了资本约束的经营理念，行业的风险管理水平得到了提升，这对保险行业初级阶段发展风险监管起到了重要的作用。21 世纪以来，保险行业飞速发展，保险公司数量每年节节攀升，保险深度和保险密度稳步增长，保费规模已升至全球第三位。同时，新"国十条"的提出，以及投资市场化、费率市场化、市场准入和退出市场化的有序进行，为保险公司的跨越式发展提供了有利条件。但新的环境下，保险业承担的风险规模不断扩大，风险因素更加复杂，风险管理难度日趋增大。面对更高的风险管理要求，保险业整体风险管理水平需要提升，保险业粗放式发展方式需要转型。

2015 年 2 月 13 日，中国保监会发布了中国风险导向的偿付能力体系（以下简称"偿二代"）的 17 项监管规则，从发文之日起即进入"偿二代"试运行过渡期。2016 年 1 月，保监会发布《中国保监会关于正式实施中国风险导向的偿付能力体系有关事项的通知》，"偿二代"自 2016 年 1 月 1 日起实施，该监管体制对深化保险业市场化改革、增强保险业风险防范能力和提高我国保险监管的国际影响力都具有重要意义。

我国保险行业发展迅速，且近年来国际化程度不断提高。在新的市场环境下，监管体系和保险公司的运营理念也逐步与国际接轨，尤其是中国偿付能力二代监管体系的实施，使中国保险行业在运营理念、资本管理、风险管理等领域与国际全面接轨，推动了行业的发展升级。

二、"偿二代"提供了中国保险行业全面提升风险管理能力的契机

（一）中国"偿二代"监管体系的核心理念

在保险行业新的发展环境下，"偿二代"在建立初期便确定了风险导向、行业实际和

国际可比三个核心原则。

1. 风险导向

风险导向在"偿二代"监管体系中主要体现在三个方面：一是风险覆盖全面。保险公司面临的各类风险在"偿二代"中均有覆盖，全面的风险识别防范体系在"偿二代"中构建开来。二是风险计量科学。对于可量化风险，通过行业测算形成了简便实用的技术标准；对于难以量化的风险，如操作风险、战略风险、声誉风险和流动性风险，"偿二代"设计了综合评级和分类监管机制。三是风险反应敏感。"偿二代"能及时将保险公司市场行为、业务情况、投资战略等对公司有重大影响的调整所带来的风险变化，迅速、直接地反映为偿付能力指标的变动，提高了偿付能力监管对风险的敏感度，有助于引导公司和行业理性经营。

2. 行业实际

在资产和负债评估原则方面，欧盟 Solvency Ⅱ 的"市场一致性评估"原则和美国 RBC 的"法定价值评估"原则都难以适用于新兴市场，"偿二代"根据中国实际情况采用了"会计准则调整法"，较好地平衡了科学性和可操作性的矛盾。另外，"偿二代"中的风险因子基于国内行业数据测算，并进行了多次校准，较为准确地反映了行业实际情况。

3. 国际可比

"偿二代"的风险导向与欧盟 Solvency Ⅱ、美国 RBC 和银行业巴塞尔协议完全一致；其三支柱框架符合国际资本监管的改革潮流；对实际资本进行分级管理也是国际金融监管的通行做法。

从三个核心原则中可以看出，"偿二代"的核心理念是建立以风险为导向的管理机制，同时使保险公司建立起以风险管理为导向的经营理念，将全面风险管理落地至保险公司运营的各方面。"偿二代"通过风险分层模型科学覆盖保险公司所面临的风险，并制定了保险公司可量化风险计算最低资本的规则，对保险公司的风险管理能力实施定性监管。在"偿二代"的风险管理能力评估中，也非常关注建立健全风险管理体系和风险偏好、关键风险指标等管理工具。

（二）中国"偿二代"定量和定性相结合的三支柱监管

"偿二代"采用国际通行的定量监管要求、定性监管要求和市场约束机制的三支柱框架。在三支柱框架下，"偿二代"制定了 17 条监管规则，为保险公司资本管理与风险管理指明了方向。

1. 第一支柱：定量监管要求

主要防范可以量化的风险，包括保险风险、市场风险和信用风险，通过给出测算实际资本、最低资本以及测试压力的方法，得到保险公司在不同风险下所需要的资本。

在"偿二代"下，实际资本核算包括资本分级机制，以及认可资产和认可负债的核定标准。根据资本吸收损失的能力和性质（存在性、永续性、次级性和非强制性），"偿二代"将资本分为四个等级：核心资本（一级、二级）和附属资本（一级、二级），并且对各级资本限额提出了相应的要求。"偿二代"也拓宽了保险公司的资本补充手段，在资本分级和资本限额机制下，对资本的质量有了一定的把控作用。

"偿二代"下的最低资本包含三部分：量化风险的最低资本、控制风险的最低资本、附加资本要求。最低资本结构具体如图2所示。

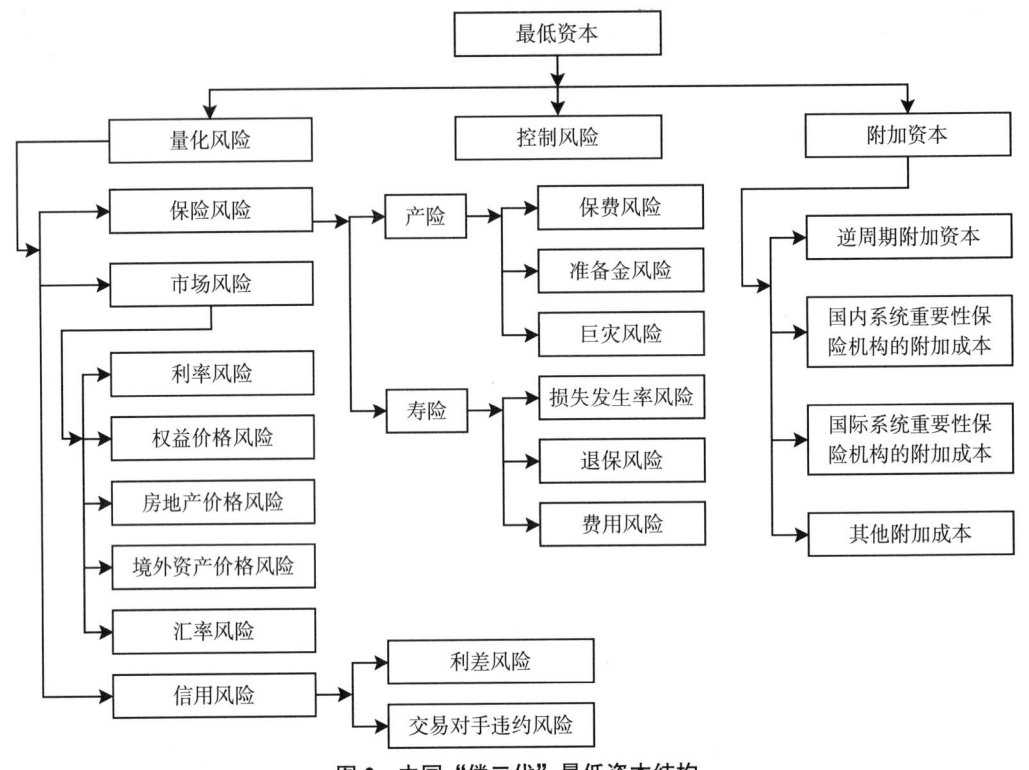

图 2 中国"偿二代"最低资本结构

2. 第二支柱：定性监管要求

在定量监管的基础上，主要监管难以量化的操作风险、战略风险、声誉风险和流动性风险，从风险综合评级、偿付能力风险管理要求与评估、流动性风险管理三个方面来进行操作。为了防范和管理二支柱风险，监管机构对保险公司全面风险管理体系提出了很高的要求，包括进行 SARMRA 评估、风险综合评级、现场检查和分析以及流动性管理等。

3. 第三支柱：市场约束机制

在定量定性监管的基础上，通过市场的监督约束，对保险公司进行监管。具体通过提高保险公司偿付能力信息的公开披露力度、加强监管部门与市场相关方建立持续双向的交流机制、规范和引导信用评级机构等方法来进行操作。

"偿二代"的三个支柱相互配合和补充，通过对量化和非量化风险的识别、衡量与管理，防范风险，再通过市场的约束作用，披露信息给市场对象，加强公司的公开透明化治理，最终全面满足偿付能力充足性和合规性的监管要求。

（三）"偿二代"实施对保险行业的影响

1. 定量监管影响业务导向：回归传统、聚焦价值

相比"偿一代"，"偿二代"在计量认可资产、认可负债和最低资本时更全面、细致。其中，影响实际资本的主要因素有资产认可比例提高、准备金有所降低。影响最低资本的主要方面有综合考虑了资产和负债端的各类风险，以及不同风险之间的相互抵消和分散效应。

资本溢额是指公司持有的实际资本超出最低资本要求的额度，也就是实际资本与最低资本的差额。截至2015年底，与"偿一代"相比，"偿二代"下实际资本和最低资本均有上升，"偿二代"下产险全行业释放资本837亿元，寿险释放资本8306亿元（见表2）。

表2 2015年底"偿二代"下产险、寿险释放资本

单位：亿元

监管体系	项目	产险	寿险
"偿一代"	实际资本	3743	9018
	最低资本	1188	3241
	资本溢额	2555	5776
"偿二代"	实际资本	5158	22629
	最低资本	1766	8547
	资本溢额	3392	14082
释放资本		837	8306

从行业反馈看，中国"偿二代"实施后的市场效果与国际趋同，对风险的分析和披露更加准确，整个行业稳健亮相资本市场；以保障型产品、高利润产品为主要业务的公司，风险暴露可控，资本金充足，发展空间较大；对于业务盈利能力较弱、风险暴露较大的保险公司，资本金要求加大。尤其对寿险公司的影响较明显，如2015年末，大多数销售了大量中短存续期产品的公司，"偿二代"充足率都低于"偿一代"充足率；而聚焦价值、传统险占比较高的公司，如平安、太保、泰康、友邦等，"偿二代"充足率都高于"偿一代"充足率。

从2016年上半年的市场情况看，"偿二代"监管体系运行平稳，且可以及时准确地反映金融市场和行业变化带来的影响。从计算偿付能力的实际资本结构、量化最低资本结构和偿付能力充足率情况看，行业整体保持稳定（见图3）。

总体来看，"偿二代"实施后更加准确地反映了保险公司的风险暴露，并科学评估资本需求。行业整体资本充足率较好，为行业快速发展提供了资本维度的广阔空间。同时，科学、细化的分析方法要求保险公司不仅要建立坚实的技术基础，更要重新审视各业务模块，制定符合自身情况的管理体系和侧重点。

2. 定性监管，稳步推进风险管理制度建设

"偿二代"的核心目的是推动保险公司建立全面风险管理体系，并建立以风险为导向的管理理念。第二支柱从定性监管维度对保险公司的风险管理工作提出相关要求，其中，主要内容包括风险综合评级、偿付能力风险管理评估、流动性风险管理等模块。其中，偿付能力风险管理要求与评估不仅对于保险公司推动建立完善的事前、事中、事后的风险管理制度至关重要，而且能通过控制资本影响最低资本要求。

目前，保险公司关于"偿二代"第二支柱的建设工作主要集中在全面风险管理体系搭建、管理制度修订、管理流程梳理、风险管理信息系统建设等方面。部分先进公司已经建立了风险偏好体系、风险限额及传导机制，并配套相应的考核机制，推动风险管理在公司日常管理活动中的应用。

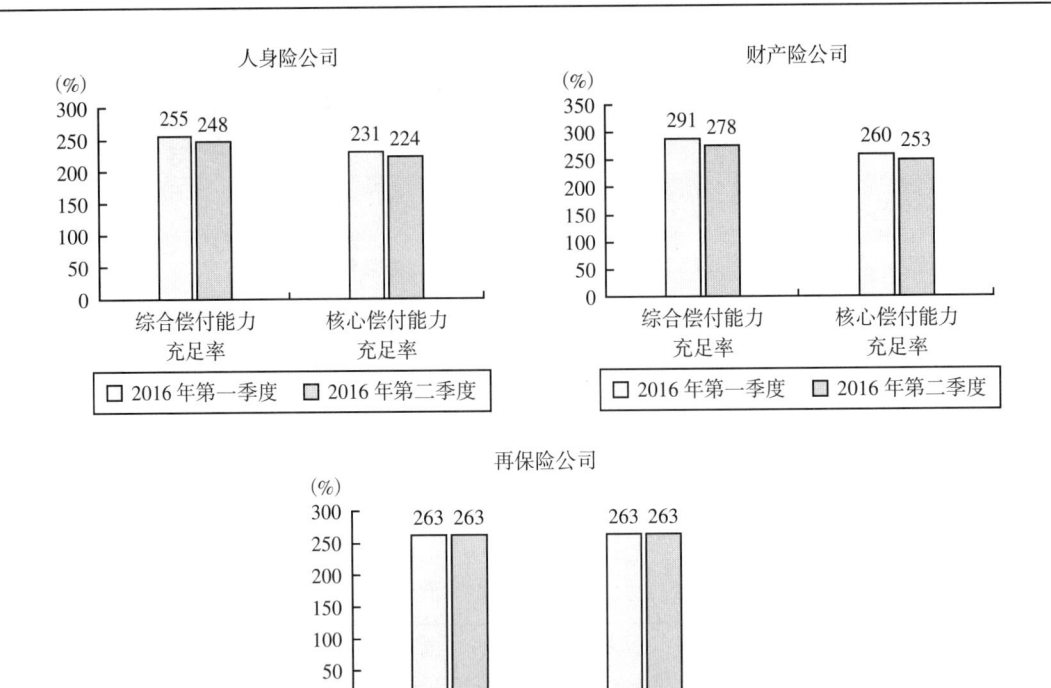

图3 中国"偿二代"2016年二季度行业整体偿付能力充足率

注：统计数据包括截至2016年9月2日已披露的73家人身险公司、74家财产险公司和10家再保险公司的偿付能力充足率数据。

资料来源：毕马威咨询，"'偿二代'2016年二季度公开信息披露分析"。

总体来看，"偿二代"的风险管理建设从初步接触过渡到逐步理解，从制度完善发展到遵循落实，从合规导向转变到价值提升，受到了各家保险公司的重视。但不得不指出的是，很多公司股东和管理层对"偿二代"的影响和冲击还存在认识不足的问题，风险管理主体的责任意识还不强，还是将"偿二代"风险管理工作纯粹作为满足监管合规的事项，因此在高层支持和资源投入上明显不够。

三、"偿二代"监管体系实施现状

"偿二代"的核心目标是推动以风险管理为导向的保险公司经营理念全面落地。但从目前情况看，行业的主要相关工作仍然停留在评估模型搭建、组织架构梳理、管理制度完善层面，"偿二代"对公司日常经营的影响和导向作用不明显。

在2016年5月，中国保监会财务会计部针对"偿二代"体系对中国保险公司经营管理的影响进行了问卷调查。调查对象包括中国保险行业内处于领先地位的12家公司：中国人民财产保险、中国人民人寿保险、平安人寿、信诚人寿、泰康人寿、太保人寿、阳光保险集团、中再集团、工银安盛、中德安联、友邦保险和瑞士再保险。尽管样本对象数量较小，但是样本选取合理，样本公司包括中资与外/合资公司、保险集团、再保险公司等。

以下将通过对调研结果的展示分析"偿二代"对保险公司经营管理的影响与执行落地的现状和困难，为保险公司实现"偿二代"体系下风险导向的经营管理转型提供新思路。

（一）"偿二代"体系下保险公司经营管理实践和创新

"偿二代"实施后，国内保险公司在不断的学习和实践中，根据公司自身的情况采取了新的举措：部分公司为了更好地提升公司治理、风险管理和全面预算管理等能力，对这几个方面不遗余力地进行制度建设、系统搭建和技术研究等；也有一些公司从战略的角度出发，进一步思考如何把风险管理、预算管理和资本使用效率三者有机结合，实现从单一的财务经营管理转型至风险导向的战略经营管理。

在"偿二代"体系下，保险公司有了更广阔的经营管理自由，不仅体现在产品设计、投资工具等方面，公司还可以结合自身的经营状况，设定资产负债管理策略和风险偏好体系，而公司要遵循的无外乎是"实现风险与收益的平衡"。当然，管理的自由度越高，对公司管理的能力要求也越高，尤其是集团控股类公司。

目前，行业公司在经营管理上已经开始实践落地的内容主要包括以下几个方面：

1. 风险管理

因风险管理在各公司的实施力度、管理水平以及公司的业务类别不同，对公司的经营决策发挥的作用也有所不同。目前，利率风险、资产负债错配、保险风险是保险公司较为重视的几个风险类别。重点的经营管理举措集中在以下几个模块：

（1）产品策略。在新产品开发流程中，通过产品的特性来评估产品的各类风险，同时评估公司整体风险的影响。保险产品风险可通过"偿二代"体系下的资本占用水平有效提现，进而影响保险公司重新审视其产品策略。

（2）资金运用/投资策略。大部分公司制定了战略资产配置和战术资产配置，对各投资账户的配置考虑了公司的风险偏好、风险容忍和限额。对于重大投资项目，外资/合资公司因为受到投资资金监管的限制，重大项目投资决策权在母公司/集团，分公司仅配合提供风险评估意见；中资公司会综合考虑最低资本的占用与收益及对风险偏好、容忍度和限额的影响，作为投资项目的重要标准。重大投资项目的决策和评估机构与公司投资管理模式和组织架构有关，但是决策时会结合项目的风险分析报告进行评估。对于不同类别的投资项目，因涉及的风险不同，评估方法会有所不同。

2. 预算管理

在"偿二代"实施前，国内的保险公司都已建立了比较成熟的财务范畴下的预算管理体系，但是大部分尚未建立结合了风险偏好的全面预算体系。部分保险公司已经开始在预算过程中嵌入风险偏好指标，并进行独立风险评估，如压力情景测试等工具，以相应调整业务规划和全面预算。部分公司保留原有预算管理体系，但是对机构和部门实行风险调整后绩效考核体系，如EVA考核，并尝试以此建立机构、产品线、投资、再保的资本分配模式。也有个别公司在"偿二代"之前便已经建立了全面预算管理体系，并使用高级的预算管理工具，如采用经济价值管理体系EVM进行预算管理，在"偿二代"实施后，只需进行调整和优化。

例如，平安保险引入了以风险为基础的EVA价值管理体系，将其应用于业绩衡量、管理决策、考核激励和经营理念中。平安保险已经实现了第一阶段价值管理理念的渗透，目前正处在管理体系建设的第二阶段，即分板块优化计量风险，体现风险敏感性，同时正逐步将EVA纳入考核体系指标，并以EVA指标追踪及分析体系，以及纳入预算规划，作为资本管理的参考指标。未来，也就是在第三阶段，将会进一步优化风险计量方法，并细分到产品和业务等，并加大EVA在绩效考核中的应用，将其作为提奖基数，同时实现EVA资本配置，优化业务结构等。

3. 资本管理

（1）资本规划和资本补充。大部分公司已经建立了3~5年的中长期资本规划。但是调查结果也显示，如果在未来存在资本补充的需求时，各公司对资本补充工具的优先级偏好不同，尚未形成体系化的评估和运营体系。

（2）资本考核。"偿二代"实施后，大部分公司对资本考核指标进行了调整，综合考虑偿付能力水平和资本使用效率，部分公司已经开始使用高级资本考核方法，如EVM、EVA和RAROC指标进行考核。部分公司尚未对业务、投资、其他部门和分公司等条线设立资本考核指标；部分公司结合"偿一代"和"偿二代"的资本考核指标，如平均风险因子和综合偿付能力充足率进行考核，并加入风险调整后绩效考核指标EVA/RAROC等。

（3）KPI考核。大部分公司已经修订了原有的KRI考核体系，将风险管理和合规纳入考核体系之中。目前，部分公司选择在个别部门试行，如投资部门，部分公司则将调整后的考核体系应用于公司高层和/或全体/部分原公司。

部分行业公司不仅仅满足于遵循监管要求，它们试图根据自身的经营情况和中国经济特色，构建合理和稳定的管理体系。其中，已经或正在进行的一些经营管理上的创新举措包括：①风险管理方面：建立风险偏好体系和风险管理信息系统等，部分公司为了更好地进行偿付能力管理、数据收集与报表报送等，搭建了偿付能力数据集市；②预算管理方面：将风险预算纳入预算管理体系，并按"偿二代"的风险划分，计算各风险的量化风险资本占用，以更合理地进行资本规划；③资本使用效率：研究评价资本使用效率指标，形成有效的资本配置方法和资本考核指标，如研究风险调整后收益，以反映资本消耗对投资收益率的影响。保险公司还对利率风险对偿付能力的影响、操作风险的量化技术等进行了相关研究。

（二）"偿二代"在经营管理中落地实施的现状和困难

从调研结果来看，各公司对"偿二代"体系建设高度重视，并且积极投入资源支持"偿二代"工作的顺利进行，目前在制度和体系建设方面已经小有成效，并且在不断加深公司高管以及各级员工的风险文化培训，风险管理、全面预算管理和资本管理等已经融入公司经营决策中，且"偿二代"指标对公司经营决策起到了参考作用，包括偿付能力充足率、SARMRA评分和流动性指标。但是，各公司纷纷表示，在实现规模导向转向风险导向管理模式的过程中，存在落地困难的现象，并且面临着各种挑战。其中，技术挑战（风险量化分析等）和跨部门沟通交流是两大难点。整体来看，风险导向式的经营管理在落地过程中存在以下几个问题：

1. 中资保险公司的风险管理基础薄弱，较难融入公司治理环境

调研对象包括外资/合资公司与中资公司。相比之下，外资/合资保险公司因为其母公司或集团的全面风险管理体系完善，在"偿二代"前，风险管理就已经是它们经营管理的一部分，对"偿二代"的风险导向理念和流程接受度相对较高，只需在原有的母公司/集团的风险管理体系下，根据"偿二代"的特殊要求，逐渐更新和优化分公司在中国的全面风险管理制度和系统。针对中资公司，基本是从零开始，但是大部分表示已经建立了全面风险管理制度，正在大力推进风险管理工具的研发，健全预警体系和量化模型。

但是很大一部分保险公司表示无法实现对偿付能力风险管理制度所有条款的高质量执行，距离真正意义上的风险管理和全面风险管理的要求还有一定的距离。各公司均投入了大量资源进行全面风险管理体系建设，在管理架构、专业人才引进、信息系统建设、管理工具开发等方面开展了大量的工作，也初见成效。但从行业反馈来看，风险管理仍然停留在理论和后台管理职能搭建层面，由于信息的不对称、对业务一线的了解较少及公司经营决策对于风险维度的考量较弱等因素，目前风险管理体系建设的成果并没有完全运用于保险公司的日常运营管理中，亟须解决缺乏管理要求传导机制和管理突破点的问题。

同时，调研发现，公司规模与风险管理能力大小不存在显著的相关关系，但是因为国内寿险公司的风险管理体系建设起步早，目前寿险公司整体的风险管理能力要优于产险公司。

2. 风险文化与技术挑战

尽管目前大部分公司已经设立了独立的风险管理部门，并任命了首席风险官（CRO），且这两项的占比在不断提高，但大部分公司仍表示风险导向下的经营管理对员工的知识和技术要求较高，目前风险管理专业人才储备不足，以及对风险量化模型与资产负债匹配技术熟悉的精算人才经验与资历不足等都是很大的制约因素。

部分公司尚未搭建风险偏好体系和风险管理信息系统，主要受制于公司内部董事会、管理层对风险的理解和接受程度。已经或者正在搭建风险偏好体系和/或风险管理信息系统的公司表示，需要第三方咨询公司的协助，成本较高。另外，公司员工在维护这些系统上还需要一段时间学习和融会贯通。还有一些公司表示，风险系统目前还停留在满足监管要求的层面，真正对公司的经营管理起到实质性作用的部分还很少。

3. 权责划分困难

要将管理制度和管理方案落地实践，需要权责统一的组织架构，以及清晰完备的管理指标。目前，在保险公司风险偏好建立、风险限额分解至业务一线、具体业务线的考核指标设定的过程中，存在落地困难。尤其对于寿险行业，其产品运营周期长，风险暴露与投资和市场波动关联密切，在产品设计和风险管理层面无法进行较为清晰的权责划分。

（三）预算管理和资本考核是保险公司经营管理转型的落地抓手

1. "偿二代"为保险业提供了经营管理转型的良好环境与合理工具

"偿二代"建立了一套科学、系统且符合中国保险行业发展需求的监管体系，将作为行业科学发展的指引，对保险公司运营产生深刻的影响。"偿二代"将改变过去保险公司的产品管理、投资管理、融资管理、风险管理等几个经营维度相对割裂和独立的管理模式，以风险为核心的考量维度将保险公司的资本使用效率、风险控制水平和发展战略紧密连接到一起，进而形成促进保险公司科学、快速和差异化发展的环境基础。

在定量偿付能力资本管理层面，"偿二代"的实际资本计量与会计准则更加趋同，更加贴近客观实际，使保险公司偿付能力信息与财务信息的可比性大大增加。最重要的是，"偿二代"对于最低资本的计量以风险为导向，分别对保险风险、市场风险、信用风险及风险分散能力的资本进行考量，同时考虑风险之间的相关性，科学的风险计量体系将准确地描述不同保险公司的风险水平和资本要求。新的监管导向对保险公司的资本计量工具、评估模型等技术储备提出了更高的要求。另外，差异化的定量结果将有效地体现保险公司的盈利模式和发展策略，是衡量保险公司发展水平的有效指标，而对于偿付能力定量指标的分析需进一步细化，以便引导对产品、投资、融资、资本及风险管理等各业务模块经营策略的不断优化。

"偿二代"的核心目的是推动保险行业向以风险管理为核心的经营管理思路转型升级，定性监管要求为保险公司建立系统和完善的风险管理体系奠定了基础。在监管要求上，设定了保险公司风险综合评级体系；同时，从制度健全性和遵循有效性两个维度对保险公司的偿付能力、风险管理能力进行评估，最终的评估结果将转化为显性资本要求，真金白银地影响保险公司的资本需求。通过系统化、定性和定量相结合的监管要求，推动保险公司在全面风险管理体系建设、资本使用效率评估、组织架构搭建及管理决策流程等方面进行全面升级。

"偿二代"第三支柱对保险公司的信息披露提供了更加严格的要求，包括对季度偿付能力信息的公开披露要求，对消费者、投资者、金融市场等相关方的信息交流机制，保险公司的信用评级制度等。从信息披露的广度、深度和与市场沟通的方式等角度看，保险公司需首先对自身的信息披露管理能力进行梳理，同时将监管要求应用于日常经营活动中，逐步建立从信息处理、公共关系维护到风险防范的管理体系。

综上，"偿二代"以风险为导向的监管体系将全面影响保险公司的战略制定和日常运营，在产品策略、投资策略、融资策略、风险管理、组织架构完善等方面产生切实的影响。

"偿二代"对于保险公司而言，不仅是一个监管体系，还是其提升各项管理能力和技术硬件的契机。在"偿二代"尤其是SARMRA评估和风险综合评级的压力下，保险公司的高管对"风险管理"的意识有了本质上的改变，意识到风险管理对公司最低资本有着直接的影响，并提供公司资源予以大力支持，重点体现为人才引进和培养，以及项目资金拨备（与第三方咨询公司合作，进行模型搭建和体系建设）；而在"偿一代"下，保险公司更加注重规模发展，即使中层管理者已经认识到风险在日常经营中的重要性，但由于没有公司各层级全面的风险文化渗透和风险体系，无法真正实现风险管理的落地。

"偿二代"培养了中国保险行业内部董事会、高级管理层和各级专业人才的风险文化和价值意识，奠定了未来推进全面风险管理的基础。然而，中国特色的保险行业存在着薄弱的风险管理基础，导致无法一步迈向发达国家的行业水平。目前，"偿二代"不仅向保险公司提供了合适的风险计量工具（最低资本模型），还孕育了风险导向的经营环境，全行业已经开始逐步建立"偿二代"风险导向的经营管理模式。

2. "偿二代"体系下保险公司经营管理的落地策略

经过近两年的行业实践，"偿二代"的实施已经初见成效。保险公司在评估指标分析、评估模型搭建、管理制度完善、公司治理体系建设、公开信息披露等方面都取得了显著的成果。对于"偿二代"的理论研究和基础环境建设工作将逐步完善，研究和工作重点将聚焦于"偿二代"如何切实落地，促进保险公司在战略制定、重大经营决策、日常管理等方面的全面升级，推动保险公司逐步建立以风险为导向的经营模式，开启保险行业快速稳定发展的新篇章。

新的监管体系和理念的实施，需要确定明确的传导机制和工作抓手。从目前来看，虽然以偿付能力为核心的风险管理体系已经初步搭建，但仍停留在理论和后台运营的层面，没有对保险公司日常经营产生实质性的影响。一方面，中国保险行业发展时间较短，风险意识和管理理念较为薄弱；另一方面，偿付能力风险管理与目前保险公司运营管理框架的结合尚在探索之中，并未形成有效并具有突破性的传导路径和工作抓手。

预算管理是保险公司战略执行的先决步骤，是保险公司制定年度发展规划、监控日常运营、开展绩效考核管理的核心工具和平台，可以有效推动公司管理理念落地，并进行高效统一的工作组织和安排。"偿二代"实施后的预算管理工作需进行重新考量，一方面满足监管规定的相关要求，另一方面主动承担"偿二代"管理理念的传导载体作用，配合"偿二代"管理理念落实到保险公司运营的方方面面。

考核是保险公司运营管理的核心抓手，在"偿二代"下，价值、风险和资本维度的考量被有效结合到一起，以"偿二代"资本计量方法为理论基础的资本考核可以有效地运用于保险公司的管理之中，作为"偿二代"风险经营管理理念落地实施的突破点。

综上，要实现"偿二代"风险导向式经营管理的落地实施，保险公司可有效利用预算管理平台作为传导机制，将资本考核作为核心工作抓手，不断引导保险公司转变运营理念，最终形成以风险为导向的发展模式和管理方式。

预算管理和资本考核是保险公司战略落地和管理理念落地的最有效管理工具，本课题将重点从这两个方面出发，结合"偿二代"的监管要求和监管精神，摸索一套满足行业实践需求的方法，在顺应监管变革趋势的同时，提升经营管理效率。

第三章 "偿二代"体系下的保险公司预算管理

一、预算管理在保险公司经营管理中的作用

(一) 预算管理是运营管理最有效的工具

1. 预算管理是运营管理的核心环节

保险业务的全流程包括保费收入、费用管控、投资策略、资本规划等多流程,每个流程的规划和策略均会对保险公司的财务指标和运营策略产生较大的影响,所以预算管理需综合考虑公司战略需求、风险管理需求、资本运营需求等,将公司战略转化为详细的实施计划,并以财务报表的形式展示。

通常情况下,保险公司预算体系包含两个维度的指标,具体如图4所示。

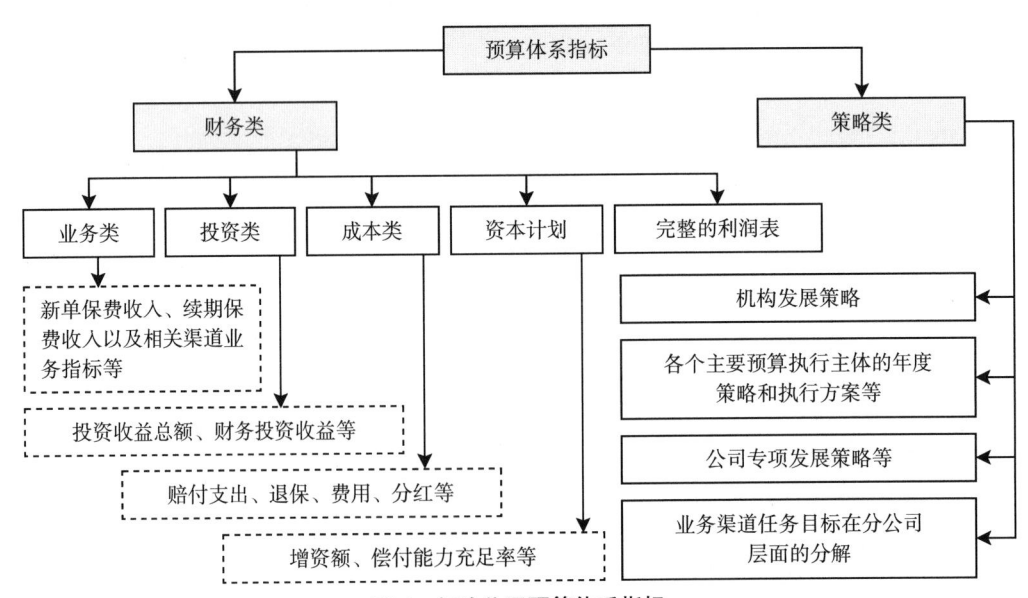

图 4 保险公司预算体系指标

预算管理是保险公司利用预算这一工具对企业内部各个部门、各种资源进行控制、反映与评估的一系列管理活动,是财务控制的一个重要组成部分,是将保险公司战略计划落实到操作层面的有效途径。预算管理是目前中国保险公司最有效的管理系统和工具,是保

险公司经营管理的核心内容。

2. 全面预算管理是提高经营效率和实现战略目标的重要工具

全面预算管理是将公司年度发展目标转化为详细的经营计划以及相应的财务预算计划，对公司预算期内的业务发展、投资计划、财务费用进行全面规划、测算和描述，并将其以计划的形式具体、系统地反映出来，同时在过程中对其执行与结果进行控制、调整和考评，以便有效地组织与协调全部的经营活动，完成公司既定的目标。全面预算的内容包括经营预算、现金预算、资本性支出预算和支持预算四大类。其中，经营预算是全面预算的核心内容，是指公司日常经营发生的各项业务活动的预算。

全面预算管理的基本任务包括：

（1）统筹事前规划，推进战略项目管理，实现长期规划和短期计划相结合。通过编制全面预算，细化公司战略规划和年度经营计划，对公司整体经营活动进行一系列量化的计划安排，有利于战略规划与年度经营计划的监控执行。

（2）强化事中控制，注重成本和风险管理。通过分析经营活动实际结果与预算的差距，发现问题并及时采取相应的解决措施。在运营过程中强化内部控制，降低日常运营风险，加强费用支出管理，促使公司各类资源的有效配置，提高资源利用效率。

（3）完善事后考核，为绩效管理提供制度依据。通过全面预算管理与绩效考核相结合，为公司的全体员工明确工作努力方向，促使其行为符合公司战略目标及年度经营目标的要求，增强公司对经营活动的控制能力。

对于保险公司而言，由于其业务特点存在着计划性强、控制协调管理要求高以及组织难度大等一系列特点，需通过全面预算管理提高内部控制力度，将业务发展、公司运营、投资策略、资本规划等各模块统筹管理，进而提高保险公司的运营效率，确保公司战略目标的逐步实现，向上落实战略，向下完成目标。总体来说，全面预算具有考量全面、有效传导、考核跟踪三个主要特点，是保险公司运营管理最有效的管理工具。

（二）预算管理与风险管理的关系

1. 聚焦偿付能力的目标一致性

业务规模和盈利水平是保险公司预算制定过程中两个最主要的维度，但由于保险行业以偿付能力为监管核心的特点，保险公司的经营策略和预算管理必须满足偿付能力的相关要求。从预算管理角度出发，偿付能力指标是预算制定和管理的红线与最终约束条件。从保险公司风险管理角度出发，保障偿付能力安全是保险公司风险管理的最终目标，一切经营计划均需满足保险公司风险管理的监控要求。聚焦偿付能力既是预算管理和风险管理的两大共同点，也是预算管理和风险管理相互融合、落地实施的理论基础。

2. 风险战略与执行策略的差异

预算管理更多地聚焦于公司未来一年的运营策略，在偿付能力水平达到监管要求的基础上，保障公司战略落地，并完成财务指标。预算的编制、调整、执行均以业务和财务指标为核心，注重实效性和可执行性。

在过去中国保险公司的治理环境下，风险管理更多关注公司的风险底线及专业风险的评估与监控，通过风险指标的测算、风险偏好的制定、风险暴露的监控等方法保障公司的运营安全。风险管理体系的搭建更多依靠模型及统计分析等方法开展，注重稳定性和技术性。

从偿付能力管理的角度看，风险管理可视为公司经营战略层面的管理工具，预算管理可视为公司经营战术层面的管理工具。"偿二代"实施后，价值管理、风险管理和资本管理被有效结合到一起，偿付能力管理的有效性将全面影响保险公司的财务指标、风险指标和资本指标，因此"偿二代"体系下的预算管理和风险管理可有效地统一并执行，形成兼顾风险导向的经营发展策略。

从落地时效性来看，全面预算管理是目前中国保险公司运营管理过程中最有效的管理工具，具有完整的策划、传导、监控和考核体系，并可以落地至业务条线及分支机构；风险管理作为保险公司的核心管理工具，目前尚未得到有效的应用，在中国保险公司经营过程中发挥的实际作用有限，目前的商业环境和保险公司治理架构无法形成有效的风险管理落地传导机制。

3. "偿二代"下的融会贯通

"偿二代"强调以风险为导向的保险公司经营理念，全面加强风险管理建设，从定性和定量两个方面指导公司运营。同时，在"偿二代"监管制度中，全面预算被列为保险公司风险管理主要工具的第一项，也是最重要的一项，预算管理在"偿二代"体系下需进一步发挥在目前市场环境下作为最有效管理工具的定位，促进风险管理落地。

在"偿二代"下，预算管理的重要性需进一步升级，其扮演着风险管理落地实践的核心角色。保险公司需进一步明确"大财务"和全面预算理念，将财务策略和风险战略、顶层设计和基层实践、前端规划和后端监控有效结合，促进"偿二代"和风险管理理念在保险公司经营过程中全面落地。

从具体工作出发，全面预算制定过程中需全面考虑风险偏好、风险限额、资本考核等风险维度的管理要求，结合公司实际业务制定预算，并形成相应的风险应对策略，在符合公司风险管理要求的前提下制定风险处置方案，落实到总分公司的运营活动中去，指导经营决策。

在"偿二代"下，保险产品、投资种类、资产负债匹配等不同的风险维度所占用的资本大有不同，所以在制定业务策略和预算过程中需充分考虑风险水平。"偿一代"下仅将业务规模等传统财务指标作为制定业务策略的依据已经远远不够，还需要将资本占用或者风险水平考虑进去，运用经风险调整的收益率（RAROC）等指标来进行辅助决策，制定公司预算执行过程中的运营策略，如资产配置水平、融资工具运用、资金运用频率等。

二、"偿二代"对全面预算管理工作的新要求

（一）提高专业能力与风险管理意识，预算管理观念亟须转变

"偿二代"的核心理念是推动以风险为核心的管理理念落地，保险公司的预算管理需转变以往以规模和效益为主的观念，从战略上将风险维度的考量放在首位，在操作中加强专业知识学习，提升工作能力，以适应新的监管要求和经营环境。

对风险导向更深层次的理解应该是公司经营观念上的转向，对预算管理来说就是由

"保费观"向"风险资本收益观"的转换。风险资本收益观是指在衡量业务的成本收益比时，充分考虑资本成本，充分考虑到资本资源的占用所获得的收益率是否在可接受的范围内。

传统的规模导向管理模式无法准确衡量风险水平和波动性，"偿二代"为保险公司科学运营提供了指导性纲领，促进了行业升级。

在"偿二代"体系下，不仅在承保业务方面各公司会综合衡量资本需求与预期收益，而且在资金运用方面，股权、债券、房地产、信托计划等都有差异化的资本需求，导致公司的财务管理必然会转变为"风险资本收益观"。公司的业务计划、财务管理目标将彻底围绕"偿二代"体系下的风险资本要求进行重建，原有的投资收益评价指标、价值指标必然转换为风险调整的资本回报率（RAROC），新渠道、新业务、新产品的开发与计划也必然从最低资本占用的角度进行综合评估，导致保险公司的战略规划、业务计划、财务管理都将发生深远的变化。除定量维度的变化外，预算管理需充分考虑 SARMRA 评估要求，强化过程管理和监控，并开展多维度的偿付能力风险压力测试工作，积极主动地推动风险管理体系落地。

(二) 预算编制流程的梳理

1. 风险管理嵌入预算管理流程

传统预算编制流程分为自上而下或自下而上两种模式，将公司战略和经营目标用财务指标进行展示。自上而下式：在这种预算方案的编制过程中，一般是由公司上层下达预算额度，下层逐级在额度内编制自身预算。自下而上式：这种形式的预算编制是由基层部门分别编出各自的分项预算草案，向上逐级汇总而成。在实务中，通常采用上下结合的模式，首先由预算管理委员会提出编制预算的总体目标和方针，再交由各基层预算单位在允许的范围内编制各单位的分项预算草案，各相关单位再进行协商、调整、修订，以修订后的方案作为正式方案实施。通常情况下，保险公司预算编制的主要参与部门为财务部、企划部、精算部、投资部、业务部、人力资源部、分公司等，风险管理职能部门的参与程度较低。

在"偿二代"监管体系下，保险公司预算需经过风险管理职能部门的审批后才能通过。在目前保险公司预算编制的过程中，风险管理模块较难直接参与，也直接导致了全面风险管理体系落地较难的行业现状。为推动全面风险管理体系落地，预算编制流程的重新梳理成为关键要点。"偿二代"要求公司年度预算需通过风险管理部审核，但在实务中，公司的风险轮廓和风险水平在预算制定过程中基本已经确定，风险管理部的事后审核只能对风险底线做出评估，并不能发挥指导公司运营策略的作用，更难将风险管理理念落地至各个预算编制模块。建议风险管理部在预算管理中发挥更大的作用，或参与预算编制全过程，或设立风险及资本预算模块，在全面预算制定过程中统筹规划。风险管理在预算流程中的前置是控制风险并引导公司发展策略的最有效途径，可有效提高风险管理理念和工具在实际运营中的运用效率。

2. 事中对风险进行充分考量

从制度健全和遵循有效性两个角度看，全面预算都是风险管理实施的最有效载体。尤其在公司运营过程中，经营决策都将以预算指标为核心考量依据，并最终围绕预算制定经营决策。在"偿二代"下，公司的业务规划、投资策略、风险管理、资本管理都会影响偿付能力，最终影响公司战略目标的达成。复杂的分析和评估过程给公司运营决策提出了更高的要求。

由于预算主要是以数量金额的财务形式来表现，因而预算与财务部门的关系最为密切，在预算编制时财务部门作为一个综合管理部门，能最为全面地掌握公司经营信息，因此，收集信息、整理资料、分析数据、将各部门的预算资料进行汇总，将各项预算与企业目标进行磨合，最终形成全面预算并将预算分解落实就成了财务部门的应尽之责。在预算执行过程中，财务部门作为衔接上下级的综合管理部门，还必须了解各部门的预算实际执行情况，并及时将信息向预算管理委员会予以报告，同时将上级的决定及时予以下达，这样财务部门就起到了一个承上启下的桥梁作用。在预算考核中，财务部门除了可能为考核确定指标外，还要为考核提供各单位预算执行情况报告。因此在预算管理过程中，财务部门具有十分特殊的作用。在"偿二代"下，财务部需充分理解并掌握风险管理的相关内容，制定分析及评价体系，制定应急反应方案，结合风险及财务指标，支持经营决策，指引业务发展。

3. 预算考量维度的增加

财务预算和风险管理最终将聚焦于偿付能力充足率指标，目前预算制定过程中多以财务指标和业务指标为主要的考量维度，风险类指标仅局限于偿付能力充足率，缺乏细化和有针对性的考量。在"偿二代"评估体系中，风险考量涵盖了保险公司运营的方方面面，偿付能力单一指标的考量难以配合以风险为导向的经营管理策略落地。在"偿二代"下，预算内容需进一步细化，在经营预算、财务预算、资本预算的基础上，增加风险维度的考量，一方面使得各执行单位充分理解"偿二代"所传达的核心内容，另一方面有针对性地将风险管理纳入公司日常经营的各种工作领域中。

三、全面预算在偿付能力风险管理中的实践探索与建议

（一）建立合作机制，明确管理边界

全面预算管理作为目前保险公司运营的最有效管理工具，其传导和沟通体系具有高效、全面、方便沟通的特点。在目前的实践操作过程中，风险管理的落地多集中于后台监控，并未与全面预算进行结合，融入日常经营中。对于新监管理念和保险公司指导思路的讨论和沟通，未来需逐步加强。目前预算管理部门与风险管理部门的沟通和配合尚处于满足日常工作需求的阶段，并未与公司发展策略和风险管理导向形成全面的沟通与配合，因而无法有效利用全面预算管理工具。全面风险管理与全面预算管理能否高度结合，是"偿二代"所要求的监管理念能否落地的最关键要点。

（1）建议风险管理职能部门借助全面预算管理流程，逐步参与到公司年度发展规划制定和经营决策当中。当然，在目前的市场情况下，仍需以财务指标为主，风险指标为辅，逐步将风险管理理念和方法嵌入各个层级的策略制定中。

（2）将风险管理的管理效应前置，对于重大风险点或发展规划可以在事前进行分析预

警,并提出管理建议,直接在预算中体现。

(3) 在具体工作中,保持全面预算管理的标准性和一贯性,以财务指标为主,风险指标为辅,逐步发挥"偿二代"下风险管理对于保险公司运营的影响力度。全面预算内容除业务预算、财务预算、资本预算外,加入风险预算或资本预算,财务部负责统筹管理各预算模块的沟通协调和最终决策。风险管理部发挥其专业能力,制定符合公司需求的风险偏好及风险限额指标,完成风险预算模块。

(4) 信息共享平台。资本、财务、业务、风险等维度的监控指标和波动情况需进行有效沟通,实时监控,在业务检视过程中加入风险维度的考量和分析。

(二) 事中建立符合年度经营目标的风险偏好及日常管理工具

为更好地将"偿二代"管理理念落地实施,需从目标管理法向决策支持法转变,实行动态管理。虽然"偿二代"下要求保险公司制定风险偏好体系和风险限额机制,但该套体系均基于风险的测算理论,根据数据分析和统计模型进行压力测试,并在一定的置信区间下设定相关指标,并未完全适用于保险公司的日常经营,尤其是在不断变化的经营过程中。如某寿险公司制定的年度公司风险偏好对偿付能力充足率的要求为120%,足以应对两百年一遇的风险。但当年由于公司在资本市场的其他业务需求进行了相应的专业评级,评级机构要求公司亮相资本市场后偿付能力充足率需长期保持在250%以上。上述情况显示了公司风险偏好策略和年度经营目标客观上存在一定的偏差,导致战略层级的风险预算不具备较强的实践操作意义。因此,财务部在预算管理过程中应制定风险维度的应对策略,用以解决公司运营中的实际问题。在拥有公司战略层级的风险偏好体系后,应建立财务及运营维度的策略实施方案,切实将"偿二代"的风险管控要求与公司实际运营相结合,平衡风险和公司年度经营目标。在上述案例中,可基于目前的公司偿付能力情况,开展压力测试和跟踪监测,确保250%指标的达成。在应急预案制定上,应首先确保业务预算的相对稳定,在财务和投资预算方面寻找突破口,如费用管理、投资组合重建、再投资策略、资金分配管理等方面。

(三) 事后建立资本维度考核体系

考核既是全面预算管理的最重要部分,也是实现管理落地的核心工具。通常情况下,保险公司考核指标将围绕业务规模类指标、价值类指标、品质类指标及偿付能力充足率指标展开,对风险维度的考量较少。在理论上,"偿二代"建立了将资本、风险和价值指标相融合的基础,以"偿二代"资本计量理论为基础的资本考核体系成为可能。保险公司需在考虑风险维度的全面预算编制的基础上,设定资本考核指标体系,形成以财务指标为主、资本考核指标为辅的考核管理工具,通过考核的细化,不断深化风险管理理念,推动风险管理在公司日常运营中的实施。本课题将对资本考核指标的设定做进一步的分析探讨。

(四) 设立风险预算或资本预算的考量

通常情况下,保险公司的年度预算包括保费收入预算、投资收入预算、经营预算(业务支出、营业费用、资本性支出预算)、现金预算以及其他预算。由各子预算所汇总形成的资产负债表、利润表和现金流量表,是全面预算的综合结果,也是保险公司未来年度的经营计划,业务开展节奏、重大事项决策和考核指标均围绕以上结果进行考量。其中,利润和偿付能力充足率的考量通常作为年度预算制定的终极目标,其他预算需围绕终极目标进行调整和制定。

"偿二代"实施后,对于资本和风险的计量更加复杂,负债端、资产端、资产负债匹配水平和资本补充方案的制定更加复杂,且相互制约。一方面,需要借助专业的评估模型对各模块进行联动评估;另一方面,需要设定以风险或资本为衡量标准的预算维度,充分落实以风险为导向的发展理念,从风险与资本维度对保险公司的发展策略和运营效率进行监控。在"偿二代"的资本评估理论下,最低资本的占用水平有效体现了保险公司各类业务的风险暴露和资本占用水平,对衡量保险公司风险管理能力和资本使用效率具有明确的指导意义。建议保险公司以目前的全面预算为基础,逐步细化资本预算维度,引导公司逐步提升资本使用效率,完成全面预算科学化管理升级。保险公司资本预算内容如图5所示。

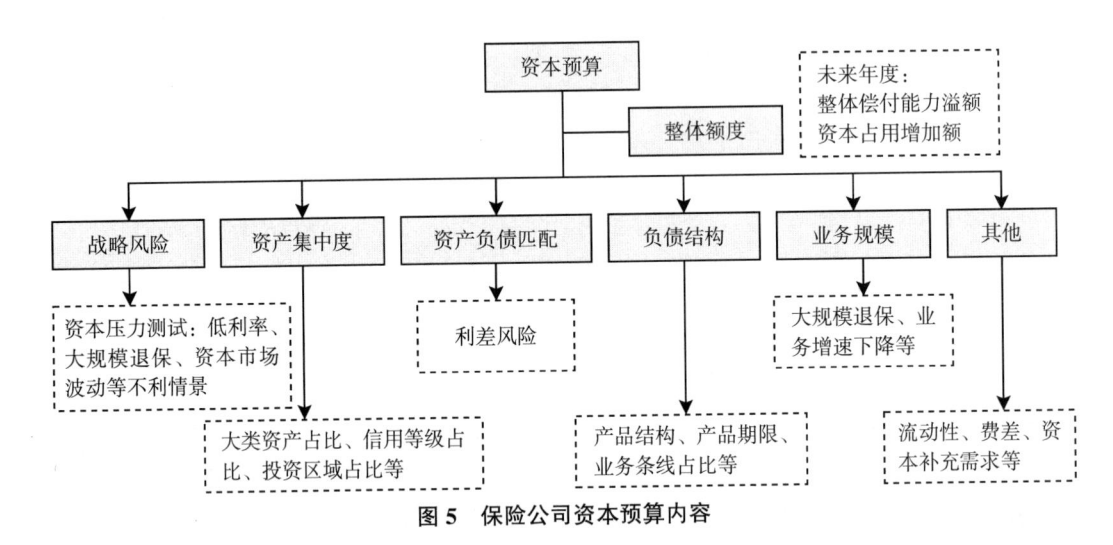

图 5 保险公司资本预算内容

资本预算的设定可以包含定量和定性两个维度。定性维度包括低利率市场环境等战略风险,定量维度可根据业务、投资、资产负债、信用、流动性等风险进行划分,对各类风险未来年度的资本占用进行测试,根据公司整体经营目标的需要设定合理的资本预算额度。

资本预算的内容包括但不限于以上定量指标的设定,对于保险公司的资本规划、重大投资计划审阅方案、资本应急机制设定等内容均可开展更加细致的分析和展示。其目的在于通过全面预算的传导机制,将风险和资本管理的理念融入保险公司经营的日常管理中,丰富公司治理的考量维度,逐步将"偿二代"的核心理念融入保险公司的经营活动中。

以某寿险公司为例,2015年底,其实际偿付能力状况如表3所示。

表 3　某寿险公司 2015 年底实际偿付能力状况

单位：亿元

项目	2015 年（实际）
认可资产	1465
认可负债	1104
实际资本	361
最低资本	110
综合偿付能力充足率	327%

经测算分析，某公司整体最低资本分布如图 6 所示。

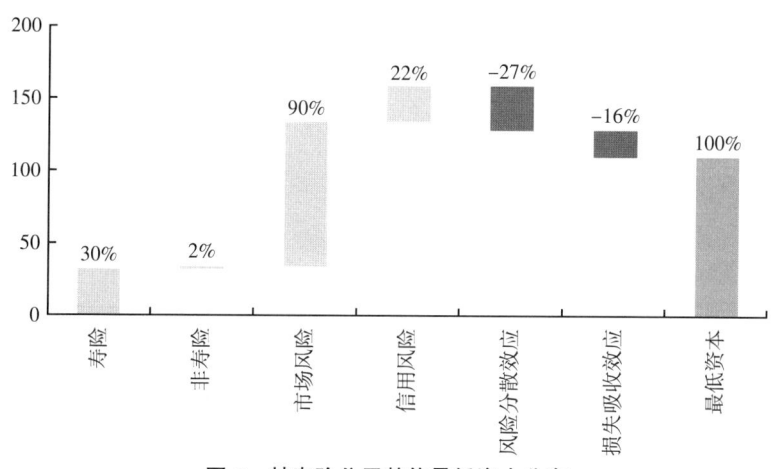

图 6　某寿险公司整体最低资本分布

寿险 30%，非寿险 2%，市场风险 90%，信用风险 22%，风险分散效应 −27%，损失吸收效应 −16%，最低资本 100%

考虑到公司已进入稳定经营期，结合 2015 年度业务和资产结构，并综合考虑公司下一年预算中对于未来业务和资产结构的调整策略，在 2016 年全面预算中加入了资本预算。在分析 2015 年度最低资本结构的基础上，针对不同业务风险分别设定了资本预算限额，通过事前设定限额、事中监控、事后考核的方式实现资本、风险和收益在预算中的统一。

2016 年底，预测偿付能力状况如表 4 所示。

表 4　某寿险公司预测 2016 年底偿付能力状况

单位：亿元

项目	2016 年（预算）
认可资产	1937
认可负债	1487
实际资本	450
最低资本	147
综合偿付能力充足率	307%

在 2016 年预算中，各类业务/资产风险的资本限额如表 5 所示。

表5 某寿险公司 2016 年各业务/资产风险资本限额

单位：亿元

业务风险类别	2016 年资本预算
寿险业务保险风险	**33**
损失发生	11
退保风险	26
费用风险	7
非寿险保险风险	**2**
市场风险	**138**
利率	71
权益价格	121
房地产	7
境外固定收入	0
境外权益	13
汇率	5
信用风险	**30**
利差风险	20
交易对手违约风险	18

为了保证公司资本预算执行的有效性，确保在未来年度满足评级机构关于偿付能力充足率不低于250%的要求，除事前约束外，公司还采取事中监控的方式对资本预算执行情况进行管理。

例如，在监控利率风险时，可以通过科学配置债券有效降低资本占用。

以该公司2015年末的投资资产结构为例，通过购买可供出售债券，可以降低最低资本。假设公司出资10亿元现金购买可供出售债券，则可以冲减掉2664万元负债利率风险最低资本，同时增加1432万元利差风险最低资本，由于现金资产的最低资本为0，因此，购买可供出售债券后合计可以降低最低资本1232万元。

除上述方法外，保险公司还可以采取资本补充手段直接增加资本金，通过优化业务结构和资产配置结构，减少资本占用、增加实际资本等确保偿付能力状况满足公司战略目标。

第四章 "偿二代"体系下的保险公司资本考核

在持续低利率的环境下,各国保险公司在资产配置方面面临着极大的挑战,资产负债匹配的难度加大,利差损风险逐渐抬头,尤其是寿险公司面临着无法满足客户的保证收益的风险。金融危机的教训使得国际组织和各国监管主体对保险行业,特别是保险集团的偿付能力和管理水平的监管加强。在以风险为导向的监管规则下,不同的风险具有不同的资本占用水平。业务规划和资产配置将极大地影响公司的资本充足水平,同时也影响公司的资本使用效率。如何衡量保险业务和资产管理的"绩效"是资本规划和资本配置的基础。只有公平考核各业务条线和投资资产,全面梳理公司各个经营节点的状况,才能为资本规划和配置提供合理依据。可以说,资本考核是资本管理的核心抓手。

然而,现阶段中国保险公司的资本管理理念尚处于探索阶段,资本管理和经营管理相互脱节,保险公司没有建立权责统一和成熟稳定的资本管理体系。从资本管理的各个环节来看:首先,各公司目前仍仅停留在财务层面上的年度预算以及事后的风险评估,并未将风险融入预算流程;其次,资本配置在国内并未施行,各保险公司按照未来的业务目标,甚至在子公司的要求下,粗犷式地分配资本,谈不上"配置",更谈不上考虑资本使用效率的优化配置,近年有改善的是投资端的资产配置,大多数公司已经完成战略资产配置制度、流程和模型的搭建;再次,大多数保险公司使用的考核指标仅在财务维度上,目前仅有几家公司开始探索资本考核维度的指标,且停留在资产端;最后,尽管中国保监会已经增加了保险公司的资本补充手段,但是大多数公司并没有自成体系的资本补充机制,只对未来可能采取的手段有优先级考虑,没有建立有效的资本补充"危机"机制,如在偿付能力即将不足的情景下,公司如何决定融资手段和数额,是子公司向上汇报,还是集团/总公司向下传导。

但是总体来看,在"偿二代"实施后,各保险公司在风险管理和公司治理上都有了很大的改善,不过无法忽视的是,在很大程度上,公司仍是被动地满足监管合规要求,侧重于财务理念上的经营,财务管理和风险管理并未形成联动;然而主动的、有预见性的资本管理是将风险管理嵌入资本运营的所有流程中,包括年度预算、业务规划、资产配置、资产考核和资本补充等,而不仅仅是将风险指标作为事后监控手段。

在当前这种"大环境"下,保险企业如何加强自身的资本和风险管理能力,维持稳定、可持续性的经营?本章将探析资本管理、风险管理和运营管理的关系,了解搭建资本管理体系的重要性。在现有的环境和技术条件下,中国保险公司应以资本考核为抓手,准确衡量企业的资本使用效率,以及业务端和投资端及各子单位的绩效表现,梳理经营管理的各个环节,为后期搭建资本管理体系奠定基础。资本考核的指标将选取经济增加值(Economic Value Added, EVA)和风险调整后收益(Risk Adjusted Return on Capital,

RAROC)，并分析这两个指标的理念、意义以及技术方案。最后，选取样本保险公司进行实证测算，证明风险调整绩效指标的可行性。由于资本成本率是 EVA 和 RAROC 技术方案中的重点，本章也对样本公司进行资本成本率的测算。由于数据和技术的局限性，测算出来的结果未必精确，旨在提供一个整体、统一的思路和流程。

一、保险行业资本管理的特殊性

（一）保险公司资本管理、风险管理、运营管理的关系

1. 监管和市场环境的变化是资本管理转型的动机

在 2008 年金融危机下，大型保险公司遭遇经营困境甚至倒闭，对全球的金融市场造成了巨大的影响。各国的监管机构意识到对"大而不能倒"的金融机构的强化监管有着稳定全球经济的作用。因此，在 G20 集团的推动下，巴塞尔委员会和国际保险监督官协会分别增设了对系统重要性银行和保险机构的监管，要求其必须持有额外的资本以提高其损失吸收和风险抵御能力。中国保监会也正在进行国内系统重要性保险机构的评定，未来评选出的保险机构需要在最低资本的基础上计提附加资本。

尤其近年来，随着经济环境的不断下行和利率的持续低迷，保险公司的经营风险在不断增大。主要体现在：金融市场中的信用风险占比越来越高；国债利率的大幅下降导致保险公司无法支付承诺给客户的收益率，整个行业出现巨大的利差损。对资本的有效管理不仅有利于提高企业的经营效率，优化业务和投资结构，从而提升业务和投资收益，还是公司经营管理的最后一道"保命"屏障。

国际组织和各国监管主体已经加强对保险行业的关注，尤其是保险集团的资本充足水平和管理能力。欧洲 Solvency Ⅱ 的自我风险与偿付能力评估（ORSA）、美国的偿付能力现代化计划（SMI）和中国"偿二代"的偿付能力监管规则都增加了对保险集团的单独监管内容。

保险公司/集团在经济环境和监管规则的双重压力下，其资本的管理能力将受到严峻考验。中国保监会副主席陈东辉曾提到，"偿二代"的实施为行业提高资本管理水平创造了很好的基础，打通了资本需求与各经营要素之间的内在联系，增强了风险管理的激励约束机制，为保险公司资本管理提供了广阔的空间和丰富的工具。中国保险公司完全可以在"偿二代"的实施环境下，在进行风险管理体系建设的同时，强化公司的资本管理能力，最终实现全面风险管理的完美转型。

以下将从资本管理、运营管理和风险管理的关系方面来解析资本管理为何应当成为公司战略经营管理的核心手段。

2. 资本管理是运营管理的切入点和传导体

不论在何种监管框架下，有效的资本管理必须与公司的战略经营目标相一致。由于风险、资本和价值的内在关联性，公司经营的过程可以简单归纳为"以风险管理为约束，以资本管理为传导，以实现公司价值最大化为目标"。

资本管理是保险公司/集团实现"偿二代"下经营转型的切入点和载体。资本是衔接风

险和价值的桥梁，也是资产和负债的依托。资本规划、预算管理、资本补充（融资策略）和资本考核影响着公司运营的各个节点。保险公司的运营应该从全局、战略的角度出发，分析不同业务的资本占用特点，评价各项资金运用下的使用效率，从而制定合理的业务规划，优化投资结构，平衡风险资本与收益的有效匹配，并在事后考核业务条线和投资资产基于风险的绩效，为后期业务规划和投资策略提供调整依据。由此可见，资本管理是运营管理的重要工具。

资本管理体系通过资本规划、资本监控、资本考核和资本补充，从前端、中端、后端促进公司有效地进行运营管理。资本管理体系遵循公司的风险偏好和战略计划，设定年度预算和中长期规划，保障未来几年内的资本安排充足和合理。同时根据资本考核指标（风险调整绩效指标等）来评价公司整体、各业务线/产品或各渠道的业绩表现，将各业务的"价值创造能力"与所承受的风险水平相联系，并以此为基础优化配置公司的资本和资源，实现公司价值最大化。在经营过程中，依据（偿付能力）资本充足率对公司的经营情况进行监控。如果出现非预期的情况，导致偿付能力水平不足或低于公司战略预期目标，公司可通过资本补充手段快速解决问题，尤其在"偿二代"下，再保险和财务再保险对改善偿付能力的效果并不显著。

当然，在日常经营过程中，公司还可以通过合理调整业务和投资结构、资本结构来提高资本使用效率并释放资本，主要体现在以下几个方面：

（1）产品策略。在"偿二代"下，产品风险计量由过去按规模计提改为根据风险类别进行分类计量，产品及业务发展策略选择的不同将显著影响保险公司的资本要求。不同类别的风险带来的资本消耗程度不同，公司整体产品和业务策略的调整会影响公司对资本的需求，如产品类别、设计和条款等与产品业务条线之间的相关性所带来的天然对冲性都会影响保险公司最低资本的要求。

（2）投资策略。在"偿二代"规则下，保险监管对不同大类资产设置了不同的基础因子和特征因子，刻画了不同资产类别的风险差异。例如，权益资产和不动产投资的风险资本要求比"偿一代"规则下要高。保险公司在进行资产配置时，应充分考虑风险和收益，按照风险偏好和战略发展目标，更好地进行公司的资产配置及合理安排投资端的资本占用额度。

（3）融资策略。中国保险监管拓宽了保险行业融资的方式，资本补充渠道实现多样化。资本补充手段的扩展为保险公司调整资本结构提供了一定的弹性。同时，融资成本的大小和融资速度的快慢也是公司进行资本补充的重要决定因素。另外，"偿二代"下融资工具按相应资本分级，限制了保险公司的融资结构，加强了对保险公司资本质量的把控。保险公司在发行资本补充债时，应考虑限额要求和资本质量，优先补充核心资本，提高资本级别。

3. 偿付能力管理是实现公司可持续经营的基础，资本管理是维持稳定价值增长的手段，二者相辅相成

从不同角度来看，公司管理资本的目标一是保持充足的资本以满足监管要求，二是提高资本使用效率以实现公司价值最大化目标。

资本和风险是相互制约的，寻求平衡点是保险公司提高运营效率的支点。资本的数量和质量决定其抵御风险的能力，而在其他条件不变的情况下，资本配置结构不同（业务和投资结构)可以影响风险大小和绩效表现,同时风险的大小又决定了资本占用,进而直接影响公司的资本需求,如果公司持有资本无法满足偿付能力要求,公司应该有资本补充渠道,以保障有效、快速地补充资本,维持偿付能力。另外,资本的稀缺性和成本性是公司创造价值的压力与动力,同时公司又要平衡风险承担与价值创造,以保障股东和保单持有人双方的利益。

"偿二代"从风险综合评级和偿付能力风险管理要求与评估(SARMRA)等方面对第二支柱的定性监管要求进行了细化和完善,保险公司自身的风险管理水平对其最低资本需求有直接的影响。"偿二代"规则明确提出要求风险管理部门参与公司的战略规划制定,并对业务规划、全面预算和重大投资项目等开展独立的风险评估,发挥前端指引的作用,引导公司在进行经营决策时考虑风险管理因素,同时将风险管理要求纳入具体业务和投资流程的设计与考核中,发挥中端协助和后端预警的功能,将其融入日常的经营管理。

保险公司的各项管理和决策必须符合公司的风险偏好,资本维度的风险偏好和限额是最基础与最重要的指标。在进行风险偏好陈述时,公司通常会借助资本维度下的指标(如偿付能力资本、经济资本、在险资本等以及最低资本波动、资本最大损失限额等)来体现公司战略管理目标下的风险态度及其愿意承担的风险水平,并通过风险限额指标为公司提供日常经营决策与建议、风险监控与预警,同时逐渐引入风险调整绩效考核评估体系,以强化公司对风险管理负责人的管理,以及考核各子公司、分公司、产品线和渠道的绩效表现,为下期战略规划提供决策依据。

图 7 是以保险集团为例,从风险、资本、利润和价值三个维度进行绩效归因分析和目标分解,勾勒出保险公司资本管理和风险管理对实现公司战略目标和日常经营的监控。

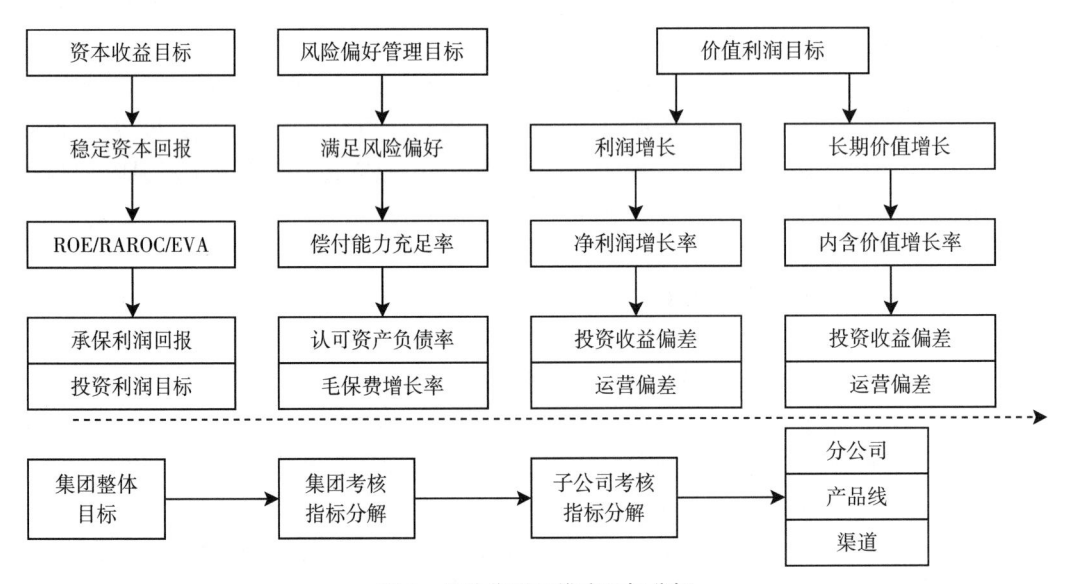

图 7 保险集团三维度目标分解

由于目前国内全面风险管理尚未施行,为了在成长转型期间更好地将风险管理纳入公司经营过程中,资本管理是公司运营和风险管理的最好传导载体,将风险限额和容忍度传导到公司经营的各个节点,其中资本考核是连接资本管理体系的桥梁,为资本规划和配置提供了依据和方向。

4. 中国现阶段资本管理工具和技术不成熟

在"偿二代"的新规则下,保险公司需要借助资本管理工具,通过对资本的预测、分析、管理和考核,实现主动化和体系化的管理,支持公司的运营和发展。资本偿付能力监管规则第11号文件就明确提出保险公司应当根据自身业务规模、风险特征和风险偏好,开发和使用多种资本管理工具(如符合"偿二代"监管规则的经济资本模型),辅助评估公司的资本充足性。

现阶段比较流行的资本管理工具有经济资本、风险调整后资本收益率(RAROC)、经济价值增加(EVA)等。

经济资本的计量和管理对公司内部模型的要求较高,即使是欧洲的Solvency Ⅱ也只是鼓励公司开发内部模型。中国保险行业起步较晚,将风险管理融入公司经营的理念也是在"偿二代"的推动下开始实践的。目前国内已经在操作层面使用经济资本模型的只有一家保险公司,少数几家保险公司已经将EVA和RAROC风险绩效考核指标投入实践,衡量公司投资端的绩效表现。

不管在理论上还是技术上,中国保险公司还不具备完全依托经济资本管理的条件,且国内的市场环境尚不成熟,在这样一个大环境下,国内保险公司需要定制化开展经营管理,先利用资本考核工具对公司的经营情况进行梳理,找出症结,调整业务结构和投资方案,逐步向公司高层和员工渗透"资本是有成本的"理念,得到公司全体员工的认可和认同,然后搭建制度流程,建立决策机制和考核激励等,最后从资本考核层面慢慢渗透到资本配置和资本补充等方面,最终成功推行基于风险的资本管理体系。

可以说,资本考核既是资本管理体系的第一阶段,也是能否成功推行的基石。不管是对集团整体,还是对子公司、产品线或渠道的资本考核,都是衡量承担的单位风险所能创造的收益,那么就要清楚资本是如何计量的,资本占用是多少。只有单位风险创造的收益大于资本的成本,才能说公司或业务单位创造了价值。因此,接下来的章节将分析目前适合国内保险公司的资本占用和资本成本率的计量方法。

(二)保险资本的计量方法

1. 资本衡量和管理的不同维度

对于保险公司而言,资本是指公司已经拥有或者可以持有的资金,用以满足日常经营,保障公司的偿付能力,保护债权人和投保人的合法权益,并促进公司持续、健康和稳定的发展。资本按照观察者的角度分为账面资本、监管资本和经济资本。

(1)账面资本是从财务或资金管理者的角度看待的资本,又称可用资本、实收资本,即所有者权益,是合并后的资产负债表中资产减去负债的余额。账面资本易操作、直观易理解,适合与其他公司做直接比较,数字较为稳定,但是只能间接反映业务风险。

(2)监管资本是从监管当局的角度看待的资本,是指满足监管机构制定的最低监管要求所必须持有的资本。监管资本的口径统一,标准化程度高,数值较为稳定,易比较,但是对业务风险的把控不准确,无法反映不同公司的风险特性。

(3)经济资本是从风险管理者的角度看待的资本,是指弥补非预期损失所需要的资本,一般按风险类型计量并汇总。经济资本能及时全面地反映公司整体风险水平,但是因目前数据缺陷，大部分采用标准法，高级计量法较复杂费时，且不同公司的可比性不大。经济资本在一定的置信区间内计算得出，置信区间反映了公司管理者的风险偏好和风险容忍度。

2. 资本的计量方法

（1）账面资本。对账面资本的计量十分简单。按照我国《企业会计准则》规定，所有者权益是所有者享有的剩余权益，包括所有者投入的资本、直接计入所有者权益里的损失、留存收益等。

（2）监管资本。对监管资本的计量，按照各国监管当局的规定有不同的计算方法。以下简要介绍美国 RBC 风险资本（Risk Capital）和"偿二代"最低资本（C-ROSS Minimum Capital）。

第一，美国 RBC 风险资本要求。美国的风险资本监管将寿险和非寿险公司的风险划分为几个特定的类别，其中寿险公司风险包括资产风险、承保风险、利率风险和经营风险，但是财险公司并不包括利率风险和经营风险。RBC 方法规定了这几类风险的计算方法和每个风险的系数，最后根据一定的规则将各类风险整合起来（平方根），得到公司的整体风险资本。最后根据总调整资本和监管控制水平资本的比率来决定风险资本比率，公司和监管主体会按照风险资本比率的大小来决定它们的行动和干预等级。

RBC 方法将保险公司的承保业务和投资业务风险分为承保风险和资产风险，并细分为以下六类子风险 $R_0 \sim R_5$。RBC 的计算公式如下：

$$RBC = R_0 + \sqrt{R_1^2 + R_2^2 + R_3^2 + R_4^2 + R_5^2}$$

其中，R_0、R_1、R_2、R_3、R_4、R_5 分别为资产风险—关联企业风险、固定收入投资风险、权益类投资风险、信用风险、承保风险—赔款准备金风险和净签单保费风险。

在该方法下，风险资本的计量纳入风险的因素，但是也有一些弊端。一方面，风险因子的确定具有历史性和主观不确定性。一般情况下，可以根据历史数据统计计算出相应的风险因子，但是该风险可能存在滞后性，难以反映当期的风险实际状况，如果公司面临的风险发生显著变化，那么资本金将不足以应对风险，弥补损失。另一方面，RBC 只能最大限度地满足监管要求，该监管框架对各类风险相关性的处理较为简单，而且没有充分考虑部分重要的风险种类，如巨灾风险等，因此，无法全面反映保险公司自身的风险状况。

第二，中国"偿二代"的最低资本要求。"偿二代"最低资本要求包括对三大类风险的资本要求：可量化的固有风险最低资本、控制风险最低资本和附加资本（逆周期、GSⅡ和 DSⅡ）。

其中，可量化的固有风险包括保险风险、市场风险和利率风险，每类风险下又有细分子类风险。对固有风险的计量方法包括两种：

a. 综合因子法：最低资本=风险暴露×风险因子。

b. 情景法：用来计算一年期的在险价值（VaR），其中非寿险的巨灾风险以及寿险公司的利率风险和保险风险使用这种方法，其余的采用方法 a。

固有风险的整合计量公式为：$MC^* = \sqrt{MC_{向量} \times M_{相关系数} \times MC_{向量}^T} - LA$

LA 为特定类别保险合同的损失吸收效应调整。

控制风险包括操作风险、战略风险、声誉风险和流动性风险。其最低资本等于

$[(-0.005 \times S + 0.4) \times 固有风险]$的最低资本,其中,S为保险公司风险管理能力评估的得分。

"偿二代"下附加资本的体系仍在研究阶段,尚未有正式的监管方案出台。

(3)经济资本。对经济资本的计量方法比账面资本和监管资本都要复杂很多。

经济资本量的确定实际就是对风险的量化,经济资本的测算和计量一般都是通过具体的风险度量方法进行的,所谓的风险度量就是把一个代表风险的随机变量数字化的过程。

设定 S 为定义在概率空间 (Ω, F, P) 上的一个随机变量,ρ 为风险度量,那么经济资本 EC 的定义为:

$$EC(S) = \rho(s) - E(S)$$

风险度量方法主要包括风险的方差测量、风险的变异系数测量、VaR 和 Tail VaR 等。在 1999 年,Artzner 和 Heath 等提出风险度量方法只有满足一致性标准才是合格的风险度量工具,即满足弱可加性、单调性、正齐次性和平移不变性。经研究,方差测量和变异系数测量不满足风险度量的标准。

VaR 度量方法最早是由美国 JP Morgan 公司的风险管理部用于测量市场风险,其最大的特点在于测量的综合性,能较为准确地测量由不同风险来源相互作用而产生的潜在总损失。但是在非正态分布下,VaR 的计量方法不满足次可加性。Tail VaR 能够弥补 VaR 的缺点,同时也保留了 VaR 的优点,被认为是比 VaR 风险计量技术更为合理有效的现代风险计量方法。

国际保险监管官联合会(IAIS)在进行全球保险资本研讨时,对保险公司进行的调查显示大多数的股东认为 VaR 在实务操作层面中是最合适的风险度量方法,也有部分股东认为 Tail VaR 在理论层面上比 VaR 更精确(尤其是与内部模型结合使用),但是作为标准方法,较为困难实施。

其中,VaR 风险测度下的经济资本为:

$$EC(S) = VaR[S, p] - E(S) = E[X | F_X(x) \geq p] - E(S)$$

(4)经济资本的优势及中国保险资本计量方法的选取。ING 集团首席财务官 John Hele 指出,"经济资本管理综合考虑了不同产品、投资和业务与地域扩展时所带来的不同收益和风险"。不少行业协会和监管当局也都支持经济资本管理模式,认为保险公司在经济资本管理框架下能够更准确地度量并管理各种风险,看清潜在的危机和债务,并为此设定最低资本水平要求,同时综合考虑整个公司业务过程中的产品定价、风险管理、价值创造和绩效衡量,从而为公司的业务决策提供战略性指导意见。简言之,经济资本为公司提供了风险维度下的管理决策依据,可以作为公司经营管理的依据之一。

然而,目前经济资本在中国基本处于理论研究阶段,只有平安集团将经济资本模型投入实际应用,作为公司管理的一种工具。尽管已经意识到风险在保险公司经营管理中的重要性,但由于经济资本计量的复杂性,大多数公司高层对经济资本的了解处于表面阶段,加之经济资本模型前期投入耗资、耗时、耗人力,"投入与产出不平衡"的假象使得经济资本模型的应用在国内停滞不前。但是随着全面风险管理体系的发展以及内外部条件的不断成熟,经济资本将最终成为保险公司风险管理和资本管理的重心。国内保险公司在横向和纵向上的不断扩张,使其面临的风险越来越巨大和复杂,保证公司稳健安全的经营成为公司高层管理的重中之重。国内保险公司经营战略的差异,如平安保险向银行业进军、阳光保险向医疗行业进军等,导致各家公司面临的风险不能以监管的行业平均风险水平来衡量和管理，因而内部模型对国内保险行业进行公司经营治理存在一定的必要性。有能力的公司可以开始探索建立内部模型，然而就目前行业的平均水平来看，建立内部模型的技术和人才配备显然不足。

部分学者认为，就中国保险行业的发展现状而言，保险公司风险管理的基础设施仍在建设中，对风险的重视仍多数处在满足监管"偿二代"第一支柱最低资本充足率和第二支柱 SARMRA 评估制度建设的层面，全面推广和实施经济资本管理体系的条件和时机均不成熟。综合考虑各方面原因，本课题认为，目前，国内保险公司可以使用风险资本法（不同于美国 RBC 风险资本），以"偿二代"最低资本和各个公司目标资本充足率的乘积作为资本占用的衡量方法，对于集团的整体资本占用，可以采用权重法等对各专业公司的资本占用进行汇总。

二、风险调整绩效考核体系

（一）偿付能力视角下的资本使用效率

保险公司具有高杠杆特点，它们的负债与总资产的比例相当高，远远超过所有者权益。对资本的有效管理，可以保障保险公司对债权人、投保人的利益，以及经济环境的稳定。资本具有稀缺性、成本性和逐利性，保险公司在进行资本管理时，必须充分考虑这三个特性：第一，必须考虑资本的稀缺性，将资本优先配置到最能创造价值或最有利于公司发展的业务单位或项目中；第二，必须考虑资本的成本性，即资本的机会成本，尽量减少闲置资本；第三，必须考虑资本的逐利性，尽量提高资本的回报，降低资本所承担的风险。

根据以上三个特性，资本的使用原则可以概括为：在保证偿付能力的情况下，即保证资本的充足性，以最小的资本数量、最少的资本成本、最优的资本结构，实现资本的优化配置，提高资本的使用效率。

如何配置资本是提高资本使用效率的核心步骤。而资本的配置则需要根据衡量的单位风险收益情况（如 RAROC 指标）来进行，对于资本绩效好的业务单位，分配多的资本，而对于绩效差的业务单位，则减少配置的资本，以求将有限的资本创造出最大的价值。

资本考核是资本规划和配置的基础，保险公司只有清楚地了解公司整体、各分公司、业务线和渠道的绩效情况，才能为未来业务规划和策略提出指导性的方向。

资本考核简言之，就是考核资本的使用效率，即占用资产所能带来的收益。美国学者 Cummins 和 Weiss 认为，在考虑保险公司的经营效率时，最佳方法是增加值法，因此大多数学者直接采用总资产收益率（ROA）或净资产收益率（ROE）等一些相对指标来反映保险公司的综合经营绩效，也有一些学者采用绝对指标，如利润、保费收入和投资收益等。

这类指标可以仅通过公司的报表数据便可简单计算得出，净资产率是最常见的收益率指标。尽管传统考核指标被广泛应用，但也有明显的缺陷：指标过于简单，没有考虑取得收益的风险，只是粗略衡量短期利益，不能反映长期经营情况，如未来的损失风险被目前较高的收益掩盖，导致无法预见未来可能发生的损失和损失程度。又如 ROE 指标，由于分母权益的变动与金融市场的波动相关，以此为衡量将不具公平性和可考量性。

同时，监管机构和外部利益相关者如评级机构越来越关注保险公司如何将风险纳入它们的经营决策和战略规划中，并融入日常经营管理。它们希望保险业理解其所面临的风险，意识到风险和资本的关联性，并且在制定经营战略和进行绩效考核时考虑这两个因素。由于国内资本市场风险增高、收益下行、风险暴露增多而产生的压力，股东也对保险业提出了更高的风险管控要求，"偿二代"体系迫切要求先进的风险管理和风险调整绩效考核体系。风险调整考核体系在内外因的作用下应运而生。在当前的资本压力下，风险调整的考核机制更加有效地平衡了业务规模增长与风险资本占用，真正反映了公司对资本的使用效率。

风险调整考核体系建立了以经济增加值和风险调整资本收益率为中心的绩效考核体系，灵活地从不同机构、业务、产品、客户等多个维度科学衡量其真实风险和盈利情况，克服了传统的绩效考评体系片面追求利润和规模、未充分考虑风险因素的弊端，从考核方面促进公司绩效的提升。

那么风险调整考核体系是怎么运作的呢？首先，风险调整考核体系平衡了保险公司的短期和长期利益，考虑了资本成本与可持续收益，实现了净现值在风险偏好下的最优化；其次，统一口径衡量风险，从内部管理的角度明确资产类别和风险暴露，并从利润和风险两个维度进行综合考量；再次，风险调整后的管理指标（RAROC 或 EVA）对公司管理有指导作用，体现在资本规划、产品设计、风险定价和激励机制等方面；最后，有效地将各职责部门相互衔接，以有效进行绩效考核与资本配置。

下文将对风险调整绩效考核的理念和指标进行详细分析，为保险公司建立科学合理的资本考核机制奠定基础。

（二）风险调整绩效考核指标

1. 风险调整绩效考核的理念和意义

风险调整考核体系的核心理念是：资本投入是有成本的，只有在企业的收益高于其资本成本［包括股权（权益）成本和债务成本］时，才会为股东创造价值。

风险调整绩效考核体系有利于管理层更加清晰地权衡经营风险及回报，从而做出更符合企业实际利益的决策；有利于真实反映企业不同机构部门、不同业务、不同产品、不同渠道的价值创造能力；引入了资本成本的概念，强调了资本占用的成本，克服了保险公司传统绩效考核忽略风险成本的缺陷；有利于从根本上改变忽视风险、盲目追求规模的传统经营方法。

风险调整绩效考核指标主要包括风险调整后的资本收益率和经济增加值。EVA 是指税后净利润与资本占用的差值，用于衡量企业经济价值的增加。将 EVA 应用于绩效考核体系有助于关注长期的价值创造，进而有效地配置资源。RAROC 是指税后净利润与风险调整后的资本占用的比值，这个指标能够更真实地反映利润的资本回报率。RAROC 经常被用于考核各业务线的资本收益情况和经营绩效。

RAROC 和 EVA 都属于风险调整后指标，当风险调整的资本占用的资本计量不在一个范畴时，它们无法进行简单的转换，也不能直接进行对比；但是当它们在同一风险和资本概念的前提下，EVA 和 RAROC 可归为同一个范畴，分别从绝对量和相对量的角度来评价同一个对象，两者之间可建立如下勾稽关系：

（1）EVA > 0 ⇔ RAROC > CoC（Cost of Capital，资本成本率）。

（2）EVA = 经风险调整后的资本占用 ×（RAROC-CoC）。

当 EVA 和 RAROC 在统一会计标准下计量时，保险公司若将 RAROC 和 EVA 作为两个维度配套使用，则可以用于分析业务、产品和渠道，以及投资等不同领域的组合风险收益表现，实现组合优化（业务和投资结构）配置。

从图 8 中可以看出，A 区的组合风险收益表现最优，具有高 EVA 和高 RAROC 的特点；如果落在在 B1 区，RAROC 较高，但是 EVA 相对较低，可以考虑通过扩大业务/投资规模，将组合风险收益朝 A 区优化发展；如果落在 B2 区，则 EVA 较高，但是 RAROC 较低，可以通过增加收益率，包括在规模不变的情况下，调整业务结构/投资结构，驱动其移向 A 区；如果落在 C 区，说明 RAROC 和 EVA 的表现都很差，需要公司深入考察该业务线或产品是否在技术或定价上存在一定的缺陷，或者是市场环境不适合、客户对其的接受度不高等原因导致公司并不适合推广该产品，是否需要进入退出机制，来减少该条线/产品对公司价值的反向作用。

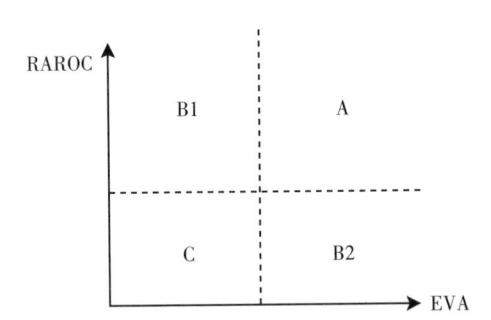

图 8　RAROC 和 EVA 在组合优化配置上的应用

在实际应用中，EVA 和 RAROC 的意义主要体现在：①EVA 和 RAROC 体现了风险调整因素，是区别于 ROE 等传统指标的最显著特征，权衡了单位风险的收益，衡量了不同业务的风险调整的绩效。②EVA 和 RAROC 体现了对股东和公司价值的增加，当 EVA 大于 0 时，表示公司实现了价值创造；反之，则无法满足资本预期的要求。同理，如果某项交易或某条业务单元的 RAROC 高于资本成本率，则该项交易或该业务单元能够增加股东价值。

2. EVA 的技术方案

EVA 是考核各个"单位"对公司价值增加的贡献，单位可以细分为子公司、业务线、产品线或渠道、客户等。EVA 不仅考虑资本配置的影响，还考虑资本的占用成本，克服了片面追求账面利润和资产规模的缺陷。如果一个企业的经济增加值为负数，即使账面利润为正，但对投资者来说，利润的增加只是表面的假象，股东的权益实际上是在减少，他们的利益受到了损失；只有企业的收益超过企业所有的资本成本时，即经济增加值为正值，才说明企业获得了利润，股东权益增值。

EVA 可以描述为企业的税后营业净利润与该企业加权平均成本之差，公式表示如下：

经济增加值 EVA = 税后营业净利润 − 资本成本
= 税后营业净利润 − 加权平均资本成本率 × 资本占用

可以看出，EVA 取决于税后营业净利润、资本占用和加权平均资本成本率。

(1) 税后营业净利润通常是基于税后净利润，对部分会计报表科目进行逐项调整处理。思腾思特（Stern Stewart）咨询公司的研究报告显示，需要对传统会计报表进行 160 多项调整后才能达到准确 EVA 的目的，这样的调整十分复杂且费时费力。在实务操作中，通常只对会计报表中影响重要的十个左右项目进行调整就可以得到 EVA 计算相对准确的结果。

对于寿险公司，由于会计利润不能合理地反映寿险业务的长期性与新业务价值，因此需要进行其他考量，而不能直接采取一般情况下的口径。

(2) 资本占用反映所需资金金额，根据公司特点以及所在行业资本监管要求的不同，资本占用也有不同的考量。从之前的章节来看，资本计量主要有三种：账面资本、监管资本和经济资本。目前，国内适用的资本计量方法是"偿二代"最低资本调整下的风险资本法。

(3) 加权平均资本成本率是指投资者包括股东和债权人对投入企业的资本所要求的（平均）收益率。资本成本可以描述为资金的机会成本，是投资者放弃其他投资机会而要求被投资方提供的最低投资报酬率。从融资的角度看，资本成本就是企业为所需和使用的资金支付的各项费用。

尽管 EVA 能够比较真实地反映公司创造价值的能力，充分考虑了股权成本和债权成本，比起传统的利润考核已经有了很大的进步，但是它在实际操作中存在着一些缺陷。从 EVA 的计算过程中可以看出，税后营业净利润的计算是对利润表进行调整，虽然对会计报表进行了调整，但 EVA 的值还不能达到完全理想和准确的状态。同时，通过加权资本成本的计算可以看出，企业的加权平均资本成本率很难精确计算，在目前的实务应用中，主要是通过估算得到，其结果并不精确。在使用 EVA 对各公司进行绩效评价时，如果各公司的收入与费用等的确认方式不同，不能使用统一的 EVA 进行直接套用，那么只有对这些因素进行相应的调整之后才能得到精确的 EVA 值。最后，EVA 作为经营业绩的评价，与财务指标一样是事后指标，它只能反映投资者是否获得财富，而无法反映投资者为何没有获得财富或者获得更多财富等问题。

尽管 EVA 是一个绝对值，是一个数量指标，但是不适用于不同规模之间的企业进行简单的横向比较，它的结果能说明该企业经济效益的大小，但不能体现经济效益的相对高低。

国际和国内金融行业使用 EVA 管理体系的主要代表有汇丰银行和瑞士再保险，中国工商银行、中国银行、建设银行和国信证券。

3. RAROC 的技术方案

风险调整的资本回报率（RAROC）是美国信孚银行在 20 世纪 70 年代提出的一种考虑风险因素下真实的资本收益情况的一种机制。这种方法的理念是设计一种既可以反映风险又可以反映盈利状况的指标。RAROC 是全面风险绩效评估的核心方法，其一般定义如下：

$$RAROC = \frac{税后净利润}{经风险调整后的资本占用}$$
$$= \frac{净收入 - 成本费用 - 预期损失}{经风险调整后的资本占用} \times (1 - 税率)$$

RAROC 指标计算是将风险（未来可预期的损失）量化为当期成本，直接对当期盈利进行调整，衡量经过风险调整后的收益的大小，并考虑了为可能发生的非预期损失所需要做出的资本储备，进而衡量资本的使用效率，使公司的收益与所承担的风险相挂钩。RAROC 既考察了公司/业务条线的盈利，又充分考虑了该盈利能力背后所承担的风险水平。

Oliver Wyman & Company 金融公司和风险咨询公司 RMS 在 1999 年为财险公司开发过一套 RAROC 经济风险资本回报系统。该系统比 RBC 体系考虑的风险种类要丰富，综合考量了市场风险、信用风险、承保业务和商业环境等风险，通过模拟各风险的分布，嵌入风险间的相关性，最终得到风险对企业收益的影响。其中，对保险业务的 RAROC 指标按如下公式定义：

$$RAROC = \frac{保费净值 + 投资收入 - 索赔额现值 - 费用支出现值}{经济资本的现值} \times (1 - 税率)$$

对投资业务的 RAROC 则定义如下：

$$RAROC = \left[\frac{[E(R_P) - R_D]MV_P}{经济资本的现值} + R_D\right] \times (1 - 税率)$$

其中，R_P 是投资组合的收益率；R_D 是保险人的边际借款率；MV_P 则是投资组合的市场价值。

RAROC 为资本配置提供了对各个部门一致的风险度量方法，所以 RAROC 为保险公司各个层面的绩效考核、目标设定、业务决策和发展战略等多方面的经营提供了统一的标准。通过将企业面临的不同类型的风险整合（承保风险、市场风险和信用风险），RAROC 可以衡量整个公司的风险调整后收益；同样，通过细化风险敞口（细分到地区、分公司、业务线和渠道等），RAROC 衡量了单一产品、单项业务条线、单个渠道等的风险调整后收益。企业可以通过 RAROC 评价分析当前业务组合的优劣，可以通过调整不同业务线的资本来提高公司的绩效和管理水平。

但是，RAROC 反映的只是收益率，不能反映各个机构及各个业务线对保险公司价值创造的具体数额大小；同时，收益率会受到基数的影响，计算方法的变化可能造成结果有差异。

4. 风险调整后绩效考核应注意的问题

（1）在技术层面，需要确认影响收益的调整项，运营成本分配的合理性，资本占用模型的可支持性，EVA/RAROC 体系对于决策的指导性，限额设置和评估标准。

（2）在应用层面，加强 IT 系统建设，不断完善数据质量，RAROC 和 EVA 的应用要统筹规划，分步实施，指标的制定和应用要与全公司战略和实际业务相结合，将 EVA/RAROC 作为一项系统工程和管理变革扎实推进，体系的落地需要董事会、管理会、全体员工的参与配合。

（三）保险公司的资本成本率

在风险调整绩效指标 EVA 和 RAROC 的计算过程中，一个重要因子是资本成本率（CoC），资本成本的大小决定了经济增加值（EVA）的大小，其也是决定公司是否创造价值的基准。欧洲 Solvency Ⅱ下设定保险行业的平均资本成本率为固定值 6%，目前，中国保监会尚未有明文规定确定我国保险行业的资本成本率。本节将简单介绍资本成本率的计算模型,并对产险公司的资本成本率进行实证估算。

1. 资本成本率的计算模型

保险公司的资本成本主要由权益资本成本(普通股资本成本)、优先股资本成本和债务资本成本构成。权益资本成本的计算模型主要有资本资产定价模型(CAPM)、套利定价模型(APT)、法玛—弗兰士三因素模型、贴现现金流模型以及剩余收益折现模型。在对权益资本成本和债务资本成本进行"平均"的计算模型中,也称为"平均资本成本估算模型",主要有两个代表模型,即所罗门的现代公式与莫迪格利和米勒(Modgliani and Miller)的平均资本成本方法。

在实际操作计量过程中,一般适用加权平均资本成本率(Weighted Average Cost of Capital, WACC)来计算资本成本。

$$WACC = (R_p \times W_p) + (R_e \times W_e) + [(R_d \times W_d) \times (1 - T)]$$

其中,R_p、R_e、R_d 分别是优先股资本成本率、普通股资本成本率和债务资本成本率;W_p、W_e、W_d 分别是优先股、普通股和债务占资本总额的比重;T 是企业的税率。

对普通股资本成本率,即权益资本成本率的计算,通常采用资本资产定价模型 CAPM,计算公式如下:$R_e = r_f + \beta \times (r_M - r_f)$;对优先股资本成本率 R_p 和债务资本成本率 R_d 的计算分别采取永续年金法和到期收益率法。

部分公司根据自身的情况按固定参数法设定资本成本率,如直接采用股东回报率作为资本成本率,如 15%。

2. 资本成本率的实证估算

中国上市的保险公司共有六家:中国人民保险财产保险股份有限公司、中国人民保险集团股份有限公司、平安保险集团股份有限公司、中国人寿保险股份有限公司、新华人寿、中国太平洋保险集团股份有限公司。

中国太保和新华人寿只在上交所上市,中国人保集团和人保财险只在港交所上市,中国平安在上交所和港交所两地上市,中国人寿则在上交所、港交所和纽交所三地上市。

保险公司可以采取一元线性回归法利用保险公司的股价与市场指数估计 Beta 值,公式为:$Y_i = \beta X_i + a_i$,X_i 是整个市场在某时点的收益率,Y_i 则是保险公司在某时点的收益率。

从上文得知,资本成本率的计算需要确认无风险收益率、Beta 系数和风险溢价,因此,分别对这三个因子进行估算。

(1)无风险收益率的估算。一般成熟的市场以一年期国债收益率、国债回购利率、银行间同业拆借利率或银行存款利率来代替无风险利率。但是我国国债市场发展不成熟,以中长期品种居多,且回购交易的主体大多数是机构投资者,因此无法用国债利率来代表市场的基准利率,即无风险利率。另外,我国银行间的拆借利率是由银行共同决定的,而银行各自的风险管理能力不同,所以把银行间拆借利率作为无风险利率也是不合理的。综上考虑,本课题将选取一年期的定期存款利率作为无风险利率。本课题以 1996~2015 年一年期存款利率的加权值(以时间为权数)作为无风险收益率,最终得到这 20 年期间几何加权下的无风险利率为 3.03%,算数平均加权下则为 3.04%(见表6)。

表6 中国无风险利率测算

单位：%

一年定期存款利率							
1996年	1997年	1998年	1999年	2000年	2001年	2002年
7.47	5.67	3.78	2.25	2.25	2.25	1.98
2003年	2004年	2005年	2006年	2007年	2008年	2009年
1.98	2.25	2.25	2.52	4.14	2.25	2.25
2010年	2011年	2012年	2013年	2014年	2015年	
2.75	3.5	3.25	3.25	3.0	1.75	
几何平均		3.03	算数平均		3.04	

（2）股权风险溢价的测算。在CAPM模型下，股权风险溢价ERP = $R_m - R_f$，其确定方法有历史收益率法和基于成熟市场的国家风险溢价调整。

历史收益率法，顾名思义，即运用历史数据计算股权风险溢价，采用历史股权风险溢价的均值预测未来股权风险溢价。我国的股票市场在1990年才成立，交易所指数上证指数和深证指数不能代表整个市场，而沪深300指数诞生的时间比较短，也不能有效评估整个市场的股权风险溢价和期望收益率。

Damodaran（2001）认为，历史收益法对于成熟的市场可以产生比较合理的估计，但是像我国这种股票市场历史较短、波动较大的新兴市场，使用该方法不一定准确。他建议使用国家风险溢价调整，即ERP = 成熟市场股票风险溢价 + 国家风险溢价。其中：

国家风险溢价 = 国家违约风险利差 × ($\sigma_{equity}/\sigma_{countrybond}$）

根据Bloomberg的最新数据，美国市场的ERP为6.12%，以该市场的ERP代表成熟股票市场的风险溢价；穆迪对中国主权债券的最新评级等级为Aa3，对应的违约风险利差为0.75%；新兴股票市场的波动性是债券市场的波动性的1.5倍。

因此，中国的股权风险溢价 = 6.12% + 0.75% × 1.57 ≈ 25%。

（3）保险公司Beta值估算。如上所述，我国并没有能够反映整个市场的指数。美国纽约大学教授Aswath Damodaran在他的网站上[①]公布了中国各个行业的Beta值，其中包括中国寿险、产险行业和整个保险行业的Beta值（见表7）。在测算过程中，Damodaran教授使用所有上市保险公司的数据来测算，且市场数据选取标准普尔公司的S&P Cap IQ Betas，并做出相应的修正。S&P Cap IQ Betas是标准普尔公司使用新兴市场指数进行回归分析得出的结果。

表7 中国保险业的Beta、股权和债权成本率估算值

	公司数	Beta	R_e	D/(D+E)	R_d	税率	CoC
保险业	3	1.16	10.27%	81.91%	4.19%	17.23%	8.98%
寿险业	5	2.77	21.37%	64.81%	4.19%	24.04%	14.95%
产险业	3	2.84	21.86%	64.84%	4.19%	20.07%	15.96%

---

① 参见 http://pages.stern.nyu.edu/~adamodar/。

由于单个公司的资本结构和上市保险公司的平均情况有所不同，在下文测算样本公司的资本成本率时，仅采用Damodaran教授测算出来的Beta值。

（4）某产险公司的资本成本率估算。以国内××保险集团为样本公司，且该样本公司并未上市，在进行系统性风险Beta测算时，采用Damodaran教授测算的财险行业的Beta值（2.84）替代该集团下财险子公司的Beta值。

该样本公司筹资主要包括普通股和次级债，且未发行优先股。因此，在计算资本成本率时，只需对普通股资本成本率和债务资本成本率进行测算，其财险子公司的资本结构如表8所示。

表8　某样本财险子公司的资本结构

	普通股	次级债	优先股
财险子公司	50亿元（71.43%）	20亿元（28.57%）	无

a. 计算普通股资本成本率（权益资本成本率）。普通股本的资本成本率：$R_e = r_f + \beta \times (r_M - r_f)$，转换成期望收益率为：$E(R_e) = r_f + \beta \times [E(r_M) - r_f]$。由此，根据上文测算得出的无风险利率、Beta值和风险溢价得出股本资本成本率为23.62%。

b. 计算债务资本成本率。样本集团公司财险子公司的债务只有次级债，一共两笔，发行金额分别为10亿元，这两笔次级债的发行信息如表9所示。

表9　某样本财险子公司债务情况

	发行金额	发行期限	利率
次级债1	10亿元	10年	5.1%
次级债2	10亿元	15年	前10年5.22% 后5年7.22%

次级债的筹资费率约0.16%，使用线性插值法，估算出次级债1和次债2的平均利率为5.15%和4.5%，从而得出该公司的加权平均债务成本率为4.825%。

c. 计算样本集团财险子公司的平均资本成本率。平均资本成本率 $WACC = \frac{E}{D+E}R_e + \frac{E}{D+E}R_d \times (1-t)$ 中，股本资本成本率 R_e 和债务资本成本率 R_d 分别从步骤a和b中得出，最终得出财险子公司的WACC为18%。

对于寿险公司的资本成本率的计算原理同上，本课题暂不做实证测算。

三、"偿二代"下保险专业公司和保险集团的资本考核策略

国内的保险公司并未建立一个健全的资本考核体系，尽管部分公司在"偿二代"施行后，已经对投资端实施了风险考核，其中部分公司正在探索RAROC和EVA指标体系，如

信诚、中再、工银安盛、太保寿、平安和人保财险等，但是对于业务端的资本考核尚未有实际操作，各公司表示已经在思考是否进行业务端的资本考核以及如何考核，但对业务端资本考核的指标和模型的选择，较投资端相对比较困难，尤其对寿险公司而言。

国内一些保险公司认为公司的资本相对冗余，公司对业务端进行考核的积极性并不大。尽管如此，本课题认为，从长期来看，保险公司对业务端进行资本考核是必要的，主要原因有：对业务端进行资本考核有助于了解公司、业务线和渠道等的资本使用效率以及价值创造的能力大小，通过对表现不好的业务或产品进行调整来改善公司整体的盈利和风险情况；同时，有助于管理层和员工了解资本的成本性，树立资本占用、资本制约规模扩张和资本覆盖风险等经营理念，通过采取有效的奖罚措施，引导各公司、业务管理部门的行为，激励它们自觉追求风险可接受情况下盈利最大化的目标，追求长期稳定的收益，而不是短期的高收益。

在上文中，我们提到风险调整绩效指标主要有 EVA 和 RAROC，并对其技术方案和优缺点分别进行了分析。本课题认为，产寿险公司不管是使用哪一个指标，都要正确实施风险调整考核体系，制订绩效考核计划时实现自上而下和自下而上的有机结合，确保指标的计划符合公司的经营发展战略目标，且奖惩程度合理；在风险调整考核指标试用初期，重视对考核体系的规划和偏差分析，通过对考核反馈进行分析，不断改进和完善考核体系，最终发挥其真正的激励作用，实现公司经营理念从规模向质量的转变。

下文主要对业务端的资本考核进行简析。

（一）EVA 在寿险公司的应用

目前，对寿险公司的考核主要关注新业务价值率和利润率，部分公司在集团层面还会考量主营业务利润率（OPE）指标，该指标考量了企业经营活动最基本的获利能力，且指标相对稳定。

对寿险公司风险调整后指标的选取十分重要，尤其对于高价值产品，风险调整后指标极有可能导致其新业务价值率上升，如果仅仅依据该指标，那么公司应该提高该类产品的配置。然而，在市场环境和风险的压力下，公司的战略规划目标是销售更多风险高的产品，以提高公司未来的整体回报率来应对低投资收益环境，因此对于寿险业务，如果使用 EVA 方法，应该做出相应的调整。

上文中提到了以会计利润为基础来计算寿险业务的 EVA 的不合理性：会计利润不计长期业务内含价值的变动，同时当期利润为结果导向，不能反映管理层对风险的态度及风险的内在成本，容易鼓励短视行为。另外，会计准则中的一些处理如成本摊销、收入确认等影响其准确反映实际运营结果。

因此，对于长期业务，利润应该采用"偿二代"利润，加存量业务最低资本释放，减新业务最低资本计提进行调整。

在"偿二代"下，内含价值的增加值更加趋同实际资本的增加值，而实际资本的增加值实际上就是"偿二代"利润，即风险边际的释放，而由于"偿二代"的利润前置，造成负债与利润释放不匹配，而且很多管理层认为最低资本在释放前并不是股东实际可以控制的利润。所以，建议在零时点只认可自由盈余，而最低资本随着向自由资本释放逐步认可为利润。如此，新业务相关最低资本也应在零时点利润中扣除，在以后逐步释放。因此，寿险公司的 EVA 计算公式变形如下：

EVA = 调整后利润 + 最低资本释放 – 资本成本率 × 资本占用

其中，调整后利润 = 偿付能力"偿二代"利润–最低资本投资收益，再加以调整，得出"偿二代"下 EVA 的计算公式为：

EVA = 调整后利润（t）+ 存量业务最低资本释放（t）– 新业务最低资本计提（t）–
最低资本（t – 1）×（CoC% – 投资收益率%）

该公式的优点是：

（1）总体指标符合 EVA 原则与构成。

（2）指标参数包含了资产变化、负债变化、新业务资本、存量业务表现、投资收益率及成本率。

（3）调整后利润表现以"现金"利润，随最低资本释放，不像"偿二代"利润那样前置，相比之下，调整后利润更能反映管理能力。

基于"偿二代"的调整后利润：由于大多数公司仍然以会计利润为利润指标核心，调整后的利润可以表现为会计利润+（"偿二代"利润–会计利润），从而，与目前的利润分析维度做衔接，同时用"偿二代"利润的增加项逐渐向后者过渡。

存量业务最低资本释放：存量资本的释放速度反映了资本占用的时间长度，从而决定了资本占用的成本。根据 EVA 使用的目的，最低资本占用的口径有讨论的空间：

（1）如果存量业务资本定义为内部模型产生的经济资本，那么这是最具有经济价值的口径，也与股东利益一致，但是要求一套单独的计算体系。

（2）如果用监管口径，其好处是与监管要求统一，更具有现实意义，也减小了操作难度，但是如果用于绩效考核就等于要求管理者的行为与监管要求一致，即使以损害股东利益为代价。例如，如果操作风险没有定量要求，管理者可以减少相关投入以追求工作效率和短期收益，但增加了公司出现风险事件的可能。

（3）如果定义为最低资本，而不是实际资本，则在考核上对管理者更有利，但股东可能认为其投入的资本盈余部分的成本没有被充分利用。

新业务最低资本计提：新业务资本贡献定义应该与利润口径及存量业务资本口径一致。

资本成本率：资本成本率应该以相关条线的 WACC 为下限，其目标收益为上限。但如此必将增加计算的复杂性，并且降低其条线间的可比性。短期内可以以公司或集团统一成本率或条线目标率为基础。

投资收益率：投资收益率应该以公司实际资本投资回报率为基础，如果公司没有分割资产池，也可以以股东账户总投资收益率代替。

目前，保监会的内含价值项目小组正在制定"偿二代"下内含价值的计算方法。在保监会的内含价值项目结束之后，各公司可以按照上述 EVA 方法比较衡量各子公司和业务条线的绩效表现。

当然，如果公司能够合理调整会计利润，在过渡期间内，可以使用调整的会计利润下的 EVA 方案进行资本考核。

（二）RAROC 在产险公司的应用

上文中提到的财险公司保险业务 RAROC 计算公式中，其分母是经济资本现值，但是目前由于技术和数据的挑战，经济资本在国内尚不适用，同时"偿二代"的最低资本是以风险为导向的，公司高层根据其风险偏好，对资本充足率按照最低资本的倍数进行预留，公司内部评级也与资本充足率挂钩。因此，在过渡期阶段，使用"偿二代"监管体系下的风险资本作为经风险调整后的资本占用，计算 RAROC 用于考核业务线或整体的风险调整后收益还是具有一定的可行性的。另外，在短期内，对公司不会造成巨大的人力消耗，各类数据选取经营数据或偿付能力数据，剩下的只需简单计算均可获得。

对上文提到的 RAROC 计算公式进行简单变形，即可得到业务端的风险调整后收益率：

$$RAROC = \frac{保费收入 \times (1-综合成本率)}{风险资本} \times (1-税率)$$

$$= \frac{保费收入 \times (1-综合成本率)}{"偿二代"最低资本 \times 目标资本充足率} \times (1-税率)$$

数据来自样本保险集团财险子公司 2016 年第一季度和第二季度偿付能力报表和财务分析表。

（1）计算公司整体的 RAROC，按照"偿二代"的规则，其资本占用由风险分散后的量化风险的最低资本计算得出。

（2）各业务条线的资本占用由保费和准备金风险及巨灾风险经风险分散后的最低资本计算得出。

（3）各业务线的综合成本率为最近四个季度的综合成本率，其中车险的综合成本率为近两个季度的。

（4）各业务线的划分按照"偿二代"偿付能力报表的分类，分为车险、财产险、船货特险、责任险、农业险、信用保证险、短期意外险、短期健康险、短期寿险和其他险。

根据上述假设，对公司高层目标资本充足率的风险偏好分为 100%、150% 和 250% 分别进行测算整体和各个险种的 RAROC，如表 10 所示。

表 10 某样本财险子公司的整体和分业务线 RAROC 情况

	2016 年第一季度			2016 年第二季度		
	100%偏好	150%偏好	250%偏好	100%偏好	150%偏好	250%偏好
公司整体	16.22	10.81	6.49	12.69	8.46	5.07
车险	9.60	6.40	3.84	11.30	7.53	4.52
财产险	-17.74	-11.83	-7.10	-29.78	-19.86	-11.91
船货特险	-26.28	-17.52	-10.51	-38.19	-25.46	-15.28
责任险	66.70	44.47	26.68	73.11	48.74	29.25
农业险	-16.31	-10.87	-6.52	-33.98	-22.66	-13.59
信用保证险	-28.98	-19.31	-11.59	-22.93	-15.28	-9.17
短期意外险	101.38	67.59	40.55	96.46	64.31	38.58
短期健康险	143.28	95.52	57.31	188.08	125.39	75.23
短期寿险	—	—	—	—	—	—
其他险	91.86	61.24	36.75	-62.16	-41.44	-24.87

结果分析：

1. 公司整体

假定资本成本率与行业相同，即18%（计算过程见上文），不管资本充足率设定是100%还是250%，公司的整体RAROC都小于资本成本率，简言之，公司并没有创造价值。公司需要对业务进行梳理，改善业务结构或加强部分业务险（船货险、财产险、农业险和信用保证保险）的运营效率，包括定价、理赔和费用管理等。

我们也可以看出，资本自留的越多，RAROC越低，公司的经营绩效越低，然而，资本充足率的高低影响内部评级，对公司融资和上市有着至关重要的作用。资本的规划与公司的战略息息相关，如果公司仅仅关注提高收益，那么在满足监管要求的基础上，将更多的资本投入使用，会创造一定的利润；然而，如果公司旨在提高内部评级，为未来几年内上市做准备，那么利润暂时成为第二目标。

2. 业务条线

从各业务线的RAROC可以看出，财产险、船货特险、信用保证险和农业险的RAROC为负，表示这四条业务线不仅在2016年上半年没有创造价值，反而拉低了公司的经营绩效；而短期意外险和短期健康险的RAROC比率最好，超过100%，当然这与业务性质以及市场有关。

（1）短期意外险和短期健康险。市场稳定，通常与中介合作，费用率稳定，这两个险种与其他险种相比，赔付率较低，尤其是短期意外险。

（2）车险。车险的成本率一直都比较高；因为刚放开商车费改，带来的分子红利较为明显，分母（已赚保费）受市场的影响在短期内没有体现出来，预计未来回归稳定后，成本率会有所回升。

（3）财产险。主要包括家财险、企财险和工程险。其中，家财险的赔付相对稳定，然而国内居民的家财保护意识不是很强，该财险公司在这方面的市场存量不大，加之平均单次赔付额不大，因此家财险对财产险综合成本率的影响较小；然而，企财险的成本率较高，平均单次赔付额相对较大，通常投保人是医疗机构或工厂，器械和货物出险后损失额一般较高。

（4）船货特险。该财险公司在船货特险的市场占有额相对较低，国内该险种业务基本由几家大公司垄断，因此该条线的风险分散能力较差，一旦出现事故，赔付额很大，该险种的综合成本率基本都是大于100%。

（5）农业险。该财险公司的农业险主要集中在黑龙江和云南两个省份。农业险基本不太稳定，受自然灾害的影响较大，主要包括火灾、台风等因素，也是赔付额大的险种。

（6）信用保证保险。该财险公司信用保证保险的市场占有率较高，但是赔付率还是相对较高。主要原因是：追偿能力和业务品质。信保的投保对象主要是未通过银行贷款审核的个体工商户，本身的信用状况不是很好，加之国内的个人征信体系不完善，无法对信用保证保险进行区别定价，也无法充分了解投保人的信用状况，这是赔付率较高的主要原因。

我们了解到测算出来的各业务线的RAROC一致地反映出业务性质、市场占有和外部环境的综合情况。公司可以通过RAROC指标直接看出绩效，并加以梳理，改善业务结构或调整经营方案等，从而加强业务线的价值创造能力。

(三) 保险集团资本考核的管理模式

1. 集团经营的特殊性决定建立权责统一的管理架构的必要性

中国保险市场发展迅速，且保险业的经营范围开始横跨众多领域，不少保险公司已经形成集团化管理模式。保险集团业务范围较广，经营主体较多，面临的风险日趋多样化。集团公司把握着公司整体的战略布局和资本规划，只有清晰地了解各子公司的业务品质、资本需求和风险状况，才能更有效地发挥各子公司的专业管理能力，并推动协同效应的充分发挥。而建立统一、有效的考核体系能更好地追踪各子公司及业务条线等的资本使用效率和价值创造能力，从而为资本规划、业务和投资策略提供依据，形成有效的风险收益激励体系。

保险集团组织架构较为复杂，业务管理、投资管理、资本规划等模块由各子公司或经营主体分别负责，集团注重权责统一，有合理的管理架构配合，以及完备的制度流程来传导，才能顺利推行资本管理体系的建设。如果对各专业子公司的考核没有统一的指标体系，不仅无法反映和比较各专业子公司的绩效，还会引起各方的争议。同时，需要让各方明白，"享有多大权，也要担多大的责"。

第一，集团要有相应的管理架构配合，建立专门的部门或工作小组进行资本考核的统筹工作和制定规则，并指派相关职能部门协调合作。

第二，要贯彻与渗透资本、风险和价值的闭环管理文化，得到公司高级管理层和员工的认可，认同资本的成本性，接受风险调整资本考核的理念。

第三，完善数据系统，保证数据的完整、充分和可获得，并保证资本考核计量方法的稳定合理与可操作性。

第四，集团将资本考核指标下达到专业公司。各专业公司可根据集团制定的考核规则对其下不同主体（如业务线、账户、委托职责等）进行考核的具体工作，由集团复核。这样可以减少集团的细项工作，也有利于专业公司检查其自身的绩效表现，便于后期业务和投资结构调整。

第五，集团要明白建立一个体系不是一朝一夕、一蹴而就的，需要分阶段、循序渐进完成，但是一定要保证考核体系的统一性、合理性和可操作性。

集团资本考核的评价指标体系主要包括三大方面：整体评价指标、负债端评价指标和资产端评价指标。图9对资本考核的指标进行了细类分解。

2. 集团资本考核指标分解

(1) 对于投资端的评价指标体系，按不同环节贯彻实施考核方案：根据受托的职责定位，基于投资价值链建立全流程的绩效归因体系，分解出SAA假设收益率、SAA市场贡献、年度资产配置贡献、年内TAA和投资执行等环节的投资绩效贡献，考核对象主要包括SAA、DAA和TAA团队以及AMC（资产管理公司）投资执行团队。

集团下的子公司包括多种不同主体，如产寿子公司或其他专业子公司。由于业务性质不同，投资考核的绩效指标应该按照主体进行细分，即对不同账户、子公司的考核指标及具体标准进行差异化设计，最终的考核结果可以根据资金总量进行加权平均。

(2) 对于业务端的资本考核，集团也应该按照不同的主体进行差异化的指标设计，对不同业务线/产品线、渠道等设定考核指标和考核系数，最终的考核结果根据资本占用总量

图 9 集团资本考核指标体系示例

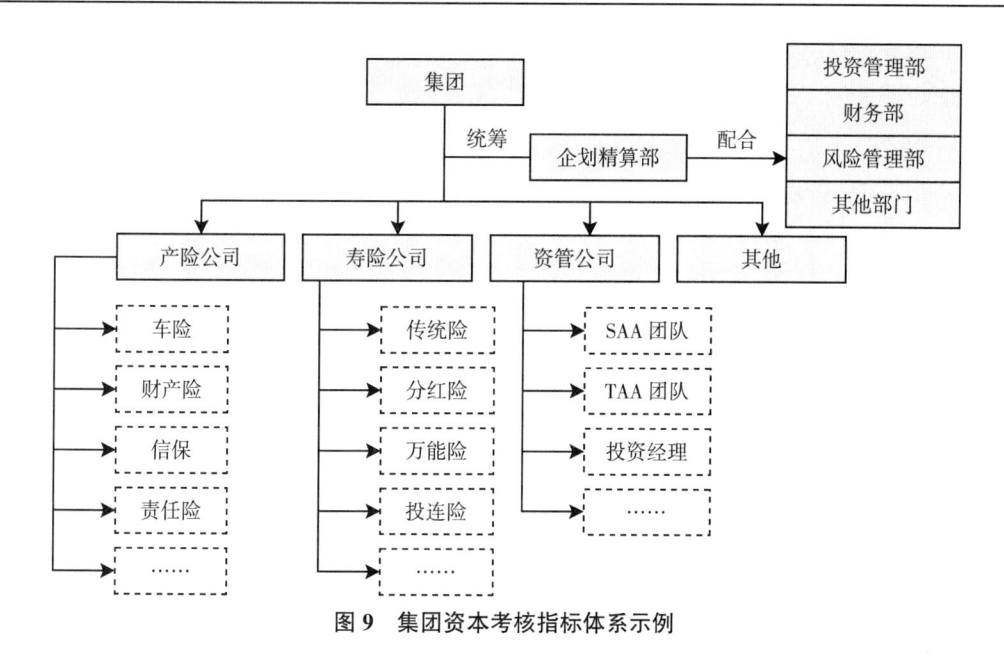

进行加权平均。

（3）对于集团公司，在进行战略决策时设定的目标和方案，这部分的风险应该由集团承担，实现权责匹配的理念，如流动性指标、资产负债匹配等。对于集团公司自身的运营也应设定相应的考核指标，如集团公司的偿付能力充足率指标达成情况。

最终，集团公司应考量整体的指标表现情况，确认是否满足监管和投保人的偿付能力要求以及股东的预期回报要求。

当然，以上的考核指标体系偏向于定量化，目前将资本考核完全融入公司的经营管理中并作为考核依据并不现实。应逐步将资本考核的理念贯穿到公司日常经营中，让管理者和员工接受资本是有成本的，价值体现为承担单位风险所能带来的收益，而不仅仅看账面利润或净资产收益率，将定量化的考核指标（风险调整后收益指标等）作为考评依据，综合考虑其他因素确定考核结果，并作为业务规划和资本规划的参考依据，嵌入决策机制中。在未来，对资本占用和资本成本率的计算更为准确时，可将资本考核明确为考核基础，纳入资本规划和绩效考核体制中，指导公司遵循战略防线，更有效地利用资本，最大化地创造价值。

当然，在实际运用中，保险集团对旗下各专业公司的考核是基于不同的资本成本率还是基于统一成本率存在一定的讨论空间：首先，集团作为统一的融资渠道，其对外的融资成本是一致的，股东要求回报率一致，如果集团对各专业公司的考核基于统一成本率，则有利于减少博弈空间，并能够清晰地比较各专业公司对集团的贡献；其次，各专业公司所处的行业不同，风险偏好、资本结构和经营发展期间不同，采取统一的资本成本率难以进行客观的评价；最后，假定某专业公司所处行业较新，且处在经营初期，其行业净利润普遍较低，但是在战略规划上，集团想要拓展这部分业务，如果在考核时完全按照统一指标进行考核，则考核的基准不具公平性，且将会降低该专业公司的积极性。在现阶段，集团可以以统一成本率进行考核测算，但是应根据行业和专业公司的情况对定量指标进行相应的调整。

要实现基于风险调整的考核体系,乃至于后期的基于风险的资本管理体系,保险集团都需要理解体系的成功建设不是一蹴而就的,而是需要循序渐进。首先,集团需要有一套完整的管理体系来指导,配备有完整的制度流程,上至决策机制、下至考核激励等都有明文规定和相关的职能部门进行统筹与牵头;其次,强大的数据系统是"偿二代"下任何管理体系的基础,数据必须是完整的、充分的和可获得的,才能保证后续考核和配置流程的顺利完成;再次,集团必须向全体管理层和员工贯彻风险、资本和价值管理的经营理念,得到他们的认知和认可,这是资本管理体系顺利传导的先决条件;最后,不管使用 EVA 还是 RAROC 或其他风险调整管理体系,集团都需要搭建可操作的和稳定合理的技术方案,学习西方或国内先进企业的做法,并加以改进,定制出符合公司能力和发展的体系。

(四)实证测算的缺陷与下一步研究

本课题在实证测算中存在一定的局限和缺陷,在日后的研究和工作中需要逐个击破,实现考核体系的精确化。

(1)数据不足:国内并没有能全面反映资本市场的指数来进行 Beta 值的测算;加之,国内仅有六家保险公司上市,测算出来的 Beta 值具有多大的代表意义具有争议,且各家保险公司的经营状况不同,对市场的反应敏感度不同,由于缺乏上市数据,对测算造成了硬性的阻碍。

基于国内保险公司上市的数目很少,且国内资本市场的环境不成熟,非上市保险公司难以获得相关的数据进行 Beta 值测算。建议监管方在确定资本成本率时,可以在现有有限数据的条件下测算保险行业的平均资本成本率,加上专业的经验判断,确定一个相对有效的数值进行监管。对于保险公司,则建议定期比较监管规定的资本成本率和自身测算的资本成本率,对公司的资本使用情况进行分析,如果差异太大,公司需要重点关注。

(2)资本资产定价模型的局限性:CAPM 模型相较于其他模型来说相对简单易懂,但是瑞士再保险在 2005 年使用 CAPM 模型测算资金成本的 Beta 值时发现,CAPM 估算得到的 Beta 值不够稳定,随着时间及公司与公司之间的不同而差异较大,而且将总资金成本分配至单个险种业务存在困难,而分配成本对于公司经营来说又是必不可少的。

(3)资本占用简单用"偿二代"风险资本(最低资本和目标资本充足率的乘积)进行替代,这是否具有可行性未进行深入的研究验证。

(4)承保与投资是保险公司的核心经营活动,它们使得保险公司面临保险与金融市场的风险。对于保险集团来说,其资金成本等于投资资金成本与保险资金成本之和。本课题只对公司整体的资金成本进行估算,而并未细分到保险与投资业务,或业务条线等子风险。

(5)业务的多样化、市场环境的复杂化、经营主体的关联性都在呼吁保险公司建立内部模型,以满足自身的经营管理需求。经济资本在运作原理上体现了风险与收益相匹配的思想,强调了在全面风险管理的框架内进行风险计量,考虑了风险之间的动态关联性和市场特性,其与风险预算的执行目的相符,经济资本管理已经在西方保险行业中验证了其存在的必要性。针对我国,有能力的保险公司应该探索建立符合中国市场性的内部模型,可基于外部监管模型,对公司面临的主要风险的计量方法或参数进行适当调整,构建包含所有风险维度的风险偏好体系,全面衡量公司经营过程中面临的实际风险,真正将风险应用于公司经营预算、战略、流动性和资产负债管理等环节。

结 语

在倡导风险导向的监管理念下，中国"偿二代"监管框架推动了专业的监管资本计量体系的建立，更加准确地刻画了保险公司的风险轮廓和资本充足水平，为行业发展创造了更广阔的空间。同时，"偿二代"结合当前行业的阶段性特征，开创性地将保险公司的风险管理评估结果与资本要求相挂钩，形成奖惩机制，大幅提升了保险公司增强自身风险管理能力的积极性和主动性，进而对行业整体风险管理水平升级产生有效的推动作用。在提高自身风险管理能力的过程中，可不断提升公司在金融行业中的竞争优势；同时，良好的风险管理能力有利于提升公司的声誉和形象，提高公司在市场上的认可度和满意度。这对于保险公司来说是机遇，但是也对保险公司提出了更加具体和明确的要求，保险公司风险管理将向专业化、前置化、嵌入化的发展方向持续转型。

"偿二代"为行业科学发展奠定了基础，推动了风险管理、精细化管理和系统性管理的进程，目前其总体实施情况良好。为了推动保险公司管理理念的全面转型，需根据不同公司的情况，量身定制发展规划及运营策略。综合考虑目前的市场环境，建议以全面预算管理为传导机制和管理平台，以资本考核为突破口，将"偿二代"定量监管要求和定性监管理念有效结合，从而切实指导并影响保险公司的发展战略制定和日常工作决策，形成科学、安全、高效、差异化并符合保险公司自身发展需要的经营策略。

参考文献

[1] 王永平. 经济附加值（EVA）的原理、计算方法及其应用 [J]. 技术经济与管理研究，2002（4）.

[2] 袁太芳. 企业债务资本成本计算方法比较 [J]. 财会月刊，2009（24）.

[3] 薄湾沱. 保险企业集团化理论与实践研究 [J]. 南开大学出版社，2009.

[4] 张守川，陈恩伍，李源婷. 新资本协议内评法下 RAROC 与 EVA 的经济含义探析 [J]. 金融前沿，2012（12）.

[5] 钟强，刘佳明. EVA 考核和资本成本率的确定——以中国航天科技集团公司为例的实证研究 [J]. 经管空间，2014（2）.

[6] 项俊波. 经济新常态下我国现代保险业的发展 [J]. 保险研究，2015（2）.

[7] 2013~2015 年保险统计数据报告 [R]. 中国保险监督管理委员会网站.

[8] 余龙华，陶羽琪. "偿二代"对保险公司经营管理的影响 [J]. 中国保险，2016.

[9] 中国风险导向的偿付能力体系监管规定：1-17 号文 [EB/OL]. 中国保险监督管理委员会，2016.

[10] 2016 保险公司偿二代二支柱暨风险管理调查报告 [J]. 普华永道咨询，2016.

[11] 2016 保险公司偿二代二支柱暨风险管理调查报告 [J]. 毕马威咨询，2016.

[12] 彭吉海. "偿二代"下保险集团的资本管理 [J]. 中国精算师，2016（3）.

[13] 丘创，蔡剑. 资本运营和战略财务决策 [M]. 北京：人民大学出版社，2011.

[14] 陈文辉. 新常态下的中国保险资金运用研究 [M]. 北京：中国金融出版社，2016.

[15] Nakada P., Shah H., Koyluoglu U., Collignon O.. P&C RAROC: A Catalyst for Improved Capital

Management in the Property and Casualty Insurance Industry [J]. The Journal of Risk Finance, 1999, 1 (1).

[16] Cummins D., Phillips R. Estimating The Cost of Equity Capital for Property-Liability Insurers [R]. The Working Paper Series, The Wharton Financial Institution Center, 2003.

[17] Enterprise Risk Management Survey 2010 [R]. KPMG.

[18] Global Enterprise Risk Management Survey 2010 [R]. Aon.

[19] Insurance Core Principles [EB/OL]. IAIS Website, www/iaisweb.org.

第十篇

创新发展背景下证券公司资本管理研究
——基于 H 证券公司的案例分析

中国银河证券股份有限公司课题组

课题主持人：李树华
课题组成员：祝瑞敏　伍李明　张金松　闻　鸣　李光青
　　　　　　赵英翰　马向前　司　崭

摘　要

　　融资融券等创新业务的蓬勃发展标志着我国券商已经进入转型发展与创新发展的关键阶段，监管层从制度和业务层面引入诸多改革举措。受互联网金融等的冲击，券商传统通道业务的收入占比将继续下降，重资本等资产负债表业务成为影响券商盈利的重要因素，重资本业务催生券商融资需求，证券行业正在步入资产负债经营时代。与国际投资银行及其金融机构相比较，目前，我国证券行业经营杠杆处于较低的水平，受制于政策监管等限制，券商融资渠道还较少，对券商的资本管理研究尤为迫切。

　　本课题在借鉴国内外行业经验的基础上，根据国内券商业务特点，以H证券公司为例进行案例分析，提出了证券公司资本优化管理的双轮驱动模型，即业务驱动资产配置，资产配置驱动融资安排的资本管理模式，并根据H证券公司的业务数据和财务资源对模型进行调试，对证券公司资本优化管理进行了全过程展现，最终形成H公司资本规划，并建立了相应的管理组织机制保障。在现有政策法规下，本课题还针对证券公司融资方式及融资渠道的选择，资产配置与资本结构的期限匹配，以及证券公司流动性管理进行了探索。

　　关键词：创新发展　重资本业务　资本管理　资本规划　双轮驱动模型

第一章 绪 论

一、研究背景及研究意义

（一）研究背景

1. 证券公司正处于创新发展阶段

我国目前正处于经济转型的攻坚期，中共十八届三中全会表明，证券行业有望继续享受改革红利，同时亦将成为促进改革的动力。历经30多年，我国证券业发展初具规模，截至2014年12月31日，120家证券公司总资产为4.09万亿元，同比增长96.6%；净资产为9205.19亿元，同比增长22.1%；2014年全年实现营业收入2602.84亿元，同比增长63.5%；净利润965.54亿元，同比增长119.3%。证券行业自2012年以来进入创新发展新阶段，并将长期处于创新发展中，证券公司将从行业创新发展中持续受益。证券公司的创新是全面的创新，既包括制度创新与业务创新，还包括组织模式创新等；是持续的创新，不是短期行为，而是长期与连续的创新；是我要创新，不是要我创新。创新发展已成为证券公司永恒的话题。

2. 证券公司传统通道业务向重资本业务创新转型，尤其是前20家资本实力雄厚的大型证券公司，对其资本管理提出严峻挑战

从2012年至今，证券行业已经成功举办三次创新大会，有力地促进了证券公司创新业务的发展，并将继续催生重资本业务和资本业务较快发展，整个行业由传统通道业务（轻资本业务）向重资本业务过渡是未来较长一个时期业务转型的主要特征之一。融资融券、股票质押贷款、股票投资、债券投资、衍生品投资、资产管理及投行业务用资、新三板做市、期权做市、种子基金、过桥贷款、直投业务等业务的快速发展，将继续打开重资本业务的发展空间，改变券商收入结构。重资本业务催生券商融资需求，对资本管理提出严峻挑战，证券行业正在步入资产负债管理时代。以中信证券、海通证券与银河证券为首的证券公司正借力资本市场，通过增发大力补充资本金，将资金配置在融资融券、股票质押贷款等消耗大量资本的重资本业务上。Wind统计数据显示，2015年6月18日融资融券余额达历史最高点22730亿元，近2.3万亿元大关。

在重资本业务发力的背景下，证券行业面临向现代投资银行转型，为此，证券公司需大力发展销售交易、FICC等业务，如高盛等国际一流投资银行，其销售交易业务收入占总收入的50%以上，FICC业务收入占总收入的30%以上。为防范风险，这些新兴业务的发展需要证券公司有充足的资本作为支持。而我国现行政策对证券公司股权融资还存在不少限制性规定：①《IPO审慎性监管要求》对证券公司境内IPO上市制定了较严格的审慎性监管要求；②《10号指引》对证券公司入股股东制定了较严格的限制性要求，这均在一定程度上制约了证券公司通过股权融资补充资本。再者，部分证券公司尚未建立合理的资本补充规划，不能根据业务发展需要及时补充资本。为此，政府监管部门顺势而为，强化行业资本管理，不断放松融资工具的管制，帮助券商拓宽融资渠道。证监会发布通知鼓励证券公司进一步补充资本，中国证券业协会发布《证券公司资本补充指引》，要求证券公司于2014年12月31日之前报送资本补充规划，建立资本管理与补足机制。同时，相关部门正在对《证券公司风险控制指标管理办法》进行修订，并更新了净资本和风险资本准备的计算方法，拟将行业杠杆倍数由目前的5倍上限进一步提升。证券行业杠杆倍数（自有资产/净资产）已由2011年的1.4倍提升至2013年的2倍，至2014年底已提升至3.2倍，然而与国际投行普遍10~20倍的杠杆相比，国内证券公司经营杠杆仍存在较大提升空间，资产负债表业务成为影响券商盈利的重要因素。

3. 证券监管机构对证券公司创新发展的支持与要求

为支持与促进证券公司创新发展，监管层从制度和业务层面引入诸多改革举措。中国证监会机构监管部发布《证券公司业务（产品）创新工作指引（试行）》（2011），该文件从创新的定义，证券公司创新应具备的条件、创新原则、创新步骤、创新内部管理制度，监管机构与自律机构支持创新发展及相关监管提出了具体意见；中国证券业协会发布《证券公司创新业务（产品）专业评价工作指引》（2013年8月13日），从评价范围及要求、评价程序、评价专家等方面对证券公司创新业务（产品）方案进行专业论证，提出了具体意见，进而评价其合规性、有效性和可行性；中国证监会发布《关于进一步推进证券经营机构创新发展的意见》（证监发〔2014〕37号），此文件明确了证券公司创新发展的总体原则、主要任务和具体措施，从建设现代投资银行、支持业务产品创新和推进监管转型三个方面，提出了15条具体意见，因此，也被业内人士形象地称为"券商创新15条"，引起了业界足够重视。《中国证券业发展规划纲要（2014~2020）（讨论稿）》用专门一节来说明支持创新，提升行业核心竞争力。证券监管机构为证券公司创新发展正在并将持续营造良好的政策环境，支持证券公司业务（产品）等创新发展。以上举措为证券公司深入进行创新发展搭建了良好平台，提供了得力保证。

4. 与银行业相比，证券行业资本管理正处于探索中，强化资本补充规划与资本优化管理势在必行

与银行业相比，证券公司资本管理尚处于初级探索阶段。就净资产规模而言，证券业与保险业2014年底行业净资产分别为0.92万亿元和1.3万亿元，银行业同期净资产为12.3万亿元，银行业净资产是证券业的13倍，证券业资本相对银行业非常薄弱；同时，银行业按照《巴塞尔协议》建立了以净资本管理为核心的风险控制体系与全面资本管理体系，在资本管理理论与实践方面相对比较成熟，积累了丰富经验，而证券业在资本管理上才刚刚起步，无论是技术方法，还是应用实践，均还很不成熟，尚有很长的路要走，证券公司强化资本补充规划与资本优化管理势在必行。

5. 杠杆引发流动性风险进而导致的股市大幅波动呼唤证券公司进一步强化资本管理和流动性风险管理

2015年6月，在监管层去杠杆的导向等诸多因素影响下，股市出现大幅波动，各证券公司应证监会号召积极救市，在维持资本市场稳定发展过程中扮演了重要角色。为应对突发性事件的影响，证券公司更应进一步强化资本管理，尤其是重资本业务的资金管理与流动性风险管理，要认真研究融资融券业务，研发与设计出优质的两融产品，可有效抵抗股市大幅波动的异常情况。

鉴于以上背景，证券公司资本管理是比较值得深入研究的重大课题，尤其是对于重资本业务收入占比较高的行业地位居前20的大型券商，通过资本管理可以实现资产优化配置，将资金合理配置到重资本业务及其他业务中；同时，根据重资本业务资金需求，科学安排融资工具，实现资产配置与资金来源相匹配，做好流动性管理，有效防范流动性风险。通过资本管理，可以更好地配合券商早日实现由轻资本业务向重资本业务持续转型，做强做大，与国际投行接轨。

（二）研究意义

1. 对资本的阐释

为更好地理解本课题研究对象，需对资本的内涵做一深入剖析。

资本，马克思在其巨著《资本论》中有精辟的论述："资本是依靠剥削工人而带来剩余价值的价值，体现了资本家和工人之间剥削与被剥削的关系。"马克思对资本的认识强调了两点：一是资本要实现自我增值；二是资本增值是一个运动而非静止的过程。从中可以看出，拥有资本的企业具有获取盈利的动力和压力；同时，资本增值的程度与资本运动的过程相关。所以，资本管理对企业具有重大意义。

经济学中的资本是一个广义的概念，包括货币资金、固定资产、无形资产、各种长短期债权等可为生产经营活动创造条件并实现增值的各种价值的集合。而管理学中的资本是一个狭义的概念，其定义是从会计学的角度来界定的，为企业的所有者权益或净资产，等于总资产减去总负债的余额。本课题中的资本并非严格意义上经济学与管理学中的概念。

与生产制造企业相比，以银行、证券、保险为代表的金融企业具有高杠杆特性，即资产负债率非常高。因此，对于金融企业而言，区分负债中属于资本的部分和不属于资本的部分就显得非常重要。研究者一般认为，金融企业的资本就是所有者权益、各种公开储备以及次级债务的总和，与《巴塞尔协议》中资本的范畴相同。但是在资本管理领域，一个重要的研究内容是通过比较股权资本成本与债务资本成本，来选择最优的融资方式，以达到加权平均资本成本最低与企业价值最大的均衡状态。如果按照金融企业资本的内涵进行研究，就无法解释非次级债等债务融资问题，也就不存在最优的资本结构。因此，本研究认为，资本并不仅局限于所有者权益、各种公开储备及次级债，还应包括借入的中长期债务。同时，鉴于客户负债并不是证券公司实际的负债，需要从资本中扣除；客户资产由第三方存管，不允许证券公司动用，也需要从资本中扣除。根据以上分析，本课题中的资本可以简化为以下公式表示：

资本 = 总资产 − 客户资产 = 总负债 − 客户负债 + 所有者权益

证券公司的资本具有多种表现形式，在资产负债表左方表现为各种资产，包括货币资金、投资类资产（主要包括长期股权类投资与金融资产）、固定资产、在建工程、无形资产、投资性房地产、融出资金等，但不包括客户资产；在资产负债表右方表现为负债和所有者权益，包括卖出回购金融资产款、代理买卖证券款、应付债券、金融负债、应付短期融资款、股本、资本公积、盈余公积、一般风险准备、未分配利润等,但不包括客户负债。

2. 选题意义

资本是证券公司安身立命之根,对于券商做强做大具有重要作用,而资本管理有助于提高资本使用效率与效果,实现资本增值,对证券公司向重资本业务持续转型、强化流动性管理、战略落地与内部管理水平提升具有重大的现实意义,也是应对国内股市大幅波动的重要举措之一。

(1)大型证券公司传统通道业务向重资本业务转型的需要。随着中国资本市场改革的逐渐深化,证券公司外部经营环境正发生着巨大变化,证券公司业务范围不断调整、丰富。目前,我国证券行业正在进行创新发展,并将继续催生重资本业务较快发展,整个行业由轻资本业务向重资本业务过渡是未来较长一个时期转型的主要特征之一。与轻资本业务不同,重资本业务的发展需要证券公司有充足的资金支持和资本的优化配置,增发是上市券商快速筹集资本金的重要和必要手段,通过增发可有效补充上市券商资本。

以海通证券、中信证券与银河证券增发 H 股发展重资本业务为例,2014 年 12 月 21 日晚间,海通证券发布的新增发行 H 股公告称,已在 19 日与承配人签订认购协议,认购共 19.17 亿股新 H 股,认购价为每股新 H 股 15.62 港元,融资金额约达 300 亿港元巨量。根据公告,在通过增发 H 股所融近 300 亿港元中,约 60%将用于发展融资融券类业务;约 15%将用于发展约定购回以及股票质押式回购业务;约 10%用于发展结构化产品销售交易业务;约 10%用作补充营运资金;约 5%用于增资海通开元投资有限公司,发展直投业务。2014 年 12 月 28 日晚间,中信证券发布公告称,计划增发 15 亿股 H 股,所募资金将全部用于补充本公司资本金,其中约 70%用于重资本业务的发展。2015 年 1 月 20 日,银河证券发布公告称,拟非公开发行 20 亿股 H 股,并建议延长 A 股发行方案 12 个月。根据公告,其中所筹资金约 60%用于融资融券业务和股票质押式回购业务,约 15%用于其他重资本业务,约 15%用于投资和创新业务,约 10%补充营运资金。[①]

海通证券、中信证券与银河证券通过新增发行 H 股补充资本金,一方面可以促进融资融券和股票质押式回购等重资本业务的发展,保持并持续提升长期的竞争力;另一方面在满足风控指标的前提下,通过增发新股进行股权融资来补充资本,可以撬动债务融资在内的其他融资方式。重资本业务的发展创新驱动资产配置,呼唤资本优化管理提升,进而促进业务持续转型。

(2)防范流动性风险、强化流动性管理的必要手段。证券公司的风险管理与资本监管、资本管理有着天然的联系,风险控制是从资本监管开始的。流动性风险是券商面临的重大风险之一,从业务角度而言,涉及流动性风险的业务包括融资融券、质押式回购、股指期货、报价回购以及股票期权等,这些业务的创新发展离不开资本支持与资本优化管理。从监管角度来说,对流动性风险的监管指标包括流动性覆盖率和净稳定资金率,券商流动性风险监管指标不符合规定标准的,应及时向中国证券业协会书面报告,说明基本情况、问题成因以及解决问题的具体措施和期限。[②]流动性风险监管指标标准的达成就是资

[①] 根据海通证券、中信证券与银河证券增发相关公告编制而成。
[②] 中国证券业协会:《证券公司流动性风险管理指引》,2014 年 2 月 25 日。

金合理配置的结果,通过强化流动性风险管理,一方面可以使证券公司保持充足的流动性资产,另一方面可以使证券公司尽量减少资金来源与资金使用中存在的期限错配情况,增加长期稳定资金来源,满足各类表内外业务对稳定资金的需求,采取流动性风险管理策略与具体措施,降低流动性风险,不断提高流动性风险管理水平。

(3)战略落地与内部管理提升的有效支撑。证券公司通过资本管理可以将比较抽象的战略转化为详细的业务计划,设定适当的宏观发展目标和年度经营目标,科学地预测各种业务的各种经营数据,科学地确定资金来源,综合平衡,综合管理,形成一系列约束指标。资本管理作为战略落地的有效支撑主要体现在:一是通过资本规划,公司战略、年度经营计划均可得到具体落实,使现实业务经营活动得到有力牵引。二是通过调整证券公司的资产配置或业务结构,使各项业务或资产的风险调整资本收益(Risk Adjusteol Return on Capital,RAROC)相同,此时证券公司经济资本配置就能达到最优,公司价值也达到最大化;对于RAROC较高的业务或资产,证券公司应继续扩大规模,配置更多的经济资本;对于RAROC较低的业务或资产,证券公司应控制或缩减其规模,减少其经济资本配置。通过资本优化配置,使各部门对战略拥有现实的、统一的认识,可以在业务活动中产生战略协同效应。三是通过资本规划的实施,分析差距、适时调整、突出亮点、突破"短板"。

加强内部管理是证券公司发展的重要主题,尤其是在当前应对股票注册制改革、融资融券业务规模飞速增长、新三板推荐队伍扩大等资本市场深化改革的情况下,证券公司强化资本管理,是管理提升的应有之义与财务管理优化升级的内在需求。通过证券公司资本优化管理,一方面,建立健全资本管理制度、资本管理流程与监督考核规范,搭建资本管理体系框架,建立系统、科学、实用的标准和制度体系;另一方面,严格贯彻执行资本管理制度,确保责任落实,从细处着眼,苦练内功,持之以恒,将强化资本优化管理工作做细做实,为证券公司管理上水平、提档次奠定良好的基础。

二、文献综述与研究框架

(一)文献综述

国内外学者对证券行业资本管理的研究,大量借鉴吸收了银行业研究与实施资本管理的一些先进的资本管理理论、方法与经验。可以说,银行业在资本管理方面的理论与实践远比证券行业丰富、鲜活,银行业资本管理研究的相关文献为证券公司资本管理研究提供了可资借鉴的思路,对银行资本管理研究成果进行回顾就显得非常必要与重要,可在此基础上梳理与评述证券公司资本管理相关文献。

1. 国外文献综述

从现有国外文献来看,关于银行资本管理的研究主要集中于单一利益视角的资本管理分析,如监管机构视角、股东视角、经济资本管理视角与风险管理视角等。

政府资本监管始于1863年美国《国民银行法》,此后政府对银行的资本监管不断演变。Pringles(1974)认为,银行存在一个最优资本。同时,他又强调,银行的最优资本和监管者所要求的最低资本可能是不一致的。Allen N. Berger(1995)研究了监管者为何要求金融机构持有资本,应当如何确定资本标准,监管资本的衡量等问题。

股东角度的资本管理强调银行资本的合理配置及其效率。美国罗伯特·默顿（1997）提出,资本的价值由时间价值和风险价值两部分组成,前者由无风险收益率决定,后者由资本所承担的风险决定,通过资本配置对商业银行的风险进行管理。Kimball（1988）提出基于市场的独立配置方法,自上而下地把银行资本配置到各个业务单元,并对配置结果与理论上的配置结果进行比较分析。Froot 和 Stein（1998）认为,在资本结构一定的情况下,资本配置是商业银行规避风险的主要策略。对于可以规避的交易风险银行应该去规避,而对于不能规避的风险部分,商业银行应该匹配一定的资本来缓冲和吸收风险。在商业银行资本一定的情况下,银行应充分衡量新增资产组合的风险贡献,并结合银行风险偏好为其配置相应的资本。

Chris Martens（1965）最早提出经济资本（Economical Capital）的概念,他将经济资本定义为一定的置信水平条件下商业银行为避免无法抵御的非预期损失而引起支付危机所需要准备的资本量。Zaik（1996）、James（1996）和 Matten（2000）相继提出了经济资本框架的三个主要内容：经济资本计量、经济资本分配和基于风险调整的绩效评估。在美国信孚银行 20 世纪 70 年代末开发而成的 RAROC 模型基础上,Zaik（1996）和 James（1996）对美国银行如何应用该模型来进行资本配置和绩效评价以及相关的理论问题进行了系统的研究。Denault（2001）将经济资本配置与博弈理论相结合提出经济资本配置一致性原则。在基于银行的分支机构间的博弈是合作的假设情况下,夏普利值分配法满足经济资本配置的一致性原则。Kalkbrener（2005）提出了梯度法经济资本配置方案,线性、多样性和连续性是基于梯度法配置经济资本的首要条件。Goovaerts（2005）研究基于风险残余法配置经济资本的方案。该方案分为两步：首先估算集团整体持有资本额度,然后确定分行需要的资本额度。风险残余和资本成本最优化函数被明确后,基于期望风险计量的原则求解集团整体经济资本需求及分行经济资本需求的最优解。Dev Ashjsh（2006）分析了银行经营管理所面临的各种风险。由于各种风险的特征不同,因此商业银行无法采用同一个模型计量所有风险的经济资本需求,需要开发不同的经济资本计量模型各种风险。Ross（1977）率先将信息不对称问题引入了资本结构的研究中。Myers 和 Majluf（1984）基于信息不对称问题提出了资本结构的顺序偏好（Pecking Order）理论,融资结构能起到传递或显示信息的作用,在啄食顺序顶部是内部产生的现金流,既无发行成本又无信息问题；如果需要从外部融资,由于发行成本较低的债务降低了确认成本,债务往往优先于股本。这些激励在高昂股本发行成本的小银行体现得更为强烈。

Jeremy Scott（2002）认为,计量经济资本应先量化与管理相关的风险及潜在损失,这些风险包括信用风险、市场风险、操作风险和流动性风险等,同时应考虑公司股东和投资者风险偏好,以决定是否承受高风险来换取高回报。Rowe、Jovic 和 Reeves（2004）认为,银行所面临的各类风险具有不同的特性,应采用不同的方法进行度量；为评估和管理风险,银行必须有效确定资本水平,以吸收信用、市场和操作风险窗口带来的未预期损失,同时不同业务产生的收益应与足够覆盖风险的资本相匹配。Dev Ashjsh（2006）分析了银行经营管理所面临的各种风险。由于各种风险的特征不同,因此商业银行无法采用同一个模型计量所有风险的经济资本需求,需要开发不同的经济资本计量模型各种风险。

2. 国内文献综述

国内很多学者对银行和保险公司资本管理进行了深入研究，本课题在相关研究成果中得到了很大的启发与思考。

巴曙松（2003）较为深入地研究了《巴塞尔新资本协议》，较全面地分析了《巴塞尔协议》的发展演变及对中国的影响，但很少涉及银行资本管理方面的内容。姜波（2004）研究了银行的资本充足性管理问题，分析了《巴塞尔新资本协议》对银行资本充足性的计量模型，探讨了经济资本和EVA在银行的应用方法。李文（2007）将银行资本管理划分为内部资本管理与外部资本管理：内部资本管理包括银行最优资本结构的确定，经济资本的测度及经济资本在银行各部门、各业务之间的配置；外部资本需要满足资本协议和相关监管部门资本充足性的要求。肖钢（2004）引入了经风险调整的资本回报率方法，指出银行业务必须在降低风险和增加股东价值之间寻求一种平衡，通过经风险调整的资本回报率来度量不同业务单位或产品在占用经济资本基础上所取得的经济收益，确定银行资金配置的有限次序。张恩照（2004）建议商业银行可以开展经济资本规划，将经济资本配置到各业务部门或产品线，强化全行资本约束和价值创造意识，平衡全行的风险收益，通过经济资本配置管理引领全行业务的发展，这条建议对H证券公司资本规划的制定具有指导意义。

在保险公司的资本管理方面，王一佳、马泓（2003）介绍了保险公司的经济资本；卓志、刘芳（2004）提出了寿险公司资本管理的概念，探讨了寿险公司业务发展和资本匹配的问题；卢仿先、李军（2005）讨论了保险公司的资本配置到经营部门的方法等；孙蓉、彭雪梅和胡秋明等（2006）针对保险公司资本管理与风险管理的关系进行了深入分析，他们认为资本管理与风险管理在本质上是相同的，所以他们建议保险公司的资本管理必须以风险为导向，而风险管理也要有机地融合资本管理的内容。关于保险公司融资渠道问题，刘仁伍（2008）认为，我国保险公司可以通过内部融资、上市融资、现有股东增资、引入新股东、发债等方式筹集资金，并指出理想的融资方式为通过资本市场发行股票与发行债务资本。

在证券公司资本管理方面，朱健（2013）对现行资本监管体系的缺陷与局限性进行深入阐释，并有针对性地总结提出了完善我国证券公司资本监管体系的建议，包括应坚持的修改原则、对资本监管指标体系的修改、监管实施制度的完善以及推动提高行业公司全面风险管理能力等；肖鹏（2007）研究了证券公司资产负债管理，分析了证券公司资产负债管理的内涵，提出了构建以净资本为核心的券商资产负债管理指标体系，深入探讨了体系设计原则与指标体系设计等。

通过梳理国内外研究文献可知，对银行资本管理的研究与探讨较多、较全面、较深入，而对证券公司资本管理的研究较少，相关研究深度尚浅，仅停留在理论探讨层面，并未深入证券公司资本管理的具体实践，鲜有学者对证券公司资本管理的实务经验进行总结提炼，形成有力度的研究成果。正是证券公司资本管理研究方面的薄弱与不足为本文的研究留下了较大空间，本课题的研究价值也得以体现。

（二）研究目标

本课题的研究目标为：在主要证券公司由传统通道业务向重资本业务创新发展转型背景下，以H证券公司资本规划制定与实施为基础进行总结提炼，旨在构建强大的证券公司资本管理体系，满足证券公司快速发展的重资本业务需求，管理好流动性风险，并为监管部门提出若干政策建议，避免行业系统性风险。

随着资本市场的繁荣发展，国内证券公司行业集中度将进一步提高。国内证券公司通过上市、并购重组等方式，资本实力不断增强，业务发展加速。H证券公司为行业内大型券商，因此，本研究的研究成果对行业内前20家资本实力雄厚的证券公司均具有一定的借鉴意义，能够给大型券商资本管理上水平、上档次、上台阶提供有益参考。

（三）内容框架

本课题的整体研究框架如图1所示。

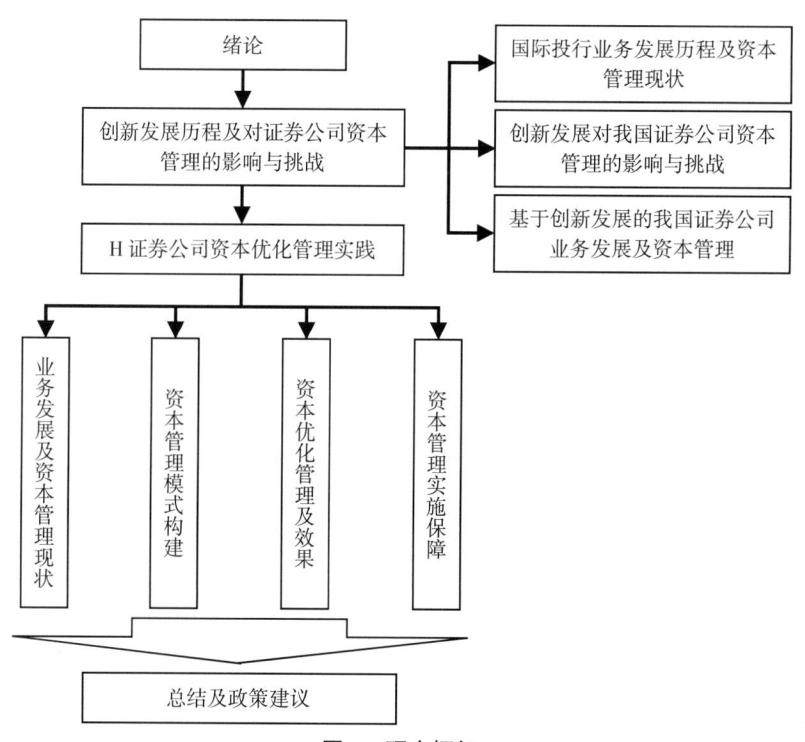

图1 研究框架

本课题共包括五章，每章主要内容如下：

第一章为绪论，主要介绍本研究的研究背景、选题意义与研究框架，并对研究方法与创新点进行说明。本课题认为，目前证券公司处于创新发展阶段，面临由传统通道业务向重资本业务的转型，重资本业务的大力发展对证券公司，尤其是处于行业前20名的资本实力雄厚的大型综合类证券公司的资本管理提出严峻挑战。与银行业相比，证券行业资本管理尚处于初步探索阶段，强化资本补充规划与资本优化管理势在必行。杠杆引发流动性风险进而导致的股市大幅波动呼唤证券公司进一步强化资本管理和流动性风险管理。

第二章回顾国内外投行创新发展历程，深入分析创新发展对资本管理的影响与挑战。首先，回顾国际投行业务创新发展历程，并以高盛为例，介绍其资本管理的现状并总结其资本管理经验；其次，探讨我国监管机构对证券公司创新发展的要求，并分析创新发展对证券公司的影响与挑战；最后，回顾我国证券公司业务创新发展历程，并以中信证券为例，介绍其资本管理现状并总结其资本管理经验。

第三章为 H 证券公司资本优化管理研究，为全文核心内容，全面分析 H 证券公司资本管理的实践，并对 H 证券公司资本管理的实践经验进行总结，主要包括业务发展、资本管理现状及存在的问题、业务规模预测及优化测算、双轮驱动资本管理模型的构建、融资来源渠道选择、资本压力测试和评估、内涵式与外延式融资安排、资本补充等。

第四章主要对 H 证券公司资本管理的实施保障进行分析，包括流动性管理提升、绩效管理等，全力支撑 H 证券公司资本管理工作的实施。

第五章总结全文，提出切实可行的加强证券公司资本管理的相关建议。

三、研究方法及创新点

（一）主要研究方法

本课题采用规范研究与实证研究、定性分析与定量分析相结合的方式进行，且以实证研究为主。

规范研究主要体现在第一章、第二章与第五章，归纳法与演绎法并用。实证研究主要体现在第二章、第三章与第四章，采用案例分析的形式，介绍高盛与中信证券的资本管理现状，深入探讨了 H 证券公司资本优化管理的实践，总结了 H 证券公司资本管理存在的问题、应对措施及优化结果。

定量分析主要体现在第二章与第三章，着力分析高盛、中信与 H 证券公司收入结构、资金来源、资产配置与压力测试情况，有效支持证券公司资本管理研究。

（二）创新点

本课题的创新也是基于 H 证券公司资本管理实践的创新，主要体现为以下三点：

第一，近来，重资本等创新业务迅猛发展，而国内证券公司业务特点、融资工具选择、监管环境等与国际投行及商业银行不同，本课题根据国内监管环境及证券公司特点，探索在创新发展背景下，构建我国大型证券公司资本管理体系。

重资本业务持续创新发展是证券公司未来业务转型方向，必将给证券公司带来挑战，考验其资本管理能力。国际投行在资本管理方面积累了丰富的经验，但由于国内监管环境与国际环境存在差异，在资产配置、融资工具选择方面受到较多限制，如对于客户保证金，我国监管机构要求第三方存管，证券公司无权动用，因此，客户保证金成为证券公司无法使用的"资产"，而国际投行不存在这种情况。再者，国内鲜有对证券公司资本优化管理方面的研究，即使将研究视角锁定在资本管理，也仅局限于证券公司资本监管要求，并没有从证券公司内部管理的角度展开，缺乏证券公司资本管理研究的相关成果。本研究既借鉴国际投行资本管理的经验，又立足国内实践，以国内 H 证券公司为例，全面深入探讨了其资本优化管理的实践，进行总结提炼，并提出了相关政策建议，开创了国内券商真正的资本管理研究先河，丰富了券商资本优化管理研究的文献。

第二,创新提出并构建了"业务驱动资产配置,资产配置驱动融资安排"的双轮驱动模型,确定了资本优化管理的基本逻辑思路。

本课题认为,对资本优化管理的研究应该覆盖资产负债表资产与负债两方,并结合压力测试进行全方位深入探讨,因此,构建了"业务驱动资产配置,资产配置驱动融资安排"的双轮驱动模型。首先,根据行业未来业务发展规模和市场占有率,决定业务规模;其次,根据业务规模决定资产配置;最后,根据资产配置,从而决定融资安排,包括股权融资和负债融资等。同时,要进行内部资本充足评估程序,通过建立审慎和前瞻性的压力测试,测算和评估不同压力情景下的流动性覆盖率、净稳定资金率和风险覆盖率等,满足监管和风控指标要求。本课题提出的资本管理双轮驱动模型,并不是偏重资产或负债单边管理,单边要求资产或负债结构、价格等,而是将资金来源与资金运用统筹起来进行的综合系统管理,充分考虑到了资产负债表各要素的内在联系和背后的逻辑。

第三,创新性地提出了资产配置规模的优化测算的"客户需求导向"与"风险调整后的资本回报率优先"两大原则,科学制定资产配置规划,为证券行业资本规划的制定提供有益参考。

客户需求导向原则,指证券公司在为各类业务进行资产配置时,应充分考虑客户需求。H证券公司以客户为中心,制定了公司五年战略规划。根据战略规划发展要求,公司打造国内领先的资产配置平台,以经纪业务为基础,形成大交易领先地位,以投行业务与资产管理业务为两翼,促进公司业务协同均衡发展(即"大交易领先+协同均衡发展"),主要资产配置领域以类贷款业务等具有客户黏性的大交易业务为重点,鼓励创新业务建设和支持固定收益类业务发展。风险调整后的资本回报率原则是指在满足客户需求的前提下,应按照风险调整后的资本回报率优先原则进行资产配置,即相同客户需求层次下,应优先将资金配置给绩效考评分数较高的业务。具体而言,证券公司通过实施经济资本管理,了解各种业务的风险分布与风险额度,遵循风险收益相匹配原则,科学调整业务结构与规划业务规模,优先发展风险收益比高的业务。当经济资本接近监管资本时,需要对公司的整体业务进行战略调整,以满足监管需要。在这一原则的引导下,证券公司可以重点发展收入相对稳定的业务。两大原则是经H证券公司资本规划制定与实施证明了的,因此,具有一定的科学性,对证券行业资本规划与资本优化管理具有一定的指导意义。

第二章 创新发展历程及其对证券公司资本管理的影响与挑战

证券公司资本管理在投行业务创新发展的不同阶段呈现不同的特征,与投行业务创新发展历程息息相关,离开特定的历史阶段谈资本管理是没有意义的。因此,本章主要回顾国际投行与国内证券公司业务创新发展历程,以国际顶尖投行高盛与国内证券行业龙头中信证券为例,深入分析其资本管理现状并总结其资本管理经验,探讨了我国监管机构对证券公司创新发展的要求及创新发展对证券公司资本管理的挑战。

一、国际投行业务发展历程及资本管理现状

(一)国际投行业务创新发展历程

国际投行业务发展历程就是一部创新发展史,业务在不断创新中砥砺前行。投资银行起源于15世纪的欧洲,雏形是商业银行,随着欧洲工业革命的兴起,业务类型逐渐增加。到20世纪初期,由于证券承销、证券自营、债券交易等业务的比重有所增大,"商业银行"转变为"投资银行"。美国在投资银行业的发展首屈一指,近几十年来一直处于霸主地位。

从总体来看,美国的投行业务变迁主要经历了三个阶段:第一,19世纪初到20世纪70年代期间以传统经纪业务为主的早期混业模式到现代分业模式阶段;第二,20世纪70~80年代期间以重资本业务大幅兴起为特征的现代混业模式阶段;第三,20世纪80年代以来以资产证券化和金融衍生品大发展为特征的现代混业模式新发展阶段。详细情况如表1所示。

(二)基于创新发展的高盛资本管理现状及经验借鉴

高盛作为激进创新型券商的典型代表,其创新业务一直走在行业的前列,对资本管理的要求也高于同业,且其在市场竞争的环境下生存至今,经历了无数次金融风暴,无论从规模上还是影响力上,其在国际投行的地位都是首屈一指的。因此,本研究以高盛为国际大投行代表研究其资本管理现状,并总结其资本优化管理经验。

1. 高盛集团业务简介

2010年转型之前,按照服务类型的相似性、服务提供方式、服务客户的类别和监管环境的不同,高盛将其业务划分为三大板块:投资银行、交易与本金投资、资产管理与证

表1 国际投行业务变迁的三个阶段

阶段	时期	特点及标志性事件
1. 以传统经纪业务为主的早期混业模式到现代分业模式阶段	19世纪初至20世纪70年代	（1）早期的投资银行是1826年由撒尼尔·普莱姆创立的普莱姆·瓦德·金（Prime-Ward & King）投资银行。 （2）经纪业务为主。1850年前后美国铁路业大发展、1860年美国南北战争爆发以及战后美国大量新兴产业崛起所引发的巨大资金需求，极大地促进了美国投资银行业的快速发展。该阶段，投资银行主要从事股票和债券承销业务。20世纪30年代之前这一阶段，证券业处于从属地位，以交易佣金收入为主。 （3）混业经营。美国资本市场处于混业经营时期，商业银行可兼营投资银行业务，证券业规模远小于银行业，高盛等后来顶尖的投资银行在此时并不显眼。 （4）现代分业经营。1929年，美国爆发了经济大危机。为了防止危机的再度出现，美国国会于1933年通过了著名的《格拉斯—斯蒂格尔法》；随后，又相继出台了《1934年证券交易法》《1940年投资公司法》以及《1940年投资顾问法》等一系列法案，将商业银行和投资银行业务严格分离。从20世纪30年代初到70年代末的这一时期，是美国金融业实行严格的分业经营阶段
2. 重资本业务大幅兴起的现代混业模式阶段	20世纪70~80年代	（1）现代混业经营。1977年美国对《证券法》赋予新的解释；1980年和1982年先后通过一系列法案旨在放开存款货币银行的利率上限，从法律上允许银行业和证券业的适当融合；1999年美国国会通过了《金融服务现代化法案》，正式废止了《格拉斯—斯蒂格尔法》，混业经营模式重新登上舞台。 （2）重资本业务兴起并发展。在这一阶段中，佣金自由化迫使证券业全面转型。1975年，美国证监会（SEC）放弃了对股票交易手续费的限制，实施佣金自由化，佣金率大幅降低。由此，佣金自由化造成投资银行传统通道业务的垄断利润打破，重资本业务兴起。这一时期美国投资银行业"英雄辈出"，高盛、摩根士丹利、美林等投资银行通过加大杠杆率的形式广泛开展创新业务，重资本业务成为证券行业主要收入来源
3. 资产证券化和金融衍生品大发展的现代混业模式新发展阶段	20世纪80年代至今	（1）利润来源的重大变化。20世纪80年代以来金融市场最突出的特征是资产证券化和金融衍生品的大发展。资产证券化和金融衍生品交易是投资银行最重要的利润来源。 （2）经营模式多元化。20世纪90年代开始，美国投资银行经营模式开始趋于多元化，总体上可分为两种模式：①传统模式，其业务发展集中于优势客户、优质业务线以及资本市场，或以核心业务为主进行纵深发展，挖掘产品与业务深度，而不是向广度扩展，降低了系统性风险；②激进创新模式，在公司治理结构上由合伙人制转变为上市股份制，同时注重使用高杠杆，使得业务扩张更为容易。同时，运用影子银行模式，将批发市场短期资金投资用于长期资产，以结构性投资工具从事表外高风险资产扩张，系统性风险远高于市场平均水平。激进模式下的主要代表机构有高盛、摩根士丹利、美林、雷曼和贝尔斯登。2008年爆发的金融危机，使采用激进创新模式的代表性机构受到重创，传统模式的投资银行在危机中存活了下来，证明其发展模式具有生命力。 （3）创新业务大发展。如今，全球投资银行出现合并浪潮，兼并收购、资产管理、财务咨询等业务已在国际范围展开。为了在全球业务网络获得更快的发展，获取更多利润，投资银行要以并购资讯、资产管理、在线经纪为第二代业务核心

服务。[①] 2010年高盛转型商业银行之后，对业务收入板块进行了重新分类，包括机构客户服务、投资银行、资产管理、投资及借贷四种类型。

首先，机构客户服务（原属于证券服务业务板块）发展迅速，在2013年总收入中占

[①] 投资银行业务的主要收入来源包括承销收入、并购收入，以及在交易过程中发生的贷款安排、融资服务费；交易与本金投资分为私人本金投资和公共本金投资两部分，前者主要投资于非上市的资产，包括房地产、企业、公共设施等，后者主要投资于IPO承销、并购重组等二级市场活动；资产管理主要为机构和富裕个体提供资产增值服务；证券服务主要为机构投资者提供大宗经纪、融资融券服务，和我国以交易佣金收入为主不同，该项收入包括了利差收入和交易佣金收入。

比高达52.91%。机构客户业务主要面向公司、金融机构、投资机构和政府部门，提供FICC[①]业务的交易和做市，全球的股票、期权、期货等证券及衍生品的做市，以及向机构客户提供融资融券等服务，其中FICC业务的做市和交易收入占比最高。

其次，投行业务是高盛的核心业务，2014年该业务收入占比18.72%。投行业务包括股票承销、债券承销与兼并收购的财务顾问，其中债券承销收入和兼并收购的财务顾问收入占比最高。

再次，资产管理业务包括向全球的机构和个人提供资产管理产品，以及向高净值的个人提供财富管理咨询，2014年收入占比为16.65%。

最后，投资和借贷业务是指向客户提供较长期的股权或债权融资，包括直接投资和通过持有的基金进行投资。从收入结构来看，股权投资仍是主要的方式。

高盛集团近三年收入构成情况如表2所示。

表2 高盛集团近三年收入结构

单位：亿元人民币

主要收入项目	2014年 金额	2014年 占比（%）	2013年 金额	2013年 占比（%）	2012年 金额	2012年 占比（%）
利息净收入	247.67	11.72	206.81	9.92	243.88	11.36
经纪佣金收入	202.94	9.60	198.45	9.52	198.68	9.25
承销与投资银行费收入	395.59	18.72	366.06	17.55	310.57	14.46
资产管理费收入	351.77	16.65	316.67	15.18	312.26	14.54
自营业务收入	915.12	43.31	997.51	47.83	1081.92	50.38
营业总收入	2113.10	100.00	2085.51	100.00	2147.32	100.00

资料来源：Wind，其将高盛集团原始报表格式调整为与国内报表相似的标准格式。

2. 高盛集团资本管理分析

（1）资产配置项目情况。从业务角度来看，美国证券公司的资产主要配置于客户融资、做市交易、自营等方面。在高盛高达5.24万亿人民币的总资产中，用于融资融券等类贷款业务的抵押担保证券规模为1.77万亿人民币，占总资产的33.71%，是净资产的3.47倍；用于做市和自营本金投资的资产规模为1.91万亿人民币，占总资产的36.47%，是净资产的3.75倍；两者合计占总资产的比例为73%，贡献杠杆率超过7.2倍。除此之外，现金及现金类等价物和其他应收款作为现金超额储备，占总资产的18.18%，剩余不足8.3%为直接投资类资产和运营性资产。高盛集团近三年资产配置具体情况如表3所示。

（2）资金来源项目情况。再来看高盛资金来源情况，根据其2014年年报，高盛主要资金来源为抵押担保融资、卖空金融工具形成的交易性金融负债、无担保借贷（发行债券）以及应付客户款项等其他负债（类似于国内券商的客户保证金），占比分别为

---

① FICC（Fixed Income Currency Commodities）是固定收益、外汇及大宗商品业务的统称，属于现代投行资本中介业务的范畴。目前，券商FICC业务的主要范围包括代理买卖交易业务（包括场内和场外交易）、做市业务，以及为满足客户风险控制、投资等需求创设相关的金融产品。从代理买卖交易中，券商可赚取佣金；做市交易可为券商带来价差收入；金融产品的创设也是券商收入来源的一部分。

表3　高盛集团近三年资产配置项目情况

单位：亿元人民币

资产配置项目	2014-12-31 金额	占比（%）	2013-12-31 金额	占比（%）	2012-12-31 金额	占比（%）
现金及现金等价物	3525.09	6.73	3727.22	6.71	4567.61	7.74
其他应收款	5999.57	11.45	7075.70	12.73	7013.86	11.89
交易性金融资产	19109.42	36.47	20675.87	37.20	25582.68	43.37
权益性投资	22.03	0.04	25.42	0.05	28.47	0.05
抵押担保证券	17665.85	33.71	19894.06	35.80	17487.96	29.64
固定资产净值	571.85	1.09	560.67	1.01	516.48	0.88
商誉及无形资产	254.59	0.49	266.80	0.48	320.50	0.54
其他资产	3482.07	6.64	3347.93	6.02	3475.32	5.89
总资产	52401.47	100.00	55573.67	100.00	58992.87	100.00

资料来源：Wind，其将高盛集团原始报表格式调整为与国内报表相似的标准格式。

15.08%、17.09%、27.44%和40.19%。其中，前两者属于业务性负债，占总负债的比例为32.17%，规模是所有者权益的2.99倍；短期借贷和长期借贷属于债务性负债，占总负债的比例为27.44%，规模是所有者权益的2.55倍；应付客户款项等其他负债属于客户负债，占总负债的比例为40.19%，规模是所有者权益的3.73倍。高盛集团近三年资金来源具体情况如表4所示。

表4　高盛集团近三年资金来源项目情况

单位：亿元人民币

资金来源项目	2014-12-31 金额	占比（%）	2013-12-31 金额	占比（%）	2012-12-31 金额	占比（%）
抵押担保融资	7135.50	15.08	12702.34	25.02	13676.12	25.23
交易性金融负债	8083.41	17.09	7769.04	15.30	7960.21	14.69
短期借贷及长期借贷当期到期部分	2725.83	5.76	2724.83	5.37	2784.73	5.14
长期借贷	10255.26	21.68	9813.88	19.33	10515.96	19.40
应交税金	93.82	0.20	120.35	0.24	171.22	0.32
其他负债	19015.79	40.19	17639.31	34.74	19093.59	35.23
总负债	47309.61	100.00	50769.74	100.00	54201.82	100.00

资料来源：Wind，其将高盛集团原始报表格式调整为与国内报表相似的标准格式。

（3）资产配置与资金来源项目匹配情况。高盛公司2014年底杠杆率为10.29倍，其中用于机构客户服务的类贷款和做市业务杠杆超过7.2倍，该资金主要来源于业务性负债和债务性负债。高盛利用高杠杆的根本原因在于类贷款和做市经营风险较小，可以安全放大杠杆增加收益，同时为满足业务发展需要可以使用的融资工具较多，且为了确保公司流动性风险可控，公司通常保持较高的现金超额储备，比如2014年该类储备高达18.18%。同时，高盛集团业务收入结构与其资产结构分配具有高度的相关性。在收入方面，50%左右来自销售交易，而在资产结构方面，70%左右被用于与销售交易有关的各项业务，这些业务所用资金主要来源于公司业务性负债和债务性负债。

3. 高盛集团资本管理经验借鉴

（1）高盛的资本管理过程。高盛资产负债都是集中管理，所有具有融资能力的业务部门的融资都要集中到资金部统一管理，再将资金转移给相应的业务部门，即先是业务部门提出资金需求，然后公司进行集中融资。集中融资可以对融资成本与对手方进行统一管理。对于资金的分配，主要考虑两个方面：一是资金占用时间长短；二是回报率以及风险。比如债券交易，由于资产流动性高，因此资金成本和回报要求就会低一些；对于直投，其周期长、风险大，相应的资金成本和回报要求就高一些；对于未用足资金，或者超额使用资金，都会有相应的成本定价。

高盛的资本管理注重长短期匹配，即流动性差的资产一定要用长期的负债来匹配，流动性好的资产则可用短期负债来匹配。

高盛的负债中有很多有抵押的融资，这类融资由于有足额资产抵押，对公司信誉度并不敏感，受信誉问题影响较低。另外，高盛也会不断拓宽资金的融资对手，降低集中度风险。

（2）高盛流动性管理经验。2008年，流动性危机演变为金融危机。此后，海外金融机构一直在对流动性风险进行反思，包括理论中对于长期资本的使用，用模型来测算流动性缺口等。高盛一直非常重视流动性风险管理，在其管理过程中主要有三点经验值得借鉴：

第一，建立比较完善的风险管理组织架构，确定了各自的职责范围与权限，并得到严格执行。高盛董事会下设多个管理委员会，与风险管理相关的委员会包括管理委员会、公司风险委员会、部门风险委员会、资本与承诺委员会、信用政策委员会、创新产品评审委员会、操作风险委员会、财务委员会等。管理委员会作为风险管理组织架构中最高执行机构，负责接收各类风险控制的信息报告，并通过授权的方式，对公司各类经营活动及有关政策进行审批。财务委员会负责公司的流动性风险管理，制定关于流动性、资产负债规模及结构、资金以及资本的政策，并确保这些政策的执行；确定发债计划的限额；制定资产负债的限额；审议流动性危机方案。财务委员会成员包括公司首席财务官、全球资金部总监（联席主席），以及股票部，固定收益、货币和商品部，投资银行部和财务部的主管。

资金部及全球资金交易部在财务委员会的指导下，具体负责日常流动性风险管理。其中，资金部负责监控流动性风险，并确保遵守流动性政策；管理资本结构、长期融资和抵押品；管理与债权人、交易对手和评级机构的关系。全球资金交易部主要负责执行（证券）抵押融资、筹措短期无抵押资金、管理日常融资流动、为融资政策提供咨询。

第二，坚持审慎的流动性管理，维持较高水平的盈余流动性和长期资金来源并保持资产的高流动性。通过维持高水平的盈余流动性和长期资金来源有助于保证公司无须依赖出售资产也能抵御长期的流动性危机。具体而言：一是建立预筹资金池，应付现金流出。高盛建立预筹资金池"全球核心盈余流动性"，它由未被抵押的高流动性政府及政府机构债券和现金构成，可通过回购、逆回购协议到期或变现高流动性证券回笼现金，提前筹措资金以应付在流动性危机中可能出现的现金流出需求。二是建立流动性流出模型，精确评估资金规模。流动性的规模是根据内部流动性流出模型而确定的，流动性流出模型识别并估算公司因合约或有义务面临的现金及抵押品流出量，并结合公司对金融市场的定性评估而定。高盛内部流动性模型主要考虑了两大类：一类是公司自身的流动性的压力；另一类是市场的流动性压力，这里面主要包括再融资压力、市场突发事件、大宗经纪业务、未提款的融资承诺、股票回购等带来的流动性压力。

第三，保持较高的流动性储备。高盛最重要的流动性政策就是提前预测现金和抵押品的流动性需求。高盛目前总资产中的流动性资产占比将近20%，是一个比较高的数字，这说明了其对流动性危险的"零容忍"，其中很大部分是国债、金融债、政府机构债，高盛一直保持较高的流动性储备。

二、创新发展对我国证券公司资本管理的影响与挑战

（一）我国监管机构对证券公司创新发展的要求

1. 对创新发展的要求分析

我国监管机构发布了一系列鼓励证券公司创新发展的政策措施，主要包括三个文件：《中国证券业发展规划纲要（2014~2020）（讨论稿）》（以下简称行业规划）、《关于进一步推进证券经营机构创新发展的意见》（以下简称券商创新15条）与《证券公司业务（产品）创新工作指引（试行）》（以下简称创新指引）。

其中，创新指引是对证券公司业务（产品）创新的一般性规定和基础要求，适用范围很广。创新指引对"创新"进行了定义，认为创新是证券公司推出现行监管规则未予明确的创新型业务（产品）的行为，创新是证券公司为提高竞争能力、满足客户需求、适应经济发展而为的。创新指引提出了开展业务（产品）创新应遵循的原则——合法合规、市场有需求、公司有能力、内控有配套、风险可控制、客户权益有保护、外部监管有保障，指出了开展业务（产品）创新的步骤——先试点、后推广，明确了证券公司开展业务（产品）创新应建立的内部管理制度，以确保风险可测、可控、可承受，制定了监管原则——加强监管、放松管制，不断提高监管有效性和透明度。同时，创新指引还对监管部门（机构监管部、各证监局）如何创造有利于创新的制度环境和工作氛围，上海/深圳证券交易所、中国证券登记结算公司、中国证券投资者保护基金公司、中国证券业协会等自律机构如何支持、引导证券公司开展业务（产品）创新，开展业务（产品）创新的证券公司应具备的条件做出了比较详细的说明，为证券公司创新发展搭建了良好平台。

行业规划提出了2014~2020年证券业发展的战略目标、基本任务及为实现战略目标和基本任务应当采取的一系列战略举措，进而明确了证券业未来发展方向与趋势。行业规划第三章第三节专门对证券公司创新发展提出具体要求：完善证券经营机构基础功能、促进证券经营机构业务及产品创新、推动传统业务转型升级、推动互联网证券业务健康有序发展、拓宽证券经营机构融资渠道、推动证券经营机构组织管理体系创新与建立自主创新、包容失败的创新文化。券商创新15条提出，创新发展总的原则是必须坚持服务实体经济，紧紧围绕实体经济的现实需求推进业务和产品创新，支持中小微企业发展，提升证券经营机构服务实体经济的能力和水平。券商创新15条从三个方面明确了推进证券公司创新发展的主要任务和具体措施：一是建设现代投资银行。支持证券经营机构提高综合金融服务能力，完善基础功能，拓宽融资渠道，发展跨境业务，提升合规风控水平，促进形成具有

国际竞争力、品牌影响力和系统重要性的现代投资银行。二是支持业务产品创新。推动资产管理业务发展，支持开展固定收益、外汇和大宗商品业务，支持融资类业务创新，稳妥开展衍生品业务，发展柜台业务，支持自主创设私募产品。三是推进监管转型。转变监管方式，深化审批改革，放宽行业准入，实施业务牌照管理。本研究对行业规划与券商创新15条中与重资本业务及证券公司投融资相关的条款进行了归纳总结，如表5所示。

从创新主体来看，券商创新15条非常明确地指出，证券经营机构是创新主体，必须尊重证券经营机构的首创精神，激发创新活力，挖掘创新潜力，落实创新责任。

从建设现代投行来看，行业规划与券商创新15条均彰显出很大的决心，行业规划给出了现代投行具备的五个基本特征：是直接融资服务的主要提供者、是资产管理和财富管理者、是交易和流动性提供者、是市场的重要投资者、是有效的风险管理者。券商创新15条提出，鼓励证券经营机构开展管理创新，实施差异化、专业化、特色化发展，促进形成现代投资银行，并提出了建设现代投行的五点意见。

从完善基础功能来看，行业规划与券商创新15条均鼓励证券公司发展完善投融资、销售交易、资产托管等功能，进行销售交易类产品创新，满足客户日益多样化的需求。

从证券公司本身融资渠道来看，行业规划与券商创新15条均支持证券公司拓宽融资渠道，创新运用股权与债权等多种筹资方式进行融资，包括在境内外发行上市、在全国中小企业股份转让系统挂牌，发行优先股、公司债，开展并购重组，积极发展证券业机构间市场，建立和完善行业流动性资金补充机制。拓宽融资渠道是证券公司资本管理的重要内容之一，有助于证券公司及时进行资本补充，强化资本规模与风险匹配能力。

从融资类业务创新来看，行业规划与券商创新15条均支持融资类业务创新，包括完善规则、扩大融资融券与转融通业务的资金和证券来源。开展约定购回、股票（权）质押回购等融资担保型业务创新，扩展约定购回、股票质押回购出资范围。融资类业务是最典型的重资本业务，代表着证券公司业务创新及业务转型的基本方向，影响着证券公司收入结构及利润结构的变化。

从业务转型升级来看，行业规划要求推动经纪业务从简单的通道中介模式向财富管理模式转型，推动传统业务转型，这是建设现代投行的需要，是顺应重资本业务大发展的必然之举。因此，这急需证券公司强化资本优化管理，根据重资本业务发展需要及时补充资本，建立资本补足机制。

2. 关于对资本补充的要求分析

2014年9月证监会机构部发布了《关于鼓励证券公司进一步补充资本的通知》（以下简称《通知》），要求各证券公司重视资本补充工作，通过IPO上市、增资扩股等方式补充资本，确保业务规模与资本实力相适应，公司总体风险状况与风险承受能力相匹配。《通知》取消了有关证券公司股权融资的限制性规定，包括：①鼓励符合条件的证券公司IPO上市，取消"较强的市场竞争力"和"良好的成长性"两项额外审慎性要求，并简化有关程序，提高IPO上市监管意见书的出具效率；②适当降低持股5%以上入股股东及信托公司、有限合伙企业入股证券公司的要求，并对入股股东长期投资规模不再做出要求。《通知》鼓励证券公司通过利润留存补充资本，并支持证券公司探索发行新型资本补充工具，如优先股、减计债、可转债等；对于资本实力不足、风险覆盖率低于200%或者流动性风险监管指标低于120%的证券公司，要求其杠杆倍数不得超过5倍，同时将暂停受理其创

第十篇　创新发展背景下证券公司资本管理研究

表5　监管机构对券商创新发展的要求中涉及重资本业务及投融资的条款分析

	中国证券业发展规划纲要（2014—2020）（讨论稿）（简称行业规划）	关于进一步推进证券经营机构创新发展的意见（简称券商创新15条）
创新主体		必须坚持证券经营机构是创新主体，发挥市场机制作用，尊重证券商的首创精神，激发创新活力，落实创新责任
现代投行	【基本任务】建立现代投资银行。推动证券经营机构向现代投资银行转型。现代投资银行应具备五个方面特征：是直接融资服务的主要提供者，能够运用投行工具为企业和政府客户提供融资服务；是资产管理和财富管理者，能够实现以客户需求为导向、立足资本市场、结合货币、外汇、商品、房地产、衍生品等多种市场和工具，提供广泛的金融产品和投资顾问服务；是交易和流动性提供者，可为投资者提供多种交易通道，交易执行，研究咨询，交易撮合，做市等多种交易服务，以及融资融券、抵押融资、过桥融资等各种流动性服务；是市场的重要投资者，可在权益、货币、大宗商品、衍生品等多个市场从事自营业务，在实体经济领域从事直接投资业务，创设远期、互换、期货、期权等风险对冲工具，为实体经济提供风险管理和信用评级风险服务，防范发生区域性、系统性风险，维护国家金融安全与稳定	第一条　鼓励证券经营机构开展管理创新，实施差异化、专业化、特色化发展，促进形成具有国际竞争力、品牌影响力和系统重要性的现代投资银行 第一条至第五条均是建设现代投行的要求，包括提高综合金融服务能力、完善基础功能、拓宽融资渠道、发展跨境业务与提升合规风控水平
完善基础功能	【战略目标】完善证券经营机构功能定位，显著提升证券业服务实体经济的能力。按照现代投资银行定位，完善证券经营机构的功能定位，支持提升证券经营机构发展销售交易、托管结算、投融资和支付功能，支持证券经营机构加强市场组织能力，提升融资覆盖范围，提升证券经营机构为实体经济转型中的主导产业、战略性新兴产业、创业创新型企业和中小微企业提供多元化的融资服务，为中国资产全球化布局服务，推动经济转型升级 【第三节　支持创新　提升行业核心竞争力】完善证券经营机构基础功能。完善证券经营机构功能定位，支持证券经营机构发展完善登记结算、资产托管、销售交易、投资融资等基础功能。完善登记结算功能，支持证券经营机构开展次级托管业务。鼓励证券经营机构发挥市场组织主体性作用，建立多层次托管体系，支持证券经营机构以提供流动性为目的，为大宗交易、私募产品、场外交易等金融产品开展做市等交易服务。支持证券经营机构采用多种方式为客户提供融资服务，拓宽投行功能，拓宽投资范围	第二条　支持证券经营机构拓展投资融资、销售交易、资产托管等基础功能，进行销售交易类产品创新，满足客户对非标准化产品的需求

· 471 ·

续表

	中国证券业发展规划纲要（2014—2020）（讨论稿）（简称行业规划）	关于进一步推进证券经营机构创新发展的意见（简称券商创新15条）
融资渠道	[第三节 支持创新 提升行业核心竞争力] 拓宽证券经营机构融资渠道。拓宽证券经营机构长期稳定资金来源，支持证券经营机构进行股权融资或利用债券市场、增强证券经营机构参与金融机构同业拆借的便利性并延长融资期限。积极发展证券业机构间市场，建立和完善行业流动性资金补充机制	第三条 拓宽融资渠道。支持证券经营机构进行股权和债权融资，在境内外发行上市，在全国中小企业股份转让系统挂牌，发行优先股、公司债，开展并购重组。鼓励证券经营机构探索新的融资渠道和新型融资工具。支持证券经营机构开展收益凭证业务试点
融资类业务创新	[第三节 支持创新 提升行业核心竞争力] 支持证券经营机构业务及产品创新。支持证券经营机构以提升行业竞争力为目标开展融资类业务、资产证券化、固定收益、衍生品交易等多种业务，推动证券经营机构场外业务规范发展，以客户需求为导向创新设产品，发展和创新多元化的投融资工具，研究推出挂钩多种标的的结构化产品和金融衍生产品，打造完善的金融产品供应链，形成跨市场、跨品种的业务能力	第八条 支持融资类业务创新。完善融资融券业务相关规则，扩大融资融券与转融通业务的资金和证券来源，开展约定购回、质押回购等融资担保型业务创新，扩展约定购回、股票质押回购出资范围
业务转型升级	[第三节 支持创新 提升行业核心竞争力] 推动传统业务转型升级。推动证券经纪业务从简单的通道中介销业务向财富管理模式转型，推动投资银行承销商业务创新，支持证券经营机构完善新股发行承销业务内部控制，加强对网下投资者和承销配售机构的自律管理。进一步规范发展资产管理业务，提高主动资产管理能力，建立以客户为中心，以市场需求为导向的产品创新机制	

新业务试点申请，以确保业务创新发展与公司抗风险能力的动态平衡。

2014年9月中国证券业协会发布了《证券公司资本补充指引》，要求各证券公司于2014年12月31日前向协会报送切实可行的未来三年资本补充规划。2014年11月初，协会发布《关于证券公司报送资本补充规划有关工作的通知》，进一步明确了资本补充规划的内容及报送要求。资本补充规划的内容包括但不限于：①公司的资本政策、内部资本充足目标；②规划期内预计的资本占用和资本需求；③资本补充触发条件；④资本补充工具和资本补充渠道的可行性分析；⑤对公司资本充足性和资本质量可能产生重大负面影响的因素，资本规划应该涵盖未来三年。

据中国证券业协会的初步分析：从规划内容和质量来看，行业内仅有26家公司的资本规划报告包含了《关于证券公司报送资本补充规划有关工作的通知》中要求的全部内容，且各家证券公司对资本管理和资本补充的认识存在较大差异，资本管理水平参差不齐，资本补充规划报告质量总体不高。经初步统计，未来三年全行业预计补充资本12978亿元，其中，2015年补充4051亿元，2016年补充2503亿元，2017年补充6424亿元。大多数公司选择增资扩股、发行长期次级债、利润留存、挂牌或上市和股东增资的方式进行资本补充。总体来看，行业对资本管理和补足的认识不足、重视程度不够，资本管理和补足机制尚处于起步阶段，能力和水平仍需要进一步提高。此外，行业资本补充渠道限制仍然较多是当前存在的主要问题。

（二）创新发展对证券公司的影响

1. 业务创新发展加快证券公司向现代投行转型

近三年来，证券行业创新发展取得诸多积极成果。第一，资本市场金融产品大大丰富。截至2015年5月26日，新三板挂牌企业达2465家；公司债审批加快，存量规模从两年前的3500亿元增至7740亿元；中小企业私募债从无到有，发行数量超过600只；期货产品持续扩容，推出了白银、焦炭、国债、上证50和中证500股指期货等新品种；资产证券化发展加速，新增5000亿元信贷资产证券化试点规模；REITS开始起航；优先股推出试点。第二，证券公司业务范围进一步放开。经纪业务零售网点可经营总部授权的各项业务；集合资产管理可采取分层、对冲等结构化设计；直投基金、并购基金等推出，并得到迅速发展；自有资金运用范围扩大，投资子公司可投资各类复杂金融产品，股票质押融资、股票收益互换等成为重要盈利点。第三，证券公司的基础功能逐渐恢复。支付功能获得突破，多家公司获得消费支付试点；托管功能获得部分恢复，证券公司获准托管基金和资产管理的资产；交易功能增强，证券公司自建柜台交易市场获批试点，并多方参股地方股权交易市场。种种迹象表明，业务创新发展加快了证券公司向现代投行转型，尽快走上国际投行发展之轨道，与国际投行并肩，加大我国在国际投行业的话语权。

2. 创新发展法规制度为证券公司创新发展保驾护航

2014年5月9日，国务院印发《关于进一步促进资本市场健康发展的若干意见》，提出了进一步促进资本市场健康发展的总体要求和具体任务，称为"新国九条"。"新国九条"提出，推动证券经营机构创新发展。这实际上在国家层面进一步肯定了证券公司改革创新的根本方向，为行业创新提供了坚实的保障。"新国九条"提出，积极稳妥推进股票发行注册制改革，这就为鼓励创新发展创造了有利的条件和政策环境。

为落实"新国九条",支持证券公司创新发展,证监会及证券业协会发布了《关于进一步推进证券经营机构创新发展的意见》《关于鼓励证券公司进一步补充资本的通知》《证券公司资本补充指引》等一系列的文件,指导、引导与支持证券公司的创新发展,取得了一定的积极效果。

外部有利的政策因素为证券公司创新发展提供了良好保障,创新发展已经成为证券公司持续发展的一种新常态。

(三) 创新发展对证券公司资本管理的挑战

1. 重资本等创新业务的发展对证券公司资本管理提出要求

对应国际投行业务创新发展历程,我国证券公司正处于其20世纪70~80年代期间以重资本业务大幅兴起为特征的现代混业模式阶段,该阶段最典型的特征是重资本业务发展迅猛,进入重资本业务经营时代,在激烈的竞争中是否能胜出,拼的是资本。拥有雄厚资本的证券公司,能够根据融资融券等重资本业务的发展,及时配置适当规模资金,进而促进其发展,给公司带来丰厚的回报;没有足够资本储备的证券公司,就不能有效开展重资本业务,在新时代的竞争中必然被淘汰。因此,重资本等创新业务的大发展对证券公司资本管理提出挑战,考验着证券公司资本管理水平和能力,建立资本管理与补足机制将是大势所趋。

2. 证券公司杠杆率大幅提升,对证券公司拓宽融资渠道、提升流动性管理水平提出挑战

法律法规限制是制约证券行业创新的重要阻碍,因此,证券公司的创新发展对融资渠道的拓展提出了挑战。如前文所述,证监会已经取消证券公司股权融资的诸多限制;针对债务融资,现行制度仍存在一些限制性规定,如表6所示。

在业务创新层出不穷、流动性管理难度不断增大的背景下,证券行业对证券公司的流动性管理水平提出更高的要求。流动性风险具有全局性、突发性,管理流动性风险需要更加独立、专业的机构,能够充分利用流动性风险管理工具进行定量与定性分析,及时制定出有效的流动性风险管理政策与措施,提高流动性管理水平。

三、基于创新发展的我国证券公司业务发展及资本管理

(一) 我国证券公司业务创新发展历程

中国证券公司的发展远远落后于国际投行,2012年创新大会之前的发展主要集中于传统经纪业务和投行业务,相当于美国投行20世纪70年代佣金自由化之前的发展时期,主要收入集中于传统佣金业务收入,券商核心竞争能力缺乏,同质化竞争严重。虽然以中信证券为代表的国内大券商一直致力于向国际大投行迈进,努力将业务范围从传统中介向重资本业务扩展,但直到2012年监管鼓励创新政策推动才取得明显改观。

从总体上来看,中国证券公司业务变迁主要经历了三个阶段:第一,1987~2001年以传统经纪业务为主的初步发展壮大阶段;第二,2001~2011年间以传统经纪业务和投行业务为主的综合治理及规范发展阶段;第三,2012年以来大力发展重资本业务的创新发展阶段。详细情况见表7。

表 6 证券行业债务融资工具融资额限制

融资期限	融资方式	期限	发行最高规模占比净资产	主管机构	规模要求	法规
短期债务	同业拆借	7天	58%	人民银行	证券公司的最高拆入限额和最高拆出限额均不超过该机构净资本的80%	《同业拆借业务管理办法》
短期债务	短期融资券	3个月	43%	人民银行	证券公司发行短期融资券支行余额管理，待偿还短期融资券余额不超过净资本的60%	《证券公司短期融资券管理办法》
短期债务	卖出回购	不超过1年	26%	人民银行	债券回购资金余额不超过实收资本的80%	《证券公司进入银行间同业市场管理规定》
短期债务	短期公司债	1年	43%	证监会	余额不得超过净资本的60%	《证券公司短期公司债券试点办法》
中期债务	收益凭证	1~10年	43%	证监会	发行余额不得超过一期期末净资产额的40%	《证券公司开展受益凭证业务规范》
中期债务	公司债	1~3年	40%	证监会	公司债券余额不超过最近一期期末净资产额的40%	《公司债券发行试点办法》
长期债务	次级债		51%	证监会	长期次级债可按一定比例计入净资本，到期期限在3年、2年、1年以上的，原则上分别按100%、70%、50%的比例计入净资本，长期次级债计入资本的数额不得超过净资本（不含长期次级债累计计入净资本）数额的50%	《证券公司次级债管理规定》

表7 中国证券公司业务变迁三个阶段

阶段	时期	特点及标志性事件
1. 以传统经纪业务为主的初步发展及壮大阶段	1987~2001年	(1) 我国第一家证券公司——深圳经济特区证券公司成立。1987年9月，深圳经济特区证券公司成立，这是我国成立的第一家证券公司，这为股票交易市场奠定了基础。该阶段，证券公司实现了从无到有、规模从小到大、业务种类从单一经纪业务到涵盖经纪、自营及承销多元化业务的巨变。 (2) 兼营模式。1995年之前商业银行可兼营证券业务，这一阶段证券业处于发展初期，证券承销、证券自营、债券交易等业务刚刚起步，证券公司主要经营各类债券，其中所占比例由大到小依次是国债、企业债和金融债，股票交易量极小。 (3) 分业经营模式。1995年之后实行分业经营模式，证券市场规模快速发展，股票总市值大幅攀升，但是仍远小于银行业规模。国内券商虽然有创新业务零星出现，但仍然以交易佣金为主要收入来源，一些行业领头者开始参与创新业务探索
2. 以传统经纪业务和投行业务为主的综合治理及规范发展阶段	2002~2011年	(1) 券商艰难经营。从2001年开始连续4年，市场行情低迷，证券公司经营困难，有60多家券商被关闭、撤销、托管、重组等。 (2) 对券商的综合治理与整顿。2005年颁布修订后的《证券法》《公司法》，2007年又正式颁布实施了《证券公司监督管理条例》《证券公司风险处置条例》，进一步规范了金融市场。经过几年对券商的综合治理及整顿，监管法规体系逐步完善。 (3) 承销业务收入大幅增长。券商一系列的破产重组，监管法规体系的完善，加上2006年股票迎来的一波大牛市，较大程度上促进了券商承销业务的较快发展，行业传统经纪业务和承销业务收入均有大幅增长
3. 重资本业务快速发展的创新发展阶段	2012年至今	(1) 创新大会促进重资本业务发展。2012年创新大会召开，国内证券公司不断增加创新业务类型，以融资融券为代表的重资本业务发展迅速，标志着资产负债经营时代的来临。 (2) 互联网金融对券商的冲击，促进重资本业务发展。2014年互联网金融显著冲击券商经纪业务，行业佣金大幅下降，倒逼券商纷纷向重资本业务转型。2015年6月18日，融资融券业务余额已逼近2.3万亿元大关，股票质押回购业务、约定购回业务也快速增长。 (3) 券商融资渠道拓宽与业务范围扩大。证券公司资金需求增加，负债融资渠道逐步拓宽，证券行业业务范围已经从场内业务延伸到场外业务、从筹资业务发展到投资业务、从公募变化到私募、从最初的融资到兼顾风险管理、从分业经营转变到交叉经营，开始进入新的发展阶段，此阶段类似于国际投行1977年佣金自由化之后重资本业务大幅兴起的发展初期

(二) 基于创新发展的中信证券资本管理现状及经验借鉴

中信证券近年来一直致力于率先发展各项创新业务，重资本业务收入占比在业内遥遥领先，力争向高盛等国际投行看齐，收入和净利润一直稳居行业冠军宝座，是行业内的发展楷模，因此，本研究选取中信证券为国内券商的典型，分析其资本管理现状，并总结其资本管理经验。

1. 中信证券业务简介

中信证券业务主要包括两类：一是传统中介型业务，以证券经纪业务、投资银行业务、资产管理业务等为主；二是资本及重资本型业务，以投资业务和交易业务为主。

(1) 传统中介型业务。①证券经纪业务主要包括证券及期货经纪业务、代销金融产品，该业务同质性较高，业务收入的多寡更多依赖于行业交易行情，近三年行业整体经纪业务收入占比高达40%以上，中信证券几年来积极致力于深化经纪业务转型，2014年经纪业务收入占比为30.26%,低于行业平均10.06个百分点。②投资银行业务主要包括股权融资、债券及结构化融资和为国内外各类企业及其他机构客户提供融资及财务顾问服务,2014年收入占比为11.89%。③资产管理业务主要是为国内外客户提供资产管理服务及产品,已经开展的资产管理业务包括集合资产管理、定向资产管理、转向资产管理、基金管理及其他投资账户管理,2014年其收入占比为14.72%。

(2) 资本及重资本型业务。①投资业务主要包括私募股权投资、战略本金投资及其他业务,2014年该业务收入占比为2.15%。②交易业务主要从事权益产品、固定收益产品、衍生品的交易及做市、融资融券业务、另类投资和大宗交易业务,类似于高盛的机构客户服务业务,2014年该业务收入[1]占比为38.20%。

中信证券近三年收入构成情况如表8所示。

表8 中信证券近三年收入结构

单位:亿元人民币

主要收入项目	2014年		2013年		2012年	
	金额	占比(%)	金额	占比(%)	金额	占比(%)
手续费及佣金净收入	171.16	58.62	96.38	59.81	62.89	53.78
经纪业务手续费净收入	88.34	30.26	56.34	34.96	29.62	25.33
投资银行业务手续费净收入	34.72	11.89	21.20	13.15	26.45	22.62
资产管理业务手续费净收入	42.98	14.72	13.60	8.44	2.33	1.99
利息净收入(损失以负号列示)	9.50	3.25	8.29	5.15	12.24	10.47
投资收益(含公允价值变动)	108.33	37.10	54.71	33.95	40.80	34.89
其中:对联营和合营企业的投资	6.29	2.15	2.11	1.31	4.32	3.70
其他收入	2.97	1.02	1.77	1.10	1.00	0.86
营业收入	291.98	100.0	161.15	100.0	116.94	100.0

资料来源:Wind数据库。

2. 中信证券资本管理分析

(1) 资产配置项目情况。从业务角度来看,考虑到客户资产不允许券商使用,此处只分析自有资产的配置。我国证券公司的自有资产主要配置于客户融资和投资自营两方面。就中信证券而言,2014年底自有资产达到3778亿元人民币,自有资产配置情况呈现以下特点:①用于融资融券等类贷款业务的融出资金及买入返售金融资产规模为1170亿元人民币,占自有资产的30.97%,是所有者权益的1.16倍;②用于自营的金融资产规模(含长期股权投资)1865亿元人民币,占自有资产的49.36%,是所有者权益的1.84倍;③两者合计占自有资产的比例为80.33%,贡献杠杆率仅为3倍;④除此之外,现金及现金类等价物作为现金超额储备,占据自有资产的9.61%,剩余10%左右为运营性资产。近三年资产配置具体情况如表9所示。

---

[1] 该业务收入包含剔除对联营和合营企业投资后的投资收益、融资融券业务产生的利息净收入。

表 9　中信证券近三年资产配置项目情况

单位：亿元人民币

资产配置项目	2014 年 金额	占比（%）	2013 年 金额	占比（%）	2012 年 金额	占比（%）
客户资产	1018.46	21.23	452.57	16.68	349.83	20.76
自有资产	3777.80	78.77	2260.97	83.32	1335.25	79.24
总资产	4796.26	100.00	2713.54	100.00	1685.08	100.00
自有资产细分						
融出资金及买入返售金融资产	1169.98	30.97	563.94	24.94	102.17	7.65
金融资产	1864.82	49.36	1168.24	51.67	872.96	65.38
其中：长期股权投资	39.62	1.05	146.51	6.48	184.82	13.84
现金类资产	363.15	9.61	235.77	10.43	255.23	19.11
运营性资产	340.23	9.01	293.02	12.96	104.89	7.86
自有资产合计	3777.80	100.00	2260.97	100.00	1335.25	100.00

资料来源：Wind 数据库。

（2）资金来源项目情况。再分析中信证券的资金来源情况，考虑到客户负债不允许券商使用，在此只分析剔除客户负债后的自有负债情况。根据其 2014 年年报，中信证券自有负债来源为卖出回购等业务形成的业务性负债、发行债券及借款等债务性负债、固定资产等运营性负债，占比分别为自有负债的 58.31%、28.87%、12.82%。其中，业务性负债和债务性负债中长期负债只有 16.43%。近三年资金来源情况如表 10 所示。

表 10　中信证券近三年资金来源项目情况

单位：亿元人民币

资金来源项目	2014 年 金额	占比（%）	2013 年 金额	占比（%）	2012 年 金额	占比（%）
客户负债	1018.46	21.23	452.57	16.68	349.83	20.76
非客户负债	2766.49	57.68	1366.95	50.38	468.41	27.80
净资产	1011.31	21.09	894.02	32.95	866.84	51.44
合计	4796.26	100.00	2713.54	100.00	1685.08	100.00
非客户负债细分						
业务性负债	1613.18	58.31	763.14	55.83	226.99	48.46
其中：卖出回购业务负债	1249.14	45.15	557.04	40.75	220.44	47.06
交易性金融负债	310.65	11.23	192.83	14.11	0.19	0.04
衍生金融负债	53.39	1.93	13.26	0.97	6.36	1.36
债务性负债	798.81	28.87	459.77	33.64	181.91	38.83
其中：短期借款	46.51	1.68	25.25	1.85	7.91	1.69
拆入资金	117.51	4.25	47.10	3.45	29.00	6.19
应付短期融资款	179.98	6.51	119.98	8.78	130.00	27.75
应付债券	431.67	15.60	261.77	19.15	15.00	3.20
长期借款	23.14	0.83	5.67	0.41	0.00	0.00
运营性负债	354.50	12.82	144.04	10.54	59.51	12.71
小计	2766.49	100.00	1366.95	100.00	468.41	100.00

资料来源：Wind 数据库。

（3）资产配置与资金来源项目匹配情况。①自有资产经营杠杆偏低。中信证券2014年底杠杆率为4.74倍，其中不考虑客户资产和客户负债的自有资产经营杠杆为3.74倍，不足高盛的1/2。国内券商之所以低杠杆经营，主要原因在于类贷款和做市业务等风险较低且资金消耗型业务发展过于缓慢，同时负债融资工具管制较严。②资金来源与资产配置之间存在期限错配现象。从2014年资金来源和资产配置的期限来看，中信证券负债融资渠道主要是短期负债，长期负债只有不到455亿元，加上净资产1011亿元，合计只有1466亿元；而具有不确定期限的业务用资包括类贷款业务资产1170亿元、金融资产中的可供出售金融资产488亿元、长期股权投资40亿元以及固定资产等运营性资产340亿元，合计2038亿元；短期负债与长期占用之间存在小额期限错配现象。

3. 中信证券资本管理经验借鉴

（1）中信证券的资本管理情况。中信证券的资本管理有两个突出特点：一是通过提取资产端的特征，来安排负债端的融资期限和融资结构；二是通过客户渠道维护来增加流动性应急手段。中信证券成立了一个资产负债的管理组，下设几个管理小组，每个管理小组有一位客户经理，每一位客户经理对应一个业务线，客户经理对其对应业务线的套利情况了如指掌，这样才能更好地实现与负债端匹配。在掌握好资产端特征的基础上，还要做好负债融资渠道的匹配，包括所有的拆借交易和回购交易以及货币市场及中长期债务的融资，同时还要设置应急性流动管理渠道，尤其是维护好银行间货币市场的客户渠道，以便抵御外部的冲击。

2011年之后，中信证券对流动性管理的职责有了比较明确的认识，开始丰富流动性管理的相关内容，建立了资金管理预约和流动性管理系统。在流动性管理系统中，任何一个部门要使用资金均要进行预约，经同意后才能进行资金的使用，而且公司会根据资金的流出情况对未来的资金进行粗略的模型预测。

（2）中信证券的流动性管理经验。中信证券在流动性管理方面积累了比较丰富的经验，为证券行业提供了有益借鉴。中信证券流动性管理方法包括流动性资源储备池、流动性风险监控计量、资金内部转移定价和流动性应急管理四个方面。

第一，设立流动性储备池进行流动性组合管理。中信证券的资金管理部门设立了三个小组——权益投资小组、资产负债小组与流动性管理小组，三个小组各有专攻。流动性管理小组负责公司流动性管理工作。中信证券从2011年开始设立了流动性储备池，即用一个很严格的标准把债券买到储备池中，并且尽量使债券的到期期限可以和大额支出能够相匹配。具体操作时，不但关注这些债券的评级和股东情况，还对这些流动性债券进行评分，根据整个市场的偏好，包括整个市场的对价情况，把每一只债券每天的交易情况进行打分，同时满足一定分数标准的债券才可以进入流动性储备池，不允许有城投债，对股东背景有严格的要求，对债券在市场上的成交笔数有很严格的限定，建立了100亿~200亿元，最高达300亿元的流动性组合，由小组专员来共同管理这个组合。同时，所有的货币性市场融资都在这个专业小组里面做，通过这种方式，真正建立起了一个流动性组合的概念，既可融资，又可通过组合来匹配一些到期负债。此外，还有一个小组是做资本管理的服务工作，该小组对于公司业务线使用资金的特征较为了解，通过提取每个业务线用钱的特征去做业务线资金使用情况的冲击测试，冲击的规模会决定流动性组合的规模。流动性储备池具有很强的独立运营性，通过拓展外部法人透支渠道和综合使用短期融资工具等办法来进行主动性、前瞻性的流动性组合管理。

第二，严格流动性风险监控计量。流动性风险监控计量需要与风险管理部门密切配合，协助计量流动性覆盖率和计量多口径的资金缺口，并且完善流动性风险计量体系。在整个流动性管理方面，要求自上而下明确职责、合理分工，由专业的业务部门牵头，应急状态协同处置。

第三，建立资金内部转移定价机制。中信证券把部门融资均集中到公司层面，当公司资金紧缺时，就给业务部门一个较高报价，鼓励业务部门去外部融资；当公司资金比较充裕时，报价较低，间接地抑制业务部门的融资行为。这种利用价格杠杆方式处理流动性管理问题，需要建立一套资金计价机制，即在市场基准利率的基础上，加上一定的流动性管理点差。流动性管理点差在公司资金充裕时为负数，资金紧张时为正数。在同时把握外部市场和内部冲击的情况下，中信证券有效地引导业务部门进行适当融资，形成了一个资金利率优化的过程。

第四，创新发展流动性应急管理。中信证券在流动性应急管理方面，合理界定应急状态、应急报告路线、应急授权以及应急处置机制。外部冲击和内部冲击的加总冲击，波及顺序是：从备付现金开始，到流动性组合、流动性储备池、外部应急渠道、流动性互动，最后到公司其他资源，此时就达到了流动性的应急状态。应急状态分为一般性流动应急状态和紧急流动性状态两方面。在紧急流动性状态下，业务部门、资金营运部门和风险控制部门就要分三线向总裁汇报事态状况。由于流动性管理具有很强的传导性，在出现第一个信号时就要分析原因，并且必须要考虑可能发生的"黑天鹅"事件，必须进行压力测试，尽可能将风险降低在可控范围内。总之，流动性管理需要建立一个清晰的内部机制，各部门协调统一工作，从而优化流动性管理过程。

第三章　H证券公司资本优化管理研究

证券行业创新发展催生重资本业务迅猛发展，杠杆率不断提升。H证券公司的母公司对资本规划一直高度关注，中国证监会和中国证券业协会于2014年11月13日发布《关于鼓励证券公司进一步补充资本的通知》和《证券公司资本补充指引》，要求各证券公司尽快制定资本规划，于2014年12月31日前，向中国证券业协会报送切实可行的未来三年资本补充规划。H证券公司高度重视资本规划编制工作，及时成立资本规划编制工作组，拟定三年资本规划。

三年资本规划对H证券公司2015~2017年的资本政策、资本目标、业务规模、债务结构、融资安排、风险管理等进行了规划，系统性地为H证券公司开展重资本业务及融资安排提供了较为详细的资本优化管理指导。为保障资本规划的有效实施，不流于形式，H证券公司根据资本规划制订年度资本配置计划和筹资计划，对年度资本优化进行了安排，创造了良好的经济效益。本章在H证券公司制定资本规划的基础上，全面分析诊断H证券公司资本管理的现状，总结提炼资本优化管理的经验，并对2015年6月以来股市大幅波动对H证券公司资本管理的影响进行了深入分析。

一、H证券公司业务发展和资本管理情况概述

（一）H证券公司背景及业务发展情况

1. H证券公司简介

H证券公司是一家全国性综合类上市券商，注册资本83亿元，经营范围包括证券经纪，证券投资咨询，与证券交易、证券投资活动有关的财务顾问，证券承销与保荐，证券自营，融资融券，证券投资基金代销，为期货公司提供中间介绍业务，代销金融产品业务等。

2. H证券公司业务情况

在轻资本业务向重资本业务转型的背景下，H证券公司大力推进业务创新发展，公司为大型上市券商，资本实力较为雄厚，资产配置领域的重点在于发展融资融券、股票质押回购和约定购回式证券交易等具有客户黏性的大交易业务类贷款业务。此外，还鼓励创新业务建设和支持固定收益类业务发展。

H证券公司2014年实现营业收入116.09亿元，同比增长54%，其中证券经纪业务为公司主要收入来源，收入占比达51.15%，2014年实现59.38亿元，同比增长37%。由于H证券公司重资本业务发展较快，2014年公司经纪、重资本业务及自营业务等主要收入均

实现同比增长,其中融资融券佣金业务同比增长128.13%,融资融券利息收入同比增长98.23%,自营业务收入同比增长118.35%。H证券公司2014年主要收入同比增长情况如表11所示。

表11 H证券公司2014年营业收入同比增长情况

单位:亿元人民币

项目	2014年	2013年	增减额	同比增长(%)
营业收入:	116.09	75.28	40.81	54
手续费及佣金净收入	71.24	48.97	22.28	45
证券经纪业务净收入	59.38	43.38	16.01	37
投资银行业务净收入	10.93	4.07	6.86	168
投资咨询业务净收入	0.15	0.17	−0.02	−11
资产管理业务净收入	0.77	1.38	−0.61	−44
其他:	0.02	−0.02	0.04	−200
利息净收入	26.27	18.63	7.65	41
投资收益(含公允变动)	18.39	8.43	9.96	118
其他收入	0.17	0.13	0.04	29

(二) H证券公司资本管理现状

从H证券公司资产负债表左端来看,截至2014年末,剔除727亿元客户资产,H证券公司自有资产达1085亿元,其运用情况如下:第一,融资融券、约定购回、股票质押式回购等重资本业务占用资金659亿元,占比达到61%;第二,股票、债券、各类子公司投资等金融资产占用资金227亿元,占比为21%;第三,房屋、建筑物及电子通信设备等固定资产、交易席位等无形资产、商誉、应收款项等运营性资产占资27亿元,占比为2%;第四,公司自有资金及自有备付金等现金类资产91亿元,占比为8%。可见,重资本业务占用资金比例最大。表12反映了H证券公司截至2014年末的资产配置情况。

从资产负债表右端来看,1085亿元资金来源分布如下:第一,净资产317亿元;第二,非客户负债769亿元,主要包括通过债券质押式回购业务和两融收益权凭证业务等从外部投资者处融来的业务性资金359亿元、通过对外发行短期次级债等方式从外部对手方处融来的债务性资金366亿元、通过应付职工薪酬和应付利息等形成的运营性资金43亿元。表13反映了H证券公司截至2014年末资金来源情况。

H证券公司2014年年末总杠杆率为5.72倍,自有资产杠杆率为3.43倍,均高于中信证券杠杆率水平,[1]但远达不到高盛10倍的水平。对H证券公司而言,资产负债表的左端的资产经营能够带来收入从而产生利润,右端对于融资成本的管控同样能够带来利润。因此,资产负债表的左端和右端均是经营利润的贡献源泉,经营资产负债表的左端和右端同等重要。

---

[1] 根据前文计算可知,中信证券2014年底杠杆率为4.74倍,自有资产杠杆率为3.74倍。

表12 2014年末H证券公司资产配置

单位：亿元人民币

资产配置项目	2014年12月31日 金额	占比(%)	2014年1月1日 金额	占比(%)	增长率(%)	金额差异分析
客户资产	727.03	40	321.13	42	126	客户保证金增加
自有资产	1085.08	60	444.36	58	144	—
总资产	1812.10	100	765.49	100	137	—
自有资产细分						
融出资金及买入返售金融资产	740.63	68	208.38	47	255	—
其中：融出资金	659.19	61	194.26	44	239	融资融券业务规模大幅增加
买入返售金融资产	81.44	7	14.12	3	477	—
其中：约定购回融出资金	1.49	0	10.63	2	-86	约定购回业务规模大幅缩小
股票质押回购融出资金	2.95	0	2.93	1	0	—
其他买入返售资产	77.00	7	0.55	0	13900	其他回购业务规模增加
金融资产	227.08	21	187.86	42	21	—
其中：交易性金融资产	77.06	7	65.27	15	18	交易性债券投资增加
可供出售金融资产	114.75	11	96.31	22	19	主要是债券价格回升带来公允价值调整
长期股权投资	35.27	3	26.25	6	34	投资5亿元成立子公司，增资子公司3.19亿
现金类资产	90.66	8	24.82	6	265	自有资金存款大幅增加，其中公司流动性管理资金为37.84亿元
运营性资产	26.73	2	23.28	5	15	—
自有资产合计	1085.08	100	444.36	100	144	—

表 13　2014 年末 H 证券公司资金来源

单位：亿元人民币

资金来源项目		2014 年 12 月 31 日		2014 年 1 月 1 日		增长率（%）	金额差异分析
		金额	占比（%）	金额	占比（%）		
客户负债		727.03	40	321.13	42	126	客户保证金大幅增加
非客户负债		768.50	42	168.92	22	355	天天利规模增加，公司债、次级债、两融收益凭证增发
净资产		316.58	17	275.42	36	15	主要是净利润增加
合计		1812.10	100	765.49	100	137	—
非客户负债细分							
业务性负债		359.02	47	97.97	58	266	天天利及两融收益凭证规模大幅增加
其中：卖出回购负债		358.77	47	97.88	58	267	—
其中：债券质押式报价回购		87.96	11	60.96	36	44	天天利产品规模扩大
两融收益权凭证		249.50	32	20.90	12	1094	两融收益权凭证大幅增长
其他质押回购		21.30	3	16.04	9	33	其他质押回购规模扩大
衍生金融负债		0.26	0	0.09	0	200	衍生工具—股票收益互换（金杠杆）—公允价值变动
债务性负债		366.30	48	47.19	28	676	转融通及短期次级债增加
其中：拆入资金		11.00	1	3.19	2	245	—
其中：转融通融入		11.00	1	0	0	NA	转融通拆入资金增加
应付公司债		66.00	9	0	0	NA	公司债增加
应付次级债		229.90	30	44.00	26	423	次级债增加
其中：短期次级债		61.60	8	44.00	26	40	—
长期次级债		173.80	23	0	0	NA	—
收益凭证		59.40	8	0	0	NA	两融收益凭证发行融资
营运性负债		43.18	6	23.85	14	81	应付股利减少，应付职工薪酬及预提费用等增加
小计		768.50	100	168.92	100	355	—
杠杆率指标							
总资产杠杆率		5.72		2.78		105.95	（=总资产/净资产）
自有资产杠杆率		3.43		1.61		112.45	（=自有资产/净资产）

（三）H 证券公司资本管理存在的主要问题

1. 随着重资本业务快速发展，资本需求较大

公司融资融券等重资本业务快速发展，352 亿元的上限已制约了该业务的发展。随着公司质押贷款、新三板做市等业务的进一步发展，公司资本缺口较大。若相关业务同时发展到承诺性资金配置规模，且不考虑期间内现金流入情况，则资金缺口为 46.18 亿元，若发展到最大规模，则资金缺口为 195.43 亿元。

2. 负债的期限结构存在长短期不匹配、资金错配的问题

尽管在日常资金管理中，H 证券公司实时监控并补充资金缺口，在确保资金安全性的基础上，最大限度地满足了业务资金的需求，但是目前公司融资负债的期限结构上确实存在长短期不匹配、资金过度错配的问题，如公司缺乏长期债务融资工具，债务融资期限均为 1 年期以内。公司流动性指标净稳定资金率（NFSR）2014 年 9 月末已经降为 110.65%，经测算，若不考虑其他因素，9 月末 NFSR 达到 100% 时的融资规模为 228 亿元，即按照公司目前资本实力，融资规模扩张空间不足 30 亿元，如融资融券业务持续发展下去将面临流动性风险管理指标不达标的问题。H 证券公司迫切需要通过长期融资方式补充净资本，例如股权融资和发行长期次级债等。

3. 融资渠道受限，需进一步拓展

受央行窗口指导意见所限，H 证券公司在同业拆借市场获得授信难度大，拆入资金期限短，且在资金市场紧张时几乎无法拆入，用于弥补短期资金缺口的作用大受影响。在银行间市场发行短期融资券最长期限不得超过 91 天，额度不超过净资本的 60%，仅能用于一定规模的超短期融资。虽然 H 证券公司能通过发行公司债券、次级债券获取 1 年以上中长期融资，但发行上述债券受发行额度限制，且审批期限较长，无法根据业务需要及时补充资金，客观上造成 H 证券公司目前主要依赖短期融资，加深了期限错配程度。

4. 资本管理组织架构有待完善

由于重资本业务近两年才得以快速发展，H 证券公司资本管理组织架构未及时进行相应调整，有待进一步优化完善。H 证券公司尚未建立统一的资本管理部门，资本管理职能分散于公司战略、财务、风险管理和债券融资等相关部门，资本管理跨部门协调难度较大，人员配备不足，资本管理责任主体不清晰，不能有效调动相关部门积极性，资本管理的主动性需要进一步提升。

二、资本优化管理模型构建思路

（一）双轮驱动模型构建

借鉴国际投行资本管理经验，并结合公司资本管理实际情况，H 证券公司提出了"业务驱动资产配置，资产配置驱动融资安排"的双轮驱动模型，如图 2 所示。

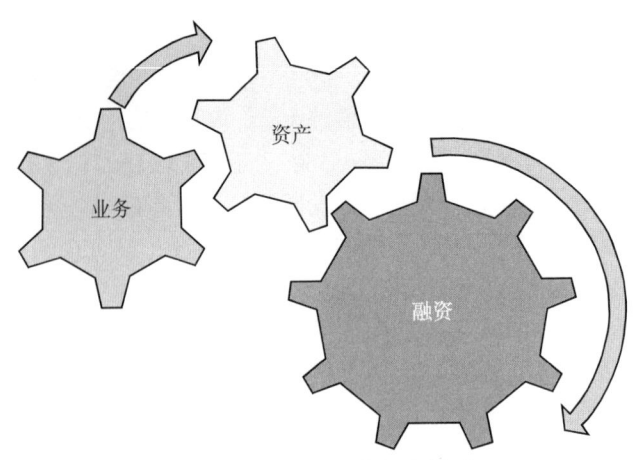

图 2 资本管理双轮驱动模型

双轮驱动模型是 H 证券公司资本优化管理的基本思路，具体而言：

（1）根据行业业务未来发展规模和公司市场占有率，预测 H 证券公司各业务发展规模，然后结合公司发展战略与资本规划要求，对各业务配置足够的资产，做好业务预算与财务预算。

（2）针对资产规模增长需求决定公司资产配置，做好融资渠道分析与选择、融资决策，合理确定资金来源。

（3）在全面统筹资产管理、负债管理与资产负债综合管理的基础上，提升流动性管理，做好流动性应急预案，防范流动性风险。

同时，H 证券公司进行内部资本充足评估程序，通过建立审慎和前瞻性的压力测试，测算和评估不同压力情景下的流动性覆盖率、净稳定资金率和风险覆盖率等，满足监管和风控指标要求。

（二）资本管理目标

H 证券公司的资本政策是：保持公司资本规模与行业市场地位相匹配，坚持财务稳健原则，按照业务发展需求决定资产规模、资产规模驱动融资、融资增长提升经营杠杆率的逻辑管理资产负债表，确保公司业务发展与抗风险能力的动态平衡。在资本政策的指引下，H 证券公司制定了其资本管理目标，即在风险控制指标达标的前提下，追求股东回报率最大化。

1. 风险控制指标达标

根据中国证监会证券基金机构监管部部函〔2014〕1352 号《关于鼓励证券公司进一步补充资本的通知》，要求证券公司确保业务创新发展与公司抗风险能力的动态平衡，对于资本实力不足、风险覆盖率低于 200% 或者流动性风险监管指标低于 120%（2015 年 6 月 30 日前低于 100%）的证券公司，杠杆倍数不得超过 5 倍。根据监管部门要求，H 证券公司确定了三个资本管理风险控制目标：风险覆盖率（净资本/风险资本准备）、流动性覆盖率及净稳定资金率。公司资本实力与综合实力相匹配，做好资本配置和债务融资安排，风险覆盖率目标是不低于 200%，流动性覆盖率不低于 120%，净稳定资金率不低于 120%。公司杠杆率目标与行业平均水平同步，由目前 2 倍左右逐步提高到 2017 年的 4.4~5 倍。当资本充足目标持续下降或存在潜在大幅下降因素时，公司可根据市场条件酌情适时启动融资计划，以保障资本充足水平。如果监管部门松绑5倍杠杆率上限，公司将同步调整杠杆率水平。

2. 股东回报率最大化

作为上市公司，H证券公司资本优化管理的直接目标是提高股东回报率，在风险控制指标达标的前提下最大限度为股东创造价值。H证券公司在资产配置时，优先考虑将资本配置到经风险调整后的投资回报率较高的业务条线；在融资安排时，优先考虑采取融资成本较低的融资工具，多方式、多渠道增加股东价值。

H证券公司在资本优化管理实践中，综合考虑上述要素，在风险控制指标达标的前提，追求股东回报率最大化。具体实现方式是，H证券公司编制三年资本规划，根据三年资本规划拟订年度资本配置计划和融资计划，做好年度资本优化安排。三年资本规划的编制思路是根据资本管理目标和双轮驱动模型，对资产负债表左方资产配置进行优化；然后，对资产负债表右方融资安排进行优化；最后，再进行内部资本充足评估程序，相应调整资产负债表左方和右方结构，以满足监管和风控指标要求，提升股东回报率。

三、业务发展规模和资产配置

按照双轮驱动模型的思路，"业务驱动资产配置"要求对未来行业发展规模与公司业务规模进行预测，并按照业务规模进行资产配置。

（一）未来行业发展及公司业务规模预测

H证券公司预计2015年证券行业资金规模将增长60%，达到2.4万亿元。融资融券业务规模预测以中国台湾资本市场为参考。我国A股市场融资融券的集中信用模式和以散户为主的投资者结构与中国台湾资本市场非常相似，20世纪90年代中国台湾牛市时，台湾融资融券平均交易额占市场交易额的30%，目前，我国A股融资融券交易额占比才20%，参照台湾资本市场水平，H证券公司预计2015年末融资融券余额13000亿元，全年平均余额10000亿元。随着融资融券标的范围扩大和参与融资融券交易客户数量的增长，市场两融余额将持续快速增长，2017年融资融券余额将达到2万亿元。H证券公司预计股票质押回购业务将增长30%，收益互换业务增长60%，则证券公司提供的杠杆资金总量是1.8万亿元。因此，2015年该三块业务规模分布为：融资融券1.3万亿元、股票质押3920亿元、收益互换1120亿元。

预计行业融资融券业务规模将达到1.25万亿~2万亿元，按照H证券公司市场占有率约5.2%测算，预计公司融资融券业务2015年、2016年、2017年末余额分别为825亿元、880亿~990亿元、1100亿~1320亿元。公司根据未来三年行业发展规划和自身业务发展规划，预计年度业务规模区间，2015年、2016年、2017年预计分别为1386亿元、1715亿~1997亿元、2200亿~3163亿元。

(二) 资产配置优化测算与资产配置方向

资产负债表左方，H 证券公司创新性地提出了资产配置规模的优化测算的客户需求导向与风险调整后的资本回报率优先两大原则，并将其应用于资本管理的实践，确定资本配置方向，科学制定资产配置规划，为证券行业资本规划的制定提供有益参考。

1. 客户需求导向原则

客户需求导向原则，指证券公司在为各类业务进行资产配置时，应充分考虑客户需求。H 证券公司以客户为中心，制定了公司五年战略规划。根据战略规划发展要求，公司打造国内领先的资产配置平台，以经纪业务为基础，形成大交易领先地位，以投行业务与资产管理业务为两翼，促进公司业务协同均衡发展（即大交易领先+协同均衡发展），主要资产配置领域以类贷款业务等具有客户黏性的大交易业务为重点，鼓励创新业务建设和支持固定收益类业务发展。

2. 风险调整后的资本回报率原则

风险调整后的资本回报率原则是指在满足客户需求的前提下，应按照风险调整后的资本回报率优先原则进行资产配置，即相同客户需求层次下，应优先将资金配置给绩效考评分数较高的业务。具体而言，证券公司通过实施经济资本管理，了解各种业务的风险分布与风险额度，遵循风险收益相匹配原则，科学调整业务结构与规划业务规模，优先发展风险收益比高的业务。当经济资本接近监管资本之时，需要对公司的整体业务进行战略调整，以满足监管需要。在这一原则的引导下，证券公司可以重点发展收入相对稳定的业务。

3. 资本配置方向

基于资本配置思想的导向，H 证券公司应当重点关注并发展风险调整后的资本回报率较高的业务。在类贷款业务等具有客户黏性的大交易业务中，融资融券业务的资金回报率约为 8.6%，股票质押贷款业务资金回报率约为 9%，固定收益类业务的资金回报率约为 6%，股票自营投资业务的资金回报率约为 8%~12%。经测算，H 证券公司确定了资产配置方向，如图 3 所示。

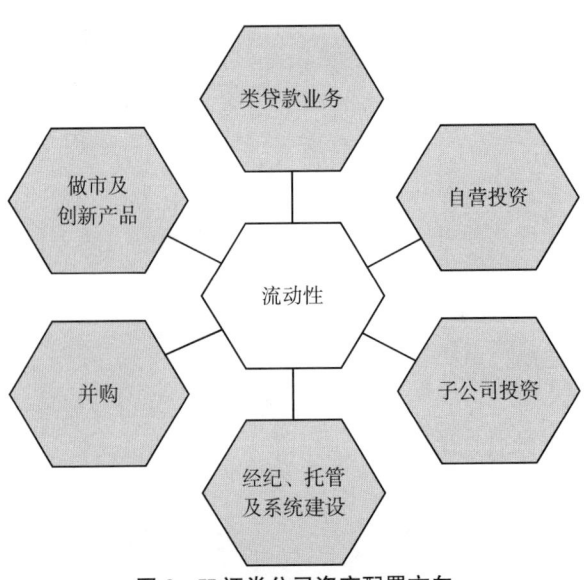

图 3　H 证券公司资产配置方向

（1）重点发展融资融券、股票质押回购和约定购回式证券交易等类贷款业务。

（2）提高资本自营业务规模；提高安全性好、收益较高的固定收益类业务投资规模；适度提高股权投资的规模，在投资二级市场的同时，侧重一级和一级半市场，领域覆盖境内外市场。

（3）扩大做市业务和衍生产品等创新产品的投资规模和范围，开拓包括大宗交易、私募产品、国债期货、利率期货、黄金交易等金融产品，提高公司做市业务资金配置和能力。

（4）条件成熟时设立证券研究子公司和信息技术子公司，适时向子公司增资并向其他金融同业（银行、保险、信托）扩张，逐步建设功能全面的证券金融控股集团。

（5）择机并购证券相关机构及资产。

（6）适度增加经纪业务改造和升级的投资，着力增加资产托管业务投入建设，加强信息技术平台和大数据建设投入。

（7）保持一定的流动性储备。

资产配置规模的优化测算的两大原则是经H证券公司资本规划制定与实施证明了的，因此具有一定科学性，对证券行业资本规划与资本优化管理具有一定指导意义。

（三）资产配置规划

H证券公司遵循以上原则对资本配置进行优化测算，如表14所示。

表14 H证券公司2015~2017年资产配置情况

单位：亿元人民币

项目	2015年	2016年（区间）		2017年（区间）	
一、重资本业务	946	1144	1315	1474	2024
融资融券	825	880	990	1100	1320
股票质押回购和约定购回式证券交易	110	220	264	275	550
投资银行业务用资	6	17	28	44	88
做市业务（含新三板做市）	6	28	33	55	66
二、自营投资	198	330	407	418	781
股票投资	22	28	39	44	55
固定收益投资	160	275	330	330	660
其中：债券质押式报价回购	94	110	110	110	110
债券投资	66	165	220	220	550
衍生品投资（含对冲）	11	17	22	22	33
另类投资	6	11	17	22	33
三、长期股权投资	37	42	44	48	53
A、B、C、D子公司及其他子公司					
四、固化资本	11	11	13	15	15
五、流动性管理及其他创新配置	161	150	178	200	235
六、应收账款	33	39	42	46	55
资本/资产配置合计	1386	1715	1997	2200	3163

可见，融资融券业务、股票质押回购等类贷款等具有客户黏性的大交易业务为重点配置领域。

四、融资安排优化测算

按照双轮驱动模型的思路，"资产配置驱动融资安排"要求针对资产规模增长需求决定公司资产配置，做好融资渠道分析与选择、融资决策，合理确定资金来源，并注重资产配置与资本结构的期限匹配。

（一）融资渠道分析

资产负债表右方，H证券公司提出了融资安排优化测算的融资成本最低和期限匹配两大原则，并将其应用于资本管理的实践，效果较佳。

作为H股上市券商，H证券公司各项业务保持良好发展势头，盈利能力稳步提升，具有畅通的融资渠道，且符合再融资相关规定并具备发行各类融资工具的条件，能够满足未来资本补充的需要。公司融资安排包括内源性资本积累和外源性融资渠道。

内源性资本积累主要指留存利润。外源性融资渠道是指公司通过A股公开发行、大股东注资、引进战略投资者、配股、增发及优先股发行、公司债、可转债、次级债等多种方式补充核心资本和附属资本。内源性资本积累成本较低。H证券公司遵守监管要求，按照税后利润的10%分别先提取法定公积金、一般风险准备金，按照不低于税后利润10%提取交易风险准备金，按照不低于监管部门规定的比例进行分红。预计2015~2017年约有60亿~63亿元的累计留存利润。

外源性资本补充主要有：

（1）A股公开发行上市募集资金。

（2）引入战略投资者，探索员工持股计划和混合所有制。

（3）请求大股东注资。

（4）配股、增发等再融资。研究实施并抓住时机在港交所等多地资本市场进行配股及增发融资。

（5）发行可转债、公司债和次级债券。公司发行上市为提高附属资本补充空间创造了条件，拓宽了次级债券等债务融资渠道。根据监管规定，公司通过发行公司债、次级债券、混合资本债券等方式充实附属资本。

（6）新型资本补充工具等其他方式。公司探索发行新型资本补充工具，如减计债、可转债等，适当调整和更新资本补充的具体计划和目标。

（7）研究国际多地资本市场上市工作，借鉴近年来大型国企在境外多地挂牌上市的成功案例和经验教训，稳妥推进。

（8）研究并在条件成熟时实施期货子公司、香港子公司境外分拆上市。

（9）研究启动海外发债。抓住当前一个时期国际金融市场低位运行及市场利率低企的有利时机，积极准备启动海外发债工作，扩大本地市场的银团贷款规模。

可见，H证券公司具有相对丰富的融资渠道。

（二）融资渠道选择

财务管理理论表明，资本成本本质上是投资者要求的最低报酬率。对于公司而言，股权资本成本（即股权融资成本）实质上是股票投资者要求的最低报酬率。所以，从股权融资成本估算的角度讲，净资产收益率是一个极为核心的参照因素。近年来，H证券公司ROE的平均水平为12.7%，这一数值与其股权融资成本相当，因此，H证券公司的股权融资成本较高。

H证券公司在香港联交所上市，受到上市公司强制分红的制约，不能有效利用大量留存收益来获取内源性融资。

综合而言，H证券公司优先考虑债务融资，但债务融资又受限于监管要求和融资渠道。同时，与股权融资相比，债务融资资本成本较低。

根据前述资产配置规划，如果全部通过债务融资方式融资，公司杠杆率预计将达到7倍，超过目前监管部门5倍上限。因此，H证券公司还需通过股权融资方式补充资本。根据《证券公司资本补充指引》，公司最终决定将中长期债务融资和股权融资共同作为资本补充计划。

债务融资分为中长期债务融资和短期债务融资。首先，就融资成本而言，中长期债务成本一般比短期债务的成本高。这是因为中长期债务的利息率一般要高于短期债务的利息率，否则会出现借入中长期债务、贷出短期债务的套利行为。其次，中长期债务缺少弹性。公司取得中长期债务后，在债务期间内，即使没有资金需求，也不易提前归还，需继续支付利息。中长期债务融资的优点是期限长、压力小，缺点则是融资成本高，故H证券公司适度安排了35%~40%的长期负债。短期债务融资的优点是发行较为容易，融资成本低，缺点则是期限无法达到高度匹配，只能做补充性融资。H证券公司跟进利率市场波动情况，最大限度地降低融资成本，提前做好应对流动性紧张的准备。

根据风控指标的监管要求，H证券公司需要保证一定的抗风险能力和偿债能力，并符合一定的流动性管理要求，从而可以预测中长期负债与负债总额的目标比例，最终进行负债融资的期限匹配。

综上考虑，H证券公司的资金来源安排如表15所示。

表15 证券公司2015~2017年资金来源情况

单位：亿元人民币

项目	2015年	2016年（区间）		2017年（区间）	
一、所有者权益	370	440	462	502	636
二、长期负债	356	446	614	594	1010
其中：长期次级债	207	270	429	392	757
上市公司债	149	176	185	202	255
三、短期债务性负债	506	589	645	827	1021
其中：拆入资金（含转融通）	22	28	33	39	44
短期次级债	66	88	110	132	165
两融收益权转让（含收益权凭证）	275	330	385	440	495
短期融资券	143	143	117	216	317

续表

项目	2015年	2016年（区间）		2017年（区间）	
四、营运性负债（应付工资、税金）	28	33	33	33	33
五、业务性负债	127	207	242	242	462
债券质押式报价回购	83	96	96	96	96
其他质押回购	44	110	146	146	366
衍生金融负债	0	0	0	0	0
自有资产合计	1386	1716	1997	2200	3163

（三）资产配置与资本结构的期限匹配

2012年5月行业创新大会以来，证券行业的重资本业务得以快速发展，证券公司薄弱的资本金与业务资金需求不断增加的矛盾更加凸显，券商普遍面临较大的流动性风险。即使杠杆提高后，公司资金在一定程度上可以得到缓解，但是目前政策范围内的负债融资工具多偏向于短期，缺乏中长期债务融资工具的匹配，而资产管理、股票质押式回购等资本消耗型业务有时需要占用长期资金，因此券商迫切需要中长期负债的有效配置，防止出现短期负债资金与长期资金配置不匹配，造成短钱长用和拆东补西的情况，形成流动性风险隐患。

为此，H证券公司在融资规划和资本配置的决策中，根据公司风险偏好充分考虑负债及权益资金不同的风险性，从而合理安排负债融资渠道，再根据资产组合的期限结构、风险水平进行协调和控制，从而形成有效的风险管理控制机制和成本效益优化机制，具体到业务层面就是合理安排资金的投向和比例，保障资产的流动性、安全性和收益性，使公司资产负债结构达到总量平衡和结构匹配的状态。

五、资本压力测试和评估

（一）压力测试与资本优化

H证券公司压力测试作为内部资本充足评估的重要方法和工具，通过审慎和前瞻性的压力测试，测算和评估不同压力情景下的资本需求和资本可获得性，确保公司具备充足资本应对不利的内外部条件变化。根据压力测试结果，不断优化业务发展规模和资产配置，确保公司制定的资产配置方案和融资方案，留有充足的缓冲，能够应对突然的市场变化，体现公司适中的风险偏好，这一过程是反复试错的过程。压力测试与资本优化的关系如图4所示。

（二）压力测试模型

随着近年来市场资金面的波动加剧、市场流动性持续紧张，以及证券公司资产流动性下降、负债稳定性变弱、负债成本上升、融资渠道和规模相对不足等问题的出现，流动性风险对证券公司整体风险管理和财务稳健产生较大影响。按照审慎性、重要性、实践性原

```
                           优化
        ┌──────────────────┼──────────────────┐
        ↓                  ↓                  ↓
┌─────────────┐   ┌─────────────────┐   ┌──────────┐   ┌──────────┐
│ 资本管理目标 │ → │业务发展规模和资产配置│ → │ 融资安排 │ → │ 压力测试 │
└─────────────┘   └─────────────────┘   └──────────┘   └──────────┘
```

• 根据公司风险偏好，综合考虑公司情况，制定合理的资本管理目标，如风控指标达标和股东回报最大化	• 基于对未来行业发展和公司的市场地位，以客户需求为导向、风险调整后的资金回报率为优先原则，进行业务规划和资产配置	• 分析公司的融资渠道，基于融资成本最低和期限匹配原则，进行合适的融资安排	• 公司将压力测试作为内部资本充足评估的重要方法和工具，通过审慎和前瞻性的压力测试，测算和评估不同压力情景下的资本需求和资本可获得性。确保公司具备充足资本应对不利的内外部条件变化

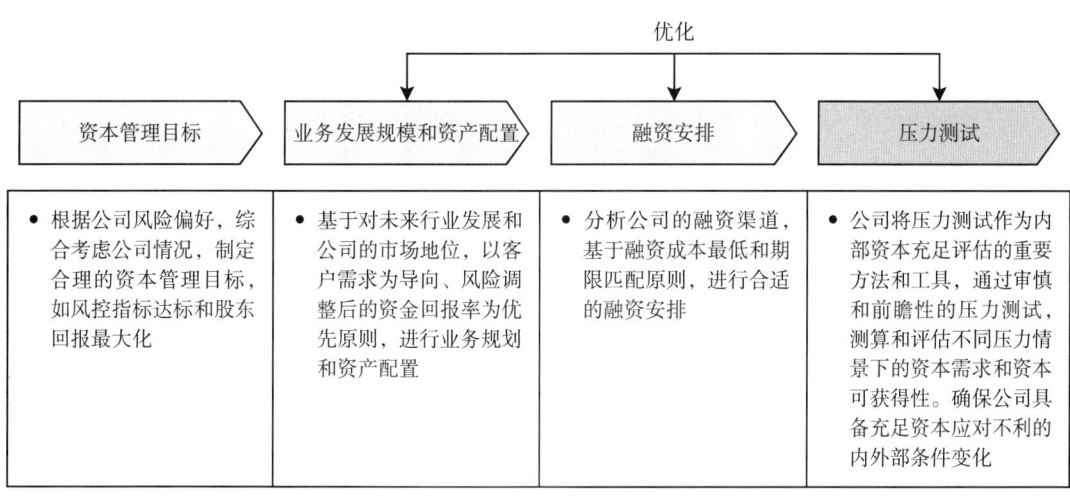

图 4 压力测试与资本优化

则，结合公司的实际情况，主要针对流动性覆盖率、净稳定资金率指标分别设定压力情景，并进行测试；为确保净资本能够覆盖可能面临的风险，还进行风险覆盖率的压力测试。此外，H 证券公司设计了如下的分层压力情景：

第一层：假设未来三年按照预期的资产配置和融资安排开展业务，但当年突然遭遇轻度、中度和重度的流动性风险冲击，通过流动性覆盖率衡量在设定的压力情景下，优质流动性资产能否充分满足短期流动性需要；通过净稳定资金率衡量中长期限的结构性流动性错配情况。

（1）流动性覆盖率的压力情景包括单个证券公司或整个金融市场环境恶化导致证券公司无法获得充足资金或无法以合理成本及时获得充足资金以应对资产增长或支付到期义务的情况，包括但不限于：

第一，外部融资能力下降：市场资金紧张导致的债券回购、债券发行和转融资等融入资金能力大幅下降，某一事件驱动使市场对证券公司声誉或信用度产生怀疑导致无法融资等。具体风险因子参数设置如"金融债券、地方政府债"在轻度、中度、重度情景下的可融资额分别为业务规模的 98%、97% 和 95%；转融资等融入资金渠道无法进行融资等。

第二，内部流动性需求增加：公司信誉评级下降导致的担保要求增加或现金流出、市场波动导致的抵押物或保证金追加等；公司为降低声誉风险而履行表外承诺等或有事项。具体风险因子参数设置，如"股指期货"对保证金的占用在轻度、中度、重度情景下分别需增加合约价值的 20%、25% 和 35%；债券承销时可能形成的包销金额在轻度、中度、重度情景分别为承诺包销金额的 5%、7% 和 10%。

第三，内部流动性供给减少：市场波动导致债券等证券无法及时合理变现、交易对手或债务人未能履行兑付义务导致的经济损失等。具体风险因子参数设置，如"低等级信用债券"在轻度、中度、重度情景下 30 日内可收回的金额分别为业务规模的 75%、70% 和 60%。

（2）净稳定资金率的压力情景包括因大量信用风险、市场风险或操作风险暴露所造成的清偿力或盈利能力大幅下降；被任何一家全国范围内认可的评级公司调低了债务评级或交易对手评级；某一事件使客户对证券机构声誉或信用度产生怀疑。具体风险因子参数设置，如"一般上市股票"在轻度、中度、重度情景下可能的亏损和变现成本分别为股票市值的50%、60%和70%；发行长期债券等融资形式在未来无法开展等。

流动性覆盖率和净稳定资金率的公式如下：

流动性覆盖率（LCR）=优质流动性资产/未来30日内现金净流出①

净稳定资金率（NSFR）=可用稳定资金/所需稳定资金

流动性覆盖率和净稳定资金率反映了公司资产与负债的流动性风险。

第二层：由于在原定融资计划中，计划中长期债务/负债总额未来三年达到30%、40%和50%的目标，但证券公司在短时间内不易改变短债长用的局面，因此假设中长期债务/负债总额未来仅能达到20%、30%和40%，此时测算在轻度、中度和重度流动性风险压力情景下的流动性覆盖率和净稳定资金率，流动性风险压力情景同上，同时测算风险覆盖率是否能够满足风控要求。

风险覆盖率=净资本/各项风险资本准备之和②

风险覆盖率体现的是由净资本保障的偿债能力。

第三层：假设中长期债务/负债仅能达到20%、30%和40%，且公司IPO上市和定向增发受极度不利影响比预期晚一年，此时测算在轻度、中度和重度流动性风险压力情景下的流动性覆盖率和净稳定资金率，流动性风险压力情景同上，同时测算风险覆盖率是否能够满足风控要求。

（三）优化后压力测试结果

第一层：市场流动性压力情景。假设实际业务按未来三年规划发展，测算在市场流动性轻度、中度和重度压力情景下，流动性覆盖率和净稳定资金率的情况。测算结果显示：

（1）在轻度压力情景下，未来三年的流动性覆盖率分别为121%、121%~123%、121%~125%，净稳定资金率分别为123%、124%~128%、128%~130%；

（2）在中度压力情景下，未来三年的流动性覆盖率分别为104%、105%~106%、104%~108%，净稳定资金率分别为105%、107%~109%、110%~111%；

（3）在重度压力情景下，未来三年的流动性覆盖率分别为86%、86%~87%、86%~89%，净稳定资金率分别为91%、93%~96%、97%~98%。

压力测试结果表明，公司在轻度压力情景下流动性覆盖率和净稳定资金率仍大于120%；在中度压力情景下，三年的流动性覆盖率和净稳定资金率虽然小于120%，仍能满足监管最低要求（100%，下同），但公司面临将证监会和自律组织暂定受理创新业务试点申请的困境；在重度压力情景下，三年的流动性覆盖率和净稳定资金率已不能满足最低监管要求，公司面临流动性危机，需要立即启动资本补充。

第二层：中长期债务融资不利情景。假设中长期债务/负债总额未来三年无法达到30%、40%和50%的目标，仅能达到20%、30%和40%，测算流动性覆盖率、净稳定资金率和风险覆盖率的情况。测算结果显示，未来三年的流动性覆盖率分别为106%、107%~100%、106%~100%，净稳定资金率分别为106%、107%~100%、112%~100%，风险覆盖

---

① 未来30日内现金净流出=现金流出-min（现金流入，75%×现金流出）。
② 净资本为净资产减去金融资产的风险调整、其他资产项目的风险调整分别与某情景下的计算比例的乘积，再加上借入的次级债务与某情景下的计算比例的乘积；而风险资本准备为各类业务的风险资本准备与某情景下的计算比例的乘积。

率分别为746%、754%和606%。

压力测试结果表明，在此情景下，未来三年的流动性覆盖率、净稳定资金率、风险覆盖率仍能满足最低监管要求，但公司将面临证监会和自律组织暂定受理创新业务试点申请的困境。

第三层：中长期债务融资和股权融资双重不利情景。假设中长期债务/负债仅能达到20%、30%和40%，且公司IPO上市和定向增发受极度不利影响比预期晚一年，测算流动性覆盖率、净稳定资金率和风险覆盖率的情况。测算结果显示，未来三年的流动性覆盖率分别为106%、99%~94%、94%~92%，净稳定资金率分别为106%、96%~91%、94%~87%，风险覆盖率分别为746%、829%~794%、818%~656%。

压力测试结果表明，在此情景下，2015年的流动性覆盖率、净稳定资金率、风险覆盖率仍能满足最低监管要求，但2016年与2017年的流动性覆盖率和净稳定资金率已不能满足最低监管要求，公司面临流动性危机，需要立即启动资本补充。

表16列示了三种情景下压力测试的具体情况。

表16　2015~2017年H证券公司三种情景下压力测试结果

指标	监管指标	创新业务指标	第一层：市场流动性压力情景			
			轻度 ($\geq$120%)			
			2015年	2016年（区间）		2017年（区间）	
流动性覆盖率	>100%	<120%	121%	123%	123%	121%	125%
			123%	124%	128%	128%	130%
			中度（应保持在100%以上）				
			2015年	2016年（区间）		2017年（区间）	
			104%	105%	106%	104%	108%
			105%	107%	109%	110%	111%
净稳定资金率	>100%	<120%	重度（应保持在80%以上）				
			2015年	2016年（区间）		2017年（区间）	
			86%	87%	87%	86%	89%
			91%	93%	96%	97%	98%

第二层：中长期债务融资不利情景

指标	监管标准	创新业务限制	2015年	2016年（区间）		2017年（区间）	
流动性覆盖率	>100%	<120%	106%	107%	100%	106%	100%
净稳定资金率	>100%	<120%	106%	107%	100%	112%	100%
风险覆盖率	>100%	<200%	746%	784%	754%	751%	606%

第三层：中长期债务融资和股权融资双重不利情景

指标	监管标准	创新业务限制	2015年	2016年（区间）		2017年（区间）	
流动性覆盖率	>100%	<120%	106%	99%	94%	94%	92%
净稳定资金率	>100%	<120%	106%	96%	91%	94%	87%
风险覆盖率	>100%	<200%	746%	829%	794%	818%	656%

从表16总体情况来看，H证券公司在现有的资本规划下，可以满足未来业务发展对资本的需求，但在重度市场流动性压力情景下需要立即启动资本补充。若不按照现有资本

规划补充资本，可能面临证监会和自律组织暂定受理创新业务试点申请的困境。

六、内涵式与外延式发展融资总体安排

（一）内涵式发展融资总体安排

1. 债务融资

业务发展规模与净资产的差额通过债务融资解决，未来三年通过发行公司债、可转债、次级债券、混合资本债券、减计债等方式充实附属资本。负债总额2015年、2016年、2017年预计分别为1016亿元、1275亿~1535亿元、1697亿~2527亿元。

2. 股权融资

预计2015~2016年，H股闪配及A股实现上市募集资金132亿元；2017年增发普通股110亿元，发行优先股55亿元。由此，净资产规模2015年、2016年、2017年预计分别为370亿元、441亿~462亿元、503亿~636亿元。

3. 经营杠杆率

经营杠杆率预计从2014年的3倍，逐步提升到2015年的3.8倍、2016年的3.9~4.3倍、2017年的4.4~5倍。

（二）并购等外延式发展

目前，H证券公司市场地位行业第七，市值位列上市券商第十。为实现公司综合实力进入行业前三的战略目标，公司需并购一家同等规模或两家中等规模的券商，交易安排可采取增发换股收购等方式，预计资本补充440亿元左右。

公司根据并购对象规模大小，适时选择具体的资本补充计划，暂不具体安排到每个年度。公司通过并购等外延式发展，资本实力（净资产规模）将达到935亿~960亿元，位居行业前三。

七、资本补充触发条件和措施

（一）资本补充触发条件

H证券公司制定了资本补充触发条件，包括但不限于以下内容：

（1）根据目前监管部门要求，公司杠杆率不超过5倍，公司将根据监管要求对杠杆率上限进行调整。当杠杆率达到3.5倍时，启动股权融资计划；当杠杆率达到4倍时，实施股权融资计划。

（2）公司进行内部资本充足评估程序，压力测试结果显示需要启动资本补充，例如公司无法满足资本充足标准的监管要求，风险覆盖率低于200%，净资产/负债低于20%，流动性覆盖率低于120%，净稳定资金比率低于120%。

(3) 公司预期或已经出现重大内部风险状况、重大外部风险和政策变化事件，不启动资本补充将使公司面临危机。

(4) 公司发生流动性危机，根据流动性风险应急计划需要启动资本补充的。

(5) 公司已发行资本工具附有减记或转股条款的，发生减记或转股触发事件。

(二) 资本补充措施

在达到资本补充触发条件时，H 证券公司将采取资本补充措施，包括但不限于以下内容：

(1) 调整业务规模和业务结构。公司通过调整资产负债规模和结构，来降低资本需求，手段包括限制资本占用程度高的业务发展、出售资产组合、资产证券化、债务融资期限分散化、降低业务杠杆并提高优质流动性资产储备等。

(2) 资本工具发行。公司通过向大股东请求增资扩股、引进战略投资者、上市后配股和增发，以及发行优先股、长期次级债务工具、混合资本债务工具等方式，提高资本供给；已发行资本工具附有减记或转股条款的，根据约定或监管规定进行减记或转股。

(3) 调整资本补充期间分红政策，根据需要暂缓、推迟或停止向股东分红。

(三) 资本补充实践

H 证券公司不但制定了上述资本补充触发条件和资本补充措施，而且坚决将其应用于公司资本管理的实践中。H 证券公司 2014 年底杠杆率为 3.43 倍，截至 2015 年 1 月底达到 3.6 倍，突破 3.5 倍门槛，触发上述启动股权融资的条件。基于公司于 2013 年实现 H 股上市的基础，公司在 2015 年初果断决定启动 H 股增发程序。

随着 2015 年上半年市场景气条件下公司融资融券等重资本业务的快速增长，杠杆率一度上升至 4 月末的 4.84 倍，接近公司董事会授权 5 倍上限及 5.17 倍监管预警线，资本补充一度迫在眉睫。

与此同时，经过 4 个多月的奋战，H 证券公司在 2015 年 4 月某日及时完成 H 股增发，使净资产增长 57%，增强了公司资本实力，使杠杆率迅速改善并回落至 3~4 倍区间，如图 5 所示。资本及时补充一方面缓解了公司流动性紧张的状态，大大提升了流动性抗压能力，同时为公司重资本业务的发展打开了广阔空间。

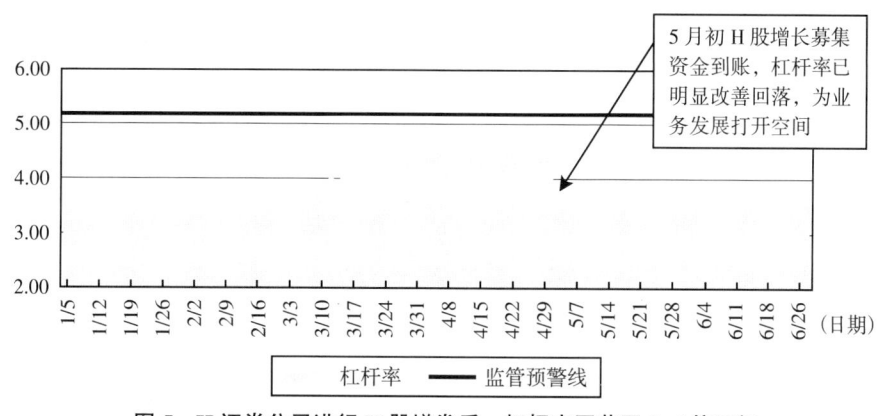

图 5　H 证券公司进行 H 股增发后，杠杆率回落至 3~4 倍区间

八、2015 年中期以来股市大幅波动的挑战

(一) 2015 年中期以来股市大幅波动对 H 公司资产负债的影响

2015 年 6 月 15 日以来,上证综指从最高点 5178.19 跌至 8 月 26 日的最低点 2850.71,跌幅超过 55%,发生了剧烈波动。截至 9 月 30 日,全市场融资融券规模也从 6 月 15 日的 22407.15 亿元降至 9067.09 亿元,降幅将近 60%。在市场剧烈波动的情况之下,H 公司的资产负债表也随之发生了明显变化:重资本型业务规模大幅缩减,融资融券资金的回流带来了流动性的充裕,融出资金占自有资产之比从 6 月末的 66%快速下降到 9 月末的 28%,2015 年 9 月末与 6 月末 H 证券公司资产配置情况如表 17 所示。

表 17 2015 年 9 月末与中期 H 证券公司资产配置对比

单位:亿元人民币

资产配置项目	2015 年 9 月 30 日 金额	占比(%)	2015 年 6 月 30 日 金额	占比(%)	增长率(%)	金额差异分析
客户资产	1423.02	40	1967.06	47	-28	客户保证金大幅减少
自有资产	2133.23	60	2225.32	53	-4	—
总资产	3556.25	100	4192.38	100	-15	—
自有资产细分						
融出资金及买入返售金融资产	612.68	29	1522.20	68	-60	
其中:融出资金	592.55	28	1458.89	66	-59	两融业务规模大幅下降
买入返售金融资产	20.13	1	63.31	3	-68	
其中:约定购回融出资金	0.40	0	3.04	0	-87	约定购回业务规模缩小
股票质押回购融出资金	14.30	1	27.26	1	-48	
其他买入返售资产	5.43	0	33.00	1	-84	其他逆回购业务规模缩小
金融资产	680.57	32	356.69	16	91	
其中:交易性金融资产	227.33	11	171.89	8	32	交易性债券投资增加
可供出售金融资产	417.96	20	149.53	7	180	主要是救市购买大盘蓝筹股规模增加
长期股权投资	35.26	2	35.26	2	0	
现金类资产	783.53	37	310.95	14	152	由于资本中介业务规模大幅缩减,业务资金回流导致自有资金存款大幅增加
运营性资产	56.45	3	35.48	2	59	—
自有资产合计	2133.23	100	2225.32	100	-4	—

从资产负债表右端来看,2015 年 9 月末与 2015 年 6 月末结构变化相对较小,9 月末 2134 亿元资金来源分布如下:第一,净资产 591 亿元;第二,非客户负债 1543 亿元,主要包括通过债券质押式回购业务和两融收益权凭证业务等从外部投资者处融来的业务性资

金502亿元、通过对外发行短期次级债等方式从外部对手方处融来的债务性资金931亿元、通过应付职工薪酬和应付利息等形成的运营性资金110亿元。表18反映了H证券公司截至2015年9月末资金来源情况。

表18 2015年9月末与中期H证券公司资金来源对比

单位：亿元人民币

资金来源项目	2015年9月30日 金额	占比(%)	2015年6月30日 金额	占比(%)	增长率(%)	金额差异分析
客户负债	1423.02	40	1967.06	47	-28	客户保证金大幅减少
非客户负债	1542.64	43	1650.07	39	-7	
净资产	590.57	17	575.23	14	3	主要是净利润增加
合计	3556.25	100	4192.38	100	-15	
非客户负债细分						
业务性负债	501.58	33	519.81	32	-4	
其中：卖出回购负债	500.21	32	518.36	31	-4	—
其中：债券质押式报价回购	114.40	7	83.49	5	37	天天利产品规模扩大
两融收益权凭证	335.78	22	414.98	0	-19	两融收益权转让有所减少
其他质押回购	50.03	3	19.91	0	151	其他质押回购规模扩大
衍生金融负债	1.38	0	1.45	0	-5	衍生工具——股票收益互换（金杠杆）——公允价值变动
债务性负债	931.30	60	1026.54	62	-9	
其中：拆入资金	—	0	11.00	1	-100	
其中：转融通融入		0	11.00	1	NA	
应付公司债	276.10	18	311.26	19	NA	
应付次级债	449.88	29	480.68	29	NA	
其中：短期次级债	—	0	30.80	2	-100	
长期次级债	449.88	29	449.88	27	NA	
收益凭证	205.32	13	223.59	14	NA	
营运性负债	109.78	7	103.75	6	6	应付股利减少、应付职工薪酬及预提费用等增加
小计	1542.64	100	1650.07	100	-7	
杠杆率指标						
总杠杆率1	6.02		7.29		-17.38	(=总资产/净资产)
自有资产杠杆率2	3.61		3.87		-6.63	(=自有资产/净资产)

从以上数据可以看出，H证券公司在经历了2015年6月以来的股市大幅波动之后，其资产结构发生了较大变化，主要表现在重资本业务规模快速下降，相应的融出资金及买入返售金融资产规模缩减明显，同时业务资金回流导致自有资金存款大幅增加。与此同时，负债和权益方的结构变化相对较小，以自有资金提前偿还部分负债存在难度，公司暂时面临资金过剩和融资成本偏高的问题。

在此形势之下，具体分析H证券公司负债的期限结构发现，因大部分负债仍为到期日在1年以内的短期负债，包括两融收益权凭证、部分应付公司债以及收益凭证等，体现了之前制定资本规划时对于资本管理特别是负债安排灵活性的考量，因此，上述资金过剩的情况会在接下来数月的时间内逐步缓解。同时，H证券公司结合公司财务资源情况，提出主动配置资产的计划：以战略为导向，以满足公司对业务发展的合理布局和均衡发展需要、促进公司改善收入结构为目标，寻求新的资产配置方向，以实现公司规模和盈利的健康增长，为股东持续稳定地创造更多价值。

（二）股市大幅波动对H公司资本管理的启示

自H公司成立以来，资产配置及资本管理经历了从无到有、从被动到主动的过程。结合证券行业发展的历程，主要分为如下三个阶段：

（1）2012年以前，资金配置空间狭小。该阶段，H证券公司自有资产规模（不含客户资产）变化不大，资产端业务仅有股票投资、债券投资和一些长期股权投资，品种少、规模小。金融负债也仅有卖出回购一种，主要是债券投资的业务性杠杆，没有财务性负债，也没有外部融资渠道，资金配置的空间狭小。2010年开始，融资融券等重资本业务开始出现，H证券公司逐渐开始重视资金配置，但资产规模依然较小，而且缺乏债务融资渠道，资金配置空间依旧很小。

（2）2013年至2015年6月，资金配置被动性强。2013年证券公司开始出现短期融资券、次级债等融资工具，融资渠道也不断增加。随着此后几年资本市场的不断杠杆化，对证券公司资产负债业务的监管逐渐放宽，重资本业务取得了迅速发展，H证券公司资产规模开始迅速增长。该阶段，H证券公司提出了"业务驱动资产配置，资产配置驱动融资安排"的资本管理双轮驱动模型。

（3）2015年6月以后，资金配置主动性增强。2015年6月下旬开始的股市大幅波动，导致市场以及H证券公司融资融券业务规模出现断崖式下跌，公司资金大量回流，盈余资金规模不断增加。股市剧烈波动对H证券公司资本管理提出了新的挑战，但同时也提供了促使H证券公司进一步优化资金配置以及资本管理模式的契机，H证券公司资金配置的主动性逐渐增强。

此次股市大幅波动对于H证券公司资本管理的启示主要在于：由于证券市场的波动会直接影响到证券公司各类资产配置的规模和占比，且这种波动性远比银行、保险等其他金融机构大得多，因此在资金配置及资本管理方面，需要对"业务驱动资产配置，资产配置驱动融资安排"的资本管理双轮驱动模型加以补充和改进：一方面，在业务规模膨胀时就更需要密切结合风云变幻的证券市场，提高资金配置的灵活性以应对市场的大幅波动；另一方面，对于因业务规模快速萎缩产生的暂时过剩资金要提出主动配置计划，该计划应以战略为导向，综合考虑各业务板块的风险和收益，满足公司对业务发展的合理布局和均衡发展需要，促进公司改善收入结构，适应行业新的发展趋势，实现公司规模和盈利的健康增长，为股东持续稳定地创造更多价值。

H证券公司经历的以上三个阶段，可以说走过了证券市场从低到高再回落的一个较为完整的市场周期，而资本管理理念和方法也是随着市场的发展而不断变化的，在上述H证券公司的案例研究过程中，恰好经历了上述三个阶段的两个转折点，因此基于案例分析总结出的资本管理经验也更具现实意义。

第四章　H 证券公司资本管理实施保障

资本管理的实施离不开配套措施的保障,本章主要从配套流动性管理的提升、资本管理绩效考评两方面分析了 H 证券公司资本优化管理实施保障措施,可为达到良好的资本管理优化效果提供重要参考与指南。

一、流动性风险管理提升

(一) 流动性风险管理存在的主要问题

在业务创新层出不穷、流动性管理难度不断增大的背景下,市场对券商的流动性管理能力提出更高的要求,H 证券公司在流动性风险管理方面存在一些不足,具体包括:

(1) 流动性风险管理组织架构不完善。与其他风险类型相比,证券公司流动性风险具有全局性、突发性、不能以资本覆盖、应对难度大等特点,管理流动性风险需要更加独立、专业的机构。H 证券公司虽然明确了流动性风险管理的机构部门,但由于机构兼职、人员配备不足等,导致流动性风险管理未明确划分各管理部门间的界限,影响职能的发挥。

(2) 流动性风险管理技术普遍不高。H 证券公司正采用流动性资产储备、缺口管理作为应对流动性风险的重要手段,但并未将流动性资产储备规模与其各业务线压力情景下的资金缺口有效挂钩并进行量化、动态调整,而是主观设定,在资金使用效率与应对流动性风险之间不能取得平衡,风险管理技术普遍不高。

(3) 流动性风险应急预案不够完备,可操作性不强。H 证券公司尚未设立流动性风险应急管理机构,未针对公司层面及具体业务线、具体产品层面的流动性风险设计具体、可行的应急处置措施,应急预案趋于笼统,仅针对某一性质、某一部位的流动性风险制定了应急预案,并且对应急处理中的信息沟通机制设计尚不完善,有待进一步提高。

(二) 流动性风险管理体系的构建

H 证券公司流动性风险管理体系主要包含六大要素,分别是流动性风险管理组织架构安排、流程与制度的设置、流动性风险的评估计量与监测、流动性风险控制与缓释、信息管理系统保障以及配套应急方案的设置。

1. 组织架构安排

H 证券公司搭建了由计划财务部、风险管理部与各业务部门相结合的三角形的流动性管理组织架构,并确定职责范围与人员分工。

计划财务部对资金运用和负债来源进行集中管理，统筹掌握资金和流动性资源；风险管理部拟定流动性风险监控指标体系、指标值和风险限额；各业务部门严格执行本部门或业务线各项业务流动性风险的识别、预测、揭示、监控和报告义务。由此形成由计划财务部、风险管理部与各业务部门结合的三角形的流动性管理组织框架，且明确业务部门对自己负责的各个业务条线的流动性管理承担第一责任。

计划财务部应作为资金管理专职部门，不仅为其配备了强大的专职管理团队，而且还赋予其强大的资金管理权力和职责，主要包括：短期资金与长期资金的融入与应用的分配；通过资金系统完成对资金运用的匹配，包括资金在时间轴上轧差的管理；在以往流动性管理的信息基础上制定和管理流动性组合投资策略；以及通过多样化的工具管理，配合业务部门的负债管理，初步建立起流动性管理的体系等。

除此之外，H证券公司还搭建了董事会及经营层流动性风险管理组织架构，明确了相关职责范围。董事会核准公司流动性风险管理的偏好和流动性风险承受能力，了解流动性风险重大变化，审批流动性风险管理制度。在经营层下设资产负债管理委员会与风险管理委员会制定流动性管理与流动性风险管理的政策和程序。

2. 制度与流程设置

H证券公司制定了专门的流动性风险管理制度与流动性风险管理流程，流动性风险管理基本流程如下：

（1）董事会及其下属风险管理委员会制定或审议公司风险偏好、容忍度、公司风险政策、总体投资规模、总体融资方案规模等。

（2）公司根据资金管理部门上报的资金配置方案和预算确定各业务线资金额度、风险限额等指标。

（3）业务部门在额度内运用资金。在有临时大额需求时，提前通知资金运营部，确保资金管理部门有充足的资金准备。在确实需要超限额运用资金时，向资金管理部门提出申请。

（4）计划财务部接到业务部门临时大额资金需求的申请后，根据市场资金面情况及融资成本高低，为临时需求制订融资计划调整短期融资计划以筹集资金。对于剩余资金，资金管理部门自行或委托固定回报业务部门配置安全、高流动性证券或进行银行存款，作为流动性资产储备。

（5）风险管理部草拟流动性风险管理政策，参与拟定资金配置方案，并独立监测、评估公司整体及业务线流动性风险。

3. 流动性风险评估、计量和监测

流动性风险通过常规和压力情景下对静态、动态现金流进行预测并分析期限错配等指标予以识别和评估，计量指标包括反映资产负债结构的指标、反映现金流量匹配情况的指标、反映资产负债集中度的指标以及反映市场环境的指标等。其中，普遍使用的指标包括杠杆率、负债规模、风险覆盖率监管指标等。目前，行业已经引入Basel Ⅲ提出的流动性覆盖率和净稳定资金比率两项指标，H证券公司已按日计算流动性指标，并同时监控资产负债久期对比指标，并应用于对各业务线的头寸管理等。

4. 流动性风险控制与缓释

流动性风险管理的目标在于确保在正常及压力状态下均具备充足的流动性储备和融资

能力，这需要通过科学的资产负债管理和资金管理，合理运用一系列的控制和缓释手段来保障，包括建立多层次的流动性储备、有效的融资策略、有效的流动性风险指标监控预警、限额管理和流动性应急处置等措施。为有效应对和管理流动性风险，H 证券公司正在加强对大额资金运用的实时监测和管理，逐步实现资金的集中调度和流动性的统一管理；调整和配置资产、负债规模和期限结构，建立分层次的流动性储备体系，建设整合的资金及流动性风险管理系统，及时通过货币市场、资本市场和银行授信实现流动性管理组合目标。

5. 开发资金管理信息系统

H 证券公司正加速开发资金管理信息系统，资金预约、资产到期计算、风控指标计算、借款需求管理、借还款台账管理、流动性综合管理、银行账户管理、业务部门借款需求报送及需求统计分析、借还款管理、利息计算以及借款余额查询等都通过资金系统实现，同时对接金融资产交易系统，实现信息汇集功能。业务部门需要资金时，提前通过资金系统进行预约，有利于资金运营部及时进行资金安排，提高资金使用效率。当业务部门的资金预约需求无法满足时，由资金运营部从市场上融入长期的资金，或者与业务部门沟通，适当压缩业务规模。同时，在计量方面，信息管理系统还可以协助通过对资产和负债分类来自动计算流动性缺口、流动性覆盖率和净稳定资金比率指标，用于限额设定、日常监控、风险分析、警示等。

6. 流动性风险应急解决措施及流程情况

在融资渠道有限、应急能力整体偏弱的情况下，H 证券公司针对可能的流动性风险事项，积极探索有效可行的应急措施，包括但不限于：

（1）启动向大股东定向增发或发行债券等方式，满足资本缺口需求。

（2）事前拓展尽可能多的融资渠道，包括获得多家商业银行的授信额度，提高在急需资金时可以临时拆入的可能性。

（3）保持一定的优质流动性资产储备，采取出售变现能力强的优质流动性资产出售策略，满足公司的流动性需求。

（4）放缓证券金融业务等占用资金的业务，拓展报价回购业务等可融入资金的业务。

（5）出售其他金融资产。通过出售其他金融资产来获得资金的方式，往往会对公司的业务造成不利的影响，但在紧急情况下也是不得不采取的措施。可通过分析资产的变现能力、潜在损失等，对出售金融资产的顺序进行设定，先后次序可根据资产的变现难度从易到难进行设置，并通过流动性分级储备实现常态化管理。

（6）设定紧急情况下的处置流程并开展定期演练，包括内部沟通报告流程，与商业银行确定紧急取款流程等，确保流动性危机事件来临时流程高效运转，化解、防范因操作原因导致的流动性风险事件。

二、绩效管理

在 H 证券公司经营管理过程中，资本优化管理的有效实施离不开绩效考评指标和风险控制指标的激励和约束。资本管理相关部门需统筹协调落实公司资产配置计划及资金筹集,实现资本的优化管理,达到收益性、流动性、安全性的有效平衡,支持业务发展。这就要求进行资金内部计价,负责监督管理各业务条线的资金营运情况,做好全面资金配置、监控、分析,尤其做好绩效管理工作,提高资金使用效率。

(一) 绩效考评体系的建立

H证券公司在资本管理绩效考核评价体系方面做了以下积极探索:

1. 绩效考评体系的建立原则

第一,以实现价值最大化为目标,贯穿以资本约束的理念。第二,全面体现证券公司管理的安全性、流动性、收益性三性原则。

2. 绩效考评指标的构成

H证券公司资本管理绩效考评指标包括核心指标与一般指标。核心指标主要指回报率指标,选择合适的资金回报率计算方法是绩效考评体系有效实施的重点和难点,可以选风险调整后的资本回报率或资金回报率;一般指标包括利润占比(与历史对比、与同业对比)、市场占有率(按业务条线划分分类)、成本收入比等。

3. 绩效考评体系的说明

在绩效考评体系中,核心指标占绩效考评体系中的最大权重——50分,主要侧重公司经营的安全性与盈利性,反映了证券公司当前的经营现实;一般指标占绩效考评体系的次大权重——40分,主要侧重公司的经营能力和经营导向,体现了经营的基本素质;其他指标占10分。

(二) 绩效考评体系的实施难点分析

资本管理绩效考评实施的难点在于核心指标的计算上,H证券公司的具体情况如下:

1. 风险调整后资本回报率

净资产收益率与资产报酬率是衡量企业盈利能力的两个常用指标,但这两个指标并没有充分考虑风险因素,仅是从账面上反映企业的盈利状况,以这两个指标来衡量经营特殊商品的高风险的证券行业,就具有非常大的局限性。目前,国际证券行业则主要采用风险调整后的资本回报率指标,该指标充分考虑了风险因素,将券商的盈利能力和风险管理能力化为一体。它克服了传统指标不能反映风险管理成本的缺点,实现了收益与风险的直接挂钩与有机结合,体现了业务发展与绩效管理、风险管理与经营管理目标的统一。

风险调整后的资本回报率(Risk-Adjusted Return on Capital)已在银行业普遍采用,是经预期损失(Expected Loss)和非预期损失(Unexpected Loss)调整后的回报率,其计算公式如下:

风险调整后的资本回报率 = (收入 - 费用 - 预期损失)/经济资本[①]

目前,国际先进投行已广泛运用风险调整后的资本回报率。证券公司可以在各类风险、各个业务部分和各个业务线之间进行资本配置,有效控制总体风险。

H证券公司认为,资本配置的优化主要是在精确计算各项业务的资本回报水平的前提

[①] 经济资本与实物资本、监管资本不同,是由证券公司根据内部管理需要为防御预期损失而计量的资本,具有虚拟资本的特性。

下进行的。原则上，按照调整后的资本回报率对证券公司经济资本进行配置，将某项业务调整后的回报率值与公司最低资本回报率进行比较，如果该数值大于最低资本回报率，该业务就需要进行资本配置。

2. 资金回报率

核心指标的另一参考指标是资金回报率，计算公式如下：

资金回报率 =（业务收入 – 内部资金成本）/资金占用规模

H证券公司建立了资金有偿使用的内部定价机制，通过资金内部定价机制来确定内部资金成本。券商通常采用的内部资金定价方式有如下几种：

（1）定期公布一个内部计价资金成本，各业务条线统一适用；

（2）年初确定当年内部资金定价基准利率，核定各部门使用基准利率资金额度，超出部分资金成本按实际取得资金成本加一定内部运营成本计算；

（3）根据业务风险情况，分不同业务线制定不同的内部资金成本，权益类证券自营业务最高、类贷款和两融次之、固定回报自营业务最低；

（4）根据公开市场定价机制确定内部资金使用价格（pass through方式）；

（5）对业务线占用公司自有资金不计成本，而是通过调整其收入预算、考核指标的方式体现。

H证券公司目前使用方式（1），除对个别业务线调整资金成本外，其他业务线使用公司统一内部计价成本。但方式（1）未充分考虑风险调整因素，H证券公司正在研究方式（3）和方式（4）相结合的方法，不久将应用于实践。

第五章　结论和政策建议

在主要证券公司由传统通道业务向重资本业务创新发展转型背景下，本研究对H证券公司资本规划制定与实施进行了总结提炼，提出了我国大型综合类证券公司资本管理体系构建的四点经验：①树立资本管理和资本补充意识，合理制订资本规划，做大资产负债表；②借鉴H证券公司资本管理双轮驱动模型与资产配置优化测算两大原则，用于资本管理实践；③加强流动性风险管理现状诊断，构建流动性风险管理体系；④在严格遵循资本优化管理游戏规则的前提下，必须密切结合风云变幻的证券市场，提高资金配置的灵活性以应对股市的大幅波动。本研究还为监管部门提出了两条政策建议：①合理引导券商杠杆经营，正确认识重资本业务与证券市场周期性的关系，科学指导券商针对波动的市场建立灵活的资金配置机制；②建立金融联合监管机制，强化协同，使创新业务发展与市场发展阶段相适应。

随着资本市场的繁荣发展，国内证券公司行业集中度进一步提高。国内证券公司通过上市、并购重组等方式，资本实力不断增强，业务发展加速。H证券公司为行业内大型券商，因此，本研究的研究成果对行业内前20家资本实力雄厚的证券公司均具有一定的借鉴意义，能够给大型券商资本管理上水平、上档次、上台阶提供有益参考。

一、我国大型综合类证券公司资本管理体系构建经验

（一）建议券商认清发展形势，树立资本管理和资本补充意识，合理制定资本规划，做大资产负债表

证券公司应认清行业发展趋势，尤其是由轻资本业务向重资本业务转型这一最大趋势，找准定位，深入分析业务构成及发展情况，要树立资本管理意识、资本补充意识，资本规模一定要与业务发展相适应，做好资本规划。资本规划的制定与实施，一方面有助于实现各业务资产配置的科学优化，支持促进重资本业务健康持续发展；另一方面，根据资产配置情况可以高效进行融资安排，筹集业务发展所需大额资金，实现资产配置与融资安排的匹配。资本规划已经成为战略实施的有效支撑，也是券商做强做大、早日实现与国际投行业务发展接轨所不可或缺的。

（二）建议券商借鉴H证券公司资本管理双轮驱动模型与资产配置规模优化测算两大原则，用于资本管理实践，着力提升资本优化管理水平

通过本课题的案例研究发现，H证券公司已经在资本规划制定与实施方面走在了行业

前列，尤其是创新性地提出了"业务发展驱动资产配置、资产配置驱动融资安排"资本管理双轮驱动模型，指明了资本管理的基本方向和基本思路，树立了行业典型；H证券公司提出的以客户为导向与资金回报率优先的两大原则，为资产配置规模优化测算提供了指导，能够根据业务发展情况较快较科学地测算出配置资产规模，成为资本规划不可或缺的组成部分。因此，建议大型券商深入学习H证券公司资本优化管理的这些先进经验和做法，为我所用，着力提升资本管理水平，助力业务发展转型。

（三）建议券商加强流动性风险管理现状诊断，构建流动性风险管理体系，切实有效防范流动性风险

借鉴国际投行和国内先进券商最佳流动性风险管理实践，制定并严格执行流动性管理提升的政策措施，构建起完备的闭环流动性风险管理体系，具体而言，包括：①完善流动性风险管理组织架构，明确职责范围与授权安排；②捋顺流动性风险管理流程，制定专门的流动性风险管理制度并严格执行；③设立流动性储备池进行流动性组合管理；④严格流动性风险监控计量；⑤建立资金内部转移定价机制；⑥创新发展流动性应急管理；⑦建立流动性风险管理绩效考核体系，将考核结果与薪酬发放挂钩，实现流动性风险管理的闭环。流动性风险管理体系构建一定是基于现状诊断的基础之上，券商应重视流动性风险管理现状，尤其是股市大幅波动背景下流动性风险管理的现状，深入分析，找准"短板"，发现缺陷，及时整改。

（四）在严格遵循资本优化管理游戏规则的前提下，必须密切结合风云变幻的证券市场，提高资金配置的灵活性以应对股市的大幅波动

证券公司虽正处于并将在未来较长一个时期处于由轻资本业务向重资本业务转型的阶段，但这并不意味着证券公司重资本业务持续处于扩张之中，并不意味着证券公司需持续补充资金，证券公司重资本业务也有周期。以融资融券业务为例，伴随着2015年上半年牛市而来，我国两融业务余额在6月18日达到历史最高值2.27万亿元；又伴随着6月股市断崖式下跌，两融余额迅速下降，7月8日降到1.46万亿元，仅14个交易日降幅就高达35.7%；10月12日降到0.95万亿元，与最高值相比，降幅达58.1%。股市大幅下跌导致证券公司两融业务规模快速收缩，资金大量回流，H证券公司盈余资金规模在7月末达到近500多亿元，这给证券公司资金管理与资本配置带来巨大挑战。证券公司资本管理必须密切结合风云变幻的证券市场，根据重资本等业务规模的扩张与收缩，及时调整资金配置规模，提高资金配置的灵活性，尤其是做好回流资金的管理，以有效应对股市大幅波动。

二、对监管部门的政策建议

（一）建议监管部门积极推动券商业务转型，合理引导券商杠杆经营，正确认识重资本业务与证券市场周期性的关系，科学指导券商针对股市的大幅波动建立灵活的资金配置机制

为引导券商持续实现向重资本业务转型，建议相关监管部门继续采取得力措施，大力推动券商的业务创新与业务变迁，促进融资融券业务、股票质押贷款、衍生品投资、资产管理及投行业务用资、新三板做市、期权做市、种子基金、过桥贷款、直投业务等重资本业务快速发展，提高行业资产配置规模。同时，监管部门要正确认识重资本业务与证券市场周期性的关系，科学指导券商针对股市大幅波动建立灵活的资金配置机制。再者，应进一步放松融资监管，适时发文放宽杠杆上限，同时拓宽融资渠道及融资工具规模上限，鼓励券商充分采用内部留存利润、配股、增发、可转债、公司债和次级债券等内外部融资工具。在此过程中，上市券商要借力资本市场，用好资本市场，在满足监管要求的基础上最大限度筹集业务发展所需资金。

（二）建立金融联合监管机制，强化协同，使创新业务发展与市场发展阶段相适应

建议建立金融联合监管机制，高效协同"一行三会"，加强对证券、银行、信托、保险、基金等多类金融机构的监管，在杠杆资金大量入市的情况下更是如此。2015年6月，中国股市出现大幅波动，各证券公司应证监会号召积极救市，在维持资本市场稳定发展过程中扮演了重要角色。事后反思，杠杆资金是导致股市大幅波动的重要原因，因此要加强对证券公司融资融券业务的监管，规范杠杆资金，加强对涉及杠杆资金的银行、信托、保险、基金等的监管。同时，还要看到现存的分割式的金融监管体制给监管效率与监管效果大打折扣，这种分割式的金融监管弊端逐渐显现。当前很多证券公司创新业务具有跨市场、跨行业的特性，创业越活跃，就越要加强跨部门的金融监管，加强部门之间的信息共享与监管协调，建立金融联合监管机制势在必行。通过金融联合监管机制的运行，可以有效引领证券公司创新业务发展，不至于过慢或过快，使创新业务发展与整个市场发展阶段相适应。

参考文献

[1] 巴曙松.《巴塞尔新资本协议》框架下的操作风险衡量与资本金约束 [J]. 经济理论与经济管理，2003（2）.

[2] 姜波. 商业银行资本充足率管理 [M]. 北京：中国金融出版社，2004.

[3] [澳] 克里斯·马滕. 银行资本管理：资本配置和绩效测评 [M]. 王洪，漆艰明等译. 北京：机械工业出版社，2004.

[4] 李文. 从利润管理到价值管理——商业银行资本管理探析 [M]. 北京：中国金融出版社，2007.

[5] 刘仁伍. 中国保险业：现状与发展 [M]. 北京：社会科学文献出版社，2008.

［6］卢仿先，李军.保险公司资本配置的方法［J］.保险职业学院学报，2005（2）.

［7］孙蓉，彭雪梅，胡秋明.中国保险业风险管理战略研究——基于金融混业经营的视角［M］.北京：中国金融出版社，2006.

［8］王一佳，马泓.寿险公司风险管理［M］.北京：中国金融出版社，2003.

［9］肖钢.加强和改善银行风险管理体系［J］.银行家，2004（6）.

［10］肖鹏.我国证券公司实行资产负债管理研究［D］.北京交通大学硕士学位论文，2007.

［11］张恩照.以资本充足率管理为核心全面提高经营管理和风险控制水平［J］.中国金融家，2004（8）.

［12］朱健.中国证券公司资本监管体系实践与发展［D］.上海交通大学硕士学位论文，2013.

［13］卓志，刘芳.初论我国寿险公司业务与资本的匹配［J］.财经科学，2004（4）.

［14］Allen N. Berger. The Role of Capital in Financial Institutions［J］. Journal of Banking & Finance，1995（19）.

［15］Berger A. N. The Relationship Between Capital and Earnings in Banking［J］. Journal of Money，Credit，and Banking，1995（26）.

［16］Chris Matten. Managing Bank Capital-Capital Allocation and Performance Measurement［M］. Wiley，2000.

［17］David C. Kimball. Organized Interests and the Decision of Whom to Lobby in Congress［J］. American Political Science Review，1998，92（4）.

［18］Froot K. A.，Stein J. C. Risk Management，Capital Budgeting and Captal Structure Policy for Financial Insurances：An Integrated Approach［J］. Journal of Finance Economics，1998（47）.

［19］James C. RAROC Based Capital Budgeting and Performance Evaluation：A Case Study of Bank Capital Allocation［N］. Working Paper，Wharton School，1996.

［20］Jeremy Scott. Economic Capital：towards an Integrated Risk Framework［J］. The Journal of Risk，2002（10）.

［21］J. J. Pringle. The Imperfect-Markets Model of Commercial Bank Financial Management［J］. The Journal of Financial and Quantitative Analysis，1974，9（1）.

［22］Myers S. C.，N. C. Majluf. Corporate Financing and Investment Decisions When Firms Have Information That Investors Do Not Have［J］. Journal of Financial Economics，1984（13）.

［23］Ross S. A. The Determination of Financial Structure：The Incentive Signaling Approach［J］. Journal of Economics and Management Science，1977（8）.

［24］Rowe D.，Jovic D.，Reeves R. Base Ⅱ and Economic Capital［J］. US BANKER，2004（72）.

［25］Yuri Okina. Economic Capital：From the Standpoint of Bank Management and Supervision［J］. Japan Research Quarterly，Autumm 2004.

［26］Zaik E.，Walter J.，Kelling J. G. RAROC at Bank of America：From Theory to Practice［J］. Journal of Applied Corporate Finance，1996（9）.

第十一篇

新一代核心系统环境下商业银行会计管理若干问题研究
——基于交易与核算分离模式的研究

中国建设银行财会部课题组

课题主持人：方秋月
课题组成员：杨立斌　许辞寒　陈谦　张智慧　许乔　解威

摘 要

商业银行的核心系统经历了从最早的以会计账务处理为核心的电子化阶段，以交易处理为中心并通过交易与会计的紧耦合完成账务核算的数据大集中阶段，当前进入以实现"客户为中心"和建设"流程银行"作为主要业务驱动因素，从根本上提高系统对于客户差异化、综合化服务和对于产品快速创新、高效运营的支撑能力的新一代核心系统的探索构建阶段。系统的变化对商业银行的会计管理带来了巨大的影响与挑战，各家商业银行在会计管理工作方面或多或少面临着一些困惑，传统环境下形成的会计管理组织架构、管理方法、内容、控制手段等，都必须要重新认识和界定。

本课题首先以新一代核心系统的建设应用为研究切入点，对我国商业银行核心系统的发展历程进行了梳理，对新一代核心系统环境下会计系统的架构进行了描述；其次，在回顾会计的本质内涵基础上，总结了"交易与核算分离"的系统架构对商业银行会计管理工作带来的影响与挑战，在此基础上针对面临的影响和挑战对商业银行应该具有怎样的会计管理模式进行了原点思考，提出了构建新一代核心系统环境下商业银行会计管理模式的设想；最后作为会计管理工作的落脚点，对新一代核心系统环境下商业银行多维度会计信息的生产进行了应用研究，构建了新的会计信息生成模式。最终形成了对商业银行管理实务具有可资借鉴意义的若干结论。

关键词： 新一代核心系统　交易与核算分离　会计管理

第一章 绪 论

一、研究背景

20世纪90年代以来,以计算机和网络通信技术为代表的信息技术,以一种异乎寻常的速度改变了人类社会生产和社会生活的各个方面。商业银行作为信息技术应用最为广泛的领域之一,受到的影响和冲击也更为明显,信息技术已成为金融创新的一个重要前提和基础。为了赢得竞争优势,各家商业银行纷纷依托最新的信息技术,酝酿和建设新的信息应用系统,通过核心系统的重构,整合业务流程和产品,优化前台组合,不断提高管理水平和服务质量。商业银行的核心系统经历了从最早的以会计账务处理为核心的电子化阶段,以交易处理为中心并通过交易与会计的紧耦合完成账务核算的数据大集中阶段,当前进入了以实现"客户为中心"和建设"流程银行"为主要业务驱动因素,从根本上提高系统对于客户差异化、综合化服务和对于产品快速创新、高效运营的支撑能力的新一代核心系统的探索构建阶段。一般认为,实现此阶段目标的一项重要技术变革是"交易与核算分离",即交易处理与会计核算在系统功能上从紧耦合转变为松耦合。关于如何构建商业银行新一代核心系统以及构建怎样的新一代核心系统,理论界与实务界已经进行了大量研究,并基本形成比较明确的框架和模式。但是信息系统在商业银行的应用绝不仅仅是一个技术问题,新一代核心系统的实施也不是单纯的技术提升,更重要的是通过实现技术提升与业务经营管理的有效对接,促进业务流程的再造,通过信息化的引领和带动,更新管理理念,完善管理制度,把合理的流程尽快固化到日常生产中去,形成正式指导各个环节的操作手册。核心系统实际上是代表一套解决方案、应用软件以及技术手段,核心系统承载的应是处理银行所有业务的理念、方法和流程。新系统的引进和上线,需要带入新系统中的管理思路和业务流程,如果"穿新鞋、走老路",套着旧流程操作新系统,不仅不会体现新系统的优势,还会降低工作效率。

从工作实践看,各家商业银行在新一代核心系统投入应用后,都会在会计管理工作方面或多或少面临着一些困惑,包括:①"交易与核算分离"的系统架构下商业银行会计工作的起点在哪里、完整的会计工作应该包括哪些内容。②哪些人员应该被界定为会计人员,遵循会计工作的要求。③传统的会计基础性工作,如凭证、印章、分户账、明细账、总账等的形式发生了哪些变化,应按照什么样的新规则进行管理。传统上为确保会计信息质量而对会计工作流程进行控制的一些手段,包括对原始凭证的审核、记账凭证的审核、加盖印章确保真实避免重复、明细账与总账之间的平行登记规则等,已经难以发挥作用,新的环境下,应设置怎样的新控制手段来确保会计信息质量?④应如何适应信息系统变化构建新的会计工作流程。⑤会计系统如何与其他业务组件进行有效衔接。⑥新的技术环境下能够提供以及应该提供哪些会计信息，等等。这些都是摆在商业银行会计管理工作者面前亟待解决的问题。为此，本课题对新一代核心系统环境下会计管理的相关问题进行了深入研究。

二、研究内容

本课题主要由四部分构成：

首先，以新一代核心系统的建设应用为研究切入点，对我国商业银行核心系统发展历程进行了梳理，对新一代核心系统环境下会计系统的架构进行了描述。商业银行核心系统是银行信息系统的中枢，是实现客户关系管理、产品与服务、业务流程、财务核算与管理、风险管控等银行业务核心功能的应用系统的集合。在一定程度上，核心业务系统是银行业务策略的实现与支撑，是银行业务流程的固化，对整个银行的运营水平有着至关重要的影响。有别于上一代核心系统，新核心系统在设计上集中体现了以客户为中心、快速产品创新、改善管理能力等特点，强调以企业级角度进行系统整合，实现应用集成、信息共享、基础统一。按照新一代核心系统组件化、模块化的架构设计思路，会计核算系统应该是一个单独的处理模块，即要将会计核算的功能从业务系统剥离，使业务系统不再受制于核算的限制。通过搭建专业化的会计核算模块，将核算集中到后台处理，实现交易与核算的解耦。"交易与核算分离"后，可以充分释放前台业务系统的生产力，使前台业务系统真正做到"以客户为中心"，更加专注于业务流程再造和产品创新。同时，会计核算制度的变化也不再或很少影响业务系统，这种紧密耦合关系的解除将极大地促进"新一代"核心银行系统客户、产品领域的建设。

其次，在回顾会计本质内涵的基础上，总结了"交易与核算分离"的系统架构对商业银行会计管理工作带来的影响与挑战。会计是经济管理的重要组成部分，通过建立会计信息系统，收集、加工和利用以一定的货币单位作为计量标准来表现的经济信息，通过确认、计量等技术方法、通用会计规则将经济信息转换为会计信息，通过记录和计算加工编制生成会计报告，从而对经济活动进行组织、控制、调节和指导，帮助人们比较得失、权衡利弊、讲求经济效益的一种管理活动。会计管理具有自身确定的工作对象、职能，并在长期的理论和实践中形成了自身固有的目标、方法、工作流程和基本要求。由于商业银行是经营货币资金的特殊企业，经营对象是货币资金，而会计核算的对象也是资金运动，经营对象和核算对象的重叠很容易导致商业银行会计工作和会计人员的错位。在传统的经营和信息系统环境下，商业银行会计包打天下，从最前端的业务办理、交易处理，到资金在不同机构间的调拨清算，会计分录处理，会计账务生成，以及最终会计报表生成都被划归为会计工作的范畴。但是，一方面，对照会计管理工作的内涵可以看出，这一范畴被过度扩大了，包括了并不应该属于会计工作范畴的工作，难以满足日渐凸显的"以客户为中心"的经营理念的要求。另一方面，随着新一代核心系统的推广应用，承载和落实管理要求的信息系统受到根本性改造，这种系统功能的发展和应用，彻底颠覆了商业银行传统上对会计的界定，商业银行的会计管理工作面临的困惑日益凸显。前台柜员不再是会计工作人员后，银行会计工作的起点应该在哪里？《会计法》中所要求的会计机构、会计人员应该包括哪些？原始凭证、印章、明细账、日记账等应该如何落实？会计工作因按照怎样的流程进行组织？需要怎样的手段进行控制以确保账务质量？会计工作产生的信息应如何与管理信息结合，从而更好地满足商业银行经营管理的需求？这些都是摆在我们面前亟待解决和明确的。

再次，针对面临的影响和挑战对商业银行应该具有怎样的会计管理模式进行了原点思考，并在借鉴美国银行管理经验的基础上，提出了构建新一代核心系统环境下商业银行会计管理模式的设想。新的系统环境下，商业银行会计管理的本质并没有变化，但在管理模式和管理重点上需要进行适当的调整和完善，以适应快速变化的产品创新和技术进步。这个过程是整个银行业会计从业者不断拓展管理半径、提高管理水平，实现自身价值的过程。构建新的会计管理模式是商业银行适应环境变化提高竞争力的需要，是银行业务流程再造的必然要求，也是商业银行会计工作发展的需要。会计工作边界方面，应合理界定会计与营运管理、产品经营之间的关系，将会计管理要求落实到柜面操作的具体流程中，明确会计管理机构和人员的管理范围和职责，由过去以核算处理为重心的会计管理模式调整为融会计确认、控制和报告一体化的管理模式，力争实现"集约化"和"扁平化"会计管理，实现会计处理的"标准化""参数化"和"自动化"，建立全方位的会计内部控制体系。

最后，作为会计管理工作的落脚点，对新信息技术架构下商业银行多维度会计信息的生产进行了应用研究。传统环境下，商业银行会计信息生成从经济活动发生时的原始数据获取到最终提供给信息使用者，信息总量逐渐减少，其中很多重要的、具有决策可用性的原始要素被丢弃，无法满足信息使用者精细化的管理需要；与统计职能交叉，定位不够清晰；手工记账较多，信息质量有待提高；缺乏强有力的系统支持，时效性差。新一代核心系统为多维度、统一的会计信息生产提供了工具。在处理源数据方面，技术进步支持获取更多结构化的源数据信息，支持通过会计记账结果与源数据各类信息的拼接，将信息资源进行整合，能够切实向信息使用者提供多元化、精细化、及时性的会计信息，使信息使用者能够据此进行科学管理和决策，最大限度实现企业价值最大化，这也是新技术环境下会计职能扩展的具体表现。通过新的数据仓库和传输技术，支持实时或准实时查询会计处理结果。如存款、贷款账户、合约上能够承载的产品品种、期限、利率、剩余期限等信息，客户关系系统中能够提供统一的客户行业、规模等信息，这些信息均能够通过技术手段，或者在客户的资金交易发生时进入交易流水，或者建立与交易流水的关联关系，使会计信息系统后续能够通过关联关系加工生成多维度的账务信息，满足经营管理对账务信息的需求。

三、主要结论

本课题是从商业银行实际工作出发，针对当前银行会计管理面临的困境进行的研究，对新一代核心系统环境下会计系统建设、会计管理模式构建及会计信息生产等形成了以下结论：

（1）新一代会计系统建设中应遵循"交易与核算分离"的核心变革理念，解耦会计核算模块。即交易处理与会计核算在系统功能上从紧耦合转变为松耦合,将业务交易与会计核算相分离,让银行的核心业务系统更加专业化,符合"以客户为中心"的经营理念,更加关注面向客户的业务和交易,而将会计确认和核算处理交由专门的系统或模块完成。相应地,在管理职责的划分上,对于交易过程特别是柜面业务的控制与核算质量控制在职责和手段上也采取相对分离的策略。

(2)基于交易核算分离的新一代会计管理组织体系具有以下特征:总行集中会计制度、系统维护、报告及内控机制;一、二级分行以内部控制作为管理核心;支行及网点以操作执行为中心。

(3)新一代核心系统环境下会计管理的内容应有如下新的定位:

1)前台网点可以不再设置会计管理机构,二级分行及以上应保留会计管理机构。

2)柜员和业务人员不需要具备专业的会计知识,只需要在具体操作时按照会计管理的要求执行,可以不作为会计人员管理。

3)凭证、印章、授权、复核等工作,虽然基本上属于前台业务操作的内容,应归属于运营管理范畴,但仍应该结合系统集中化的程度遵循会计管理的要求具体执行。

4)会计账户管理的重点发生了变化。客户账户(合约)更多地承载着业务属性,应遵从业务管理的要求,会计管理更多地需要关注用于自身账务处理的内部账户管理。

5)会计内部控制的重点转向对信息数据的挖掘,提高对风险的识别能力。

(4)未来商业银行会计信息的生成方式将不再局限于传统会计账务处理的限制,可以采用比较灵活的处理,用多维度会计科目采用 COA 科目+多维度信息"拼接"方式产生,实现会计信息在内容上的多元化、精细化。

第二章 新一代核心系统在商业银行的发展与应用

商业银行核心系统既是银行对外提供金融服务的平台,也是银行内部日常运作的基础。在银行的整体IT架构中,核心系统处于中央枢纽的关键位置,是实现客户关系管理、产品与服务、业务流程、财务核算与管理、风险管控等银行业务最核心功能的应用系统的集合。一套专业化的核心系统在优化业务流程、提高生产效率和盈利能力方面能够起到重要作用。在一定程度上,可以认为核心系统是银行业务策略的实现与支撑,是银行业务流程的固化,其先进程度对整个银行的运营水平有着至关重要的影响。

一、商业银行核心系统的发展历程

国内商业银行核心系统的发展历程与国外基本一致,只是由于信息化建设起步比较晚,国内商业银行核心系统较之国外在发展时间上有一定的滞后,国内外商业银行核心系统的发展基本都可分为以下三个阶段:

一是电子化建设阶段,从20世纪70年代中后期开始,到80年代末结束。其间,我国当时各大主要银行利用信息技术实现了柜台电子化,并且通过基于服务器的远程联网技术完成了同城联网。1987年,中国银行和中国工商银行分别在各自的网点上线IBM的SAFE系统,SAFE替代手工成为银行业的技术标准。通过在各网点部署安装了SAFE软件系统的计算机,实现网点的柜员服务自动化。之后,通过在中心城市安置大型机实现市内网点联机,由此形成的电子化联网处理使得同城通存通兑业务得以实现。但是该水平下的信息系统建设主要是对手工作业进行电子流程化处理,没有从根本上改变银行体系运作慢、数据散、可控度差的问题。

二是数据集中化建设阶段。20世纪90年代初,国内银行普遍开始开展数据集中工作,一直到20世纪末,属于数据集中初级阶段,主要特点是进行地市级、省级数据的区域性集中。到20世纪末,国内主要银行开始进行全国范围内的数据大集中,主要是指业务数据集中和区域数据集中,就是在全国范围内设计若干数据中心,通过全国联网对各银行所有发生的交易活动统一集中处理。数据大集中不仅包括IT基础架构集中和数据集中,而且强调应用集中,可实现银行体系内信息的跨部门、跨单位的实时读取,有利于总行级的管理和统筹工作。银行卡、会计结算、国际结算、资金交易、固定资产等各项业务都可在一个系统内完成处理,因此集成后的业务处理系统在各个银行基本被称为"综合业务系统"。该阶段的核心系统在特定历史时期内很好地满足了银行业务发展的需求,但随着经营环境的变化,问题也逐渐凸显出来,如系统设计定位于以会计核算为核心,缺乏对业务流程的管控和优化；未体现"以客户为中心"的经营理念，缺少客户信息的整合；数据标准不统一，难以提供高质量的管理信息；系统建设缺乏整体规划，信息系统臃肿冗余，维护成本高企；新产品开发周期过长，不利于市场创新。进入21世纪后，国内银行业务的发展日新月异，但此时银行的核心系统已经无法形成有力的支撑，无法继续通过优化现有系统满足业务要求。因此，国外银行关于新一代核心系统的先进理念开始被国内银行业广泛接受和建设实施。

三是新一代核心系统建设阶段。从2003年开始，国内就开始有商业银行尝试建设新一代核心银行系统，此后系统更新换代逐渐成为银行业的共识。一方面是因为银行业务发展迅速，信息系统确实已经成为"短板"，限制了产品创新速度和客户服务能力；另一方面竞争激烈要求管理必须精细化，与此相应地需要大量的业务数据信息，但现有核心系统无法满足。此时，国外商业银行关于新一代核心系统的实践经验已经足够丰富，并且带来了正面的示范效应，一些中小银行开始使用国际先进的软件包，也有银行结合新一代核心系统的理念和本行的业务实践，开始建设自己的新一代核心系统。其中，华夏银行于2004年启动新一代系统项目，2011年完成全行推广；民生银行2007年启动，2013年投产；广发银行2013年启动，2016年建成。四大行中，中行2006年启动IT蓝图实施工程，2011年10月实现新一代系统全辖上线；工行2008年启动第四代应用系统建设工程，经过3年的建设期基本完成目标；农行于2009开始第四代核心银行系统建设，2015年10月全面投产；建行2009年启动，2015年完成投产。通过研究已建成的国内银行新一代核心系统现状，虽然由各家银行分别组织实施，投产时间各异，但基本上遵循了同样的设计理念：一是以客户为中心，提升客户服务能力；二是构建快速产品创新体系，提升市场应变能力；三是统一数据标准，提升内部管理能力；四是优化业务流程，加强交易控制，提升合规风控能力；五是IT技术创新，优化应用系统架构体系。这五点也是新一代核心系统相对于上一代核心系统的关键提升点。

在新一代核心系统的具体实施过程中，各家商业银行有一定的差异化需求，主要表现在业务范围、功能分布、技术路线和建设方式等方面。但总体来说，在核心系统建设的基本理念方面达到了较高的一致性。从目前系统建成效果来看，新一代核心系统普遍具有以下特征：

一是以客户为中心，建立全行统一客户视图。新一代系统建设的核心理念是以客户为中心。客户信息是银行重要的战略资源，通过搭建全行统一客户视图，对客户资料、需求、渠道偏好、产品使用等情况进行全面的归集整理，形成企业级的客户信息，供各业务板块运营和管理决策使用。以客户为中心的核心业务系统能够帮助银行获得更多客户层面的信息，作为正确制定业务策略的基础，使银行管理者实现更为精细化的风险管理和差异化服务。

二是建立参数化定制的产品工厂。传统核心业务系统，在设计开发时没有考虑足够的灵活性，在新产品推出时通常需要IT人员在原系统的基础上进行二次开发，来满足新业务需求。这种产品开发方式开发周期长，耗费资源多。新一代核心系统则通过产品工厂，实现了金融产品的参数化配置，减少了系统开发环节，大大简化了产品的开发流程，加快了金融创新产品上市的速度，同时也成为为客户提供差异化、个性化服务的基础。

三是松耦合的架构设计。通过各系统间松耦合关联，提高系统模块化、组件化水平，实现对业务产品创新、流程再造的灵活支持和快速响应,也提升了系统的可扩充性和灵活性。一旦银行的业务流程发生变化,系统可以通过对功能模块进行重新安排来支持新业务流程,或者直接更换老旧模块。

四是建立全行统一数据平台,以银行业务、管理数据为基础,基于完整、准确的海量数据的统计分析,为银行数字化经营和精细化管理提供支持。

五是通过交易与核算分离,建立相对独立的核算体系,改变了原来以账务为中心的核心系统设计方式,银行内部账务处理不再对客户服务产生影响,业务人员可专注于服务客户。新一代核心系统真正实现了以客户中心,关注客户的最佳体验。

二、新一代核心系统环境下会计信息系统的构建

会计信息系统是利用信息技术对会计信息进行采集、储存和处理,完成会计核算任务,并提供会计管理、分析、决策使用的辅助信息的系统。商业银行会计信息系统是指通过信息处理技术,对商业银行会计活动进行日常管理,对会计信息进行采集、存储、处理、传递和分析利用,并在整个活动过程中起到控制作用,提供决策相关的信息以服务于银行管理的信息系统。与核心系统的发展变迁相适应,商业银行的会计信息系统也基本经历了电子化、数据集中以及新一代核心系统三个阶段。

(一) 新一代核心的核心理念:交易与核算分离

1. 交易与核算分离的概念

要理解交易与核算之间的关系,首先要厘清交易和核算的概念。交易是对于银行与客户界面合同关系变化的有效确认,反映了双方的权利义务关系,其目的在于确定经济事实真实发生,这是交易所承载的本质功能;核算是按照特定规则对于经济事实(不仅限于银行与客户的合同关系,还包括了其他能够影响银行经济利益的事项)的反映和表达,其目的在于为利益相关者提供有用的信息。会计仅仅是对经济事实或交易结果的反映,核算所包含的确认、计量和报告等一系列动作是基于交易所产生的特定经济结果。无论在系统实现上二者相隔的时间有多么短,从时间顺序和逻辑顺序上,交易所达成的结果只能是会计核算的前提和输入项,而会计核算本身并不影响交易事实是否达成。交易核算分离就是使核心系统只专注于交易确认和对客服务,而将会计确认和核算处理交由核心以外的专门系统或模块完成。相应地,在管理职责的划分上,对于交易过程特别是柜面业务的控制与核算质量控制在职责和手段上也采取相对分离的策略。

2. 交易与核算分离的历史趋势

对于商业银行的核心系统来说,交易与核算之间的历史发展趋势可以总结为"分离—紧密—分离"。在不同的历史时期,交易与核算之间的关系必然顺应着核心系统的建设需要。比如在电子化阶段,会计系统只是手工作业的简单模拟,完成业务处理后需要在会计系统登记账务,这时的业务处理和会计核算分别依赖于不同的软件系统,本身就是分离的,交易与核算的边界非常清晰。到了数据集中阶段,核心系统的设计以"交易驱动核算"为建设理念,业务系统和会计系统开始融合,并且随着信息技术的发展结合得越来越

紧密。在这个阶段，由于银行业务模式比较单一、业务量较小，交易和核算紧耦合的系统设计能够满足银行业务自动核算的需求，并没有制约业务发展的问题。但当业务种类、业务量发展到一定程度，交易与核算紧耦合的问题就会显现出来，严重影响了业务发展和产品创新能力。因此，新一代核心系统背景下的会计信息系统又重新体现出交易与核算的高度分离，这也符合新一代核心系统模块化、组件化的系统架构特点，以及一切以客户为中心的核心理念。

3. 交易与核算分离的建设目标

一是支持业务流程优化。由于当前银行业的业务发展方向是灵活提供多样化的产品及服务，快速响应市场的变化，因此需要持续优化业务流程，从而支持未来业务拓展，满足频繁变化的业务、核算和管理要求。这样的业务流程优化必须要有能够对业务进行实时响应的会计信息系统的支持才能有效率地完成。这就需要把账务处理功能从业务系统中剥离出来，并实现核算规则的参数化配置，会计系统可随时配合前端业务系统在流程优化时对核算进行快速变更。新系统不仅可以很好地支持现有业务，而且能够对流程中不适应需要和发展的地方进行后续改进，能为不断发展的业务提供性能稳定、良好、可扩展的系统平台。

二是规范会计核算体系，提高会计核算的专业化水平。金融业务会计核算的复杂程度逐渐提高，对会计核算人员的专业要求也日益提高，有必要通过一个专业的功能模块实现全行会计核算的集中化、自动化处理，这样一方面可以将业务人员从会计账务处理的职能中解脱出来以专注于客户服务，另一方面也有利于提升会计专业化水准、保持全行会计核算的一致性。当会计核算制度发生变化时，只需要对会计核算模块进行调整，最大限度地减少对前端业务系统和柜面的影响。而会计核算的集中管理也会进一步提高会计信息质量和内部管理水平。

（二）新一代核心系统下会计信息系统的基本框架

新一代核心系统环境下，基于交易与核算分离的建设目标，会计信息系统的基本框架应集中体现统一性、参数化、灵活性、专业性的特点。以建设银行的新一代核心系统为例，其会计信息系统基本框架如下：

一是独立的核算引擎模块。核算引擎是支持参数化配置的规则引擎工具，是新一代会计信息系统的核心，集中体现了交易与核算分离的设计理念。会计人员将各类业务的核算规则总结、提炼成标准化的参数语言，预先配置在核算引擎中，前端业务系统在交易动作发生时将业务场景转化为标准化信息发送给核算引擎，实现会计分录的自动生成。通过会计规则的参数化配置，可以对全行的会计核算进行统一管控，同时也支持对核算规则的灵活调整。考虑到海外分支结构的核算需要，核算引擎还支持多会计准则下的分录生成。

二是专业化的辅助计量系统。在以往的核心系统里，会计计量的功能或内嵌在交易系统里，或完全手工处理。随着银行业务中需要运用复杂计量方法的金融产品越来越多，对于计算的精度和频次的要求也越来越高，基于交易与核算分离的理念，有必要在会计信息系统中将会计计量作为一个专门的处理模块，来满足中间业务和金融工具等方面的计量需求。通过将复杂的计量规则内置到系统中，并自动获取计量所需的业务数据，实现精确稳定的自动化计量处理。精准的计量结果能够有效提升业务统计分析水平，增强产品和交易的定价能力，提高信息披露质量。

三是企业级的总账系统。通过设立全行统一规范、多维灵活的会计科目体系，为全行经营管理提供更为准确、详尽的总账信息，满足内部管理和信息披露的需要；支持海外分行、子公司的总账数据接入，实现全行一本账；支持多账套的数据生成，满足多会计准则核算的需求；与统一数据平台实现数据交互，为管理分析提供所需数据。此外，总账系统具备自动合并抵消和提供期后调整等复杂功能，为提高财务报告的自动化编制水平提供了基础。

四是高度自动化的财务报告系统，集成内部不同系统来源的财务披露信息，依据报表合并原则和处理流程，自动生成集团合并报表。在大幅提高自动化程度的同时，也提高披露数据的质量。报表模块还支持多维度财务报表的生成，帮助管理层准确、实时地把握业务经营结果，满足现代银行财务管理对决策支持的需要。

五是功能强大的管理会计系统，基于多维度账务信息，结合统一数据平台的标准化数据，为经营管理和决策提供更加快捷、准确、全面的支持。

通过搭建以上若干功能模块，构成了一个完整的会计信息系统。目前，各家商业银行在新一代核心系统的具体设计实施上虽有差异，但对于会计信息系统的设计基本都是围绕着交易与核算分离这个核心理念来展开。在这个背景下，与会计信息系统相辅相成的商业银行会计管理模式也一定会有发展变化，那么，深入探讨应该如何优化会计管理模式，对于新一代核心系统的应用无疑有着重要的现实意义。

第三章 新一代核心系统环境下商业银行会计管理面临的影响与挑战

一、会计管理活动的内涵

在梳理新一代核心系统环境下商业银行会计管理所面临的影响与挑战之前,我们有必要对会计管理活动进行归零性的思考。也就是说,会计管理是以什么为对象开展的工作,哪些工作属于会计工作,工作的目标是什么?这是我们正确认识商业银行会计管理所面临的问题,并解决这些问题的基础前提。纵观会计发展史可以看到,会计的内涵及外延是随着社会经济的发展而不断丰富和发展的,记账方法由简单的单式记账法发展到卢卡帕乔利开创的复式记账法,由简单、直观的确认计量发展到需要公允价值估值等复杂的数学方法才能进行准确确认和计量的会计方法体系。在现代信息系统环境下,可以对会计管理活动做如下表述:会计是经济管理的重要组成部分,通过建立会计信息系统,收集、加工和利用以一定的货币单位作为计量标准来表现的经济信息,通过确认、计量等技术方法、通用会计规则将经济信息转换为会计信息,通过记录和计算加工编制生成会计报告,从而达到对经济活动进行组织、控制、调节和指导,促使人们比较得失、权衡利弊、讲求经济效益的一种管理活动。会计管理活动是一种价值管理,是利用会计特有的方法、手段及产生的会计信息对经济活动中使用的财产物资、劳动耗费及劳动成果进行系统的记录、计算、分析和检查,确保资产保值,促使资产增值,从而实现经营管理的目标。上述内容实际上总括了会计管理活动的对象、基本职能和具体内容。

(一)会计管理活动的对象

就总体概念而言,会计管理活动的对象是企业的经济活动,而且是以货币表现的经济活动。具体来说,会计管理活动的对象是企业经济活动所带来的各类资产物资、产生的负债义务,形成的资本权益,发生的费用支出,赚取的收入利润等。至于资产、物资等建造生产,负债的取得,资本的投入,花费费用的活动等行为,并不是会计工作等内容。目前,我国《会计法》明确规定"各单位必须根据实际发生的经济业务事项进行会计核算,填制会计凭证,登记会计账簿,编制财务会计报告"。从这段规定也可看出,会计管理工作是使用会计原则和语言,对经济主体发生的经济业务事项进行的反映,经济业务事项是会计管理活动的对象,而非会计工作本身。

(二) 会计工作的职能和具体内容

明确了会计管理活动的对象，接下来需要厘清的是会计工作的内容包括哪些？或者说会计的职能包括哪些。这里再次引用上述《会计法》中的规定："各单位必须根据实际发生的经济业务事项进行会计核算，填制会计凭证，登记会计账簿，编制财务会计报告。"这条规定高度概括了会计工作的具体内容，即包括会计核算、填制会计凭证、登记会计账簿、编制财务会计报告。《会计法》同时规定，"任何单位不得以虚假的经济业务事项或者资料进行会计核算"，这实际上又赋予了会计另外一项职能，既要通过自身工作环节的控制，确保会计信息真实准确，同时还要利用产生的会计信息对经济活动进行监督。因此，总结来看，会计工作的职能或内容主要包括核算、控制和报告。这其中，核算是会计的首要职能，也是全部会计管理工作的基础。任何经济实体要进行经济活动，都要求会计提供根据经济活动信息转换来的客观、真实、正确、完整、系统的会计信息，这就需要对经济活动信息进行记录、计算、分类、汇总，并且将经济活动的内容转换成会计信息，成为能够在财务会计报告中概括并综合反映经济活动状况的会计资料。因此，会计核算是在将经济活动信息转换为会计信息的过程中，进行确认、计量、记录的工作。

如果将这些工作串成一个链条，全流程的会计工作起点是记载经济活动发生的原始凭证，终点是财务报告。在这一过程中，需要很多载体、工具来予以支撑。其中，记账凭证是会计分录的载体；账户是会计信息的载体；会计科目是对会计要素的具体内容进行分类核算的标志或项目；会计签章是会计凭证或其他会计资料上表明并确认身份及交易合法性的标识，包括印章、签名等；会计档案是指各项业务活动中形成的，具有查考利用价值的会计凭证、会计账簿、会计报告和其他应该保存的会计资料，是记录和反映各项业务活动的重要史料和证据；会计准则则是将经济活动转变为会计语言的通用规则。这些构成了会计工作的具体内容。

二、传统环境下商业银行会计管理工作

对于会计管理工作而言，商业银行是一个特殊的行业。这个行业中，由于会计管理服务的对象是资金，包括存款、贷款等，因此长期以来，银行的业务处理被等同于会计处理。在手工处理以及电子化阶段，银行的核心系统基本是会计手工核算的简单模仿，几乎等同于银行会计系统，同时银行的产品比较简单，基本上都是传统的存款、贷款和支付结算，银行业务办理的重点是完整、准确地对账户金额的变动进行记录，完成会计账务处理。在这种环境下，商业银行会计的外延发生了较大程度的扩张，不仅反映资金运动，而且参与资金运动，不仅担负着核算的职能，而且直接经办业务。这一阶段除了会计核算、会计账务的生成、会计报表的编制外，几乎所有的业务处理也都被界定为会计处理。从业务角度看，会计管理内容包括客户存取款、转账汇款、贷款发放、购汇结汇、资金清算、现金运送管理等；从会计工作的载体看，包括凭证、重空及重要物品、印章、档案、登记簿等；从工作的流程看，包括柜面接待客户、录入交易、打印凭证、加盖印章、复核授权、与客户对账、手工账务处理、内部账务核对、错账调整、业务稽核、利息计提调整等、会计档案管理等。这种会计"包打天下"的状况一直延续至数据大集中阶段。

三、交易与核算分离的新一代核心系统环境对商业银行会计管理的影响与挑战

如本课题第二章所述,在新一代核心系统阶段,为适应金融产品日益复杂的趋势,以及市场快速变化、会计准则持续动态调整、交易系统多元化、会计核算进一步专业化分工等,商业银行在核心系统架构摆布上,将各类业务的交易处理与会计核算再次分离。组件化、模块化的核心系统架构设计,要求会计核算与业务处理解耦,通过搭建专业化的会计核算模块,将核算集中到后台处理,核心系统实现了从以账户为中心到以客户为中心的转变,这种变化对商业银行的会计管理带来了巨大的影响与挑战。传统环境下形成的会计管理组织架构、管理方法、内容、控制手段等,都必须要重新认识和界定。

(一)会计管理工作的界定问题

这是"交易与核算分离"系统环境下商业银行会计管理工作遇到的首要的一个问题,即会计核算与交易处理在功能上解耦后,银行的会计工作应该包括哪些内容?虽然在传统经营和信息系统环境下,商业银行会计"包打天下",从最前端的业务办理、交易处理,到资金在不同机构间的调拨清算、会计分录处理、会计账务生成,以及最终会计报表生成都被划归会计工作的范畴,但是一方面对照本章第一节会计管理工作的内涵可以看出,这一范畴被过度扩大了,包括了并不应该属于会计工作范畴的业务办理、交易处理以及银行特有的资金清算等工作。由于被包括在会计管理范围内,这些工作或者因执行了本来不必执行的会计工作管理要求(如借贷平衡检验等)而影响了工作效率,或者由于不具备本身应具备的功能而影响了工作效益(如产品特殊计息要求)。另一方面,随着商业银行经营理念的不断转变,"以客户为中心"的经营要求已经从主观上需要对商业银行传统会计相关工作进行重新界定和厘清,从为客户提供满意的产品和优质服务角度对前段业务办理和交易处理流程进行再造,实际工作中,在国内银行业商业化不断推进的进程中,这一要求已经越来越迫切。但是因承载和落实管理要求的信息系统未被进行根本性改造,这一要求一直停留在认识层面,相关流程再造工作并未实质性开展。

而随着新一代核心系统的推广应用,"交易与核算分离"的系统架构的形成,对商业银行传统会计相关工作进行重新界定和厘清就成为新核心系统能够成功应用的一个关键。系统功能的应用实际上是管理要求的落地,新一代核心系统的实施不是单纯的技术功能的提升,更重要的是通过技术提升促进业务流程的再造,通过信息化的引领和带动,更新管理理念,完善管理制度,把合理的流程尽快固化到日常生产中去,形成正式指导各个环节的操作手册。新一代核心系统环境下,交易与核算实现解耦形成了相对独立的关系,从系统的角度看,会计功能的界限是相对清晰的,即以会计引擎为起点,各类业务的交易信息才开始具有了会计的色彩,直到总账信息生成。对应这种系统架构,我们的问题是:商业银行会计工作的起点在哪里?完整的会计工作应该包括哪些内容?如果将前端的业务办理理解为交易而非会计,业务办理与会计工作之间应该建立怎样的关系?是否需要遵循会计

工作的相关要求,应遵循哪些要求?业务办理、交易处理和运营与会计工作之间应采用怎样的分工协作模式,来保障银行业务能够顺畅开展。

(二) 会计人员与会计机构的定位问题

传统环境下,银行营业网点的柜员由于参与了传统意义上的账务处理而被定位为会计人员,要求具备一定的会计学知识,按照会计法的要求,这些人员必须取得会计从业资格证书。具体处理业务的机构被定为会计机构,需要接受会计管理部门的管理。而在"交易与核算分离"的环境下,前台柜员将更多地承担产品营销、对客服务、交易处理的职责,会计核算由系统自动完成,柜员几乎不需要进行任何会计工作。这种情形下,哪些人员应被认定为会计人员,需要取得会计从业资格证书,需要具备或了解会计知识?哪些机构应被定为会计机构,应遵循会计管理的要求?以会计引擎为界限,如果从事会计引擎前端工作的人员不再被界定为会计人员,相关岗位和机构不再被定为会计机构,会计管理工作的要求应通过怎样的机制得以贯彻执行?

(三) 对会计基础工作的影响

如前所述,完成会计工作需要很多载体、工具以支撑,包括凭证、账簿、印章、会计档案等,这构成了会计工作的基础。传统环境下,长期以来对于这些会计基础工作,已经形成了比较完备的管理要求。而在"交易与核算分离"的环境下,会计基础工作的载体发生了变化,对凭证、印章、账簿的管理产生了较大影响。

现行会计法规定,记账凭证应当根据经过审核的原始凭证及有关资料编制。会计账簿登记,必须以经过审核的会计凭证为依据。这意味着,按照会计法要求,会计账务的生成需要以原始凭证为基础,编制会计凭证,再根据会计凭证登记会计账簿。但是在新信息技术环境下,这一过程完全变成系统自动,柜员根据客户需求(有些有原始凭证,有些没有原始凭证,仅仅是客户在系统客户端直接发起的交易)在交易系统中进行交易处理,系统将自动生成交易流水,会计引擎根据交易流水和事先设置好的会计核算规则,生成会计借贷信息,变更账户余额,产生会计科目发生额,最后生成总账科目余额。在这一过程中,会计流水统一成了交易流水,客户合约账户替代了会计账户,会计凭证或者不再专门生成,或者电子化,总账、明细账、日记账基本可以以科目余额表和账户流水信息替代。过去柜面办理各类支付结算业务使用的,被称为会计印章的业务用公章、办讫章、票据受理专用章、票据清算专用章、本票专用章、汇票专用章等,由于是在交易环节、为证实交易真实使用的从而被定义为业务类用章。这些变化给我们提出了相应的问题,会计基础工作的载体、要素是否应保留,应保留哪些?是否需要新的载体、要素为完成会计工作提供支撑?对于这些基础性的工作应有怎样的管理要求、采取怎样的管理方式等。

(四) 对会计工作组织及过程控制的影响

无论是会计电算化还是后来的数据大集中,某种程度上都体现的是以账户为中心,在这种环境下,从交易的处理到最终账务生成,都被界定为会计工作,形成了相关的工作组织模式和控制机制,比如对原始凭证的审核(真实性、合法性、合理性、完整性、正确性、及时性),对记账凭证的审核(内容是否真实、项目是否齐全、科目是否正确、金额是否正确），加盖印章确保真实避免重复，明细账与总账之间的平行登记规则等。而在"交易与核算分离"的环境下，会计不再是银行业务办理的主体，但由于会计是对经济活动（银行业务、服务）的客观反映，因此不能完全放弃对业务的控制。如何设置对业务的控制点，将会计工作必要的管理要求传导至业务办理环节，区别客户资金账务，建立起新的会计内部账务管理机制，建立包括复核、对账、稽核、检查等环节在内的新的会计工作机制和流程，是在交易与核算分离的新一代核心系统环境下，会计管理工作面临的一个重要挑战。

（五）会计系统与其他应用组件的衔接

这是新一代核心系统环境下的新生问题。新一代核心系统的主要特点是"组件化"，交易与核算实现了分离，会计引擎等与会计核算相关的功能成为一个相对独立的组件，通过参数化的配置与其他组件间形成交互关系。这种系统架构使得不同组件的优化调整相对独立，互不干扰。但同时也需要建立完善的工作机制，确保不同组件间协调一致，同步调整，否则极易因系统不衔接导致出现问题。

（六）会计信息生产面临的机遇

传统环境下，商业银行会计信息生成从经济活动发生时的原始数据获取到最终提供给信息使用者，信息总量逐渐减少，其中很多重要的、具有决策可用性的原始要素被丢弃，无法满足信息使用者精细化的管理需要；与统计职能交叉，定位不够清晰；手工记账较多，信息质量有待提高；缺乏强有力的系统支持，时效性差。随着管理手段和管理能力的提升，以"精确决策、精确计划、精确控制、精确考核"为基础的精细化管理变革越来越深入人心，信息使用者更加关注会计信息的预测价值和反馈价值，更加强调会计信息的多元化、精细化和及时性。显而易见，简单、准确地反映企业历史财务状况、经营业绩、现金流量的传统会计信息，已经不能满足信息使用者的需求。新一代核心系统的建设对会计工作既提出了新要求，也提供了新机遇。如何利用新一代统一的数据信息生成更为准确、丰富的具有会计含义的信息，也值得我们进一步的探讨和研究。

第四章 新一代核心系统环境下商业银行会计管理模式的构建

生产力决定着生产关系。随着信息技术水平的变化，以"客户为中心""交易与核算分离"为特点的新一代核心系统逐渐替代"以交易核算为中心"的传统核心系统。适应新一代核心系统的应用，为解决会计管理中面临的新问题，迫使我们重新思考商业银行会计管理模式。总的来看，商业银行会计管理的本质并没有变化，但在管理模式和重点上需要进行适当的调整和完善，充分利用信息技术手段来提高会计管理的效率和水平，这是商业银行适应环境变化、提高竞争力的需要，是银行业务流程再造的必然要求，也是商业银行会计工作发展的大势所趋。

一、新一代核心系统环境下构建商业银行会计管理模式的必要性

（一）新一代核心系统环境下重新构建会计管理模式是商业银行适应环境变化提高竞争力的需要

随着我国金融自由化和信息化的步伐加快，银行客户的需求日趋多样化，银行金融产品日趋复杂。商业银行客观上需要树立"以客户为中心"的服务理念，快速响应产品创新，提高对客户服务的灵活性，这必然会对传统会计管理模式形成冲击，推动着商业银行通过管理手段、组织方式等方面的自身调整来适应这种挑战。

（二）构建新的会计管理模式是银行业务流程再造的必然要求

"流程银行"的核心是通过业务流程和管理模式的梳理"串联"起产品和管理的整个周期后，站在企业级的角度，重新审视银行日常运作的业务。"交易与核算分离"体现了"流程银行"的理念，建立清晰连贯的业务流程和控制程序，以流程再造为核心推动其各个环节的运作与控制，这是商业银行自身不断提高效率和创新能力的必然选择。会计管理作为商业银行的基础工作，也必须在流程银行的建设中通过对自身定位、手段等管理模式进行反思和调整，才能满足商业银行经营管理的要求。

（三）构建新的会计管理模式是商业银行会计工作发展的需要

近年来，商业银行会计工作不断面临新的挑战。例如，企业会计准则的不断变化需要商业银行在会计制度、系统建设、核算组织等方面提供更灵活、更有力的支撑；随着营运

管理体制改革，前后台分离，前台逐步淡化会计核算痕迹，如何定位会计人员和会计机构；如何在"以客户为中心"的经营理念下做好会计控制，确保会计质量；如何解决会计信息维度单一的问题，满足业务部门日趋复杂的信息应用需求；等等。这些问题的解决，不仅需要新信息系统的"硬件"支持，也需要对会计管理模式上的"软件"配合。

构建商业银行会计管理模式，必须要解决两个核心问题：第一，明确新一代核心系统环境下商业银行会计管理的基本范围和内容；第二，结合我国商业银行的管理环境变化，如何通过组织方式和管理手段的改进，将新技术革新与会计管理的基本要求有机地组织起来，更好地为商业银行生产经营服务。第一个问题不解决，说不清楚哪些是会计管理的范围，哪些是营运管理的范围，哪些是后台会计核算的范围，哪些是前台经营服务的范围，职责定位不清晰，会计管理就有可能在各个方面出现"越位"或"缺位"；第二个问题不解决，缺乏强有力的组织机制和管理手段保证在企业的整个生产经营活动中贯彻会计管理的要求，会计确认、计量和控制的各个环节就容易发生扭曲，会计数据的准确性和严肃性就无法保障，会计管理也会丧失基本的作用和意义。

二、新一代核心系统环境下商业银行会计管理的重新定位

如前所述，商业银行的会计管理工作在传统信息技术以及组织架构下形成了相对明确、清晰的内容和范围，但是随着新信息技术的应用，不断受到了新的挑战，原有的工作内容、职责定位需要重新厘清，以更好地发挥会计管理对银行经营的支持作用。

(一) 基层网点作为会计管理机构的定位需要重新界定

目前，国内大部分商业银行仍采用总分行层级制的管理模式，会计管理机构也基本上按照行政层级逐级设置。近年来，各大商业银行普遍成立了运营管理部门，通过集中运营提高管理效率和控制风险，一些传统的会计管理工作已经纳入运营管理的范围。主要表现在：一是前后台分离的整体趋势已经在各个银行形成共识，会计信息采集过程通过扫描、传真等技术手段，可以不在前台网点，而是集中在后台进行处理；二是随着产品系统功能的逐步丰富，需要前台柜员手工处理的特殊账务场景逐步减少，可以通过后台处理的方式逐步集中；三是会计规则参数化、标准化，使得核算制度能够快速部署到核心系统中，会计核算的自动化程度越来越高，"大总行，小分行"的会计管理模式已经逐步形成，过去由分行及以下会计管理部门逐级落实核算制度的情况，随着交易与核算分离的深入推进已经越来越少；四是会计管理机构的工作重点将逐步向着加强对各个环节的会计控制，协助总行完成会计报告，并充分利用会计信息参与管理决策转变。

实际上，正是基于上述原因，许多银行前台已经逐步淡化了会计管理的痕迹，前台人员也不强制要求了解会计知识，重点是做好综合营销以及规范性操作。在这种背景下，会计管理机构的层级可以逐步上移，前台网点可以不再设置会计管理机构，将主要的会计管理职责集中在二级分行及以上，以真正实现会计的集约化管理。

(二) 会计人员的定位需要重新明确

会计人员的定位应该从会计工作的内容和环节来看，与银行会计管理相关的环节主要包括：核算要素采集环节、会计分录处理环节、账户及账簿登记环节、会计报告的生成环节、会计检查与核对环节五个环节。从理论上讲，凡是和银行会计活动有关的人员，都是会计管理的对象，但从是否必须掌握会计知识看，负责会计信息采集的柜员和业务人员不需要具备专业的会计知识，只需要在具体操作时按照要求执行，可以不作为会计人员管理。因此，在新信息技术环境下，商业银行可仅将从事财务报告编制、会计工作管理、会计账务手工处理的人员定义为会计人员，按照《会计法》的要求需取得会计从业资格证书，接受会计知识的后续教育，按照会计管理相关要求进行管理。而柜面操作人员可不再被界定为会计人员，应更专注于运营操作和对客服务。实务中，传统的会计柜员、会计主管逐步转换为客户经理或运营主管，真正了解会计原理和账务规则的人员也确实呈现逐步减少的趋势。

(三) 凭证、印章等重要单证和重要物品的形式和管理职责发生了变化

传统的会计处理要求会计人员依据原始凭证编制记账凭证，完成会计分录记账，会计印章则是会计信息确认及责任回溯的依据。新的技术环境下，由于实现了交易核算分离，信息系统普遍采用"业务驱动会计处理"的方式，会计规则"内嵌"在信息系统中，通过业务场景可以自动产生记账凭证和会计分录，记账凭证往往以电子数据的方式保留，以便查询或打印。此外，许多凭证格式也发生了变化，比如单式凭证逐步被复式凭证所替代，记账凭证也不再要求纸质归档，等等。从重要性来看，原始凭证由于其反映经济事项的真实性，作为会计处理起点，属于会计重点控制的范畴，是会计稽核、核对的关键信息，而作为内部会计处理依据的记账凭证则随着技术水平的提高，从形式、内容、保管等方面都发生了很多变化，逐步向着自动化、电子化数据的方向转变。就各商业银行所划定的管理职责来看，凭证、印章等基本上属于前台操作，普遍将其纳入营运管理的范畴，虽然仍要求遵循会计管理的基本要求来具体执行，但已经与"大会计"管理的范围不可同日而语。

(四) 会计账簿、账户的管理需进行新的定位

在交易与核算分离的环境下，原始凭证、记账凭证、分户账、明细账、总账这样一条会计信息生成的路线发生了变化，转变为交易流水、客户账户（合约）/会计内部账户、总账科目余额。虽然总体上看，分户账、明细账、总账的账簿体系没有发生根本性的改变，但会计账户管理的重点发生了变化。客户账户（合约），性质上实质是与客户的契约，更多地承载着业务属性，其开立、销户、金额变动等管理属于业务管理的范畴，其金额变动直接变更记录到会计科目，并通过总分核对、平衡检查等手段，在程序上保障了会计信息的可靠性。会计管理更多的需要关注用于自身账务处理的内部账户管理。所谓内部账户是指银行根据核算需要而开立的反映资金流动过程的账户，这些账户是为核算服务的，与客户契约没有直接关系，其自身携带着核算科目等信息，仍然可以认为是会计意义上的账户，需要按照会计的要求进行对账、清理等管理。因此，在新信息技术架构环境下，需要清晰设置客户账户、内部账户，并采取不同的管理策略。在过去相当长的一个阶段内，由

于业务与会计处理是绑定在一起的，一些特殊情况下，以核算替代业务处理（即没有产品系统，利用银行内部核算账户作为产品系统的业务明细）的现象大量存在，但是交易与核算分离后，应坚持"业务驱动会计"的理念，健全完善客户合约账户管理体系和系统，同时严格管理内部账户，明确账户开立的标准、职责和使用规范，确实保证业务处理与会计核算各自边界清晰，避免相互影响。

（五）会计内部控制的重点转向对信息数据的挖掘，提高对风险的识别能力

会计控制是商业银行内部控制的一个重要方面，是运用会计方法和手段，将业务经营过程中的差错与风险降到最低程度，以实现经营目标的一种管理活动。现行会计管理模式下，银行的控制措施主要是根据业务的关键控制点来制定，包括不相容岗位分离、授权、复核、集中对账、稽核等。新的信息技术条件下，对于这些控制手段不仅不能放松，反而要进一步强化，要充分利用科技系统实现会计控制的自动化。但应该看到，现行的会计控制手段主要集中在交易处理的过程中，更侧重于对操作人员行为的管理，是前台柜面管理的工作重点，基本上纳入了营运管理的范畴。交易与核算分离后，随着会计人员、管理机构职责的调整，需要进一步研究会计内部控制的方式，充分发挥会计信息的作用，提高会计中后台管理所掌握的大数据优势，通过挖掘财务数据，及时发现问题，对业务处理中的风险点进行预警。

（六）核算系统与其他系统的衔接显得尤为重要

交易与核算"解耦"，并不是产品组件与核算完全没有关系；相反，以"参数化""组件化"为标志的新一代核心系统，要求系统与系统间更加紧密的协同。例如，在核算规则和参数的设定上，必须与产品系统的核算要素之间保持匹配，否则容易造成系统性的核算错误。因此，交易与核算之间的关系实际上是一种动态平衡的关系，这就要求在会计管理上要梳理好产品创新与会计核算的衔接点，从制度、流程、操作等各个环节重新规范不同部门、系统之间的职责和分工，从而保证产品经营与会计核算的规范和统一。

三、新一代核心系统环境下国外商业银行会计管理模式

相对而言，国外商业银行对于信息技术领域的变革要领先于国内。西方现代企业管理的通用概念下，对客户提供产品服务与会计核算是天然分离的，欧美银行遵从此理念，业务职能和IT架构上充分体现了交易与核算松耦合。此外，2009年全球金融危机之后，各国政府加强了对商业银行传统会计信息披露的要求，对会计计量规则、核算规则、信息披露都进行了更严格和复杂的规定，需要商业银行更统一地从多维度来审视全行的财务经营状况，在此背景下，需要建设新的会计管理体系与之配合。其中，美国银行、德意志银行、瑞士REKB银行等均有一定的借鉴意义。以美国银行为例：

（一）美国银行会计管理的组织架构与工作范畴

美国银行的会计管理工作总体上体现了政策集中统一、落地执行有效的特点。组织架

构方面与整体的条线制架构相适应，采用了总行集中管理与条线派驻执行相结合的模式。具体而言，总行的工作围绕制度研究、总账管理、政策制定、内控核对展开，主要负责专业化的会计准则、监管政策研究，充分发挥专业集中的优势，制定统一的财会政策、账务流程管理制度，对条线会计工作提供专业支持与指导，实施统一的总账管理，编制高质量的内外部财务报告和监管报告等。业务条线的工作围绕账户的使用、核对与管理展开，具体负责总行的制度要求在应用系统、业务条线内的落实与执行，对账务处理流程、账务结果以及对可能影响账务结果的各项基础性工作进行控制与审核等。从全行范围看，会计工作内容主要包括会计分录、分户账、总账的生成，内外部财务报告、外部监管报告的编制，内部账户、总账科目使用的正确性、规范性以及账务信息准确性的全流程控制等。

（二）会计管理团队及工作职责

1. 总行层面的首席会计官团队

会计相关工作由会计总监团队和基础财务团队下的全球财务运营团队负责。其中，会计总监团队主要负责会计准则的研究和应用实施，宏观层面会计制度的制定，内外部财务报告、监管报告的编制以及为《萨班斯—奥克斯利法案》中的财务控制条款的实施提供支持；全球财务运营团队主要负责统一的总账科目管理，集中的总账系统运维，账务流程处理政策、内部账户管理政策、会计内控政策的制定，以及财会系统统一平台建设和实施的相关工作。同时，全球财务运营团队还负责对条线会计相关工作进行指导、控制和审核，包括对条线会计核算制度合规性的指导，对条线应用系统会计核算码使用的正确性、应用系统核算码与总账科目映射关系的准确性，以及整个会计账务流程的规范性、账务结果的精确性进行审核，通过统一的会计内控平台对条线会计工作进行监督，编制提供给高管层的账务核对报告等。

2. 业务条线内会计团队

美银在条线 CFO 团队下设置了业务条线会计工作团队，主要包括条线会计总监、手工账录入员、手工账审批员、账户核对员、账户核对审批员。其中，条线会计总监是总行 CAOG 向业务条线派驻的人员，在 CAOG 中发挥着关键作用，是连接 CAOG 与条线 CFO 日常工作的纽带，主要负责 CAOG 制定的各项政策、制度在业务条线的执行与落实，确保美银内部形成强有力的全流程内控机制。条线会计总监实施双线汇报，即向条线管理层和 CAO 同时汇报，以 CAO 为主。具体职责包括：①为条线内所有财务会计事项和报告提供专家意见和专业支持；②对条线应用系统中核算码的开立进行审批；③在出现新业务时负责开立新核算码，制定核算码使用规则，并负责核算码的使用规则符合 GAAP 和内部会计政策的要求；④确保核算码与总账科目间建立了恰当的映射关系；⑤作为总行全球运营团队的合作伙伴，配合内控检查中发现问题在条线内的整改和解决，并将相关情况向条线管理层报告。手工账录入员负责按照各项会计政策、制度，编制完整、准确的会计分录，确保所有手工账分录原始凭证的完整、真实；手工账审批员负责对手工账录入员的工作进行复核、批准和监督。账户核对员及核对审批员的职责主要包括：准确理解和掌握管辖范围内所有账户的使用规则；对账户使用的规范性、准确性进行验证和评价；保留充分的证据和资料，证明核对工作的合理性和规范性，确保核对工作能够被独立的第三方（如外部审计师）认可；对账户使用不规范的行为进行纠正。上述会计工作团队成员是政策的具体执行人员，会计账务最终结果和所有工作的准确性、合规性由业务条线的高级管理层负责。

(三) 严格有效会计核算和内控管理

按照萨班斯—奥克斯利404条款的要求，美国银行建立了完整、严格的会计内控管理体系。整套体系围绕核算码和内部账户的管理展开，具体通过核算码（内部账户）管理政策、账务核对政策、总账科目使用和会计分录管理政策得以具体落实，是贯穿美国银行整个会计工作的非常突出和重要的组成部分，是财务报告正确、准确、合规的有效保障。职责明确、要求严格具体、系统支持有效。

1. 核算码/内部账户的管理

美国银行在内部账户管理方面的一个显著特点是责任明确，落实到人。每个内部账户都必须有四个确定的管理人员，包括账户所有者、条线会计总监、账户核对者及账户核对批准员。账户所有者由业务条线的高级副总裁或更高级别的人来担当，主要负责：账户的开立、维护、控制和监督已有的账户符合账户管理政策的要求；定期对管辖内的内部账户进行检查、分析，确保账户活动受到合适的监督，确保账户信息的准确性；对账户开立时所必备的要素进行定期检查和更新；确保每一个账户都设置了恰当的独立管理岗位；确保所有的账户都遵循了美银的账户核对政策；确保不再使用的账户及时销户；及时地监督、控制、解决透支挂账问题；将任何不符合政策的事项向条线执行负责人汇报；确保所有高风险的账户（现金及挂账类账户）都得到合适的控制和授权管理。从上述账户所有者的职责可以看出，业务条线会计账务最终结果的准确、合规性由业务条线的高级管理层负责。条线会计总监负责内部账户开立的审批、制定内部账户使用规则、确定内部账户与总账科目的映射关系等。账户核对者及账户核对审批员负责按照账户管理政策的要求对账户的使用情况进行核对。确认交易的完整性，保证符合会计核对政策。这种责任到人、职责明确的管理机制为内部账户的规范化使用、账户信息的准确性提供了可靠保障。

2. 会计分录生成的控制

在会计分录生成环节，区别自动账务和手工账务有着不同的关键控制点。对于系统自动生成账务的，会计内控的关键点在于对账务生成规则的控制。美银在应用系统（即交易或业务系统）中设置了"总账/交易账户矩阵表"，该矩阵表决定了应用系统如何根据业务信息自动生成会计分录，并将会计分录过入分户账、总账。该矩阵表由条线管理者、条线会计总监共同维护，规则的变动需要CAOG的认可。对于手工账，由账户核对员按季通过统计抽样的方法进行合规性检查，核对审批员对核对员的测试工作进行审核。后续分户账、总账的核对通过统一的核对系统定期进行核对检查。

3. 三道防线的核对体系

美国银行建立了由三道防线组成的核对体系，每道防线都有着非常明确的职责定位。第一道防线是业务条线内的核对小组，包括条线内的账户核对员、核对审批员、条线会计总监和条线管理者。该防线是核对政策的具体执行者，负责逐日对当日发生的所有业务进行抽样核对（如对现金类高风险账户每日抽查1000笔交易），至少按月对所有账户进行全面核对，将核对发现的异常情况及时向条线管理者和全球财务运营团队汇报，提出解决方案，进行跟踪监督，督促问题的解决与落实；负责在规定时间内完成10000美元以上的非信贷类损失事项的核销处理；按月在统一核对系统平台上编写核对报告；及时清理不再使用的账户。业务条线的管理者每半年对条线内的核对工作流程、工作情况进行检查。第二道防线是 CAOG 下的全球财务运营团队。全球财务运营团队是整个核对制度的制定和维护者,决定哪些账户需要包括在核对报告系统中;规定账户核对员和核对审批员职责;对核对系统进行更新和维护;对条线核对发现的问题进行监督,确保得以妥善解决;按月向条线的高级管理者和条线会计总监提供账户核对相关问题的报告;向高管层汇报核对发现的重大问题;要求账户核对员对手工账的科目使用合规性进行抽样检查和报告,并对核对员的报告进行抽样测试,以评价报告记录的充分性以及账户核对员结论的合理性;对不符合要求的账户的整改情况进行检查,确保整改的正确性。第三道防线是审计,以独立的第三者的身份对整个核对过程进行评价和检查

4. 集中统一的核对系统

美国银行开发了集中统一的对账系统,来完成账务的核对、监督与报告。第一,EZREC 核对及报告系统。EZREC 是集中核对的信息平台和核对报告系统,负责从所有相关业务应用系统,分户账、总账系统中收集相关信息,满足对总账、内部账户进行分析的要求;通过系统自动化的平衡机制保障分户账与总账数据的一致;为账户核对员提供核对报告编写的平台,并向其他所有相关人员提供核对报告。EZREC 生成三类报表:月度快报、月度热点地图以及标准系统报告。月度快报中会报告所有不符合公司政策的问题,主要包括问题概要、条线评分卡以及条线问题的详细说明三部分。其中,条线评分卡会按照以下类别报告各个条线的问题:①以前发生、当月未解决的问题;②当月发现问题的账户;③可疑账户;④内部往来未抵销账户;⑤验证例外(总行财务运营团队发现的问题);⑥审计发现的问题。月度热点地图是向高管层提供的,业务条线层面核对问题概要。主要包括:问题账户的比例,超期未解决的问题及金额比例,按时得以解决的问题比例,处于可疑状态的账户数量,定期进行核对验证的业务条线比例,定期进行核对验证的账户所有者比例,未得到解决的验证问题的数量等。在该地图内,业务条线按照上述指标的执行情况被涂为红色、黄色或绿色。完全执行了公司政策的是绿色,90%以上执行了公司政策的是黄色,公司政策执行率低于 90%的是红色。标准系统报告则是系统自动生成的,用于账户核对的其他各类报告。第二,ROM 动态监控系统。ROM 是一个动态监控系统,是总行财务运营团队和条线内相关财会人员监督总账、存款系统中虚假、欺诈或错误交易的工具。ROM 能够自动识别不符合财务政策的交易,并回溯至交易源头,满足纠错分析的要求,同时可以将不符合财务政策的事件通知业务条线管理者。财会管理人员通过 ROM 系统对所有的账户交易进行抽查测试,比如每天会对现金、收入、费用支出、挂账等的高风险账户抽查 1000 笔交易,对可能存在员工造假行为的账户抽查 500 笔交易。对发现的问题进行分析,后续逐日跟踪,监督问题得到合理解决。

四、新一代信息技术环境下构建商业银行会计管理模式的设想

随着"以客户为中心"的服务理念不断深入,以及系统自动化程度的提高,近年来许多手工会计处理已逐步被信息系统所取代,传统意义上的会计人员角色逐步转换为营运人

员和客户经理，会计部门也一直处于不断拆分、合并的"螺旋式"调整过程。商业银行会计怎么管？管什么？这是摆在商业银行经营管理中的现实问题。归纳起来看，在新信息技术条件下，会计管理要从自身特点出发，结合企业经营目标的调整，做好以下几个方面的工作：

（一）建立职责明确、管理有效的会计管理组织体系

会计管理组织模式是商业银行会计管理模式的关键，也是落实会计管理要求的基础。新一代核心系统环境下的会计管理组织模式的基本框架是：第一，总行财会部门负责集中制定会计制度、集中进行规则维护、集中编制财务报告及组织内控机制建设；第二，一、二级财会部门负责对下传导会计管理的要求，一、二级分行的会计管理以落实高质量的内部控制作为管理核心；第三，支行及网点不再设置会计部门，主要依托营运部门，以交易操作执行为核心，确保会计管理的有关要求落地实施。

1. 总行财会部门负责

总行财会部门	会计制度	系统管理	报告编制	内部控制机制
	• 负责根据会计准则的要求，确定会计政策 • 负责根据产品创新制定具体核算制度	• 负责根据核算制度对会计系统进行参数维护及发布 • 负责总账系统的维护和管理	• 负责编制内外部财务报告 • 负责外部审计沟通与协调	• 负责制定会计内部控制制度 • 负责对下级机构的内控管理情况进行检查 • 负责下级会计机构及会计人员的培训考核

一、二级分行财会部门	制度响应与报告	内部控制	特殊事项审批
	• 及时发现分行产品、流程变化对会计制度的影响 • 配合总行完成会计报表的编制的核对	• 对下级机构的内控执行情况进行检查 • 利用会计信息进行风险监测和预警 • 会计人员管理	• 对特殊手工账务进行审批和处理 • 对于银行内部账的开立和使用进行审批 • 对差错事项及时调整

支行及网点（营运管理）	按照会计要求执行和操作
	• 按照总行的要求完成会计基本信息采集 • 严格执行会计控制的有关要求

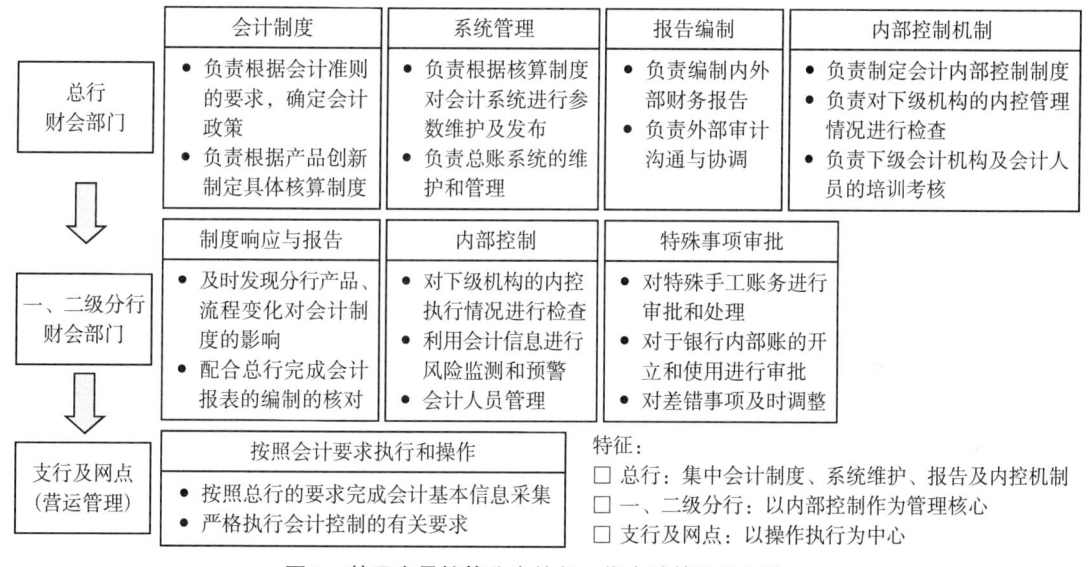

特征：
☐ 总行：集中会计制度、系统维护、报告及内控机制
☐ 一、二级分行：以内部控制作为管理核心
☐ 支行及网点：以操作执行为中心

图1 基于交易核算分离的新一代会计管理组织体系

一是制定会计制度，负责根据会计准则的要求，确定会计政策，负责根据产品创新制定具体核算制度；二是进行会计系统的管理和维护，负责根据核算制度对会计系统进行参数化维护及发布，负责总账系统的维护和管理；三是组织会计报告编制，包括编制内外部财务报告及与外部审计进行沟通与协调；四是负责制定和组织内部控制机制建设，包括制定会计内部控制制度、对下级机构的内控管理情况进行检查、负责下级会计机构及会计人员的培训考核。

2. 一、二级分行财会部门负责

一是对制度的响应与报告，包括及时发现分行产品、流程变化对会计制度的影响，配合总行完成会计报表的编制和核对；二是进行财务会计内部控制管理，包括对下级机构的内控执行情况进行检查、利用会计信息进行风险监测和预警、会计人员管理；三是会计特

殊事项审批，包括对特殊手工账务进行审批和处理，对内部账户的开立和使用进行审批，对差错事项及时调整。

3. 支行及网点

不再设置会计人员和会计部门，柜员应按照会计要求执行和操作，按照总行的要求完成会计基本信息采集，严格执行会计控制的有关要求。

（二）界定好产品经营、会计管理、营运管理三者之间的关系

随着交易与核算分离的逐步完成，产品经营与会计核算之间的关系变得相对灵活，为客户定制的产品通过简单的参数化配置，能够迅速地实现会计核算处理，产品经营部门负责设计和研发产品，会计部门负责配套核算规则，各自相对独立运作、互不干扰，会计更多地从服务客户、满足产品设计的角度发挥作用。交易与核算分离后，会计管理侧重于制定规则、维护规则、建立机制，营运管理则负责具体执行和操作处理。会计管理要逐步收缩管理范围，更强调规则和制度的合理性；营运管理则强调规则下操作的规范性，对于凭证、印章、授权、岗位等基础工作，在满足会计基本要求的基础上，营运管理部门可以根据不同的渠道、产品、客户的实际情况进行优化组合，提高管理效率和操作风险管理水平。总之，合理界定会计与营运管理、产品经营之间的关系，将会计管理要求落实到柜面操作的具体流程中，明确会计管理机构和人员的管理范围和职责，由过去的以核算处理为重心的会计管理模式转变为融会计确认、控制和报告一体化的管理模式。

（三）强化集中管理理念，提高会计核算标准化水平，快速响应产品创新，满足会计准则的要求

在新的技术手段下，会计管理要练好"内功"。第一，进一步强化集约化管理。集约化管理的好处是有利于政策制度的统一实施，防止由于人为的理解不同导致制度传导中出现偏差；通过总行集中分析和定制规则，减少下级机构的层层维护和手工作业，有利于提高工作效率。第二，做好会计规则的标准化和参数化，要实现产品标准化、场景标准化、交易动作标准化、科目标准化、核算规则标准化，通过强大的会计规则引擎，将业务办理与会计处理分离开来，真正实现"交易与核算相分离"。只要是标准化的场景，就能够通过参数调整产生会计分录，不需要复杂的技术开发，业务人员能够直观维护参数，实现会计规则的配置和调整。第三，对与交易没有直接关系，而是与会计自身要求相关的，如收入计提、实际利率、估值、套期等会计后续计量事项，通过设置专门的辅助计量模块完成处理，提高对会计准则变化和调整的响应速度。

（四）以会计确认为起点，建立覆盖信息采集、会计加工到信息展示全过程的内部控制体系

从整体机制上来看，实现"交易核算分离"后的会计内部控制体系应该分为三个层次：第一，树立严格的内部控制观念，建立完整、规范的会计内部控制制度；第二，充分利用会计数据，通过会计数据、业务数据的共享，提高会计分析和判断能力，营造科学、高效的风险监测和预警机制；第三，在具体操作处理环节中，严格执行岗位控制、授权、复核等会计内部控制的有关要求。从实现手段上看，一方面要依托营运管理，强化以会计

信息采集质量为起点,在规范前台操作,保持原有授权、复核、对账、稽核等控制手段的基础上,通过总分核对、借贷平衡等手段加强对会计信息生成过程的检查核对;另一方面要借鉴美国银行等国外商业银行的做法,加强对账户、账簿的核对和监控,提高会计信息的综合分析能力,充分利用账务数据设计预警模型,加强非现场检查作用,及时发现风险部位,提高会计"机控"水平。

(五) 提高对特殊会计事项的集中处理能力

对于一些暂时难以实现系统自动化处理的、非标准化的业务,会计上仍然需要留有一定的"弹性",提供手工处理的功能。这些业务需要进一步完善管理的手段。第一,进行"清单式准入管理",特殊业务事项"一事一议",积极推动产品部门在条件具备的情况下开发业务系统,实现"业务驱动会计处理";第二,设置集中的"特殊业务处理平台",将这些需要复杂会计判断和处理的业务上收到二级分行及以上,交给专门的会计核算人员进行集中处理,减少柜面操作量,降低操作风险;第三,建立特殊事项的电子化审批机制,将特殊业务处理与日常业务交易区别对待,突出重点业务和重点部位,体现会计管理的差异化。

总之,应对新的经营环境和技术环境变化,会计管理要做出适应性的调整。通过明确会计管理的组织机制,提高层级制管理下会计工作的集约化水平,缩短管理半径,提高管理效率;通过对不同层级、差异化的重点工作安排,体现出总分行各有侧重、分工配合的内部控制体系,切实提高对会计信息质量的把控能力;通过审批、上收等手段,减少前台手工会计处理,将有限的人力资源释放到产品营销和客户服务上去。

第五章 新一代核心系统环境下商业银行会计信息应用研究

一、会计信息的定位

"决策有用性"是会计信息最重要的质量特征,是基于会计目标而提出来的,西方会计准则制定机构和国际会计准则委员会 IASC 在认定财务会计部目标时,都将提供决策有用信息放在更为重要的地位。对于会计信息使用者而言,从各自角度对会计信息的使用目的各有不同,对于股东和潜在投资者,主要用于投资决策和对经营管理者进行考核评价;对于债权人,主要用于保障债权利益决策;对于政府部门,主要用于制定宏观调控经济政策;对于内部管理者,主要用于科学经营决策。会计信息只有定位于为各类信息使用者提供有用的决策信息,才能发挥会计在全社会经济管理中的重要作用。具体对于一个企业而言,会计信息定位应该对内满足各层级管理人员经营管理和精准决策的需要,对外满足财务报告披露以及对政府部门的监管报送需要。

以往会计理论和实务界对会计信息定位的研究,通常着重于以财务会计报告为出发点,分析如何满足外部信息使用者的决策需要,特别是股东、潜在投资者、债权人,这点通过文献系统搜索关键词"会计信息"可以佐证,绝大部分研究集中在会计信息披露和会计信息失真等问题。我国《企业会计准则——基本准则》第一章总则中也提到"财务会计报告的目标是向财务会计报告使用者提供与企业财务状况、经营成果和现金流量等有关的会计信息,反映企业管理层受托责任履行情况,有助于财务报告使用者做出经济决策。财务会计报告使用者包括投资者、债权人、政府及其有关部门和社会公众等"。

而事实上,会计信息对企业内部各层级管理人员的经营决策起着最为核心的作用。从企业管理角度,会计信息定位研究在满足内部管理需要方面应该得到更多的关注和重视。

二、商业银行传统会计信息

(一)商业银行会计信息的特点

商业银行是经营资金的企业,绝大多数交易都伴随着资金的运动,需要按专门会计的方法和要求进行核算处理,因此商业银行经济活动过程大多伴随着会计信息的产生,会计信息在商业银行内部无处不在。同时,商业银行是经营风险的企业,会计的监督职能使得会计信息成为商业银行风险控制的重要抓手，商业银行会计核算在企业内部处于较为核心的位置。除此之外，与制造业企业、其他服务业企业相比，商业银行会计信息还有以下主要特点：

（1）商业银行业务范围广，客户基数大，交易笔数多，是我国较早实施会计电算化的企业，特别是国有银行，在会计信息电子化生成、存储、加工、使用，以及会计核算大集中、报表生成、管理会计、计划预算管理等方面处于引领地位。目前，经过近二十年电算化会计发展，我国商业银行自动化程度已经达到较高水平，除少部分业务依然依靠手工核算外，已经基本上实现自动交易处理。

（2）采用COA多段值科目体系进行会计核算和账务汇总是国内外商业银行的普遍实践。作为会计信息的表现语言和工具，COA多段值科目体系设置极为重要，各家银行因业务范围、精细化管理水平、财务会计和管理会计定位的切分等差异，COA科目体系段值设置的多寡和内容有所不同，机构、责任中心、自然科目、内部往来等是基本字段，产品、交易对手、客户类型、渠道等是商业银行普遍采用的字段。

（3）通过开立内部账户完成业务和账务处理是商业银行常规做法。内部账户是相对于客户合约账户、系统登记簿而言的，因产品全生命周期过程中部分环节系统功能缺失，或资金临时过渡，或处理部分特殊业务的需要，商业银行往往需要开立大量内部账户，在完成业务处理的同时，也完成了账务核算，因此，内部账户信息成为商业银行会计信息的主要载体之一。

（4）商业银行组织架构一般层级较多，国有商业银行一般设置五层：总行、省分行、地市分行、县支行、网点，核算层级多，网点数量庞大，会计信息形成需要逐层汇总，传递速度慢。同时，会计基础核算的一致性、质量难以保障。

（二）商业银行传统技术环境下会计信息的生成

在传统信息技术环境下，商业银行核心系统紧紧围绕会计核算搭建，会计核算在会计信息生成过程中处于中枢地位。商业银行经济活动发生时产生的原始交易数据包含大量信息，如时间、地点、业务人员、客户、产品、合约周期、收费项目、发生渠道等，既包含了可货币计量的数据，也包括不可货币计量的数据；会计核算处理是在原始交易数据中选取会计关注的要素，并按会计准则、制度要求用会计语言转换为会计数据——记账凭证，不再关注原始交易数据中的其他信息；核算动作完成后向后将会计分录汇总传递给总账模块，而传统信息技术环境下商业银行普遍在核心系统基础上又单独部署了ERP总账，日终核心系统将会计分录汇总信息再通过映射关系传递给ERP总账；ERP总账接核心系统和周边系统账务结果后汇总生成每日会计报表提供给企业内部信息使用者；通过对总账报表的加工，再生成财务报告、分析报告、监管报表提供给外部信息使用者和企业内部高层信息使用者。

综上可见，传统信息技术环境下商业银行会计信息生成路径为：原始凭证—记账凭证—结账—总账报表—财务报告和分析报告，整个会计信息生成过程如图2所示。

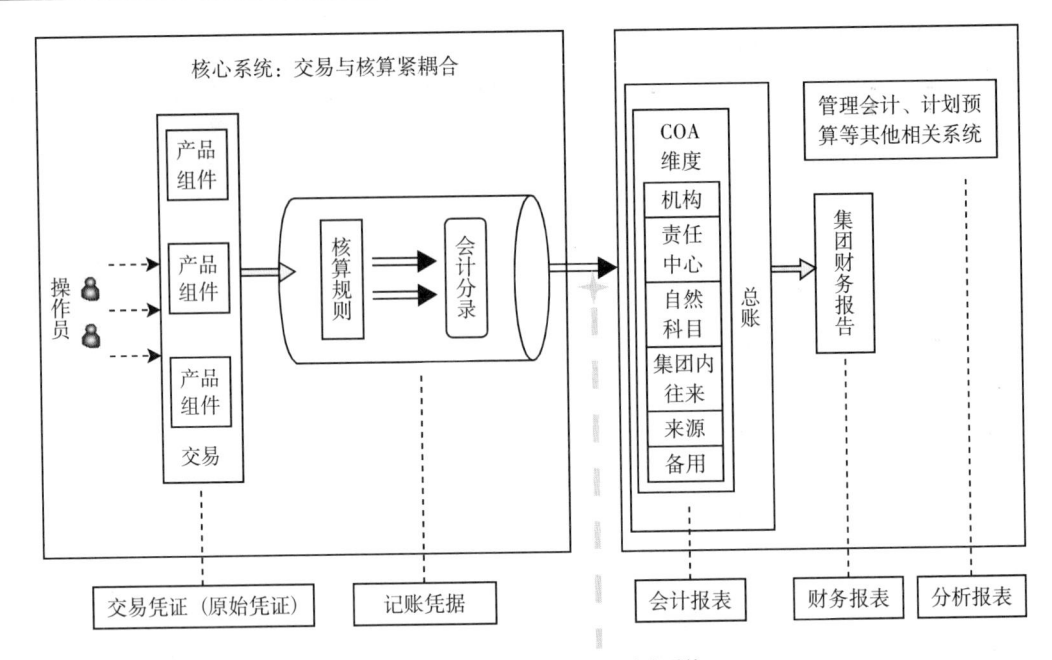

图 2　商业银行传统会计信息生成

(三) 商业银行传统技术环境下会计信息的弊端和不足

随着大数据时代的到来和企业精细化管理手段的提升，传统技术环境下，商业银行核心系统的会计信息的弊端越发凸显，信息的准确性、完整性、及时性都已无法满足信息使用者决策需要，甚至不能满足财会本身对外报告编制需要和财务预测、监控、分析需要，会计信息逐渐沦为配角，甚至被数据仓库提取的统计信息所取代。

1. "漏斗状"会计信息生成，无法满足精细化管理需要

传统技术环境下，商业银行核心系统往往围绕会计核算搭建，会计核算只选取了会计关注的要素，其他要素被忽略，显而易见，整个会计信息处理呈"漏斗状"（见图3），从原始数据到提供给信息使用者，信息总量逐渐变少，其中部分非常重要的、影响决策的数据被丢弃，无法满足信息使用者精细化管理需要。

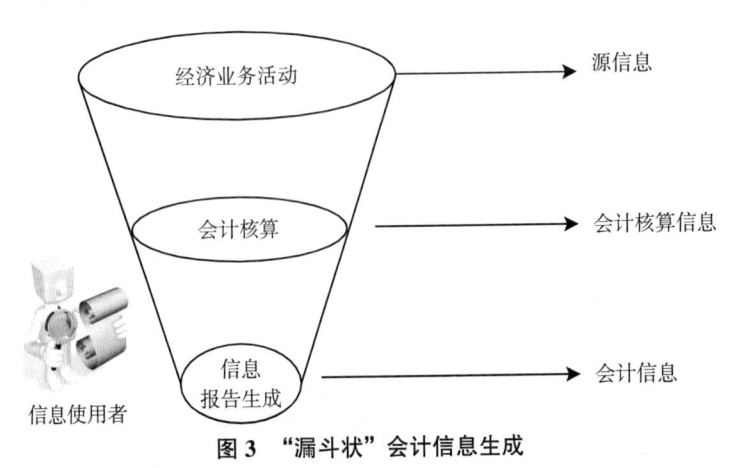

图 3　"漏斗状"会计信息生成

2. 与统计职能交叉，定位不够清晰

传统商业银行在"大会计"模式下，会计信息还承担了部分统计职能，具体体现在会计科目设计上，科目中含有大量统计信息，如客户所属行业、明细客户类型、产品期限等信息，造成科目数量庞大，科目体系不稳定。同时，传统技术环境下商业银行核心系统会计核算要素信息采集自账户层，而统计需要客户相关信息、产品相关信息多集中在合约层，极易造成科目信息与实际合约层信息不一致的情况，影响信息使用者决策。

3. 手工账多，会计信息质量有待提高

传统技术环境下，交易系统功能不健全，无法覆盖产品全生命周期，甚至部分业务无系统支持，依然依赖手工记账，而商业银行分支机构众多，核算规范能以统一，错账、串户问题较为严重，会计信息难以准确、完整反映。同时，业务人员将太多精力放在使用什么会计科目核算，会计分录如何记等问题上，影响了对客服务和产品创新。

4. 缺乏强有力系统支持，信息时效性差

一方面，商业银行传统核心系统信息技术加工、存储、传递处理能力弱，会计信息产生、汇总、传递效率低下，影响信息使用者决策。另一方面，传统核心系统缺乏参数化管理技术和手段，科目变更时往往需要进行系统开发改造，时间周期长，影响业务发展。

5. 存在数据孤岛，COA 多维信息可用性差

虽然商业银行 ERP 总账普遍采用了 COA 多段值科目体系，但由于部门级系统问题严重，同时源数据标准不统一，使得除机构、责任中心、自然科目外的其他维度信息，如产品、客户、渠道等无法从源头直接获取，需要中间参数映射转换或通过人工补录，使得这些维度信息成为数据孤岛，影响会计信息的质量和可用性。

6. 过度依赖内部账户，重要管理信息难以获取和深加工

在传统信息技术环境下，除正常临时过渡用内部账户外，商业银行往往通过开立大量内部账户形式开展业务，例如很多内部账户以客户名称开立、以交易对手类型开立、以产品及产品期次开立等。通过这些内部账户，实现了以账务处理逻辑完成了业务处理，但记账动作完成后向后传递的会计信息，只能是账号背后的科目，账户名称中的重要管理信息只能留在账户本身，难以获取，也无法集中汇总和深加工，从而限制了信息价值的利用。

7. 周边系统多，账务不统一，信息处理难度大

随着商业银行经营范围的不断扩大，各个业务部门分别根据自身业务需要开发专门系统，有的甚至新增一项业务就单独开发或外购一套系统，导致核心系统外的周边系统较多，又相互间缺乏协同，系统间科目和账务处理不一致，缺乏统一加工基础，会计信息汇总加工难度大。

三、新一代核心系统环境下商业银行多维度会计信息的生产

（一）新信息技术环境下商业银行会计信息的变革和特点

随着科技进步，会计与技术的结合从电算化会计发展到信息化会计，信息技术对会计

影响非常深远，在会计信息的生成、存储、获取、加工、展示方面都取得突飞猛进的成绩。事实上，会计实务界也在紧随着科技进步的步伐，一直在追求为各类信息使用者提供精准、完整、及时、近乎完美的会计信息而努力。具体来说，新信息技术对会计信息的影响呈现出以下几个特点：

（1）在新信息技术环境下，商业银行普遍都已意识到旧核心系统的局限性和薄弱点，开始运用统一的方法、流程、开发工具，以及标准化的构建、接口，从企业级视角建立科目体系、产品目录、客户信息，研发具有前瞻性的新一代核心系统，消除部门系统、分行特色系统。同时，伴随着"大金融"混业经营时代来临，新一代核心系统在信息生成方面能够确保提供更加准确、标准、多元和精细的会计信息。

（2）商业银行在新信息技术环境下开发的新一代核心系统实现了交易与核算解耦，该模式下，交易系统专注于完成客户服务，即交易本身是否准确，不再关心会计记账结果，记账动作交给专业化的独立会计引擎系统完成，从而实现交易与核算在流程上、人员职责上的分离。同时，核心系统通过参数化配置分录生成规则，能够灵活适应外部会计准则的变化、内部管理要求的变化，以及快速响应产品创新。

（3）商业银行在新信息技术环境下开发的新一代核心系统，重视客户和用户体验，致力于实现产品全生命周期自动化处理，还原业务本质，建立合约账户或系统登记簿，手工记账场景和内部账户数量大幅减少，会计信息质量大幅提高。

（4）商业银行在新信息技术环境下开发的新一代核心系统，重视大数据建设，通过企业级数据建模，建立了数据字典，准确定义和描述包括合约、产品、客户、渠道、机构、责任中心等各类数据的数据项、数据结构、数据流。同时，新核心系统基本实现了原始业务信息一次采集、多点共享。由于各类原始信息集中在合约层、账户层或交易流水中，会计信息能够实现源头采集，大幅度提高了会计信息的可用性。

（5）通过利用最新数据仓库技术和网络传输能力，信息的加工、整合、存储、传输、检索能力大幅度提升，已经支持即时模糊查询，并实现从海量、复杂会计信息的发现、加工生成定制报表，使信息使用者能够轻松、精准地获取有用信息。

（二）新信息技术环境下提高商业银行会计信息可用性对策研究

随着管理能力的提升，以"精确决策、精确计划、精确控制、精确考核"为基础的精细化管理变革越来越深入人心，"决策有用性"作为会计信息追求的目标，在新信息技术环境下，特别是大数据理论对传统会计信息带来了强烈的冲击，简单、准确反映企业经营活动情况的传统会计信息显然已无法满足信息使用者的需要，只有努力提供更加"多元化、精细化、精准化和及时性"的会计信息才是正确出路，否则就无法摆脱沦为配角的命运。

（1）多元化是指会计信息的广度，在新信息技术环境下，会计信息的产生不再局限于传统会计账务处理的限制，在信息生成维度上，除机构、责任中心、科目等常用基本维度外，还可以生成其他多种维度、多种角度的会计信息，例如，可售产品维度、交易对手维度、客户类型维度、渠道维度、条线维度、账户行角度、交易行角度、历史周期角度等。

（2）精细化是指会计信息的深度，能够为信息使用者在某个维度基础上，根据需要提供更细粒度的会计信息，如产品核算维度不只是提供到大类产品，还可以提供到所有明细可售产品,甚至是可售产品的具体期次、期限;客户信息不只是提供到客户大类,还可以提供到客户细类、规模等。

(3) 精准化是指会计信息的准度,新信息技术环境下,商业银行产生的各类数据可以用泛滥来形容,海量的数据考验数据加工者的能力,只有抽丝剥茧,站在信息使用者角度进行聚焦、提炼才能最大限度发挥科学管理和决策作用。

(4) 及时性强调会计信息的时效性,在市场机会瞬息万变的信息时代,效率为王,企业内部信息使用者对会计信息的时效性要求非常高,部分信息甚至希望实时获取、动态掌握,从而迅速作出反应。

(三) 新一代核心系统环境下商业银行会计信息应用

在新信息技术环境下,商业银行新一代核心系统为生成"决策可用性"会计信息提供了工具。在处理源数据方面,技术进步支持获取更多结构化的源数据信息,支持通过会计记账结果与源数据各类信息的拼接,将信息资源进行整合,能够切实提供决策可用的会计信息,使信息使用者能够据此进行科学决策,最大限度实现企业价值最大化。

(1) COA 科目+多维度信息"拼接"会计信息的实现方案(见图 4)。利用已过账的会计记账结果,与账户层以及交易流水中的多维度信息,如将可售产品、客户类型、客户责任部门、渠道等进行拼接,产生更多元、更细粒度的多维度会计信息。具体来说,对于资产负债科目,使用交易系统每日提供的总分核对全量明细分户账信息,拼接其他维度信息;对于损益科目,根据每日损益类科目的交易流水中的其他维度信息进行拼接。由于这种拼接后的多维信息是建立在记账结果基础上的,因此属于会计信息的范畴。

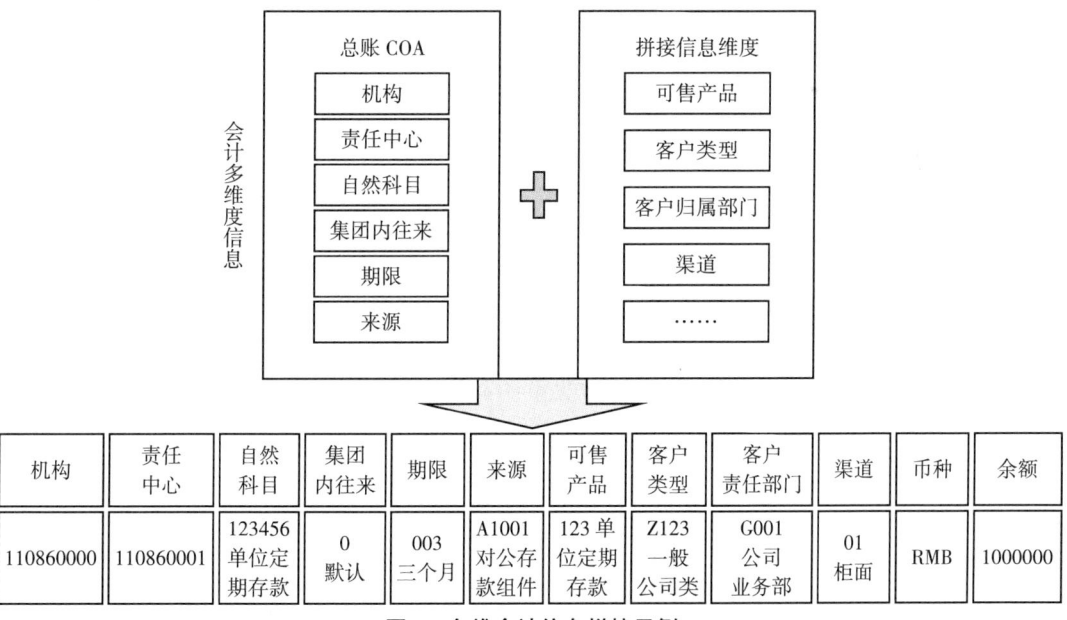

机构	责任中心	自然科目	集团内往来	期限	来源	可售产品	客户类型	客户责任部门	渠道	币种	余额
110860000	110860001	123456 单位定期存款	0 默认	003 三个月	A1001 对公存款组件	123 单位定期存款	Z123 一般公司类	G001 公司业务部	01 柜面	RMB	1000000

图 4 多维会计信息拼接示例

采用 COA 科目+多维度信息"拼接"的加工处理方式是在总分核对相符基础上的,多维度会计拼接信息按机构、责任中心、自然科目、币种多维度加总后,等于总账科目按相同维度下的科目余额，因此数据质量能够得到保障。此外，商业银行新一代核心系统下，源数据标准化、结构化程度高，加之一次采集、多点共享的机制确保了信息唯一性，彻底摆脱了过去会计信息"无源之水""数据孤岛"的窘境。

（2）多维拼接会计信息可由业务人员参数化配置，灵活度高，扩展性强。理论上，通过账户层、账户与客户关系、账户与合约关系，以及交易流水中获取的结构化多维度信息都可以按决策管理需要精确获取，并进行任意拼接，例如，存贷款利率、产品期限、收费项目、客户责任部门、客户归属行业、客户规模、渠道、条线等。因此，与传统技术环境下会计信息生成"漏斗状"形成鲜明对比，在新一代核心系统环境下，会计信息生成呈现出了"腰鼓状"，如图5所示。

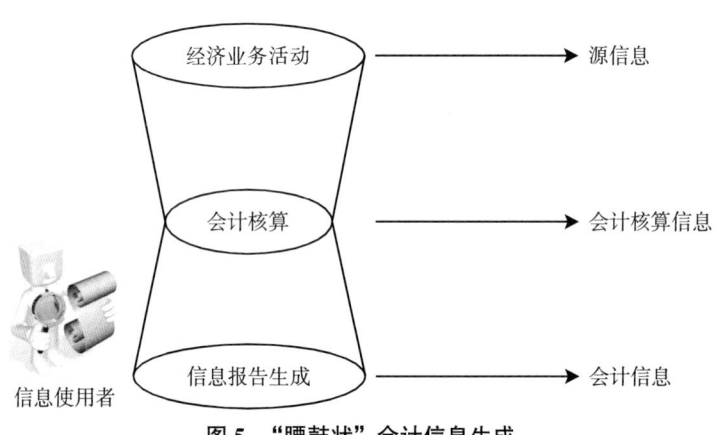

图5 "腰鼓状"会计信息生成

（3）多维拼接会计信息 T+1 生成，支持多种格式展示。利用强大的计算机处理能力和网络传输能力，即使商业银行账户数和每日交易笔数巨大，COA 科目+多维度信息"拼接"会计信息也能够同总账报表一样，支持 T+1 生成展现给用户，时效性非常强。同时，为提高内部各层级信息使用者的使用效率，支持正常的按照机构逐级汇总生成报表，能够按照科目+N 个维度出具报表，还支持用户报表定制，单独生成特色所需的多维度报表。

未来，商业银行会计信息的生成方式将不再局限于传统会计账务处理的限制，可以采用比较灵活的处理，用 COA 科目+多维度信息"拼接"的方式产生的会计信息，可深入挖掘和整合的潜力非常大，能够实现会计信息的多元化、精细化、精准化、及时性，既能够满足企业内部各层级信息使用者不同管理决策的需要，还能满足外部报告披露以及监管报送的需要，是会计信息生成的新发展、新应用，这也是新技术环境下会计职能扩展的具体表现。

参考文献

[1] 葛家澍. 财务会计的本质、特点及其边界 [J]. 会计研究，2003（3）.
[2] 葛家澍，林志军. 现代西方会计理论 [M]. 厦门大学出版社，2011.
[3] 开拓创新——农业银行会计信息系统全面升级 [J]. 金融会计，2011（1）.
[4] 王舰. 智能化立体动态会计信息平台研究 [D]. 青岛：中国海洋大学博士学位论文，2013.
[5] 项镇. 对新一代核心业务系统建设的思考与建议 [J]. 现代经济信息，2012（21）.

[6] 应承康. 商业银行"新一代"核心系统建设需考虑的几个问题 [J]. 金融会计, 2012 (1).
[7] 于春玲. 新一代核心系统呼唤管理创新 [J]. 银行家, 2008 (3).
[8] 张朝晖. 核心银行系统: 民生银行二次腾飞的核动力 [N]. 中国证券报, 2009-10.
[9] 中华人民共和国会计法 (1999).

第十二篇

《国际财务报告准则第9号——金融工具》对商业银行的影响

中国邮政储蓄银行财务管理部课题组

课题组成员：刘玉成　赵红芹　潘玉强　邹　彦　陈　炜
　　　　　　龚佳芳　张　晗

摘 要

金融危机发生以来，20国集团峰会在总结金融监管经验教训的同时，也提出建议要求全球建立一套更加审慎且具有前瞻性的高质量会计准则。2014年7月24日，国际会计准则理事会发布了完整的《国际财务报告准则第9号——金融工具》以取代现行的国际会计准则第39号。该准则将自2018年1月1日或以后开始的年度生效。

《国际财务报告准则第9号——金融工具》根据金融资产的"商业模式"和"合同现金流特征"两个标准对金融资产进行重新分类，将原来以金融机构"自身业务特点、投资策略及风险管理要求"为依据的金融资产四分类划分为三类金融资产。同时，针对金融资产减值，该准则提出了预期损失模型，以取代原来的已发生损失模型来对金融资产的减值准备进行计量。

本课题首先对《国际财务报告准则第9号——金融工具》中金融资产的分类与计量的依据进行了详细阐述，探讨了与现行准则的差异。其次，通过具体案例的应用，研究了预期损失模型下减值准备的计提与原准则中已发生损失模型变化。结果表明《国际财务报告准则第9号——金融工具》中金融资产分类的依据更客观、更严谨，并且采用预期损失模型计提减值准备更加有前瞻性，一定程度上减少了损失确认的滞后性，更能反映金融资产的真实价值及金融机构全面风险管理的要求。最后，通过分析预期损失模型与五级分类的关系、与内评法成果的对接以及对金融机构核算体系的影响来阐述《国际财务报告准则第9号——金融工具》对商业银行的影响以及未来实施的挑战。

关键词：金融资产分类与计量　预期损失模型　已发生损失模型

第一章 总体变化

一、研究背景及意义

在历史最低利率和流动性过剩的大背景下，逐利的本性驱使美国众多金融机构大规模向资信条件较差的借款人发放按揭贷款，并纵容"次贷"关联的贷款打包和证券化规模的膨胀，使得在一定条件下发生的"次贷"违约的规模不断扩大，加之对金融创新工具的不恰当和过度使用，加速了金融泡沫的不断膨胀和最终破裂。源于美国的"次贷"危机，因其对全球金融市场的主导性作用，最终引发了全球性的金融危机。金融危机发生后，20国集团峰会在总结金融监管经验教训的同时，也要求全球建立一套更加审慎且具有前瞻性的高质量会计准则。2014年7月24日，国际会计准则理事会（IASB）终于发布了完整的《国际财务报告准则第9号——金融工具》（IFRS9）以取代现行的《国际会计准则第39号》（IAS39）。该准则将自2018年1月1日或以后开始的年度生效。

我国财政部也已于2016年8月1日发布相关意见函，就《企业会计准则第22号——金融工具确认和计量（修订）》等三项准则开始组织意见征集。从本次国内会计准则修订的内容不难看出，我国的企业会计准则保持与国际财务报告准则趋同，金融工具的相关准则规定将与IFRS9非常接近。

国内的商业银行，不论上市与否，不论上市地点为境内或境外，未来的财务报表编制中涉及金融工具确认与计量和金融工具减值等方面，均会因上述新准则的规定而发生重大变化。更为重要的是，此次会计准则的修订，商业银行受到影响的不仅是财务会计，还包括经营策略、风险管理、绩效考核以及信息系统等方方面面。

二、总体变化

（一）分类和计量

IFRS9将金融资产分成三类：以摊余成本计量的金融工具、以公允价值计量且其变动计入其他综合收益（FVOCI）的金融工具及以公允价值计量且其变动计入损益（FVPL）的金融工具。

IFRS9对金融资产的分类主要由核算主体管理金融资产的商业模式以及合同现金流是否仅仅是对本金和利息的支付决定。主体的商业模式是指主体如何管理金融资产，以产生现金流量并为主体创造价值。即主体的商业模式决定现金流量是否来自收取合同现金流、出售金融资产或两者兼而有之。如果持有金融资产的目的是收取合同现金流,且合同现金流仅是对本金和利息的支付,则其应被分类为摊余成本。如果金融资产包含的合同现金流仅是对本金和利息的支付,且该金融资产属于主体持有的一个组合,而主体持有此组合的目的是收取资产的现金流和出售资产,则该金融资产应被分类为 FVOCI。如果金融资产所包含的现金流并非仅仅是对本金和利息的支付,则其必须按照 FVPL 计量(例如衍生工具)。除以上列举的情况外,如果持有金融资产的业务模式的目标并非持有资产以收取合同现金流量,也不是通过既收取合同现金流量又出售金融资产来实现其目标,则该金融资产应当按照 FVPL 计量。

对权益工具的投资始终按公允价值计量,同 FVPL 一样。不过,核算主体的管理层可以做出不可撤销的选择,在其他综合收益中列报公允价值的变动,前提是持有权益工具的目的不是交易。如果权益工具是为交易而持有的,公允价值的变动应当列报在损益中。

(二) 预期信用损失

IFRS9 为确认减值损失引入了一个新模型,即预期损失模型。由于 IAS39 所采用的已发生损失减值模型在 2008 年的金融危机后备受指责,因此 IFRS9 提出了预期损失模型,以修正 IAS39 下减值模型的缺陷,并向监管机构所推行的巴塞尔资本协议的理念靠近。在实务中,新准则意味着主体在对未发生信用减值的金融资产进行初始确认时,必须将 12 个月内的预期信用损失作为首日损失入账(对于贸易应收账款根据准则给出的解释可简化处理,确认整个生命期的预期信用损失)。

IFRS9 包含一种"三阶段"方法,这种方法以初始确认后金融资产信用质量的变动为基础。资产随信用质量变动在这三个阶段内转变,不同阶段决定主体对减值损失的计量方法及实际利率法的运用方式。当信用风险显著增加时,使用整个生命期的预期信用损失(而非 12 个月内的预期信用损失)计量减值。对于租赁和贸易应收款,这种模型允许操作上进行简化处理。

(三) 披露

为了使财务报表更加透明、更有助于使用者的判断与决策,IFRS9 要求核算主体需要全面披露预期信用损失准备期初金额与期末金额间的调节表、假设、输入值以及 IAS39 下的原分类类别与 IFRS9 下的新分类类别间的转变的调节表等内容。

一旦实施 IFRS9,金融机构及其他持有大量按摊余成本或 FVOCI 计量的金融资产组合的主体将受到最大影响。可以预见,预期损失模型的运用将给金融机构的经营理念、风险管理体系、核算体系、预算与考核机制、信息系统的应用等带来前所未有的变革与挑战。国内商业银行的资产业务基本以信贷产品为主,并附加日益增长的投资产品,数量巨大而信用风险特征各异的贷款,不断创新以及结构化的投资,已经造成新准则实施的影响难以估量。"走出去"和多元化经营理念下所设立的海外机构和非银子公司,可能还需要联系其他会计准则的修订,更是任务艰巨。

IFRS9 的另外一个重要部分是套期会计。考虑到套期会计的修订实际上并未完成以及国内银行业对套期会计的实际运用并不活跃,结合我国商业银行的业务现状和潜在的影响程度,现主要就"分类与计量"和"预期损失模型"展开讨论与分析。

另外,《企业会计准则第22号——金融工具确认和计量(修订)》等三项准则还处于征求意见阶段,其内容目前看与IFRS9趋同,因此本课题以IFRS9的相关规定展开。

第二章 分类与计量

一、金融资产分类和计量与现行准则的差异

(一) 分类依据发生改变

IAS39 对金融资产四分类的分类标准集金融工具的性质、使用方式和管理层意图于一体。IFRS9 则按照"业务模式"[①] 和"合同现金流特征"[②] 两个判断标准,将目前的四分类变为三分类。第一类是以摊余成本计量的金融资产,该类资产的业务模式为"以收取合同现金流为目的",且"其合同现金流仅包括本金和利息"(简称 SPPI)。除第一类外,其他金融资产均以公允价值计量,但根据业务模式不同,再区分为两类:即以公允价值计量且其变动计入其他综合收益 (FVTOCI) 的金融资产和以公允价值计量且其变动计入当期损益 (FVTPL) 的金融资产。

金融资产投资的分类流程如图 1 所示。

同时满足以下两项标准的金融资产分类为以摊余成本计量:

(1) 持有该资产的目的是收取其合同现金流;

(2) 该项资产的合同现金流仅仅是"对本金和利息的支付"。

属于摊余成本类别的金融资产初始按公允价值确认,后续按摊余成本计量。

同时满足以下两项标准的金融资产分类为以公允价值计量且其变动计入其他综合收益 (FVOCI):①业务模式目标的实现方式是收取合同现金流和出售金融资产兼顾。②该项资产的合同现金流仅仅是对本金和利息的支付。

属于 FVOCI 类别的金融资产初始确认和后续持有期间均以公允价值计量。账面金额的变动应当计入其他综合收益,但减值准备的计提或转回、利息收入及汇兑损益除外,这

[①] 业务模式是由主体的关键管理人员通过对资产的管理方式及资产业绩上报给关键管理人员的方式确定的。业务模式测试是指主体持有该金融资产的目标是收取合同现金流量,抑或是在合同到期之前通过出售来实现公允价值变动产生的利得。管理金融资产的业务模式不是由某一个因素或某一项活动决定的,管理层需要考虑评估日可获取的所有相关证据,包括但不限于:

  a. 业务模式 (及其中持有的金融资产) 的业绩评价方法及向主体关键管理人员报告的方式;

  b. 能够影响业务模式 (及其中持有的金融资产) 业绩的风险及其控制方式;

  c. 业务管理者的薪酬如何确定 (例如薪酬是以被管理资产的公允价值或所收取的合同现金流为基础确定的)。

[②] 现金流量特征是指该金融资产的合同条款导致在特定日期产生的现金流量是否仅仅是对本金及未偿还本金的利息的支付。"本金"是指金融资产初始确认时的公允价值。然而,本金金额可能在金融工具的寿命期内有所改变,例如本金部分偿还。"利息"一般是指对货币时间价值和信用风险的补偿,还可能包括其他基本的贷款风险 (例如流动性风险) 的对价及在一段时间内持有金融资产的成本 (例如服务或管理成本) 以及利润。

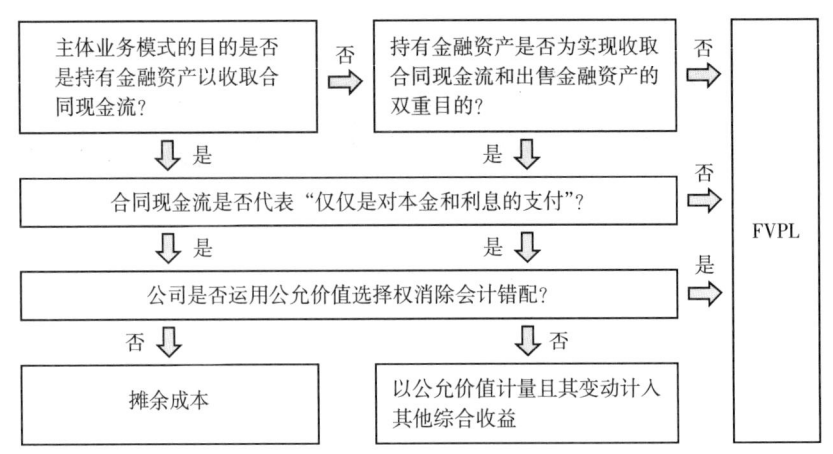

图 1　金融资产的分类流程

些项目在损益中确认。金融资产终止确认时,以前在其他综合收益中确认的累积利得或损失从权益被重新分类至损益。

以公允价值计量且其变动计入当期损益（FVPL）的金融资产是新模型下的剩余类别。如果金融资产不满足 FVOCI 或摊余成本计量的标准,则将其分类为 FVPL。属于 FVPL 类别的金融资产应当以公允价值计量且其变动计入损益。此外,无论业务模式评估的结果如何,主体可以为了降低或消除计量或确认的不一致（会计错配）而选择将一项金融资产分类为 FVPL。

此外,对于混合（复合）工具中作为主合同的金融资产,也无须再按 IAS39 中基本上采用"规则基础"的拆分要求,从混合工具中拆分出来,而是将混合工具视为一个"整体"进行分类。

权益工具的分类流程如图 2 所示。

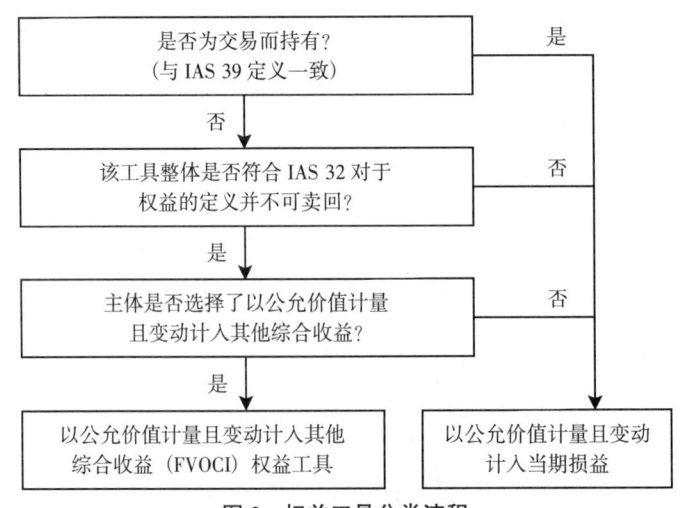

图 2　权益工具分类流程

权益工具始终按照公允价值计量。权益工具是指从发行人角度满足 IAS32 界定的"权益"定义的工具。为交易持有的权益工具必须分类为 FVPL。对于其他权益工具，管理层可以在初始确认时对工具逐个做出不可撤销的选择，以在其他综合收益而非损益列报其公允价值变动。如果做出这样的选择，所有公允价值变动，除了作为投资回报的股利，均应包括在其他综合收益中。

（二）重分类规定的改变

IAS39 不允许企业将初始确认为以公允价值计量且变动计入损益的金融资产重分类为其他三类，但未规定贷款和应收款项与可供出售金融资产之间是否可以重分类，并允许在一定条件下持有至到期投资可被重分类为可供出售金融资产。正因为重分类对损益的影响，其可以作为利润的"蓄水池"，成为企业盈余管理的工具。

然而，IFRS9 对重分类的规定则更加严格，规定不同类别金融资产之间的重分类，仅可以发生于企业管理金融资产的业务模式的改变时。理论上，这种重分类操作应该较为罕见。管理金融资产的业务模式的改变，通常是由于外部或内部情况发生变化，且这种改变对于企业经营来说意义重大，在外部相关方看来也是"可论证的"或"显而易见的"。因此，这种企业业务模式的改变，应当只发生于企业开始或终止进行对其经营具有重大影响的某些活动。比如，企业已购买、处置或终止某业务线。此外，初始确认时指定为以公允价值计量且其变动计入当期损益是不可撤销的，甚至在处置这类资产时，相关的利得和损失也不得转出。这些规定在一定程度上防止了企业当期利用金融资产的重分类进行盈余管理的可能性。具体影响如表1所示。

表1 金融资产重新分类的影响

初始分类	新分类	会计影响
摊余成本	FVPL	在重分类当日以公允价值计量。公允价值与账面价值的差额应当确认在损益中
FVPL	摊余成本	重分类当日的公允价值作为新的账面总额
摊余成本	FVOCI	在重分类当日以公允价值计量。公允价值与摊余成本的差额应当确认在其他综合损益中。实际利率不因重分类进行调整
FVOCI	摊余成本	重分类当日的公允价值作为新的摊余成本账面价值。其他综合收益中的累计利得或损失从权益中转出，被用于调整金融工具在重分类当日的公允价值
FVPL	FVOCI	重分类当日的公允价值作为新的账面总额
FVOCI	FVPL	重分类当日的公允价值作为账面金额。其他综合收益中的累计利得或损失在重分类当日转入损益

（三）计量规定发生改变

1. 初始计量

对于金融资产的初始计量，IFRS9 中规定无论其划分的类别如何，都以初始取得的公允价值作为其初始计量的基础，与 IAS39 中初始计量的规定差别不大。

2. 后续计量

IFRS9 规定所有金融资产所产生的利得或损失都要计入损益或者其他综合收益。与 IAS39 存在的显著差异主要表现为：以公允价值计量且变动计入其他综合收益的金融资产的计入其他综合收益这部分的利得或损失，IAS39 规定发生时不计入利润表而直接计入所有者权益，仅在对外处置后，产生的损益才能通过投资收益科目进入利润表；IFRS9 则规定允许其转入留存收益，但是在随后不得转入损益。

二、案例分析

根据 IFRS9 的要求，商业银行应以管理该项金融资产的业务模式和所产生的现金流的特征作为金融资产分类的依据。现金流量特征测试（SPPI 测试）是指该金融资产的合同条款是否导致在特定日期产生的现金流量，仅为收回的本金和以未偿付本金金额为基础收取的利息。要通过 SPPI 测试，要求合同现金流特征应与基础借贷安排保持一致，如果合同的现金流中除了对本金和利息的偿付之外还包括权益价格的风险报酬，则不符合 SPPI 测试要求。同时，IFRS9 还提出在进行 SPPI 测试时，还需要考虑由于利率重置、杠杆或其他条款产生的影响。对于本金和利息概念的判定，IFRS9 给出了具体指引，如表 2 所示。

表 2　IFRS 9 中本金和利息的定义

项目	定义或要素
本金	即初始确认时金融资产的公允价值。本金金额可能在金融资产的存续期内发生变动（例如，如果存在本金的提前偿付），若发生变动，则本金金额应相应调整
利息	影响利息的主要因素为： ①货币的时间价值。如果金融资产的利率定期发生重置，但利率期限和重置频率不匹配，此时货币的时间价值因素被修改，主体应当重新评估此时的合同现金流是否还符合 SPPI 特征，即判断此时的合同现金流与修改前的合同现金流是否存在重大差异。 ②特定时期未偿付本金金额相关的信用风险。 ③其他基本借贷风险和成本以及利润率的对价，如流动性风险、管理成本等

业务模式测试要求根据银行如何管理该金融资产，以产生现金流入来判断银行持有该金融资产的目标是收取合同现金流、出售金融资产获得现金流或者是两者兼有。根据 IFRS9，业务模式可以分为以下三种形式：合同现金流、出售金融资产现金流或二者兼有。对于如何判定业务模式，IFRS9 也给出了具体指引，[1] 如表 3 所示。

表 3　IFRS9 中业务模型的定义及判断要素

业务模式	判断要素	金融资产类别
持有金融资产以收取合同现金流	①业务模式的目的是持有资产以收集合同现金流； ②在该种业务模式下，只在意外情况才会出售； ③通常出售的比例最小（不论频率还是金额）	摊余成本模式
合同现金流和出售现金流兼有	①业务模式的目的既包括持有资产以收集合同现金流，也包括出售资产以获得现金流； ②通常出售比例高于合同现金流模式	FVOCI 类（在通过 SPPI 测试的前提下）

---

[1] IASB. IFRS 9 Financial Instrument [M]. America：IASB，2014：20.

续表

业务模式	判断要素	金融资产类别
其他业务模式，包括： 交易目的； 以公允价值基础管理资产； 通过销售最大化现金流入	①业务模式既非收取合同现金流，也非兼有合同现金流和出售现金流； ②在该种业务模式下，资产极少会持有至到期以收取合同现金流	以公允价值计量且变动计入损益（FVTPL）

下面我们挑选商业银行中最常见的几类贷款业务品种，以及债券和同业投资交易进行分析。

（一）人民币中长期对公贷款现金流分析及分类判断

【例1】某煤电企业B从A银行借款14亿元人民币，借款期限从2016年3月8日开始共13年，合同利率为4.9%，合同约定按计划还款，每季度末21日结息，本金还款期限宽限期2年（即从2018年3月8日开始偿还本金），合同现金流情况如表4所示。

表4 贷款合同预期未来现金流

单位：元

还款日期	归还本金（a）	贷款余额（b）	支付利息（c）	预期未来现金流 d=a+c
16/03/2016	—	1400000000.00	—	—
21/03/2016	—	1400000000.00	952777.78	952777.78
21/06/2016	—	1400000000.00	17531111.11	17531111.11
21/09/2016	—	1400000000.00	17531111.11	17531111.11
21/12/2016	—	1400000000.00	17340555.56	17340555.56
21/03/2017	—	1400000000.00	17150000.00	17150000.00
21/06/2017	—	1400000000.00	17531111.11	17531111.11
21/09/2017	—	1400000000.00	17531111.11	17531111.11
21/12/2017	—	1400000000.00	17340555.56	17340555.56
21/03/2018	—	1400000000.00	17150000.00	17150000.00
21/06/2018	40000000.00	1360000000.00	17030222.22	57030222.22
21/09/2018	—	1360000000.00	17030222.22	17030222.22
21/12/2018	40000000.00	1320000000.00	16349666.67	56349666.67
21/03/2018	—	1320000000.00	16170000.00	16170000.00
21/06/2019	40000000.00	1280000000.00	16028444.44	56028444.44
21/09/2019	—	1280000000.00	16028444.44	16028444.44
21/12/2019	40000000.00	1240000000.00	15358777.78	55358777.78
21/03/2020	—	1240000000.00	15358777.78	15358777.78
21/06/2020	40000000.00	1200000000.00	15026666.67	55026666.67
21/09/2020	—	1200000000.00	15026666.67	15026666.67
21/12/2020	40000000.00	1160000000.00	14367888.89	54367888.89
21/03/2021	—	1160000000.00	14210000.00	14210000.00
21/06/2021	40000000.00	1120000000.00	14024888.89	54024888.89
21/09/2021	—	1120000000.00	14024888.89	14024888.89
21/12/2021	40000000.00	1080000000.00	13377000.00	53377000.00

续表

还款日期	归还本金（a）	贷款余额（b）	支付利息（c）	预期未来现金流 d=a+c
21/03/2016	—	1080000000.00	13230000.00	13230000.00
21/06/2022	40000000.00	1040000000.00	13023111.11	53023111.11
21/09/2022	—	1040000000.00	13023111.11	13023111.11
21/12/2022	40000000.00	1000000000.00	12386111.11	52386111.11
21/03/2023	—	1000000000.00	12250000.00	12250000.00
21/06/2023	45000000.00	955000000.00	11958722.22	56958722.22
21/09/2023	—	955000000.00	11958722.22	11958722.22
21/12/2023	45000000.00	910000000.00	11271361.11	56271361.11
21/03/2024	—	910000000.00	11271361.11	11271361.11
21/06/2024	45000000.00	865000000.00	10831722.22	55831722.22
21/09/2024	—	865000000.00	10831722.22	10831722.22
21/12/2024	45000000.00	820000000.00	10156611.11	55156611.11
21/03/2025	—	820000000.00	10045000.00	10045000.00
21/06/2025	45000000.00	775000000.00	9704722.22	54704722.22
21/09/2025	—	775000000.00	9704722.22	9704722.22
21/12/2025	45000000.00	730000000.00	9041861.11	54041861.11
21/03/2026	—	730000000.00	8942500.00	8942500.00
21/06/2026	45000000.00	685000000.00	8577722.22	53577722.22
21/09/2026	—	685000000.00	8577722.22	8577722.22
21/12/2026	45000000.00	640000000.00	7927111.11	52927111.11
21/03/2027	—	640000000.00	7840000.00	7840000.00
21/06/2027	45000000.00	595000000.00	7450722.22	52450722.22
21/09/2027	—	595000000.00	7450722.22	7450722.22
21/12/2027	45000000.00	550000000.00	6812361.11	51812361.11
21/03/2028	—	550000000.00	6812361.11	6812361.11
21/06/2028	50000000.00	500000000.00	6261111.11	56261111.11
21/09/2028	—	500000000.00	6261111.11	6261111.11
21/12/2028	50000000.00	450000000.00	5573750.00	55573750.00
21/03/2029	—	450000000.00	5512500.00	5512500.00
21/06/2029	50000000.00	400000000.00	5008888.89	55008888.89
21/09/2029	—	400000000.00	5008888.89	5008888.89
21/12/2029	50000000.00	350000000.00	4335138.89	54335138.89
21/03/2030	—	350000000.00	4287500.00	4287500.00
21/06/2030	150000000.00	200000000.00	2504444.44	152504444.44
21/09/2030	—	200000000.00	2504444.44	2504444.44
21/12/2030	150000000.00	50000000.00	619305.56	150619305.56
15/03/2031	50000000.00	—	571666.66	50571666.67
合计	1400000000.00	—	668999722.22	2068999722.22

现金流量特征测试（SPPI测试）：由表4本金和利息的现金流量情况可知，A银行发放该贷款的目的是持有该贷款以收取合同现金流，合同现金流中没有包括与权益价格等相关的现金流。

业务模式测试：同其他商业银行类金融机构，A 机构设置了公司业务部、小企业部等对口业务部门来向一般企业发放贷款，在贷款存续期内以收取贷款合同本金及利息为主要业务，并同时对贷款进行风险管理。上述对口业务部门的业务模式即是围绕着为持有金融资产而收取合同本金及利息展开。该笔人民币中长期对公贷款由 A 银行公司业务部负责管理，公司业务部持有该金融资产的目的是收取合同现金流，几乎不考虑对该笔贷款进行转让。

综上，根据 IFRS9 分类与计量的要求，该笔人民币中长期对公贷款同时满足了以下两项条件：持有该金融资产的目的是收取合同现金流；该项资产的合同现金流仅仅是"对本金和利息的支付"。因此在 IFRS9 下该金融资产初始确认时可分类为摊余成本计量的金融资产。

（二）个人住房贷款现金流分析及分类判断

【例 2】 自然人 C 向银行 A 申请个人住房按揭贷款，申请金额 43 万元人民币，期限 25 年共 300 期，放款日期为 2016 年 3 月 8 日，利率为中国人民银行公布的同期同档次人民币基准利率，合同中不涉及利率定期调整的条款。合同约定的还款方式为等额本息还款。合同现金流情况如表 5 所示。

表 5 贷款合同预期现金流

单位：元

还款时间	每期还款本金	每期还款利息	每期还款金额合计	剩余本金
08/04/2016	706.04	1845.42	2551.46	429293.96
08/05/2016	709.07	1842.39	2551.46	428584.89
08/06/2016	712.12	1839.34	2551.46	427872.77
…	…	…	…	…
08/03/2041	10.90	2540.56	2551.46	—
合计	430000.00	335437.79	765437.79	—

现金流量特征测试（SPPI 测试）：由表 5 本金和利息的测算结果，A 银行发放该贷款的目的是持有该贷款以收取合同现金流，合同现金流中没有包括与权益价格等相关的现金流。

业务模式测试：同其他商业银行类金融机构，A 银行金融机构通常设置了消费信贷部、"三农"金融部等对口业务部门来负责个人贷款业务的开展，在贷款存续期内以收取贷款合同本金及利息为主要业务，并同时进行贷款的风险管理。上述专业部门的业务模式即是围绕着为持有金融资产而收取合同本金及利息展开。该笔个人住房贷款由 A 银行消费信贷部负责管理，消费信贷部持有该金融资产的目的是收取合同现金流，几乎不考虑对该笔贷款进行转让。虽然消费信贷部已成功发行第一批住房抵押贷款资产证券化产品，但出售的比例占个人住房抵押贷款余额的比例极低（根据最近一期财务报表数据测算，截至 2016 年 6 月 30 日某商业银行已发行成功的住房抵押贷款资产证券化余额占个人住房抵押贷款余额不足 1%）。

综上，根据 IFRS9 分类与计量，上例个人住房贷款同时满足了以下两项条件：持有该金融资产的目的是收取合同现金流;以及该项资产的合同现金流仅仅是"对本金和利息的支付",因此应按摊余成本计量。

(三) 债券投资分析及分类判断

【例3】 A银行投资某政策性银行高级债券,面值达3亿元,购买日为2014年2月24日,此债券起息日为2014年2月24日,到期日为2019年2月24日,利率方式为固定利率,年利率为5.2613%,付息频率为每年一次。此债券附投资人回售权,回售权行权日为2017年2月24日,行权价格为100元/支。

如A银行不行使投资人回售权,则该债券投资现金流情况如表6(a)所示。

表6(a) 债券投资现金流情况

单位:元

现金流时间	本金相关现金流	每期利息现金流	每期现金流合计
24/02/2014	(300000000)	—	(300000000)
24/02/2015	—	15783900	15783900
24/02/2016	—	15783900	15783900
24/02/2017	—	15783900	15783900
24/02/2018	—	15783900	15783900
24/02/2019	300000000	15783900	315783900
合计	—	78919500	78919500

如A银行行使投资人回售权,则该债券投资现金流情况如表6(b)所示。

表6(b) 债券投资现金流情况

单位:元

现金流时间	本金相关现金流	每期利息现金流	每期现金流合计
24/02/2014	(300000000)	—	(300000000)
24/02/2015	—	15783900	15783900
24/02/2016	—	15783900	15783900
24/02/2017	300000000	15783900	315783900
合计	—	47351700	47351700

业务模式测试:A银行设置投资部门负责全行自营投资及融资业务的管理及交易,其部门根据交易类型及绩效考核方式不同内设市场交易处,主要负责交易账户人民币债券投资及外币投融资交易;债券投资处,主要负责银行账户债券投资等。此外,客户投资部负责针对战略客户的投融资管理及交易。对于此笔债券投资的分类问题,我们将假设其由市场交易处、债券投资处及战略客户部投资分别进行分析,考虑的因素如下:

(1) 以往业务管理经验及历史出售频率:对于市场交易处,其业务模式为出售而持有,其所投资的债券均通过出售而实现收益;对于债券投资处,其历史上既出售所持投资也存在持有投资到期的情况,故其持有目的既包括收取合同现金流也包括出售获取差价收入,故其业务模式为"为收取和出售而持有";对于战略客户部,根据其历史交易情况,除特殊情况外，均持有债券投资到期。

（2）对未来出售活动的预期：对于交易处投资债券，预期未来会出售；对于债券投资处投资债券，预期存在出售的可能性；对于战略客户部投资债券，除发生特殊情况外，预期不会出售。

（3）此类业务业绩评价方法：对于市场交易处，其绩效考核指标为投资价差收益；对于债券投资处，其绩效考核指标兼顾价差收益及票息收入；对于战略客户部，其绩效考核指标主要以息票收入为主。

（4）能够影响此类业务收益的风险及其控制方式：与战略客户部不同，对于市场交易处和债券投资处，其投资主要承担其本金及利息偿还的信用风险外，还承担包括债券公允价值变动、流动性风险等一系列市场风险。

现金流量特征测试（SPPI测试）：由表6项目现金流情况所示，若不考虑将其出售的情况下，则此业务合同现金流仅体现为对投资本金及利息收入的回收，且收益类型为固定收益，未存在形式上具备分红特征的权益变动及相关风险报酬；若考虑持有期间将其出售的情况下，则此项投资合同现金流在本金及利息收入回收的基础上还需考虑其出售时由于公允价值变动所引起的现金流。

针对附带特别权利的债务工具的额外考虑包括：

提前还款权：若投资某只存在发行人提前赎回权的债券，其行权价格从金额上实质代表未偿还本金和未偿还利息的金额，可能包括对提前终止合同的合理额外补偿。

展期权：若投资某项附带展期权的同业投资，其合同条款允许发行人或持有人延展合同期限，且展期权的条款使延展期内的合同现金流满足"仅仅是对本金和现金流的支付"条件。这可能包括对展期的合理额外补偿。

针对此案例，此债券投资所附投资人回售权，由于其权价等于其债券本金的回收金额，故其附加权利符合上述描述的情况，则存在此权利不影响其主合同仍满足"仅仅是对本金和现金流的支付"的认定。

综上，根据IFRS9分类与计量的要求，综合考虑上述投资业务模式及合同现金流情况，判断如下：如由市场交易处投资，根据其业务模式及可能的现金流特征，应将其作为FVPL计量；如由债券投资处投资，根据其业务模式及可能的现金流特征，应将其作为FVOCI计量；如由战略客户部投资，根据其业务模式及可能的现金流特征，应将其作为摊余成本计量。

（四）同业投资一：合同分析及分类判断

【例4】 由A银行投资部门同业投资处投资的某资产管理公司管理的债权投资计划，投资计划的委托人为银行，受托人为某资产管理有限责任公司，托管人为某股份制商业银行，融资方为某城镇建设投资有限公司。合同项下的投资期限为五年，提款日为2014年9月，本合同项下投资本金金额为2.73亿元，投资计划存续期间内采用固定利率形式计息，投资计划收益年利率为6.35%。投资资金利息偿还方式及日期为每个季度最后一个月（即3月、6月、9月、12月）的第二十日，项目增信方式为某股份制商业银行为借款人提供本息全额无条件不可撤销连带责任保证担保。该项目现金流情况如表7所示。

表7 合同投资现金流情况

单位：元

现金流时间	本金相关现金流	每期利息现金流	每期现金流合计
20/09/2014	（273000000）	—	（273000000）
20/12/2014	—	4333875	4333875
20/03/2015	—	4333875	4333875
20/06/2015	—	4333875	4333875
…	…	…	…
20/09/2019	273000000	4333875	277333875
合计		86677500	86677500

业务模式测试：A银行设置资金投资部门负责全行自营投资及融资业务的管理及交易，其部门根据交易类型及绩效考核方式不同内设同业投资处，负责同业投资产品的审批及交易。此笔业务管理流程为：由A银行资金投资部门直接开展并签署相应合同文本；由落地分行资金投资部门在及时充分审核管理人投后报告的情况下，按照A银行贷后报告要求，联合管理人或融资方参与定期实地考察等贷后监管措施。经判断，上述业务部门内设处室对此业务管理围绕收取其合同现金流，所考虑因素如下：

第一，以往业务管理经验及历史出售频率：除极少数偶然由于管理人或发行人特殊原因导致提前出售/到期外，均将此类业务持有至到期。

第二，对未来出售活动的预期：考虑到此类产品无活跃交易市场，银行无预期出售计划。

第三，此类业务业绩评价方法：对于同业投资处，其绩效考核指标主要为所投产品利息收入。

第四，能够影响此类业务收益的风险及其控制方式：主要承担项目本金及利息偿还的信用风险；无活跃交易市场，不存在重大市场风险。通过类贷款的贷后检查工作持续评估项目风险。

现金流量特征测试（SPPI测试）：由表7项目现金流情况所示，此业务合同现金流仅体现为对投资本金及利息收入的回收，且收益类型为固定收益，未存在形式上具备分红特征的权益变动及相关风险报酬。

综上，根据IFRS 9分类与计量的要求，该项投资同时满足了以下两项条件：持有该金融资产的目的是收取合同现金流；该项资产的合同现金流仅是"对本金和利息的支付"。因此在IFRS 9下该类金融资产初始确认时应分类为摊余成本计量的金融资产。

（五）同业投资二：合同分析及分类判断

【例5】 由A银行投资同业投资处投资的某资产管理计划，委托人为A银行，受托人为某资产管理有限责任公司，托管人为某股份制商业银行。该资产管理计划投资对象为金融产品及货币基金、定期存款。该合同有效期自合同生效之日起至合同运作起始日后24个月届满之日止。资产管理人、资产托管人和资产委托人协商一致决定展期，则由各方签订展期协议。在其存续期间资产委托人可以满足一定条件下一次性提取全部委托财产或分次部分提取委托财产，资产委托人提取全部委托财产后本计划终止。委托财产资产总值是指计划投资资产总值的总和，资产净值是指资产总值减去负债后的价值，资产份额是指资产委托人持有的资产单位数额，份额净值是指资产净值除以资产份额。资产管理人与资产托管人在每个交易日对资产管理计划委托财产进行估值核对，资产托管人对净值计算结果复核后，签名、盖章并以传真方式或其他资产管理人和托管人认可的方式传送给资产管理人，由资产管理提交资产委托人。银行对此业务收益的方式为其委托资产净值的变动。

针对此例业务，应先判断其从发行人角度是否满足 IAS32 界定的"权益"定义，根据 IFRS9 分类与计量的要求，权益工具始终按照公允价值计量。为交易持有的权益工具必须分类为 FVPL。对于其他权益工具，管理层可以在初始确认时对工具逐个做出不可撤销的选择，以在其他综合收益而非损益中列报其公允价值变动。考虑到此业务存在到期日，不符合权益工具不存在到期日的条件，应综合考虑其业务模式及合同现金流情况以判断其分类。

业务模式测试：A 银行设置资金投资部门负责全行自营投资及融资业务的管理及交易，其部门根据交易类型及绩效考核方式不同内设同业投资处，负责同业投资产品的审批及交易，此笔业务管理流程为：由 A 银行资金投资部门直接开展并签署相应合同文本并负责与相关金融机构的投后管理。所考虑因素如下：

第一，以往业务管理经验及历史出售频率：除极少数偶然由于管理人或发行人特殊原因导致的提前赎回或提取外，均将此类业务持有至到期。

第二，对未来出售活动的预期：考虑到此类产品无活跃交易市场，A 银行无提前出售计划。

第三，此类业务业绩评价方法：对于同业投资处的此类型投资，对于债权性投资，其绩效考核指标主要以利息收入为主；对于权益性投资，其绩效考核指标以其净值收益为主。

第四，能够影响此类业务收益的风险及其控制方式：银行作为资产委托人除承担委托资产投资信用风险外，还承担包括委托投资资产公允价值变动、委托资产流动性风险等一系列市场风险。银行对此类投资风险控制的方式包括每日获取委托资产估值结果及限制受托人投资范围等一系列相关措施。

现金流量特征测试（SPPI 测试）：由于此业务现金流体现为其到期/提取时按照所持份额收回的净资产金额，不满足"合同现金流仅仅是对本金及未偿还本金的利息的支付"条件。

综上，通过对案例交易的分析，基于对上述两项条件的分析与评估，考虑其未通过现金流量特征测试中"合同现金流仅仅是对本金及未偿还本金的利息的支付"条件，故应将其作为 FVPL 计量。

三、新金融工具分类对商业银行的影响

现行 IAS39 对金融资产的四分类，着重强调管理层对金融工具的持有意图与持有能力。IFRS9 则要求会计主体要根据业务模式划分金融工具的分类。这种将会计核算"前端化"的趋势，不仅对国内商业银行的会计核算、相关信息系统的应用与改造产生重大影

响，而且对预算管理和绩效考核体系也提出了挑战：

首先，商业银行需要将现有的金融工具按照业务模式做一个清晰的划分和梳理。例如，在当前的金融市场中还没有一个贷款买卖的成熟市场，因此绝大多数信贷产品的业务模式都是为了赚取利差，可以定义为"持有目的为收取合同现金流"。债券市场相对成熟活跃，博取市场波动利益的投资组合的业务模式可以定义为"以出售为目的"。那么商业银行在制定年度预算，乃至未来数年的盈利规划时，除了需要继续考虑不同业务板块的资产规模划分、市场利率走势、各项风险资产业务对资本的耗用外，还需要进一步确定同一业务板块或者业务部门持有的金融工具组合的业务模式，尤其是非客户贷款类的金融资产，因为这些金融资产往往同时兼顾获取息差、获取投资收益、稳定流动性以及调节资本耗用等功能。

其次，IFRS9明确了金融资产分类与减值准备计提模型的关系，即分类为以摊余成本计量的金融资产及FVOCI的金融资产需要使用预期损失信用损失模型评估减值准备。这一会计准则的明确也要求银行在制定预算时，不仅要对各类金融工具所直接产生的收益和发生的支出做出估算，还要评估同一金融资产组合因不同的业务模式而划分至不同的分类下所引起的准备金的影响，以及不同的金融资产组合在同一业务模式下进行差异化配置后对准备金的影响，进而分别计算得出营业利润的预期值，并制定业绩规划。

再次，商业银行需要根据业务模式确定后的金融工具分类，为业务板块或者业务部门有针对性地制定绩效考核标准，不能再单一地以利润作为绩效考核的主要驱动因素。在IFRS9之下，FVOCI分类中可能出现部分金融资产的收入和损失不会转入利润表，而一直在其他综合收益即作为净资产核算的情况，对于这类金融资产与利润直接挂钩的考核指标就不再适用，应当考虑对资本充足率的贡献度等指标。

最后，金融工具的分类从来不是单一的会计核算，也从来不是财会部门一个部门的责任。但是在IAS39的实践中看到的往往是业务与财会相割裂的情况，前台部门作业务时并没有考虑后台会计核算的影响，除了造成预算和绩效考核的被动，还引发前后台之间的矛盾。IFRS9下金融工具的三分类的决定性因素是"业务模式"，而"业务模式"必然是贯穿金融工具交易始终，因此这样的金融工具分类标准将促使商业银行前台业务、中台管理和后台核算更加紧密结合。前台做业务要考虑分类对预算和绩效考核的影响，在业务酝酿之时就主动邀请中台和后台分别讨论风险、估值以及会计准则的规定。后台做核算要提前介入业务和管理环节以更加深入地理解业务模式，帮助前台和中台进行分类结果对预算和绩效考核的情景分析和影响预判。

第三章 预期损失模型

一、预期损失模型与现行历史损失模型的差异

(一) 已发生损失模型

根据现行的企业会计准则以及国际会计准则的要求，有关金融资产减值的处理基本采用"已发生损失模型"。"已发生损失模型"强调仅根据过去已发生的损失确认减值，即在资产负债表日，有客观证据表明发生了减值事件并导致其将发生损失，且这种损失的金额能够合理估计，才对资产计提减值。在这种模式下，不考虑未来可能出现的损失和未来有可能出现损失的概率。

仍以贷款为例，目前大部分商业银行关于贷款减值准备计提根据银监会发布的《贷款分类指引》提出的"五级分类法"为基础，对其所持贷款的质量按照风险分为五级：正常类、关注类、次级类、可疑类、损失类，并以单项和组合的方式进行评估和计提。对于前两类贷款，根据业务、行业等进行组合测试，按公式计提，即资产减值准备=贷款余额×违约率（PD），其中违约率值由风险管理部门依据历史数据制定；对于后三类不良贷款，若金额单项重大，则单独进行测试，否则使用组合测试法。

(二) 预期损失模型

针对金融资产的减值计量，IFRS 9 提出了预期信用损失的概念，引入了预期损失模型。预期损失模型主要针对以摊余成本计量的金融资产及 FVOCI 的金融资产、贷款承诺和财务担保合同，以考虑尚未真正发生的预期信用损失为基础。[①] 预期信用损失是通过评价一系列可能的结果而确定的无偏概率加权金额，并考虑货币的时间价值、过去违约事件、当前状况及未来经济状况预测的合理及可支持的前瞻性信息。以违约风险或概率（PD）作为权重计算得出的加权平均信用损失。这个理念与巴塞尔资本协议中提到了预期损失的含义和估值方法有异曲同工之处，即借助违约风险暴露（EAD）、违约率（PD）和违约损失率（LGD）三个指标来量化预期损失，并且巴塞尔资本协议要求估计未来12个月的预期损失情况。巴塞尔资本协议的预期损失的计算公式可以表示为：$E = EAD \times PD \times LGD$。

其中，违约风险暴露（EAD）通常是指可能发生违约的贷款额；违约率（PD）是指在预测区间内，贷款无法按期收回的可能性；违约损失率（LGD）是指发生违约的情况下贷

[①] 洪金明，马跃. 对预期损失模型进展的跟踪及其实施的思考 [J]. 金融会计，2013 (12)：26-30.

款的损失率,即预期无法收回的贷款占贷款总额的比率。

IFRS 9 下的预期损失模型经过多次修订至定稿,主要采用的是基于自初始确认后信用质量变化的"三阶段"减值模型:①

阶段一包括自初始确认后信用风险无显著增加或在报告日的信用风险较低的金融工具。对于这类资产,确认 12 个月预期信用损失,并按照资产的账面总额计算利息收入(即无须扣除信用损失准备)。12 个月预期信用损失是指因报告日后 12 个月内可能发生的违约事件而导致的预期信用损失。

阶段二包括自初始确认其信用风险显著增加(除非这类金融工具在报告日的信用风险较低),但尚无客观减值证据的金融工具。对于这类资产,确认整个存续期预期信用损失,但仍然按照资产的账面总额计算利息收入。整个存续期信用损失系因金融工具整个预计存续期内所有可能发生的违约事件而导致的预期信用损失。

阶段三包括在报告日存在客观减值证据的金融资产。对于这类资产,确认整个存续期预期信用损失,并按照账面净额(即扣除信用损失准备后的净额)计算利息收入。

在确定金融工具的信用风险是否显著增加时,准则要求管理层充分考虑可获取的所有合理及有依据的信息,以用于比较报告日的违约风险和金融工具初始确认时的违约风险。

现行 ECL 模型下预期信用损失的确定和减值的计提方式如表 8 所示。

表 8 ECL 模型下预期信用损失、利息收入及减值确认方式

	阶段一	阶段二	阶段三
预期信用损失确认	12 个月的预期信用损失	整个生命周期的预期信用损失	整个生命周期的预期信用损失
利息收入确认	按账面余额计算(不扣除预期信用损失)	按账面余额计算(不扣除预期信用损失)	按账面余额计算(扣除预期信用损失)
减值确认方式	单项或组合计提	单项或组合计提	单项或组合计提

金融资产在存续期间的每个资产负债表日,根据以往数据显示和新获得的相关数据信息对金融资产的未来现金流入量进行重新折现,如果现值与资产负债表日的账面价值不等,则主体应该继续确认减值损失或者转回已确认的减值损失。

二、生命周期定义及如何判断整个生命周期的信用风险

金融资产的生命周期是指金融资产的产生、管理监控、获取收益、出售或者收回的整个期间。即与该金融资产相关的业务发生时起,签订业务合同、支付购买资金、后期管理监控、收取报酬、最后收回本金的整个业务周期。金融机构应自获得金融资产之日起,随时关注金融资产生命周期内可能影响金融资产信用风险的情况。对于金融资产生命周期内信用风险的判断,金融机构可以分为以下两个阶段:

---

① 普华永道. 洞察——国际财务报告准则第 9 号——预期信用损失 [R]. 2014 (8).

第一,金融资产初始确认时,根据金融资产所对应的标的客户的股东背景、财务情况、历史信用情况、业务发展所处行业状况以及金融资产对应的抵质押物等来判断其对应的信用风险。如果金融资产对应的标的客户经营情况、财务状况良好,无不良信用记录,则可认为该金融资产对应的信用风险较小,可预见的未来没有发生违约事件的迹象,那么根据IFRS9,可将该金融资产分为阶段一的金融资产,金融机构只需预计未来12个月内该金融资产可能发生违约事件而引起的信用损失。

第二,在金融资产确认后的存续期内,金融机构需在每个财务报告日评估金融资产对应的信用风险。评估口径与初始确认时考虑的因素基本一致。

如果金融资产的信用风险自初始确认以来没有显著增加,则金融机构仍只需预计未来12个月内该金融资产可能发生的逾期信用损失,对该金融资产计提的减值准备等于12个月的预期信用损失。

如果评估后金融资产的信用风险"显著增加",如金融资产对应的拖欠的风险明显增大、逾期信息、存续期的改变、借款人财务指标恶化等IFRS9第5.5.17段列举的其他一系列因素,则该金融资产需被划分为阶段二的金融资产,此时金融机构需预计该金融资产此后整个生命周期的信用损失,计提的减值准备应等于整个生命周期的预期信用损失。

当阶段二或者阶段三的金融资产在此后的信用风险评估中,信用风险出现实质性的改善,信用情况好转,金融机构可根据实际情况回转逾期信用损失,调整减值准备的计提金额。

三、案例分析

预期损失模型较现行的历史信用损失模型,无论是从判断理念、依据,还是计算方法等,都发生了重大的变化。我们选取若干国内商业银行常见的金融资产减值案例,对IFRS9下预期损失模型的验算、影响进行如下分析。

（一）煤电行业贷款分析、初始确认金额的确定分析及准备金测算

1. 初始确认

【例6】沿用【例1】,A银行于2016年3月16日向某煤电企业D发放一笔基本建设贷款,价值14亿元,每季度末21日还利息,按计划还本金（本金还款宽限期2年）,还款计划详见表,合同利率为4.9%,贷款期限为13年。A银行采用预期损失模型对金融资产计提减值准备。在初始确认时,A银行了解到D公司近年来经营状况良好,每年的主营业务收入稳定,公司内部的现金流量情况持续且稳定。D公司不存在不良信用记录,都能按时归还贷款。A银行在综合考虑了与该贷款相关的过去事项、D公司的目前自身及行业状况、当前的宏观经济状况以及对未来可靠合理的预测判断该项贷款具有较低的信用风险,将该笔贷款归为阶段一的金融资产。

表9为阶段一金融资产的12个月预期信用损失,根据该笔金融资产12个月内估计现金流入计算得出预计信用损失为97432.93元。

表 9　D 公司贷款预期信用损失测算（阶段一）

单位：元

年份	归还本金(a)	归还利息(b)	合同现金流量(c)	预期信用损失率(d)(%)	累计损失率(e)(%)	预期未来现金流量(f)	贷款减值准备(g)
21/03/2016	—	952777.78	952777.78	0.04	0.04	952396.67	381.11
21/06/2016	—	17531111.11	17531111.11	0.04	0.08	17517089.03	14022.08
21/09/2016	—	17531111.11	17531111.11	0.04	0.12	17510082.19	21028.92
21/12/2016	—	17340555.56	17340555.56	0.04	0.16	17312827.31	27728.25
21/03/2017	—	17150000.00	17150000.00	0.04	0.20	17115727.43	34272.57
合计	—	70505555.56	70505555.56	—	—	70408122.62	97432.93

注：$e = e(-1) + d \times (1 - e(-1))$　$f = c \times (1 - e)$　$g = c - f$。

2. 后续计量

在 A 银行发放贷款后的 2017 年 12 月 31 日，A 银行对 D 公司进行了总体信用风险评估，全面考虑自初始确认后所有与信用风险增加程度的评估相关的，无须付出不当成本或努力即可获取的合理及可支持的信息，这些信息包括以下因素：①A 银行预计宏观经济环境近期将继续恶化，并对 D 公司生成现金流和去杠杆化的能力产生进一步的负面影响。②D 公司出现现金流紧张的迹象，离违约越来越近，可能会导致重组贷款或者调整合约。③D 公司债券交易价格下降，且新发放贷款的信用保证金已经提高以反映信用风险的增加，这些变化与市场环境无关。进一步与 D 公司同行的债券价格比较，D 公司债券价格的下跌很可能是公司特有的因素造成的。④A 银行根据反映信用风险增加的可用信息，重新评估了该贷款的内部风险评级。

A 银行认为，根据 IFRS 9 第 5.5.3 段，D 公司贷款自初始确认后信用风险已经显著增加，A 银行对 D 公司的贷款确认了整个存续期预期信用损失，预期信用损失率也相应调增。A 银行对 D 公司确认的预期信用损如表 10 所示。

对于阶段二金融资产，IFRS 9 要求测算金融资产整个生命周期的预期信用损失，由上述测算结果得出，A 银行该笔金融资产分类为阶段二金融资产之后，减值准备计提增加了 780057552.36 元，增加幅度较大。

（二）个人住房贷款分析、初始确认金额的确定分析及准备金测算

1. 初始确认

【例 7】沿用例【例 2】，C 的个人住房贷款由于在 2016 年 3 月 8 日贷款发放时，C 个人信用良好，无不良信誉记录，且 C 所处地区宏观经济繁荣发展，没有迹象表明 C 的还款能力有任何问题。所以在初始确认时将其确认为阶段一金融资产。在发放后的第一个资产负债标日即 2016 年 12 月 31 日，经评估仍可以放在阶段一金融资产核算。

根据 IFRS 9 要求，对于阶段一金融资产，需要测算未来 12 个月内的预期信用损失，测算结果如表 11 所示。

表10　D公司贷款预期信用损失测算（阶段二）

单位：元

还款日期	归还本金 (a)	归还利息 (b)	合同现金流 (c)	预期信用损失率 (d) (%)	累计损失率 (e) (%)	预期未来现金流量 (f)	贷款减值准备 (g)
21/03/2016	—	952777.78	952777.78	1	1.00	933722.22	19055.56
21/06/2016	—	17531111.11	17531111.11	1	1.99	17182242.00	348869.11
21/09/2016	—	17531111.11	17531111.11	1	2.97	17010419.58	520691.53
21/12/2016	—	17340555.56	17340555.56	1	3.94	16657268.48	683287.08
21/03/2017	—	17150000.00	17150000.00	1	4.90	16309479.36	840520.64
21/06/2017	—	17531111.11	17531111.11	1	5.85	16505193.11	1025918.00
21/09/2017	—	17531111.11	17531111.11	1	6.79	16340141.18	1190969.93
21/12/2017	—	17340555.56	17340555.56	1	7.73	16000905.64	1339649.92
21/03/2018	—	17150000.00	17150000.00	1	8.65	15666820.79	1483179.21
21/06/2018	40000000.00	17030222.22	57030222.22	1	9.56	51577110.71	5453111.51
21/09/2018	—	17030222.22	17030222.22	1	10.47	15247809.43	1782412.79
21/12/2018	40000000.00	16349666.67	56349666.67	1	11.36	49947492.06	6402174.61
21/03/2019	—	16170000.00	16170000.00	1	12.25	14189514.94	1980485.06
21/06/2019	40000000.00	16028444.44	56028444.44	1	13.13	48674476.51	7353967.94
21/09/2019	—	16028444.44	16028444.44	1	13.99	13785397.56	2243046.89
21/12/2019	40000000.00	15358777.78	55358777.78	1	14.85	47135661.54	8223116.24
21/03/2020	—	15358777.78	15358777.78	1	15.71	12946577.19	2412200.59
21/06/2020	40000000.00	15026666.67	55026666.67	1	16.55	45920510.58	9106156.09
21/09/2020	—	15026666.67	15026666.67	1	17.38	12414560.52	2612106.15
21/12/2020	40000000.00	14367888.89	54367888.89	1	18.21	44467873.50	9900015.38
21/03/2021	—	14210000.00	14210000.00	1	19.03	11506233.01	2703766.99
21/06/2021	40000000.00	14024888.89	54024888.89	1	19.84	43308003.53	10716885.36
21/09/2021	—	14024888.89	14024888.89	1	20.64	11130352.15	2894536.74
21/12/2021	40000000.00	13377000.00	53377000.00	1	21.43	41937142.12	11439857.88

续表

还款日期	归还本金 (a)	归还利息 (b)	合同现金流 (c)	预期信用损失率 (d) (%)	累计损失率 (e) (%)	预期未来现金流量 (f)	贷款减值准备 (g)
21/03/2022	—	13230000.00	13230000.00	2	23.00	10186631.37	3043368.63
21/06/2022	40000000.00	13023111.11	53023111.11	2	24.54	40009399.02	13013712.09
21/09/2022	—	13023111.11	13023111.11	2	26.05	9630251.81	3392859.30
21/12/2022	40000000.00	12386111.11	52386111.11	2	27.53	37963402.79	14422708.32
21/03/2023	—	12250000.00	12250000.00	2	28.98	8699837.44	3550162.56
21/06/2023	45000000.00	11958722.22	56958722.22	2	30.40	39642529.91	17316192.31
21/09/2023	—	11958722.22	11958722.22	2	31.79	8156652.84	3802069.38
21/12/2023	45000000.00	11271361.11	56271361.11	2	33.16	37613235.75	18658125.36
21/03/2024	—	11271361.11	11271361.11	2	34.49	7383388.41	3887972.70
21/06/2024	45000000.00	10831722.22	55831722.22	2	35.80	35841522.68	19990199.54
21/09/2024	—	10831722.22	10831722.22	2	37.09	6814421.88	4017300.34
21/12/2024	45000000.00	10156611.11	55156611.11	2	38.35	34005968.91	21150642.20
21/03/2025	—	10045000.00	10045000.00	2	39.58	6069229.99	3975770.01
21/06/2025	45000000.00	9704722.22	54704722.22	2	40.79	32391760.09	22312962.13
21/09/2025	—	9704722.22	9704722.22	2	41.97	5631432.91	4073289.31
21/12/2025	45000000.00	9041861.11	54041861.11	2	43.13	30732095.81	23309765.31
21/03/2026	—	8942500.00	8942500.00	2	44.27	4983642.79	3958857.21
21/06/2026	45000000.00	8577722.22	53577722.22	2	45.38	29261614.13	24316108.09
21/09/2026	—	8577722.22	8577722.22	2	46.48	4591050.68	3986671.55
21/12/2026	45000000.00	7927111.11	52927111.11	2	47.55	27761592.43	25165518.68
21/03/2027	—	7840000.00	7840000.00	3	49.12	3988907.64	3851092.36
21/06/2027	45000000.00	7450722.22	52450722.22	3	50.65	25885772.22	26564950.00
21/09/2027	—	7450722.22	7450722.22	3	52.13	3566808.22	3883914.00
21/12/2027	45000000.00	6812361.11	51812361.11	3	53.56	24059494.86	27752866.25
21/03/2028	—	6812361.11	6812361.11	3	54.96	3068474.49	3743886.62

续表

还款日期	归还本金 (a)	归还利息 (b)	合同现金流 (c)	预期信用损失率 (d)(%)	累计损失率 (e)(%)	预期未来现金流量 (f)	贷款减值准备 (g)
21/06/2028	50000000.00	6261111.11	56261111.11	3	56.31	24581302.69	31679808.42
21/09/2028	—	6261111.11	6261111.11	3	57.62	2653503.93	3607607.18
21/12/2028	50000000.00	5573750.00	55573750.00	3	58.89	22845978.38	32727771.62
21/03/2029	—	5512500.00	5512500.00	3	60.12	2198165.54	3314334.46
21/06/2029	50000000.00	5008888.89	55008888.89	3	61.32	21277294.25	33731594.64
21/09/2029	—	5008888.89	5008888.89	3	62.48	1879302.36	3129586.53
21/12/2029	50000000.00	4335138.89	54335138.89	3	63.61	19774603.17	34560535.72
21/03/2030	—	4287500.00	4287500.00	3	64.70	1513571.23	2773928.77
21/06/2030	150000000.00	2504444.44	152504444.44	3	65.76	52221935.55	100282508.89
21/09/2030	—	2504444.44	2504444.44	3	66.78	831866.43	1672578.01
21/12/2030	150000000.00	619305.56	150619305.56	3	67.78	48528243.64	102091061.92
15/03/2031	50000000.00	571666.67	50571666.67	3	68.75	15804942.98	34766723.68
合计	1400000000.00	668999722.22	2068999722.22			1288844736.93	780154985.30

注：$e = e(-1) + d \times (1 - e(-1))$ $f = c \times (1 - e)$ $g = c - f$。

表 11 C 个人住房贷款预期信用损失测算（阶段一）

单位：元

还款日期	还款金额（a）	预期信用损失率（b）（%）	累计损失率（c）（%）	预期现金流（d）	减值准备（e）
08/04/2016	2551.46	0.16	0.16	2547.38	4.08
08/05/2016	2551.46	0.16	0.32	2543.30	8.16
08/06/2016	2551.46	0.16	0.48	2539.23	12.23
08/07/2016	2551.46	0.16	0.64	2535.17	16.29
08/08/2016	2551.46	0.16	0.80	2531.11	20.35
08/09/2016	2551.46	0.16	0.96	2527.06	24.40
08/10/2016	2551.46	0.16	1.11	2523.02	28.44
08/12/2016	2551.46	0.16	1.27	2518.98	32.48
08/01/2017	2551.46	0.16	1.43	2514.95	36.51
08/02/2017	2551.46	0.16	1.59	2510.93	40.53
08/03/2017	2551.46	0.16	1.75	2506.91	44.55
08/04/2017	2551.46	0.16	1.90	2502.90	48.56
合计	30617.52			30300.96	316.56

注：$c = c(-1) + b \times (1 - c(-1))$ $d = a \times (1 - c)$ $e = a - d$。

采用预期损失模型，C 个人住房贷款分为阶段一金融资产，计提减值准备 316.56 元。

2. 后续计量

假设在 2017 年 12 月 31 日，银行发现借款人 C 因赌博出现偿还能力问题，贷款已经逾期 30 天，与贷款初始确认日相比较出现了信用风险明显增加，因此银行将 C 划入阶段二金融资产，对借款人 C 贷款进行整个贷款周期的减值准备测算，测算过程如表 12 所示。

表 12 借款人 C 个人住房贷款预期信用损失测算（阶段二）

单位：元

还款日期	还款金额（a）	预期信用损失率（b）（%）	累计损失率（c）（%）	预期现金流（d）	减值准备（e）
08/04/2016	2551.46	0.16	0.16	2547.38	4.08
08/05/2016	2551.46	0.16	0.32	2543.30	8.16
08/06/2016	2551.46	0.16	0.48	2539.23	12.23
08/07/2016	2551.46	0.16	0.64	2535.17	16.29
…	…	…	…	…	…
08/02/2041	2551.46	2.00	99.45	14.10	2537.36
08/03/2041	2551.46	2.00	99.46	13.82	2537.64
合计	765438.00			209621.75	555816.25

注：$c = c(-1) + b \times (1 - c(-1))$ $d = a \times (1 - c)$ $e = a - d$。

转入阶段二金融资产之后，根据 IFRS 9 的要求，银行应对该笔金融资产整个生命周期为基础进行预期信用损失的计算，需计提减值准备为 555816.25 元，比划分为阶段二金融资产时多计提减值准备 555499.69 元。

（三）低信用风险债券及同业投资预期损失模型的简化处理

目前，A银行债券投资主要以国债、地方政府债、政策性银行债券为主；同业投资产品中存在商业银行或其他非银行金融机构信用背书的通道同业存款、金融机构理财产品、信托及资产管理计划等，对于此类在报告日信用风险较低的业务，管理层将其视为一般模型的例外，可以简化处理直接使用未来12个月预期信用损失计量其减值准备，而无须评估报告日其信用风险是否显著增加。为了能够采用简化处理，此类债券或同业投资需满足以下要求：①违约风险低；②债券发行人、交易对手方或最终信用风险来源被认为在短期内具有较强履行义务的能力；③银行预计从长期来看，经济和业务情况的不利变化可能但并不必然降低债券发行人、交易对手方或最终信用风险来源履行义务的能力。

在评估金融工具的信用风险时不应考虑担保品。这意味着不能仅仅因为担保品缓释了风险就认为金融工具的信用风险较低。同时，管理层也不能仅仅因为某类债券或同业投资产品相对银行持有的其他金融工具（债券或同业投资产品）或发行人及产品所在地区的信用风险水平而言违约风险较低，就认为该债券或同业投资的信用风险较低。

低信用风险资产的简化处理并非意味着低信用风险成为是否确认整个存续期预期信用损失的明确分界。相反，如果信用风险不再保持较低水平，管理层应评估信用风险是否显著增加，以确定是否确认整个存续期预期信用损失。这就是说，一项工具的信用风险有所增加，不再符合低信用风险的要求，并不自动意味着该金融工具须归入阶段二，管理层在计算整个存续期预期信用损失之前，需要先评估信用风险是否显著增加。

以通道同业存款业务为例，A银行资金投资部门投资的非银行金融机构成立的资产管理计划，其投向为某地方商业银行定期存款，金额为人民币500000000元，起息日为2015年12月21日，到期日为2018年12月21日，年利率为5%，付息频率为按年付息，首次付息日为2014年12月21日。考虑到此笔业务投资最终收益来源为地方商业银行，故其信用风险主要为地方商业银行还本付息能力，且此类业务历史上从未发生过信用损失事件，经评估此类业务信用风险较低，故采用简化处理的预期损失模型，直接使用未来12个月预期信用损失计量减值准备，无须评估报告日此笔业务信用风险是否显著增加。A银行根据历史数据及行业参考标准，设定的此类低风险业务的未来12个月的违约率（PD）为1%，未来12个月的违约损失率（LGD）为50%，各报告期此笔投资减值准备测算过程如表13所示。

表13 某资产管理计划预期信用损失测算（阶段一）

单位：元

报告期	面值（EAD）	未来12个月的违约率（PD）（%）	未来12个月的违约损失率（LGD）（%）	报告期计提减值准备（E）	报告期累计减值准备（D）	账面价值
31/12/2015	500000000	1	50	2500000	2500000	497500000
31/12/2016	500000000	1	50	—	2500000	497500000
31/12/2017	500000000	1	50	—	2500000	497500000

预期损失模型下与银行现行减值政策下对低信用风险债券及同业投资计提减值准备金额比较：

目前银行对于债券投资采用综合其发行人或债项外部评级及发行人历史还本付息情况作为五级分类依据评估其信用风险，针对可纳入低风险分类的债券投资未计提减值准备。对于同业投资，考虑其在业务开展初期产品种类较为单一，以投资固定收益型资产管理计划、信托计划及商业银行理财产品为主，故采用类信贷的风险评估及管理方式，对全部同业投资业务参照公司类贷款正常1级减值准备计提比例0.5%对其组合计提减值准备，故上述举例中减值准备金额计提金额应为人民币2500000元。根据表13计算，预期损失模型下此笔业务各报告期累计减值准备金额如D列所示，故经评估采用预期损失模型此笔业务在各报告期计提减值准备金额将不低于目前现行减值政策下计提减值准备金额。

（四）债券及同业投资预期损失模型的应用

评估投资产品的信用风险自初始确认后是否显著增加时，管理层应考虑的是此笔/此类投资在预计存续期内发生违约的风险的变动，而非预期信用损失的变动。管理层应当将此笔/此类投资在报告日的违约风险同其初始确认时的违约风险进行比较。对于一般债权工具，包括债券及同业投资，若管理层选择使用违约概率进行评估，一般而言应当使用整个存续期违约概率（在投资的剩余期限内）。但是作为简化处理，管理层可使用未来12个月违约概率，前提是管理层预计这样做不会与使用整个存续期违约概率得出不同的结果。

在进行评估时，所有可获取的信息都应当被考虑。若此笔/此类投资有抵押担保，管理层在评估信用风险是否显著增加时不应考虑担保品。然而，在计算预期信用损失时，担保品的预计可回收金额则应被纳入考虑。

在确定投资的信用风险是否显著增加时，管理层应当考虑在无须付出不当成本和努力的基础上可获取的合理及有依据的最佳信息。这样的信息应当包含外部市场指标、内部因素以及债券发行人、交易对手方或最终信用风险来源特定信息的实际和预期变动。

能更简单地评估信用风险是否显著增加的方法包括：①通过评估交易对手方来评估信用风险的增加，前提是这样的评估能够达到模型的目的。②此笔/此类投资外部信用评级实际或预期的显著变化。③此笔/此类投资并非必须具有外部评级。如果管理层对其的内部信用评级同国际信用评级中对"投资级别"的定义保持一致，也可以采用内部信用评级。

以上的示例并非全部的可用方法，管理层可以采用其他方法/指标来评估信用风险是否显著增加。通常在存在客观减值证据或发生违约之前，投资产品的信用风险应会显著增加。新准则要求在确定信用风险是否显著增加时应同时使用前瞻性的和历史信息。

以投资信托计划为例，A银行资金投资部门投资的某信托公司发行的信托计划，其投向资产为某企业贷款，金额为人民币500000000元，起息日为2014年12月26日，到期日为2016年12月26日，年利率为5%，付息频率为按年付息。假设本例中此产品已通过现金流量特征测试，其信用风险最终来源为某企业，合同中某信托公司不存在对信托计划还本付息的任何承诺或类似兜底条款，故此笔交易信用风险来源为某企业，目前此笔交易尚未出现违约事件。对于最终风险来源存在外部评级的金融资产，A银行拟参考其各报告日外部评级变化评估其信用风险是否显著增加；对于最终信用风险来源不存在外部评级的金融资产，A银行拟采用行内评级变化评估其信用风险是否显著增加。假设本例中，此信托收益权无外部评级；业务发生时，信托收益权资金取得方某企业银行内部评级为 AA 级；2014 年 12 月 31 日银行内部评级仍为 AA 级，且无其他因素或迹象显示此信托收益权信用风险发生显著变化，经评估报告期内此笔业务信用风险无显著变化，应将其作为阶段一金融资产；2015 年某企业其他债项或自身经营发生信用风险事件，经评估 A 银行调整其内部评级，2015 年 12 月 31 日其内部评级降为 A-，经评估在此报告期内此笔业务信用风险发生显著变化，故应将其作为阶段二金融资产。A 银行根据历史数据及行业参考标准，设定阶段一金融资产未来 12 个月的违约率（PD）为 1%，未来 12 个月的违约损失率（LGD）为 50%；设定阶段二金融资产整个存续期的违约率（PD）为 5%，整个存续期的违约损失率（LGD）为 75%。此笔业务各报告期减值准备测算过程如表 14 和表 15 所示。

表 14　某信托计划预期信用损失测算（阶段一）

单位：元

报告期	面值（EAD）	未来 12 个月的违约率（PD）(%)	未来 12 个月的违约损失率（LGD）(%)	报告期计提减值准备（E）	报告期累计减值准备（D）	账面价值
31/12/2014	500000000	1	50	2500000	2500000	497500000

表 15　某信托计划预期信用损失测算（阶段二）

报告期	面值（EAD）	整个存续期违约率（PD）(%)	整个存续期违约损失率（LGD）(%)	报告期计提减值准备（E）	报告期累计减值准备（D）	账面价值
31/12/2015	500000000	5	75	16250000	18750000	481250000

预期损失模型下与银行现行减值政策下对债券及同业投资计提减值准备金额比较：

目前 A 银行对于债券投资采用综合其发行人或债项外部评级及发行人历史还本付息情况作为五级分类依据评估其信用风险，针对尚未发生违约事件的债券投资均作为正常类资产未计提减值准备。对于同业投资，考虑其在业务开展初期产品种类较为单一，以投资固定收益型资产管理计划、信托计划及商业银行理财产品为主，故采用类信贷的风险评估及管理方式，对全部同业投资业务参照公司类贷款正常 1 级减值准备计提比例 0.5% 对其组合计提减值准备，故上述举例中计提减值准备金额应为人民币 2500000 元。根据计算，预期损失模型下此笔业务各报告期累计减值准备金额如表 14 和表 15D 列所示，故经评估采用预期损失模型此笔业务在各报告期计提减值准备金额将不低于目前现行减值政策下计提减值准备金额。

四、预期损失模型与五级分类的关系分析

根据 IFRS 9，预期损失模型分为三个阶段：阶段一，自初始确认后信用风险无显著增加的金融工具。需确认 12 个月预期信用损失。阶段二，自初始确认起信用风险显著增加，但尚无客观减值证据的金融工具。需确认整个存续期预期信用损失，但仍然按照金融资产的账面总额计算利息收入。阶段三，在报告日存在客观减值证据的金融资产。需确认整个存续期预期信用损失并按照账面净额（即扣除信用损失准备后的净额）计算利息收入。

预期信用损失计算公式为：

$\sum$ 预期信用损失（ECL）= 违约概率（PD）× 违约敞口（EAD）× 违损失率（LGD）

预期信用损失即是金融机构需要计提的减值准备。

根据中国银行业监督管理委员会发布的《贷款风险分类指引》，[①] 商业银行需评估贷款质量，采用以风险为基础的分类方法，即把贷款分为正常、关注、次级、可疑和损失五类；后三类合称为不良贷款。五级分类的定义如表16所示。

表16 五级分类定义

五级分类	定义
正常	借款人能够履行合同，没有足够理由怀疑贷款本息不能按时足额偿还
关注	尽管借款人目前有能力偿还贷款本息，但存在一些可能对偿还产生不利影响的因素
次级	借款人的还款能力出现明显问题，完全依靠其正常营业收入无法足额偿还贷款本息，即使执行担保，也可能会造成一定损失
可疑	借款人无法足额偿还贷款本息，即使执行担保，也肯定要造成较大损失
损失	在采取所有可能的措施或一切必要的法律程序之后，本息仍然无法收回，或只能收回极少部分

在五级分类项下，减值准备为报告日五级分类的各级贷款余额与其对应的准备金率的乘积，准备金率采用历史数据迁徙的损失率结合调整因子确定。

从上述定义来看，预期损失模型与五级分类没有直接的关系，基于这两种方法对减值准备的计算也有较大差异。但金融机构在实施 IFRS 9 的过程中，可以参考五级分类的部分因素。比如五级分类中正常类贷款信用风险自初始确认时基本没有增加，新准则规定的阶段一金融资产也具备这一特征。关注类中可能对偿还产生不利因素的影响这一特征，比如大多金融机构将贷款出现逾期作为一个重要不利因素，进而将其分为关注类贷款，这一因素也被包含在 IFRS9 第 5.5.17 段所列举的信用风险显著增加的一个重要特征。阶段三在预期损失模型中被限定为存在客观减值证据，而五级分类的次级、可疑和损失三类贷款被认定为减值类贷款。

综上，从理论角度看，预期损失模型与五级分类没有直接的关系，但是实施 IFRS9 时的确需要考虑到商业银行的客户贷款五级分类的实际操作。五级分类作为监管机构以及商业银行自身考察和监督客户贷款信用风险的重要手段和指标，在未来相当长的时期内将继续存在。如何在预期损失模型中利用五级分类已积累的客户信息以及五级分类本身变化的情况，对于商业银行将风险管理与会计计量相结合有很大作用，也能帮助商业银行在实施新准则的过程中最大限度地利用现有资源，提升效率和效果。还有一个现实情况不得不考虑，那就是国内已经实施巴塞尔资本协议的商业银行毕竟是少数，绝大多数特别是中小银行在评价信用风险时，只能依靠五级分类的结果，因此 IFRS9 的实施并不意味着五级分类没有任何参考意义。

[①] 中国银行业监督管理委员会. 款风险分类指引 [R]. 2007：1-3.

五、预期损失模型与内评法成果的对接

(一) 对于已采用内部评级法的金融机构

巴塞尔资本协议提出了计算信用风险的内部评级方法,内部评级方法包括内部评级初级法与内部评级高级法。在内部评级初级法中,金融机构需根据内部数据对于不同级别的借款测算违约率(PD),监管机构则必需提供其他所需参数如违约风险暴露(EAD)及给定违约损失率(LGD)等。高级法中,上述参数由银行自行测算决定,但必须由监管机构加以确认方可实行。

对于预期损失模型,也是根据预期信用情况,将金融资产分为三个阶段,对于阶段一,金融机构需估计金融资产未来12个月的违约概率及违约损失率。而对于阶段二和阶段三的金融资产,金融机构需估计该阶段的金融资产整个生命周期内的预期信用损失,而计算预期信用损失需金融机构自行估计金融资产的违约率(PD)以及违约损失率(LGD),所以对于即将实施新金融工具准则的且采取了内部评级法计算资本充足率的金融机构来说,可在内部评级法相关数据的基础上来估计预期损失模型中的违约率以及违约损失率。

巴塞尔资本协议模型和预期损失模型中违约概率并非完全一样,巴塞尔资本协议模型的违约概率是借款人的违约概率,而IFRS9则要考虑的是金融工具层面的违约风险变化。

巴塞尔资本协议模型与IFRS9关于违约概率数据的差异[①]如表17所示。

表17 巴塞尔资本协议模型与预期损失模型差异

	巴塞尔资本协议模型	预期损失模型
违约概率统计方法	使用贯穿周期法或混合时点法计算历史数据均值	使用时点法并考虑宏观经济参数进行调整
数据观察期	历史数据:零售敞口——5年,对公敞口——7年	无观察期,需考虑前瞻性信息
违约概率对应的期间	12个月	12个月或整个存续期间
下限和调整	违约概率和违约时的损失率有下限,违约时的损失率需进行经济衰退期调整	无

(二) 对于没有采用内部评级法的金融机构

对于没有采用内部评级法的金融机构,在实施新金融工具准则时,需根据自身金融资产情况,结合历史统计数据及对未来潜在风险因素的预判,合理估计违约率、违约损失率以及最后确定的违约风险暴露敞口,从而为实施预期损失模型提供数据支持,例如:①对主权或金融机构发行的债务工具,可利用外部评级机构的评级结果;②对于公司贷款,可以利用借款人准入时的客户打分表或类似内部信用评级工具的结果;③对于零售贷款,可以根据较为典型的违约迹象或特征,开发一些简单的评级工具,如将逾期天数与内部评级或与信用质量"三阶段"相匹配。

---

① 普华永道. 实施IFRS 9减值模型的银行版攻略 [R]. 2016.

六、预期损失模型对核算体系的影响

现行的金融资产损失准备计提制度中,我国金融机构除了要满足会计准则的要求,还要满足银监会的相关监管规定。银监会于 2011 年发布并于 2012 年 1 月 1 日起实施的《商业银行贷款损失准备管理办法》[①] 规定,商业银行贷款损失准备不得低于银行业监管机构设定的监管标准。这里的标准主要指贷款拨备率和拨备覆盖率指标,该规定第七条要求贷款拨备率基本标准为 2.5%,拨备覆盖率基本标准为 150%。

预期损失模型对金融资产减值准备与原准则下以五级分类的方法计提减值准备的结果可能存在较大差异。预期损失模型下的阶段二及阶段三金融资产需预计存续期间内信用损失来计提准备金,准备金的确认无须考虑是否已经触发违约事件,因此准备金金额会较五级分类方法下的计提金额增加。根据德勤第四次全球 IFRS 银行业调查,[②] 所调查的一半以上的银行认为预期损失方法将会导致银行在所有贷款资产类别上的准备金提高,最高增幅高达 50%。所调查的 70% 的银行预测其 IFRS9 下的预期损失准备金会高于目前的监管预期损失。

因此,金融机构不仅要考虑实施预期损失模型对准备金的影响,还要考虑监管机构监管指标的预期值。既要减少新准则对准备金波动的影响,又要符合拨贷比、拨备覆盖率等监管指标。

在预期损失模型下,金融机构可能因准备金大幅增加而影响其报表利润,对此金融机构可能会调整信贷资产结构,例如可能减少或停止部分风险较高的信贷业务的开展,特别是减值准备计提增幅较大的次级抵押贷款产品,增大风险较低的信贷业务从而降低准备金的计提金额。此外,金融机构处于资本充足率等资本监管指标的考虑,由于准备金的增加导致资本充足率下降,为达到监管指标,金融机构需补充更多的一级资本,从而可能增加金融机构的资本成本。金融机构为保持利润的平滑,可能会提高产品定价,将资本成本转嫁给借贷者。

总而言之,金融机构应密切关注 IFRS9 的推进以及中国会计准则中金融工具准则的变化,提前做好新准则实施的准备工作,包括评估新准则预期损失模型下准备金的变化、模型的设定、系统的开发以及考虑监管指标的要求等,保障新准则实施过渡中核算体系的稳定运行。

七、预期损失模型的应用触发商业银行信用风险管理的变革

国内商业银行目前较为普遍的信用风险管理政策和机制,主要包括:

[①] 中国银行业监督管理委员会. 商业银行贷款损失准备管理办法 [R]. 2011:2.
[②] 德勤. 第四次全球 IFRS 银行业调查及对中国银行业的影响 [R/OL]. 2014:2.

（1）在董事会层面、高级管理层层面及业务日常操作层面，制定全面的风险管理偏好及风险管理政策和制度、年度信用风险管理策略和风险限额。

（2）对于贷款业务的风险管理，从贷前调查、贷时审查、放款审核、贷后管理等环节实施具体风险控制，根据银监会制定的《贷款风险分类指引》计量并管理企业及个人贷款及垫款的质量，并对单笔贷款进行五级分类。

（3）对于债券及其他债务工具，主要通过限制投资品种、对交易对手实行评级准入及授信额度控制等手段进行管理。

（4）建立抵押品管理体系和规范抵押品操作流程，对抵押品权利证明、价值做定期审核，确保其能继续履行所拟定的目的，并符合市场惯例。

然而，在IFRS9的预期损失模型下，信用风险管理预计将在如下几方面发生变革：

（1）信用评级体系。债务人的内外部评级的变化是最直观的信用质量变化与否的指标，而目前国内商业银行尚未普遍将信用评级作为信用风险变化的主要航标。因此，IFRS9预期损失模型的实施将督促国内商业银行建立针对公司、个人及同业交易对手的内部评级体系，或内外部评级相结合的信用风险预警与评价机制。同时，在相应的信用风险管理政策与制度中，亦将做出详细的规定。

（2）对信贷业务进行风险分类作为全球较为通行的风险等级评价机制，无论从风险管理实务的角度，还是从监管机构的监督角度，对信贷资产进行五级分类还是会继续得以执行。然后，由于五级分类与信用质量变化"三阶段"之间没有必然的映射关系，因此国内商业银行为避免出现会计核算与监管标准的巨大差异，必然会根据各自信贷业务的特点和历史损失情况，将各级分类的触发条件与信用质量变化"三阶段"的触发条件之间加以调节和映射，并相应形成相对固化的信用风险管理制度框架。

（3）由于预期损失模型下，抵押物的价值不作为信用质量变化与否的参考值，只能在根据借款人自身的信用状况作出"三阶段"判断后，计算预期信用损失时才会加以考虑，故对于抵质押品本身的管理方面并不会有变化。但在评估信用质量变化与否以及变化是否显著时，将不能考虑抵质押物的性状与价值。这一理念将最大限度地挑战目前众多基层信贷业务人员以及信贷管理人员对"违约"及"信用质量下降"的理解和认识。

（4）国内商业银行目前普遍采用信息系统对各项金融工具的信用状况进行记录、监控及预警，比如个人贷款基本实现信息系统根据逾期天数自动映射五级分类及相应拨备的计算。未来，各家商业银行还需要根据预期损失模型的要件在现有系统功能中或之外嵌入更多的信用风险参数，如债务人的信用评级、借款人的财务和盈利指标与放贷时的比较值等，以便帮助人工或实现系统自动判断信用质量变化的阶段，进而进一步计算出预期信用损失的金额或比例。

第四章 结 论

从上述IFRS9的分类与计量以及减值评估对商业银行的影响分析可以看出，这一金融工具的新准则体现了以下三方面的重大转变：

一是会计理念体现业务管理。分类与计量的基本原则就是"业务模式"，希望其结果更加接近商业银行的经营目的，从而更好地反映经济实质。预期信用损失的评估，更是体现了管理层的风险偏好、资产组合的信用风险特征以及风险管理的手段和工具等。

二是会计理念靠拢监管理念。IFRS9的预期损失模型，处处带有巴塞尔资本协议的影子，甚至走得更远、更激进，包括在信用风险显著上升时需要评估贷款整个生命周期以及考虑宏观经济的影响等。

三是会计理念约束管理意志。IFRS9给人的第一印象是赋予了管理层太多太大的判断空间，例如对于金融资产之间的重新分类不再设定"禁止"，而预期损失模型中从阶段一到阶段二的"信用风险显著上升"以及"整个生命周期的预期信用损失"无不充满了管理层的自我评估和裁量。与此同时，会计准则也在方方面面用"无形的手"在约束管理层可能出现的肆意妄为。例如，强调了金融资产重分类意味着业务模式的重大改变，因此应该是偶然事件。对于预期信用损失的评估，则提出了非常详细甚至是烦琐的披露要求，将管理层判断的思路和依据以及改变的轨迹都公之于众，试图制造舆论压力。

根据IFRS9体现准则制定者的理念，其实施对我国商业银行产生的影响不外乎三大方面：

一是IFRS9实施的深远影响在于它不会也不可能仅仅停留在财务报表和会计核算中，它将对经营策略、风险管理、产品和客户选择、预算管理、绩效考核、信息系统以及财务会计等诸多方面发挥变革作用，推动商业银行的管理层和经营者摒弃"利润至上论"，能够更加全面地看待不同产品和不同部门对整个银行的贡献，督促银行自上而下对所面临的风险看得更长远、评估更完善、行动更靠前，把风险管理职责真正落实到业务发生之初。

二是IFRS9的实施本身就是商业银行即将面临的重大挑战，因为它很可能重新改写一家银行的财务报表。分类与计量需要首先确定相关部门和产品的经营模式，其次是对现有产品进行完整地梳理和评估，之后要模拟结果"回头看"，以最终确定分类结果。这一结果将极大地影响后续减值评估的完整准确。预期损失模型的实施无须多言，从上文已经可窥见其复杂度。在真正落地时，各家商业银行还有各自的问题和困难，都需要在准则的框架下逐一、迅速解决。时间表的要求更是紧迫，因为还存在对2018年度可比数字的确定和调整需求。根据国外经验，凡是已经采用巴塞尔资本协议的银行，因为理念的接近、数据的充分以及系统的支持，在实施预期损失模型时占有一定优势。而绝大多数没有巴塞尔资本协议的银行，如何利用有限的数据搭建一个符合会计准则要求的模型还在摸索过程中。

三是 IFRS9 实施后的信息可比问题。我国商业银行的财务报表中，金融资产减值是最重要的数据之一。在预期损失模型之下，监管者、上市银行的分析师以及银行本身等报表使用者，如何对同业做出一个横向比较还是一个未知数。这一点，或许可以通过准则制定者的提前介入得到解决。例如，在 2018 年正式实施之前进行一次行业摸底调查，收集模拟数据比对，分析重大操作差异，考虑发布指南等予以详细规范。

以上是本课题就 IFRS9 对我国商业银行的影响所做的浅显分析，其中的论据和论点仅供讨论，并不代表本课题组所在单位的意见。欢迎广大专家和业界同仁批评指正。

参考文献

[1] 德勤. 第四次全球 IFRS 银行业调查及对中国银行业的影响 [R/OL]. 2014：2.
[2] 洪金明，马跃. 对预期损失模型进展的跟踪及其实施的思考 [J]. 金融会计，2013（12）：26-30.
[3] 普华永道. 洞察——国际财务报告准则第 9 号——预期信用损失 [R]. 2014（8）.
[4] 普华永道. 实施 IFRS 9 减值模型的银行版攻略 [R]. 2016.
[5] 中国银行业监督管理委员会. 商业银行贷款损失准备管理办法 [R]. 2011：2.
[6] IASB. IFRS 9 Financial Instrument [M]. America：IASB，2014：20.

第十三篇

金融机构综合经营发展与集团财务管理研究

国家开发银行财会局课题组

课题主持人：吴雪林
课题组成员：杨素友　欧　洋　张　佳（执笔人）
　　　　　　王雨桐　崔　震

摘 要

约 100 年来，美国等发达国家金融业经历了从混业到分业，再到混业的过程。我国改革开放 30 多年以来，从初期的初级混业经营到严格的分业经营，再到最近约 10 年的综合经营探索，走过了发达国家 100 年的路程。我国综合化经营探索以集团化综合经营为主要形式，其股权结构较为复杂，集团一体化战略目标与各法人相对独立性的矛盾，以及行业跨度大、层级多等特点为集团财务管理提出了挑战。本课题在研究集团财务管理一般理论、国内外金融机构综合经营与集团财务管理情况的基础上，提出金融机构综合经营集团财务管理的解决方案。

关键词：综合经营　集团　财务管理　国外金融机构综合经营　国内金融机构综合经营

第一章 绪 论

一、研究背景

20世纪90年代以来,由于日益激烈的行业竞争以及满足消费者越来越严格的要求,为了适应行业的发展需求,美国、英国、德国等世界金融强国逐步放弃其传统的金融业分业经营模式,向综合经营模式转变。经过20多年的发展,英国、美国、德国、日本分别根据自身的发展需求建成了各自相对完善的金融综合经营模式,实行多种子行业经营的大型金融控股公司以及全能银行在现阶段的国际竞争中处于领先地位,同时经住了金融危机考验的实行综合经营的金融机构也在越来越全面有效地满足消费者的需求。

20世纪90年代初,中国政府为了治理当时金融业混乱的经营环境,通过一系列的法律法规制定了"分业经营,分业监管"的金融业经营制度,这一制度在当时以及相对较长的时间内发挥了金融业各子行业风险隔离的作用,使市场得到了相对稳定的发展。但随着国际大型金融机构进军中国,同时中国金融企业走出国门,参与世界竞争,我国金融机构在现行经营制度下竞争力相对较弱、资金配置效率低等问题暴露了出来。由于以上各种原因,中国政府于2005年起,在每个国民经济和社会发展的五年规划中均不同程度地提出并推进试点金融业综合经营,这一举措取得了阶段性的成果。中信、光大等金融控股公司已成为国内升值、全球领先的综合经营集团;国有商业银行也通过在海内外交叉持股,普遍下设了证券、投资、保险、租赁等非银行业子公司;平安等保险公司也通过收购、新设等手段,逐步建立起全牌照的金融集团架构。

二、研究意义

金融机构综合经营在为经济发展提供更加灵活多样的金融产品的同时,由于其复杂的集团架构,跨行业、跨监管,以及独立法人的独立性要求,为集团财务管理提出了一系列问题。主要包括:一是处理好集团战略一体化与法人独立性的关系。如何使集团财务战略在子公司得到落实,确保股东和集团的整体利益。二是行业跨度大,在不同的监管规则下,如何了解各公司情况并决策。股东需对子公司的重大经营和财务事项进行决策,但正确决策的前提是充分了解子公司情况,并确保公司按照股东的决策执行。三是如何引导子公司提升盈利水平,加大对母行的回补。如何通过预算、绩效评价、考核等手段,强化激励约束机制。四是如何传递子公司的财务信息,如何搭建系统架构。五是集团财务协同的主要方面，资金一体化的意义。

解决好这些问题，厘清母子公司财务管理权限，晒出集团财务管理清单和内容，是发挥金融综合经营协同优势、确保子公司重大经营和财务决策符合集团整体利益的重要前提。

为解决好上述问题，本课题从一般集团财务管理的理论着手，通过分析国外和国内金融机构综合经营历史与情况、财务管理相关情况，得出金融机构综合经营下集团财务管理的解决方案。

第二章 集团财务管理的一般理论

一、金融机构组织模式演变概述

银行业的发展与货币经济的发展密切相关。在前资本主义时代，货币的兑换和保管业务逐渐发展为银行体系发展的基础。事实上，早期的银行业就是围绕存贷款业务发展而来的。随着工业革命的发展以及资本主义工商业的迅速扩张，简单的银行存贷款业务已经无法满足相应的商业体系的需要，因而银行业的业务范围不断扩大，银行业本身的组织结构也发生了不同程度的改变。事实上，现代银行业的分类变得越发复杂，但如果按照功能结构来看，银行基本上在向着全能型银行的方向发展。全能银行，顾名思义是指其业务范围包括了传统的存贷款、货币兑换，还包括了基金、信托、租赁、保险等非银行的金融业务，以及证券经纪、财务顾问、企业并购等典型的投资银行业务等。

世界上银行的发展大体可以分为两个分支：一支以英美国家为代表，经历了早期专业银行向全能银行发展的过程，但是后期转型为金融控股型银行；另一支则是以德国为代表的欧洲国家，其银行业体系从建立初期就面临了巨大的需求，从而一开始就是按照全能型银行的模式不断发展，后期也是一直坚持内部综合型全能银行发展模式。以下就两个分支中美国和德国的金融机构发展情况予以介绍：

（一）美国金融机构的发展情况

自美国建国以来的100多年时间中，银行业发展较为自由，受到的限制较少。一方面是因为美国银行业早期相对业务范围较窄，另一方面是因为美国具有较为宽松的经济环境。事实上，根据美国1863年的《国民银行法》，各个州的银行可以向联邦政府注册并接受联邦的监管，而向州政府注册的银行则接受各个州政府的监管。美国一直以来没有形成强大的中央银行体系，取而代之的是联邦储备体系。

然而，随着1929~1933年的经济大萧条，美国先后有5000多家商业银行被迫倒闭。当时的议员格拉斯等认为，引起这次经济危机的一个原因是大量普通的商业银行从事投资银行的业务，从而导致大量资金涌入资本市场，进而形成"资本泡沫"，最终引发了股市崩盘和金融危机。考虑到大萧条对于美国经济的深远影响，格拉斯等的观点得到了广泛的支持，美国国会在1933年颁布了著名的《格拉斯—斯蒂格尔法》，该法案明确禁止银行参与其他业务。这实际上在投资银行和普通商业银行之间画了一条明确的分界线，两者都不可以越界发展。

然而在该法案的第二十条中又规定，商业银行可以设立投资银行等领域的附属公司，而这实际上为后来美国银行业的金融控股和集团化经营提供了保障。事实上，著名的摩根公司就通过两个公司分别参与不同的业务领域，即 JP 摩根作为商业银行运作，而下设附属公司运作投资银行业务。事实上，摩根公司在 20 世纪不仅取得了巨大的成功，而且权倾一时，具有极大的影响力。

在美国《1956 年银行控股公司法》中，开始限制拥有多家银行的控股公司，但是并未对单一银行控股公司进行限制，因此大量单一银行控股公司迅速发展。大量的公司实际上采取了这一模式，通过一个母公司控股控制子公司，银行迅速扩大自己的业务范围，尽管在表面上美国银行仍旧是实行分业经营的模式，但是本质上是单一的全能银行。

1970 年颁布了《银行控股公司法修正案》，弥补了这一法律上的漏洞。而到了 1980 年，美国又开始放松对于银行业的监管，从法规角度允许银行业拓宽业务范围，逐渐允许商业银行和投资银行的界限模糊化。

1986 年，怀特研究报告问世，该报告明确对格拉斯当年提出的观点进行了质疑，认为银行业的问题主要源自政府决策失误和监管不力。美国银行扩大业务范围的不断努力最终形成了银行业和金融机构相互融合的趋势。1997 年，格林斯潘力主废除《格拉斯—斯蒂格尔法案》，并认为银行业和其他金融业的界限并不明显，而且这种趋势还会继续下去。这些努力最终的成果体现为 1999 年的《金融服务现代化法案》，该法案明确废止了《格拉斯—斯蒂格尔法案》中对于商业银行的发展限制。同时，美国商业银行业务的全能化终于名正言顺，美国进入了金融业、银行业、证券业的"混业经营"时代。

（二）全能银行在德国的发展情况

历史上，德国由于工业化初期缺乏足够的资本积累，同时缺乏相应的证券交易机制来融资，因此德国在一开始就需要一个强大的银行体系作为支撑。同时，考虑到早期德国银行往往采取合资的形式，非常有助于德国银行建立庞大的资金体系，以及进入实体产业。德国的全能银行发展从最初就是为了顺应工业企业的需求而形成的。

到了第二次工业革命，德国工业的发展进一步扩大了对资金的需求量，而这也相应地促进了德国全能银行业务范围的扩大。

"二战"后，德国分裂，东西德的银行业发展受到了巨大限制。西德实行了美国当时的分业银行制度，而东德则完全接受苏联的中央计划经济管制。随着德国的逐步复苏，德国再一次面临大量的资金需求，西德首先恢复了全能银行模式。两德统一后，德国联邦银行再一次在全德国范围内建立了完整的全能银行金融体系。

近年来，德国的全能银行本身也发生了不少改变，银行业内部的整合不断加强。不少德国全能银行不再实行简单的全能化模式，而是寻求改变，进行战略调整。德国银行从传统的地域扩展、业务范围扩展转变为重视个人零售业务以及投资银行业务。银行业本身的管理构架也相应改变，德国银行开始采用扁平化的管理模式，减少管理层，提高银行业本身的灵活性。此外，德国的大型银行缩减了过剩的营业网点，结合电子信息技术进行改革，有效完成了资源的优化。

二、金融机构的综合经营模式

金融控股公司是一种控股公司的形式,目前尚未有统一的定义。在1999年举办的金融集团联合论坛上,金融控股公司被界定为"金融控股公司是指在同一控制权下,主要在银行业、证券业、保险业中至少两个不同的金融行业大规模提供服务的金融集团公司"。而在我国,金融控股公司尚未得到明确的确认,但是我国集团化经营模式已经有了一定的应用。

金融控股公司模式有利于金融行业实现分业经营向混业经营的转型,通过以金融控股公司作为资本运作平台,可以通过子公司的方式开展多种金融业务,实现多元化的金融服务。此外,金融控股公司的集团化经营有利于形成协同效应,通过集团内部公司之间的化学反应,形成规模经济,增强竞争力。最为重要的一点是,通过经营多种业务,集团化经营的金融机构可以有效规避风险,降低波动性,确保集团整体的稳定发展。

尽管金融控股公司可能存在一定的风险和问题,但是已经成为我国金融机构的发展趋势。按照母公司是否从事具体金融业务经营活动,可以将金融控股公司分为纯粹型金融控股公司和经营型金融控股公司。

(一)纯粹型金融控股公司

纯粹型金融控股公司是指母公司不从事经营业务,主要从事对于子公司的监管工作。这类公司往往由子公司分别各自经营具体的金融业务,母公司负责协调调度资本,并获取子公司的股权收益。特别地,各个子公司都是独立的法人实体,互相之间属于分业经营模式。这一类型的金融控股公司主要出现于美国、日本、韩国等国家和地区。

(二)经营型金融控股公司

经营型金融控股公司是指母公司本身直接经营一种或两种金融业务,同时又通过子公司从事其他类型的金融业务。母公司在从事自己经营业务的同时还要制定集团战略目标,并完成对于子公司的股权控制。根据其特点又可以进一步划分为以德国为代表的全能银行体系和以英国为代表的母子公司体系。其中,在母子公司制金融控股公司,母公司从事银行、证券、保险三大业务之一,其他子公司则分别经营资产管理、保险等其他金融业务。各个子公司和母公司则都是独立的法人实体。在全能银行制金融控股公司,则仅有一个法人实体,单一的商业银行作为经营主体,并且可以从事银行及非银行金融业务。既可以设立独立的职能部门从事其他金融业务,也可以持有工商企业的股份,与产业企业间建立密切的关联。

三、集团财务管理的一般模式

(一) 集团财务管理模式

根据金融机构集团化的模式,集团财务管控也变得越来越重要。集团财务管控的核心在于:结合集团内部企业的特点,以总部为财务控制主题,规划整合集团资本运动链,实现集团企业的价值最大化目标。在集团财务管控中,首先需要确立集团各个财务管理层次的财务权限、责任以及利益,自然是以总部的财务权为主体,在此基础上进一步确立子公司的财务权限配置。根据集团基本类型的不同,财务管控的重点也有所差异。考虑到集团企业本身的复杂性,集团企业财务管控活动也相应地复杂起来。集团企业的财务管控模式主要可以分为松散型、紧密型、中间型三种结构模式。

1. 松散型财务管控模式是集团总部对下属子公司的分权式管理

总部保留对子公司的财务决策权和审批权,日常财务管理权限则交由各个子公司,子公司只需要将一些重要结果申报到总公司即可。这一管控模式的优点在于:子公司可以灵活处理各种情况,并且针对问题做出有效决策。此外,有利于分散风险,促进子公司本身的合理成长。这一管控模式的缺点是:容易发生资金分散、成本过高、利润分配不合理等问题。

2. 紧密型财务管控模式是总部对下属子公司的集权式管理

总部各个相关部门对下属子公司相对应的经营管理进行统一管理,子公司没有独立的财务决策权。这一管理模式对应于网络环境下集团财务统一审批管理的核算制度。其优点在于:集团内部的各个决策均由集团总部制定或部署,集团内部可以以规模经济方式降低成本,并且可以有效调度整合集团内部的资源。但是这一管控模式的缺点是:无法有效调动各个子公司的积极性。

3. 中间型财务管控模式是前两种财务管控模式的结合体

总部制定统一的管理制度,子公司在遵守的同时可以结合各自的特点进行补充调整。总部在部分管理权限上集中管理,但是各个子公司享有各自的自主经营决策权,以合理调动其积极性。

(二) 集团财务管控模式的选择

集团财务管控模式的选择离不开集团的财务战略规划。此外,也与集团所处的发展时期,甚至集团本身的业务范围有关。按照集团财务战略的具体内容,可以分为投资战略、筹资战略和股利分配战略。

首先,集团投资战略往往具有多元化和专业化的倾向,而投资战略本身需要综合考虑未来投资环境与自身优势总和考量决定。专业化的投资经营有助于集团在一些具体领域实现领先,从而带动整个集团的迅速发展;多元化的投资经营则有助于集团应对危机,分散风险。这两者战略本身并不冲突。而集团筹资战略则主要是集团企业如何筹措资金的规划,包括资本结构和融资方式的选择。对于金融机构而言,把握好传统的商业银行业务获得资金，进行流动性风险管理和准备金管理都是重要工作。在投资战略和融资战略的基础上，往往还需要考虑企业集团的股利分配战略规划，但是这一战略目标往往依附于前两个战略。

其次，除了企业的发展战略外，企业所处的发展阶段也与财务管控模式密切相关。大多数企业的财务管控模式都不是一成不变的，不同历史时期都有相应的调整和变化。对于那些处于初创期的企业，往往受制于经营风险和融资压力，主要精力需要放在如何建立完善的产品体系并且提升自己的核心竞争力上。自然地，这一类企业往往采取集权化的财务管控模式，采取稳健的管理策略，集中力量以求有效发展。当企业进入成长期，经营风险会相应地改变为现金量的管理和市场竞争的压力。因此，这一时期的企业依然偏重于集权化的财务管理模式。一旦企业进入了成熟期，则标志着市场份额的稳定和企业本身经营体系的完成。因此，成熟期的企业往往需要控制成本，合理放权给子公司，相应的财务管控模式也变为分权式的管理模式。此外，对于处于再生期的企业而言，由于原有领域的市场发生萎缩，不得不去寻找新的经营定位，在许多决策和管理上都需要由母公司做出合理规划，因此这一时期的企业往往需要采取偏向于集权化的财务管理模式。

除了上述两个因素外，集团财务管控模式也与具体业务的关联程度、持有子公司的具体类型、集团持有股份的方式和集团内部股权的关系密不可分。

四、集团财务管理的主要内容、职责与定位

（一）集团管理定位的类型

对母公司而言，其功能定位大体可以区分为三种类型：财务控制型集团、战略控制型集团、运营控制型集团。

对于财务控制型集团，财务管控的重点在于总部作为投资决策中心，管理方式以财务指标考核、控制为主，监管重点在于资产运营、财务规划、投资融资决策、审计监控、业绩管理以及外部企业的收购兼并工作。

对于战略控制型集团，总部除了负责投资决策外，还应该负责战略决策，控制子公司的财务、资产运营和集团整体的战略规划。其财务管控力度更大，倾向于集权化管理，其重点在于战略和规划的制定、资产管理与控制、投资管理与控制、审计监督以及业绩管理。

对于运营控制型集团，总部作为经营决策中心和生产指标管理中心，调度管理企业资源，直接管理集团企业的具体业务。这一类管控模式是最为集权的，其财务管控也是全面的、一体化的。

在企业集团中，子公司常常被划分为不同的层次，主要包括核心层、紧密层、半紧密层、松散层。但是在根本上，子公司的划分和管理定位都是围绕母公司本身的战略规划和具体类型。

(二) 集团管控的具体内容

1. 财务控制

财务控制既是管理控制的重点，也是母公司控制子公司的核心环节。财务控制具体包括对子公司的投资规模、产品和运营情况以及集团利润分配等内容进行控制。具体的实现手段是对子公司的现金、预算、审计三个部分进行详细的管理。现金管理包括对集团重点项目的资金分配，以及资金的流动性和持有量的管理，是财务管控的重点。预算管理主要体现为母公司对子公司预算的审核以及最终决定权。审计管则体现为内部审计机构对各个子公司具体财务情况的掌握。

2. 权限控制

权限控制主要是规定子公司享有的权限范围，从而确定子公司的具体决策范围，并对重大决策行为进行控制。不过权限控制需要合理设计，因为如果权限控制过强，则子公司容易失去经营积极性；权限控制过弱，则母公司难以对子公司进行有效管理。因此，如何确定子公司的权限，仍旧是一个重大问题。

3. 人事控制

人事控制主要是通过奖励、惩罚、考核等多种手段，控制和管理人力资源。母子公司人力资源管理最重要的两类人是各个子公司派驻的董事监事以及CEO和财务负责人。对于前者而言，董事监事负有重大的运营监督职责。一方面母公司需要考虑激励、考核和奖励等事宜，另一方面也需要确定具体的权责内容，以实现合理的管理。对于后者而言，往往是通过特定的指标体系和述职报告等方式实现对这些具体的工作人员的管理和监督。

4. 信息控制

信息控制的主要内容是确保信息的有效传递。这些信息包括市场信息、财务运营情况以及具体的运营信息。此外，双向的信息传递可以确保子公司和母公司之间的有效沟通，从而及时应对市场情况进行战略调整，防范风险。信息控制既可以通过子公司主要负责人的定期述职报告实现，也可以通过定期审计的方式实现。

第三章 国外金融机构财务管理模式

一、花旗银行综合经营发展与财务管理情况

花旗集团成立于1812年,作为一家有将近200年经营历史的综合银行,不仅拥有广泛的全球范围内客户网络,而且业务种类丰富,是全球金融行业的引领者之一。花旗银行按照其不同时期的模式,大体上可以划分为四个发展阶段。

(一) 花旗银行阶段(1812~1967年)

花旗银行成立时,原名为城市银行(City Bank),在1985年改名为花旗银行(National City Bank)。尽管花旗银行在美国成立较早,但是在早期就开始发展海外银行业务。其中,以外汇业务为核心的国际业务成为花旗银行的重要业务之一。

1911年花旗银行成立了花旗公司(National City Company),用于处理花旗银行业务范围以外的投资业务。在1929~1933年的银行业危机中,花旗银行也受到了巨大损失,不过仍旧留存了下来。在1933年,由于银行业挤兑和危机的重大影响,颁布了著名的《格拉斯—斯蒂格尔法案》。按照《格拉斯—斯蒂格尔法案》的规定,商业银行与投资银行需严格区分开来,花旗银行下属负责投资业务的投资银行也因此在1933年与花旗银行分开。

1955年,花旗银行与第一国民银行合并为美国花旗银行。1961年大额可转让定额存单首次在花旗银行问世。在当时,这一金融创新使银行可以与保险公司一起竞争长期贷款市场,根本性地改变了银行业务的模式。1965年,花旗银行制定了发展为全球性的、以科技为基础的金融服务公司的战略目标。

(二) 花旗公司阶段(1968~1994年)

花旗银行在这一时期进一步突破了业务之间的限制,事实上,这一时期花旗银行已经开始了银行的综合发展进程。1968年,花旗银行成立了银行控股公司,以其作为花旗银行的母公司,而花旗公司的资产99%属于花旗银行。尽管在之后的几十年中花旗银行占有的资产比例有所下降,但仍旧保持85%以上的绝对优势。

花旗公司下属13个子公司,除了主要的银行业务以外,还参与了证券、投资、保险、租赁、咨询等多种金融服务。在这一战略下,花旗公司在1984年成为了美国最大的单一银行控股公司。此外,在这一期间花旗公司收购了美国的一些咨询公司以及地方性的小型银行。可以看出,花旗银行的发展是典型的美国银行发展模式。

(三) 花旗集团时期 (1998~2006年)

花旗集团时期是银行和非银行业务并轨发展的阶段。这一时期，花旗银行开始向全能型银行的方向发展。1998年花旗银行并购了旅行者集团，这一次并购不仅进一步增强了花旗银行的业务全面性，而且极大地增强了花旗银行的实力。并购以后，花旗银行拥有了众多非银行业务，如金融公司的消费贷款业务、保险业务、证券经纪业务、投资银行业务等。

合并之后，花旗集团发展良好，不仅在2007年金融危机以前有着较高的股票回报率，而且也体现出世界经济中的全球化趋势。

(四) 金融危机后的花旗集团时期 (2007年至今)

在2007年发生次贷危机后，花旗银行也因为大量承担抵押担保债券而出现了巨额损失。根据有关数据，花旗银行在2008年亏损276亿美元，在2009年亏损16亿美元，在2010年才陆续开始从危机中恢复。

危机过后，花旗银行的主要业务板块分为花旗公司、花旗控股以及其他。花旗公司的重点业务在于消费者银行和机构客户，分别主要为客户提供信用卡业务、投资服务和咨询服务、证券、银行业务以及交易服务业务。

花旗控股的业务范围主要包括经济、资产管理以及消费借贷业务。自然，在危机过后，花旗集团的核心依旧是花旗公司。

回顾花旗银行的发展历史，我们可以看出，花旗银行大体上经历了合业兼营、分业经营、银行控股以及综合集团化几个不同的发展模式。尽管具体的公司模式有所差别，但是花旗银行的综合化经营轨迹可以追溯至20世纪60年代。在花旗银行不断扩张的过程中，不仅要保证业务之间相互匹配，而且也离不开美国金融银行法律的变化。

花旗银行的每一次历史转型实际上是与美国银行业的监管体系密切相关的。美国经历了法律严格的规定限制到逐渐放松监管的过程，而且法律本身也会受到银行业发展特点的影响。

此外，在战略定位上，花旗银行始终坚持最初的海外扩张策略。尤其是在花旗银行确保了本国内部的稳定金融地位后，通过采取并购策略接手了不少亚太地区的国际化业务，如1915年收购了国际银行公司，使花旗银行的海外分支网络扩大了近一倍。而同样的策略也体现为花旗银行实行"5I"战略，在个人银行业务、机构银行业务、投资银行业务、信息业务上都迅速发展。可以看出，花旗银行的综合化经营发展实际上也与银行本身的战略定位密不可分。尽管2007年次贷危机以来，有观点认为，花旗银行的综合经营带来了危机期间的大量损失，但是花旗公司在承担了系统性的金融风险后依旧能够延续，正是由于综合化经营带来的风险降低、多元化等优势。

总体上说，花旗银行的综合经营模式离不开其自身的稳健经营风格。在美国历史上几次重大的金融银行危机中，花旗银行都能化危机为机遇。但是在2007年开始的次贷危机中，由于花旗银行放弃了以往资本充足的稳健作风，也一度迎来了危机。自然，如此庞大的集团经营也离不开领导者的杰出策划。在漫长的发展过程中，花旗银行可以说很早就开始了综合经营发展的步伐，这很大程度上源自管理者的眼界。当然，花旗银行的成功还有很多可以分析的，但是根本上离不开综合化经营的策略。

二、瑞惠金融集团综合发展与财务管理情况

（一）日本战后银行业概况

在第二次世界大战之后，日本经济进入了一段快速发展期，尤其是在20世纪50年代到70年代之间，日本经济高速发展，甚至当时不少文献称为"日本奇迹"。日本金融业在大藏省的扶持下，一直保持着良好的发展势头。日本第二次世界大战后有12家都市银行，这些银行都与日本当时各个派系的财阀有着密切的联系。

随着20世纪90年代日本逐步开放国内金融市场，欧美金融机构的进入对日本本土的金融体系造成了重大冲击，日本政府决定改变以往对于金融业的扶持政策，改为自由竞争。1996年，东京三菱银行诞生，这标志着日本银行业重组以及日本银行业兼并，改善效率的时代来临了。

1998年3月，日本政府进一步修改法律限制，解除了关于金融控股公司的禁令。此后，日本金融业逐渐形成了以"瑞穗金融集团"、"三井住有银行"、"三菱东京金融集团"、"日联控股集团"为核心的四大金融体系。

日本出现的四大巨型银行兼并整合一方面意在精简结构，不仅削减了大量员工，而且减少了大量处理网点，其核心在于提升日本银行业本身的竞争力。

而在2004年，日本金融界再一次发生重大变化，三菱东京FG与日联控股再一次合并，最终形成了"三巨头"鼎立的格局。

（二）瑞穗金融集团发展

瑞穗金融集团是日本在2000年以后由政府推动形成的一个巨大金融集团。在2003年1月，瑞穗金融集团正式成立，其本身由旗下的三家子公司以交换股权的形式重组而成。如今，瑞穗金融集团不仅是日本的金融之首，而且是世界上最大的金融集团之一。20世纪90年代，日本在"经济泡沫"之后步入了长期的经济萧条期。日本政府为了重新提升金融行业的竞争力，力主推行了所谓的"大爆炸式"改革。在2000年9月，日本三家大型银行——日本兴业银行、第一劝业银行以及富士银行共同宣布组建瑞穗金融控股公司。整个瑞穗金融集团的建立可以大体分为两个阶段：

1. 第一阶段

主要目标是整合银行业务，大体时间为2000年9月至2002年4月。在这一段时间，瑞穗金融集团的主要目标在于整合三家不同银行的主线业务，同时进行客户群体的再划分以及分工。其中，瑞穗实业银行由日本兴业银行吸纳第一劝业银行和富士银行的公司业务部门后整合而成。瑞穗实业银行主要从事海外业务和日本国内的公司业务。考虑到日本国内特殊的银行业与实业的关系，瑞穗实业银行是日本股市中70%上市公司的主银行，这足以证明瑞穗实业银行在日本国内的重大影响力。而以第一劝业银行和富士银行零售业务部门合并而成的瑞穗银行则主要负责国内的零售业务和中小企业业务。

2. 第二阶段

主要目标是建立起混业经营模式,大体时间为 2002 年 4 月至瑞穗金融集团正式成立。这一期间,瑞穗金融集团围绕着银行板块的划分标准进行了业务剥离。瑞穗金融集团将属于三个改组银行原有的政权、投行、信托与资产运用等业务剥离出来,重新建立了瑞穗证券、新光证券、瑞穗信托等子公司。在改组之后,瑞穗金融集团大体形成了以银行、证券、信托、其他业务为基础的四大业务板块,拥有瑞穗实业银行、瑞穗银行、瑞穗证券、瑞穗信托四大具有独立法人地位的核心子公司。至此,日本瑞穗金融集团实现了合并与改组,正式建立起了由资本控制的纯粹型控股公司。

三、德意志银行综合经营发展与财务管理情况

(一)德意志银行发展经营概述

德意志银行成立于 1870 年,迄今为止已经有 130 多年的发展历史。德意志银行最初意在作为德国的政策性银行推动德国的对外贸易活动。德意志银行不仅经历了德国早期的帝国时期,而且经历了魏玛共和国时期、第三帝国时期、国际化发展时期、全球化发展时期。受到德国近现代历史的影响,德意志银行本身的发展也是起起伏伏。

1876 年,德意志银行在收购德意志联合银行和柏林银行协会后,成为德国最大的银行。由于德意志银行本身的设立性质,德意志银行是德国银行中最早开设海外网点的。在 1880 年至第一次世界大战前夕,德意志银行是德国银行业的"领头羊",在世界各地都成立了分行。1929 年,德国当时最大的两家银行——德意志银行与 Disconto-Gesellschaft 银行——进行了合并,并一跃成为德国优势最大的大型银行。

在 20 世纪 30 年代世界范围经济危机的情形下,德国社会经济危机爆发,德意志银行的发展走入低谷期,直至"二战"后德意志银行重新进行了整顿。事实上,1945 年德意志银行被分裂为若干个独立的小银行,直至 1957 年后才再一次发展出一定的成果。1976 年首次成立"二战"后的第一家分行——伦敦分行。而到了 1989 年,德意志银行开始了一段快速发展时期,通过一系列的兼并收购,德意志银行不断扩大了经营范围和影响力。从 1989 年开始的近 10 年间,德意志银行陆续收购了 Sharps Pixley 集团、摩根建富集团等。

到 1998 年,德意志银行开始了各项调整举措,包括部门架构以及业务内容的重新整合。

(二)德意志银行的转型发展

德意志银行在德国的全能银行体系中,本身就是一家巨大的全能银行。德意志银行不仅经营范围广泛,涉及商业银行、投资、证券、保险等广泛的业务范围,而且考虑到德国银行与企业的密切联系,德意志银行与不少实业企业也有密切的往来。其中,德意志银行集团控股 25% 的大型德国公司包括德穆勒、劳伊德建筑公司、威斯特法伦联合电气公司等,形成了包括西门子、曼奈斯曼等财团在内的一个大型集团,控制了德国的机械制造、

电气等行业。

在1997年以前，德意志银行业务布局主要依托具体的产品，缺乏整体性的规划，事实上，这一时期德意志银行的业务包括三个板块，即私人客户、公司业务以及投资银行板块。而投资银行一直成为德意志银行的发展"短板"，缺乏与其他业务之间的协同发展，这也成为后来德意志银行转型改造的重要原因之一。

在1997年东南亚金融危机的影响下，德意志银行一直以来主要依托的传统信贷业务风险增大，将德意志银行的转型推到了不得不做的地步。之后，世界性的经济放缓更是进一步影响了德意志银行的经营情况。在这一背景下，德意志银行开始了转型发展。

德意志银行首先调整了新的发展战略，概括为四大目标：专注于当期损益，专注于核心业务，提升资本和资产负债平衡管理水平，实现零售客户及资产管理部的最佳协同。为了实现这些目标，需要缩减成本，提高效率，增强盈利能力。此后德意志银行开始大批裁减员工，压缩运营成本，并且加快管理业务和私人银行业务的发展。

在一系列的调整举措下，德意志银行首先实现了业务结构的转型。在1989年，德意志银行的主要收入源自信贷资产，然而到了2006年，德意志银行的主要收入不再高度依赖于利息，而是均衡分布于交易收入和交易费用收入等。

此外，德意志银行的调整也包括区域业务的变化。1989年主要营业收入在德国本土，到2006年主要营业收入来自国际业务。其中，值得一提的是其对亚洲市场的开发。德意志银行主要开发债券、股票交易等投资银行业务，不仅在具体市场份额上有了显著增长，而且增强了国际竞争力。

四、KFW综合经营发展与财务管理情况

（一）KFW的发展历程

KFW全称为德国复兴信贷银行，成立于1948年。KFW的成立是为了重建"二战"后百废待兴的西德产业和经济。此外，管理马歇尔援助资金、调节进出口情况等重要事项也是这家政府金融机构的职责之一。从股本结构来看，KFW完全由政府控制，80%来自联邦政府，剩下的20%则来自州政府。在20世纪60年代德国复兴发展以前，KFW将重点放在了国内产业发展上，其占据了总资产的80%。

随着20世纪60年代以后国内的稳步发展和世界范围的经济增长，KFW对国内的投资信贷比例下降至30%，并加大了对发展中国家的援助和支持。20世纪70年代，世界主要国家受到了长期滞胀危机的影响，加之石油危机也带来了深刻的影响。KFW重新扩大对国内产业的扶持，其占总资产的比例再次提升到了50%。

KFW在1990年开始的近10年中发挥了重要的作用，尤其在两德统一的进程中意义重大。KFW积极推行了联邦政府的政策，对于东德地区的参股投资、住房现代化和公共部门三个领域进行了重点投资。在几年时间内，KFW对东德地区的资金总投入达到2440亿德国马克，扶持了6.8万家企业，并且创造了大量就业机会。

在2000年以后，KFW发生明显的职能转变。在欧洲一体化以及欧盟的影响下，KFW

的一些商业部门被分离出来。2008年负责商业金融的KFW IPEX-Bank成为独立的子公司，2001年收购了民间开发融资的DEG公司，2003年兼并了负责中小企业金融业务的德国调整银行。经过几次重组后，KFW现在由四个事业本部和五个子公司共同组成。

（二）KFW的经营发展情况

KFW自成立之初就是德国的一家重要政策性银行。虽然在成立初期，其股份完全由德国联邦政府和州政府控制，但是自有资本的比重在逐步扩大。尤其是在1990年两德统一后，为了解决扩大业务范围引发的资金需求，KFW采取了自行发放债券的措施。而KFW的主要业务聚集在资金支持上，其中，包括对德国经济发展的投资、出口和海外投资以及面向发展中国家的资金支持业务。具体来说，国内业务包括对中小企业提供长期设备投资贷款，以及为海外投资和原材料购买提供资金支持，对落后地区提供基础建设贷款、能源项目等。对发展中国家的援助则是以经济合作的方式为主，并提供一些经营咨询。

此外，KFW选择了与商业银行合作的融资方式。商业银行从KFW得到一定比率的贷款代理手续费，遇到信用违约时，风险由商业银行和KFW共同分担。KFW还为商业银行提供了相当于1%的贷款贴息，以吸引合作融资。此外，KFW本身还有一套评价体系，从宏观经济的角度对不同的项目进行评估，综合选择确定优先级。

在1990年两德统一后，KFW接受了东德地区的债务，并且负责处理各种金融事宜。一方面，KFW为东德地区提供各种资金支持，并成立了担保机构；另一方面，KFW为联邦政府提供金融支持和政策咨询服务，并接管了东德国立银行的部分职能。

2000年以后，KFW的组织结构和具体职能均发生转变。具体职能变为促进产业开发、支持地方机构或者特定团体发展、振兴教育等。同时，KFW利用衍生金融市场提升民间金融机构的参与度。总体来说，KFW将自己的民间业务转移给了子公司，自己专职于对中小企业的支持、对外贸易和对外投资业务。

KFW是一个政策性银行，不仅在德国现当代历史上发挥了重要作用，而且保持了自己的良好经济效益，创造了良好的经营业绩。在政府政策的约束下，KFW依然可以保证良好的经营业绩，这确实是难能可贵的。

五、汇丰集团综合经营发展与财务管理情况

（一）汇丰集团发展历程概述

1. 初始稳步发展阶段（1864~1958年）

1864年，苏格兰人托马斯·萨瑟兰德在香港地区发起成立汇丰银行。1865年，香港上海汇丰银行在上海和香港两地同时注册成立。截至19世纪20年代，汇丰银行在中国以及东南亚各地建立了分行以及相应的业务网络，并且开始逐步走入印度、日本、欧美等国家。到1921年，汇丰银行正式在香港地区上市。

2. 并购迅速扩张阶段（1959~1990年）

这一时期，汇丰银行进入了迅速扩张时期，不仅开展了国际化的拓展、资本运营等扩张性经营活动，而且进行了大量的并购活动。这一时期，汇丰银行完成的主要收购包括：1959年收购中东不列颠银行，兼并印度商贸银行；1965年收购香港恒生银行61.5%的股份；1980年收购美国海丰银行51%的股份；1983年收购罗尔麦肯蒂与麦金西公司的股份；1986年收购詹金宝公司，并且接受了不列颠国哥伦比亚银行的大部分业务；1987年收购了美国海丰银行的全部股份。总体来看，汇丰银行收购了大量具有特色和专长的公司，以完成自己在业务和地域的扩展。

3. 金融控股公司股权运作阶段（1991年至今）

1991年汇丰银行正式重组为汇丰控股公司，并且在伦敦和香港的交易所正式上市，其总部设立在英国伦敦。在1991年改组后，汇丰银行的地位被汇丰控股取代，汇丰银行则专注于亚太地区的业务。而之前由汇丰银行控制的世界各地的金融子公司则由汇丰控股持有，上市情况也改由汇丰控股取代。1992年，汇丰集团再一次收购英国米利特银行；1995年在美国成立合营公司富国汇丰银行贸易银行；1997年在巴西成立汇丰银行巴马兰特银行；1999年购入韩国首尔银行的控股股权；2002年收购了墨西哥Grupo Financiero Bital银行；2003年收购了百慕大银行，以及美国第二大消费金融公司Household；2005年开始收购越南科技商业银行的股份；2007年收购了中国台湾迪和公司。

可以看出，从汇丰银行成立伊始，不断地扩大与收购就是其发展的主旋律。截至目前，汇丰银行不仅在各项金融指标上表现优良，而且其资本总量也在世界范围内鲜有敌手。

（二）汇丰集团的经营模式

汇丰集团的经营模式以1991年重组为界，经历了从经营型金融控股公司向纯粹型金融控股公司的转变。在重组以前，汇丰银行不仅持有集团内金融子公司的股权，而且本身涉及了银行、证券、保险等金融业务。此外，汇丰银行不仅本身是上市公司，而且还承担集团管理的职责。众多的职责和决策任务都集中在了汇丰银行本身，导致了结构累赘、效率下降等问题。此外，各种监管和咨询都是围绕汇丰银行总部开展的，不仅需要大量人力、物力，而且银行本身的收购活动受到了各个国家银行法的限制。

针对以上众多的问题，汇丰银行改组为汇丰集团，母公司变为汇丰控股，专职管理控制其他金融资产，并且作为上市公司，但是母公司本身不经营任何业务，专职于管理。汇丰集团下属的股权公司众多，之前的控股情况也较为复杂。其中既包括由母公司直接控股的情况，也存在子公司之间的相互控股，有时同一层级的子公司也会控股，这使汇丰集团的机构组织，尤其是股权结构非常复杂。尽管汇丰也有不少联营和合营公司，但是在整个集团体系中的比重较少。这不仅与汇丰集团本身全球化竞争的战略定位有关，而且与汇丰集团本身的发展并购历史有密切关系。

汇丰集团的主要运营机构遍及全球各地，在四个经营大区都设立了中心机构。其中，欧洲区是作为汇丰控股的总控机构存在的，主要负责汇丰集团全球金融业务的运营和协调，而英国汇丰银行有限公司则是其欧洲业务的中枢。亚太地区的香港上海汇丰银行有限公司是几个分区中规模和影响力最大的，这也与汇丰银行早期的发展历史密切相关。在最近几年，亚太地区开始重点拓展中国的金融业务。北美区的机构中枢是美国汇丰银行有限公司，而南美区则是拉丁美洲控股公司。

　　汇丰集团的金融控股模式也属于典型的混业经营，其第一级机构由商业银行、金融控股公司、投资银行和保险控股公司构成，而下级运营机构则主要包括了商业银行、信托公司、咨询公司、投资银行等，名目繁多。相应地，汇丰集团业务范围广泛，基本覆盖了所有的金融服务内容。

第四章 我国金融机构综合经营发展与财务管理

一、我国金融机构综合经营发展的概况

我国金融机构经历了由合而分，又呈现混业的态势。主要分为以下三个阶段：

（一）第一阶段为 1978~1993 年的初级混业经营时期

1978 年党的十一届三中全会提出了恢复农业银行主办农村金融业务，金融业改革拉开了序幕。1979 年，中国农业银行、中国银行、中国人民建设银行先后恢复或重建，新成立了工商银行承接人民银行的城市工商信贷业务。当时金融运行体现了初级的混业经营特征，主要是因为银行广泛涉足非银行金融业务。如为了搞活经济，1980 年国务院发布《关于推动经济联合的暂行规定》，提出银行要试办各种信托业务，因而银行大量设立信托投资公司，但当时的信托实质上并非信托，而是不受信贷计划控制的变相银行信贷。同时，许多银行经营证券和投资业务。最早的股票交易了现于 1988 年深圳发展银行深圳特区分支机构的柜台上，随后中国银行和深圳市国投公司成立证券部专营股票交易。1988 年，最早成立的南方证券和海通证券两家证券公司分别是工商银行和交通银行主办的。此外，银行还通过信托公司、自身持有的保险公司投资其他实体企业股权。

同时，还出现非银行金融机构及非金融机构乱办商业银行业务。当时，各类信托投资公司、证券公司等都在开展或变相开展企业贷款业务，还出现吸收公众资金的类存款业务。此外，大量存在金融"三乱"问题，即乱集资、乱设金融机构和乱办金融业务，严重扰乱了金融秩序，金融分业经营改革迫在眉睫。

（二）第二阶段为 1993~1998 年的分业经营确立时期

1993 年 6 月国务院发布《关于当前经济情况和加强宏观调控的意见》，针对金融业乱象进行整顿，明确要求严控信贷总规模，规范银行对非银行金融机构资金拆出，提出人民银行、专业银行和商业银行要与其办理的非银行机构及其他经济实体彻底脱钩。1993 年 11 月，党的十四届三中全会召开，提出下一步金融体制改革要对"银行业和证券业实行分业管理"，1995 年颁布了《商业银行法》，最终以立法形式正式明确了分业经营的原则。

我国银行业从混业走向分业，一方面是形势使然，另一方面也是主动选择的结果。分业经营发挥了四方面的作用：一是为经济体制转轨提供了相对稳定的金融环境。二是避免和延缓了资产"价格泡沫"的快速积累，降低了金融危机发生的概率。特别是在我国股票

市场刚刚起步阶段就出台了银行业和证券业分业管理的规定,严禁银行信贷资金进入股市,从根本上避免了股市过度虚假繁荣和随后的危机爆发。三是保护了存款人的利益,促进了金融稳定。分业经营的核心还是限制商业银行的经营范围,禁止其进入证券、保险、信托、租赁等非银行业务领域,降低了商业银行的整体风险水平,同时增强了银行体系的稳健程度。四是确定了非银行金融机构的定位和主业,助力各金融市场和行业的发展。非银行金融机构的主业起初并不清晰,而在严格的分业篱笆限制下,各类非银行金融机构找到了自己的定位,逐渐形成了细分金融市场,使我国金融体系不断完善,提供了多样化的金融服务。

(三) 第三阶段为1998年至今的综合经营探索时期

经过十几年的发展,我国金融综合经营态势初现雏形,主要包括以下三类:一是横向业务合作。包括交叉销售,利用银行网点和客户优势,代理销售非银行金融;托管业务合作,包括证券投资基金托管制度,信托公司设立的集合信托计划,证券公司客户交易结算资金,以及证券、保险资产管理和基金管理公司设立的资产管理计划陆续要求托管到银行;此外,各类委托业务野蛮生长,是影子银行业务的重要实现途径。二是股权交叉投资。《商业银行法》早期要求银行不得向非银行金融机构和企业投资。因此,早期投资主要在非银行金融机构之间开展。2003年《商业银行法》允许商业银行在国家另有规定的情形下对非银行金融机构进行股权投资,2005年在"一事一议、个案审批"的原则下,启动银行业股权投资试点。目前,大型商业银行旗下已基本拥有证券公司以外的各类非银行金融机构,同时非银行金融机构和实业企业在金融领域的股权投资布局也在加速开展。三是业务交叉经营。通过金融创新和部分监管规则改变,各类金融机构开始突破分业经营范围的限制,涉足其他领域。如信托领域,证券公司、基金公司、保险公司均可接受客户委托,从事资管业务,实质为信托业务;如债券承销领域,本是证券公司的领域,但目前商业银行、信托公司、保险资产管理公司等非证券类金融机构已获得了各类债券的承销资格。

二、我国金融机构集团架构的类型

交叉持股形成的集团化综合经营具有风险隔离的突出优势,是中国开展综合化经营的主要组织模式。在发展中,逐渐区分为以下三类:一是金融控股公司模式,即"小集团、大子公司"模式。如中信集团、光大集团,由较小的集团公司控制了包括银行、证券、保险等多个行业在内的子公司。二是商业银行综合化经营,即"大母公司,小子公司"模式。如四大商行以银行为母公司,下设保险、基金、券商、投资公司等,下设子公司成立时间较晚,体量相对较小。三是保险公司的综合化经营,如平安集团奉行"集团控股、分业经营、分业监管、整体上市"的理念,以集团公司为上市公司,下设控股保险、银行(同样也是上市公司)、券商、信托等子公司,类似中信、光大的金控公司模式。以下就各类模式的主要经营和财务管理情况进行介绍:

(一) 金融控股公司综合经营发展与集团财务管理情况——以中信集团为例

1. 中信集团发展历史

1979年7月8日，中国国际信托投资公司宣布成立，简称"中信公司"，到1988年这段时间，是公司的成立初期和快速发展时期，逐步发展成为一个具有综合性业务的企业集团。1995年2月，中信证券成立，其并于2002年上市。2001年，中信集团成立。2002年12月5日，作为中国第一家金融控股公司的中信控股成立。2005年11月25日，中信实业银行改名"中信银行"。2011年12月，中国中信集团公司（原中国国际信托投资公司）整体改制为国有独资公司，并更名为中国中信集团有限公司（以下简称中信集团），与此同时，中信集团以其绝大部分经营性净资产作为出资，于2011年12月成立中信股份有限公司，中信股份有限公司于2014年借壳其子公司中信泰富实现整体上市。

2. 中信集团公司综合经营发展与财务管理情况

目前，中信集团下设约40个主要子公司、6家主要联营或合营企业，涉及金融、地产、出版社以及制造业等多个行业在内的集团机构，其中金融业涉及中信银行、中信证券、信诚人寿等金融机构（见图1）。截至2015年末，中信集团总资产达到6万亿元，2015年全年收入总额达到3680亿元，净利润为606亿元；其中金融行业收入为1780亿元，约占其总收入的一半，净利润为527亿元，贡献了集团净利润的87%。

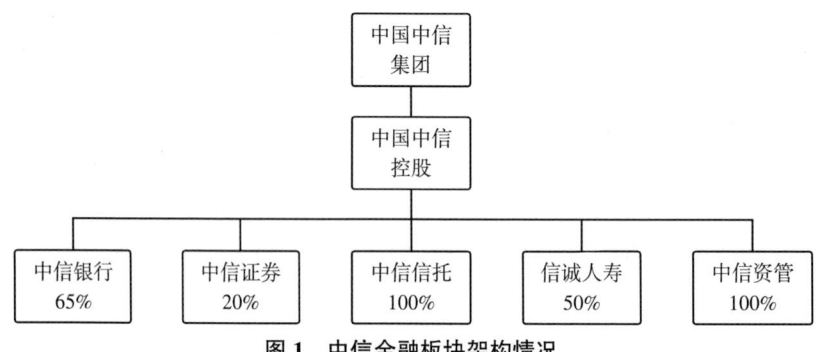

```
                中国中信集团
                     |
                中国中信控股
                     |
  ┌──────┬──────┼──────┬──────┐
中信银行  中信证券  中信信托  信诚人寿  中信资管
 65%     20%     100%     50%      100%
```

图1 中信金融板块架构情况

为了有效管理集团旗下各类不同业务的子公司与分支机构，为客户打造"一站式"金融服务平台，作为中信集团的总部，中信控股采用的是股东大会、董事会、监事会、高级管理层分工协作、相互制衡的"三会一层"的法人治理结构。高级管理层下设置有多个不同职能的事业部，采用事业部模式有利于集团总部进行一体化运营，统一战略部署和调拨资源。集团对外统一签订战略合作协议，针对一些大型战略客户提供综合性服务。金融子公司可以为其提供银行授信、结算、企业年金管理、股票及债券融资、保险等金融服务，非金融子公司可以在能源开发、电力、物流、信息产业等实业领域与战略客户开展合作。

中信集团还成立了协同业务部，协同业务部的组建不仅是中信的一种战略举措，同时一定程度上实现了人力协同，集团内部由各子公司明确了负责业务协同的管理者。协同部的职责包括：一是建立业务协同的机制，包括探索金融子公司之间、金融与非金融子公司的合作模式，建立内部业务联动制度、业务协同组织体系以及协同激励约束机制，负责组织地区联席会议。二是构建客户综合服务模式，包括建立与客户的战略联盟，形成稳定的资源互换与优势互补,开展交叉产品创新和销售。三是整合各类信息资源。收集与分析客户信息,组织地区联席会议和已有的专业交流平台。四是集团综合服务品牌的建设和管理,以及协同文化的宣传和案例推广。

(二) 商业银行金融控股的探索

《商业银行法》《保险法》和《证券法》都强调分业经营体制,但是都有一个前提是"在中国境内"。国有商业银早期通过在海外成立、收购或合资设立非银行子公司,开展了混业探索。部分银行陆续通过特许进入非银行领域,如建设银行的中金公司、中国银行的中银证券公司。目前,四大国有银行几乎都通过控股方式搭建了集团和经营架构。

1. 中国银行

中国银行是最早成立金融控股公司的。1979年中国银行在香港成立了财务公司,涉足资本市场业务,1998年在英国注册了中银国际,后迁至香港地区,标志着市场重心从欧洲向亚洲转移,成为中国银行在国外设立的全资附属的全功能投资银行。1999年中国银行又与英国保诚集团合资成立资产管理公司和信托公司,开拓香港的公积金市场。又收购了英国信诚保险公司,开展寿险业务。作为国有商业银行股份制改造改革试点之一,中国银行于2004年由国有独资商业银行整体改制为国家控股的股份制商业银行。目前,中国银行是四大国有银行中综合经营进展较大的一个,这与其国际化程度高的历史传统密切相关,它所形成的架构大致如图2所示。

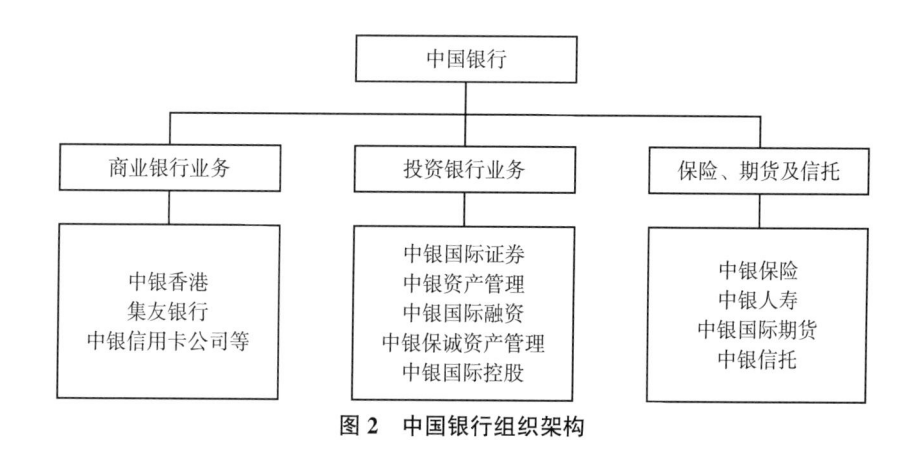

图2 中国银行组织架构

2. 建设银行

建设银行是最早在国内进行综合经营探索的国有商业银行。1995年与摩根士丹利合资成立了中国国际金融有限公司,建设银行持股43%,主要以国有大型企业上市为业务领域,后又获得开展证券业务的许可。目前,中金公司已成为大型国企上市领域的领导者,成为合资发展具有国际竞争力的中国投资银行的代表。同时,建设银行通过在允许混业经营的国家和地区收购当地银行,开展程度更深的混业经营探索。2004年在香港正式注册建设银行全资控股的投资银行——建银国际控股有限公司。

3. 工商银行

1998年,工商银行与香港东亚银行共同收购西敏证券亚洲有限公司,并将其组建成工商东亚金融控股公司。2000年，工商银行以1.8亿港元收购香港友联银行，并通过注入工商银行香港分行的资金，将其改建为"工商银行亚洲有限公司"，其业务涉及企业上市、股票配股、合并与收购等多个领域，成为香港比较活跃的投资银行。

(三) 保险公司综合经营情况

1. 平安集团

中国平安保险（集团）股份有限公司的前身深圳平安保险公司成立于1988年3月21日，2003年2月完成分业重组，同年12月中国平安控股平安信托与香港上海汇丰银行联手收购福建亚洲银行100%的股份，并更名为"平安银行"，2004年正式挂牌。集团控股设立中国平安人寿保险股份有限公司、中国平安财产保险股份有限公司、平安养老保险股份有限公司，并控股中国平安保险海外（控股）有限公司、平安信托投资有限责任公司。平安信托依法控股平安银行、平安证券，使中国平安形成以保险为核心，融证券、信托、银行等多元金融业务于一体的紧密、高效、多元的综合金融服务集团。

2. 中国再保险

中国再保险公司于2003年8月18日正式挂牌成立。中国再保险公司是一个主营业务明确的金融控股公司，以投资人和主发起人身份发起设立中国再保险公司和中国人寿再保险公司以及中国大地财产保险公司，并全资、控股或参股中国保险报社、华泰保险经纪有限公司和中国保险职业学院。2004年，中国再保险拿到了筹建资产管理公司的牌照，建立资产管理公司，在有关法律法规范围内进行资本运作，并积极开展政策性业务，从多方面提高金融控股集团的业务能力和发展能力，力争把公司建设成多元化的、具有国际竞争力的现代再保险集团控股公司。

此外，中国人寿也成功参股广东发展银行、民生银行、招商银行、工商银行和建设银行，双方股权合作的结果是进一步提升了银保代理业务的规模和质量。

保险公司的综合经营一方面满足了消费者对于具有银行、保险和证券等综合化特征的新型产品的需求；另一方面也使保险公司通过构建庞大的金融体系而共享市场信息，共建客户群体，这样也满足了保险集团自身发展的需求。

三、我国金融综合经营企业的集团财会管理情况

《公司法》、财政部《金融企业财务规则》对综合经营金融企业集团财务管理提出了原则性要求，各金融企业根据相关法规要求，结合自身实际，进行集团财会的管理。

(一) 相关法规

财政部根据《公司法》的要求，结合我国金融业发展实际，制定了《金融企业财务规则》，明确母公司可通过股东大会、董事会或其他形式行使下列财务管理职权：一是合理划分母子公司财权边界。包括明确子公司管理层的财务管理权限，决定子公司财务管理职能部门的设置。二是批准子公司重大财务事项。包括财务计划和财务预算、筹资、投资、处置重大资产、担保、捐赠、利润分配等。三是实施财务评价或考核。通过财务考核等，

决定经营者报酬。四是决定财务负责人。财务负责人是指子公司高管层的副总裁或财务总监。五是实施财务监督。督促子公司执行国家相关规定，确保合规经营，并决定承办社会审计和资产评估等业务的社会中介机构。

（二）金融企业管理实际

1. 建立全面预算管理体系，强化绩效评价与考核管理

全面预算管理是利用预算对企业内部各部门、各单位的各种财务及非财务资源进行全方位的分配、考核、控制，以便有效地组织和协调企业的生产经营活动，完成既定的经营目标。对企业实施预算管理，就是要实现企业目标，使企业价值最大化。全面预算管理以价值创造为导向，核心是为能够增加企业价值的经营活动分配资源，而不再是单纯的财务指标控制。相比单体企业，集团企业的环境更加复杂，二级子公司因具有独立的法人地位而具有较强的独立性，形成共识的难度更大。通常按照上下结合、多轮磋商的方式确定利润等预算目标。此外，根据不同的市场化程度，会有不同的预算弹性，通常市场化程度越高，弹性越大。甚至部分集团对下属市场化程度较高的子公司直接按照 ROA 或 ROE 进行管理，并不制定利润绝对金额。

2. 推进资金集中管理，发挥集团财务的协同作用

资金集中管理是正确处理集权与分权的关系，由集团统一筹措、规划、协调、调控资金，降低资金成本，提高资金使用效率，发挥企业集团的整体优势，来保障企业集团日常经营活动和迅速发展的资金需要的一种模式。目前，绝大部分综合经营企业均开展资金集中管理，但受限于监管部门对于银行和其他非银行机构的"防火墙"设置，银行与其他非银行金融子公司的贷款业务受到了限制。如中信集团内部的资金往来主要是中信控股与下属子公司之间的资金往来，以及中信银行与集团内部其他子公司之间的资金往来，因此中信集团内部资本市场的运作也主要体现在这两方面。中信控股作为中信集团的控股母公司执行管理职能，与下属金融子公司的资金往来主要表现在收取管理费、按投资比例获得投资收益、增加或减少资本金、对部分需要资金的子公司进行委托贷款，以及为下属企业提供担保等。而中信银行与中信集团内其他子公司之间的资金往来主要是存贷款业务，中信银行上市之前，对中信集团旗下其他子公司的关联贷款较多。自上市后，中信集团及中信银行采取了积极措施降低中信银行的关联贷款，其关联贷款的余额呈逐年下降的趋势。

3. 建立完善的集团财务管理信息系统

企业在财务信息化建设中最为重要的一个任务就是建立一个能够以自身网络平台及软、硬件为基础，快速访问各种财务相关数据，高效整合财务信息资源，实现财务工作人员协同工作，兼顾安全和效率的网络应用平台。现代企业信息系统的设计分为以下几个层面：一是战略层面：帮助企业集团高层管理者安排长期计划，主要功能是确保企业集团经营能力能够配合外部环境的变化。二是战术层面：帮助企业集团中层管理者监督和控制企业财务，检查企业运行是否正常，包括管理信息系统、决策支持系统。三是经营层面：主要指财务信息系统的建立。

4. 加强内部审计与检查，落实母公司财务监督权

主要包括以下五个层面：一是集团总部设置监事会。监事会是公司的常设机构，由股东大会领导，集团总部监事会负责对集团总部董事会经济责任的履行情况、企业经营管理进行全面监督与评价，并向集团股东大会提交报告。具体包括审查各种财务情况、公司业务状况、对管理层的任免提出建议等。二是董事会下设审计委员会。审计委员会的主要职能包括：第一，负责与外部审计沟通和联系，负责外部审计师的任免和更换，以及审计费用的制定；讨论外部审计内容和范围；考虑任何影响外部审计独立性的因素。第二，监督内部审计工作：按照公司规定的标准、计划和范围，客观、公正地对内部审计工作进行复核监督，复核工作需要收集足够的资源、报告和结果。第三，复核审查公司年度报告和内部控制，监督内部控制系统的充分性和完善性，特别是关注控制环境情况。审查公司年度报告，确保其真实性和公允性。第四，审查风险管控工作，审查是否建立了正式的风险管理政策，保证董事会对管理政策的经常性监督和更新。三是各下属机构法人企业设立监事会。基层法人企业的监事会负责对基层法人企业董事会经济责任的履行情况进行监督和评价，同时向基层法人企业股东大会和集团审计总协调机构提供报告。四是各下属机构法人企业董事会下设审计委员会。集团公司下属具有法人资格的子公司，可考虑单独设立审计委员会，而且采用"监事会负责制"，即子公司监事会下设内部审计委员会，审计委员会是子公司内部控制系统里一个非常重要的机构部门，其主要职责一方面是对基层子公司总经理履行经济责任的情况进行监督和评价，并且向董事会提交内部审计报告；另一方面是支持企业内部相关的审计工作。五是子公司总经理下设审计部。审计部对其下属分公司或事业部总经理负责，同时也向下属机构法人企业审计委员会负责，具体工作职能就是对经理履行经济责任的情况进行监督和评价，并向所隶属的总经理以及审计委员会提交审计报告。具体工作包括复核会计和控制系统，检查财务经营信息，复核经营的经济性、有效性以及合规性，确保国有资产的安全性，识别重大商业和财务风险，对于企业内财务舞弊和欺诈进行专门调查等。

5. 财务董事与管理人员的委派，强化关键人员管理

财务负责人或财务总监作为公司高级管理人员，应由董事会审议通过后任命。上升到董事会审议，即上升至股东层面决策，即我们通常所说的股东委派制。在实务中，股东财务管理人员的委派包括对财务董事的委派、对财务总监的委派以及对财务部门负责人的委派三个层面，可以同时委派也可以视情况委派。委派人员通常实施"双线负责制"，既对子公司管理层负责，也对母公司负责，确保子公司重大财务事项决策符合集团整体利益；在考核上，通常由母公司和子公司共同进行。同时，为了使财务委派人员对子公司有一定的独立性，通常实施轮岗制度。

第五章　构建金融控股公司的财务管理模式

金融控股公司财务管理包括财务组织管理、财务权责管理两部分。财务组织管理主要解决集团各级财务的设置及管理关系问题，这是集团财务管理中"人"的因素；集团责权管理主要规范集团财务管理的事项以及各级机构在其中的权利义务关系，这是财务管理中"事"的因素，具体可以分为财务规划、资本优化、会计记录与报告、财务分析、利益相关者分析、风险管理、政策制定与执行、财务信息系统管理、外部审计管理等。

一、金融控股公司的财务组织管理

（一）金融控股公司财务组织设计的基本原则

构建金融控股公司财务组织，应该遵循"战略导向、客户中心、管理有效、成本最优、灵活响应、执行有力"的基本原则，不断提升集团财务管理的水平和效率。一是战略导向，即集团财务管理的功能定位要符合集团控股公司未来发展战略和管控的需要；二是客户中心，即集团财务管理的机构设置能够满足特定的内外部客户需求，不断提升集团内部以及外部客户的满意度；三是管理有效，即集团财务管理的组织职能能够兼顾上下左右内外部的同步协调，以最大限度发挥财务管理的效能；四是成本最优，即集团财务管理可以有效整合集团现有的人力资源，降低营运成本，集中和减少重复性劳动；五是响应灵活，即集团财务管理应能合理界定决策层和一线部门之间的管理层级，促进集团内部的灵活响应；六是执行有力，即集团财务管理应加强监测以提升政策的执行力，并通过正式或非正式的组织支持方式持续加以改进。

从实践来看，国际先进金融控股集团在设立其财务组织时一般都遵循和运用了上述六大基本原则。国内金融控股机构在设立其财务组织时，也应在遵循上述原则的基础上，不断结合自身管理现状，进行科学合理的财务组织设置。

（二）金融控股公司财务机构设置

金融控股公司财务组织架构通常采取分级设置、分级管理的方式。金融控股公司的集团公司作为控股公司总部，根据业务条线下设若干核心子公司，在核心子公司下再授权管理各类二级子公司或其他投资企业。在这类金融控股公司中，财务管理机构和管理通常采用以下模式：一是在控股公司（集团）、核心子公司、各二级子公司或其他被投资企业均设置财务部门；二是核心子公司财务负责人由控股公司（集团）委任，受控股公司（集团）管理，按规定向控股公司（集团）财务部门汇报工作，对集团财务部门负责；三是核心子公司财务人员由集团派驻，其任免与薪资福利均由集团统一管理，但接受所在公司财务负责人的管理；四是二级子公司财务人员可直接由核心子公司按公司法或公司章程规定的途径（如董事会任命）委派，或者可授权由二级子公司自行选择并上报审批；五是二级子公司（被投资企业）的财务人员接受本公司财务负责人的管理，但由核心子公司统一选用，或者由核心子公司规定其任职资格，在符合条件的前提下各企业自行决定，并上报备案。

通过这些措施，使集团财会条线能够相对独立、自成体系，充分发挥财会部门的监督职能。

（三）金融控股集团财务部门核心岗位设置

在财务管理平衡架构的基础上，我们用集团财务首席官 CFO 的视角审视集团财务管理职能，可以看出集团财务管理职能大致包含六个领域，即会计管理、财务管理、计划预算、资金管理、会计结算和项目管理。从集团公司的角度看，在明确金融控股公司各层级财务部门设置和管理路径的基础上，进行财务核心岗位的标准设置，是落实金融控股公司财务组织管理的具体举措。

（1）会计管理职责，主要负责集团会计政策和合并报表管理工作，需要设置主管、会计科目管理、会计政策协调管理和财务报告四类核心岗位。

（2）财务管理职责，主要负责集团绩效、成本和财务风险等方面的管理，需要设置主管、绩效考核、财务分析、成本管理、管理会计、财务风险管理和管理报告七类岗位。

（3）计算预算职责，主要负责编制集团财务计划，监控预算执行情况，需要设置主管、规划管理、利益相关者维护、预算管理、信息披露管理、财务组织管理、税务管理等岗位，对于设置财务预算委员会的，还需设置预算办公室事务岗位。

（4）资金管理职责，主要负责集团资金管理和资产负债管理职责，包括主管、资产管理、日常资金分析、资金分析和出纳岗位。

（5）会计结算职责，主要负责集团各子公司日常核算和资金清算等工作，包括主管、资产核算、应收应付账款核算、成本管理、费用核算、总账会计、集团并表等岗位。

（6）项目管理职责，主要负责财会项目管理，包括主管、资本化项目管理、业务核算流程管理、特殊项目管理、FMIS 管理和审计管理岗位。

二、金融控股公司财务管理权责体系建立的主要原则

（一）财务管理权责体系的层次与领域

金融控股公司的财务管理责权体系建立在两个层面：第一层面，明确控股公司集团总部与核心子公司之间主要的财务管理责权，金融控股集团在各自发展过程中形成的组织管理模式存在多样性，但又有一些共性，首先是根据公司的战略目标和管理能力，充分发挥金融控股公司总部的价值创造功能，明确总部与核心子公司的财务管理职责。第二层面，主要是明确核心子公司与各二级公司的财务管理责权。但无论哪个层面，管理体系主要涉

及以下四个方面:

第一方面,规划领域,包括计划与预算、资本优化两项核心任务。计划与预算,即从公司财务能力与财务资源角度对已制定的公司战略进行复核,确保战略符合公司实际能力,并通过财务预算统一规划安排,为战略的实现提供支持保障。资本优化,即根据公司战略确定中长期资本优化目标,并以此为指引,从资金支持、资本结构、资本运营等角度对公司资本进行持续优化,以实现最优的资源配置,并建立有效的监控体系。

第二方面,治理领域,包括政策执行、风险管理两项核心任务。政策执行,即严格遵守国家的法律法规,据此规划、制定并维护公司统一、标准的财务管理制度和流程,并能够以有效的手段确保其得到遵守和执行。风险管理,即关注、识别与评估公司未来可能面临的财务风险,确定风险对策、执行控制程序,将财务风险控制在可承受的范围内。

第三方面,业绩提升领域,包括记录与报告、分析与解释和利益相关者管理三项核心任务。记录与报告,主要是收集经营管理决策对财务信息的需求,为业绩管理、经营目标的实现及改进提供专业意见,以此支持并促进有效经营。分析与解释,主要是及时、准确、完整地记录公司的经营管理活动,为满足内部管理需要、完善会计核算体系提供相应的财务信息。利益相关者管理,主要是及时、准确、完整地披露信息,满足各利益相关方的信息需求,成为各方沟通的桥梁,以树立良好形象。

第四方面,基础管理领域,包括财务组织、财务信息系统两项核心任务。财务组织,主要是引导财务方向与整体商业战略的结合,领导并指导财务核心任务的平衡,以评估财务组织和人员的绩效。财务信息系统,既是提升整体财务管理水平的重要手段,也是履行财务职责的重要基础平台。

(二) 股东在财务管理体系中的价值与作用

根据实践经验,控股公司总部定位是集团财务管控模式的重点。现代企业控股公司总部创造的价值主要体现在以下四个方面:一是直接监控子公司的经营,包括确定子公司的经营计划、核对子公司的财务预算、构建子公司的财务监控系统,对子公司进行绩效考核和奖励。二是为子公司提供集中化的共享服务,包括在资金、研发、人力资源、法律和公共关系等方面,在集团层面实现资源和技术的共享,降低集团的经营成本。三是加强子公司间的相互联系,包括在集团层面进行专业培训,以及利用集团内部资源实现网络化经营。四是建立和执行集团的总战略,包括对投资项目和机会的评估、对资本进行分配、制定研究策略等。

(三) 总部在财务管理体系中应有的权利

根据战略目标、法人治理、组织架构以及业务特征,总行与核心子公司之间在财务管理领域,按照参与管理程度的高低可以分为知情权、建议权、审核权和决策权。

1. 知情权

主要是集团要了解核心子公司财务管理的有关情况。如集团财务人员可以参加子公司重要的业务会议;子公司重大决策要向集团通报或备案,集团财务人员可以直接查询子公司财务的有关情况等。

2. 建议权

主要是集团在了解核心子公司财务管理的基础上,可以对重大问题提出建议,子公司需要认真研究,并就采纳情况、未采纳理由等上报集团。如集团可以对核心子公司的财务事项提出提案或提议,推荐财务管理的具体方法等。

3. 审核权

主要是对子公司财务结果进行审核确认。如集团可以在事前审核核心子公司的决算、预算等,要求子公司在向集团决策层报告重大财务事项或政策前必须会签集团财务部门等。

4. 决策权

即由控股公司对子公司的财务事项进行决策,以控制子公司,并使其与集团其他子公司保持一致或协调。如集团可以批准子公司的预决算、重大财务事项、重要会计政策等。在行使决策权时,控股公司本质上已经代替子公司进行了财务决策,也就是剥夺了子公司财务管理的自主权。

从总体上看,金融控股集团对下属子公司的控制较多采取审核或建议的方式,这样既能够保证子公司的财务自主权,调动子公司的积极性,又能够保证控股子公司对集团财务管理的总体控制和协调。

三、金融控股公司财务管理权责体系的主要内容

在金融控股集团的组建过程中,主要以整个集团未来的发展作为出发点,设定未来资本和业务整合的方式与规模,确定兼并或重组战略。通常情况下,控股集团公司主要负责公司发展战略制定、收购、兼并或转让业务,一般不从事子公司所经营的业务。总部的财务部门主要从以下几个方面发挥总部的职能,实现对子公司的财务管理。

(一)财务规划

财务规划通过构建业务模型制定合适的战略规划,为业务经营活动提供前瞻的、专业的财务建议。财务规划是企业战略规划的重要组成部分。财务规划包括中长期财务规划和年度财务预算两部分,中长期财务规划主要研究确定金融控股集团未来3~5年的财务状况,年度财务预算主要研究确定金融控股集团年度的财务状况。财务规划可分为规划制定、执行监控、回顾调整三个阶段。在制定规划阶段,主要是分析集团所面临的内外部经营环境以统一编制思想,各核心子公司编制自身的财务规划,集团对整体财务规划进行汇总并按照治理程序进行审批后执行;在执行监控阶段,主要是根据财务规划编制年度财务预算,监控年度财务预算的执行情况,根据执行情况对年度预算进行调整;在回顾调整阶段,主要是对财务规划执行情况进行回顾、分析与调整。

在财务规划编制阶段,首先由核心子公司在对所收集的内外部信息分析整理的基础上,提出财务规划的编制建议,随后由控股公司财务管理部门在对集团内外部财务相关信息汇总分析整理的基础上,对下属各核心子公司编制的财务规划进行审核并汇总成为集团整体的财务规划;之后由控股公司战略规划管理部门在对集团整体战略规划总体平衡的基

础上，对财务规划进行审核后报控股公司决策层进行审批后执行。

在执行监测阶段，首先，由核心子公司根据财务规划提出本单位年度预算目标并编制经营计划和财务预算，及时分析跟踪预算执行情况，对预算内重大事项以及预算外事项、超预算事项提出预算调整建议；其次，由控股公司财务部门汇总编制集团财务预算和经营计划，分析跟踪集团预算执行情况并适时对预算做出调整；再次，控股公司战略规划部门根据集团整体战略执行情况对财务预算执行情况进行审核；最后，由控股公司决策层批准年度财务预算以及超预算、预算外事项，并根据预算执行情况确定不同部门的绩效。

在回顾调整阶段，首先，由各核心子公司分析财务规划执行情况，并对编制规划时所依据的内外部环境条件进行再评价，并提出财务规划调整建议；其次，由控股公司财务部门对财务规划执行情况进行汇总后，整体评价集团财务运行情况，并初步审核财务规划调整建议；再次，由控股公司战略规划部门从集团整体规划执行的角度对财务规划执行情况进行回顾和评价，并提出中长期规划调整建议；最后，由控股公司决策层批准中长期规划调整。

从财务规划的编制、执行、监控、调整以及回顾看，核心子公司一般具有建议权，集团财务管理部门和战略规划部门具有审核权，决策层负责最终决策，以此来明确集团不同层级所承担的权责。

(二) 资本优化

资本优化包括投资管理和资金管理两个部分。

1. 投资管理

主要是对外的项目投资，分为投资计划、项目建议、项目可行性研究、项目实施与监控和项目投后评价五个阶段。

投资计划阶段的主要任务是制订、审批、下达年度投资计划。在此阶段，核心子公司负责编制年度投资计划；控股公司投资管理部门负责初步汇总形成集团整体的年度投资计划并审核；控股公司财务部门负责做好年度投资计划和财务预算的平衡；控股公司综合计划部门负责汇总审核，通过组织各部门参加的专门会议进行审核并局部平衡，形成集团年度投资计划草案；控股公司决策层负责批准年度投资计划。

项目建议阶段的主要任务是对投资机会进行筛选，提出投资项目建议并立项审批。在此阶段，核心子公司负责发掘投资机会，编写投资项目建议；控股公司投资管理部门负责对每个投资意向进行初步筛选审核，组织相关部门进行投资建议审核并完成投资项目立项工作；控股公司决策层批准投资项目建议，并开始实施。

项目可行性研究阶段的主要任务是完成可行性研究，形成并批准可研报告。在此阶段，核心子公司主要是组建投资项目小组，开展可行性研究并形成可行性研究报告；控股公司投资管理部门主要负责组织开展项目可行性研究报告评议和审核工作；控股公司决策层负责批准可行性研究报告，并启动项目实施。

项目实施与监控阶段的主要任务是实施投资项目，监控进展并对投资计划进行调整。在此阶段，核心子公司主要是做好投资项目实施工作，根据授权进行项目谈判、签订协议并完成交割，同时报告项目进展情况，提示相关风险等；控股公司投资管理部门主要负责总体协调统筹投资相关的法律、会计以及其他准备工作，协助核心子公司做好项目实施，监控实施情况，识别相关风险，并对投资计划调整进行审核；控股公司决策层负责审批项目实施相关文件，审批项目投资计划调整申请，并最终决策投资实施中的重大事项。

项目投后评价阶段的主要任务是收集所投资项目的信息，评价、考核项目投资结果。在此阶段，核心子公司主要负责提供项目投资后评价基础资料；控股公司投资管理部门组织开展研究和评价工作；决策层负责最终批准分析评估报告。

2. 资金管理

主要是业务资金管理和内部资金管理，可分为资金计划、资金筹集、资金支付与运作、资金分析与调整以及评价考核五个阶段。

资金计划阶段的主要任务是做好资金的计划与预测。在此阶段，核心子公司负责根据中长期发展规划编制年度资金计划；控股公司资金管理部门负责初步汇总并审核后形成集团年度资金计划；控股子公司财务管理部门负责对集团年度资金计划、融资计划等进行汇总审核，并与集团经营计划和财务预算进行局部平衡后形成最终的年度资金计划；控股公司决策层负责批准年度资金计划并正式实施。

资金筹集阶段的主要任务是确定资本结构、融资规模、方式和渠道。在此阶段，核心子公司主要是按照已批准的资金计划和业务发展需要提出筹资需求，并完成本公司资的金筹集工作；控股公司资金管理部门主要是审核各核心子公司的筹资需求，视筹资渠道办理或协助办理资金筹集，向金融机构申请资金额度等；控股公司决策层负责批准筹资需求。

资金支付与运作阶段的主要任务完成集团资金的配置、支付与运作。在此阶段，核心子公司负责提出资金支付需求，根据自身资金头寸情况及运作原则，提出资金运作需求并实施运作。控股公司财务部门负责审核并汇总核心子公司的资金支付与运作需求，并实施资金运作；负责审核核心子公司的资金支付需求；决策层负责审批重大事项资金支付需求和资金运作需求。

在资金分析与调整阶段，核心子公司负责编制资金分析报告，提出资金计划调整申请，并上报控股公司归口管理部门；控股公司归口管理部门负责对各核心子公司分析报告进行初步汇总审核，并提出集团资金计划调整的申请；控股公司财务管理部门负责汇总审核核心子公司及归口管理部门资金分析报告，对差异的重要影响因素进行归纳反映，形成"综合分析报告"，审核资金计划调整申请，并最终上报资金调整方案；控股公司决策层负责批准资金分析报告及所提出的处理意见，审批控股公司及各核心子公司的资金计划调整申请。

在评价考核阶段，控股公司资金管理部门负责提供资金考核基础资料；控股公司财务部门负责审核资金考核资料，提出资金部门预算执行情况；控股公司业绩评价部门负责根据资金考核基础资料以及年度考核办法提出考核结果；控股公司决策层负责批准预算考核结果，该结果将向核心子公司、控股公司资金部门、财务部门反馈。

（三）记录与报告

记录与报告包括会计管理和税务管理两部分。

1. 会计管理

标准的会计核算流程能够保证有效并诚信地进行所有会计和交易记录，及时生成准确、有效的财务报告，满足内外部信息使用者管理和治理的需要。标准的会计流程包括会计税收政策管理、会计科目管理、会计核算、结账并编制法定报告等程序。

会计税收政策管理主要是根据会计准则、税收政策等制定集团规范的会计核算手册，规范会计核算流程，选择适当的会计信息系统等。对于集团在不同地区的核心子公司，由于公司所在地的会计税收政策与集团有所区别，需选择不同的会计核算手册，并明确报表信息转换规则。在该阶段，控股公司财务部门负责制定集团不同区域经营单位的会计核算手册，并根据财会税收政策的变化及时进行更新调整；控股公司决策层负责审核批准核心子公司重大会计政策以及会计政策、会计估计调整事项；各核心子公司执行集团统一的会计政策，并将执行中的问题及时反馈给控股公司财务部门。

会计科目是会计核算的基础单元，集中体现了会计税收政策的变化。在该阶段，控股公司财务部门负责制定控股公司统一的会计科目体系，核心子公司仅使用会计科目，并根据业务发展情况提出会计科目增加或调整的需求。

在会计核算阶段，核心子公司负责具体的会计核算处理，控股公司财务部门需要定期稽核检查核心子公司会计核算的具体情况。

结账并编制法定报告阶段，核心子公司负责按控股公司统一的要求完成结账流程，编制并上报财务报表，并按照控股公司的要求进行财务报表的转换（如需要）；控股公司财务部门负责规定结账的时间和工作程序，提出财务报表编制的规范性要求，审核子公司单独报表并完成合并报表编制；控股公司决策层负责批准相关财务报表。

从上述环节可见，会计管理各环节事项的决策权主要集中在控股公司财务部门，各控股子公司只有知情权和建议权。

2. 税务管理

税务管理主要包括税务规划、税务操作和税务保障工作，完善的税务管理可以保证控股公司按照税法和相关法规，正确核损每一项经济业务，有效降低税务风险。

税务规划主要是对税务法律规范进行研究和追踪，开展税务服务与沟通，完成税务筹划。在该阶段，各核心子公司根据自身业务特点和经营环境，开展所在地区的税法追踪研究工作；控股公司财务部门主要负责指导核心子公司开展税收筹划。

税务操作主要是进行税务登记、开展纳税申报与缴纳、做好发票管理等。上述工作主要由控股子公司自行完成，控股公司财务部门给予适当的指导。

税务保障主要是开展税务检查、选择税务代理机构等。各控股子公司负责制定本单位标准的税务检查流程，并定期接受控股公司的审核；选择税务代理结构，制定相应的选用办法，定期对税务代理机构进行评估等。控股公司财务部门主要负责执行内部税务检查，定期复核核心子公司的纳税情况等。

从上述分析可见，税务管理各环节事项的决策权主要是核心子公司，控股公司财务部门及其他部门只有知情权和建议权。

（四）财务分析与财务管理报告

财务分析与财务管理报告通过提供及时准确的财务管理报告和分析报告，对业绩表现进行监控、评估与交流，并分配至各项活动的责任人，确保所发现的经营或管理中的问题能够及时跟进，支持并有效促进经营。

财务分析与财务管理报告分为确定分析目标、定义管理报告需求与框架、管理报告编制与分析、支持公司经营四个阶段。

确定分析目标主要是建立关键分析指标，包括组织目标、分支机构目标、核心子公司目标、部门目标、岗位目标等。该任务主要由核心子公司负责完成，控股公司财务部门给予建议。

定义管理报告需求与框架主要是根据公司绩效的评估方法定义报告需求，制定管理报告的填制说明，包括填制部门、内容、公式设置、数据来源等信息，明确管理报告报送的时间、频度和对象等。核心子公司负责制定管理报告模板，明确管理报告要求；控股公司财务部门负责审核财务方面的管理报告模板和管理报告要求；控股公司其他部门负责提出管理报告要求，审核管理报告的模板。

管理报告编制分析主要是编制、监控报告，进行成本分析、盈利能力分析、资产价值分析等；通过组织各归口部门对本期财务管理报告所揭示的问题提出落实改进意见，跟踪改进效果。核心子公司主要是编制管理报告并完成分析评价，对重要问题进行非定期报告，追踪与反馈情况，组织完成整改；控股公司财务部门主要负责审核核心子公司上报的各种分析报告，追踪反馈结果和非定期重大事项报告；控股公司相关业务部门负责审核核心子公司上报的归口部门所需的各类分析报告；控股公司决策层主要是审核重大事项的管理报告，督查所发现重大问题的整改情况。

支持公司经营主要是通过大量详细、及时、准确的管理报告支持公司管理决策。

从上述分析可见，核心子公司最熟悉一线情况，因此掌握着财务分析和财务管理报告各环节事项的决策权，其他部门只有知情权和建议权。

（五）利益相关者管理

利益相关者包括债权人、信用评级机构、投资者、监管机构等。利益相关者管理包括利益相关者关系维护、确定披露需求、信息收集与分析、披露与沟通等。

利益相关者关系维护包括确定利益相关者、建立并维护沟通渠道、建立定期报告机制等事项。在此过程中，控股公司财务管理部门负责确定控股公司外部利益相关者，确定各利益相关者所需信息及报送渠道、频率、内容等，编制利益相关者报告；控股公司决策层负责审核批准利益相关者报告。

确定披露需求包括及时了解利益相关者需求、明确并定义需求、建立信息披露报告制度等事项。在此过程中，控股公司财务管理部门负责了解相关者需求，建立信息收集和披露制度等。这些工作主要由控股公司财务管理部门负责，控股公司决策层批准。

信息收集与分析包括收集与分析信息、确定信息披露重点、生成信息披露报告。在此过程中，核心子公司负责按披露制度规定收集相关信息并报送控股公司；控股公司财务部门负责汇总、整理相关信息并生成监管报告，校验数据的准确性，完成内部审核程序。

披露与沟通包括按程序完成报告审批、对外披露或报送信息，开展沟通与反馈。在此过程中的各项工作由控股公司财务部门配合决策层完成。

从上述分析可见，利益相关者管理各环节事项的决策权主要是控股公司决策层，但审核权主要在控股公司财务部门，其他单位只有执行权和建议权。

(六) 财务风险管理

风险管理即识别、评估、控制、衡量和报告在战略规划、运行以及股东价值最大化的过程中的风险。在对核心子公司财务风险管理的过程中，控股公司财务部门的主要职责是通过协助风险管理部门制定相关的风险管理政策，并提供财务信息方面的支持，来配合风险管理部门进行风险管理，从而有效降低财务风险。财务风险管理包括风险识别与评估、风险控制、风险衡量与报告三部分。

风险识别与评估的主要任务是确定财务风险管理的战略、政策和目标，识别财务风险，完成财务风险的定义、分类并评估风险等级。在此阶段，核心子公司主要是全面识别自身所面临的主要风险，建立风险管理整体架构；控股公司财务部门主要是协助核心子公司归口管理部门识别主要的财务风险因素；控股公司风控部门主要负责审核核心子公司风险管理整体架构；控股公司风险管理委员会主要负责制定并批准集团风险管理战略。

风险控制的主要任务是确定财务风险的应对措施、实施财务风险监控。在该阶段，核心子公司主要是确定各类主要风险的应对策略，建立全面的风险管理预警体系并实施风险监控；控股公司财务管理部门主要是协助核心子公司审核财务相关风险的应对策略和预警系统；控股公司风险管理部门主要是审核核心子公司的风险应对策略及预警系统。

风险衡量与报告的主要任务是确定风险衡量与报告程序，报告财务风险管理战略的执行情况，对风险管理情况进行后续追踪。在此阶段，核心子公司主要是对自身经营风险进行评估与衡量，并提出防范风险或改进的意见；控股公司财务部门负责审核核心子公司风险评估报告中涉及的财务部分；控股公司风险管理部门负责审核核心子公司的整体风险报告，形成控股公司整体风险评估报告，监督子公司风险防范措施的落实情况；风险管理委员会负责批准控股公司的风险报告。

在此过程中，控股公司财务部门只有知情权和审核权，决策权主要集中在风险管理部门或风险管理委员会。

(七) 政策的制定与执行

政策的制定与执行即制定并维护政策、流程、程序，确保控股公司财务管理遵守必要的标准并具备有效的控制，并置于内外部有效的监督之下。政策制定与执行包括财务制度管理和审计管理两部分。

1. 财务制度管理

财务制度管理包括建立财务制度体系、强化财务制度的贯彻落实、及时完善财务制度体系等。

建立财务制度体系的主要任务是建立整体财务制度规划、全面整合财务制度、建立标准化的财务制度手册。在此阶段，控股公司财务管理部门负责完成整体的财务管理制度体系规划，对财务管理制度进行制定、完善与整合，建立标准化的财务管理制度手册；控股公司决策层主要是批准财务制度规划和财务制度手册；核心子公司主要是参与财务制度手册的制定，提出建议，并在实施中严格执行。

强化财务制度的贯彻落实的主要任务是培训和宣介财务制度、制订强化落实方案、执行强化落实的各项措施。控股公司财务部门主要负责制定财务制度培训、宣介和落实方案，对控股子公司进行培训和宣介；控股子公司主要是执行强化财务制度的落实措施；控股公司决策层主要是批准违反财务制度的处罚方案。

及时完善财务制度体系的主要任务是反馈制度执行结果，对已出台的财务制度进行编修和后续追踪。在此阶段，控股公司财务管理部门负责对制度执行结果进行评价、修订和完善；核心子公司主要是反馈制度执行情况；控股公司决策层负责批准修订完善后的财务制度。

在此过程中，控股公司财务部门对财务制度的制定、执行、完善都具有较强的建议权，决策权主要集中在最高决策层。

2. 审计管理

审计分为内部审计和外部审计两部分。

内部审计主要包括编制年度审计计划、工作方案，确定审计内容，全面开展内部审计，对审计发现的问题提出解决方案，对审计所发现的问题进行后续追踪等。在此过程中，控股公司内审部门负责结合核心子公司的实际情况以及控股公司工作重点编制年度审计计划，开展审计工作，编写工作底稿，出具审计报告，对发现的问题进行追踪等；控股公司决策层负责批准年度审计计划、工作方案、审计报告等；核心子公司主要是配合进行内部审计，对审计发现的问题进行整改；控股公司财务部门负责配合内审部门开展工作，协助解决内审中发现的财务管理问题。

外部审计包括聘请外部审计师、配合开展外部审计、发现问题提出解决方案、对审计发现的问题进行后续追踪等。在此过程中，控股公司财务部门负责外部审计师的聘请工作，组织控股公司配合做好外部审计，对所发现的问题提出处理意见或建议，对审计发现的问题进行追踪；核心子公司主要是配合审计师开展外部审计，对审计所发现的问题提出解决方案；控股公司决策层主要是批准审计报告。

在此过程中，控股公司财务部门具有较大的建议权和审核权，其他部门只有知情权。

（八）财务信息系统管理

财务信息系统是保证财务管理各项任务得以实现的基础。财务信息系统管理包括系统规划、系统开发应用、系统运行和维护三个阶段。

系统规划主要是完成财务管理信息系统规划、开发并维护与供应商的关系，对产品进行评估。在此过程中，控股子公司负责制定自身财务信息系统规划，确定系统供应商，初步确定主流财务信息系统供应商的产品功能。控股公司财务部门负责在审核各核心子公司规划的基础上，汇总编制集团财务信息化建设整体规划，在财务管理信息系统规划过程中提供必要的指导与支持，审核子公司提供的主流财务信息系统供应商的系统功能；控股公司信息科技部门的主要任务是协助财务信息系统规划编制，审核核心子公司对财务管理信息系统供应商的评估报告，审核核心子公司财务管理信息系统规划；控股公司决策层主要是批准财务信息系统规划。

系统开发应用主要是编制信息化项目预算、确定系统实施需求、管理系统实施项目、支持和培训用户。在此过程中，核心子公司主要是编制预算，提出需求方案，参与项目实施和后续培训；控股公司财务部门主要是审核核心子公司上报的财务信息系统资本化项目预算，审阅核心子公司提出的系统实施需求，参与产品选型或供应商评审，参与项目管理和后续实施培训；控股公司科技部门的主要任务是初步审核财务信息系统的资本化需求，审核系统需求方案，组织开展选型并实施项目管理工作；决策层主要是批准预算和选型方案。

系统运行和维护主要是制定财务信息系统管理制度，进行财务信息系统数据备份和安全维护。在此过程中，核心子公司主要是进行数据处理、备份，实施安全防护，做好档案管理工作；控股公司财务部门主要负责颁布管理制度，实施授权管理和定期抽查；科技部门主要负责系统安全性管理，开展数据备份和灾难恢复工作。

在此过程中，财务信息系统前期工作的建议权主要在财务部门，后期主要集中在科技部门。

参考文献

[1] 李文虹. 反观我国银行业的混业经营[J]. 经济与金融，2004（10）.
[2] 罗乾宜. 大型央企集团财务治理模式及其制度创新[J]. 会计研究，2012（4）.
[3] 聂尚君. 保险集团的综合经营及发展趋势问题探讨[J]. 保险研究，2011（2）.
[4] 尹萃. 金融混业经营集团内部审计问题的研究[D]. 成都：西南财经大学MBA学位论文，2014.
[5] 王豪. 中信集团公司治理研究[D]. 武汉：中南民族大学硕士学位论文，2013.
[6] 陈雨露，马勇. 现代金融体系下的中国金融业综合经营：路径、风险与监督体系[M]. 北京：中国人民大学出版社，2009.

第十四篇

创业板公司治理与会计信息披露

中信证券股份有限公司计划财务部课题组

课题主持人：尹　磊
课题组成员：尹　磊　朱元甲

摘 要

本课题抓住创业板公司治理中的会计信息披露问题，研究创业板上市公司内部治理机制和外部监管中存在的信息披露机制。以现代公司治理理论为基石，结合国内资本市场发展，分析创业板公司治理效率与信息披露质量的关系。立足以会计信息披露为基础解决创业板上市公司股东与管理层之间的委托代理问题、大小股东之间的利益冲突和代理问题，加强公司外部治理机制中监管机制建设、提高监管效能。

关键词： 创业板　公司治理　信息披露　博弈

第一章 导 论

创业板是指有别于主板市场，为不满足主板上市条件的创业型公司提供上市机会融资的市场。从各国发展创业板的经验来看，创业板为大批高成长创新型中小企业提供了上市融资平台，在一定程度上解决了中小企业融资难问题。有助于推进中小企业建立现代企业制度，规范经营管理。创业板市场也为风险投资等私募股权资本提供了退出渠道，活跃了资本市场。但是，国内创业板推出后，"三高"（高发行价、高市盈率和高超募率）现象一直存在，上市估值过高，上市后业绩变脸，高成长性受质疑等。上市募集资金被挪用，企业公司治理的家族色彩浓厚，"三会"作用机制发挥有限，甚至形同虚设；高管套现、辞职频繁，中小投资者利益受损。这都反映了创业板市场上市公司的治理问题。

南开大学公司治理评价课题组（2012）的报告称：2011 年，创业板公司治理指数比主板和中小企业板公司治理指数高，但创业板市场公司治理存在严重的被动合规现象，治理的有效性亟待提升，需建立应对高管套现、非正常离职的有效机制。在上市条件上，创业板公司经营和历史业绩要求确实比主板条件有所降低，但有更严格的公司治理审核和信息披露要求，这样使得长期依靠家族式管理模式成长起来的企业为满足合规性要求，匆忙搭起了公司治理结构，实际运作依然需要依靠原来的核心团队。这样形成了中国创业板市场公司治理的被动合规现象，公司治理有效性受到了影响。

改进公司治理、提高业绩、保护投资者利益是资本市场的重要任务。历来各国发展资本市场都很重视上市公司治理问题，加强对上市公司的监管和信息披露，提升公司治理水平和有效性，是资本市场健康稳定发展的重要条件和推动因素。国际资本市场的相关经验表明，资本市场发达国家的创业板市场发展也经历了逐步走向成熟的过程，公司治理水平也不断在改进中得到提高。早期，国际创业板市场在运作机制方面存在内部缺乏独立性、外部缺乏吸引力的缺陷。一些国家为了追求创业板市场规模，降低了发行标准，放松了市场监管等。

本课题抓住创业板公司治理中的会计信息披露问题进行研究，集中解决创业板上市公司内部治理机制和外部监管中存在的信息披露机制问题。以现代公司治理理论为基石，结合国内资本市场改革的进展，分析创业板公司治理效率与信息披露质量的关系。立足以会计信息披露为基础解决创业板上市公司股东与管理层之间的委托—代理问题、大小股东之间利益冲突和代理问题，解决公司外部治理机制中加强监管机制建设、提高监管效能；研究如何利用会计信息披露机制改进对创业板公司的治理；研究如何促进创业板市场投资者提高对改善公司内部管理机制和完善公司外部监管的认识，重视上市公司信息披露，以信息披露为核心对公司行使股东权力，改善公司治理和经营管理，维护自身利益。

第二章 公司治理与信息披露的研究综述

公司治理，简单来说就是关于公司经营管理中的利益制度安排。单纯从公司内部管理而言，公司治理是公司所有权人针对经营管理者的激励与约束机制，以保证股东利益最大化。"三会"（股东大会、董事会、监事会）和管理层构成公司内部治理结构。扩展到公司外部，公司治理是指通过一系列制度安排来协调公司与所有利益相关方之间（包括股东、债权人、管理层、雇员、供应商、顾客、社区、政府、环境等）的利益关系，维护各方面的利益。

一、公司治理

对公司治理问题的研究由来已久。1932年，伯利和米恩斯（Berle and Means）对公司所有权和经营权分离的论述，开启了公司治理研究的先河，此后很多研究都集中于解决公司股东和管理者之间的代理问题。例如，法马和詹森（1983）对公司治理中的"代理人问题"的研究，詹森和麦克林（1976）综合代理理论、产权理论和财务理论对公司所有权结构的研究。麦斯（Mace，1971）、威斯巴切（Weisbach，1988）、詹森（1989）等的研究发现，基于内部控制的治理机制并不能有效解决代理问题，于是研究的重点逐渐转向外部治理机制。赫斯莱费尔和萨克尔（Hirshleifer and Thakor，1998）指出，在对管理层形成约束方面，接管和内部控制机制也许是互补的。汉斯曼（hansmann，1996）、格罗斯曼和哈特（Grossman and Hart，1980）、斯莱费尔和维什尼（Shleifer and Vishny，1989）等对公司控制权市场与公司治理进行了研究。Bushman（2001）以验证财务会计信息对公司治理的影响为出发点，得出结论：高质量的会计信息披露是健康的公司治理必不可少的环节之一。

公司治理研究从最初集中于公司内部控制，逐渐扩展到公司外部治理机制，研究焦点的变化和研究对象的变化是一致的。公司治理文献［参见 Denis（2001）等］按照机制设计或实施所利用资源的来源，把公司治理机制简单区分为内部与外部控制系统。

早期公司治理研究对象集中为美国公司，基于委托—代理理论，研究如何解决因股权分散化所导致的股东和管理层之间的利益冲突问题。随后，研究对象扩大到了日本、德国的公司，集中研究这些国家公司所有权结构和融资模式，日本和德国以银行为核心的融资模式和公司治理模式与英美以市场为导向的公司治理模式有差异。再后来，公司治理的研究视线向新兴经济体和转轨经济体转移。

国内对公司治理的研究，主要沿着国际研究思路和方向，引进国外的理论和实践，结合国内市场化改革，论述国有企业实行政企分离和建立现代企业制度，以改进公司经营管理，提高经济效益，以及以适应市场化和维护国有资产安全为主题展开（钱颖一，1995；林毅夫，1997；郑红亮，1998）。

二、会计信息披露

信息决定各方决策行为，信息披露是公司治理的关键环节。在权、责、利的制度安排中，公司内部和外部的治理结构都要解决信息问题。公司治理问题源自解决信息不对称，引起委托—代理问题。在一个有效的市场中，信息披露是解决委托—代理双方信息不对称的主要手段，与法律、法规、规章一并构成资本市场四大监管支柱。为了降低代理成本，股东要求管理层披露公司信息，最常见的形式就是年度财务报告（罗炜、朱春艳，2010）。会计信息披露的主要决定权在于外部会计师的专业判断。从法律和理论上来说，会计师是受股东委托对公司进行审计和核查，而在实际中，聘用会计师，以及与会计师谈判和交涉的对象是公司管理层。因此，最关键的会计信息披露还是要体现为管理层的意志。当股东对会计师的委托权扭曲成为管理层对会计师的聘任权时（樊行建，2005），管理层的目标决定了会计信息披露是否充分、公允，以及充分和公允的程度。由此可见，公司治理模式和完善程度对会计信息的披露有很重要的影响。

信息的可获得性是股东决策的重要依据。会计信息披露对股东为代表的利益相关方的决策至为重要，决定了他们是否需要"用脚投票"，是否需要更换管理层。因此，各国的公司法或者资本市场监管法规，对于公众公司，即上市公司的信息披露都有非常明确的条文规定。除了法规强制性要求，管理层实施信息披露的动机主要是影响公司股票价格，进行盈余管理，这也是信息披露的收益。信息披露的效率取决于公司治理的有效性，市场制度的有效性，如市场有效性、市场的契约精神等。当然，为了进行信息披露投入的人力、物力是信息披露的成本，而信息披露给公司发展带来的不利影响也是一种成本，对于管理层而言，更是一种机会成本。

会计信息本身在股东和管理层的治理机制安排之间具有完备的商品属性，从而关于会计信息的披露和公司治理安排存在相互作用的机制。从会计信息的产权属性角度可以对此有更深的认识。

樊行建（2005）指出，股东、管理层和会计师三者之间，原有的股东与会计师之间的业务委托关系，扭曲为管理层与会计师之间的委托关系。原因在于，管理层实际行使聘任会计师的权力。被审计对象变成了审计业务的委托人，管理层委托会计师审计自己。管理层与会计师之间形成利益捆绑关系。国内的独立董事制度，与上述情况类似。独立董事制度的设立初衷是由其作为中小股东的代理人，应由中小股东提名，实际上却由大股东决定。这种委托—代理关系中的失衡是国内公司治理的硬伤。同时，樊行建（2005）也指出，审计关系异常、独立董事制度不独立，以及包括所有者代表缺位、内部人控制问题在内的公司治理不完善问题，主要通过财务治理层面来影响公司质量。樊行建（2005）认为，完善公司治理结构的重要工作重在财务治理。

杜兴强（2004）进一步指出，在公司各个利益相关者针对会计信息产权博弈中，公司管理层占据优势。会计信息披露不能够保证公司管理层说"真话"，无法抑制他们在会计信息披露中的机会主义行为。同时，公司利益相关者的个人理性和集体理性相悖，"搭便车"行为导致对管理层的监督和控制失效，无法保证会计信息披露的质量。为解决会计信息产权博弈中的道德风险行为和监督"搭便车"行为，出现了监管机构的强制监管，对会计信息披露进行干预和监管，那么在公司治理层面设计一套规则给利益相关者提供一种理性预期以及给管理层一种激励以矫正会计信息产权。

管理层对会计信息披露不充分，实现盈余管理是重要目的之一。盈余管理通常指管理层为了自身利益对会计信息披露的控制过程。股东和管理层之间的博弈关系是盈余管理产生的前提条件。当所有权和经营权分离，管理层仅作为资产经营者而非所有者，通过非对称的博弈行为使自身利益最大化，就会发生盈余管理。邓春华（2003）的研究将盈余管理现象扩展到了不存在委托—代理关系的传统业主企业。因为企业管理层通过信息披露的控制，可以改进与其他利益相关方的利益分配格局。

公司治理和会计信息有相互依存性和交互影响性（杜兴强，2002）。首先，良好的公司治理机制可以改善会计信息披露质量，防范会计信息失真；也可以避免仅侧重技术环节的改进，而忽略了会计信息本身所具有的经济后果性质，从而导致会计信息失真屡禁不止的情况。其次，会计信息在公司治理中具有关键作用，会计信息披露机制的存在可以促进公司治理的完善。会计信息既可以衡量公司管理层的经营业绩，也可以降低投资者决策的不确定性。公开的会计信息披露，充分披露和信息透明度，可以确保中小投资者的利益不受侵害。能否保护中小投资人的利益，是公司治理效率和资本市场有效性的体现。

三、会计信息的产权属性

杜兴强（2002）基于会计信息、剩余索取权和控制权匹配及监督和激励相容角度，研究了会计信息产权属性问题，将会计信息阐述为股东和管理层对某一商品的供求关系。委托—代理关系和信息不对称的存在，会计信息成为企业产出的替代变量。委托—代理关系中，要实现监督和激励的相容性，需要有充分的信息，因为监督需要信息，而激励可以促使管理层提供信息。会计信息反映公司财务状况、经营成果和现金净流量情况，是公司产出的替代变量。管理层提供会计信息给股东，股东决策和对管理层进行监督需要会计信息，从而产生股东的会计信息需求和管理层的信息供给之间的供求关系。

按照制度经济学的理论，在产权清晰的条件下，有关产权的任何安排，都可以是有效率的。有效率意味着没有不必要的经济损失。有关公司的经营及成果会计信息附属于公司整体权益，属于股东对公司可主张的原始权益之一。在股东将公司委托给管理层之后，所有权和经营权分离，公司的会计信息产权属性变得模糊起来，或者被管理层刻意模糊化。尽管法规均对会计信息的披露有强制规定，管理层对会计信息披露的非充分，能够使其获利更优，那么对股东则显然不利。

会计信息的作用正在于其能够降低投资者决策过程中面临的不确定性，从而达到改进决策效用、促进社会资源趋利性流动的功效。在市场经济中，经过独立、客观、公正的注册会计师审计的财务报表，维系并体现着委托—代理契约关系的均衡，而以财务报表作为媒介传递的会计信息是衡量企业的剩余索取权和控制权是否相匹配、监督和激励是否相容的关键变量。良好的会计信息披露机制也成为公司治理机制必不可少的有机组成部分。

第三章 创业板市场相关研究

一、创业板公司治理问题

皮海洲（2010）指出了几大创业板公司的治理乱象：主业不突出的公司上市，如寄生公司神州泰岳；公司治理明显不达标公司上市，如爱尔眼科被查出在公司治理、内控制度、募集资金使用、信息披露、财务管理与会计核算等方面存在诸多毛病，被要求整改；大批创业板公司重复出现上市后业绩变脸；等等。吴云德（2010）指出了创业板上市公司和一般上市公司在财务治理方面有共性问题：公司组织机构不完善或不能发挥应有职能，控股股东专权导致中小股东利益受损，债权人权益时常受到损害，对经营者的激励约束机制不健全。

闵娜和付雯潇（2011）总结了当时的创业板市场特征：家族色彩浓厚，决策效率较低、监督与制衡机制缺失较为严重、主业单一且依赖个人的"轻资产"特征显著。戴蓬军和栗果（2011）也分析了创业板上市公司治理结构的主要问题：一是股权高度集中，无法形成有效的制约机制；二是家族制色彩浓厚，不利于形成科学的经营决策；三是内部机制缺失，高管辞职现象频发；四是独立董事、监事会虚设，监督与制约机制失衡。叶茂桂和张欣欣（2011）对创业板公司的治理从股权机构、董事会结构管理层激励、企业控制权市场等角度进行分析，阐述公司治理对公司价值的影响。其中，第一大股东持股比例、第一大股东是否为母公司、CEO是否由公司的董事长或副董事长兼任、董事会的专业人士、高管持股比例、流通股比例有显著性影响。

创业板市场以高成长性、高风险性和低门槛性为特征，面向具有成长性的中小企业、高新企业，为其提供公开发行融资的平台和机会。由于其上市主体的特殊性，创业板上市公司治理存在缺陷。首先，信息披露不充分，有效性大打折扣；其次，内部人控制现象严重，内部制约功能差；最后，组织结构流于形式，公司治理机构没能发挥相应作用。

二、创业板会计信息披露

青木昌彦（1999）研究了与创业板紧密相连的一种情况，即风险投资与公司治理。它对美国硅谷模式的治理研究指出，风险资本的作用除了提供资本，还通过引入竞争形成治理机制。韩志国和张二震（2001）比较了各国二板市场公司治理情况，并提出了中国发展创业板市场的公司治理建议。贺小刚和连燕玲（2005）研究了与创业板上市公司特质相似的家族公司治理效率情况。孔翔（2000）对海外创业板市场进行了比较研究，贺金凌（2001）、杨峰（2001）、张瑞彬（2001）、陈斌等（2010）分别对海外创业板市场发行上市制度、退市制度、信息披露制度、上市公司监管制度进行了研究。杜兴强（2004）总结了公司治理和会计信息披露监管的发展，在一定程度上解释了公司治理演进中会计信息监管的制度性结构的形成过程。王晓津和佘坚（2008）研究了海外创业板市场的发展状况及趋势。谭兴民等（2009）用比较分析的方法，以中国和英国资本市场为对象，研究了公司治理对会计信息披露质量的影响。李维安（2011，2012）连续推出年度中国公司治理评价报告，按照市场板块划分样本公司进行研究，创业板上市公司治理指数高于主板和中小企业板。

创业板公司治理状况对信息披露又存在某种制约机制。于团叶、张逸伦和宋晓满（2013）运用实证的方式研究了创业板市场上市公司信息披露情况。战略信息和非财务信息披露程度要优于财务信息披露程度。创业板上市公司从整体上看，披露程度不高，部分公司的披露仍然流于形式，不注重实质信息。创业板上市公司的管理层出于各种目的，不愿意披露更多信息。创业板市场中会计信息要披露公司成长性、风险性、内部控制和公司治理四方面内容（赵淼，2008）。赵淼（2010）经过详尽的问卷调查研究，指出成长性高、风险大是创业板上市公司的特征，提出创业板公司信息披露的框架是：以会计信息为主的基本信息披露为基础，加上中国证券市场特殊性信息和创业板上市主体的公司特征信息。

根据创业板公司治理内部人控制现象，也就是大股东问题，在公司治理方面往往会存在其信息披露的充分性问题。这会影响到公司业绩的披露。有关大股东的研究，也往往和公司治理及企业业绩联系在一起（孙永祥、黄祖辉，1999；陈信元、张田余，1999；杨朝军、蔡明超和刘波，2000）。

可见，公司治理既是会计信息披露的内容，公司治理完善程度又制约了会计信息披露的效率。

第四章 公司治理与信息披露博弈分析

一、一般博弈模型

公司治理结构对会计信息披露有影响，同时会计信息披露对公司治理也有影响。在此分析如下模型：股东先决定治理完善程度，然后管理层由股东聘任后进行决策和行动。

公司治理结构由股东决定，信息披露由管理层决定。其他利益相关方利益由股东统一代表。将会计信息披露分为有效和无效两种。其中，有效会计信息披露是指会计信息披露是充分的、公允的，是管理层基于股东利益最大化和公司利益最大化，管理层对会计师的聘任完全公正，且在会计师的作用下披露了股东对公司经营所需了解的所有信息，股东凭此会计信息可以充分判断公司的经营状况，做出正确的决策。无效会计信息披露则是管理层有选择性，甚至刻意隐瞒某些对自己有利而对股东不利的信息，以有利于管理层自身利益最大化为目标做出会计信息披露，会计师没有出具完全独立的会计报告，股东根据这类信息披露做出的决策被误导，甚至无法做出有效决策。

公司治理分为完善和不完善两类。其中完善的公司治理结构满足管理层的个人理性约束和激励相容约束机制，将委托—代理成本降到最低，决策机制和会计信息披露机制有效。不完善的公司治理则是管理层在经营管理中充斥着道德风险和逆向选择的行为，信息披露部分有效或者无效，股东对管理层失去实质性控制力。

同时，假设市场充分有效，即会计信息披露行为及信息披露的效率会反映到公司股票价格上。会计信息披露会影响公司股票价格（进而影响经营业务开展，以及融资成本等），体现为市场对管理层的看法，也显示为经营管理成果，反映到管理层的年度业绩上。

假定管理层的收益为 M_i，股东收益为 S_i（$i = 0, 1$，其中 1 表示会计信息披露有效的状态，0 表示会计信息披露无效的状态）。

公司治理完善，意味着管理层的收益完全来自股东与其订立的契约所约定的收益（即合同收益），包括固定的薪酬、福利以及与业绩相关的奖金等，但是揩油（职务消费等）的收益为零。公司治理不完善的状况下，管理层除了享受股东的合同收益，还享受来自作为公司管理层私下的灰色收益（职务消费、怠工等）。同样，不同状态下，股东的收益有所差异。用 $j = 0, 1$ 分别表示公司治理不完善和完善的两种状态，对应状态下收益为 S^0，S^1。

二、简化静态博弈

假定股东和管理层合作一期,股东与管理层签订合作契约,设置公司治理框架,管理层选择会计信息披露的情况。双方的博弈收益可以列示为收益矩阵,如表1所示。

表1 简单博弈模型收益矩阵

<table>
<tr><td rowspan="4">会计信息披露</td><td colspan="3">公司治理</td></tr>
<tr><td></td><td>完善</td><td>不完善</td></tr>
<tr><td>有效</td><td>I　M_1^1, S_1^1</td><td>II　M_0^1, S_0^1</td></tr>
<tr><td>无效</td><td>III　M_1^0, S_1^0</td><td>IV　M_0^0, S_0^0</td></tr>
</table>

假设管理层在公司治理不完善状态下,相对公司治理完善状态下,灰色收益为 m (m ≥ 0,且 $m_i = M_i^0 - M_i^1$)。对于管理层而言,公司治理越不完善,其灰色收益越高,而且,会计信息披露越无效,其灰色收益也越高。所以,$M_0^0 \geq M_1^0$,$M_0^1 \geq M_1^1$。

对于股东而言,其收益满足以下关系:$S_1^1 \geq S_0^1$,$S_1^0 \geq S_0^0$。即公司治理越完善,会计信息披露越有效,股东收益越高。

完善的治理结构对股东有利,而隐瞒某些信息进行无效的披露对管理层有利。在一期博弈中,股东选择完善的公司治理是其最优决策,管理层选择无效的框架信息披露是其最优行为模式。因此,最终会出现的博弈均衡结果为III。

显然,这不是股东作为公司所有权人想得到的结果。因为这样的结果对股东而言,损失收益为 $S_1^1 - S_1^0$。

三、补偿机制博弈

鉴于上述结果并不令股东满意,股东可以在开始对相关规则进行修改,设置对会计信息披露有激励作用的机制。该机制将改变各自的收益函数,引起博弈行为的变化。假定股东先确定公司治理结构,在该结构框架下,管理层有效披露会计信息,管理层的总收益可以得到一个额外的补偿,假设为 d,且 $S_1^1 - S_0^1 \geq d \geq m$。但是,如果管理层的会计信息披露是无效的,那么 d 将不会被兑现。在新的博弈框架下,股东选择有附带条件的完善治理结构模式,而管理层会选择有效的会计信息披露,因为 $M_1^1 + d \geq M_1^0$。股东层面虽然会有 d 再分配至管理层,但是比起管理层选择无效会计信息披露产生的结果,股东的收益 $S_1^1 - d$ 还是得到改进。因此,管理层灰色收益可观察在股东对管理层的补偿可控的新机制下,新的博弈均衡结果为 I(见表2)。

表2　补偿模式博弈模型收益矩阵

	公司治理 完善	公司治理 不完善
会计信息披露 有效	Ⅰ　M_1^1+d, S_1^1-d	Ⅱ　M_0^1, S_0^1
会计信息披露 无效	Ⅲ　M_1^0, S_1^0	Ⅳ　M_0^0, S_0^0

从新的均衡结果来看，要达到Ⅰ的均衡结果，新的机制必须要将公司治理和会计信息披露统一至一个对管理层有激励和约束效力的机制当中。

四、惩罚机制博弈

当然，除了奖励管理层进行有效的信息披露，股东也可以对管理层的无效信息披露采取惩罚措施，管理层会损失 e（见表3）。如果股东要使管理层选择有效的会计信息披露，需要满足 e ≥ m，才会得到Ⅰ的均衡结果。

表3　惩罚模式博弈模型收益矩阵

	公司治理 完善	公司治理 不完善
会计信息披露 有效	Ⅰ　M_1^1, S_1^1	Ⅱ　M_0^1, S_0^1
会计信息披露 无效	Ⅲ　M_1^0-e, S_1^0	Ⅳ　M_0^0, S_0^0

结论1：在简单博弈模型下，公司治理机制的初始设计很重要，股东要么采取激励措施，要么采用惩罚措施，且力度足够，可以使管理层有效地进行会计信息披露。

第五章 创业板博弈模型

上面的分析隐含这样的条件，股东将经营权完全委托给职业经理人。对于中国的创业板市场的公司治理和会计信息披露的情况，需要修改相关的条件进行分析。

创业板上市公司治理的一个典型特征就是公司管理层实际控制人就是公司大股东。陈小悦和徐晓东（2001，2003）对大股东与企业业绩和公司治理做过系统的研究。上市公司第一大股东的所有权性质不同，其公司业绩、股权结构和治理效力也不同。据其研究表明，企业业绩是第一大股东持股比例的增函数。第一大股东为非国家股股东的公司有着更高的企业价值和更强的盈利能力，在经营上更具灵活性，公司治理的效力高。但是一股独大或大股东控制会引起侵害小股东利益问题确实是普遍存在的现象。

在此，需调整公司治理机制事先由股东决定的假设，同时管理层的收益函数也要变化，进而分析以创业板市场上市公司大股东为主的管理层与小股东之间关于会计信息披露的博弈。

一、一股独大的博弈

根据上述博弈分析，股东可以采取激励或者惩罚的措施使得管理层做出有效的会计信息披露，以利于股东决策和利益。在创业板市场中，大股东即为公司管理层主体的情况下，小股东是市场的被动接受者，丧失了采取上述两种措施的能力，小股东对大股东的唯一控制措施或者对抗手段就是"用脚投票"，卖出持有的股票，虽然这对小股东本身利益未必有利。但是，当大部分创业板市场的参与者都"用脚投票"的时候，创业板市场必然会遭受断崖式的崩盘打击，这是包括监管机构在内的所有市场参与方都不希望看到的结局。因此，作为市场秩序的维护者，监管机构的监管介入就极为重要。

监管机构对创业板上市公司可以采取监管措施，促进其在公司治理和会计信息披露方面都进行改善，保护小股东利益。例如，制定公司治理最低要求，对于公司治理出现违规事件的公司采取强制措施督促其改正；制定会计信息披露标准，对信息披露违规的，采取惩罚手段，强制其进行完整有效的会计信息披露。

不存在外部强制监管措施的环境下，小股东对大股东的作为毫无办法。创业板上市公司大股东是内部知情人，会计信息披露有效与否对他们的决策和利益没有影响。提高会计信息披露的有效性本身就有较大的成本。所以大股东会故意隐瞒信息、误导投资人，利用信息披露不充分做出侵害小股东利益的事情。他们会更多地利用内幕信息从市场获利。公司治理会流于形式，对大股东没有实质性的约束，沦为坏的公司治理。所以，Ⅳ成为博弈结果（$M_0^0 \geq M_1^0 \geq M_0^1 \geq M_1^1$）。

表4　监管惩罚博弈模型收益矩阵

<table>
<tr><th rowspan="2">会计信息披露</th><th colspan="4">公司治理</th></tr>
<tr><th colspan="2">完善</th><th colspan="2">不完善</th></tr>
<tr><td>有效</td><td>Ⅰ</td><td>M_1^1, S_1^1</td><td>Ⅱ</td><td>M_0^1, S_0^1</td></tr>
<tr><td>无效</td><td>Ⅲ</td><td>M_1^0, S_1^0</td><td>Ⅳ</td><td>M_0^0, S_0^0</td></tr>
</table>

结论2：如果任由创业板大股东公司治理和会计信息披露模式发展，小股东利益受到最大侵害。小股东选择退出创业板，市场必将萎缩。

二、小股东补偿大股东的可行性

上述博弈情形中，小股东的利益受损最厉害，那么是否可以借鉴一般博弈模式中股东补偿管理层的情形，小股东对大股东给予补偿激励，在双方利益平衡的基础上，实现小股东的利益最大化呢？

创业板上市公司一股独大的治理结构现状，无法形成有效的制约机制，独立董事和监事会形同虚设，内部监督机制失衡（戴蓬军、栗果，2011）。小股东是公司治理结构的被动接受者，毫无还手之力，遑论参与公司治理和决策。小股东的利益完全取决于大股东的意志，那么小股东寻求通过补偿大股东以改善利益的可行性不存在。

所以，创业板市场不存在小股东补偿大股东，以改进博弈均衡的情况。

三、监管介入的博弈结果

鉴于创业板上市公司大股东兼公司管理层，在与小股东的博弈中，完全决定了公司治理和利益分配格局，小股东对此毫无招架之力，最可能的是选择放弃参与博弈，引起市场的萎缩。市场萎缩是所有参与方都不希望看到的结果，包括博弈参与方之一——市场监管方。作为市场制度的设计和管理人，监管机构有责任在市场制度设计和市场监管方面发挥作用，维持市场的良好运行，他们也要这样的条件——立法、执法和监督权，来维持市场的有序运行，保护创业板市场所有参与方的合法利益。

现在考虑监管层介入的博弈情况。市场监管对公司治理机制提出具有法定效率的约束规定，规定会计信息披露的强制内容和要求。这是监管机构持续敦促上市公司合法经营的重要手段，对小股东或投资人的利益起到最基本的保护。企业为符合监管要求实施的公司治理和会计信息披露会增加成本，即合规成本 C（$C = C_1 + C_2$，假定两者各自的合规成本分别为 C_1 和 C_2），这里 C 表示因满足合规要求而产生的直接成本支出。但是不主动遵守监管规定，公司会面临惩罚，假定惩罚及因此引起的损失为 F（包括小股东离开的潜在影响）。

因此，前面的博弈扩展为以下形式。监管层设定市场规则，包括上市条件、公司治理和会计信息披露的要求，最关键的是对这些规定选择积极的监管还是消极的放任方案；大股东（兼管理层）选择是否遵守监管规定，即是否选择完善的公司治理和有效的会计信息披露；小股东（投资人）根据大股东的行为选择是否要抛售公司股票，退出该市场。

监管侧设定规则后：

(1) 大股东上市后，选择遵守监管规则或不遵守监管规则（即合规或违规）；

(2) 大股东公司治理和会计信息披露合规，小股东继续持有公司股票；

(3) 大股东违规，监管层积极监管或者消极放任；

(4) 监管层对大股东违规消极放任，小股东选择离开市场；

(5) 监管层积极监管，且监管有效，大股东被动合规，小股东选择继续持有公司股票，否则小股东离开。

上述过程可以用图1表示如下：

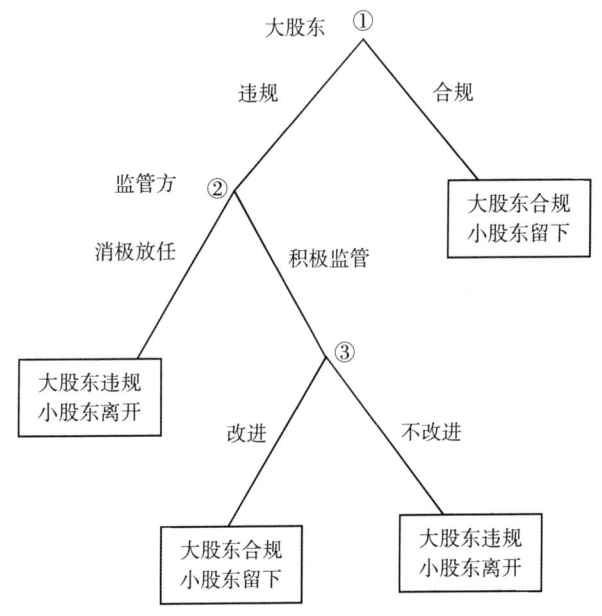

图1 有监管层参与的博弈情况

前面已经论述，基于创业板上市公司的特点，大股东没有动力自觉遵守监管规则去实施完善的公司治理和有效的会计信息披露。那么是否意味着"大股东合规，小股东留下"的均衡情形就不存在？

假设大股东会出现违规，后续需要依据监管层的行动而定。由于小股东离开市场，不是监管层所希望的结果。因此，大股东违规对市场造成影响，监管层会选择积极监管。积极监管的结果，取决于监管行为是否改进了大股东合规程度。如果合规程度改进，那么小股东继续留下，市场继续发展。否则，小股东会离开市场。

因此，需要比较大股东的灰色收益 m、合规成本 C 和惩罚损失 F。m 与 C 的和即为大股东的违规收益，F 即违规面临的损失。如果违规收益大于惩罚损失，那么大股东会选择违规而不是遵守规则。所以，有效监管需要满足的条件就是要使大股东面临的违规惩罚损失大于其违规收益。F 可表示为违规受到惩罚的可能性大小 p 与直接罚款及业务影响损失 f 的乘积，即 F = p × f。其中，p 取决于监管层的监管行为，包括监管是否积极、监管力度是否大等因素，如对信息披露时间间隔和深度的要求。监管越积极，力度越大，发现大股东违规机会越大,大股东受到惩罚的可能性越大。

当 $p \times f > (m + C)$,大股东上市后各项行为合规,公司治理完善,会计信息披露有效;

当 $p \times f \leq (m + C)$,大股东坚定地选择违规,侵害小股东利益。

结论3:创业板市场上,监管方、大股东和小股东(投资人)三者参与的博弈中,监管方的决策和行为直接决定了大股东的行为模式,而小股东的决策则依赖于监管市场规则。要维持市场的有序和持续发展,保护小股东利益,遏制创业板市场的公司治理乱象,监管方必须要主动加大监管力度。

第六章 建 议

从国际创业板市场发展成功经验来看，良好的公司治理是市场持续健康发展的基础，强有力的监管则是非常重要的机制保障，监管的有效手段就是严格的信息披露制度。

美国纳斯达克有完善的市场监管手段，纳斯达克是由美国证券业监督委员会（SEC）授权的机构 NASD 负责市场监管，对公司股价、信息披露责任以予以监控和持续监管，维持市场的公正性、有序性和完整性。此外还保留了对市场行为进行监督的权利，对重大事件和可能的违规行为进行调查裁决，并有权做出摘牌的决定。香港联交所对创业板的市场监管手段是通过香港联交所的私人自律机构来执行，包括严格信息披露、上市公司强化内部管理、对违规行为将给予适当的处分等监管办法。例如，抽样审阅上市文件、市场异常波动和对违规行为的调查等，可对违规行为进行处罚，甚至将公司摘牌（凌传荣、金栋，2005）。

因此，为进一步提升国内创业板的发展质量，需要就公司治理和信息披露方面做好以下工作。

一是要进一步强化监管机构对创业板市场的监管主体责任。公司治理完善程度和信息披露的有效性，以及两者间的关系和作用机制，与所有权和经营权的分开程度相关。如果所有权和经营权完全分开，在一个规则明确的市场中，股东可以事先制定契约，对管理层采取激励或者惩罚措施，可以解决或者部分解决委托—代理问题，改善公司治理和信息披露状况。但是基于创业板市场公司治理现状，大股东兼任主要管理层，公司治理机制失效，会计信息披露有效性欠佳，小股东利益受损。监管层的强力介入，提高监管强度和惩罚力度，监管可以促进创业板上市公司治理和会计信息披露状况的改善。因此，需要进一步强化监管机构对创业板市场的监管主体责任，改变市场博弈格局，才能改善创业板市场公司治理和会计信息披露机制。

二是以优化股权结构为核心完善创业板公司治理结构。一股独大是创业板上市公司治理问题的根源之一，要改变这种状况，限制大股东绝对权利，保护小股东利益，就需要从内部结构入手，强化组织机构的制约与协调。从优化股权结构入手，完善制衡机制和决策机制是完善创业板上市公司治理结构的核心举措。通过成熟的机构投资人对上市公司信息披露的及时跟踪，形成强有力的外部监督压力，促使大股东经营管理合规，有利于创业板上市公司治理结构的完善。

三是增强信息披露的硬约束力和法律效力。信息披露是向市场公开反映上市公司管理层（大股东）经营状况和成果的信息，是重要的公司治理外部约束机制。通过完整有效的信息披露，投资人（小股东）及时掌握公司经营信息，了解经营方向，做出支持还是否定的选择。以加强信息披露为目标，强制建立独立的审计制度和风控体系，强化信息披露的法定效力，对粉饰经营业绩、操控财务报表的行为给予严厉的经济处罚。

参考文献

[1] 钱颖一. 企业的治理结构的改革和融资结构的改革 [J]. 经济研究, 1995 (1).

[2] 林毅夫等. 现代企业制度的内涵与国有企业改革 [J]. 经济研究, 1997 (3).

[3] 郑红亮. 公司治理理论与中国国有企业改革 [J]. 经济研究, 1998 (10).

[4] 韩志国, 张二震. 创业板市场的公司治理结构 [M]. 北京: 经济科学出版社, 2001.

[5] 杜兴强. 公司治理生态与会计信息的可靠性问题研究 [J]. 会计研究, 2004 (7).

[6] 闫娜, 付雯满. 完善我国创业板公司治理的机制研究 [J]. 当代经济, 2011 (2).

[7] 戴蓬军, 栗果. 创业板上市公司治理结构的问题研究 [J]. 中国证券期货, 2011 (12).

[8] 皮海洲. 创业板公司存在五大问题 [J]. 武汉金融, 2010 (9).

[9] 吴云德. 创业板上市公司财务治理初探 [J]. 广西大学学报, 2010 (1).

[10] 叶茂桂, 张欣欣. 公司治理结构与公司价值关系研究——基于30个创业板数据的实证分析 [J]. 湖北财经高等专科学校学报, 2011 (8).

[11] 杜兴强. 会计信息、公司治理及产权博弈 [J]. 财会通讯, 2003 (3).

[12] 杜兴强. 会计信息产权的逻辑及其博弈 [J]. 会计研究, 2002 (2).

[13] 杜兴强. 公司治理演进与会计信息披露监管——博弈分析与历史证据 [J]. 财经研究, 2004 (9).

[14] 赵淼. 创业板信息披露框架: 来自CPA的问卷调查 [J]. 财会通讯, 2010 (8).

[15] 于团叶, 张逸伦, 宋晓满. 自愿性信息披露程度及其影响因素研究——以我国创业板公司为例 [J]. 审计与经济研究, 2013 (2).

[16] 樊行建. 公司致力于财务治理 [J]. 会计研究, 2005 (2).

[17] 罗炜, 朱春艳. 代理成本与公司自愿性披露 [J]. 会计研究, 2010 (10).

[18] 邓春华. 基于博弈分析的盈余管理问题研究 [J]. 会计研究, 2003 (5).

[19] 陈小悦, 徐晓东. 股权结构、企业绩效与投资者利益保护 [J]. 经济研究, 2001 (11).

[20] 陈小悦, 徐晓东. 第一大股东对公司治理、企业业绩的影响分析 [J]. 经济研究, 2003 (2).

[21] 陈信元, 张田余. 资产重组的市场反映 [J]. 经济研究, 1999 (9).

[22] 孙永祥, 黄祖辉. 上市公司的股权结构与绩效 [J]. 经济研究, 1999 (12).

[23] 杨朝军, 蔡明超, 刘波. 我国上市公司控股权转移绩效研究 [A]//中国资本市场理论问题研究论文集 [M]. 北京: 中国财经出版社, 2000.

[24] 凌传荣, 金栋. 创业板市场监管模式与体系选择 [J]. 上海金融, 2005 (2).

[25] 林钟高. 公司治理与会计信息质量的相关性研究 [J]. 会计研究, 2004 (8).

[26] 青木昌彦. 经济体制的比较制度分析 [M]. 北京: 中国发展出版社, 1999.

[27] 贺小刚, 连燕玲. 家族权威与企业价值: 基于家族上市公司的实证研究 [J]. 经济研究, 2009 (4).

[28] 孔翔. 退出制度为市场注入生机 [N]. 中国证券报, 2000-12-15.

[29] 贺金凌. 海外创业板市场发行上市制度的总结与分析 [N]. 中国证券报, 2001-05-10.

[30] 杨峰. 海外创业板市场退市制度研究 [J]. 北京大学学报 (哲学社会科学版), 2001 (11).

[31] 张瑞彬. 海外创业板市场信息披露制度比较研究 [R]. 2001.

[32] 陈斌, 陈华敏. 境外创业板上市公司监管制度研究 [R]. 深圳证券交易所综合研究所课题, 2010.

[33] 王晓津, 佘坚. 海外创业板市场发展状况及趋势研究 [N]. 证券市场导报, 2008-07-10.

[34] 谭兴民, 宋增基, 蒲勇健. 公司治理影响信息披露了吗?——对中英资本市场的实证比较研究 [R]. 金融研究, 2009 (7).

[35] 南开大学公司治理评价课题组. 2011年度中国公司治理评价报告 [R]. 2011.

[36] 南开大学公司治理评价课题组. 2012中国公司治理指数与评价报告 [R]. 2012.

[37] 赵淼. 创业板信息披露框架: 来自CPA的问卷调查 [J].《财会通讯》(综合), 2010 (8).

[38] Berle, A.A. and G. C. Means. The Modern Corporation and Private Property [M]. New York: McMillan,

1932.

[39] Jensen, M., Agency Costs of Free Cash Flow, Corporate Finance and Takeovers [J]. American Economic Review, 1986, 76.

[40] Jensen, M.and W.Meckling, Theory of the Firm: Managerial Behavior, Agency Costs, and Capital Structure [J]. Journal of Financial Economics, 1976 (3).

[41] Shleifer A.and R. Vishny, A Survey of Corporate Governance [J]. Journal of Finance, 1997 (52).

[42] Fama, E.and M. Jensen, Separation of Ownership and Control [J]. Journal of Law and Economics, 1983 (26).

[43] Williamson, O. E. Markets and Hierarchies: Analysis and Ant it rust Implications [M]. New York: Free Press, 1975.

[44] Bushman R. A Smith. Financial Accounting Information and Corporate Governance [J]. Journal of Accounting and Economics, 2001 (32).

[45] Mace. Directors-myth and Reality [M]. Harvard Uinversity Press, Combridge, MA, 1971.

[46] Weibsch. Outside Directors and CEO Turnover [J]. Journal of Financial Economics, 1988 (20).

[47] Jensen Michael. Eclipse of the Public Corporation [M]. Harvard Business Review, 1989, 67 (5).

[48] Hirshleifer and Thakor. Corporate Control through Board Dismissals and Takeovers [J]. Journal of Economics and Management Strategy, 1998, 7 (4).

[49] Hansmann H.. The Ownership of Enterprise [M]. Harvard University Press, Cambridge, MA, 1996.

[50] Grossman and Hart. Takeover Bids, The Free-Rider Problem, and the Theory of the Corporation [J]. The Bell Journal of Economics, 1980, 11 (1).

[51] Shleifer and Vishny. Management Entrenchment the Case of Manager-spicific Investment [J]. Journal of Financial Economics, 1989 (25).

[52] Denis D. K.. Twenty-five Years of Corporate Governance Research and Counting [J]. Review of Financial Economics, 2001 (10).